KB261982

가면극의
종합적 고찰

가면극의 종합적 고찰

한국공연문화학회 편

도서출판 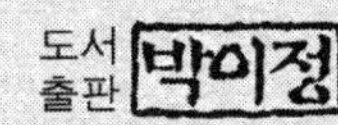 박이정

❚ 지은이 ❚

이두현 서울대 명예교수
박진태 대구대 교수
김익두 전북대 교수
정형호 중앙대 겸임교수
정상박 동아대 명예교수
전경욱 고려대 교수
손태도 문화재청 문화재전문위원
이소라 민족음악연구소 대표
전신재 한림대 명예교수
이보형 한국고음반연구회 회장
이용식 국립국악원 국악연구실장
이병옥 용인대 교수
양종승 국립민속박물관 학예연구관
허용호 고려대 연구교수
이은주 안동대 교수
송지원 서울대 연구교수

서 문

　한국 가면극에 대한 지금까지의 연구는 발굴 조사를 통한 대사 채록과 분석적인 민속학적 연구, 기원과 형성과정에 대한 가면극의 역사적 연구, 극적인 특징과 동서양 전통극의 비교 등의 연극학적 연구, 가면극의 음악과 무용 등의 예술학적 연구로 진행되어 왔다. 최근에는 가면극의 형성과 계통에 따른 기원론 논쟁이 벌어질 만큼 연구열은 아직도 높은 연구 분야이다. 그러나 문제는 이 가면극을 전문적으로 연구하는 학자가 많지 않을 뿐만 아니라, 대를 이어서 연구해 나갈 젊은 학자가 눈에 띄지 않는다는 것이다.

　또한 가면극은 종합예술적인 성격을 나타내고 있는 만큼 민속학, 국문학, 연극학뿐만 아니라 국악, 미술, 무용 등의 전통예술 분야의 전문 학자들의 참여와 공동 연구가 필요한 분야이다. 그러나 그동안 한국 가면극 연구는 주로 민속학과 국문학계에서 주축이 되어 대사를 중심으로 하는 연극적인 연구가 핵심이었다.

　우리 한국공연문화학회에서는 이러한 편협성에서 벗어나 공연학적 측면과 음악과 무용 등의 예술학적 측면을 함께하면서 가면극의 본질을 규명하는 연구를 해왔다. 그리하여 그동안 우리 학회지에 수록한 가면극 분야의 연구논문들 중에서 다양한 주제별로 우수한 연구물을 엄선하여 17편의 논문과 가면극의 원로학자 이두현 교수의 증언을 함께 수록하게 되었다. 1편에는 가면극의 의미와 해석(이두현, 박진태, 김익두, 정형호), 2편에는 가면극을 바라보는 시각(정상박, 전경욱, 손태도, 이소라, 전신재), 3편에는 가면극의 음악과 무용(이보형, 이소라, 이용식, 이병옥, 양종승), 4편에는 가면극과 주변문화(박진태, 허용호, 이은

주, 송지원)로 편제하였다.

그동안 원고를 다시 보완 수정하여 옥고를 주신 여러 연구자님들께 감사 드리며, 학회 사정으로 출간이 늦어진 점을 송구스럽게 생각한다. 편집과 교정을 맡아 수고해 주신 김월덕 총무이사와 출판사 박이정 관계자 여러분, 그리고 모든 학회 회원님들께도 감사 드린다.

2010년 1월 15일
한국공연문화학회 회장 이병옥

차례 

제1장

가면극의
의미와 해석

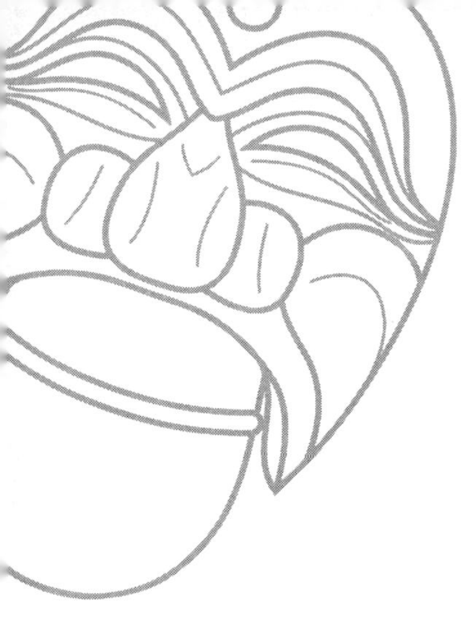

가면극과 나[*]

이두현[**]

　53년도에 그 환도해가지고 이년 동안 내가 숙명대학에 시간강사로 나왔댔습니다. 그때 이제 국문학강독에 춘향전을 강의했는데 그 대상이 대개 3~4학년 아주 나이 든 그런 학생이었어요. 그래서 30대 새파란 강사가 춘향전을 강의하는데 사랑가 대목에서 굉장히 난처했습니다 제가. (웃음) 그래 그런 기억이 지금 새삼스레 납니다. 그리고 이렇게 50년 만에 숙명여자대학교에 와보니까 별천지가 되어 있어요. 아, 이렇게 내가 참 오래 살았구나. 또 이렇게 50년이나 시내에 살면서 와보지 않았구나. 그런 감회가 깊습니다. 50년 동안의 이야기를 50분에 하라고 그러니까 머 줄여서 하는 수밖엔 없고 할 얘기를 많이 할 수도 없고 그런 형편입니다. 그래서 이 제목에는 뭐 나의 가면극 연구로 돼있지만 나로서는 나와 가면극 뭐 그런 식의 얘기가 될 겁니다.

　처음에 제가 이 가면극을 공부하기 시작한 그 시초는 결국 48년도 사범대학 국문과에서 정학모 선생이란 분이 국문학 강독에 김재철의 조선연극사를 강의했어요. 이 양반이 고려조 한문학을 졸업논문으로 쓴 분인데 왜 그랬는지 이 양반이 한 학기 조선연극사를 강의했단 말이죠. 그래서 이거 하나밖엔 우리나라

* 한국공연문화학회는 2006년도의 학회 기획 주제로 "가면극의 종합적 고찰"을 설정하였다. 이와 함께 네 분의 원로 가면극 연구자를 모시고, 회고담을 듣기로 하였다. 이 글은 2006년 5월 20일 숙명여자대학교에서 열린 발표회에서 이루어진 이두현 선생님의 말씀을 채록한 것이다. 강의의 현장성을 확보하기 위해 가능한 한 구어체 그대로 채록하였음을 밝혀둔다.
** 서울대학교 명예교수

에 나온 거 없다 그래가지고 그때 생각이 '아, 내가 이쪽으로 아마 공부해야 되겠다.' 이제 그런 그 동기가 아마 거기서부터 시작되었다고 할 수 있을 겁니다. 그게 이제 1948년 국문과 3학년 땐데요.

그래가지고 결국 1961년에 1년 동안 미국 갔다 돌아와 가지고 4년 가까이 학생을 동원해서 여름방학 겨울방학 할 것 없이 자료를 수집했습니다. 그 당시에는 다 손으로 수공업이지요. 카드를 몇 천 장 손으로 베꼈어요. 그런데 그때 57학번서부터 60, 61학번까지 3~4학년, 2~3학년 학생들을 그야말로 혹사했어요. 점심을 한 끼 사주고 같이 4년 동안 여름방학, 겨울방학 했는데 지금 생각하면 호랑이 담배 먹던 식의 얘기지요. 지금 참 생각하면 그 학생들한테 참 미안하고 죄송스런 생각이 많이 듭니다. 그 덕에 자료를 결국은 모아가지고 그 당시에 뭐 국립 도서관을 위시해서 각 대학의 도서관 개인 소장 할 것 없이 신문 잡지 초창기부터 한 장 한 장 훑어가지고 그걸 다 카드로 만들었어요.

그래가지고 그 자료를 가지고 결국은 『한국신극사연구』라는 것을 썼는데 결국 그 당시에 희곡집이란 것도 별로 나온 게 없고 그런 뭐 핑계도 있겠지만 주로 연극단체를 중심으로 해서 이야기했기 때문에 희곡사 쪽은 미약하다고 하는 그런 얘기를 듣게 되었지요.

그리고 그 뒤에 한국연극사를 써야 되겠으니까, 우선 신극사 연구부터 냈지만 가면극과 인형극 쪽으로 올라가지 않을 수 없게 된 거죠. 그래서 『한국가면극』 이라는 책을 69년에 냈습니다만, 57년부터 역시 같이 자료를 모아가지고 연극사를 결국 통사로 하려면 신극사 쪽만 아니고 위로 올라가서 '우리나라의 전통극이란 게 뭘까, 고전극이라고까지는 말 못하지만 이걸 다뤄야 되겠다.' 생각했습니다. 물론 나중에 판소리도 하나의 공연예술로 다루게 되었습니다만 우선은 가면극하고 인형극을 손을 대야 되겠다고 생각했어요.

그래서 결국 민속적인 조사를 할 수밖에 없었습니다. 결국 그 연희자들에게서 구술본을 만들고 녹음채록하면서 역사적인 유래도 살피고 현장에서 하나하나 접근하면서 그러한 것이 쌓여가지고 하나의 실증적인 방법이라고 그럴까 그런 것으로 책을 써야 된다고 생각했지요. 그러니까 결국은 문헌만이 아니고 실지로 구전으로 전해오던가, 행위로 연극으로 놀아오던 거니까 이것을 민속학적인 방법이라고 그럴까, 결국 그러한 방법을 쓸 수밖에 없었지요. 그래서 그러한 그 조사를 할 수밖엔 없고 그 당시에 해방 후 지금 다 돌아가셨지만 그 당시 베테랑들을, 연희자들을 상대로 해서 인터뷰를 하고 채록하고 이야기 듣고 공연을 보고 하는데 뭐 여러 가지 그 에피소드가 많았습니다만 (웃음) 일일이 다 얘기할 수 없고 결국 우리나라 가면극, 탈춤이라고 지금 많이 그러지만 이것은 탈판에서 야외공연으로서 하는 것이고 주로 세시풍속과 결부되어서 하게 되는 것이고 또 무속적인 면이 거기 들어있고 그러니까 결국은 자연히 연극학과 민속학 연구에 접근이 이루어질 수밖에 없는 그런 방법을 썼었던 것이지요.

그러니까 명절놀이로 마당놀이를 해왔던 것이니까 탈판과 굿판에서, 탈판에서 한 삼사십 년, 굿판에서 한 이십여 년을 지냈는데요. 이제와 생각하면 자기가 좋아서 했지만 (웃음) 탈판, 굿판에서 시간을 너무 많이 뺏겼다, 너무 많이 썼다, 그런 느낌이 이제 들 정돕니다. 여기에서 결국 조사라고 하지만 그 탈판에서, 굿판에서 나 자신이 아주 좋아서 봤고 또 아주 흐뭇하게 그 행복감을 느끼면서 한국적인 것이라고 그럴까, 한국의 예술이라고 할까 이런 것에 젖어 들어가던 그런 느낌이 있었습니다. 이 결과를 69년에 『한국가면극』이라고 하는 책으로 냈구요. 그다음에 73년에 가서 『신극사연구』와 『가면극연구』, 이것을 아울러서 『한국연극사』라는 책으로 엮어 통사를 냈습니다. 지금까지 십수 판까지 거듭 내고 계속 하고 있습니다만, 90년에는 일본말로 동경대학 출판부에서 『조선예능사』를 냈고 작년에 중국어판으로 『한국연극사』가 북경에서 나왔습니다. 그리고 97년에는 그동안의 것을, 주석을 시간 나는 대로 모아가지고 『한국가면극선』이라는 주석본을 냈습니다. 이것이 그동안에 내가 책으로 내면서 해온 일들입니다.

한국가면극연구회의 이사장이라는 거를 지금 제가 맡고 있습니다. 처음에 해방 후에 57년 11월 9일인가에 이화여전 노천극장에서 그 당시 한국연극학회 주최로 이보라 씨가 꽤 많이 고생했습니다만 양주별산대놀이를 공연했습니다. 그때 실제로 처음 양주별산대놀이를 구경한 거지요, 나로서는요. 그래가지고 임석재 선생을 회장으로 모시고 유치진 선생하고, 또 여러 분을 모셔가지고 산대가면극보존회라는 것을 57년에 만들었어요. 그리고 69년에 한국가면극연구회라고 해서 사단법인을 만들면서 제가 그 이사장이 됐는데요. 58년에 서울시 교육감의 후원을 받아가지고 처음 그 양주별산대놀이의, 그 당시에 박준섭, 김성태 영감을 모셔가지고 양주산대놀이 강습회를 그때 열었습니다.

그 뒤에 아시아 재단의 후원으로 가면의 복제도 하고, 봉산탈춤 강습회, 그리고 가면극 기록영화 촬영하는 것도 도왔고, 그리고 하회가면 때문에 60년에 하회마을에 가서 가면 복제도 하고 조사도 하고 그랬습니다. 그리고 오광대도, 통영오광대 장재봉 영감과 오정두 영감을 모셔서 강습회를 했구요. 또 그 다음에 이제 북청사자놀음도 강습회를 했습니다. 이것이 다 그 당시에 아시아재단의 후원으로 계속 할 수 있었고 하회 가면 진열장까지도 그 당시에 그 후원으로 만들었댔습니다.

그리고 이러한 한국가면극연구회 사업으로서 강습회뿐만 아니라 국내 수많은 탈춤 공연을 주최하고, 그리고 해외에 봉산탈춤을 위시해서 해외에 공연단을 보내기도 했구요. 그다음에 한국가면극연구회가 근자에 와서 하는 일은 전국청소년탈춤경연대회를 작년 제17회까지로 계속 하고 있습니다. 올해도 계속 하겠지요. 그렇게 여러 가지 사업을 한국가면극연구회의 이름으로 계속해 왔습니다.

그래서 한국가면극연구회의 업적에 대해서 평을 한 것을 보면 꽤 좋게 얘기한 것들이 많습니다. 전통시대에 추어진 탈춤을 현대에 전수시키기 위해 가면극을 찾아내고, 연습을 시키고, 대본을 정리하고, 공연강습 같은 것도 하고, 그리고 여러 가지 탈춤의 역사와 그리고 그 가치에 대한 연구, 이런 것이 활발하게 이루어지도록 작업을 했다든가 뭐 특히 또 마당극이란 것이 거기서 나왔다고 지금 모두가 인정하지요. 탈춤에서 말이죠.

그리고 70년대 들어와 가지고서는 서울대 탈춤 써클을 위시해서 각 대학에 가면극 써클이 생기게 했어요. 제1회 전국민속예술경연대회가 58년 8월에 13일에서 18일까지 장충체육관에서 건국 10주년 경축 행사로 있었어요. 그때 서울에서 꼭두각시놀음, 그다음에 양주별산대놀이, 봉산탈춤, 진주오광대, 하회가면극, 북청사자놀음, 강릉관노가면극, 이런 것이 나왔는데 그때 처음 내가 하회가면을 봤어요. 그러니까 전에 일본 사람들의 『부락자』라고 하는 책에서도 사진으로 나온 거 봤지만 실물을 봤을 때, 한국가면 중에서 이러한 가면이 있었다는 것을 봤을 때 굉장히 쇼크를 받았어요. 그래서 그 후에 내가 마니아가 된 것이 아닌가 그렇게 생각합니다만, 그건 잊을 수 없는 하나의 추억입니다.

그 다음에 저로서 한 일이 다음은 문화재 지정입니다. 71년에서 95년까지 무형문화재 위원으로 있으면서 60년대, 80년대 주로 가면극을 조사하고 보고서를 내고 중요무형문화재로 지정하는 데 힘을 썼습니다. 64년에 양주별산대 놀이, 같은 해에 꼭두각시놀음, 그리고 또 같은 해에 통영오광대와 고성오광대를 지정을 했어요. 그다음에 67년에는 북청사자놀음, 또 같은 해에 봉산탈춤, 그 다음 70년에 강령탈춤, 71년에 수영야류, 73년에 송파산대, 78년에 은율탈춤, 그리고 80년에 하회별신굿탈놀이, 그리고 가산오광대, 관노가면극은 93년에 지정하고 발탈은 83년에 지정했습니다. 진도다시래기는 85년에 지정을 했는데요. 글쎄 그 당시에 그 인포만트들, 그 분들에게 속칭 인간문화재가 되게 해서 나로서는 그 분들에게 진 빚을 좀 갚은 거 아닌가 하는 생각을 합니다.

근데 지정할 때 뭐 여러 가지 얘기들이 많습니다. 몇 가지 들어보면 송파산대는 당시 조사하고 지정한 그 당시에 허호영이란 분이 앞장서서 다 도맡아서 하는 바람에 그 당시에 회원인 노인들이 암말도 안하다가 허호영이가 없어진 다음에, 그만 둔 다음에 중구난방으로 여러 가지 이런 것도 있었다, 저런 것도 있었다 얘기를 하고 난리 떨었는데 결국 근본적으로는 줄거리에 큰 차이가 없었다고 난 봤어요.

그 다음에 또 한 가지 문제는 그 은율탈춤을 지정하는 문제인데 서연호 씨가 황해도 탈놀이를 86년 4월에 인터뷰 한 모양인데 은율탈춤의 장 영감이, 장용수

영감이 자기는 이북에서 탈춤을 춘 일이 없다, 농악에만 종사를 했다 이런 소리를 했다는 거예요. 그래서 지정을 잘못했다 이런 얘기 또 들려온다 말이죠. 그래서 하도 속이 상해서 내가 그 당시에 그 조사보고서를 다시 꺼내 봤어요. 그랬더니 연희자 이력에 말이죠. 경력에 14세부터 고 조병모 선생한테서 은율탈춤을 사사해서 25세부터 은율탈춤을 공연, 은율탈춤 공연에 참가했다 이렇게 다 나와 있어요. 그럼 서연호 씨가 왜 이걸 따지지 않았나 싶은데 그 영감이 이때 83세여서 그런지 아주 노망한 거지, 그 당시 거짓말하고 인간문화재 되려고 한 건지, 조사한 사람으로서는 억울했던(웃음) 얘기 중의 하납니다.

그 다음에 또 하나는 하회탈 때문에 내가 지금까지 피해를 보고 있는 것이 하나 있는데요. 64년 4월에 국보 제 121호로 하회탈을 지정했지요, 병산탈하고 같이. 그 전에 60년에 제가 이미 하회동에 갔다 왔고 했는데 어떻게 돼서 문화재위원회에서 김상기 씨가 그때 아마 회장이었다고 그러는데 '아, 그 하회 거기에 아주 오래된 가면이 있다던데 뭐 그럼 보면 어떠냐' 이야기 한 모양이에요. 그래서 나보고 '당신 거기 자주 드나든다니까 가서 하회탈을 좀 가져오라'고 말했어요. '글쎄 그게 될까요.' '아니, 어쨌든 잠깐 보고 도로 돌려줄 거니까.' 그래서 문화재관리국의 직원 한 사람하고 갔어요. 갔는데 아니나 다를까 그 마을에서 마을의 혼을 빼 가면 안 된다, 여러 가지 재앙이 생긴다 그러면서 절대 안 된다는 거예요. 마을 밖을 나가면 안 된다고. 나로서는 그 당시에 여러 사람이 자꾸 가서 그 하회탈을 보겠다고 들락날락해서 보안상으로 아주 위험했어요. 그런 느낌이 들었어요. 그래서 제발 좀 이걸 가지고 가서 중요무형 민속자료 1호라든가 지정해야겠다고 생각하는 판에 할 수 없이 그 유 씨 동장하고 유한상 씨하고 지금 그 양반 살아있지만, '이거 어떻게 해야 되겠냐' 그래서 결국 야간도주를 했어요, 가면을 가지고. '그래, 곧 돌려주면 될 거 아니냐' 그래 문화재위원회에 갖다 보이니까 '야, 이런 게 있었냐.' 그래가지고 딱 잡고서 안 내놓는 거예요. 그래 국립박물관에 넣어버린 거죠. 그래가지고 국보121호로 지정하고 그 뒤에 김원룡 씨랑 그 사람들 한국미술사에도 가면이 실리기 시작했지요. 그 뒤부터

이 아무개가 하회동에서 가면을 갖고 도망갔기 때문에 우리 마을에 여러 가지 곡식도 잘 안되고, 재앙이 있다 뭐 이런 이야기도 자꾸 들리고 만날 내가 거기 걸려들어 있어요. 그래 몇 번 고생했어요. 그래가지고 내가 마치 그걸 개인적으로 갖고 있는 것처럼도 얘기하고, 지금까지도 오명을 벗지 못하고 있습니다. 그래 이렇게 가면 하나 지정하는데 (웃음) 희생양이 된 거지요. 한동안은 내가 겁도 나고 미안하기도 해서 그 하회마을을 못 갔어요.

그렇게 해서 가면 때문에 얽힌 이야기들이 있는데요. 그래가지고 하회 별신굿 탈놀이를 오랫동안 지정을 안 했어요. 그 뭐 일종의 연극 비슷하게 이 친구들이 맞춰서 하는 거고, 연희하던 사람들이 한사람도 안 남았지 않나 했는데 80년대, 70년대 후반에 들면서 이창희라는 영감을 찾아냈어요. 28년 마지막 별신굿 할 때 각시 역을 하던 영감을 찾아냈어요. 그래서 그때 1980년에 하회별신굿탈놀이를 가면극 무형문화재로 지정을 했어요.

다음에 이제 해외 공연인데요. 탈춤의 해외공연 제가 그 71년 (기침) 록펠러 삼세 재단의 펀드로 미국 뉴욕에 가서 10개월가량 있었어요. 71년 8월부터 72년 2월. 그러면서 그때 이제 코리안 마스크 드라마, 코리안 포크 비리이프 해가지고 슬라이드렉처를 여기저기 불려 다니면서 했어요. 뉴욕 대학을 위시해서 그 일대와 캔사스 대학, 인디애나, 노스캐롤라이나, 센트럴코네티카트, 그쪽이나 웨슬리안대학, 그리고 카나다의 토론토대학까지 가고 예일대학까지 했어요. 그래서 특히 아시아 소사이어티에서 이제 슬라이드렉처한 것이 계기가 돼가지고, 결국 아시아 소사이어티에서 여비를 다 대면서 1개월 동안 봉산탈춤을 초청했어요.

그 당시에 박동선 사건 때문에 한국 이미지가 미국에서 형편없었어요. 그 함 대사가, 그때 대사할 땐데, 그래가지고 더구나 이제 돈을 다 그 아시아 소사이어티에서 대니까, 한국정부에서는 돈 대지 않고 뭐 별 도운 것도 없지만, 아주 못마땅하게 생각했어요. '그런 끔찍한 탈놀이 이런 거를 우리나라 공연단에서 미국에 보냈을 때 어떤 반응이 오겠냐' 그런 얘길 하고 그랬어요. 그러나 일단 초청받았으니까 가는 걸로 했지요. 그래서 하바드 캠퍼스에서부터 시작해서 뉴욕의 자연사 박물관 강단에서도 하고, 그리고 중서부를 거쳐서 하와이 대학까지 1개월간 14명의 봉산탈춤 공연단이 공연했어요. 저는 뉴욕까지만 봐주고 왔는데 그 당시에 뉴욕 타임의 공연평도 좋게 나왔어요. 특히 노장 소무하고의 그 대사 한 마디 없이 파계 과정을 보여주는 그런 대목 이런 걸, 내가 지금도 잊지 않는데 '이츠 리얼 드라마'라고 그렇게 칭찬을 하고 해서 나로서는 비교적 성공을 했다고 그렇게 생각하는데요. 그 뒤에 80년대 후반, 90년대 들어가면서 많은 공연들이 나갔죠. 가면극 공연도 많이 나갔어요. 미국하고 유럽에.

그리고 두 번째 또 해외공연이 유럽 공연인데요. 이것을 내가 또 마침 그 독일에, 서독의 보훔대학이라는데 객원교수로 갔어요. 75년 가을학기부터 76년 봄까지 갔는데. 그때 마침 그게 그 베르지움의 스코텐이란 데에서, 그 씨오프(CIOFF)라고 하는 국제민속축전기구협의회라는 건데요. 지금은 74개국이나 회원국이 있구요. 처음에 일본이 회원국으로 들어가 있다가 우리가 80년에 가입해 그 다음이 한국이고, 요즘 와서는 태국은 물론이고, 중국도 들어있고, 대만도 들어있고 필리핀, 뭐 아시아에서도 많이 회원국이 되어있습니다. 근데 그 스코텐이란 베르지움의 씨오프 임원들이 나를 불러가지고 슬라이드렉처로 '너희 나라의 가면극이란 게 있는데 어떤 거냐 보여 달라' 그랬어요. 어떤 여학생이, 한국에 다녀간 여학생이 있어가지고 한국에 가면극 탈춤이 있더라 그런 얘기를 했기 때문에 그렇게 된 모양이죠. 그래서 하루 저녁에 가서 슬라이드렉처를 했더니 우리가 이걸 부르겠다, 그래서 결국 78년 6월 중순서부터 9월 중순까지 3개월 동안 봉산탈춤을 인솔하고 7개국을 돌았어요. 벨기에, 네덜란드, 룩셈부르크, 프랑스하고 그리고 덴마크, 서독, 스위스. 버스를 타고 3개월 동안 유럽을 다닌 거예요. 더구나 불란서 같은 데서는 뭐 1개월 동안 동서남북, 뭐 몽블랑 밑에까지도 가고 말이죠. 어떤 시골 초등학교 마당에다가 가설무대를 만들어 놓고 교실에서 재우고 말이죠. 불란서가 제일 짜고 아주 힘들었는데, 왜 그런가하면 이 씨오프는 여비는 각자가 가지고 오기로 돼있고 거기서 숙식을 제공하면서 같이 각 나라에서 온, 적어도 열 몇 팀이 와서 같이 어울리는 축제라고 해요. 큰 데서도 하지만, 주로 중소도시가 많고 그런데 7개 나라가 우리 여비를 댔다는 거예요. 여비를 나눠서 댔기 때문에 팔려간 거죠. 우리가. 여비에 팔려 가가지고 그 여비를 뽑아야 되니까 제일 지독한 게 불란서였어요. 그 더운 여름에 산꼭대기 스키장에까지 가서 공연했어요. 또 제일 남쪽에 스페인 국경지대에서는요. 투우장에서 공연했어요. 투우장에서 공연무대가 없으니까 이러구 말이죠. 유랑극단처럼 말이죠. 회장이랍시고 통역을 겸해서 나 하나밖에 없어 의사소통도 잘 안 되는데 지금 생각해보면 용케 돌아다녔다 싶어요.

그리고 또 80년 5월 하순에서 7월 중순 초순까지 5개국을 돌았어요. 이건 유어러피안 엑스트라 아아츠 그룹이란 다른 그룹인데요. 불란서하고 서독, 스위스, 이탈리아 스페인, 근데 영어 하나밖엔 내가 못하니까 불어, 독일어 잘 안되니까, 바르셀로나, 스페인에 갔을 때는 세관에서 말이 통하지 않아 짐을 내놓지도 못하고 고생했는데 한참 만에 영어 조금 하는 사람 불러다가 의사소통 돼가지고(웃음) 통관시키기도 하고, 뭐 별일이 다 있었어요. '그때는 젊었으니까 용케도 잘 다녔구나' 그렇게 생각하는데, 지금 허리하고 다리가 이렇게 아픈 것도 뭐 죄 받은 거다 그렇게 생각하는데요.

그 뒤에 79년에 홍콩, 대만, 89년 오키나와의 북청사자, 그담에 일본 동경, 봉산탈춤 기타 다 했어요. 그 덕에 대한민국에서 81년 10월에 20일 나한테 부상도 따르지 않는 은관문화훈장 하나 줍디다. 그거 하나 받았어요. (웃음)

이렇게 해서 국내에서 가면극 조사를 하고, 또 그걸 채록하고, 책으로 내고, 지정을 하고, 또 해외공연을 알선해 가지고 성사시켜서, 누가 얘기하기를 '자기 전공에서 그만치 자기 하고 싶은 대로 하면 됐지 않느냐, 고생해도 보람 있었지 않느냐' 했는데, 그렇게 생각합니다 나도. 그래서 특히 가면극뿐만 아니라 같이 그 무속관계도 몇 가지 또 같이 지정하는 데 도움을 줬지요. 동해안 풍어제라든가, 서해안 배연신굿, 평산 소놀음굿, 경기도당굿 할 것 없이요. 결국 탈춤, 가면극뿐만 아니라 그 인접 분야인 무속관계, 세시풍속 관계, 이것도 자연히 공부할 수 있게 되었던 거지요. 시간이 다 됐어요? 이 발표하는 중간에 나를 끼어 넣어서 무제한 시간을 가질 수도 없고 약속대로 한 시간, 50분이 다 됐나. 아까도 잠깐 얘기한 것처럼 탈판에서 30년, 굿판에서 20년, 결국은 내가 너무 현장에 시간을 뺏긴 거 아닌가, 그래서 미학적인 연구 특히 가면 연구를 해야 되는데, 자료만 잔뜩 모아놓고 못하고 있고 말이죠. 그동안에 하나의 민족지적인 연구밖엔 한 것 없지 않느냐 하는 그런 생각이 들어요.

질문 : 선생님의 많은 영향을 받아 가면극을 공부하고 있는 중앙대학교의 정형호입니다. 오늘 좋은 도움 말씀을 많이 들었는데요. 간단히 한 가지를 여쭙겠습니다. 그 가면극에 중의 상대역으로 소무가 등장하는데요. 근래에 소무가 '소매'의 오기가 아닌가라는 문제 제기가 있었고, 임석재 선생님도 돌아가시기 전에 본인이 그 소매를 소무로 잘못 기록한 것 같다 이렇게 말씀을 하셨거든요. 선생님께서는 그 문제에 대해서 어떻게 생각하시는지 의견을 듣고 싶습니다.

이 : 그건요. 기록에 그건 물론 다 아는 기록이죠. 소매. 그런데 현지에서 연희자들이 어떻게 부르고, 어떻게 알고 있는가 하는 것이 첫째예요. 민속적인 자료라는 것은, 가령 하회 가면의 경우도요. 민속조사란 게 참 그런 것을 조심해야 되는 게 하회 경우에도요. 최상수, 유한상이는요. 파계승 놀이의 각시가 상대역으로 돼있어요. 그런데 실지로 그 현지의 사람들은 부네가 파계승의 상대라는 거예요. 또 가면도요. 최상수가 책을 냈는데 양반하고 선비가 바뀌어 있어요. 그렇게 그 사람에 따라서, 결국 인포먼트에 따라서 이렇게 얘기하는 사람도 있고, 저렇게 얘기하는 사람도 있으니까 그걸 어떻게 종합해서, 어떻게 판단 내리느냐 하는 것이 자기의 판단이고, 또 오랜 동안의 민속조사를 하는 사람들의 자기의 견해라는 것이 이루어지는 거라고 생각해요. 그래서 이 소매의 경우에도요. 그 기록에도 다 나와 있는데 임석재 영감은 자기가 그런 소리를 하지만, 실지로 현지인 양주나 봉산이나 현지 그 사람들은 뭐라고 부르느냐, 소매라고는

안 불러요. 소무라고 그러지. 그래서 영 샤만(young shaman)이라고도 번역하기도 하는데요. 물론 연원은 거기서 왔는지도 모르죠. 가면극의 영향관계가 문제가 되는 건데요. 그래서 그건 그렇게 일률적으로 잘못 불렸다고 할 수 없다고 생각해요. 왜냐면 기록으로 거기 갖다 붙인 것 자체도 문제지만 현지에서 그 사람들은 소매라고 안 그래요. 소무라고 그러지. 소무. 또 내용도 비슷하고 소무가 그 굿판에서 보면요. 창부거리에는 다 젊은, 이쁜 무당이 춤춥니다. 응, 일종의 소무죠. 다 그런 연관도 있고요.

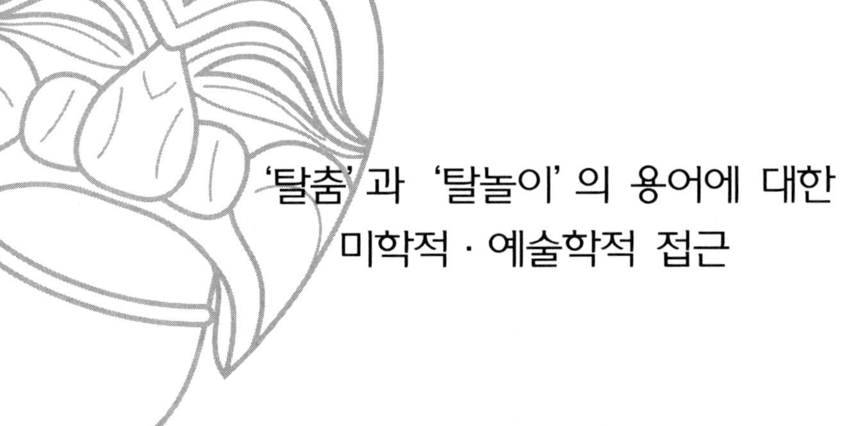

'탈춤'과 '탈놀이' 의 용어에 대한
미학적 · 예술학적 접근

박진태

Ⅰ. 문제 제기

가면극의 우리말 용어로 '탈춤'과 '탈놀이'가 병용되고 있는데, 대체로 조동일,[1] 이두현,[2] 채희완,[3] 김욱동[4]은 '탈춤'을, 김일출,[5] 서연호,[6] 박진태[7]는 '탈놀이'를 사용한다. 그런데 이 두 용어는 단순히 선택상의 문제가 아니고 '춤'과 '놀이'에 대한 예술학적, 미학적 이해가 요구된다고 본다. 춤은 무용의 개념이고, 놀이는 연희나 연극의 범주에 속하기 때문에 탈을 쓰고 춤을 추면 '탈춤'이 되고, 탈을 쓰고 놀이를 하면 '탈놀이'가 된다. 그러나 '탈'은 인격 전환의 방편이나 분장의 도구이므로 탈의 착용 그 자체가 바로 연극적인 행동이다. 중국에서는 티베트의 '참'을 '법무(法舞)'라 번역하여 장희(藏戲)와 구분하고 무용으로 분류한다. 이런 사실을 감안하여 우리의 '탈춤'과 '탈놀이'의 용어가 내포하고 있는

1) 조동일, 『탈춤의 역사와 원리』(홍성사, 1979);『탈춤의 원리-신명풀이』(지식산업사, 2006)
2) 이두현, 『한국의 탈춤』(일지사, 1981)
3) 채희완, 『탈춤의 사상』(현암사, 1984);『탈춤』(대원사, 1992)
4) 김욱동, 『탈춤의 미학』(현암사, 1994)
5) 김일출, 『조선민속탈놀이연구』(평양; 과학원출판사, 1958)
6) 서연호, 『한국의 탈놀이』(①~⑤) (열화당, 1987~1991)
7) 박진태, 『탈놀이의 기원과 구조』(새문사, 1990)

근본적인 문제를 따져보기로 한다.

지역적으로 보면, 서울·경기지방에서는 양주별산대놀이, 송파산대놀이와 같이 '놀이' 개념을 강조하고, 황해도 지방에서는 봉산탈춤, 강령탈춤, 은율탈춤과 같이 '춤' 개념을 강조한다. 그리고 영남지방에서는 예천 청단놀음, 하회 별신놀이, 수영과 동래의 들놀음, 진주·가산·통영·고성의 오광대놀이와 같이 '놀이'의 개념을 강조한다. 그러나 마당의 내용을 보면 '춤마당'이 성립되어 있다.

따라서 동일한 탈(등장인물)이 등장하는 춤마당과 놀이마당을 대비하여 탈춤과 탈놀이 내지 춤과 놀이의 미학적 거리를 구명하려고 한다. 그리하면 가면극의 연극미학에 대한 이해를 심화시키고, 이를 통해서 탈춤 곧 무극이나 가무극에서 탈놀이 곧 대사극으로 변천해온 연극사의 원리도 재확인할 수 있을 것으로 기대된다.

Ⅱ. 탈춤과 탈놀이의 작품 양상 대비

1. 상좌춤과 상좌놀이

양주별산대놀이는 상좌춤마당에 이어서 상좌와 옴중이 재담을 주고받으며 싸움을 벌이는 옴중·상좌마당을 연행하므로, 이 두 마당을 비교하여 탈춤과 탈놀이의 미학적 거리를 밝히기로 한다.

> 첫째상좌가 전복(戰服)을 입고, 그 위에 또 도포를 입고 붉은띠를 띠고, 고깔을 쓰고 개복청(보통 서쪽에 있다)으로부터 중앙까지 걸어서 입장하고 중앙지점부터는 총총걸음으로 삼현청(三絃廳), 악사석(보통 남쪽을 보고 앉으며 악사 뒤에는 본부석이 마련된다) 약 10보 앞에 서면 염불곡(念佛曲)으로 연주하여 준다. 염불곡에 맞추어 그드름춤으로 합장재배를 한다. 고개를 왼편으로 향하고 오른손을 차츰차츰 흔들면서 올리고, 또 왼손을(11쪽) 올릴 때는 고개를 오른손으로 향하게 하여, 두 손을 천천히 한데 모아 차츰차츰 허리를 굽히고

곱게 천신께 재배하는 춤이다. 다시 도포자락을 머리 위에 펴서 두 손으로 잡고 사방(동·서·남·북)을 돌며 사방치기춤을 춘다. 한 방향씩 돌면서 재배를 하고 삼현청 앞으로 가서 도포를 벗고, 상좌가 다시 손뼉을 쳐서(신호로) 타령조로 청하면 악사들이 연주하는 타령조에 맞추어 상좌는 깨끼춤(둘째상좌도 염불곡에 맞추어 거드름춤과 팔뚝잡이춤을 추고 타령곡에 의하여 깨끼춤을 춘다. 그러나 현재는 둘째상좌춤은 생략된다)을 춘다.[8]

첫째상좌가 먼저 춤을 추고, 그 뒤를 이어서 둘째상좌가 춤을 춘다. 첫째상좌는 전복 위에 도포를 입고 염불곡 장단에 맞추어 그드름춤으로 합장배례를 한 다음 사방치기춤을 춘다. 그리고서 도포를 벗고 전복차림으로 타령 장단에 맞추어 깨기춤을 춘다. 곧 위엄 있는 복색을 하고 느린 음악에 맞추어 장중하고 의식적인 춤을 춘 뒤에 활동적인 복색을 하고 빠른 음악에 맞추어 역동적이고 신명난 춤을 추는 것이다. 복색·음악·춤사위를 조화시키며 제의적인 춤에서 예술적인 춤으로 변천해온 무용사의 흐름을 시사하는데, 이러한 탈춤의 구성 원리는 봉산탈춤의 사상좌춤마당에서도 확인된다.

상좌 넷이 등장, 모두 흰 장삼을 입고 붉은 가사를 메고 고깔을 썼다. 등장의 절차는 목(먹)중 하나가 상좌를 업고 달음질하여 등장, 불림을 하고 타령곡에 맞추어 장내를 한 바퀴 돌고 새면(악사석) 앞에 상좌를 내려놓고 퇴장한다. 다음도 같은 방법으로 둘째, 셋째, 넷째 차례로 등장하여 첫상좌 옆에 일렬로 내려놓고 퇴장한다. 상좌들 일렬로 서서 재비(악사)들이 연주하는 느린 영산회상곡(靈山會相曲)에 맞추어 춤추다가 도드리곡(還入曲)으로 바뀌면 두 사람씩 동서로 갈라서서 대무(對舞)한다. 다시 타령곡으로 바뀌면 첫째목이 등장하여 쓰러진다. 상좌는 타령곡으로 계속 춤추면서 퇴장한다.[9]

사상좌가 타령곡으로 등장하여 일렬로 서서 느린 영산회상곡으로 춤을 추다

---

8) 이두현, 『한국가면극선』, 교문사, 1997, 11~12쪽.
9) 같은 책, 132쪽.

가 도드리곡에 맞추어 사방무를 춘 뒤 타령곡으로 퇴장한다. 곧 장단이 느리게 시작해서 빠르게 바뀌고, 그에 따라 춤의 대형(隊形)도 바뀌는 것이다. 양주별산대놀이의 상좌춤마당이나 봉산탈춤의 사상좌춤마당이나 모두 상좌가 신적인 존재는 아니지만, 양주별산대놀이의 상좌가 천신에게 합장배례하고 사방치기춤을 추는 것이나 봉산탈춤의 상좌가 일자진(一字陣)과 사방진(四方陣)의 대형을 이루는 점에서 모두 탈판을 정화하는 벽사의식무의 잔영을 지니고 있다.

그러나 영주별산대놀이는 상좌춤마당에 이어서 옴중과 상좌가 다투는 상좌·옴중놀이마당을 성립시켰다.

옴중: (달음질로 개복청으로부터 등장하여 5~6보 가량 장중으로 들어와 다리를 버티고 서서 허리를 손에 짚고)네어밀할 놈의 데 해포만에 나왔더니 아래가 휘청휘청하고 어째 어수선 산란하고나. (막대기를 꺼내어 가지고 똑똑 두드린다.)

상좌: (삼현청 앞 쉬고 있던 자리에서 뛰어나와 옴중의 막대기를 홱 뺏는다.)

옴중: (깜작 놀라 장삼자락을 휘두르며) 이크! 이게 웬일이냐. 여기가 아주 못된 적혈(賊穴)이로구나. 사람이 이렇게 인성만성(人成萬成)하고 만산편야(萬山偏野)한데 도적질이 일쑤야. 요런 말쩡한 도둑녀석 얼굴은 백골천창(白骨千瘡)이 다 된 녀석이 도둑질은 일쑤 잘하는구나. 요녀석이 막대기를 뺏어갈 때야 쇠꼬챙이를 볼 것 같으면 송도말년의 불가사리 모양으로 더 엄청나겠지. (제금을 치면서 장내를 돈다.)

상좌: (제금을 뺏아 들고 옴중의 가슴을 앞뒤로 탁 친다.)

옴중: 어- 안갑을 할 놈이다. 요녀석이- 적반하장이로구나. 도둑질하고 사람을 쳐? 요녀석, 그러나저러나 하던 지랄이나 다 했느냐?

상좌: (삼현청을 향하여 손뼉을 쳐서 타령장단을 청하여 옴중을 어르는 춤을 춘다.)

옴중: 요녀석이 어른보다는 차포오졸(車砲五卒)을 더 하는구나. 요런 안갑을 할 녀석. (타령장단에 맞추어 상좌와 맞춤을 춘다.)

(한참 춤추다가 멈추고) 대방에 휘모라옛오. (장구를 떵꿍 쳐준다.) 맹물은 아니로구나. (장삼소매로 상좌를 후려치면 상좌는 삼현청 앞 제 있던 자리로

되돌아가서 쉰다.)

절수 절수 지허자 자르르…… (염불곡에 맞추어 용트림과 그밖의 거드름식의 춤을 추고 다시 타령곡을 청하여 깨끼춤 또는 배기는 춤을 추고 상좌 옆으로 가서 쉰다.)[10]

옴중의 막대기와 제금을 상좌가 빼앗음으로써 옴중과 상좌 사이에 갈등이 생긴다. 상좌가 옴중에게 도전하고 옴중이 이에 응전하는데, 갈등을 해소하는 방법이 춤이다. 다시 말해서 맞춤으로 대결하는데, 옴중의 승리로 종결된다. 그런 다음 옴중이 염불곡에 맞추어 용트림과 거드름춤을 추다가 타령곡으로 바꾸어 깨기춤을 춤으로써 느린 장단에 엄숙한 춤을 춘 뒤 빠른 장단에 경쾌한 춤을 추는 탈춤의 구성 원리를 보인다. 이처럼 상좌·옴중마당은 '놀이-춤'의 구성으로 춤에 앞서서 놀이를 벌이는 셈이다. 그런데 옴중의 막대기나 제금이 모두 악귀나 잡신을 퇴치하는 주물(呪物)이므로 옴중도 나자(儺者)의 역할을 한다. 따라서 상좌·옴중마당은 벽사의식무인상좌춤마당에 벽사의식무인 옴중춤마당을 병렬시키는 구성법[11]에서 옴중이 탈판을 상좌에게서 빼앗는 과정을 극화한 놀이에 이어서 탈판을 점유한 옴중이 춤을 추는 방식으로 발전시킨 것이라 말할 수 있다. 또는 춤으로써 불가시적인 악귀를 퇴치하는 상좌나 옴중이 가시적인 상대방과 싸우는 놀이로 극화시켜 '놀이-춤'의 순서로 결합시킨 것이라 볼 수도 있다. 다시 말해서 '악귀와 싸우는 놀이'와 '악귀를 쫓는 춤'을 병치시킨 것이다. 다만 춤은 '느리게-빠르게'의 장단 변화로 신명을 푸는 데 반해서 놀이는 '갈등-해결'의 사건 전개로 우열을 판가름한다. 그리고 춤은 '느린' 음악으로 긴장감을 조성하다가 '빠른' 음악으로 긴장을 이완시키고, 놀이는 빼앗고 빼앗기는 자 사이의 갈등이 심화되다가 싸움을 통해 갈등을 해소시킨다.

---

10) 같은 책, 12~15쪽.
11) 최치원의 「향악잡영」이나 이색의 「구나행」에서는 이런 단계의 구성법을 보인다.

2. 사자춤과 사자놀이

사자가 등장하는 사자마당은 강령탈춤에서는 사자가 원숭이와 함께 춤을 추고, 은율탈춤에서는 사자만 춤춘다. 강령탈춤의 사자는 타령과 굿거리장단에 맞추어 춤추고, 은율탈춤의 사자는 타령과 돔부리장단으로 춤춘다. '느리게' 시작하여 '빠른 장단'으로 바꾸는 것이 아니라 반대로 빠르고 격렬하게 춤을 추다가 호흡을 고르며 멋을 부리는 식으로 춤을 풀어나간다.

그런데 봉산탈춤에서는 사자와 목중의 재담놀이에 이어서 사자춤을 춘다.

목중들: 짐생 났소! (목중 여덟이 일제히 쫓겨서 등장하면 뒤에 사자가 뒤따라 쫓아온다. 목중들을 잡아먹으려는 기세다. 목중들 장내를 한 바퀴 돌아서 반대편으로 퇴장하고 그 중 한 사람만 남아서 마부 노릇을 한다. 마부는 채찍을 들었다.)

마부: 쉬이. (사자는 중앙에서 적당히 자리 잡고 앉는다. 머리에 큰 방울을 달았기 때문에 소리가 난다. 앉아서 좌우로 머리를 돌리며 몸을 긁고 이를 잡기도 한다.) 짐승이라니, 이 짐승이 무슨 짐승이냐? 노루, 사슴도 아니고 범도 아니로구나. 그러면 어디 한번 물어보자. 네가 무슨 짐승이냐. 우리 조상 적부터 못 보던 짐승이로구나. 노루냐?

사자: (부정. 머리를 좌우로 설레설레 흔든다. 혀를 내밀어 입언저리를 닦기도 한다.)

─중략─

마부: 아 이놈 사자야, 나의 하는 말을 자세히 들어라. 네나 나나 일찍이 선경은 다 헤쳐버리고 네가 내려온 심지를 좀 알아보자. 그러면 우리 목중들이 선경에서 도를 닦는 노승을 꾀어 파계시킨 줄로 알고 석가여래의 영을 받아 우리들을 벌을 주려고 내려왔느냐? 그러면 우리 목중들을 다 잡아먹을랴느냐?

사자: (긍정하고 마부에게 달려들어 물려고 한다.)

─중략─

마부: 쉬이. (무서워하고 있다.) 사자야, 내 말 들어봐라. 그러나 우리가 무슨

여 깨끗한 마음으로 도를 닦아 훌륭한 중이 되어 부처님의 제자가 될
터이니 용서하여 주겠느냐?

사자: (좋다고 머리를 끄덕끄덕한다.)

마부: 그러면 헤어지는 이 마당에서 저런 좋은 음률에 맞춰 춤이나 한자리
추고 가는 것이 어떠냐?

사자: (긍정)

마부: 좋아. 그러면 무슨 춤으로 출라는지 네 형편을 알아보겠다. 긴 영산으로
출랴느냐? 아니야, 그럼 도드리를 출랴느냐? 그것도 아니야. 옳다 이제
야 알았다. 타령으로 출랴느냐? 「낙양동천 이화정……」(사자와 같이
한참 타령곡으로 추다가) 쉬이. (장단 그치고 사자 그 자리에 앉는다.)
아깐 타령으로 췄지만 이번에는 굿거리로 한 번 추는 것이 어떠냐.

사자: (좋다고 한다.)

마부: 아 좋아, 덩덩 덩덕꾸웅. (굿거리곡으로 한참 추다가 사자를 데리고
퇴장한다.)[12]

봉산탈춤의 사자춤마당은 목중이 사자의 정체를 파악하고 사자가 자신을 응
징하러 왔음을 인지하고서 악행을 회개하는 조건으로 사자의 용서를 받아 화해
하는 식으로 진행된다. 다시 말해서 목중이 극의 전개를 주도하여 '사자의 정체
파악(목중의 위기)－사자의 목적 파악(갈등)－협상 제안(해결)－화해 성공(대단
원)'으로 끌고 간다. 그리고 이러한 화해의 분위기 속에서 사자가 타령장단과
굿거리장단에 맞추어 춤을 추는 것이니, 재담놀이와 사자춤이 유기적으로 연결
된다. 다시 말해서 본질적으로 벽사의식무인 사자춤을 중마당군의 마지막 마당
에 위치시키고 '갈등－해결'의 놀이에 이어서 격정과 흥분 상태에서 '빠르게' 시
작하여 여유롭게 흥취를 즐기며 '약간 느린 장단'으로 바뀐 춤을 추는 것이다.
그리하여 '놀이－춤'의 구성법은 양부별산대놀이의 상좌·옴중마당과 일치하지
만, 춤의 장단과 정조(情調)의 변화는 대조적이다.

---

12) 이두현, 앞의 책, 182~185쪽.

한편 수영들놀음에서는 사자와 담비가 춤으로 대결하는데, 통영오광대에서는 사자와 담비의 춤 대결에 이어서 포수가 사자를 사살하는 식으로 보다 놀이화된 양상을 보인다.

3. 팔목중과 팔목중놀이

봉산탈춤에서는 팔목중이 독백을 하고 춤을 추는데, 양주별산대놀이에서는 팔목중이 개성화와 세속화에 의해 마당을 분화시키거나 세속적인 인물과 관계를 맺으면서 모방놀이나 싸움놀이를 한다.[13]

> 둘째목중: (달음질하여 등장. 첫목의 면상을 한삼자락으로 탁 치면 첫목은 아무 말 없이 힐끗 뒤돌아다보고 퇴장한다. 전에는 복숭아 나뭇가지로 쫓았다고 한다. 달음질하여 장내를 한 바퀴 돌고 탈판 가운데에 서서 좌우를 돌아보고) 쉬이이! 아앗쉬! 아앗쉬! (반주 멈춘다) (이하 팔목의 등·퇴장하는 방식은 같다.) 산중에 무력일(無曆日)하여 철 가는 줄을 몰랐더니, 꽃 피어 춘절이요 잎 돋아 하절이라. 오동낙엽 추절이요. 저 건너 창송녹죽에 백설이 펄펄 휘날리니 이 아니 동절이냐. 나도 본시 강산오입쟁이로 산간에 묻혔더니, 풍류소리에 한 번 놀고 가려던……〈백수한산(白首寒山)에 심불로(心不老)……〉 (타령곡에 맞추어 춤을 춘다. 한참 추다가) 쉬이이. (반주 그친다.) 수인사 연후에 대천명이요 봉제사 연후에 접빈객이라 하였으니 수인사 들어가오. 〈낙양동천(洛陽洞天) 이화정(梨花亭)……〉 (타령곡에 맞추어 한참 출 때, 셋째목중이 등장하여 면상을 탁 치면 놀라서 퇴장한다.)[14]

둘째목중이 등장하는 대목인데, ① 첫째목중을 내쫓고, ② 반주를 중단시키고

---

13) 박진태, 『한국가면극연구』, 새문사, 1985, 115~117쪽 참조.
14) 이두현, 앞의 책, 134~135쪽.

서 ③ 산중에 은둔하였다가 풍류장에 나타나게 된 사연을 밝히고, ④ 불림을 하고 ⑤ 타령곡에 맞추어 춤을 춘 다음, ⑥ 다시 반주를 중단시키고 ⑦ 인사를 하게 된 사연을 알리고, ⑧ 불림을 하고 ⑨ 타령곡에 맞추어 춤추다가 ⑩ 셋째목 중에게 퇴출당한다. 팔목중의 등·퇴장법은 팔목중이 본래는 탈판의 악귀를 내 쫓는 나자(儺者)임을 시사하는데, 팔목중은 탈판에서 '반주 중단－출현 이유－ 불림－탈춤'을 두 번 반복한다. 그런데 '출현 이유'는 산문적으로 진술하고, '불 림'은 서정시로서 시적 감흥을 일으켜 춤을 추게 만든다.15) 이처럼 춤을 추는 이유를 제시하는 방식에 두 가지가 있는데, 전자는 굿판의 신명에 감염이 된 사실을 의미하고, 후자는 가무(歌舞)의 전통에 연유할 것이다.

그런데 『모시(毛詩)』의 「대서(大序)」에 있는 다음과 같은 말은 산문적인 진 술과 운문적인 진술의 차이 및 언어적 표현과 신체적 표현의 차이를 지적하고 있다.

> 시라는 것은 뜻이 움직여 가는 바이니, 마음에 있으면 지(志)가 되고 말로서 나타나면 시가 된다. 정(情)이 안에서 움직이어 말로써 나타나는데, 말로써 부 족한 까닭으로 차탄하고, 차탄하여 부족하므로 노래하며, 노래하여도 부족하니 모르는 사이에 손발로 춤춘다.16)

'말－차탄－노래－무용'의 순서로 감정과 정서의 강도가 점차 높아지는데, 이 성적이고 논리적인 사유의 표현에서 감성적이고 직관적인 표현으로 변환하는 스펙트럼을 보여준다. 탈놀이는 산문적인 말이나 차탄하는 재담을 주로 사용하 고, 탈춤에서는 노래와 춤이 표현매체로 사용된다고 생각하기 쉬운데, 탈춤에서 도 말과 차탄이 사용되는 사례를 봉산탈춤의 팔목중춤마당에서 확인하게 된다.

---

15) 이 불림은 지금까지 학계에서 장단을 청하는 신호로 인식하였는데, 시 한 구절을 읊고 춤을 추는 것으로 보는 게 합당하다.

16) 김대행, 『시조유형론』, 이화여자대학교출판부, 1988, 14쪽에서 번역문 인용. 원문: "詩者志之 所之也 在心爲志 發言爲詩 情動於中而形於言 言之不足故嗟嘆之 嗟嘆之不足故永歌之 永 歌之不足 不知手之舞之足之蹈之也"

이것은 봉산탈춤의 놀이꾼들이 '탈춤' 속에 '탈놀이'적 요소를 수용하여 표현의
스펙트럼을 최대한으로 확장시킨 사실을 의미한다.

이와는 대조적으로 양주별산대놀이의 팔목중염불놀이는 '놀이'를 기본으로
하고 '춤'을 종속적으로 수용하고 있다.

(완보가 개복청으로부터 입장하여 깨끼춤을 추면서 삼현청 앞 여러 목중들
이 있는 곳으로 간다. ─중략─)
완보: (꽁무니에 꽹과리를 찼다. 목중들이 있는 데 와서) 너 모두 명색이 뭐냐.
목중(첫째): 우리가 중이다. (삼현청을 향하여 팔목중들이 반원형으로 섰다.)
완보: 중이면 절간에서 염불이나 하지 너, 이 떵꿍한 데가 당하냐.
목중: 그래 그렇지 않다. 않은 것이 우리가 겉은 중일지라도 속은 멀쩡한
       오입쟁이가 아니냐.
완보: 옳─것다. 너희가 겉은 중이라도 속은 오입쟁이라.
목중: 아 영락없지.
완보: 그럼 가사도 할 줄 알겠구나.
목중: 아 할 줄 알지.
완보: 그럼 우리 중이니까 염불부터 해 봐야 한다.
목중: 그래 염불하세.
완보와 목중들: (합창) 나무아미타불, 나무에미타불, 나무어미타불.
목중(관 쓴 중): 나무할미타불.
완보: 얘 얘 얘.
목중: 왜 그려, 왜 그려.
완보: 이게 무슨 안갑을 할 짓이냐.
목중: 아 왜 그래, 난 너 하자는 대로 난 부르는데.
완보: 우리 중이니깐두루 나무에미타불하는데 너는 나무할미타불하니 그 네
       가 반상(反常)하는 게 아니냐 불도를.
목중: 너 그 모르는 소리야. 너는 한 도가 얕으니까 나무어멈타불이지 나는
       너보다 도가 한 도가 높으니까 나무할미타불 불렀어.
   ─중략─

> 완보: 얘 그럼 그러지 말고 그렇게 허는 게 아니다. 우리 중이 여럿이니까
>   무슨 말이든지 여럿 가는 데로 가야지 너 혼자 유독 그럴 게 아니니깐
>   너 우선 우리 나무에미타불을 부르는데 우리 축으로 들어오너라.[17]

완보는 수행에 정진하려 하지만 다른 목중들이 오입쟁이이므로 대동정신을
존중하여 "나무아미타불, 나무에미타불, 나무어미타불."하고 엉터리 염불을 하
면서 "나무할미타불"하고 일탈 행동을 하는 관 쓴 중을 힐책하고 신앙공동체이
면서 동시에 놀이공동체인 팔목중집단 안으로 끌어들이려 한다. 이처럼 '완보와
다른 목중들의 대립-공동체적 통합 추구-관 쓴 중의 일탈-완보의 훈계'로
사건이 전개되는데, 주로 '말'에 의존하여 차탄적인 염불을 지향한다. 그렇지만
염불놀이는 염불이 본업인 목중들이 가사, 백구타령, 삼청동가, 독경, 덕담 같은
것도 구연하면서 궁극적으로는 신명나는 춤을 지향하는데, 무용적 표현보다 언
어적 표현이, 그것도 노래보다는 말이 더 큰 비중을 차지하면서 춤보다는 놀이
로 발달하였다.

4. 문둥이춤과 문둥이놀이

통영오광대의 문둥탈마당은 언어적 요소와 신체적 요소로 구성된다.

> (느린 굿거리장단에 맞추어 새면(악사석)을 향하여 문둥(양반)이가 춤을 추
> 며 등장한다. 흰 바지 저고리에 왼쪽 바지를 걷어 올리고, 문둥이 손처럼 오그
> 린 손에 오른손에는 소고(小鼓), 왼손에 소고채를 쥐고 비틀거리며 두 팔로
> 얼굴을 가리고 등장하여 팔을 떼고 춤을 추다가 코를 닦고 주저앉아 진양조로
> 자탄가(自嘆歌)를 부른다.)
> 문둥이: 아이고 내 신세야. 삼대 할아버지 삼대 조모님, 그 지체 쓸쓸한(허망
>   한) 울 아버지, 인간의 죄를 얼마나 지었건대 몹쓸 병이 자손에게
>   미치어서 이 모양 이 꼴이 되었으리오. 하이구— (코를 푼다.) 아버

---

17) 이두현, 앞의 책, 25~26쪽.

> 지야 고(괴)롭구나. 이 모양 이 꼴이 되었으니 양반인들 무엇하며
> 재산인들 쓸 데 있나. 이 세상을 파탈(擺脫)하고 살아 생전에 마음대
> 로 놀다가 죽을라네. 만사가 모두 다 여망(餘望) 없는 내 신세야.
> (잦은 굿거리장단에 맞춰 한바탕 추고 나간다.)[18]

문둥이의 한은 조상의 죄업으로 천형(天刑)을 당한 것인데, 양반으로서의 신분의식이나 체통의식에서 파탈함으로써 풍류로써 불구인 육신의 구속을 벗어나 정신적인 자유를 찾게 된다. 이러한 과정이 느린 굿거리장단으로 시작해서 잦은 굿거리장단으로 바뀌는 춤을 통해서 표현된다. 이에 상응하여 신체적인 동작도 비틀어지고 경직된 몸짓에서 유연하고 탄력적인 몸짓으로 변화한다. 이같이 통영오광대의 문둥탈마당은 문둥이의 맺힌 한이 노래와 춤에 의해 풀리는 과정을 표현한다. 그러나 고성오광대의 문둥광대마당은 "굿거리장단에 맞춰 문둥광대가 북을 가지고 등장하여 한바탕 북춤을 추고 퇴장"[19]하는 식으로 춤만으로 '한의 맺힘-풀림', '신명의 고갈-충만'을 표현한다.

이와는 달리 가산오광대의 문둥이마당에서는 다섯 문둥이들이 노름을 하고 어딩이와 갈등을 일으키는 식으로 극화된다.

> 도문둥이: 자! 우리 이는 그만 잡고 노름이나 한 번 해볼까? (다른 문둥이에
> 게) 니 얼마나 벌었나?
> 문둥이1: 응, 나 십원 벌었다.
> 문둥이2: 나도 이만큼 벌었다. 한 번 해볼래?
> 문둥이3: 짓구땡이 하자.
> 문둥이4: 좋다 속이지 마래이. (모두 모여앉아 투전을 꺼내놓고 노름을 시작
> 한다.) ―중략―
> (장타령을 하며 노름을 계속하며 떠들고 있을 때 반신불수인 어딩이가 손님
> 앓는 아이를 업고 문둥이들이 노름 하는 곳에 나타난다.) ―중략―

---

18) 같은 책, 294~295쪽.
19) 같은 책, 318쪽.

어딩이: 어이! 깽패 좀 주라 깽패.

도문둥이: 아니 네놈은 와 동냥은 안하고 돈을 주라카노? (하면서 뒤로 밀어
　　　　내자 또 다른 문둥이에게 집적거리지만 자꾸 거절당하자 뭐라고 투덜
　　　　대며 밖으로 나간다. 잠시 후 순사를 데리고 들어와 노름판을 가리키
　　　　며 귓속말을 한다. 순사는 슬며시 노름판에 다가가 들여다본다.)

순사: (정복 차림에 칼을 차고 포승을 찼다. 발길질을 해대며) 이 병신놈들이
　　　동냥을 했으면 옷이나 해 입을 것이지 노름이 뭐야 노름이, 이 자슥들
　　　이리 와 이리. (문둥이들을 잡아끌고 묶으려 하자 서로 잘못했다고 빌
　　　면서 애걸복걸 순사에게 매달린다.)[20]

가산오광대의 투전놀음도 가락오광대를 전승시킨 가락동에서 정초에 지신밟
기를 할 때 잡색들이 집주인의 가재도구를 걸고 투전판을 벌이는 사실[21]과 관련
시키면 기원적으로는 풍요제의적인 의미를 지니는 것으로 추정된다. 아무튼 투
전판을 벌이는 문둥이들과 개평을 뜯으려는 어딩이 사이에 갈등이 생기고, 그
갈등은 어딩이의 고발과 순사의 포박에 의해 해결된다. 가산오광대의 문둥이마
당에서도 문둥이들이 장타령을 부르고 병신춤을 추지만, 통영오광대나 고성오
광대처럼 문둥이가 노래와 춤에 의해서 신체적·정신적 불구를 치료하고 질곡
상태에서 해방되는 것이 아니라 삽입가무의 성격을 띠고, 연행의 종결도 춤이
아니라 문둥이들이 체포 장면인 점에서 춤정신보다는 놀이정신이 지배적이다.

5. 오방신장춤과 오방신장놀이

진주오광대에 오방신장춤마당이 성립되어 있는데, 오로지 춤만으로 구성된다.

염불타령 장단에 동방청제장군(청색가면), 서방백제장군(백색가면), 북방흑
제장군(흑색가면), 남방적제장군(적색가면), 중앙황제장군(황색가면)이 각기

---

20) 같은 책, 337~339쪽.
21) 김해민속예술보존회, 『김해가락오광대』, 박이정, 2004, 109쪽 참조.

자기에게 속한 오색의 철육에 갓에는 호수를 달고 등장하면 음악은 국거리로 넘어가며 오신장은 무언으로 무용한다.[22]

오방신장이 등장하여 오방무를 추는데, 장단이 염불에서 굿거리로 바뀜에 따라 춤판이 제의적인 분위기에서 축제적인 분위기로 전환되고, 춤사위도 엄숙하고 긴장시키는 춤에서 활발하고 발산적인 춤으로 달라진다. '느리게─빠르게', '침잠─부양', '응축─확산'의 대립 관계라 할 수 있다.

그런데 이러한 진주오광대의 영향 아래 형성된 것으로 보이는 가산오광대는 오방신장무마당에 대사가 형성되어 무용극에서 대사극으로 이행하는 초기 단계를 보인다.

(탈판 한쪽에 악사가 자리 잡고 적당한 곳에 오방신장들이 황제장군을 선두로 반주음악에 맞춰 오방신장춤을 추며 탈판 중앙 적당한 곳에 도착하면 황제장군이 멈춰 서서 '에아 쉬─이'하면 음악과 춤이 일제히 멈춘다.)
　황제장군: (손에 든 모삼으로 동쪽을 가리키며) 동방청제장군─. (하고 부른다.)
　청제장군: 예─.
　화제장군: 동쪽에 서고. (청제장군은 동쪽에 가서 선다.) 서방백제장군─.
　백제장군: 예─.
　황제장군: 서쪽에 서고, (선 다음) 북방흑제장군─.
　흑제장군: 예─.
　황제장군: 북쪽에 서고, 남방적제장군─.
　적제장군: 예─.
　황제장군: 남쪽에 서고. (마지막 적제장군이 자리에 서면 황제장군은 동서남북의 한 중앙에 선다.) 서울 선비들이 영남이 놀기 좋다 해서 경남 사천군 축동면 가산리라 큰데 내려와 보니 경치 좋고 공기도 좋고 가산 한량들이 많아 이 좋은 장단에 오방신장들은 각기 마음대로 춤이나 한번 촬촬 춰보세. (장단에 맞춰 한참 춘다.)[23]

---

22) 송석하, 『한국민속고』, 일신사, 1960, 377~378쪽.
23) 이두현, 앞의 책, 332~333쪽.

황제장군이 '말'로써 다른 네 신장에게 위치를 지정해줌으로써 탈판의 중앙을 차지하는 공간 구성적인 측면에서만이 아니라 명령적인 언어에 의해서도 최고 신적 지위를 과시한다. 오방신장이 출현한 이유는 '가산 한량들이 풍악을 울리며 놀이판을 벌였기' 때문에 그 신명에 감염된 것으로 진술된다. 이처럼 벽사의 식무인 오방신장춤마당은 악귀와 사기(邪氣)를 구축하는 종교주술적인 기능만 수행하는 것이 아니라 '느리게-빠르게'의 구성 원리에 의해 심리적으로 정서적으로 신명풀이를 하고, 춤을 통한 감성적인, 직관적인 감응 현상에만 의지하지 않고 '말'을 통한 설명에 의해서도 이성적인, 논리적인 인식을 겨냥한다.

그러나 말에의 의존도는 가산오광대의 영노마당에서 극대화된다.

(오방신장들이 한참 합동으로 춤추고 있을 때 한쪽에서 영노(사자의 일종)가
　　장단에 맞춰 춤을 추며 등장한다. 영노는 입에서 삐삐 하는 괴상한
　　소리를 내며 탈판에서 춤을 추고 있는 오방신장들을 달려들어 차례로
　　잡아먹는 시늉을 한다. -중략-)
황제장군: (놀라) 어라 쉬이-. (음악 멈추고 잔뜩 노리고 있던 영노가 덤벼
　　들자 기겁을 하고 이리저리 도망치면서 소맷자락으로 영노를 뿌리친
　　다. 영노와 대면하고 선다.) 대관절 니가 뭐꼬?
영노: 내가 영노다 영노. (대답하고 다시 달려들어 잡아먹으려 한다.)
황제장군: (쫓기어 도망가다가 다시 마주서면서) 영노란 짐승이 이 야지(野
　　地)에 어찌 내려왔나?
영노: 배가 고파 안 내려왔나.
황제장군: 니가 뭐를 잘 먹노?
영노: 아무거라도 다 잘 먹는다.
　-중략-
황제장군: 이놈 영노야 내가 양반인데 니가 양반도 먹느냐?
영노: 흥! 양반은 더 멋있지. (하면서 다시 달려든다. 황제장군은 피해서 이
　　리저리 피해 다니지만 결국 영노에게 잡아먹힌다. -중략- 포수가 총
　　을 들고 모리꾼 한 명과 함께 탈판 한구석에 등장하여 -중략- 영노
　　에게 총을 겨누고 한참 조준하다가 총을 쏜다. 영노는 비틀비틀하다가

> 쓰러져 죽는다.)
>
> 포수: 예이 숭악한 놈 잡았다. (달려들어 발로 차보고 완전히 죽었음을 확인
>   하고 영노를 끌고 퇴장한다.)[24]

황제장군이 다른 네 신장을 잡아먹은 영노에게서 살기와 공포심을 느끼고 그와 같은 위기 상황에 적절하게 대응하기 위하여 영노의 정체를 파악하고, 영노의 의도와 목적이 무엇인지 탐색한다. 그리고 양반이라는 신분을 내세워 절체절명의 위기를 모면하려 필사적으로 지혜를 짜내지만 실패하고 살해당한다. 영노와 황제장군의 관계를 잡아먹고 잡아먹히는 적대 관계로 설정하여 극적 긴장감을 조성하고, 황제장군과 영노가 말을 통한 두뇌싸움을 연출하도록 하여 관객의 정서적 감응보다는 논리적 사고를 유도한다.

Ⅲ. 탈춤과 탈놀이의 미학적 · 예술학적 차이

탈춤과 탈놀이의 미학적 차이는 무용과 연극의 미학적 차이가 되므로 예술의 분류와 관련된 문제가 된다. 따라서 예술의 분류가 철학적 입장에 의한 분류와 과학적 입장에 의한 분류로 구분되고, 후자는 다시 발생론적 입장에 의한 분류와 유형학적 입장에 의한 분류로 나누어지며, 유형학적 분류에서 예술을 공간예술과 시간예술로 구분하는 견해에 입각하여 논의를 전개하기로 한다.[25] "공간적 병존관계의 동시성 · 정지성(靜止性) · 공존성과 시간적 선후관계의 계기성 · 운동성 · 추이성(推移性)에 상응하는 공간예술과 시간예술의 차이"[26]를 인정하면, 탈은 조각으로 삼차원적 공간예술(조형예술)에, 음악과 희곡은 시간예술에, 무용은 판토마임(연극)과 함께 시공간적 예술에 속한다. 그리고 무용과

---

24) 같은 책, 333~335쪽.

25) 『미학예술학사전』, 미진사, 1990, 285~288쪽 참조.

26) 같은 책, 288쪽.

판토마임(연극)은 다시 운동예술이라는 점에서 동일한데, 그러나 현실의 사물과의 관계에 있어서 모방예술(재현예술, 묘사예술, 대상적 예술)과 비모방적 예술(표현적 예술, 기분예술)로 구분하는 입장을 취하면, 연극은 사물적 예술이고, 무용은 비사물적 예술인 점에서 차이가 생긴다.[27]

이러한 분류법에 의하여 탈춤과 탈놀이의 유형을 분류하면 다음과 같이 된다.

1. '조각－음악－무용'의 결합 형태: 장단에 맞추어 추는 탈춤(봉산탈춤의 사상좌춤마당, 고성오광대의 문둥이마당, 진주오광대의 오방신장춤마당 등)
2. '조각－음악－무용－서정시'의 결합 형태: 불림으로 장단을 청하여 추는 탈춤
3. '조각－음악－무용－서정시－희곡'의 결합 형태: 재담을 말하고 불림으로 장단을 청하여 추는 탈춤(봉산탈춤의 둘째목중부터의 목중춤 등)
4. '조각－음악－무용－연극'의 결합 형태: 장단에 맞추어 춤을 추며 극적인 행동을 하는 탈춤놀이(봉산탈춤의 노장마당, 강릉단오굿탈놀이 등)
5. '조각－음악－무용－연극－서정시'의 결합형태: 장단에 맞추어 춤을 추고 연극적인 행동도 하고 노래도 부르는 탈춤놀이(학·연화대·처용무 합설)
6. '조각－음악－무용－연극－희곡'의 결합 형태: 장단에 맞추어 춤을 추고 연극적 행동도 하면서 재담을 주고받는 탈춤놀이(들놀음과 오광대의 영노마당 등)
7. '조각－음악－무용－연극－서정시－희곡'의 결합 형태: 장단에 맞추어 춤을 추고 서정적인 노래를 부르고 연극적 행동을 하며 재담을 주고받는 탈춤놀이(수영들놀음의 양반말뚝이마당 등)

탈춤에도 사자춤처럼 사실적인 경우도 있지만, 기본적으로 느린 장단으로 시작해서 빠른 장단으로 바꾸면서 춤사위도 그에 상응시켜 슬픔, 절망, 분노, 증오, 원망과 같은 부정적인 정서와 심리 상태에서 환희, 희망, 사랑, 승리감, 해방감과 같은 긍정적인 정서와 심리 상태로의 전환을 이룩하는 비사물적인 예술을

---

27) 같은 책, 289쪽 참조.

지향한다.

연극은 대상을 모방하고 재현하는 양식이므로 본질적으로 사물적 예술이다. 그러나 이러한 연극이 비사물적인 무용과 결합함으로써 표현 영역이 확장된다. 더욱이 '탈'이라는 조형예술만이 아니라 사물적인 서정시(노래)와 희곡 같은 시간예술과 함께 음악 같은 비사물적 시간예술과도 결합된 탈춤놀이야 말로 가장 종합적인 예술 형태로 양감, 색채, 운동, 음성, 음향 등 다양한 감각적 조건을 체험하게 한다. 그뿐만 아니라 조형미와 운동미(율동미)를 함께 향수할 수 있게 하고, 재현과 표현의 욕구를 모두 충족시킬 수 있고, 시각과 청각 및 운동감각을 동원하게 만든다.

마지막으로 무용과 연극의 원초적 결합 형태인 제4유형을 통해서 무용과 연극의 차이와 그 결합 가능성을 살펴보기 위해서 봉산탈춤에서 노장이 소무를 유혹하는 대목을 집중적으로 분석한다.[28]

노장이 소무를 유혹하는 대목은 재담은 한 마디도 없이 오로지 몸짓과 춤으로만 연출되는 무언무용극이다. 노장이 욕망과 집착을 번뇌의 근원으로 보는 불교적 존재를 벗어나 인간의 본성을 해방시키고, 마침내는 신성한 세계를 대변하는 노장과 세속적인 세계를 대변하는 소무가 성적으로 결합하여 성과 속의 대립을 해소시키고 화합을 이루게 되는데, 그러한 과정에서 일어나는 노장의 심리적인 변화가 춤과 장단의 조화를 통해 완벽하게 표현된다. 다시 말해서 노장이 육환장을 땅에서 떼어 어깨에 메고 소무의 등 뒤로 뒷걸음질로 접근하여 등끼리 마주칠 때까지는 느린 도도리곡이 육환장의 직선미와 함께 심리적 긴장감을 고조시키고, 등을 접촉한 이후부터는 노장은 적극적으로 소무에의 접근을 꾀하여 넘실대는 굿거리장단에 맞추어 오른손에는 부채, 왼손에는 육환장을 나누어 쥐고 손춤을 추며 소무의 얼굴을 보기 위해 이리저리 움직이는 것이다. 그러다가 장단이 빠른 타령곡으로 바뀌면서 몸놀림과 행동의 진폭이 커진다. 거추장스런 육환장은 집어던지고 염주를 벗어서 소무의 목에 걸어주며, 소무가 염주를 벗어

---

28) 노장이 소무를 유혹하는 대목에 대한 분석은 이미 박진태, 『한국민속극의 실천』, 역락, 1999, 38쪽에서 실시한 바 있으므로 그 일부를 이곳에 가져온다.

내던지면 냄새를 맡고 다시 시도하고, 소무가 마침내 수락하면 신명나게 맞춤을 춘다. 이와 같이 소무의 등에 자기의 등을 접촉시키고, 염주에 묻은 소무의 체취를 맡고, 거울을 보고 얼굴과 송낙을 손질함으로써 불교의 초월주의, 금욕주의, 정신주의를 버리고. 육체와 감각의 즐거움을 발견하게 되는데, 노장과 소무의 성적인 결합을 상징하는 두 사람의 맞춤에서 그 절정에 이르는 것이다. 진실로 노장과 소무가 연출하는 한 마당의 춤놀이는 종교적인 사제자가 세속의 미녀에 매혹되어 파계하는 과정을 표현한 무언무용극의 백미라 아니할 수 없다.

요컨대 봉산탈춤의 노장·소무춤놀이는 노장의 파계라는 하나의 행동이 '도도리곡—굿거리장단—타령장단'의 순서로 느리게 시작해서 빨라지는 장단(음악)에 맞추어 몸놀림과 춤사위의 폭도 점차 커지는 과정을 거치면서 완결되는 점에서 연극과 음악과 무용이 완벽하게 삼위일체를 이룬다. 이러한 뮤즈적 예술(음악)과 운동예술(무용·연극)이 반점이 무수히 찍힌 검은 얼굴에 음험한 눈과 불만스런 입을 한 노장의 탈이라는 조형예술과 어우러지는데, 탈(공간예술)은 그 표정의 고정성 때문에 극적 상황이 전개될수록 시간예술(음악) 및 시공간적 예술(무용·연극)과 미묘한 부조화를 이루게 된다.

Ⅳ. 맺음말

탈춤과 탈놀이는 단순히 가면극의 이칭인 것이 아니라 춤(무용)과 놀이(연극)라는 예술의 분류와 관련된다는 문제의식에서 현전하는 민속가면극에서 동일한 인물의 탈을 쓰고 춤을 추는 경우와 놀이를 하는 경우를 대비하여 분석한 다음 무용과 연극에 대한 미학적 정의를 가면극에 적용하여 유형 분류를 시도해 보았다. 그 결과 7개의 유형이 존재함을 확인하게 되었는데, 이들은 다시 '조각—음악—무용'을 공통 요소로 하여 '탈춤'이라 분류할 수 있는 3개의 유형들과 '조각—음악—무용—연극'을 공통 요소로 하여 '탈춤놀이'라 분류할 수 있는 나머지 4개의 유형들로 양분할 수 있다. 따라서 무용과 연극이라는 예술분류법이 가면극의 유형 분류에도 유효한 사실이 입증되었으며, 이러한 사실은 가면극이 탈춤 단계에서 탈놀이 단계로 발전했을 것이라는 연극사적 사실을 시사한다.

이런 까닭에 '탈춤'이나 '탈놀이'는 모두 사용 가능하며, 다만 발생론적인 초기 형태와 무용적인 요소를 더 중시하느냐? 아니면 발생론적 후기 형태와 연극적 요소를 더 중시하느냐의 문제인데, 상황에 따라, 관점에 따라 적의하게 사용하면 될 것 같다. 그런데 이러한 구분법이 곤혹스럽다 해서 '가면극'이라고 호칭한다고 해서 문제가 해결되는 것도 아님을 유념해야겠다. 왜냐하면 '가면극'도 '가면-극'의 합성어이므로 '탈놀이'에 해당되고, '탈춤'에 해당하는 한자어는 '가면-무용'이고, '탈춤놀이'에 해당하는 한자어는 '가면-무용-극'이기 때문이다.

이 글은 '탈을 쓰고 노는 전통극'을 지칭하는 용어의 적절성을 재검토한 작업인데, 무용과 연극의 개념을 분명하게 재인식하게 되었고, 탈춤과 탈놀이가 발생론적으로 선후 관계인 사실도 확인하게 된 점에서 일정한 성과를 인정할 수 있다. 앞으로도 탈놀이에 대한 연구가 방법론과 시각의 혁신을 통해 보다 심도 있게 이루어져야겠다.

참고문헌

김대행, 『시조유형론』, 이화여자대학교출판부, 1988.
김해민속예술보존회, 『김해가락오광대』, 박이정, 2004.
박진태, 『한국가면극연구』, 새문사, 1985.
박진태, 『한국민속극의 실천』, 역락, 1999.
송석하, 『한국민속고』, 일신사, 1960.
이두현, 『한국가면극선』, 교문사, 1997.
『미학예술학사전』, 미진사, 1990.

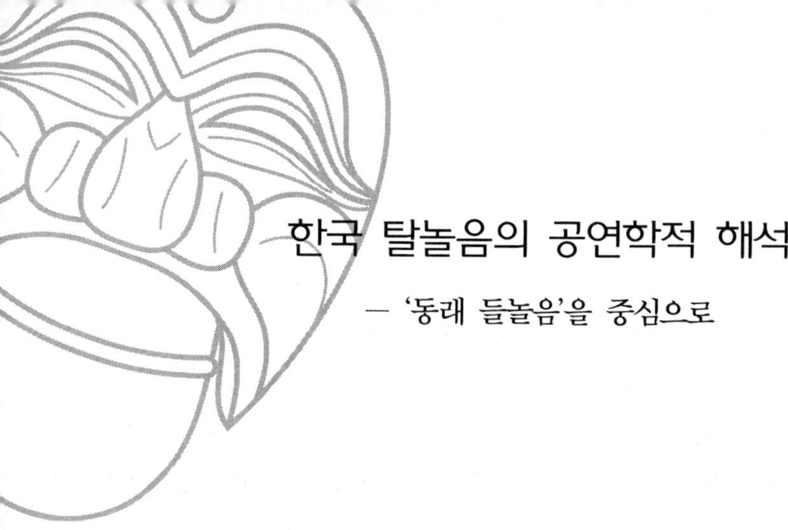

한국 탈놀음의 공연학적 해석
─ '동래 들놀음'을 중심으로

김익두

Ⅰ. 서언

그동안 한국의 '탈놀음'[1] 연구는 1920년대부터 학문적인 관심사로 부각되기 시작하여, 1930년대에 들어서는 본격적인 학문적 대상으로 자리 잡게 되었고, 그동안 나온 논문과 저서들이 1,000여 편에 이르며, 그 연구의 방향과 영역도 매우 다양해지고 넓어져 철학·민속학·인류학·연극학·무용학·음악학·문학 등, 여러 방면에 걸쳐서 연구가 진행되어 왔다.

그동안의 탈놀음 연구는 시기별로 초창기(1920~1930년대)·침체기(1940~1952)·재건기(1953~1969)·발전기(1970~1980)·심화기(1981~현재) 등으로 나누어 정리되기도 하고, 연구 분야별로 나누어 민속학적 연구·역사적 연구·문학적 연구·주제연구·공연자 연구·무대예술적 연구, 미학적 연구, 비교연구 등으로 나누어 정리되기도 했다.[2] 기존의 탈놀음 연구들을 연구 분야별로 나누어 간략히

---

1) 한국 '탈놀음'에 상응하는 용어들로는 '가면극'·'탈춤'·'탈놀이' 등이 있으나, 본고에서는 전통 서민 사회에 가장 일반화되어온 용어인 '탈놀음'이란 용어를 사용하고자 하며, 이 용어가 이와 상응하는 대상을 지칭하는 용어로서는 가장 적합한 용어라고 생각한다. 이에 관해서는 정상박 (1993), 「한국 탈놀음의 갈래」, 『문학한글』제7호, 한글학회, 119-41쪽.
2) 전경욱(2000), 「가면극 연구의 현황과 전망」, 『문화예술』10월호, 서울: 문예진흥원.

살펴보면 다음과 같다.

'민속학적 연구'에서는 송석하(1933, 1960) · 김일출(1958) · 권택무(1966) · 이두현(1969) · 정상박(1986) · 서연호(1987, 1988, 1989, 1991) 등이 현지조사를 통해서 탈놀음 전승 자료들을 모아 정리하고 설명하였다. '역사적 연구'에서는 탈놀음의 기원연구를 중심으로 하여 안확(1932) · 김재철(1933) · 이두현(1969) · 전경욱(1998) 등의 '산대희(山臺戲)기원설', 이혜구(1953, 1969) · 최정여(1973) · 서연호(1993)의 '기악(伎樂)기원설', 조동일(1979) · 박진태(1990) 등의 '제의(祭儀)기원설', 김일출(1958)의 '실제적인 목적기원설' 등이 제기되었다.

'문학적 연구'는 류종목(1981) · 김욱동(1994) · 조만호(1995) 등의 탈놀음의 구성법 · 수사법 · 조어법 분석, 전경욱(1998)의 '삽입가요' 논의, 강용권(1977) · 전경욱(1993) · 이두현(1997)의 탈놀음 대본 주석 등으로 전개되었고, '주제 연구' 분야에서는 이두현(1969)이 벽사의 의식, 파계승에 대한 풍자, 양반계급에 대한 모욕, 일부(一夫)처첩의 삼각관계 및 서민생활의 애환 등을 지적한 바 있고, 권택무(1966)와 조동일(1979)은 주로 계층적 대립 관계에 주목하였으며, 김열규(1975)는 탈놀음의 사회—심리학적 주제의식에 주목하였고, 김인환(1979)은 놀이적 측면에서의 주제를 논의했다.

'공연자 연구' 분야에서는 주로 공연자들과 등장인물들의 사회적 신분에 주목하여, 아키바 다카시(1954) · 이두현(1969) · 이훈상(1989) · 전경욱(1998, 2000) 등은 공연자들의 사회적 신분을 논의했고, 박진태(1990)는 공연자들이 맡아 연기하는 등장인물들의 사회적 신분 특성에 주목하였다.

'무대예술적 연구' 분야에서는 탈놀음의 가면 · 조형 · 춤사위 · 무대 · 의상 등을 논의하여, 정양모 · 조동일(1981) · 유민영(1984)은 탈놀음 가면의 조형과 상징성 및 지역적 특성 등을 다루고, 최상수(1984) · 전경욱(1996)은 가면의 기원 · 종류 · 제작법을, 그리고 임재해(1991)는 하회탈놀음 가면의 예술성과 사회성을 고찰했다. 그리고 김세중(1972) · 김백봉(1976) · 이병옥(1982) · 김온경(1980, 1983) · 송경희(1998) · 최창주(2000) 등은 탈놀음의 춤사위를, 심우성(1973, 1974) · 허술

(1974) · 김우탁(1978)은 탈놀음의 무대와 공연장을 탐구했다.

'미학적 연구'에서는 조동일(1979)의 탈놀음의 갈등구조 · 극장주의적 특성 · 배우—청관중 관계 등의 분석, 김열규(1980)의 탈놀음의 유형성 · 즉흥성 · 제의성 · 즉흥성 · 소극성(笑劇性) · 현장성 등의 지적, 전신재(1980)의 아르또적 '몰입'의 반복적 점층적 공연구조와 생명지향적 원리의 지적, 전경욱(1995)의 구나적(驅儺的) 형식성 논의, 조동일(1997)의 '신명풀이' 미학 논의 등으로 이어졌다.

한편, '비교연구' 분야에서는 여석기(1970)의 서양 소극(farce)과의 비교, 김학주(1963) · 윤광봉(1992) · 전경욱(1995) 등의 중국의 나례 잡희와의 비교, 송동준(1974)의 브레히트 서사극의 비교, 전신재(1980)의 아르또의 잔혹극과의 비교, 이미원(1990)의 서양 16세기 '코메디아 델아르테'와의 비교연구 등으로 전개되었다.

이상에서 간략히 종합해본 바와 같이, 한국 탈놀음 연구는 그동안 그 시야가 상당히 넓어지고 연구 내용도 많이 보강되어 왔음을 알 수 있다. 그러나 이러한 연구들은 아직도 여러 면에서 많은 보완 연구들을 필요로 하고 있다. 특히, 가면극의 사설 · 춤사위 · 장단 · 삽입가요를 개별적으로 다룰 것이 아니라, 예술 표현 형식이란 측면에서 각 요소들이 함께 어울려 이루어내는 공연방식에 대한 고찰을 통한 미학적 측면의 연구에 있어서는, 더욱 더 많은 보완 연구를 필요로 하고 있다.[3]

이러한 연구를 위해서는 우선 종래의 연구방법들을 통합적으로 연결하는 새로운 학제적인 연구 패러다임이 필요하며, 그러한 새로운 방향의 연구 패러다임을 우리는 최근에 대두되고 있는 '공연학(performance studies)'에서 찾을 수 있다. 그리고 '공연학'의 방법론들 중에서도 현재 우리의 탈놀음 연구에 가장 효율적으로 활용할 수 있는 방법론으로는 리차드 셰크너(Richard Schechner)가 수립해 놓은 다음과 같은 6가지 관점과 방법론을 들 수 있다.[4]

첫째, 어떤 공연에서 그 공연에 참가하는 사람들, 즉 공연자와 청관중들이

---

3) 전경욱(2000), 앞의 글.
4) 리차드 셰크너 지음 · 김익두 옮김 (2005), 『민족연극학』, 서울: 한국문화사, 1−57쪽 참조.

그 공연을 통해서 자기의 '**존재**'와 '**의식**'면에서 어떤 **변화**를 겪게 되는가 하는 점을 고찰한다. 어떤 경우에는 공연을 통해 자기의 사회적 존재와 내면 의식 둘 다가 변화되는 경우도 있고, 어떤 경우에는 사회적 존재만이 변화되고 내면 의식은 변하지 않는 경우도 있고, 사회적 존재는 변하지 않고 내면의식만 변화되는 경우도 있다. 예컨대, 원시적인 부족사회 내에서의 성인식 공연에 참가하여 고된 시련 과정으로 이루어진 성인식을 치르고 있는 미성년자들은, 그 성인식이 끝나면 일반적으로 그들의 사회적 존재와 그들의 내면 의식 둘 다 완전히 미성년으로부터 성인으로 변화된다고 볼 수 있다. 그러나 오늘날의 사회에서의 결혼식을 치르고 있는 두 남녀는, 그 결혼식이 끝난 후에 그들의 사회적 존재는 분명히 기혼의 남편과 아내라는 지위가 부여되면서 크게 변화되지만, 그들의 내면 의식은 결혼 전 연애 시절에 이미 부부의 의식으로 변화되어 있을 수 있다. 이 경우에, 그 결혼식 공연을 통해서 사회적 존재는 변화되지만, 내면 의식이 분명하게 변화되는 것은 아니라고 볼 수 있다. 또 오늘날 극장에서 공연되는 연극의 경우, 여기에 공연자 혹은 청관중들로 참여한 사람들 중 일부 매우 감동한 사람들은 그 공연을 마친 뒤에 그 공연을 통해 자기의 사회적 존재가 변화되는 것은 아니라고 할지라도, 그들의 내면 의식은 크든 작든 변화된다고 보아야 한다.

또 한편, 그러한 변화는 '지속적 변환(transformation)'과 '일시적 변환(transportation)'으로 구분 지을 수 있다. 즉, 앞에서 예로 든 원시 부족의 성인식 공연자와 결혼식의 공연자는 그 공연을 통해 이루어진 그들의 사회적 존재나 내면 의식상의 변화를 죽을 때까지 지속해가게 되지만, 오늘날 연극의 공연에 참가했던 공연자들은 그 공연 중에는 '외디푸스'나 '햄릿'으로 변화되지만, 그 공연이 끝나면 공연 이전의 사회적 존재인 배우로 되돌아가게 된다. 이 두 가지 경우에 있어서, 전자와 같은 경우를 '지속적 변환'이라 하고, 후자와 같은 경우를 '일시적 변환'이라 한다.

둘째, 어떤 공연에 있어서 그 공연의 **긴장성**(intensity)은 어떻게 어떤 방법을 통해 구축하게 되는가하는 점을 고찰한다. 공연은 마치 시간과 리듬이 구체적이고 물질적이고 유연한 사물들인 것처럼 에너지를 모으고, 그래서 시간과 리듬이 텍스트·소품·의상·공연자 및 청관중들의 육체와 같은 방법으로 사용될 수 있다. 훌륭한 공연은 소리와 침묵 사이의 간격을 적절하게 조절하고, 사건들의 상승도와 하강도를 일시적·공간적·정서적·근육운동지각적으로 조절하는 가운데, 이러한 요소들이 (단순한 것으로 체험되는) 복잡하지만 명백히 불가피한 패턴 속으로 짜여져 들어간다.

이러한 긴장성의 구축 틀 곧 구성의 틀은 우리나라의 전통 풍물굿 등에서와 같이 반복·순환·축적의 패턴으로 구축되기도 하고, 그리스 이후 서구의 연극 플롯에서처럼 비반복적·계기적·종결적인 패턴으로 구축되기도 하고, 어떤 경우에는 혈압과 심장의 박동수가 감소하고 동공이 수축하고 뇌파가 동시적으로 일어나고 트랜스 상태와 수면에로의 경향을 지니는 '총체적 저조의 긴장성(total low intensity)'으로 구축되기도 하며, 반대로 혈압과 심장의 박동수가 증가하고 동공이 팽창하며 뇌파가 계기적으로 일어나며 고도의 흥분과 각성에로의 경향을 보이는 '총체적 고조의 긴장성(total high intensity)'으로 구축되기도 한다. 전자를 '트로포트로픽(trophotropic) 구성'이라 하고, 후자를 '에르고트로픽(ergotropic) 구성'이라 한다. 더 나아가, 터너가 말하고 있는, 사회 전체를 지배하는 사회적 사건들의 드라마인 **사회극**(social drama)'의 이론처럼 위반(braech)·위기(crisis)·교정행동(redressive action)·재통합(reintegration) 혹은 분리(schism)의 형태로 이루어지는 긴장성 구축 방법도 생각할 수 있다.

공연의 긴장성 곧 공연의 구조를 파악하는 것은, 그것이 어떻게 만들어지고 축적되고 여러 요소들을 활용하는가를 찾아내는 것이다. 그것은 그 공연이 어떻게 참여자들을 끌어 들이는가 혹은 배척하는가, 대본이 어떻게 사용되는가 등, '공연텍스트' 전체에 대해 면밀하게 관찰하고 기술하는 것이며, 연출가로부터 잠자는 어린 청관중에 이르기까지 모든 공연 참가자들의 체험과 행동들을 면밀하게 관찰하고 기술하는 것이다. 그렇게 하여, 그 공연만이 구축하고 있는 독자적인 긴장성의 틀 곧 공연구조를 찾아내서, 그것과 다른 공연 양식들의 긴장성 구축 방법과를 서로 비교·대조하여, 전 세계 민족 공연들의 독자적인 긴장성 구축의 틀들을 종합적으로 기술하고, 그 가능성들을 검토하고 밝혀내는 일이 이 방면의 궁극적인 작업이 될 것이다.

셋째, 어떤 공연에서 **공연자**와 **청관중**은 어떻게 서로 **상호작용 관계**를 형성하는가를 관찰한다. 그것은 서구의 근대 '리얼리즘' 연극의 '훔쳐보기'식 혹은 관음증적인 닫힌구조의 상호작용 관계에서부터, 한국 '판소리'의 ('추임새'를 통한) 열린구조의 상호작용 관계에 이르기까지, 매우 다양한 정도와 방법의 상호작용 관계가 이루어지게 된다. 민족공연학은 공연을 중심으로 이루어지게 되는 이런 공연자와 청관중 사이의 다양한 상호관계를 관찰하고 그것들을 서로 비교 분석해서 각 공연들이 구축하고 있는 상호관계들의 '차이'를 드러내는 작업을 수행해야 한다.

넷째, **공연**의 **전체과정** 상의 특징은 어떻게 드러나는가를 관찰한다. 공연의 전체 과정은 대체로 공연의 준비과정, 공연과정, 공연 이후 과정 등 세 과정으로 크게 나눌 수 있다. 또 공연의 준비과정은 트레이닝·워크샵·리허설·워밍업 등의 과정으로 이루어지고, 공연과정은 공연·냉각 과정 등으로 이루어지며, 공연이후 과정은 여파 등의 과정으로 이루어진다. 여기서 '냉각'이란 공연이 끝난 직후 공연의 열기나 감동을 가라앉히기 위한 '뒤풀이'와 같은 일련의 행동과정을 말하며, '여파'란 그 공연이 공연 이후에 공연 밖으로 퍼져나가게 되는 영향력을 말한다. 그리고 이러한 전체 과정은 서로 연결된 일련의 과정으로서, 서로 피드백되고 순환되는 과정이다. 이를 도표화하면 다음과 같다.

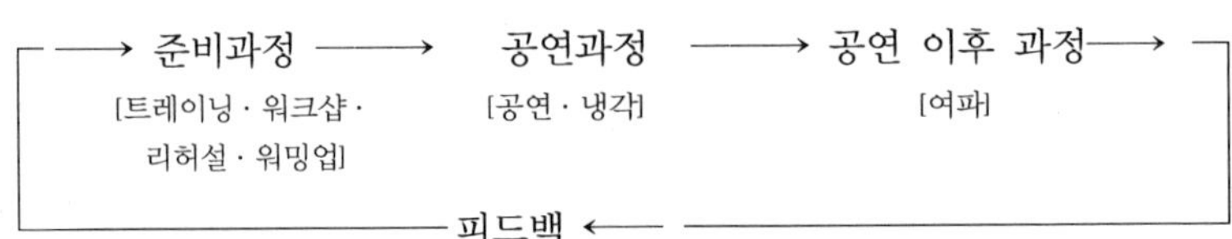

[그림1] : 공연의 전체과정

다섯째, **공연지식**이 어떻게 **전승**되고 **전파**되는가를 관찰한다. 공연지식은 경우에 따라 문자기록 형태로 전승·전파되기도 하고, 구비전승 형태로 전승·전파되기도 하며, 행위전승 형태로 전승·전파되기도 하고, 이 중에 몇 가지 혹은 세 가지가 다 활용되기도 한다. 또 어떤 공연의 전통과 역사와 문화와 양식과 관습 등에 따라 공연지식의 전승·전파는 서로 각기 다른 면모를 지니고 있다. 우리의 마을굿·무당굿·풍물굿·탈놀이·판소리·꼭두각시놀음·민속놀이·창극·(신파극) 등, 우리의 민속적 성격이 강한 공연물들은 전통적으로 구두전승과 행위전승을 통해 전승되어 왔으며, 궁중무용·궁중음악·각종 상류층 공연물들은 문자전승의 방법을 많이 활용하면서 전승·전파되어 왔다.

또, 각 민족들의 공연지식들을 관찰해 보면, 공연의 전체 과정 — 준비과정·공연과정·공연 이후 과정 — 중에서 어떤 공연 양식은 준비과정을 강조하는 것도 있고, 어떤 공연 양식은 공연과정을 강조하는 것도 있으며, 어떤 공연 양식은 공연 이후 과정을 중시하는 경우도 있다. 또한, 어떤 공연에서는 판소리와 같이 공연지식이 주로 공연의 준비과정 중 트레이닝 과정에서 주로 전승되는 경우도 있고, 또 어떤 공연에서는 풍물굿과 같이 공연지식이 주로 공연 중에 전승되는 경우도 있다. 어쨌든, 공연지식의 전승·전파 방식을 자세히 종합적으로 고찰하고 기술하여, 그 '차이'들을 드러내는 작업도 민족공연학에서 소홀히 할 수 없는 매우 중요한 영역이다.

여섯째, 공연들이 어떻게 **생성·평가**되는가를 관찰한다. 이것은 공연의 가치평가 문제, 즉 어떤 공연에 대한 가치평가가 어떤 방법으로 이루어지는가에 대한 고찰이다. 어떤 공연들은 판소리와 같이 공연 중에 그 공연에 참여한 청관중들의 '추임새'에 의해 직접적으로 평가되는 공연도 있고 전통사회에서의 풍물굿과 같이 공연 중에 이룩하게 되는 '청관중의 공연자화' 정도에 의해 평가되는 공연도 있으며, 오늘날의 현대극과 같이 주로 공연이 끝난 다음에 전문적인 비평가들에 의해 평가되는 공연도 있다. 여기에서는 또 가치평가의 기준, 가치평가의 주체, 객관적 평가와 주관적 평가의 문제, 미학의 문제, 가치체계의 문제

등도 다루어져야 하며, 이런 문제들을 각 공연물 혹은 공연 양식별로 구체적으로 고찰·분석·종합한 다음, 그것들을 서로 비교·대조함으로써, 각 민족 공연들의 독자적 특성과 가치와 가능성들을 밝혀낼 수 있게 되는 것이다.

이상은 리차드 셰크너가 주로 민족연극학적인 관점에서 세워놓은 몇 가지 공연분석의 모델들이지만, 여기서 살펴본 바와 같이 연극뿐만 아니라 그 외의 여러 공연 양식들과 공연물들에 대해서도 적용할 수 있는 매우 포괄적이고 유연한 모델임을 알 수 있다. 본고에서는 이상의 6가지 관점에서, '동래 들놀음'을 중심으로 한국 탈놀음의 공연학적 특성들을 해석해 보고자 한다.

Ⅱ. 본론

1. '존재'와 '의식'의 변화

우리나라가 '근대'로 접어들면서, 우리의 연극 문화도 이러한 '근대적'인 여러 맥락 속에서 '전통연극' 문화와 '근대연극' 문화의 '이중구조'로 변화되었다. 그래서 전자의 맥락에서는 기존의 마을굿·고을굿·무당굿·풍물굿·꼭두각시놀음·탈놀음·판소리·창극·마당극·마당놀이 양식들이 전승 혹은 창조되어 왔고, 후자의 맥락에서는 신파극·신극 양식들이 유입 형성되어 왔다.

전자의 맥락에서 이루어진 대부분의 연극적 공연 양식들인 마을굿·고을굿·무당굿·풍물굿·탈놀음 등은, 그것을 전승·전파해온 집단 공동체의 주기적인 의례행위인 그 집단의 '세시풍속' ― 마을굿/동제 혹은 고을굿 등 ― 과 불가분의 연관 관계 속에서, 그러한 '세시풍속'의 빼놓을 수 없는 중요한 '일부분'으로 이루어지고 전승되어온 것이다. 반면에, 후자의 맥락에서 이루어진 신파극·신극 등의 '외래적' 양식들은 전통적인 집단 공동체의 주기적인 의례 행위와는 무관하게 이루어지고 행해져온 것이다. 탈놀음은 전자의 맥락 곧 '전통연극'의 맥락 속에서 전승되어온 연극 양식이며, 그러기에 대부분의 탈놀음은 그것을 전승해

온 집단 공동체의 주기적인 의례행위의 불가분의 '일부분'으로 공연되어 왔다.

집단 공동체의 주기적인 의례행위의 가장 중요한 목적은 그것을 통해서 그것을 수행하는 집단 공동체 구성원 전체의 '존재'와 '의식'의 '지속적 변환' — 곧 그 공동체 구성원들이 일 년 동안 내내 '지속적'으로 제액초복(除厄招福)하는 상태로 변환되는 것 — 을 기하는 것이다. 그런데, 대부분의 탈놀음도 이러한 집단 공동체의 주기적인 의례행위의 중요한 '일부분'으로 행해진 것이므로, 이러한 탈놀음의 근본 목적도 전체적으로 보자면 그러한 '제액초복'의 '지속적 변환'을 기하는 것이었다. 그리고 이런 의례행위 전체의 일부분으로서의 탈놀음 부분에서만큼은, 역시 '근대연극'에서와 마찬가지로, 거기에 참여하는 공연자 및 청관중들이 '존재'와 '의식'의 '일시적 변환' — 탈놀음의 공연자 및 청관중으로 참여하는 자로서의 '존재'와 '의식'의 '일시적 변환' — 을 기하게 된다.

그러므로 마을이나 고을의 전승 현장에서 전승되어온 거의 모든 한국 탈놀음 공연들은 '존재'와 '의식'의 지속적 변환(transformation)'과 '일시적 변환(transportation)'을 동시에 기하고 체험하는 공연 양식이었다. 국가적인 '사신 맞이굿'과 같은 공식적인 행사굿으로서의 탈놀음이나 오직 '보여주기 위해' 탈놀음을 공연한 남사당패의 '덧뵈기'형의 탈놀음 형태를 제외하면, 우리의 거의 모든 전통 탈놀음들은 무엇보다도 우선 그것을 공연하는 집단 공동체 구성원들 전체의 제액초복(除厄招福)을 위한 '대동굿' 전체의 과정의 '일부분'으로 공연한 것이었다.

우리의 전통 탈놀음의 이러한 조화로운 성격과 특징은 다음과 같은 '들놀음 놀이의 전 과정'에 관한 두 자료들에서 아주 분명하게 드러난다.

① 정초에 지신밟기를 하며 이때에 얻은 전곡으로 들놀음의 경비를 충당한다.
② 한편, 탈과 등을 만든다.
③ 무사히 들놀음을 마치기를 비는 탈제를 지낸다.
④ 길놀이와 탈춤놀이의 배치와 배역을 정한다.
⑤ 정월 보름날 낮에 들놀음에 출연할 분장을 한 출연자들이 풍물을 데리고

수양반이 주동이 되어 종제당, 최영장군당, 먼물샘(마을 공동우물)에 가
서 고사를 지낸다.

⑥ 한편 덧배기춤놀이와 탈춤놀이를 할 장소인 광장에 긴 장대를 세우고
거기에 매단 새끼줄을 사방팔방에 버티어 수많은 등을 단다.

⑦ 들놀음을 하는 날 황혼에 대개 다리 혹은 샘이 있는 곳에서 농악대, 탈춤
놀이꾼, 기타길놀이에 참여하는 사람들이 등을 들고 풍물에 맞추어 춤도
추고 노래도 부르며 탈춤놀이 장소로 간다.

⑧ 행렬이 탈춤놀이 장소에 도달하면, 행렬에 참여했던 사람과 신명 있는
고을 사람들이 굿거리장단에 따라 덧배기춤을 추며 논다. 이 집단 난무는
술을 마셔가며 자정께까지 행한다.

⑨ 덧배기춤놀이의 흥이 진하고 부녀자들과 아이들이 돌아가고 나면, 탈춤
놀이를 논다.

⑩ 탈춤놀이가 끝나면, 출연자들과 신명 있는 관객이 어울려 춤을 추며 논다.

⑪ 탈춤놀이가 끝나면, 출연자들이 탈을 한 곳에 모아 놓고 고사를 지내고
태운다.[5]

우리나라의 거의 모든 '대동놀음'이 그러하듯이 들놀음 역시 앞놀이 격인 '길
놀이'와 뒷놀이 격인 '탈놀이'의 두 부분으로 짜여져 있다. (중략) 수영·동래를
막론하고 실제 거동적(擧洞的)인 참여 아래 이루어지는 규모가 큰 (더 앞서
놀았던 '지신밟기'를 포함해서) 길놀이의 끝에 '판놀음'으로 놀았던 탈놀이는 들
놀음 전체를 놓고 볼 때 그 '일부'에 불과한 것임을 알아야 한다.

음력 정월 초부터 '지신밟기'를 통해서 들놀음의 연희 비용을 갹출하고 그
갹출된 비용에 의해서 '길놀이'를 놀게 되고, 그 다음에 '탈놀이'를 하고, 마지막
으로 '줄다리기'를 놂으로써 대동놀음이 전부 끝나게 된다. (중략) 이것은 다소
의 차이는 있지만 수영과 동래가 거의 같은 순서를 밟고 있다.[6]

이상의 설명은 들놀음 전승 지역인 부산의 수영과 동래의 탈놀음의 사정을
서술한 것이지만, 다른 지역의 전통 탈놀음들도 대부분이 다 이러한 집단 공동

---

5) 정상박(1986), 『오광대와 들놀음 연구』, 서울: 집문당, 54쪽.
6) 심우성(1975), 『한국의 민속극』, 서울: 창작과비평사, 24쪽.

체 전체의 대동적인 '제의굿'의 일부로서 공연되던 것이다. 이러한 사정은 현재 전승되고 있는 전국의 거의 모든 탈놀음들이 다 이러한 집단 공동체 전체의 대동적인 제의굿의 일부로 공연되어온 것이라는 점에서 분명하게 확인된다.

그러나 이러한 탈놀음이 점차 어떤 집단 공동체의 제의굿으로서가 아니라, 그저 청관중을 대상으로 예술적으로 '보여주기 위한' 무대굿으로서의 탈놀음으로 변화됨에 따라, 우리의 전통 탈놀음은 차츰 '지속적 변환'의 능력이 약화되거나 상실되고 '일시적 변환'의 능력이 강화되거나 잔존하게 되는 방향으로 변화해 왔다. 이러한 사정을 다음의 언술 내용은 아주 적절하게 지적해 주고 있다.

> 그런데 1960년대 이후 들놀음의 특징으로 내세울 만한 '길놀이'는 도외시되고 탈놀이 부분만이 전승의 대상으로 되었다는 데서, 오늘과 같은 변질된 절름발이가 되고 만 것이다. 지역적으로 자생·전승되어 오던 민중놀이가 중요 무형문화재로의 지정을 계기로 그 실질(實質)에 급격한 변화를 가져왔음을 우리는 인정치 않을 수 없는 것이다.[7]

우리의 탈놀음은 '존재'와 '의식'의 변환 면에서 보자면 본래 그 공연을 통해서 공연자 및 청관중들이 '존재'와 '의식'의 '지속적 변환(transformation)'과 '일시적 변환(transportation)'을 동시에 이룩했던 거대한 의제의적·놀이적인 공연 양식이었다. 그런데 이것이 여러 면에서의 사회―역사적 환경의 변화와 '무형문화재' 지정 등의 정치적 요인 등에 의해서, 점차 '존재'와 '의식'의 '일시적 변환'만을 이룩하는 근대적 공연 양식으로 변모해 왔다.

모든 공연 양식들은 그것이 그 공연을 통해서 '존재'와 '의식'의 '지속적 변환'과 '일시적 변환' 모두를 기할 때에만이 좀더 충족된 공연의 목적에 도달할 수가 있다. 한국의 탈놀음은 거의 모든 경우 마을굿·고을굿·궁중굿 형태의 제의극 형태로 공연되어 왔고, 이럴 경우 그 공연과정 전체는 하나의 '제의(ritual)' 형식으로 이루어진다. 이 중에서 탈놀음 부분만이 '연극(theatre)' 형태를 취하게 되

---

7) 심우성(1975), 앞의 책, 같은 쪽.

고, 전자에서는 그 공연에 참여하는 공연자 및 청관중들의 '존재'와 '의식'의 '지속적 변환'이 이루어지고, 후자에서는 그들의 '존재'와 '의식'의 '일시적 변환'이 이루어지게 된다.

그런데 그동안의 탈놀음 연구는 이중에서 후자의 연구에만 집중해 왔다. '동래들놀음'의 경우 탈놀음의 전체 공연과정[8]과 존재와 의식의 변환 과정을 도표로 나타내보면 [그림2]와 같다.

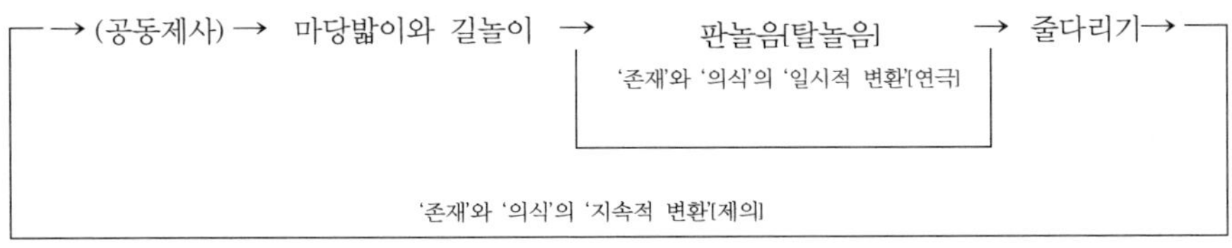

[그림2] : 탈놀음의 전체 공연과정에서 참여자의 '존재'와 '의식'의 변환과정

우리는 우리의 공연을 통해서 우리의 '존재'와 '의식'의 양면에서 모두 '지속적 변환'과 '일시적 변환'을 모두 조화롭게 기할 수 있을 때 좀더 완전한 공연적 목적에 도달할 수가 있다고 본다면, 우리의 전통 탈놀음은 앞의 [그림2]에 분명하게 드러나는 바와 같이 그러한 목적을 충분히 달성할 수 있도록 구축된 매우 훌륭한 연극적 공연 양식이었다.

그럼에도 불구하고, 그동안의 우리의 탈놀음 연구들은 이 중에서 유독 '일시적 변환' 부분에만 너무나 많은 주의를 기울이고, '지속적 변환' 부분에 대한 주의를 비교적 소홀히 함으로써, 탈놀음의 거시적인 틀을 연구의 시야에서 놓치게 되었다. 그런 문제 때문에 탈놀음의 전체구조를 조화롭게 파악하지 못하고, 우리의 탈놀음 연구를 반쪽 연구로 축소하고 말았다. 그동안의 거의 모든 탈놀음 연구들이 탈놀음 공연이 가져오는 '일시적 변환'의 측면만을 다루어 온 데에는 그래서 크나큰 문제의 핵심이 도사리고 있다. 이런 문제는 그동안의 탈놀음 연

---

8) 여기서의 '공연과정'이란 어떤 공연 양식의 '준비과정·공연과정·공연 이후 과정' 전체를 말하는 것이 아니라, 이 중에서 두 번째 단계로서의 '공연과정'을 말함.

구가 탈놀음 공연의 '전체과정'을 연구하지 않고, 그 '일부'인 '탈놀음' 부분만을 따로 떼어내서, 서양의 근대 연극 패러다임의 틀에 맞추어 연구해왔기 때문에 비롯된 것이기도 하다.

어떤 공연 양식에 '지속적 변환'의 측면은 사라지고 '일시적 변환'의 측면만 남아 존재하게 된다면, 그런 공연 양식은 결코 바람직하지 않을 뿐만 아니라 결코 오래 가지도 못하게 된다. 예컨대, 서양의 경우, 천주교 및 기독교 의식과 같이 '지속적 변환'과 '일시적 변환'을 동시에 기하는 공연 양식은 지금도 그 오랜 전통을 지속하고 있지만, 그렇지 못한 서양의 민속적 공연 양식들은 거의 모두가 근대 이후의 전승 현장에서 사라졌으며, 극단적으로 '일시적 변환'만을 기하는 서양의 연극 공연 양식들은 20세기 후반에 들어와 많은 한계점을 드러내게 되었고, 그러한 '한계'를 극복하기 위한 실험 작업들을 시도한 가장 대표적인 예가 바로 저어지 그로토우스키의 '유사연극(paratheatre)'·'가난한 연극(poor theatre)'·'원천연극(theatre of sources)'·'객관연극(objective drama)' 등의 일련의 실험 작업이다.[9]

그러나 이러한 탈놀음의 사회-역사적 변화 — '지속적 변환'의 약화 소멸과 '일시적 변환'의 강화 확장 — 는 공연학적인 관점에서 볼 때 결코 바람직한 현상은 아니다. 20세기의 서양 근대연극의 관점과 패러다임에서 볼 때, 이러한 변화가 피할 수 없는 흐름이라고 할 수도 있겠으나, 이런 서양 근대 연극적 패러다임은 20세기 말에 이미 서양에서도 여러 전위적인 실험가들에 의해 비판적으로 검토된 바 있다. 금세기에 들어와서는 오히려 반근대적인 전통문화 양식들이 세계 도처에서 그런 서양식 근대화에 맞서 존재하면서 그 세력을 구체적으로 확장하여 그러한 서양 근대문명을 드넓게 둘러싸며 포섭하는 형세를 취하고 있다. 이것은 세계 도처의 '전통문화'들이 자본시장의 중심으로 부상되고, 그것들의 제의적·원형적 전통들이 그 가치기준으로서의 '정체성'과 '오리엔테이션'의 가장 중요한 근거로 자리잡아가고 있다는 데서 분명히 입증된다. 그 대표적인

---

9) 리차드 셰크너 지음·김익두 옮김(2005), 『민족연극학』, 서울: 한국문화사, 182~185쪽 참조.

사례가 유네스코의 ‘세계문화유산’ 지정 작업이다.

우리는 ‘서양식 근대화’가 곧 ‘발전’이며, 그러기 위해서는 자기들의 반근대적 ‘전통문화’를 파괴하거나 근대식으로 변형해야만 하는 것이라는 서양 근대식의 오류로부터 하루빨리 벗어나야 할 것이다. 인도·중국·일본 등의 전통문화가 서양의 강력한 근대 제국주의적인 영향과 충격 속에서도 그 자생적 생명력을 소진하지 않고 그 위상이 ‘세계 문화유산들’로 다시 재정립되고 있다는 것은, 이러한 저간의 사정들을 극명하게 보여주는 것이다. 이러한 현상은 그런 전통문화들이 일견 서양의 제국주의적 자본주의에 포섭되는 듯이 보이지만, 다른 각도에서 보자면 이제는 오히려 서양의 제국주의적 자본주의가 세계 도처의 전통문화에 의해 포섭되는 것으로 보인다. 금세기에 들어와서는, ‘자본’은 예전처럼 ‘돈’을 따라 움직이고 있지만, ‘사람’은 분명 ‘문화’를 따라 움직이고 있기 때문이다.

이런 시각에서 볼 때, 한국 탈놀음의 근대적 변화, 곧 탈놀음의 그 공연적 생명력의 핵심인 전승 현장에서의 일탈과 ‘무형문화재’로의 박제화는, 하루빨리 ‘해체’해야만 할 잘못된 근대적인 처방이다. 탈놀음을 하루빨리 그 전승 현장으로 되돌려 다시 ‘제의화’·‘축제화’의 방향으로 부활시키는 것이 가장 바람직한 21세기적 탈놀음의 방향이다. 우리의 마을굿과 유사한 일본의 전통 축제문화인 ‘카구라’나 ‘마쯔리’가 가고 있는 방향은 우리로 하여금 이러한 점에서 많은 반성을 촉구하고 있다.

그러기 위해서는 탈놀음의 전승 현장의 전체과정의 컨텍스트 속에서 ‘탈놀음’ 부분만을 따로 떼어내어 박제화시킨 보존 전승 방법을 과감하게 바꾸어, 탈놀음 전승 현장에서의 탈놀음 공연의 전체과정을 모두 다시 부활시켜 그 공동체의 축제로 되살리는 방안을 하루 빨리 모색해야만 할 것이다. 그렇지 않으면 마치 하와이 원주민들의 보호 정책이 하와이 원주민들의 멸망 정책이 되는 것과 똑같은 꼴로, 한국의 탈놀음 문화는 머지않아 그 근본적인 자생력을 잃게 될 것이 분명하다.

2. 공연의 긴장성/공연구조 구축 방법

그동안 서양의 연극학 혹은 공연학에서는 공연의 구조를 구축하는 방법을 항상 아리스토텔레스의 이른바 사건의 인과적 구성 방법인 '플롯' 이론에 근거하고 있었다. 그러나 20세기 후반에 이르러서는 그러한 공연의 구조화 방법만을 가지고는 세계 전역의 다양한 공연들의 구조화 방법들을 도저히 감당해낼 수 없다는 것을 알게 된 서양의 공연학자들은, 그러한 서양중심의 공연 구조화 이론으로 전 세계의 모든 공연 양식들을 설명하려는 문화제국주의적 태도를 포기하지 않을 수 없게 되었다.

그러한 전환 이후의 대안으로 서양에서 나온 용어가 리차드 셰크너의 이른바 '긴장성(intensity)'이란 용어이다.[10] 이 용어는 아리스토텔레스의 '플롯'이라는 사건의 인과론적 구조화 개념에서 벗어나, 어떤 공연 양식의 구조화 방법을 훨씬 더 포괄적이고 개방적인 지평에서 바라보고 파악하고 구축하려는 태도에서 나온 것이다. 이렇게 확장된 의미로서의 이 용어의 뜻을 한 마디로 말하자면, 이것은 어떤 공연 양식을 구성하는 핵심적인 구성원리를 말하는 것이다. 이러한 변화는 한편 지금까지 서양의 연극적 전통과는 거의 무관하게 이루어져온 우리의 연극적 공연 양식들을 서양 아리스토텔레스의 사건 인과적 구조 패러다임에 억지로 꿰맞추려해 온 우리의 대부분의 연극 구조분석 방법들에 대해 근본적인 반성을 가하는 것이기도 하다.

앞에서 우리가 파악한 탈놀음의 전체 공연과정 중에서 '탈놀음' 부분의 긴장성 구축 방법 곧 탈놀음 공연의 핵심적인 구조화 원리는 한 마디로 **동화—이화의 반복·축적·순환의 원리**'라고 말할 수 있다. 탈놀음의 공연은 대체로 ① 〈등장인물들의 춤·(노래) + 악사들의 장단·추임새 + 청관중들의 추임새〉로 이루어진 '동시적 결합' 단위와 ② 〈등장인물들의 대사/노래 + 신체동작 + 악사들의 장단·추임새 + (청관중들의 추임새)〉로 이루어진 '동시적 결합' 단위가 서로 계기적·교호적(交互的)으로 반복·축적·순환 연결되면서 그 공연구조가 구

---

10) 리차드 셰크너 지음·김익두 옮김(2005), 앞의 책, 14~23쪽 참조.

축되어 나아간다. 이것을 도표화하여 나타내면 다음의 [그림3]과 같다.

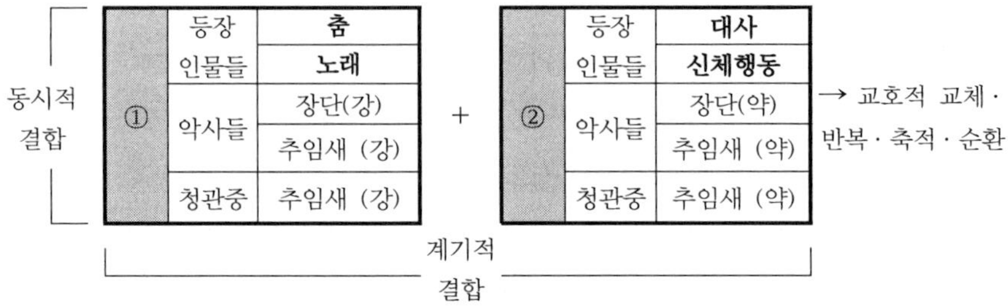

	등장 인물들	**춤** **노래**			등장 인물들	**대사** **신체행동**	
동시적 결합 ①	악사들	장단(강)	+	②	악사들	장단(약)	→ 교호적 교체· 반복·축적·순환
		추임새 (강)				추임새 (약)	
	청관중	추임새 (강)			청관중	추임새 (약)	

계기적
결합

[그림3] : 탈놀음의 공연구조

여기서, ①의 단위에서는 청관중들이 '추임새'를 통해 적극적으로 공연 내부에 직접 '관여'하게 되고, ②의 단위에서는 ①의 단위에 비해 비교적 청관중들이 추임새를 하며 공연 내부에 직접 개입하기 힘들기 때문에, ①의 단위에 비해서는 좀더 공연 내부를 객관적으로 바라보면서 '관망'하는 자세를 취하게 된다.

그래서 ①의 단위에서는 탈놀음의 공연구조가 ②의 단위에 비해 상대적으로 좀더 '열린구조'가 되고, ②의 단위에서는 상대적으로 좀더 '닫힌구조'가 되며, ①의 단위에서는 청관중이 추임새를 하여 공연 내부에 직접 개입하기가 더 용이하여, **동화의 원리**가 지배하고, ②의 단위에서는 ①의 단위에 비해 청관중들이 추임새를 하기가 어렵기 때문에 청관중들이 공연 내부 세계에 동화하기 어려워 공연 세계를 '관망'하는 사세를 좀더 취하게 되므로, 여기에서는 **이화의 원리**가 지배하게 된다.

이러한 탈놀음의 공연구조에 주목한 초기의 중요한 연구로는 조동일(1979)이 돋보이는데, 그는 이 연구에서 탈놀음이 브레히트의 서사극 구조와 비교하여 탈놀음이 가지고 있는 서사극적인 '이화효과'를 지적하였다.[11] 한편 그 후에 전신재(1980)는 조동일의 이러한 지적에 이의를 제기하면서 아르또의 잔혹극과 비교하여 탈놀음이 보여주는 잔혹극적인 '동화효과'를 좀더 강조한 바 있다.[12]

---

11) 조동일(1979), 『탈춤의 역사와 원리』, 서울: 홍성사, 209쪽.

그러나 앞의 [그림3]에 드러난 바와 같이 탈놀음의 공연원리에는 '이화원리/이화 효과'나 '동화원리/동화효과' 중의 어느 하나만이 작동하는 것이 아니라, 이 두 원리/효과가 계기적·교호적으로 반복·축적·순환하여 이루어진다는 것이 여 기서 분명하게 밝혀진다. 이러한 점을 아주 정확하게 지적해낸 것은 전신재 (1980)의 다음과 같은 언급이다.

> 요약해서 말하자면, 가무(歌舞) 부분에서는 관객을 몰입(沒入)시키고, 재담 (才談) 부분에서는 관객을 소외(疎外)시키는데, 가무 부분이 재담 부분을 압도 한다.13)

다른 면에서 보자면, ①의 단위에서는 청관중이 자기의 '주관'을 공연 세계 내부에 좀더 강하게 직접 '개입'시키므로, 상대적으로 청관중의 **주관화** 작용이 강하게 일어나며; ②의 단위에서는 청관중이 자기의 주관을 공연 내부에 직접 개입시키기가 상대적으로 어려우므로, 청관중의 **객관화** 작용이 강하게 일어난 다. 이렇게 ①의 단위와 ②의 단위를 계기적·교호적으로 반복·축적·순환해 나아감으로써, 탈놀이의 공연이 이루어지고 탈놀음의 공연원리가 만들어지는 것이다. 이렇게 볼 때, 탈놀음은 '**주관화―객관화의 계기적·교호적 반복·축 적·순환의 원리**'가 핵심적인 공연원리로 작동한다고도 말할 수 있다.

이런 시각에서 보자면, 탈놀음의 공연구조를 판소리의 공연구조에 비교하여, 탈놀음의 '춤―대화―춤―대화'의 공연구조를 판소리의 '창―아니리―창―아니 리'의 공연구조와 비교한 견해14)도 이미 있는 견해로 보인다. 그러나 이 견해에 있어서, 판소리의 '창―아니리―창―아니리'의 반복구조가 '긴장―이완―긴장― 이완'의 반복구조라고 한 김흥규의 견해15)에 동의하면서도, 탈놀음의 '춤―대화 ―춤―대화'의 반복구조가 '긴장―이완―긴장―이완의 구조가 아니라 '이완―긴

---

12) 전신재(1980), 「양주별산대놀이의 생명원리」, 성균관대 석사논문, 86쪽.
13) 전신재(1980), 앞의 논문, 16쪽.
14) 정상박(1986), 앞의 책, 116쪽.
15) 김흥규(1978), 「판소리의 서사적 구조」, 『판소리의 이해』, 서울: 창작과비평사, 116~126쪽.

장–이완–긴장'의 구조로 본 것은 문제가 있다고 판단된다. 분명히, 탈놀음 공연에서 공연자와 청관중의 관계가 좀더 긴밀하게 밀착되어 둘 사이의 관계가 '긴장'되는 부분은, 판소리에서 '아니리' 부분이 아니라 '창' 부분인 것과 마찬가지로, '대화' 부분이 아니라, '춤' 부분이기 때문이다.

탈놀음 공연의 이러한 구조원리는 판소리의 그것과의 구체적인 비교분석을 통해서 좀더 분명하게 드러낼 수 있다. 판소리의 공연구조는 ① 〈광대의 창·발림 + 고수의 장단·추임새 + 청관중의 추임새〉로 이루어진 '동시적 결합' 단위와 ② 〈광대의 아니리·발림 + 고수의 장단·추임새 + 청관중의 추임새〉로 이루어진 '동시적 결합' 단위가 계기적·교호적으로 반복·축적·순환되면서 구축되어 나아간다. 이것을 도표화해 보면, 다음 [그림4]와 같다.

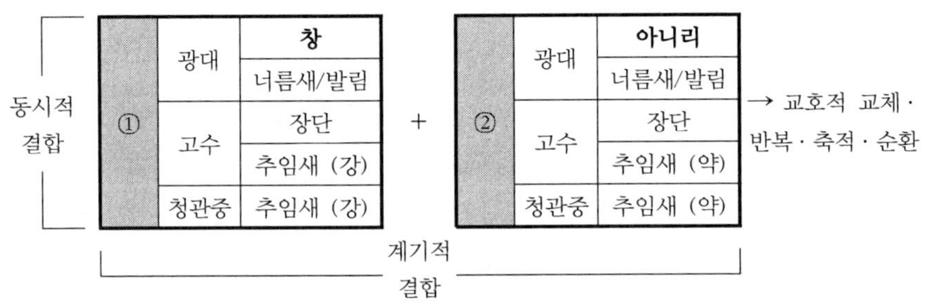

[그림4] : 판소리의 공연구조

이 두 공연 양식의 공연구조 상에서 드러나는 가장 큰 차이점은 판소리의 공연자가 '광대'로 판에 나오는 데[16] 비해 탈놀음에서는 제각기 자기가 맡은 '등장인물'로서 판에 나온다는 점과, 판소리가 탈놀음보다 '시간적 공소(空所; blanks)'[17]를 더 다양하고 복잡하게 발달시켜, 청관중들로 하여금 '추임새'를 통해서 공연 내부에 좀더 적극적으로 계속해서 관여하게 함으로써, 공연자–청관

---

16) 이를 좀더 정확하게 말한다면, 이는 다시 판/무대 안에 광대가 광대 자신으로서 '현전'하는 경우와 등장인물로서 '현전'하는 경우로 나누어진다.

17) '공소'에 관한 좀더 자세한 논의는 다음 장을 참조,

중 상호작용 관계를 부단히 강화해 나아간다는 점이다.

판소리의 공연구조를 위의 [그림4]를 중심으로 다시 살펴보면, ①의 단위에서는 고수 및 청관중의 '추임새'가 매우 '적극적'으로 일어나고, ②의 단위에서는 고수 및 청관중의 '추임새'가 '소극적'으로 일어난다. ①의 단위에서는 광대가 '창(唱)'을 통해 공연 내부에 고수 및 청관중이 개입할 수 있는 시간적 공소를 '적극적'으로 강하고 다양하게 많이 만들어 놓고, ②의 단위에서는 광대가 '아니리'를 통해 공소를 '소극적'으로 약하고 적게 배치한다. 그래서 ①의 단위에서는 청관중이 '추임새'를 통해 공연 내부에 매우 적극적으로 개입할 수 있게 되어, 공연자─청관중의 상호작용 관계가 상대적으로 **'긴장'**되며, ②의 단위에서는 청관중이 공연 내부에 소극적으로만 개입할 수 있게 되어, 공연자─청관중의 상호작용 관계가 상대적으로 좀더 **'이완'**된다. 판소리의 공연구조를 '긴장─이완'의 반복구조라고 본 견해[18]는 이런 면에서 판소리의 공연학적 특성을 매우 정확하게 지적한 것이다. 판소리의 이러한 '긴장─이완'의 반복 · 축적 · 순환의 구조가 탈놀음의 '동화─이화'의 반복 · 축적 · 순환의 구조와 크게 다른 점은, 판소리가 탈놀음에 비해 시간적인 '공소들'을 훨씬 더 복잡하고 다양하게 활용한다는 점이다.[19]

이러한 공연원리에 따라, 판소리의 광대는 고수가 펼쳐주는 장단을 따라 공연 내부에 무수한 **'시간적 공소'**를 설정하여 청관중들을 공연 내부로 부단히 끌어들이고, 고수는 광대의 인물치레 · 사설치레 · 득음 · 너름새를 따라 유효 · 적절하게 장단과 대응 행동을 펼쳐주면서 광대와 함께 공소를 만들며 그 공소에 추임새로 개입해 들어가고, 청관중들은 광대가 만들어주고 고수가 이끌어주는 그런 공소들을 찾아 추임새를 통해 그 공연 속으로 개입해 들어간다. 이러한 행위를 공연 중에 적극적으로 혹은 소극적으로 반복 · 축적 · 순환시킴으로써, 판소리의 광대 · 고수 · 청관중들은 서로의 시간적 경계를 차츰 희미하게 **'탈경계화'**하여, 하나의 일관된 어떤 **'흐름'**을 형성함으로써 '소리판'을 **통일**한다.

한편, 풍물굿/농악의 공연구조를 보면, 탈놀음이나 판소리의 두 공연 양식들

---

18) 김흥규(1978), 앞의 논문, 116~126쪽.
19) 김익두(2004), 『판소리, 그 지고의 신체 전략』, 서울: 평민사, 123~128쪽 참조.

과는 또 다른 방향을 지향하고 있어 주목된다. 즉 전통적인 풍물굿에서는, 〈풍물 악기의 악음 + 윗놀음/무용적 동작 + 진법 동작 + (연극적 행위)〉의 '동시적 결합' 단위를 계속해서 부단히 반복·축적·순환시킴으로써, 청관중의 공연자적 행동을 부단히 유도하여, 청관중을 '공간적'인 면에서 공연 내부의 세계로 이끌어 들여, 결국에는 청관중을 '공연자화'하는 공연구조를 구축해 나아간다. 그래서 풍물굿 공연의 종국에 이르러서는 처음에 공연자였던 사람들은 반주자 혹은 청관중이 되고, 처음에 청관중이었던 사람들이 공연자가 됨으로써, 결국 **'청관중의 공연자화'**라는 '역할 전도의 원리'를 그 공연 양식의 가장 핵심적인 공연원리로 작동시키게 되는 것이다.

이상의 논의를 종합하자면, 판소리에서는 광대·고수·청관중들이 공간적으로는 공연에서의 자기의 공간적 위상을 원래대로 지키면서, '시간적'으로는 부단한 '경계간섭'을 통해서, 그 역할 경계들을 점차 약화시켜서 결국 그 경계를 희미하게 하는 '탈경계화의 원리'를 작동시켜 '거대주관화의 원리'를 추구하고,[20] 풍물굿에서는 '청관중의 공연자화'를 통한 '역할 전도의 원리'를 추구한다면,[21] 탈놀음은 '동화—이화의 계기적·교호적 반복·축적·순환의 원리'를 통해서 '주관—객관의 조화 원리'를 추구한다고 정리할 수 있겠다. 이러한 특성들에 관해서는 다음 장에서 다시 다른 각도에서 좀더 구체적으로 논의하겠다.

3. 공연자 – 청관중 상호작용 관계

공연자와 청관중 사이의 상호작용 관계가 공연 속에서 구체적으로 어떻게 이루어지는가를 살펴보는 가장 효과적인 방법 중의 하나는 공연 중에 공연자와 청관중들이 '공소(空所; blanks)'를 어떻게 활용하는가를 자세히 추적해보는 것이다. 여기서 '공소'란 볼프강 이저(Wolfgang Iser)의 '빈자리(*Leerstelle*)'라는 용어나, 움베르토 에코(Umberto Eco)의 '열린 작품(*Opera aperta*)'이란 용어와도

---

20) 김익두(2004), 앞의 책, 149~150쪽.
21) 김익두(1995), 「풍물굿의 공연원리와 연행적 성격」, 『한국민속학』 27집, 민속학회, 110~116쪽.

관련이 있긴 하나,[22] 여기에서는 그런 용어들과는 다르게 이 용어를 사용하고자 한다.

본 논의에서 사용되는 '**공소**'란 용어는 문학작품에 대해서 사용하는 용어가 아니라 주로 연극적인 공연 양식들에다 적용하는 용어로서, 어떤 공연 양식의 '공연구조 상으로 볼 때, 공연자가 공연 중에 청관중의 공연에의 참여를 유도하기 위해 공연 작품 내부에다가 의도적으로 시간적 혹은 공간적으로 비워두는 부분들'을 말한다. 예컨대, 판소리나 탈놀음의 공연에 있어서, 청관중의 공연 내부에로의 참여를 위해 의도적으로 공연 과정 중에다가 시간적으로 '빈곳'을 배치하여 청관중으로 하여금 그곳을 '추임새'로써 직접 개입하여 채워나가도록 하는 부분이 바로 이런 것이다. 그리고 여기서 '상호작용(interaction)'이란 '공연 중에 공연자와 청관중들이 가지게 되는 구체적인 공연 행위상에서의 상호 영향 관계'를 말한다. 예컨대, 판소리 공연 속에서 광대와 고수와 청관중이 서로 매우 긴밀한 상호작용 관계를 가지면서 그 긴밀한 상호작용의 영향 관계에 의하여 공연을 완성해 나아가게 되는데, 이러한 경우에 판소리 공연의 상호작용이 매우 긴밀하다고 할 수 있다.

어떤 공연 양식의 공연자-청관중 상호작용 관계는 그 공연구조/공연원리 속에서 이 '공소'를 구체적으로 활용하는 방법으로 나타나며, 그 방법의 차이에 따라 공연자-청관중 상호작용 관계가 달라진다. 탈놀음 공연에 있어서의 공연자-청관중 상호작용 관계는 앞장에서 분석한 바 있는 탈놀음의 공연구조/공연원리 도식에서 분명하게 나타난다. 그리고 탈놀음의 공연자-청관중 상호작용 관계는 풍물굿 및 판소리의 그것들과 비교 대조해 볼 때 그 특성이 더욱 분명하게 나타난다.

먼저 풍물굿 공연에 있어서의 공연자-청관중 사이의 상호작용 관계는, 공연자들이 강력한 타악의 연주를 중심으로 기악적·성악적·무용적·연극적 공연 요소들을 동시적·계기적으로 결합하여 반복·축적·순환시키면서, 놀이판 안

---

22) Volfgang Iser(1978), *The Act of Reading*, Boltimore & London: The Johns Hopkins University Press, pp.182-187.

에다가 '공간적 공소'를 부단히 마련하여, 청관중들의 이른바 '집단적 신명'을 부단히 자극함으로써, 종국에 가서는 청관중들로 하여금 놀이판 안으로 들어와 공연자가 되고 공연자들은 역으로 반주자가 되는, **'판의 전도'**가 이루어지며, 이를 통해서 **'청관중의 공연자화'**가 이루어진다.[23]

판소리 공연에 있어서의 공연자−청관중 상호작용 관계는, 앞의 [그림4]에 잘 나타난 바와 같이, 판소리 광대가 창·아니리·발림을 동시적·계기적으로 연결하여 부단히 반복·축적·순환시키는 가운데, 창과 아니리 사이사이에다 '시간적 공소'를 부단히 마련해 두고, 청관중들이 이 '시간적 공소'를 적절한 '추임새'로 매워 나아가는 가운데, 고수가 북장단과 추임새로써 이 양자 사이를 적절히 매개해 준다. 그런데 판소리의 주공연자인 광대는 탈놀음의 공연자처럼 공연 중에 자기 자신의 성격을 완전히 '등장인물'에로 변환하는 '전체적 현전'을 기하지 않고 그때그때 스토리 전개와 상황논리에 따라 일시적으로만 등장인물에로 성격을 변환시키는 '부분적 현전'을 기하며, 앞의 [그림4]에서와 같이 ①의 단위와 ②의 단위가 계기적으로 반복·축적·순환되는 '긴장−이완'의 반복·축적·순환에 의해 공연이 진행된다. 이 때 '긴장'의 단위 곧 [그림4]의 ①의 단위에서는 시간적 공소가 많아서 청관중들이 그 공소에 좀더 적극적으로 개입하는 '강동화' 현상이 일어나고, ②의 단위 곧 '이완'의 단위에서는 시간적 공소가 비교적 적어 청관중들이 그 공소에 좀더 소극적으로 개입할 수밖에 없어 '약동화' 현상이 일어난다. 그래서 공연자의 '긴장−이완'의 단위와 청관중의 '강동화−약동화' 단위가 서로 상응하게 하여, **'동화의 원리'**를 통해서 판소리 공연을 공연자−청관중 상호작용 관계가 시간적 차원에서 아주 고도의 수준으로 상승시켜놓았다.[24] 이렇게 '감성' 중심의 '동화의 원리'를 부단히 활용하는 판소리 공연 양식은, 이 양식이 발달한 지역에 철학이나 사상보다는 예술이나 종교를 더 발달하게 만든 중요한 요인으로도 작용한 것으로 보인다.

이에 비해, 탈놀음 공연 있어서의 공연자−청관중 상호작용 관계에서는, 공연

---

23) 김익두(1995), 앞의 논문, 110~116쪽.
24) 김익두(2004), 앞의 책, 174~188쪽 참조.

중에 풍물굿과 같이 '공간적 공소'를 활용하지 않고 '시간적 공소'만을 활용한다는 점에 있어서는 판소리와 같다. 그러나 판소리와는 달리 공연자가 공연 중에 자기 자신을 스토리 전개와 상황에 따라 일부만 등장인물로 변환하는 '부분적 현전'을 기하는 것이 나이라, 처음부터 탈을 써서 완전히 등장인물에로 변환하는 '전체적 현진'을 기하기 때문에, 판소리에서만큼 청관중들이 공연자의 공연 행동에 완전히 '동화'되기는 어렵게 된다. 그래서 [그림3]에서 분명하게 나타나는 바와 같이, ①의 단위에서는 공연자들이 춤과 노래로써 시간적 공소들을 비교적 많이 만들어 나아가기 때문에, 청관중들이 등장인물들의 행동에 대해 '추임새'를 비교적 활발하게 할 수가 있어서 청관중이 공연세계에 적극적으로 끼어 들어가는 **동화**의 단위가 이루어진다. 그리고 ②의 단위에서는 공연자가 대사 행동으로써 시간적 공소들을 많이 만들어 나아가지 못하기 때문에, 청관중들이 ①의 단위에서만큼 활발하게 '추임새'를 하기 어려워져, 공연세계를 바라보고 '관망'하게 되기 때문에 **이화**의 단위가 형성된다. ①의 단위에서는 **동화의 원리**가 주로 작동되고, ②의 단위에서는 **이화의 원리**가 주로 작동된다. 이렇게 해서, 탈놀음에서는 '동와의 원리'를 지고의 수준으로 추구해 나아간 판소리와는 달리, '이화의 원리'와 '동화의 원리'를 적절하게 **조화**시킴으로써, 탈놀음을 일종의 '사회비판적인' 공연예술 양식으로 발달시켜 놓았다. 이렇게 '감성'과 '이성'의 적절한 조화를 추구하는 탈놀음 공연 양식은, 이 공연 양식이 발달한 지역들에, 예술보다는 사상이나 철학의 발달을 초래하게 만든 중요한 요인으로도 작용한 것으로 추정된다.

4. 공연의 전체과정 상으로 본 탈놀음의 '보편성'과 '특수성'

앞에서도 잠깐 언급한 바와 같이, 지금까지 한국의 탈놀음 연구들은 그 거의 대부분이 탈놀음 공연의 준비과정·공연과정·공연 이후 과정 등 탈놀음 공연의 '전체과정'을 하나의 탈놀음 양식으로 보지 않고, 탈놀음의 공연과정 중에서도 '탈놀음'을 하는 '부분'만을 따로 떼어내서 탈놀음 양식으로 보는 우를 범하였다. 탈놀음은 '탈놀음'을 공연하는 부분뿐만 아니라 그 '탈놀음'을 포함한, 그 '탈놀음'을 공연하는 마을 혹은 지역의 '대동굿' 공연과정 '전체'를 하나의 탈놀음 공연과정이자 탈놀음 양식으로 보아야만 한다. 거의 모든 탈놀음들은 그 전통적인 전승 현장에서는 '탈놀음' 부분만을 따로 떼어내어 공연하는 관습은 거의 없거나 있다고 하더라도 아주 특별한 경우라는 점이 이를 단적으로 입증해준다.

이러한 사정은 좀더 거시적인 시각에서 전국 각지의 '탈놀음'이 들어있는 마을굿 혹은 고을굿의 '공연과정'을 살펴보면 아주 분명하게 드러난다. 예컨대, 각 지역의 대표적인 탈놀음형 대동굿들인 함경도의 '북청사자놀음'도 '사자놀음' 부분만을 따로 떼어 공연한 것이 아니라 이 지역의 정월 대보름 마을굿 혹은 고을굿의 일부 행사로 이루어진 것이고,[25] 강원도의 '강릉관노가면극'은 강릉 고을 전체의 '성황신제'/'강릉단오굿'의 일부 행사로 공연된 것이다.[26] 황해도의 '봉산탈춤'도 봉산 고을 '단오굿'의 일부 행사로 공연되었고,[27] 경기도의 '양주별산대놀음'은 초파일·단오·추석 등의 고을 대동굿의 일부 행사로 행해졌으며,[28] 경상도의 '들놀음'도 정월 대보름 대동굿의 일부 행사로 행해진 것이다.[29] 뿐만 아니라, 전라도의 '잡색놀음'도 전통사회에서는 풍물굿/농악 중심으로 행해지는 정월 대보름의 마을 혹은 고을 대동굿 행사의 일부분으로 행해진 탈놀음 계통의 놀이이며,[30] 제주도의 '입춘굿 탈놀이'도 봄맞이 대동굿인 입춘굿 행사의 일부로 행해진 것이었다.[31]

그러기에, 이렇게 좀더 거시적인 관점에서 보게 되면, 한편으로 한국의 탈놀

---

25) 이두현(1969), 『한국가면극』, 서울: 문화재관리국, 381~382쪽.

26) 최상수(1985), 『산대·성황신제 가면극의 연구』, 서울 : 성문각, 178~181쪽.

27) 심우성(1975), 『한국의 민속극』, 서울: 창작과비평사, 52－56 및 59~61쪽.

28) 이두현(1969), 앞의 책, 206쪽 및 심우성(1975), 앞의 책, 48쪽 참조.

29) 심우성(1975), 앞의 책, 24~28쪽.

30) 일찍이 조동일도 마을굿의 풍물굿패/농악대의 '잡색들'에서 탈놀음의 기원을 찾은 바 있다. 조동일(1969), 「동산 신태식박사 송수기념 논총」, 대구: 계명대출판부, 207~223쪽 및 조동일(1979), 『탈춤의 역사와 원리』, 서울: 홍성사, 43쪽 참조.

31) 김두봉(1936), 『제주도실기』, 大阪: 1936, 21쪽.

음은 어떤 특정 지역들에서만 이루어져서 전승되는 특정 지역의 문화유산이 아니라, 우리나라 전국 방방곡곡에 두루 전승되어온 매우 '보편적'인 공연문화 양식이라는 인식의 지평도 열리게 되는 것이다. 즉, 현재 전승되고 있는 전국의 모든 탈놀음들은 다 어떤 마을 혹은 지역 공동체 전체의 안녕과 행복을 기원하기 위한 그 마을/지역 집단 공동체 전체의 제의적인 '대동굿'의 '일부분'으로 주기적/정기적으로 공연되어 온 것이며, 이러한 공연 양식은 좀더 넓은 시각으로 보자면, 일부 지역에서만 이루어져 전승된 공연 양식이 아니라, 마을 혹은 지역 대동굿이 전승되는 모든 지역에 걸쳐서 '마을굿' 혹은 '고을굿' 형태로 두루 전승되어온 매우 보편적인 양식으로 인식되는 것이다.

지금까지의 한국 탈놀음 연구가 탈놀음 '전체과정'에는 별로 주목하지 않고 유독 '탈놀음 부분'에만 편협하게 집중해 온 것은, 두말할 것도 없이 이 분야의 연구자들이 그동안 '서양근대 연극의 패러다임'에 크게 의존해 왔기 때문이다. 그러다보니, 탈놀음 전체를 종합적으로 보지 못하고 서양연극에서처럼 '탈놀음 부분'만을 따로 떼어내어 보았던 것이다.

그러나 연극사를 자세히 검토해 보면 서양 연극사에서도 일찍이 그리스 연극은 우리의 탈놀음 공연과 아주 유사한 공연방법과 공연과정으로 행해졌음을 알 수가 있다. 다음과 같은 자료는 그러한 사실을 잘 입증해준다.

연극이 상연되던 도시 디오니소스제는 대단히 중요하게 여겨졌기 때문에, 그 기간 중에는 어떠한 법률상의 소송도 허용되지 않았고 죄수들이 석방되었다. 그것은 디오니소스 신상을 아크로폴리스 광장 발치에 있는 그의 신전으로부터 취해서 도시 밖으로 옮기는 퍼레이드로써 시작되었다. 그의 최초의 아테네 입성이 그 퍼레이드 중에 재현되었고, 퍼레이드는 술과 환락으로 점철되었다. 이 의식은 디오니소스 신께 제물을 바치는 것으로 끝났다.

이 축제의 다음에는 50명의 코러스가 춤추고 노래하는 디오니소스 찬가인 디티람보스의 공연이었다. (중략) 그 다음에는 희극 경연대회가 열렸다. (중략) 그 다음 3일간에는 비극 경연대회가 열려 매일 비극 3편과 싸티로스극 1편이 공연되었다.

이 축제가 끝나면 축제를 평가하고 축제 중에 시민들의 부정행위나 축제의
운영에 대한 불평 등을 청취하기 위해 하루가 더 주어졌다.[32] (중략)

그리스 비극의 모든 배우들은 가벼운 린넨·코르크·나무 등으로 만든 '가
면'을 썼다. (중략) 배우는 모두 남자였으며, 한 배우가 연기하는 연령과 등장인
물의 유형 범위가 매우 넓었다.[33]

이상의 인용 내용에 의하면, 그리스 연극은 근대 이후의 서양 연극에서처럼
그것만을 따로 떼어 공연한 것이 아니라, 디오니소스 축제 행사의 '일부분'으로
공연되었으며, 그것은 우리의 마을 혹은 고을 대동굿 축제 행사와 매우 유사했
으며, 그 연극의 형식도 우리의 탈놀음과 마찬가지로 '가면'을 쓰고 노는 일종의
'가면극' 형태였음을 분명하게 지적하고 있다.

결론적으로 말하자면, 탈놀음은 한국의 어느 특정지역에만 존재하는 특수한
양식이 아니라, 전국에 걸쳐서 두루 존재한 매우 보편적인 '대동굿' 공연 양식의
일종으로 존재해 왔으며, 그렇기 때문에 그것은 서양 근대극과 같은 외부와는
완전히 단절된 프로시니엄 아치에 갇힌 '폐쇄연극'이 아니라, 열린구조의 '개방
연극'이었던 것이다.

그렇기 때문에, 이런 '탈놀음' 양식을 학술적으로 다룰 때에는 서양 근대연극
과 같이 극장 안에서만 이루어지는 연극처럼 그 부분만을 따로 떼어서 다루어서
는 안 되고, 그것이 속해 있는 좀더 큰 틀인 '대동굿' 양식을 먼저 문제 삼은
다음, '탈놀음'은 그 대동굿 양식의 '일부' 종목으로 다루는, 좀더 거시적인 지평
과 안목이 필요하다는 것이다. 달리 말하면, 우리의 탈놀음은 독립된 하나의
독자적인 문화/예술 양식이 아니라, 마을/고을/궁중의 '대동굿'이라는 좀더 큰
문화 양식의 '일부분'으로 보는 시각이 우선적으로 필요하다는 말이다.

우선 이런 시각에서 우리의 탈놀음을 보게 되면, 좀더 거시적이고 보편적인

---

32) Oscar G. Brockett(1979), *The Theatre: An Introduction*, New York: Holt, Rinehart and Winston,
 p.86.
33) ibid., p.91.

문화 양식으로서의 '대동굿' 양식의 '보편성' 위에서 그것의 하부 양식으로서 '탈놀음'의 '특수성'을 다루는 좀더 조화롭고 폭넓은 시야가 우리의 탈놀음 연구에 확보될 수 있을 것이며, 이러한 태도가 우리의 역사—문화적 맥락과 전통과 정황에 좀더 합당하다고 판단된다.

5. 공연지식의 전승 – 전파상의 특징

탈놀음 공연지식의 전승—전파는, '문자전승'에는 거의 의존하지 않고 주로 '행위전승'과 '구비전승'이라는 두 가지 전승 방법에 의해서 오랫동안 이루어져 왔다. 그러다가 근대에 들어와 처음으로 '문자전승'의 방법이 탈놀음에 본격적으로 도입되기 시작하였다.[34] '문자전승' 방법이 공연지식의 전승·전파 방법에 본격적으로 도입되려면 무엇보다도 탈놀음 대본이 문자기록으로 정리되어야 한다는 점에서 그렇다.

그런데 탈놀음 공연지식의 전승·전파 방법의 이러한 변화는 과연 어떤 의미가 있는 것일까? 이러한 변화는 우선 겉으로 보면 탈놀음의 공연지식의 전승·전파 방법에 있어서 매우 획기적이고 '긍정적'인 변화로 보이지만, 실제로는 여기에 다음과 같은 몇 가지 매우 '부정적'인 변화의 측면들이 있음을 간과해서는 안 된다.

첫째, 이러한 변화는 탈놀음 전승·전파 방법에 있어서 점차 '내부자적 관점'이 약화되고 '외부자적 관점'이 강화되고 있다. 탈놀음의 '기록전승' 작업은 탈놀음 전승 공동체 '내부'의 민중들에 의해서 자발적으로 시작된 것이 아니라, 그 공동체 '외부'의 지식인들에 의해서 이루어지기 시작한 것이다. 원래 탈놀음의 전승집단 구성원들은 탈놀음의 전승·전파 방법에 '기록전승' 방법을 중요한 수단으로 사용하지 않았다. 그것은 탈놀음 창조·전승의 주체들이 문자 기록전승 방법을 그들의 자발적인 문화행위의 중요 수단으로 삼지 않는 '민중들'이었기

---

34) 우리나라 탈놀음에 '문자전승'의 방법이 본격적으로 처음 도입되기 시작한 것은 1928년 정인섭이 채록한 강석진 구술본 「진주오광대 탈놀음」으로 보인다.

때문이다.

둘째, 탈놀음 본래의 지식 전승·전파 방법인 '행위전승'과 '구비전승'이라는 공연지식 전달 방법은, 그런 전승·전파 방법 그 자체가 바로 탈놀음 자체의 전승·전파 방법이었다는 사실을 놓쳐서는 안 된다는 점이다. 탈놀음은 문자가 그 표현 수단인 '문학'이 아니라, 탈을 쓰고 행동하는 '탈놀음' 자체가 그것의 중심 표현 수단이자 중심 전승 수단이었다. 그런데 그것 전체를 제대로 기록하지 못하고 그것의 대사들만을 주로 정리할 수밖에 없는 문자기록 대본의 출현과 그것의 사회적 세력의 강화는 결국 '탈놀음' 자체의 약화와 깊은 관련을 갖게 될 수밖에 없었다.

셋째, 탈놀음 공연지식의 전승·전파 방법의 전통은 서양연극의 그것과는 매우 다른 것이라는 점도 놓쳐서는 안 될 중요한 점이다. 즉 서양연극의 공연지식 전승·전달 체계는 일찍이 고대 그리스 시대에서부터 '문자기록' 대본을 먼저 창작한 연후에 그것을 가지고 연극 공연작품을 만드는 식의 **이중적 체계**로 그 전통이 확립되어 왔지만, 우리나라를 비롯한 거의 대부분의 동아시아 제국의 연극 전통에 있어서의 공연지식 전승·전달 체계는 주로 공연지식이 '공연행위' 그 자체를 중심으로 하는 **통합적 체계**로 그 전통이 구축되어 왔다.

예컨대, 탈놀음의 공연지식은 따로 '기록대본'을 먼저 마련한 다음에 그것을 바탕으로 탈놀음 공연작품을 만들어가는 순서로 탈놀음을 공연해온 것이 아니라, 탈놀음 공연을 통해서 혹은 그것과 하나로 연결된 탈놀음 공연 연습 행위들을 통해서 탈놀음의 공연지식들이 전승·전파되어 왔던 것이다. 이것은 단순히 한 예술 양식에 있어서의 지식전달 수단의 차원 문제가 아니라, 문화의 총체적 '패러다임'의 차이에 기인하는 매우 근본적인 '차이'의 문제이다.

즉 이 문제는, 서양연극은 '문자중심'의 연극 전통에 근거하고 있고, 동양연극은 주로 '행위중심'의 연극 전통에 근거하고 있다고 하는, 전통의 좀더 근본적인 '차이'에서 나오는 문제로 보아야 할 것이다. 더군다나 이것은 문화의 '우열관계'로는 설명될 수 없는 근본적인 문제이자 '문화적인 차이'의 문제라 하겠다. 20세기 말에 이르러 서양에서 제기된 바, 이러한 문자중심의 서양문화가 인류 문화사에 어떤 여러 가지 심각한 문제점들을 노출하게 되었는가 하는 비판적 지적들35)을 놓고 볼 때, 문자중심의 문화적 패러다임이나 이것으로부터 나온 연극 전통이, 행위중심의 문화적 패러다임이나 그것으로부터 나온 연극 전통보다 우월한 것이 아님을 우리는 어느 정도 짐작할 수가 있다. 그러나 이것은 좀더 심각한 문제에로 나아가는 것이므로 고를 달리하여 논의할 수밖에 없겠다.

넷째, 이 문제에 있어 또 하나 빼놓을 수 없는 것은 정치제도에 의한 간섭 문제이다. 그 가장 핵심적인 제도가 바로 '문화재 지정보호 제도'이다. 이 제도는 멸종 위기에 놓인 문화의 한 종으로서의 탈놀음을 '보존'하는 데에는 어느 정도 효과를 발휘한 것이 사실이지만, 여러 가지 다른 심각한 문제점들을 야기한 것도 사실이다. 즉 이러한 '보호'의 방법을 일부 예능보유자들에 대한 경제적 지원책으로 제도화함으로써, 어떤 집단 공동체 문화를 일부 개인들의 개인적 예술로 '해체'하는 결과를 낳았다는 점이다.

어쨌든, 물론 다른 여러 가지 요인들과 맞물려 있는 것이기는 하겠으나, 탈놀음 전승·전파 현장에 나타나게 된 '기록전승' 방법 및 개인적인 '보호정책'의 침투 현상은, 결과적으로는 탈놀음 본래의 민중문화/대중문화적 활력을 약화시키고 그 집단의 연극 문화적 창조력을 잃게 하는 결과를 낳았다는 것만은 분명하다. 21세기적 지평에서 볼 때, 이것은 결코 바람직한 것이 아니며, 이제는 새로운 문화적 패러다임과 새로운 문화 창조의 지평에서 기존의 탈놀음 공연지식 전승·전파 방법을 근본적으로 개편하고 갱신할 필요가 있겠다. 민족문화의 창조적 현장과 양식으로서의 탈놀음이 이제는 일종의 '자본주의적 이권다툼'의 아수

---

35) Gilles Deleuze & Flix Guattari (1972), *L'Anti－Oedipe*, Paris: Editions de Minuit, p.243. 우리는 여기서 들뢰즈(Deleuze)와 가따리(Guattari)가 서양의 글쓰기 중심의 역사에 대한 반성을 통해서 우리에게 가져다주는 다음과 같은 심각한 반성의 교훈을 상기할 필요가 있다. "구술사회에서는 목소리와 신체상의 특징들과 1차적 글쓰기 등이 서로서로 독립적/병치적인 반면, 문자사회/필사적(筆寫的) 문명사회에서는 목소리의 선조성(線條性) 위에 도표적인 체계들이 한 줄로 정렬된다. 이렇게 해서 그것은 더 이상 노래 불려지는 목소리가 아니라, 받아 쓰여진 명령들이 된다. 이런 사회에서는 글쓰기는 춤으로 추어지지 못하고, 신체에 생기를 불어넣지 못하고, 테이블 위에, 돌 위에, 그리고 책 위에, 고정되어 붙어버린다."

라장으로 변질된 현상을 우리는 극명하게 비판하고 개선할 필요가 있는 것이다.

앞으로, 탈놀음의 전승·전파 방법인 '행위전승'·'구비전승'·'문자전승'의 방법들을 두루 그 전승 현장에서 적절하게 조화롭게 활용되는 방향에로 탈놀음의 전승·전파 방법들이 전환되어야만 한다는 것만큼은 분명하며, 이러한 방향 전환은 결코 이상적 현학주의가 아니라, 종래의 잘못된 분리적 자연과학주의로부터 통합적인 문화주의에로 나아가는 21세기적인 대안 찾기인 것이다.

그것은 좀더 거창하게 말하자면 '자발적 놀이'의 지평과 '우주적 축제'의 지평을 여는 것이다. 이러한 방향은 탈놀음 관련 '지식'을 살리는 방향이 아니라, 탈놀음 '행위' 그 자체와 그것의 전승 '현장'을 살리는 방향이며, 탈놀음 정책·교육·지원 등에서도 새로운 대대적인 개혁과 변화를 필요로 하는 방향이며, 이른바 '한류'에 대한 구체적인 방안과도 매우 밀접한 관련을 갖게 되는 방향이다.

6. 공연의 가치평가 문제

탈놀음은 원래 탈놀음이 행해지는 전통적인 탈놀음 현장에서 그 참여자들에 의해서 주로 가치평가가 이루어지는 '현장평가'의 원리에 의해서 가치평가가 이루어지고, 일부 전문적인 비평가들에 의해서 그 가치평가가 이루어지는 '전문평가'가 아닌 탈놀음 공동체 전체가 탈놀음을 평가하는 '집단평가'의 원리에 의해서 그 가치평가가 이루어져온 '문화적 공연' 양식이다.

그러다가, 이러한 탈놀음에 이른바 '전문가'와 '정치가'가 직접적으로 개입하기 시작하면서부터, 탈놀음 가치평가의 중심은 점차 공연 중에 평가가 행해지는 '현장평가'에서 공연 이후에 평가가 이루어지는 '사후평가'로 변화되고, 탈놀음 공동체 구성원 전체에 의해 이루어지는 '집단평가'에서 일부 관련 전문가들에 의해 이루어지는 '전문평가'로 점차 전환되어 갔다.

이런 가치평가 방법의 가장 대표적인 사례가 이른바 '전국민속경연대회'의 가치평가이다. 이런 가치평가 방법의 변화는 결국 탈놀음이 탈놀음 공동체 구성원들을 위한 '자발적'인 문화적 공연 양식으로부터 일부 문화적 혹은 정치적 전문가들의 '의도'를 따르는 '피동적'인 예술적 공연 양식에로 점차 전환되어 감을 의미하는 것이다. 아주 적절한 사례는 물론 아니지만, 탈놀음이 그 전체 공연과정의 일부로 행해졌던 전북 부안군 위도면 대리마을의 마을굿인 '위도 띠배굿'의 경우를 보면, 예전에는 이것이 마을 구성원 전체가 이 마을굿에 전폭적으로 참여하여 대리마을 전체 나아가 인근 마을들까지 참여하는 대동 축제였던 것이, 1980년대에 이른바 '국가지정 무형문화재'로 지정된 이후부터는, 점차 마을 '내부인들'의 대동 축제가 아닌, 그 '무형문화재' 지정에 따르는 '외부'로부터의 경제적 지원 '혜택'에 따라 그 '혜택'을 받은 극히 일부의 마을 주민들이 주도하는 '외부인들'의 개별 축제로 그 성격이 바뀌어갔던 것이다. 물론 여기에는 이러한 외부적 요인들뿐만 아니라, '어장의 황폐화'와 '기독교의 유입' 등 매우 근본적인 다른 요인들도 함께 작용한 것은 사실이다.

이러한 사정은 비단 이 '위도 띠배굿'에 그치는 것은 결코 아니며, '무형문화재'로 지정된 우리나라의 거의 모든 공연문화 양식들에 걸쳐 두루 적용되는 현실이라 할 수 있으며, 이런 면에서 그 문제가 극히 심각하다 하겠다. 이러한 '변화'는 물이 아래로 흘러가는 것처럼 자연스러워야할 수밖에는 없는 것이고, 일률적으로 단정해서 말할 수 없는 매우 복잡한 것이다.

그러나 이러한 현상에 대해 최근 들어 매우 바람직한 몇 가지 중요한 '사례들'이 발견되고 있어 주목된다. 예컨대, 전남 해남군 송지면 산정리 마을의 마을굿의 경우를 보면, 이 마을 축제인 마을굿이 무형문화재로 지정된 것도 아니고 경제적으로도 부유하지도 않은 마을 주민들이 전통 무속신앙·불교·기독교 인구가 두루 분포하는데도 불구하고, 오히려 이 마을의 주민들은 모두가 이 마을 공동체 축제 행사인 마을굿에 적극적으로 '참여'한다.[36)]

또 하나의 중요한 '변화'의 사례로 현재 '방폐장 문제'로 한 차례 큰 홍역을 치르고 난 전북 부안군 일대의 도서지역인 '위도'와 '식도' 섬에서는 다시 각 마을

---

36) 이영배·이영금 조사(2006), 전남 송지면 산성리 마을굿 조사(2006년 2월 11일) 자료(필사본) 참조.

들의 마을굿 제당들이 깨끗이 수리되고 청소되고 주위 환경이 깨끗이 정비되고 마을 대표자들을 중심으로 하여 '자발적'으로 새롭게 마을굿이 되살아났다. 심지어 부안군 위도면 면소재지인 위도면 진리 마을의 마을굿에는 위도면 면장이 온 종일 이 마을 주민들의 '뱃기'를 들고 돌아다니면서 이 마을굿에 적극적으로 참여하는 모습을 볼 수 있었다.[37]

우리는 이러한 민속 전반의 전승과 변화의 요인이 정확하게 어떤 것인가를 우선 밝혀낼 필요도 있겠지만, 우선 이러한 전승과 변화는 매우 복합적인 것이며, 특히 금세기에 들어와서의 '변화'는 전세기의 그것과는 매우 다른 차원의 어떤 새로운 지평의 자발적인 '문화적 변화'의 조짐을 보여주는 것이라 할 수 있다. 그러기에 이러한 현상의 '요인들'을 찾는 것도 중요하지만, 이러한 현상에 적극적이고 긍정적인 '의미'를 부여하는 작업도 또한 그 못지않게 중요하다.

어쨌든, 앞으로 탈놀음의 가치평가는 어떤 전문 비평가의 사후평가에 의해 그 공연의 운명이 좌우되는 방향에로 나아가서는 안 되고, 그것을 스스로 공연하고 향유하는 탈놀음 공동체 전체의 가치평가에 좌우되도록 하는 방향에로 나아가가는 길을 모색해야만 한다는 것만큼은 분명하다 하겠다. 이런 점에서, 오늘날에도 그 지역 주민들에 의해서 예전 못지않게 성대히 '자발적'으로 공연되고 향유되고 평가되고 있는 일본의 전통 '카구라(神樂)'나 중국의 전통 '나희(儺戲)' 등의 사례들은 우리의 전통 탈놀음의 공연과 평가 방법에 대해 많은 점들은 시사해주고 있다.

탈놀음의 가치평가 문제와 관련하여, 우리는 탈놀음 전승 현장 구성원들의 자발적이고 창의적인 가치평가 방법을 좀더 바람직한 방향으로 적극적으로 유도하고 개발하는 방안도 필요하리라 본다. 이런 면에서 최근에 들어 2005년부터 서울 KBS에서 주최하고 있는 판소리 '귀명창대회'라는 대회[38] 모임은 많은 점들을 시사해 주고 있다. '귀명창'이란 주지하다시피 명창에 맞먹는 이상적인

---

37) 이러한 사실은 필자가 2006년 1월 20~22일 사이에 행한 전북 부안군 도서지역 및 해안지역 조사에서 드러났다.

38) 김경래(2005), 「듣는 것도 실력, 최고의 '귀명창'은?」, 서울: KBS홈페이지, 4월25일자 기사 자료.

청관중을 일컫는 말이고, '귀명창대회'란 바로 그러한 청관중들의 실력을 서로 견주어보는 경쟁 대회를 가리키는 말이다. 앞장에서 논의한 바와 같이 탈놀음의 공연구조 속에도 판소리만큼은 아니지만 많은 시간적인 '공소(空所)'들이 있고, 이것들은 청관중들이 직접 공연에 참여하여 적절히 채워 나아가야만 탈놀음 공연이 '완성'되는 것이므로, 탈놀음 공연에 있어서도 분명 '귀명창'과 유사한 청관중들의 역할을 필요로 하는 부분이 있다. 탈놀음 공연에서 청관중들의 이러한 역할은 매우 중요하고, 이러한 역할을 제대로 수행하는 청관중들이 있어야 탈놀음은 제대로 공연될 수 있다는 점에서, 앞으로 탈놀음의 가치평가 측면에서 이러한 청관중들의 자발적인 참여와 개발 및 육성 대책이 필요하다고 본다.

끝으로, 여기서 탈놀음의 '**미학**(美學)'의 문제를 빼놓을 수 없겠다. 그동안 탈놀음의 '미학'에 관한 본격적인 논의는 조동일(1997)에서 처음으로 미루어졌다. 즉 탈놀음의 미학은 '신명풀이'의 미학이라는 것이다. 그런데 이런 식으로 탈놀음의 미학을 규정하면 여기에 해당되는 우리의 공연 양식이 비단 탈놀음뿐만이 아니라는 데에 문제가 있다. 즉 우리의 전통 무당굿·풍물굿·마을굿·판소리·탈놀음 등이 모두 이러한 범주에 들어올 수 있다는 점이 문제인 것이다. 이러한 혼란에서 벗어나는 방법은 이러한 개별 공연 양식들 전체를 아우르는 보편적인 미학보다는 이 각 양식들이 가지는 좀더 특수한 독자적인 미학을 먼저 귀납적으로 추출해내는 것이다.

이런 면에서 우리는 탈놀음의 독자적인 미학이 무엇인가를 밝혀보기 위해서는 탈놀음의 미학적인 면모들을 비슷한 레벨의 전통 공연 양식들인 무당굿·풍물굿·꼭두각시놀음·판소리 등의 미학적 면모들과 비교·대조해 보는 것이다. 이 문제는 매우 복잡한 문제이므로 여기서 이 문제를 본격적으로 논의할 수는 없겠으나, 우리는 우선 다음과 같은 점들은 언급할 수는 있을 것이다.

우선 무당굿이 이른바 신인일체화(神人一體化)의 미학 곧 '엑스터시'의 미학을 추구한다면, 풍물굿의 '청관중의 공연자화' 미학을 추구하고,[39] 꼭두각시놀음은 ‘산받이’라는 중간 매개자를 가장 많이 활용하여 ‘매개적 대화의 미학’을 추구하며,[40] 이에 비해 판소리는 앞장에서 분석해본 바와 같이 공연자의 ‘공소’와 청관중의 ‘추임새’를 활용하여 양자 사이의 시간적 상호작용 관계를 가장 높은 수준으로 상승시킨 ‘동화(同化)의 미학’을 추구한다. 반면에, 탈놀음은 역시 앞장에서 분석해본 바와 같이 ‘동화’ 작용과 ‘이화’ 작용을 적절히 조화시키는 방향을 추구한다는 점에서 **동화—이화의 조화 미학**을 추구한다고 할 수 있을 것이다.

Ⅲ. 결어

탈놀음의 공연학적 해석의 목적은 지금까지 다양한 관점으로 이루어져 온 탈놀음 연구의 성과들을 두루 통합하면서 이러한 성과들을 바탕으로 하여, 21세기 문화의 패러다임에 맞는 새로운 방향을 모색하고 지향해 나가는 데 있다. 본고에서는 기존 연구의 성과들을 폭넓게 수용하면서 리차드 셰크너가 제시하는 공연 해석의 6가지 관점에서 ‘동래 들놀음’을 중심으로, 한국 탈놀음의 공연학적 특성을 살펴보았다. 그 결과를 요약하면 다음과 같다.

첫째, 마을이나 고을의 전승 현장에서 전승되어온 한국 탈놀음 공연들은 집단 공동체 구성원들 전체의 제액초복(除厄招福)을 위한 ‘대동굿’ 전체 과정의 ‘일부분’으로 공연된 것이므로, ‘탈놀음’ 자체를 독자적 양식으로 보는 시각을 바꾸어, 그 ‘탈놀음’을 공연하는 마을 혹은 지역의 ‘대동굿’ 공연과정 ‘전체’를 하나의 탈놀음 공연과정이자 양식으로 다루어야 한다. 이런 의례행위 전체의 일부분으로서의 탈놀음 부분에서는 ‘근대연극’에서와 마찬가지로 탈놀음에 참여하는 공연자와 청관중들이 ‘존재’와 ‘의식’의 ‘일시적 변환’을 기하지만, ‘탈놀음’이 일부분

---

39) 김익두(1995), 앞의 논문, 110~111쪽.

40) 김익두(1998), 「한국의 연극적 공연 양식에 있어서의 ‘공소’와 공연자—청관중 상호작용의 원리에 관하여」, 『한국언어문학』41집, 한국언어문학회, 181~298쪽 참조.

으로 공연되는 마을굿 전체로 보면 존재'와 '의식'의 지속적 변환'과 '일시적 변환'을 동시에 기하고 체험하는 공연 양식이었기 때문에, 탈놀음을 전체적으로 이해하는 시각이 필요하다. 이런 면에서 볼 때, 앞으로 탈놀음 공연의 '전체과정'을 현장에서 다시 부활시켜 탈놀음을 공동체의 축제로 되살리는 방안을 모색할 필요가 있다.

둘째, 탈놀음의 전체 공연과정 중에서 '탈놀음' 부분의 긴장성 구축 방법 곧 탈놀음 공연의 핵심적인 구조화 원리는 '동화 이화의 반복·축적·순환의 원리'라고 할 수 있다. 탈놀음의 공연은 대체로 ① 〈등장인물들의 춤·(노래) + 악사들의 장단·추임새 + 청관중들의 추임새〉로 이루어진 '동시적 결합' 단위와 ② 〈등장인물들의 대사/노래 + 신체동작 + 악사들의 장단·추임새 + (청관중들의 추임새)〉로 이루어진 '동시적 결합' 단위가 서로 계기적·교호적(交互的)으로 반복·축적·순환 연결되면서 '주관—객관의 조화 원리'를 추구해 나간다고 할 수 있겠다. 이것은 탈놀음의 공연 원리가 '긴장—이완'의 반복·축적·순환의 구조 속에서 시간적 공소들을 더 복잡하고 다양하게 활용하는 판소리나, '청관중의 공연자화'를 통한 '역할 전도의 원리'를 추구하는 풍물굿의 공연 원리와 근본적으로 구별되는 점이다.

셋째, 탈놀음 공연에 있어서 공연자—청관중 상호작용 관계를 형성하는 두 원리는 '동화의 원리'와 '이화의 원리'이다. 청관중이 공연세계에 적극적으로 끼어들어가도록 하는 단위를 지배하는 '동화의 원리'와 청관중이 공연세계를 '관망'하는 단위를 지배하는 '동화의 원리'가 적절하게 조화됨으로써, 탈놀음은 일종의 '사회비판적인' 공연예술 양식으로 발달되어 갈 수 있었다. 탈놀음의 이러한 특성은, '동와의 원리'를 높은 수준에까지 추구해 나아간 판소리와 근본적으로 다른 점이다. 이런 면에서, 탈놀음 양식은 '감성'과 '이성'의 적절한 조화를 추구하는 공연 양식이라 할 수 있다.

넷째, 탈놀음은 한국의 어느 특정지역에만 존재하는 특수한 양식이 아니라, 전국에 걸쳐서 두루 존재한 보편적인 '대동굿' 공연 양식의 일부로 존재해 왔기 때문에, 독립된 하나의 독자적인 문화/예술 양식이 아니라, 마을/고을/궁중의 '대동굿'이라는 좀더 큰 문화 양식의 '일부분'으로 보는 시각이 필요하다. 이런 시각에서 우리의 탈놀음을 보면, 좀더 거시적이고 보편적인 문화 양식으로서의 '대동굿' 양식의 '보편성' 위에서 그것의 하부 양식으로서 '탈놀음'의 '특수성'을 다루는 조화롭고 폭넓은 시야가 우리의 탈놀음 연구에 확보될 수 있다.

다섯째, 탈놀음 공연지식의 전승−전파는 주로 '행위전승'과 '구비전승'이라는 두 가지 전승 방법에 의해서 오랫동안 이루어져 오다가 근대에 들어와 '문자기록' 전승이 중요한 방법으로 도입되었다. 그러나 탈놀음의 전승에 있어서 문자기록 전승 방법과 개인적인 보호정책은 탈놀음 본래의 활력과 공동체의 연극 문화적 창조력을 약화시켰다는 점에서, 탈놀음의 공연지식 전승 방법에 대한 진지한 반성이 요구된다. 이제는 새로운 문화적 패러다임과 새로운 문화 창조의 지평에서, '행위전승'·'구비전승'·'문자전승' 방법이 전승현장에서 조화롭고 통합적으로 활용될 수 있는 방향으로 탈놀음 공연지식 전승·전파 방법을 개편해 나가야 한다.

여섯째, 탈놀음의 가치평가는 탈놀음 공동체 구성원 전체에 의해 현장에서 이루어지는 '집단평가'에서 일부 관련 전문가들이 개입되면서 공연 이후에 이루어지는 '전문평가'로 점차 전환되어 왔다. 이러한 과정에서 발생한 문제들 가운데 하나는, 탈놀음이 탈놀음 공동체 구성원들의 자발적인 문화적 공연 양식이 일부 문화적 혹은 정치적 전문가들의 '의도'를 따르는 '피동적'인 예술적 공연 양식으로 변화되어 가고 있다는 것이다. 탈놀음의 가치평가는 전문가의 비평적 개입에서 벗어나, 탈놀음을 스스로 공연하고 향유하는 탈놀음 공동체 전체의 가치평가에 좌우되도록 하는 방향으로 나아가야 한다.

탈놀음의 가치평가와 관련하여 탈놀음의 미학의 원리를 찾는 작업도 이루어져야 한다. 탈놀음의 공연은 '동화' 작용과 '이화' 작용을 적절히 조화시키고자 한다는 점에서 '동화−이화의 조화 미학'을 추구한다고 할 수 있는데, 이것은 탈놀음이 신인일체화(神人一體化)의 미학을 추구하는 무당굿, '청관중의 공연자화' 미학을 추구하는 풍물굿, '산받이'라는 중간 매개자를 가장 많이 활용하여 '매개적 대화의 미학'을 추구하는 꼭두각시놀음, 공연자의 '공소'와 청관중의 '추임새'를 활용하여 양자 사이의 시간적 상호작용 관계를 가장 높은 수준으로 상승시킨 '동화(同化)의 미학'을 추구하는 판소리 등과 비교되는 미학의 원리라 할 수 있겠다.

앞으로, 우리의 독특한 전통 공연문화 양식의 일종으로서의 탈놀음의 연구 곧 탈놀음의 공연학적 연구는 종래의 탈놀음 연구에서 미진했던 '사설·춤사위·장단·삽입가요 등이 서로 개별적으로가 아니라, 예술 표현 형식이란 측면에서 함께 어울려 이루어내는 공연방식에 대한 고찰을 통한 미학적 측면의 연구'에 많은 보탬이 될 것으로 사료된다. 본고가 이런 방향에서의 탈놀음 연구에 조금이나마 보탬이 되었으면 하는 바람을 가져본다.

참고문헌

강용권(1977), 『야유 오광대』, 대구: 형설출판사.

권택무(1966), 『조선민간극』, 평양: 조선문학예술총동맹출판사.

김두봉(1936), 『제주도실기』, 大阪.

김백봉(1976), 『봉산탈춤 무보』, 한국문예진흥원.

김세중(1972), 「한국 민속극 춤사위의 연구」, 중앙대 석사논문.

김열규(1975), 「현실 문맥 속의 탈춤」, 『진단학보』 39집, 진단학회.

김열규(1980), 「북한의 탈춤, 북한지방의 민속」, 『북한』, 101~108쪽, 북한연구소.

김온경(1980), 「원양반춤과 말뚝이 춤사위에 대한 비교연구」, 『논문집』, 부산여대.

김온경(1983), 「경남 덧뵈기춤 고찰」, 『한국무용연구』 2.

김우탁(1978), 『한국 전통연극과 그 고유 무대』, 서울: 개문사.

김욱동(1994), 『탈춤의 미학』, 서울: 현암사.

김익두(1995), 「풍물굿의 공연원리와 연행적 성격」, 『한국민속학』 27집, 민속학회.

김익두(1998), 「한국의 연극적 공연 양식에 있어서의 '공소'와 공연자— 청관중 상호작
　　　　　용의 원리에 관하여」, 『한국언어문학』 41집, 한국언어문학회.

김익두(2004), 『판소리, 그 지고의 신체 전략』, 서울: 평민사.

김인환(1979), 「놀이의 본질: 양주별산대놀이」, 『문학과 문학사상』, 서울: 열화당.

김일출(1958), 『조선민속탈놀이연구』, 평양: 과학원출판사.

김재철(1933), 『조선연극사』, 경성: 조선어문학회. (1939, 경성: 학예사, 증보판).

김학주(1963), 「나례와 잡희: 중국과의 비교를 중심으로」, 『아세아연구』 12집, 고려대
　　　　　아세아문제연구소.

김흥규(1978), 「판소리의 서사적 구조」, 『판소리의 이해』, 서울: 창작과비평사.

류종목(1981), 「한국 가면극 대사의 표현법 고찰」, 『민속문화』 제3집, 동아대 한국민
　　　　　속문화연구소.

박진태(1990), 『탈놀이의 기원과 구조』, 서울: 새문사.

박진태(1990), 「하회 별신굿 탈놀이」, 『비교민속학』 6집, 비교민속학회.

서연호(1988), 『황해도탈놀이』, 서울: 열화당.

서연호(1989), 『야류·오광대놀이』, 서울: 열화당.

서연호(1987), 『산대탈놀이』, 서울: 열화당.

서연호(1991), 『서낭굿탈놀이』, 서울: 열화당.

서연호(1993), 「가면극의 양식 및 전승적 측면에서 살펴본 오국의 위치: 일본 기악과
　　　　　의 비교를 중심으로」, 『동국대일본학』 12집, 동국대 일본학연구소.

송경희(1998), 「북청사자놀음의 춤사위에 대한 연구」, 경희대 석사논문.

송동준(1974), 「서사극과 한국 민속극」, 『문학과지성』 17호, 문학과지성사.

송석하(1933), 「오광대소고」, 『조선민속』 1, 조선민속학회.

송석하(1960), 『한국민속고』, 서울: 일신사.

심우성(1973), 「민속극의 무대 공간」, 『공간』, 서울: 공간사.

심우성(1975), 『한국의 민속극』, 서울: 창작과비평사.

안　확(1932), 「山臺と處容舞と儺禮」, 『조선』 201, 경성: 조선총독부.

여석기(1970), 「산대가면극의 파르스적 성격」, 『한국문학의 해학』, 서울: 국제문화재단.

유민영(1984), 「한국의 가면, 그 심미적 고찰」, 『탈춤의 사상』, 서울: 현암사.

윤광봉(1992), 「한국 가면극의 형성 과정」, 『비교민속학』 9집, 비교민속학회.

이두현(1969), 『한국가면극』, 서울: 문화재관리국.

이두현(1997), 『주석본 한국 가면극선』, 서울: 교문사.

이미원(1990), 「한국 전통가면극과 코메디아 델아르테」, 『한국연극학』 3호, 한국연극학회.

이병옥(1982), 『송파산대놀이 연구』, 서울: 집문당.

이혜구(1953), 「산대극과 기악」, 『연희춘추』. (1957, 『한국음악연구』, 국민음악연구회)

이혜구(1969), 「양주별산대놀이의 옴중·먹중·연잎과장」, 『예술원논문집』 제8집, 예술원.

이혜구(1969), 「伎樂と 산대가면극」, 『조선학보』 51.

이훈상(1989), 「조선 후기의 향리 집단과 탈춤의 연행: 조선 후기 읍권의 운영 원리와
　　　　　읍의 제의」, 『서강대동아연구』 17, 서강대학교.

임재해(1991), 『한국민속과 전통의 세계』, 서울: 지식산업사.

전경욱(1993), 『주해 민속극』, 서울: 고려대민족문화연구소.

전경욱(1995), 「탈놀이의 형성에 끼친 나례의 영향」, 『민족문화연구』 28집, 고려대
　　　　　민족문화연구소.

전경욱(1996), 『한국의 탈』, 서울: 태학사.

전경욱(1998), 『한국가면극: 그 역사와 원리』, 서울: 열화당.

전경욱(1998), 「탈놀이의 역사적 연구」, 『구비문학연구』 제5집, 한국구비문학회.

전경욱(2000), 「가면극 연구의 현황과 전망」, 『문화예술』 10월호, 서울: 문예진흥원.

전경욱(2000), 「서울의 본산대놀이와 그 놀이꾼」, 『한국희곡문학사연구』, 대전: 중앙
  인문사.

전신재(1980), 「양주별산대놀이의 생명원리」, 성균관대 석사논문.

정상박(1986), 『오광대와 들놀음 연구』, 서울: 집문당.

정상박(1993), 「한국 탈놀음의 갈래」, 『문학한글』 제7호, 한글학회, 119−41쪽.

정양모 · 조동일(1981), 「탈에 담긴 조형과 상징」, 『계간 미술』, 서울: 중앙일보사.

정인섭(1928), 「진주 오광대 탈놀음」, 강석진 구송/정인섭 채록본.

조동일(1969), 「농악대의 '양반광대'을 통해 본 연극사의 몇 가지 문제」, 『동산 신태식
  박사 송수기념 논총』, 대구: 계명대출판부.

조동일(1976), 「포수의 행방을 통해 본 한국 가면극의 기원과 발전」, 『한국연극』 6,
  한국연극협회.

조동일(1979), 『탈춤의 역사와 원리』, 서울: 홍성사.

조동일(1997), 『카타르시스, 라사, 신명풀이』, 서울: 지식산업사.

조만호(1995), 「탈춤 '사설' 연구」, 성균관대 박사논문.

최상수(1984), 『한국 가면의 연구』, 서울: 성문각.

최상수(1985), 『산대 · 성황신제 가면극의 연구』, 서울 : 성문각.

최정여(1973), 「산대도감극 성립의 제문제」, 『한국학논집』제1집, 계명대학교.

최창주(2000), 『봉산탈춤』, 서울: 전통예술원.

허 술(1974), 「전통극의 무대 공간」, 『창작과비평』 32, 서울: 창작과비평사.

秋葉隆(1954), 「山臺戲」, 『朝鮮民俗誌』, 東京: 六三書院.

Brockett, Oscar G. (1979), *The Theatre: An Introduction*, New York: Holt, Rinehart
  and Winston.

Deleuze, Gilles & Guattari, Flix (1972), *L'Anti−Oedipe*, Paris: Editions de Minuit.

Iser, Volfgang (1978), *The Act of Reading*, Boltimore & London: The Johns Hopkins
  University Press.

Schechner, Richard(1985) · 김익두 옮김 (2005), 『민족연극학』, 서울: 한국문화사.

한국 탈놀이에 나타난 무언의 의미와 기능

정형호

1. 머리말

한국의 탈놀이에는 무언(無言)의 인물이 다양하게 등장한다. 지역에 따라 완전 무언극도 있고, 무언에 가까운 경우도 있다. 배역을 보면 노장, 소무, 첩, 상좌, 포도부장, 여사당, 연잎·눈끔쩍이, 오방신장, 동물형 등이 무언으로 등장한다. 그 인물도 무언 단독 등장, 무언 대 무언, 무언 대 유언의 여러 양상으로 나타난다.

무언은 극적 전개에서 일상적인 것은 아니다. 등장인물이 대사가 없이 무언으로 설정할 경우에 그에 합당한 이유가 있을 것이다. 따라서 단지 유언의 보조적 역할에 머무른다고 볼 수 없다. 무언은 언어를 통한 표현방식의 한계를 뛰어넘는 장점도 있다.

일반적으로 극에서 무언은 원초적 종교 의식의 표현이나 억압적 시대의 풍자적 수법에 사용된다. 한편 인물의 전형적 성격이나 사회적 약자라는 특수성을 부각시키기 위해 사용한다. 또한 특정 인물에 관심을 집중시키기 위해 의도적으로 이루어질 수도 있다. 한편 극적 전개에서 변화나 전환을 시도하거나, 갈등을 고조시키는 경우, 내면적인 미묘한 심리 변화를 표현하기 위한 수법으로 시도될 수도 있다.

서구의 경우, 마임은 이미 기원전 2c 로마시대의 무언 무용극에서부터 출발한다. 초기에 무용극·광대극의 특성을 지니다가 후대에 다양한 형태로 전승·발전했다. 끌로드 끼쁘니(Claude Kipnis)는 마임에 대해 사물에 대한 재창조, 현실의 환영 창조, 내면적 세계의 표현, 다양한 상상력의 표현[1]을 장점으로 제시하였다. 우리 탈놀이의 무언은 서구의 마임과 다른 역사적 배경을 가지고 있으며, 일반적인 극의 무언과 비교해서 유사점과 차이점을 지니고 있다.

우리 탈놀이의 무언은 놀이 전개에 큰 비중을 차지하며, 이제는 그 의미와 기능을 체계적으로 규명할 필요가 있다. 기존에 탈놀이의 무언에 대해 그 성격을 규명하려는 시도는 제대로 이루어지지 않았다.[2]

이 문제를 접근해 나가는 데에 있어서 일단 인물의 전형성에 주목할 필요가 있다. 탈놀이는 기본적으로 탈을 착용하고 연희가 이루어지기 때문에, 무언의 설정은 탈 자체가 지니고 있는 전형적 성격에 좌우된다. 또한 무언의 인물이 지닌 다른 인물과의 관계, 극적 전개 과정에서 어떤 역할을 수행하는가를 중심으로 접근할 필요가 있다.

---

1) 마임은 인간의 신체를 움직이고 이동함으로써 만물을 재창조하는 예술이다. 자신을 표현하는 수단이며, 특히 사물과 상황을 자신의 신체만으로 표현하는 방법이다. 마임은 현실에 대한 환영을 창조하는 예술이다. 마임가는 자신의 내적 세계를 다른 사람들이 볼 수 있도록 표현해 내는 것은 물론 자신의 주변 세계를 재창조한다. 외적 세계를 눈에 보이게 해 주고, 동시에 자신의 상상 속의 내적 세계를 표현해야만 한다. 마임 예술은 이 두 세계가 만나면서 시작되는 것이다. 여기서 외적 세계는 대상물과 사람, 동물, 모든 종류의 유기체, 주변 환경 전체와 그 본질을 포함하며, 내적 세계는 자신의 느낌, 생각, 충동, 꿈과 같은 것으로 이루어진다. 마임은 신체로써 상상의 세계를 가시화하고 이해 가능한 대상으로 만들어야 한다. 곧 다른 이들과 함께 상상의 세계를 공유하는 예술이다.(Claude Kipnis, 박희태 역, 『마임 북』, 예니, 1974 초판, 1996년판, 2~3쪽.)

2) 필자는 하회별신굿탈놀이의 무언, 유언에 따른 구조적 특징을 분석하여, 본질적으로 무언 중심의 서낭굿탈놀이 형태에서 출발하며, 근래에 유언화·해설화의 경향으로 변용되어 가고 있다고 제시하였다.(정형호, 「하회별신굿탈놀이의 전통과 현대적 변용」, 안동대 국학부 편 『지연민속연구와 국학』, 집문당, 2005. 259~298쪽.)

2. 무언의 탈놀이에 나타난 구조적 특징

우리 탈놀이에는 강릉관노가면극과 예천청단놀음이 완전 무언극이고, 하회별신굿탈놀이는 무언에 가깝게 진행된다. 이런 무언의 탈놀이는 지역의 서낭제와 밀접한 관련을 지니고 있다.

강릉관노가면극은 대관령 국사서낭신과 산신을 위한 단오굿의 한 과정에서 연희된다. 대체로 18c 말까지 창우배가 중심이 되어 잡희의 형태로 전승되다가, 19c 중반에 탈놀이가 독립되고, 관노 집단이 연희를 주도하게 된다. 무언극으로 전승되는 이유는 단오제가 굿 중심의 의식으로, 탈놀이가 신을 위한 신탈놀이적 성격을 강하게 지니면서, 등장인물의 인태화(人態化)가 제대로 이루어지지 않은 데에 있다. 또한 연희 주도층이 관노라는 신분적 한계로 현실적 갈등을 부각시키지 못한 데에도 연유한다.

연희적 맥락 속에 등장인물의 성격을 보면, 양반광대는 대관령 국사성황신에서, 소매각시는 여성황신에서 유래하며, 각각 마을을 지키는 수호신으로서 축귀의 주체가 된다. 장자마리는 해신(海神)이 추상화되어 벽사적 기능을 수행하며, 시시딱딱이는 역신이 인태화되어 양반광대와 소매각시를 훼방하는 부정적 존재로 등장한다. 전체적으로 숭고미가 부각되며, 갈등보다는 화해와 조화를 지향한다. 따라서 강릉의 경우, 원초적 굿탈놀이에서 크게 진전되지 않았으며, 오히려 신성성을 높이기 위해 무언을 유지했다고 볼 수 있다.[3]

예천청단놀음은 양반과 사대부, 쪽박광대, 중광대, 지연광대, 주지광대, 북광대 등의 인물이 모두 무언으로 등장한다. 이 놀이는 지역 수호신인 검단부인을 위하는 마을 제의에서 출발하며, 원혼에 대한 진혼의식의 성격을 지니기 때문에 신성성을 유지하고 있다.[4] 여섯 마당을 보면, 첫 번째 광대판놀음은 의식무적

---

3) 정형호, 「강릉관노가면극의 전승집단과 연희적 특징 고찰」, 『강릉지역의 전통문화』, 국학자료원, 1999.12., 336~353쪽.
4) 정형호, 「굿놀이가 가면극의 형성에 끼친 영향 고찰」, 『경원어문론집』 2집, 경원대학교 국어국문학과, 1998. 12., 154쪽.

성격이 강하며, 두 번째 행의놀음은 젊은 쪽박광대를 사이에 두고 양반층 간의 갈등 양상을 보인다는 점에서 기존 탈놀이의 양반 관련 마당과 관련이 있다. 세 번째 주지놀음은 사자춤과 유사한 벽사진경의 춤이고, 네 번째 지연광대놀음은 4광대춤으로 벽사적인 의식무이다. 다섯 번째 얼레방아놀음은 탁발승이라는 중이 쪽박광대와 관계를 맺는다는 점에서 중마당의 성격을 지닌다. 여섯 번째 무동놀음은 풍물굿의 무동춤과 같다. 전체적으로 6마당 중에서 4개 마당이 벽사 의식무이고, 행의놀음은 양반마당, 얼레방아놀음은 중마당과 관련이 있다. 대체로 의식무의 성격이 강하며, 서낭굿탈놀이의 성격에서 크게 벗어나지 않기 때문에, 무언으로 전승된다고 볼 수 있다.

예천의 청단놀음은 전체적으로 굿에서 극으로 나아가는 초기 단계의 탈놀이로 당신화와 얽혀 있고, 여신이 탈놀이의 배경으로 등장한다는 점에서 하회와 유사하다. 그리고 주지·무동·방자형이 등장하고, 양반사대부와 소무형 인물의 삼각관계 등도 유사하다.[5]

하회별신굿탈놀이는 무언에 가까운 탈놀이 형태이다. 하회의 인물을 유·무언으로 분류하면, 무언의 인물은 부네·각시·주지·중[6]이고, 무언에 가까운 인물은 백정·이매·할미이며, 유언의 인물은 양반·선비·초랭이 정도에 불과하다.

무언의 중은 종교적 숭고와 현실적 욕구를 추구하는 이중성의 부각에 초점이 맞추어져 있다. 부네는 생산 주체적 성격이 있으나, 외형적으로 약화되어 외모의 아름다움과 교태를 나타내기 위해 무언으로 설정되었다. 다른 탈놀이의 소무 및 첩과 유사한 성격을 지닌다. 각시는 마을 여성황신의 상징으로 종교적 숭고가 부각되며, 주지는 벽사적 의식무의 주체이다. 이매·백정·할미는 공통적으로 소외된 인물형으로, 무언에 가까운 인물로 형상화된다. 이매는 바보 역으로, 허도령 전설에서 알 수 있듯이 마지막에 제작된 미완의 인물이다. 말이 서툰 바보스런 인물이기에 말보다는 주로 몸짓에 의존하는 소외된 인물이다. 백정

---

5) 한양명, 『예천청단놀음』, 민속원, 2004, 221~225쪽,

6) 근래에 하회에서 중에게 대사가 첨가되는 것은 현대적 변용으로 봐야 한다.

역시 신분적 억압을 당하는 천한 인물이다. 할미는 초기에 생산이나 풍요의 주체에서 점차 생산 능력이 상실된 늙고 가난한 존재로 변모되어 갔다. 하회에서 무언 중심의 인물은 종교적 숭고와 세속의 이중성, 벽사의식의 주체, 외모적 교태, 소외된 존재의 부각에 등장한다. 마당별 전개와 유·무언의 양상은 다음과 같다.

과 정	유·무언의 경향	마당별 특징
①무동마당	무언의 의식무	강신 과정
②주지마당	무언의 의식무	축귀(정화) 과정
③백정마당	무언 중심에 부분적 유언화	의식의 놀이화 과정
④할미마당 ~⑤중마당	무언 중심에 부분적 유언화	인물 간 갈등 내재화 과정 (생산 주체의 약화)
⑥양반·선비마당	유언 중심의 진행	인물 간의 갈등 표출 과정
⑦혼례·신방마당, 헛천거리굿	무언 중심의 진행	풍요 의식 및 송신 과정

첫 번째 무동마당, 두 번째 주지마당은 무언의 의식무이다. 첫 마당에 나오는 각시의 무동은 마을 성황신에 대한 강신의 의미가 있으며, 주지마당에서 2인 주지춤은 축귀적 의식무이다. 세 번째 백정마당에 나오는 백정은 무언 중심의 인물이 유언화하였으며, 소 도살에 의한 제물 봉양의 과정을 극적으로 보여주면서 놀이적 성격이 가미되었다. 네 번째 할미마당의 할미, 다섯 번째 중마당의 중·부네·초랭이는 무언 중심의 마당에 유언이 삽입된 형태이다. 여기에 등장하는 유언의 초랭이는 보조적 역할에 그친다. 갈등은 표면적으로 크게 드러나지 않고 내재화되어 있다. 여섯 번째 양반·선비마당에서 양반·선비·초랭이는 유언의 인물형이며, 부네·할미·백정·별채 등은 보조적 인물이다. 이 마당에서는 주요 인물들의 갈등이 표면화된다. 마지막은 공연 과정에서 이루어지지 않지만, 예전에 별신굿과 탈놀이의 연속선상에서 이루어졌던 무언의 혼례·신

방마당, 헛천거리굿은 무언의 의식무이며 송신의 과정이다.[7]

따라서 마당별 진행을 유·무언으로 본다면, '무언의 의식무 → 무언 중심에 부분적 유언화 → 유언 중심의 갈등 전개 → 무언 중심의 의식무'라는 과정을 나타낸다. 강신·축귀의 의식무 과정에서 출발하여 점차로 놀이화, 갈등 내재화를 거쳐 갈등이 표출되고, 풍요와 화해의 송신 과정으로 마무리된다. 유무언으로 보아도, 하회의 탈놀이는 박진태가 제시한 내림굿 → 神遊 → 싸움굿 → 화해굿 → 환후굿(전송굿)이라는 굿의 진행 과정에 대입된다.[8] 이런 점에서 하회는 종교적 의식무 성격을 지닌 무언극에서 출발하여, 후대에 점차 유언화의 과정을 밟으면서 인물 간의 갈등이 표출되었다고 볼 수 있다. 일반적으로 다른 지역의 탈놀이가 의식무에서 시작해서 의식무로 마무리되는 것과 같은 구조적 특징을 지닌다.

결국 현존하는 무언의 탈놀이, 또는 무언에 가까운 탈놀이는 지역의 당신화와 관련되어 있고, 서낭굿과 밀접한 관련을 지닌 굿탈놀이라는 특징이 있다. 하회와 예천은 주신이 여신이며, 강릉은 자연신이다. 강릉과 예천은 처음부터 무언에서 출발해서 이를 고수한 반면, 하회는 무언에서 점차 유언이 첨가된 형태이다. 한편 하회와 예천은 축귀의 주체로 의식무의 성격을 지니는 주지가 등장하며, 강릉은 장자마리가 등장한다. 굿탈놀이는 마을굿이라는 일련의 과정에 있고, 신성성을 유지하기 때문에 유언보다는 주술·종교적 성격의 무언에 가깝게 진행되는 것이 일반적이라고 볼 수 있다.

3. 무언의 인물에 나타난 전형적 성격

탈놀이에서 무언으로 등장하는 인물은 특정한 인물에 한정된다. 극에서 유언이 일반적이지만, 인물이 무언으로 설정되는 것은 특별히 전형성을 부여했기

---

7) 정형호, 「하회별신굿탈놀이의 전통과 현대적 변용」, 앞의 책, 266~270쪽.
8) 박진태, 『탈놀이의 기원과 구조』, 새문사, 1990, 192쪽.

때문이다.

일반적으로 노장, 소무, 첩, 상좌, 여사당, 오방신장, 동물형 등이 무언으로 등장하며, 지역에 따라 포도부장, 연잎과 눈끔적이, 도령, 문둥이도 무언이다. 기타 포도부장이 무언9)이나 역할의 비중이 낮으며, 양주의 할미가 무언10)이나 대부분 유언인 것에 비해 예외적이다.

(1) 숭고와 비속의 이중성 부각

무언으로 등장하는 노장은 종교적으로 숭고한 존재이지만, 실제로는 젊은 여자를 탐하는 비속한 인물로 등장한다. 중은 동래 · 수영들놀음, 자인팔광대를 제외하고 전국적으로 등장한다. 예외적으로 가산오광대와 통천가면극11)에만 유언으로 등장한다. 가산오광대의 중은 일반적인 유형에서 벗어나 변형을 이루고 있어 예외적이다.12) 한편 북한에서 채록 · 발굴된 통천가면극은 노장이 유언이지만 채록본에 신빙성이 없다는13) 점에서 논의할 대상이 되지 못한다. 그리

---

9) 포도부장은 양주 · 송파 · 구파발 · 퇴계원산대놀이와 같이 주로 경기도 지역의 산대놀이에 등장하며, 예전에는 황해도 봉산탈춤, 해주탈춤에도 등장했다. 이들은 포교, 또는 포도군관이라고도 불리는 군교를 지칭한다. 지방 관서의 하급 이속의 신분이다. 이 인물은 신분적으로 낮지만, 젊음의 힘을 갖고 샌님과 대립하여 소무와 결합하는 인물이다.

10) 양주별산대놀이의 미얄할미는 생산력을 상실하여 영감에게 핍박받는 무언의 인물이다. 다른 지역에서는 할미가 허리를 노출하고 강한 성적 욕구를 드러내지만, 오히려 양주는 이런 점이 약화되어 있다는 점이 무언과 관련이 있다고 볼 수 있다.

11) 권택무, 『조선민간극』, 조선문학예술총동맹출판사, 1966.(예니출판사, 1989판, 185~192쪽.)

12) 중이 상좌의 도움을 받아 서울애기를 유혹하여 업고 도망가는 데에 성공하지만, 양반에게 붙잡혀 치죄를 당하고 신세타령을 하며 환속을 한다. 기존의 중이 젊은 여자를 탐하다가 취발이나 주민에게 희롱을 당하는 내용과 다른 양상이다. 양반은 원래 가문과 학식을 자랑하고 허세를 부리다가 말뚝이에게 희롱을 당하는 부정적 인물인데, 중이 이런 양반에게 질책을 당한다는 것은 일반적인 진행이 아니다.

13) 통천가면극은 채록본의 기본이라 할 수 있는 조사시기 · 조사장소 · 제보자 등이 없다. 또한 노승이 무언의 인물이 아니고, 유언으로 등장한다. 그리고 노승이 타락한 양반 관료를 꾸짖고, 말뚜기(말뚝이)에게 양반 응징을 약속하는 의로운 도승으로 등장한다. 한편 말뚜기는 할미광대와 부부로 등장하여 재회의 즐거움을 나눈다는 점도 파격적이다. 이런 점에서 노승과 말뚜기의 행위는 기존의 가면극의 내용에서 크게 벗어나 있다. 또한 '가면극'이란 명칭도 현장의 용어라기보다는 학자들이 붙인 이름이다.

고 근래 하회의 중이 부분적 유언화의 경향을 보이지만, 원래 무언의 인물이 유언화로 변모되었다고 볼 수 있다.

일반적으로 탈놀이에 등장하는 중은 범주상 노장과 상좌를 비롯해, 먹중과 옴중, 사당과 거사[14]까지 포함한다. 그 중에서 노장, 상좌가 중심이며, 이들이 무언으로 등장한다.

노장은 명칭상 고승을 지칭하며, 숭고한 대상이다. 그러나 탈놀이에는 여자를 범하는 비속한 존재로 등장하는 이중적 성격을 지닌다. 지역에 따라 숭고와 비속이 서로 다른 양상을 보이고 있다.

우선 중이 의식무의 주체이면서 숭고한 존재로 등장하는 지역이 있다. 마산오광대나 김해오광대, 하회별신굿탈놀이가 이에 해당된다. 마산오광대와 김해오광대를 보면, 중은 상좌를 데리고 등장하여, 사방을 돌며 중타령을 하고 벽사 의식무적 춤을 춘다. 여기서는 중을 희롱하는 제 3의 인물이 등장하지 않는다. 김해오광대에서는 중 관련 내용이 처음에 나오며, 노장과 상좌의 춤은 마당의 구성과 내용으로 보아서 의식무적 성격이 강하다.

하회의 중도 제 3의 인물이 등장하지 않으며, 파계승의 모습보다는 오히려 생산의 주체로 등장한다. 여기서 중의 상대역인 부네는 방뇨를 통해 중에게 성적 흥분을 유발한다. 여기서 부네는 강한 생산과 풍요의 주재자라는 상징성을 지니게 된다. 여기의 중은 파계승이기 보다는 마을에 풍요를 가져다주는 상징적 존재라는 의미를 지닌다.[15]

---

14) 원래 승(僧, 僧伽)이라 일컫는 4衆은 비구(比丘, 출가 남사수행승), 비구니(比丘尼, 출가 여자 수행승), 우바새(優婆塞, 在家 남자신도), 우바이(優婆夷, 在家 여자신도)를 말한다.(『한국불교학개론』, 동국대 출판부, 1989, 133쪽) 그런데 4衆 중에서 우바새는 거사, 우바이는 사당을 지칭하며, 불교 4대부에 거사와 사당이 포함된다.

15) 여성의 방뇨는 신화적 성격의 지리산 성모·마고할미·선문데할망, 방뇨몽설화인 문희·진의·헌정왕후·익산구전설화, 현존 남해안별신굿과 제주도 세경놀이의 여성방뇨, 기우제의 여성 산상방뇨, 그리고 하회탈놀이의 부네 방뇨, 자인팔광대, 가산·도동오광대의 할미 방뇨 등에 다양하게 나타난다. 이를 검토한 결과 여성 방뇨의 상징성은 생산과 풍요, 대지의 생명력, 佳緣과 뛰어난 능력으로 볼 수 있다. 이것이 시대적 변화에 따라 여성의 은밀한 부분을 노출하여 남성을 유혹하는 수단으로 바뀌면서, 여성에 대한 비하 현상이 나타난다. (정형호, 「여성방뇨를 통해 본 여성의 사회적 인식 변모 양상」, 『동아시아고대학』 4집, 동아시아고대학회,

중이 원래 숭고한 존재에서 출발했다는 것은 현존 라마불교의 '참'에서 찾을 수 있다. 이것은 승려가 직접 탈춤에 참여하며, 부처의 본생담에 바탕을 둔다. 내용은 부처가 악귀를 물리치고 세상을 정화하며, 또한 중생을 교화하여 불자의 세상을 만든다. 백제의 탈춤인 기악도 불법을 수호하는 존재가 잡귀를 쫓아내는 춤이 중심을 이루고 있다.[16] 따라서 불교 의식무적 성격을 강하게 지니고 있는데, 이것은 이 땅에 불교가 유입되었을 초기에 중의 모습을 보여주고 있는 것이다.

중은 본질적으로 번뇌를 씻고 해탈의 경지에 이르는 존재로, 불도를 닦는 과정은 침묵에 의한 깨달음의 과정이다. 그런 점에서 숭고한 존재인 중은 인물의 성격상 무언이 적당하다.

탈놀이에서 중이 비속한 존재로 등장하여, 사회 풍자의 대상이 된 것은 후대적 양상이다. 현존 대부분의 탈놀이에는 노장이 파계승의 모습을 지니고 있다. 양주·송파산대놀이, 봉산·강령·은율·해주탈춤에는 노장이 놀이판에 와서 소무를 유혹한 후에, 이를 탈취하려는 취발이와 치열하게 대항한다. 이때에 노장은 이미 정상적인 중이기를 포기한다. 결국 취발이의 힘에 밀려 소무를 빼앗기는 수모를 당한다.

특이한 것은 송파산대놀이, 봉산탈춤, 해주탈춤, 남사당덧뵈기에서는 중이 상대하는 소무가 2인이며, 취발이에게 1인의 소무를 빼앗기지만, 나머지 1인을 지키는 데에 성공한다. 1인의 소무가 등장하는 것은 강령·은율탈춤 뿐이다.

여기에서 중은 불제자로서 종교적인 근엄함을 지닌 외형적 모습을 지니고 등장하지만, 이어 여자를 탐하고 지키려는 세속적 욕구를 지닌 인물로 변신한다. 따라서 중은 이중적인 인물로 형상화된다. 노장은 정도에서 벗어난 파격적 모습이며, 중으로서 신분적인 이탈을 한 존재이다.

이런 점은 기층 민중들이 인식하는 노장의 이중적 모습에 바탕을 둔다. 노장

2001.12., 87~128쪽.)

16) 정형호, 「탈놀이의 필먹중과 불교의 팔부중 신장의 관련성 고찰」, 『한국민속학』 38호, 한국민속학회, 2003. 457~459쪽.

은 종교적인 숭고한 존재이면서도 현실적으로는 인간적 욕구를 가진 존재이다. 노장의 이런 일탈성은 조선 후기 사이비 중의 현실적 반영이기도 하다.

결국 노장은 불교 본질적 특성상 무언에 가까운 존재이며, 특히 탈놀이에는 숭고와 비속의 이중성으로 인해 더욱 무언으로 등장한다. 그가 무언인 소무와 결합하고, 다른 인물에 철저히 무언으로 응답하는 것은 이런 인물적 특성에 연유한다.

(2) 축귀적 의식무의 주체로서의 부각

종교적 숭고한 인물인 상좌, 연잎과 눈끔쩍이, 그리고 벽사의 주체인 사자, 오방신장은 무언으로 등장한다. 이들은 주로 의식무의 주체라는 공통점이 있다.

상좌는 산대놀이와 해서탈춤에서 흰 장삼에 붉은 가사를 걸치고, 머리에 흰 고깔을 쓰고 등장해서 축귀 의식무를 춘다. 따라서 노장과 달리 이중적 인물로 등장하지는 않는다. 상좌는 원래 4인이 등장하여 사방을 향해 축귀의식무를 추어 탈판과 마을을 정화시킨다. 현재 상좌의 등장 인물수를 보면, 봉산탈춤에 4인, 강령탈춤 · 해주탈춤 · 양주별산대놀이 · 송파산대놀이는 2인, 은율탈춤에는 1인이 등장한다. 사방을 정화시키는 4인의 의식무가 2인, 1인으로 점차 축소된 것으로 볼 수 있다.

축귀의식무로서 가장 오랜 역사를 지닌 처용무는 일찍이 상층으로 수용되어 궁중무용으로 전승되었다. 이런 이유로 현존 탈놀이에 처용무는 나타나지 않는다. 오히려 중부지방의 상좌춤과 경상도 지역의 오방신장무(가산 · 마산 · 진주 오광대)는 처용춤의 기능을 대신한다고 볼 수 있다. 한편 상좌는 마산 · 김해 · 도동오광대에는 노장과 함께 등장하지만, 타령장단에 맞추어 중타령을 하고 춤을 추기만 한다. 따라서 의식무적 성격은 동일하게 나타난다.

원래 상좌는 師僧의 대를 이을 여러 제자 가운데서 상위의 승려로, 탈놀이에는 노장을 보필하는 승려이다. 그런데 오광대와 달리 중부지방에는 단독으로 등장한다는 점에서 노장과는 차별성이 있다.

양주별산대놀이에서는 첫째 상좌가 등장해서 중앙에서 합장 재배와 천신에게 재배하고, 이어서 4방위를 향해서 차례로 사방치기춤을 춘다. 그리고 깨끼춤, 거드름춤, 팔뚝잡이춤 을 추며, 둘째 상좌도 동일하게 진행한다. 봉산탈춤에서는 상좌 4인이 첫 마당에 흰 장삼에 붉은 가사, 흰 고깔을 착용하고, 먹중에게 업혀 한 사람씩 등장한다. 그리고 영산곡에 맞추어 두 사람씩 동서로 갈라서서 서로 엇바꾸며 화려한 춤을 춘다.17) 노장이 풍자와 희롱의 대상이 되고, 먹중이나 옴중이 비속한 중의 모습으로 등장하는 데 비해, 상좌는 숭고한 존재이며 축귀의 주체로 등장한다. 근래에는 여자가 배역을 맡아 여승의 승무로 진행한다.

결국 상좌는 재담이 전혀 없이 무언의 춤을 추는 숭고한 존재이다. 이것은 기층집단이 불교를 현실적으로 수용하여, 상좌로 하여금 인간에게 고통을 주는 不淨한 존재를 정화시키는 주재자의 성격을 부여한 것이기 때문이다. 이는 기층집단이 보다 인간다운 삶을 이루려는 현실적 욕구를 반영한 것이다.

연잎과 눈끔쩍이는 산대놀이인 양주 · 송파 · 구파발 · 퇴계원산대놀이에 두루 등장한다. 두 인물이 짝을 이루고 등장하여, 옴중과 목중을 쫓으며 춤을 추는 근엄한 존재로 나온다.

연잎은 엄숙한 모습에 부채로 얼굴을 가리고 춤을 추는 인물이다. 따라서 세속화되지 않은 신성화된 모습으로 등장한다. 연(蓮)잎은 연꽃잎을 말하며, 실제로 탈의 윗부분에 녹색의 연꽃 모양의 잎이 그려져 있다. 연잎은 천강성(天罡星), 곧 北斗星이나 天神으로18) 알려져 있다. 일제시대 아끼바(秋葉隆)의 기록에 의하면, 연잎을 수석이라 하여 앞자리에 넣고, 그 의미를 봉래(蓬萊), 곧 하늘의 정기19)라 하였다. 불교에서 연꽃은 부처의 상징으로, 오랜 수행 끝에 번뇌의

---

17) 오청, 「가면극 봉산탈 각본」, 『민속어문논총』, 계명대 출판부, 1983, 503쪽.
18) 조동일, 「양주산대, 1930년 본」, 『탈춤의 역사와 원리』, 홍성사, 1980, 289쪽.
　　임석재, 「양주별산대놀이」, 『문화재』1호, 1965, 85쪽.
　　이두현, 『한국가면극의 연구』, 일지사, 1979, 132~133쪽.
　　서연호, 『산대탈놀이』, 열화당, 1988, 68~69쪽.

바다에서 벗어나 깨달음에 이른 수행자의 모습에 비유된다. 빛의 상징이자 생명의 근원인 연꽃은 부처의 탄생과 연결되며, 따라서 극락정토를 의미하기도 한다. 한편 이 인물을 불·유·도교의 요소를 지닌 존귀하고 고결하며 비상한 인물이란 견해도[20] 있다.

눈끔적이는 언어적 의미로 볼 때, 눈을 껌벅거리는 존재를 말한다. 실제로 이 인물의 가면은 큰 눈을 안에서 껌벅거릴 수 있도록 개폐 장치가 있으며, 입으로 이것을 조절한다. 이 인물은 인간의 삶과 관련이 있다. 대체로 지살성(地煞星), 또는 地神이라고도 하며, 아끼바는 첩목(睫目), 곧 땅의 정기[21]라 하였다. 이 인물은 등에 호랑이를 그린 장삼을 입었다는 점에서 지상에서 두려운 존재라는 의미로도 볼 수 있다.

근래에 박진태는 연잎과 눈끔쩍이는 중국의 도교사상에서 유래한 이철괴가 도탈하기 이전과 이후의 다른 모습에서 연유하며, 후대의 전승과정에서 천신과 지신으로 오인되었다고 주장하고 있다. 곧 도교신이 나신화(儺神化)하고, 중국 계통의 탈이 한국탈로 토착화하는 과정에서 악귀와 원귀를 퇴치하는 벽사탈로 바뀌었다고 주장한다.[22] 비록 두 인물이 이철괴에서 유래했다고 하지만, 천상과 지상의 존재와 관련이 있고, 축귀의 주체라는 면은 인정하고 있다. 두 인물의 성격에 대해 다소 이견이 있지만, 두 인물이 숭고한 존재이며, 의식무의 주체란 점은 공통적이다. 이런 인물의 특징으로 인해 무언으로 등장한다고 볼 수 있다.

경상도의 탈놀이에는 오방신장이 등장한다. 가산·마산·진주오광대를 비롯해 예천청단놀음에도 나타난다. 오방신장무는 동방청제장군, 서방백제장군, 남방적제장군, 북방흑제장군, 중앙황제장군의 5방위를 담당하는 신격들이 나와 추는 의식무이다. 이 신장은 고대 중국의 五方五帝說을 전승한 道家流의 신격으로,[23] 방위신에 해당된다. 이것은 민간의 음양사상 및 방위관념, 색채관과 밀

---

19) 秋葉隆, 「山臺戲」, 『조선민속지』, 동경삼육서원, 1954.(서연호, 앞의 책, 114~116쪽.)

20) 조동일, 앞의 책, 236쪽.

19) 秋葉隆, 앞의 책, 같은 곳.

22) 박진태, 「이철괴를 통해 본 산대놀이의 역사」, 『전환기의 탈놀이 접근법』, 집문당, 2004. 6.,
   138~171쪽.

접한 관련을 맺는다. 곧 동서남북중앙의 다섯 방위는 靑白赤黑黃의 다섯 색채를 말하고, 이것은 춘추하동의 사계, 목금화수토의 오행과 관련을 지니고 있다.[24] 처용무의 오방처용도 방위신께 올렸던 벽사의식무에서 출발한다. 마을굿에서의 축귀의식이나 무속에 등장하는 오방신장신 역시 자연신 계통 중에서 방위신에 해당된다. 그리고 농악의 오방진은 방위신인 오방신장신에게 올리는 의식이다. 이 신장은 잡귀를 쫓아내는 축귀의식에 등장한다는 점에서,[25] 벽사의 주체라고 할 수 있다.

오광대의 오방신장무도 마을 혹은 고을의 벽사진경의 세시적 행사의 하나로 오방신장을 등장시켜 각 방위를 진압하고 잡귀를 쫓아 태평성대를 비는 의식이다.[26] 주민이 거주하는 마을공간을 정화하는데 머무르지 않고 탈놀이가 연희되는 탈판도 정화시켜 준다. 특히 연희의 첫 마당에 이루어지는 점에서, 기능상 사자나 주지춤 마당과 유사하다.

탈놀이에 등장하는 동물형은 축귀적 의식무의 주체이면서 무언으로 등장한다. 사자가 대표적이며, 무언의 탈놀이에 등장하는 상상의 동물형인 주지, 장자마리, 시시딱딱이 등이 있다. 예외적으로 원숭이[27]는 장내 정리와 신장수의 심부름꾼으로 등장한다.

사자는 일찍이 서역에서 우리나라에 전래되어, 신라의 오기에 산예(狻猊)라

---

23) 赤松智城 · 秋葉隆,『朝鮮巫俗の研究』하, 조선총독부, 1928, 98쪽.

24) 임동권,「민속상으로 본 색채관」,『한국민속학논고』, 집문당, 1984 중판본, 87쪽.

25) 무당들이 돌돌이라 하여 오방신장을 점지하고 동서남북과 중앙을 순회하며 마을의 악귀를 쫓는다. 실제로 경기도 도당굿에서는 무당들이 목검을 들고, 마을사람들은 오방신장기(五方神將旗)를 들고 마을 사방과 중앙에서 굿을 하고, 샘굿이나 집돌이를 하면서 잡신잡귀를 퇴송시키는 의식을 한다. 그 외에 황해도 해주지역의 마당굿, 평양지역의 성주풀이, 경북 월성지역의 성주굿, 강원도 고성지역의 지신굿 등 여러 곳에 오방신장이 나타난다. 위의 무가에는 오방신장이 공통적으로 방위신 또는 지신으로 등장한다. 농악의 진(陣)풀이에도 오방진이 나오는데, 동서남북과 중앙으로 다섯 번에 걸쳐 진풀이를 한다. 이것은 음양설에 의거한 방위신을 오방으로 배치한 것이다.(정형호,「한국가면극의 유형과 전승원리 연구」, 중앙대 대학원 박사학위 논문, 1995.2, 96－97쪽.)

26) 정상박, 앞의 책, 89쪽.

27) 원숭이는 중부 지방에 두루 등장하는데 무언이다. 황해도의 봉산 · 강령 · 은율 · 해주 · 기린탈춤에 등장한다. 그리고 경기도의 양주별산대, 송파산대놀이, 퇴계원산대놀이에 등장한다.

는 사자춤이 나오며,[28] 백제의 기악 첫 부분에도 오색의 사자춤이 나온다. 우리 나라에는 함경도 남쪽의 북청 지방을 중심으로 함경도 전역과 강원도 지역에 사자놀음이 중심을 이루나,[29] 현재 황해도와 경상도 지역에도 일부 나타난다.

북청사자놀음의 사자춤 마당은 크게 3장으로 나뉜다. 쌍사자의 축귀적인 힘 찬 춤 → 기진한 사자의 졸도 → 의원에 의한 소생 → 사자와 인간의 어울림의 춤[30]으로 진행된다. 따라서 벽사의 사자춤과 사자를 신봉하는 주민의 춤이 어 울려 있다. 다른 탈놀이와 달리 인물간의 갈등에 의한 분리의 양상보다는 동물 과 인간의 화합이 두드러진다. 기능상 종교의식으로서의 의미가 강하지만, 후대 에 오면서 흥과 신명을 푸는 오락적 기능, 마을 주민의 단결과 협동을 도모하는 사회적 기능이 첨가되었다.

강령탈춤이나 은율탈춤에는 첫 마당에 사자가 등장하여 장단에 맞춰 춤을 춘 후에 퇴장한다. 판을 정리한 후에 춤만 추고 들어간다는 점에서 장내 정화와 벽사적인 의식무의 형태로 볼 수 있다. 봉산은 취발이춤과 양반춤 사이에 사자 춤이 나타난다. 여기에는 사자의 무언과 마부의 유언이 대비를 이룬다.

경상도 일부 지역의 탈놀이에도 사자가 나온다. 그런데 사자는 담비를 잡아 먹는 경우(통영오광대, 마산오광대, 김해오광대)와 범을 잡아먹는 경우(수영들 놀음)로 나뉜다. 벽사의 기능을 하는 사자가 담비와 범을 잡아먹는다면, 일단 두 동물은 구축의 대상이 될 수 있다. 이것은 사자가 잡귀잡신을 쫓는 능력을 강화하고자 하는 민간의 소박한 발상에서 나온 의식무이다.[31] 대체로 우리나라 의 사자는 지역적으로 다양하고, 그 의미가 약간 다르지만, 대체로 축귀적 의식 무의 성격에서 크게 벗어나지 않는다.

---

28) 최치원, 「향악잡영」, 『삼국사기』권 제32, 잡지 제1악.
29) 김일출, 『조선민속탈놀이연구』, 과학원출판사, 1958, 66쪽.
30) 전경욱, 「북청사자놀음의 연희양상」, 『한국민속학』18호, 민속학회, 1985, 147~150쪽.
31) 정상박, 『오광대와 들놀음 연구』, 집문당, 1986, 92쪽.

(3) 외모의 교태와 현실적 한계의 부각

소무, 첩, 여사당은 젊은 여성으로서 나이 먹은 할미와 달리 외형적 아름다움을 지닌 인물이다. 이들이 탈놀이에 등장하는 여성탈의 중심을 이룬다. 그러나 외형적 교태와 함께 현실적인 처신에 어려움을 겪는 인물이란 점에서 무언으로 설정되었다고 본다.

소무는 노장이나 취발이와 결합하는 인물이며, 2인 또는 1인이 등장한다. 노장과 결합을 이루다가, 노장을 제압한 취발이와 결합하여 아이를 출산한다. 중부지방의 봉산·강령·은율탈춤, 양주·송파·구파발산대놀이에 등장한다.

소무는 명칭상 작은 무당이지만, 小妹로 볼 경우 젊은 여자라 할 수 있다. 가면을 보면, 흰색 바탕에 머리에 쪽을 지고 연지와 곤지를 찍어, 탈 중에서 가장 고운 외모를 지닌다. 이 인물은 일차적으로 외모의 아름다움만을 드러내고, 교태에 의한 몸짓과 춤을 부각시킨다.

그러나 전통 사회에서 이들이 살아가는 현실적 삶은 힘들고 힘에 논리를 따라 수동적일 수밖에 없는 한계를 지니고 있다. 노장이나 취발이가 적극적인 접근을 시도할 때에, 자기 의지에 의한 선택을 하지 못하며, 소극적인 자세를 취할 수밖에 없는 인물이다. 대세에 의해 좌우되는 인물이라는 점에서 현실적 한계를 지니고 있다.

따라서 소무는 외형에서도 이런 특징이 나타나는데, 입이 다른 인물에 비해 상대적으로 작게 그려져 있다. 봉산·강령탈춤은 약간 입을 벌린 상태에 매우 작은 입 모양이며, 양주별산대놀이는 팔자 형태의 작은 입술에 옥다문 형상을 하고 있다. 최상수가 수집한 구파발산대에도 소무는 역시 작은 입으로 등장한다. 그런 점에서 전통사회에서 할 말을 하지 못하는 인물의 성격을 나타내고 있다. 소무의 무언은 외모의 아름다움 이외에 이런 현실적 한계를 반영한다.

첩은 탈놀이에서 영감, 할미 사이에 처첩간의 갈등을 유발하는 인물이다. 산대놀이를 제외하고 광범위하게 등장한다.[32] 첩은 대체로 무언이며, 일부 유언의

---

32) 첩은 지역별로 삼개덜머리집(봉산탈춤, 강령탈춤), 뚱딴지집(은율탈춤), 제대각시(수영과 동래

양상도 나타난다. 강령탈춤의 용산삼개집, 가산오광대의 서울애기, 동래·수영 야류의 제대각시는 무언이며, 진주오광대의 작은마누라와 김해오광대의 작은이 는 무언에 가깝다. 다만 봉산탈춤의 덜머리집, 은율탈춤의 뚱딴지집, 통영·고 성오광대의 작은어미는 유언으로 등장한다. 유언으로 등장하는 은율탈춤·통영 오광대·고성오광대는 첩이 할미에 대한 가해자로 등장하는 것이 특징이다. 유 언의 경우도 대사가 1~2마디에 불과하여 무언에 가까운 인물이라 할 수 있다.

첩은 영감과 편을 이루어 할미와 대립적 관계에 놓이며, 할미를 죽음으로 몰 아넣어 가정을 파괴하는 인물이다. 표면적으로는 부정적 인물로 등장한다. 첩은 할미에 비해 젊고, 성적인 생산능력을 지닌 인물이다. 탈의 외형을 보면 강령· 은율탈춤, 통영오광대에는 연지와 곤지가 찍혀 있고, 동래·수영·마산오광대 에는 연지가 찍혀 있다. 앞의 소무와 거의 유사한 모습을 하고 있다. 이를 통해 첩이 할미에 비해 상대적으로 훨씬 젊은 여자임을 보여주고 있다.

첩은 용산삼개덜머리집, 서울애기, 제물집과 같이 근대화의 핵심 지역과 주요 개항지와 관련이 있다. 그런 점에서 첩은 도시에서 활동하는 유녀에 가깝다. 따라서 젊은 여자로서 외모의 아름다움과 요염함을 부각시키는 데에 초점이 맞 추어져 있다. 말이 없이 상대에 대해 고갯짓과 몸짓을 통해 반응을 나타내며, 춤을 통해 여자로서의 교태를 드러낸다.

그러나 첩은 상대적으로 사회적 약자의 신분으로, 현실적으로 힘든 삶을 살아 가는 존재이다. 비록 할미에 비해 젊은 여성으로서 성적 능력을 지닌 인물이지 만, 현실적으로 소실이라는 천한 신분으로 살아가는 인물이다. 첩은 할미에게 고통과 피해를 주지만, 또한 할미의 죽음에 의해 고통을 당한다. 곧 탈놀이에서 는 할미의 죽음이 첩의 행복으로 연결되지 않는다. 전체 과정에서 할미의 죽음 으로 인해 망자천도굿이나 장례 의식으로 끝마무리되며, 이 과정에서 첩은 무시

___

들놀음), 서울애기(가산오광대), 제밀지(고성오광대), 제물집(마산오광대), 각시(통영오광대), 작은마누라(진주오광대), 작은이(김해오광대), 후처(자인팔광대)로 다양하게 쓰인다. 여러 명 칭 중에서, 삼개덜머리집의 '용산 삼개', 제물집의 '제물포', 서울애기의 '서울' 등은 모두 지역적 명칭으로 도시의 유곽이나 상업 지역을 나타낸다. 한편 덜머리집이나 뚱딴지집은 인물의 성격 을 나타내고, 그 외에 제대각시·작은마누라·후처 등은 첩을 나타내는 일반적인 용어이다.

되는 존재이다. 그런 점에서 일부일처다첩 제도 아래에서 살아가는 또 다른 여성 희생자라 할 수 있다.

첩은 자기주장을 내세우지 못하고 살아가는 인물이기 때문에 탈의 형상에서 상대적으로 입이 작게 그려져 있다. 봉산·강령·은율탈춤의 첩은 소무와 함께 입이 매우 작게 그려져서 할 말을 하지 못하는 현실적 제약을 받는 인물임을 보여준다.

여사당은 양주·송파의 산대놀이에는 애사당으로, 봉산탈춤에서는 사당으로 등장한다. 사당은 유랑 전문 예인을 반영하며, 탈놀이에서는 여사당패를 지칭한다. 이들은 표면적으로 전문예인 집단이지만, 실제로 탈놀이에서는 몸을 파는 여성으로 등장한다.

양주별산대놀이에서 왜장녀[33)]는 술집 주인의 모습이며, 애사당은 몸을 파는 그의 딸로 등장한다. 왜장녀는 딸인 애사당을 오입쟁이인 말뚝이에게 돈을 받고 관계를 맺게 해주는 인물이다. 따라서 말뚝이와 애사당은 성적인 골계로 수작을 한다. 송파산대놀이의 경우, 왜장녀는 술집 주인이고, 애사당은 돈을 받고 몸을 파는 기녀의 신분으로 등장한다. 산대놀이에서 먹중은 애사당에게 '법고 치기'를 '벗고 치기'로 인식하며 언어적 골계로 수작한다. 한편 봉산의 여사당은 몸을 파는 인물은 아니다. 화려한 복장으로 등장해서 거사들과 어울려 놀량, 앞산·뒷산타령 등을 부르는 유랑예인의 모습으로 등장한다.

실제로 여사당패들은 지역을 다니며 기예를 보여주고 대가를 받기도 하지만 때에 따라 몸을 팔기도 했다. 따라서 조정에서는 이들이 각 지역을 다니며 마을에 해악을 끼치고, 몸을 팔기도 해서 논란이 된 적이 있다.[34)] 기녀들이 주로 상층이나 지식인 계층의 인물을 상대하지만, 이에 비해 여사당은 주로 하층 남성들을 대상으로 몸을 판다. 이런 점에서 탈놀이에서 여사당은 춤과 몸짓을 통해 외적 아름다움과 교태를 부각시키는 인물로 등장한다. 그러나 이들은 현실적

---

33) 왜장녀라는 말은 몸집이 크고 염치없는 짓을 서슴없이 잘 하는 여자를 가리킨다.(서연호, 앞의 책, 73쪽.)
34) 전신재, 「居士考」, 『한국인의 생활의식과 민중예술』, 성대 대동문화연구소, 1983, 463~464쪽.

으로 낮은 신분과 유랑의 불안정한 생활에 어려움을 겪는 인물이란 점에서 한계를 지니며, 이런 측면이 무언으로 설정했다고 볼 수 있다.

(4) 신체적 불구와 비정상적 인물의 부각

문둥이는 불치의 질병을 지닌 신체 기형의 인물이고, 도령은 양반의 막내로서 신체적 불구에 무지함을 드러내는 인물이다. 이들은 대부분 무언의 인물로 등장한다.

문둥이의 경우, 고성오광대에서는 무언으로 등장하며, 다른 지역에서는 무언에 가까운 인물이다.[35] 가산·고성·통영·진주오광대, 예전의 동래야류에 문둥이가 등장한다. 모두 경상도 지역이라는 특징을 지니고 있다. 대부분 얼굴이 심하게 얽고, 팔과 다리를 저는 기형적 모습으로 등장한다.

고성오광대에는 처음에 중이 등장하여 승무를 춘 다음에 문둥이가 등장한다. 벙거지를 쓰고 검은 더거리를 입고, 북과 부채를 들고 등장한다. 처음에 얼굴을 두 손으로 가리다가 이어 얼굴을 보여주고 춤을 추며, 나중에 굿거리장단에 맞추어 북춤을 추다가 퇴장한다.[36] 동래야류는 예전의 최상수 채록본에 문둥이가 등장한다. 문둥이 둘이 머리에 흰 수건을 두르고 오른 손에는 북채, 왼손에 소고를 들고 등장한다. 그런데 문둥이는 얼굴의 비정상적인 모습을 두 팔로 가리고 등장한다. 이어 세마치장단에 맞추어 빠른 동작의 춤을 추는데, 자빠지거나, 누워서 뒹굴기도 한다.[37] 일그러진 얼굴을 지닌 문둥이는 신체적 기형과 고통에 따른 한을 격정적인 신명풀이로 표현한다. 탈판은 모든 인물이 등장하는 공간이며, 여기서 한 풀이가 이루어지기도 한다.

문둥이 탈의 모양을 보면, 얼굴이 심하게 얽어있거나, 입·코·눈이 비정상적

---

35) 통영오광대에는 단순한 재담만이 나오며, 가산오광대와 진주오광대에만은 비교적 재담이 많이 나오는 편이다.

36) 정상박, 「고성오광대 대사」, 『국어국문학』 22호, 국어국문학회, 1960.8., 169쪽.

37) 최상수, 「동래야류가면극 극본」, 『야류, 오광대가면극의 연구』, 성문각, 1988.7, 204쪽.

인 모습을 하고 있는 것이 많다. 문둥이는 불치의 병으로 고통을 받고 사회에서 소외당하는 인물이다. 따라서 정상적인 생활이 불가능하며, 일반인을 대상으로 정상적 교제가 불가능하다. 그런 점에서 오히려 무언으로 등장하는 것이 인물의 성격에 더 적당하며, 호소력이 있다.

한편 양반과 함께 등장하는 도령은 대체로 무언이다. 비록 손 위의 양반과 함께 등장하지만, 언청이나 얼굴이 일그러진 신체 불구자로 등장하며, 역할도 미약하고 무능한 존재로 등장하기 때문에 무언으로 설정된다.

강령·봉산탈춤의 도령은 입이 비뚤어진 기형의 인물이다. 봉산탈춤에 보면, 도령은 양반 삼형제 중에서 어린 막내로 같이 등장해서, 부채로 손위 양반들의 면상을 부채로 치면서 철없는 행동을 한다. 따라서 양반의 체통을 떨어뜨리는 바보스런 인물이다. 강령탈춤에 보면, 양반집 도령의 복색에 흰 부채를 들고 재담이 없는 인물이다. 통영의 삐뚜루미(비뚤양반)는 눈·코·입이 비뚤어져서, 얼굴이 심하게 비대칭을 이루고 있다. 이들 도령은 신분적 권위도 없고, 철없이 행동하는 무기력한 인물이다. 같이 등장하는 손 위의 양반에 가려 특별한 역할도 없는 비중 없는 인물이다. 이런 인물적 특성을 부각시키기 위해 무언으로 등장하게 된다.

4. 인물 관계와 극적 전개에 따른 무언의 의미

극적 전개에서 무언의 인물은 상대 인물의 성격과 유무언의 관계에 따라 여러 양상으로 나타난다. 관계하는 인물이 유언이냐, 무언이냐에 따라 인물간의 갈등과 대립, 또는 화합과 화해의 양상으로 나타난다.

무언의 인물이 단독으로 등장하는 경우가 있다. 상좌, 연잎·눈끔쩍이, 오방신장, 사자, 문둥이 등은 대부분 상대역이 없이 단독으로 등장한다. 이 중에서 상좌, 연잎·눈끔쩍이, 사자, 오방신장은 축귀의 주체로 등장한다는 공통점을 지니고 있다. 따라서 인간을 괴롭히는 잡귀를 쫓아내는 의식무를 추는 주체로서 무언으로 등장한다.

인물간의 관계를 중심으로 유무언으로 구별하면, 무언:무언, 무언:유언의 2가지 양상으로 나타난다. 그 중에서 무언:유언이 다수를 차지한다.

무언:무언으로 나오는 노장:소무, 포도부장:소무의 관계는 두 인물 간에 결합이 중심을 이룬다. 따라서 무언의 인물 간에는 대립적인 관계를 형성하지 않는다. 노장:소무는 무언과 무언 관계로, 두 인물은 각각 종교적 숭고·비속의 이중성을 지닌 인물, 외모의 교태와 현실적 한계를 지닌 인물이다. 노장이 적극적인데 비해, 소무는 소극적인 인물형이다. 포도부장은 샌님과 대립하면서 그의 첩인 소무에게 접근하여 결합하는 인물이다. 탈놀이에 등장하는 무언의 인물 관계가 결합을 중심으로 이루어지는 것은 무언이나 무언 중심의 탈놀이가 결합과 화합 중심의 굿탈놀이라는 측면과 일맥상통한다.

무언:유언은 갈등의 부각에 주로 사용된다. 노장이 상대하는 인물 중에 취발이, 팔먹은 노장과 갈등 관계에 있다. 노장:취발이는 무언:유언으로, 둘은 소무를 사이에 두고 극단적으로 대립한다. 노장은 소무를 지키기 위해 필사적인 방어를 하나, 결국 소무를 빼앗기거나, 둘 중의 하나를 포기하게 된다. 대립적 인물에 나타나는 유무언의 관계는 극적 갈등을 고조시키는 역할을 한다.

노장:팔먹은 종교적 상하관계로, 먹중은 노장을 보좌해야 되지만 일탈적 행위를 일삼는다. 팔먹은 노장의 정체를 확인하기 위해 1인씩 접근해서 상대를 희롱한다. 비록 팔먹이 노장의 신분을 근본적으로 부정하지는 않지만, 양자 사이에 갈등 관계가 형성된다. 이들 사이에는 무언:유언에 의해 갈등이 더욱 부각된다. 다만 노장과 취발이처럼 대립의 양상이 극단적이지 않으며, 부분적인 화해도 드러난다.

첩:할미는 상호 화합할 수 없는 대립적 존재로 갈등 관계에 있다. 이들은 무언과 유언으로 등장하여 극적 대립을 고조시킨다. 여기에서 무언인 첩이 유언인 영감과 힘을 합쳐 유언인 할미를 궁지에 몰아넣는다. 할미의 죽음은 이런 유언의 인물이 죽음에 의해 무언으로 돌아갈 수밖에 없는 사회적 구조를 반영한다.

포도부장:샌님은 원래 대립적인 존재로, 유무언에 의해 상호 갈등이 고조된다. 포도부장은 샌님과 대립하고 소무와 결합한다. 샌님의 첩인 소무를 강제로 빼앗는 힘을 지닌 인물이다.

위에서 노장:취발이, 노장:먹중, 첩:할미, 포도부장:샌님의 갈등은 모두 동성간에 일어나는 대립적 관계이다. 주로 소무나 첩을 대상으로 이를 둘러싸고 이루어지는 동성간의 갈등이 중심이 된다.

한편 유무언의 관계에서 이성 간에는 갈등보다는 결합이나 화합이 중심을 이룬다. 여사당:먹중의 관계를 보면, 먹중이 왜장녀를 대상으로 성적인 거래를 통해 여사당과 결합한다. 소무:취발이의 관계를 보면, 취발이가 노장과 치열한 대립을 통해 소무를 쟁취한다. 또한 첩:영감의 관계는 영감이 본처와 이별 중에 첩을 맞아들여 상호 결합을 이루게 된다. 이것은 나중에 처첩간의 갈등을 일으키는 요인이 된다. 따라서 이성 간에 이루어지는 무언:유언의 관계는 갈등과 대립보다는 상호 결합을 이룬다. 그 이유는 이들의 관계가 동성간이 아니고 이성 간에 소무와 첩을 중심으로 한 여자 문제이기 때문이다.

5. 맺음말

탈놀이는 유언과 무언의 조화 속에 전개된다. 탈을 착용하기 때문에 기본적으로 전형성을 바탕으로 무언의 인물이 설정된다.

무언의 인물에서 노장은 깨달음을 추구하는 불제자로서의 숭고한 존재와 젊은 여자를 탐하는 파계승이라는 이중적 성격의 부각에 초점이 맞추어져 있다. 소무와 첩, 여사당의 무언은 외모와 교태, 여성으로서 사회적 약자라는 점이 부각된다. 한편 상좌, 연잎·눈끔쩍이, 오방신장, 동물형인 사자는 숭고한 존재이며, 의식무의 주체이기에 무언으로 등장한다. 이런 점은 각 인물의 전형적 성격에 바탕을 두고 있다.

무언의 원초적 의미는 강릉관노가면극, 예천청단놀음, 하회별신굿탈놀이와 같이 서낭굿 계통의 굿탈놀이에서 두드러진다. 전체 구조적 특징으로 보아도, 강신·축귀의 의식무에서 출발하여 점차로 놀이화, 갈등 내재화를 거쳐 갈등 표출로 이어지고, 마지막에 풍요와 화해의 송신 과정으로 마무리된다. 이런 점은 굿의 전개 과정과 유사하다.

유무언은 인물간 관계에 의해 갈등과 결합의 양상이 달라진다. 무언의 인물이 단독으로 등장하는 상좌, 연잎·눈끔쩍이, 오방신장, 사자, 문둥이 등은 축귀의 주체라는 점이 공통적이다.

무언:무언의 양상은 노장:소무, 포도부장:소무처럼 남녀간의 인물 결합에 바탕을 두며, 상좌:상좌, 연잎:눈끔쩍이에서 보듯이 종교적 숭고를 바탕으로 의식무의 주체라는 점에 바탕을 둔다.

무언:유언의 양상은 노장:취발이, 노장:먹중, 포도부장:샌님에서 보듯이 화합할 수 없는 남성 사이에 나타나며, 또한 첩:할미처럼 대립적인 여성 사이에도 나타난다. 주로 첩이나 소무와 같이 젊은 여자를 중심으로 해서 갈등이 부각된다. 그런 점에서 유무언의 관계는 극적 전개에서 갈등을 부각시키고 고조시키는 역할을 한다. 다만 무언:유언에서 여사당:먹중, 소무:취발이, 첩:영감처럼 이성간의 관계는 갈등보다는 결합을 중심으로 이루어진다는 점에서 차이가 있다.

결국 한국의 탈놀이에서 무언극은 신에 대한 의식인 굿탈놀이에 바탕을 둔다. 그리고 무언의 인물은 탈의 전형성을 바탕으로, 인물의 성격을 부각시키는 기능을 한다. 극적 과정에서 무언:무언은 결합, 동성간의 무언:유언은 갈등, 이성간의 무언:유언은 결합을 부각시키는 데에 초점이 맞추어져 있다. 그런 점에서 무언은 종교적 의미, 인물 전형성, 극적 인물의 관계의 부각이란 측면에서 의미를 지닌다.

참고문헌

『삼국사기』 권 제32, 잡지 제1악.

『석남 송석하 영상민속의 세계 – 연희편』, 국립민속박물관, 2004.

오청, 「가면극 봉산탈 각본」, 『민속어문논총』, 계명대 출판부, 1983.

조동일, 「양주산대 1930년 본」, 『탈춤의 역사와 원리』, 홍성사, 1980.

『한국불교학개론』, 동국대 출판부, 1989.

秋葉隆, 「山臺戲」, 『조선민속지』, 동경삼육서원, 1954.3.

권택무, 『조선민간극』, 조선문학예술총동맹출판사, 1966.(예니출판사 편, 1989년판)

김욱동, 『탈춤의 미학』, 현암사, 1994.

김일출, 『조선민속탈놀이연구』, 과학원출판사, 1958.

박진태, 『탈놀이의 기원과 구조』, 새문사, 1990.

박진태, 「이철괴를 통해 본 산대놀이의 역사」, 『전환기의 탈놀이 접근법』, 집문당,
    2004.

서연호, 『산대탈놀이』, 열화당, 1988.

이두현, 『한국가면극의 연구』, 일지사, 1979.

임동권, 「민속상으로 본 색채관」, 『한국민속학논고』, 집문당, 1984.

임석재, 「양주별산대놀이」, 『문화재』 1호, 1965.

전경욱, 「북청사자놀음의 연희양상」, 『한국민속학』 18호, 민속학회, 1985.

전신재, 「거사고」, 『한국인의 생활의식과 민중예술』, 성대 대동문화연구소, 1983.

정병호, 『농악』, 열화당, 1986.

정상박, 「고성오광대 대사」, 『국어국문학』 22호, 국어국문학회, 1960.8.

정상박, 『오광대와 들놀음 연구』, 집문당, 1986.

정형호, 「한국가면극의 유형과 전승원리 연구」, 중앙대 대학원 박사학위논문, 1995.2.

정형호, 「굿놀이가 가면극의 형성에 끼친 영향 고찰」, 『경원어문논집』 2집, 경원대학

교 국어국문학과, 1998.12.

정형호, 「강릉관노가면극의 전승집단과 연희적 특징 고찰」,『강릉지역의 전통문화』, 국학자료원, 1999.12.

정형호, 「여성 방뇨를 통해 본 여성의 사회적 인식 변모 양상」,『동아시아고대학』 4집, 동아시아고대학회, 2001.12.

정형호, 「탈놀이의 八먹중과 불교의 八部衆 신장의 관련성 고찰」,『한국민속학』38 호, 한국민속학회, 2003.12.

정형호, 「하회별신굿탈놀이의 전통과 현대적 변용」, 안동대 국학부 편『지역민속연구 와 국학』, 집문당, 2005.4.

최상수,『야류, 오광대가면극의 연구』, 성문각, 1988.

한양명,『예천청단놀음』, 민속원, 2004.

赤松智城·秋葉隆,『朝鮮巫俗の研究』하, 조선총독부, 1928.

Claude Kipnis, 박희태 역,『마임 북』, 예니, 1974 초판, 1996년 재판.

제2장

가면극을 바라보는 시각

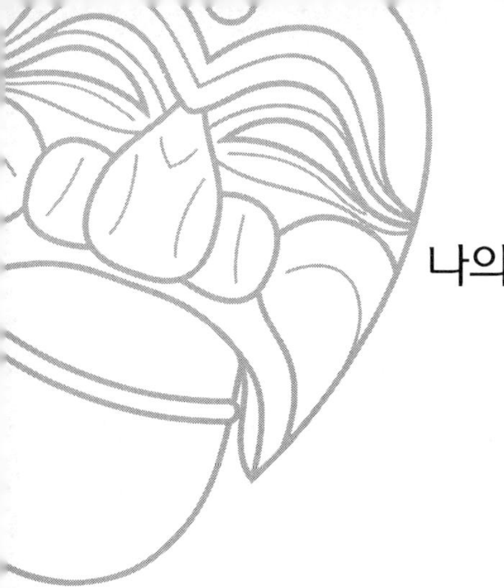

나의 가면극 연구*

정상박**

I

　2년 전에 모 학회에서 나에게 원로로서 회고담을 말하라고 하였으나 거절하였습니다. 표면상으로는 칭병을 내세웠으나 내가 벌써 원로인가 하는 당혹감과 별로 이룬 것이 없다는 자괴감 때문이었습니다. 이번 공연문화학회의 요청은 부산서 발표회를 하고, 변명거리를 찾을 수 없어서 이 자리에 서게 되었습니다.

　내가 대단한 학문적 업적을 남긴 것이 아니므로 연구 과정을 자세히 열거하지 않고, 근 50년 동안 내가 보아온 경상도 가면극 전승의 양상을 알리는 쪽으로 가닥을 잡겠습니다. 이것이 학계에 조금이나마 보탬이 되겠다는 생각이 들었기 때문입니다. 그리고 40년간 무형문화재 지정 조사 혹은 심의에 직간접으로 관여를 하였는데, 근간에 막다른 골목에 온 것 같은 느낌을 받았습니다. 이 제도에 대한 근본적인 변환이 있어야 하겠다는 생각이 들어 논의를 해 보도록 하겠습니다.

---

* 한국공연문화학회는 2006년도의 학회 기획 주제로 "가면극의 종합적 고찰"을 설정하였다. 이와 함께 네 분의 원로 가면극 연구자를 모시고, 회고담을 듣기로 하였다. 이 글은 2006년 8월 18일 부산 수영고적민속예술보존협회 전수관에서 열린 발표회에서 이루어진 정상박 선생님의 말씀을 채록한 것이다.

** 동아대학교 명예교수

Ⅱ

내가 가면극을 연구하게 된 것을 대단한 복록으로 여기고 있습니다. 남 먼저 가면극에 손을 대어서 민속학자로 치부되어 대학교수가 되었고, 나이 들어 여러 민족예술을 접하고 누릴 수 있는 기회가 주어지고, 노력한 것보다 존대를 더 받고 있기 때문입니다.

내가 민속 문화, 특히 가면극 연구를 할 수 있었던 계기는 통영에서 수학하고 근무를 하였기 때문입니다. 또 가장 큰 연유는 좋은 스승을 만났기 때문입니다. 고3 때 담임이셨던 김용태 선생님(국어학자, 전 진주교대학장)이 우리말과 글에 대한 애정을 가지게 하였고 개인적으로 민요, 속담 등을 조사해 오라고 하여 구비전승에 대한 관심을 가지게 해 주셨습니다. 대학 은사셨던 의민 이두현 교수님이 조사하라는 분부에 따라 과제를 하다가 보니 어느덧 가면극 연구자가 되었습니다. 그 동안 의민 선생님을 평생의 사표로 존경하며 살아왔습니다. 의민 선생님에게서 배운 것은,

1. 정밀하게 조사하고 정확히 기술하여야 한다는 민속조사의 기본적인 방법
   과 태도
2. 학자로서 올곧은 신념과 자존심
3. 물건(고문서, 유물 등)에 눈을 돌리고 탐하지 않는 것
4. 연구를 위해 보직을 하지 아니한 것

등이라고 할 수 있습니다. 가르침을 따르려고 노력하였으나 마지막 4는 따르지 못했습니다. 정년하기 전 10년간 팔자가 기박하여 총장 이외의 교내 보직을 두루 하면서 연구를 게을리 했습니다. 의민 선생님의 지시와 독려가 없었다면 작은 나의 가면극 연구 성과나마 남았을까 하고 생각하니 다시 감사의 마음을 되새기지 않을 수 없습니다. 의민 선생님의 선구적인 조사연구와 문화재위원으로서 활동 때문에 많은 우리 가면극이 무형문화재로 지정, 보존되었습니다. 오

늘날 가면극 연구자가 많은 놀이를 실제 보면서 연구할 수 있게 되었다는 사실을 상기하면 이 방면의 연구하는 우리 모두가 의민 선생님에게서 학문적 은혜를 입고 있다고 할 수 있을 것입니다.

Ⅲ

1957년 4학년 2학기부터 통영에 있는 모교에서 교편을 잡기 시작했는데, 그 다음해 여름방학에 의민 선생님이 통영으로 나를 찾아와 통영오광대와 고성오광대를 채록하라고 하였습니다. 통영오광대는 통영여자고교의 이민기 교감(시인)이 이미 조사를 시작하였다고 하여 고성오광대만 채록하여 1960년 국어국문학 제22집에 발표하였습니다. (그 때는 연호를 단기를 썼는데, 4293년이었습니다. 이두현, 전경욱 두 교수의 책에 모두 1963년으로 기록한 것은 착오입니다.) 그 때에 통영오광대를 함께 채록하지 않은 것이 후회가 됩니다. 왜냐하면 최상수가 비판한 것처럼 이민기 채록본에 문제가 많기 때문입니다. (『경상남도지』 하권, 1963, 92−90쪽 참조.)

의민 선생님이 방학에 와서 동제당을 조사하라면 하고, 민속공예를 조사하라면 하였습니다. 의민 선생님이 일을 시켜보고 한번은 와서 민속공예 방면을 연구하는 사람도 없고 유망한 부분이니 공부해 보라고 하였습니다. 옳다, 잘 되었다는 생각이 들었습니다. 대가 밑에서 같은 전공으로 연구하면 고개를 들기 어렵다는 생각에서였습니다. 5년여 간 열심히 민속공예 조사 연구를 하였습니다. 그리하여 나온 초기 성과물이 「양태와 갓공예」(이두현 공동, 『고문화』 제3집, 대학박물관협회, 1964), 『영남민속공예전승현황보고서』(문화재관리국, 1966.) 였습니다. 중고교 교사를 하면서 사정에 따라 기회가 주어지는 대로 경남, 부산의 민속공예, 세시풍습, 구비문학 등을 두루 조사하였으나, 나도 모르게 가면극으로 관심이 집중되었습니다.

1965년에 내가 동래들놀음을 재연하기 위하여 사람을 찾고 모아서 한 5개월 연습하여 전국민속경연대회에 참가시켜 대통령상을 받았습니다. (강용권 교수님이 쓴 '동래들놀음'에도 들놀음과 지신밟기를 함께 언급하면서 '천재동·정상박 두 분이 조사한 바'라고 혼동되게 기록하였으나 천재동 선생님은 대통령상 받은 다음해에 참여하여 일차 무형문화재 기능보유자 지정에 제외되었습니다. 부산 무용계에서는 무용평론가 강이문 선생님이 동래들놀음을 발굴하였다는 말이 나오나 당시 동래들놀음은 연희단체가 결성되어 있지 않은 상황이라 예총부산지부를 통하여 부산시의 예산지원을 받았습니다. 그래서 예총 간부인 강이문 선생님이 예산이 제대로 집행되는가 보기 위하여 연습장에 나오고 대회에도 참여했으나 공연과 운영에는 일체 관여하지 아니 하였습니다.)

학문이란 선학들과 다른 견해를 가져야 하는데, 처음에는 전혀 의민 선생님과 다른 생각이 머리에 떠오르지 않아서 나는 학자로서 소질이 없는 것 아닌가 의기소침해지기도 하였습니다. 그런데, 의민 선생님이 손대지 않은 들놀음이란 장르를 접하고, 그것도 채록하는 일을 넘어서 공연하는 일까지 참여하니 선생님이 보지 못한 것이 보이기 시작하였습니다. 그리하여 '동래들놀음의 몇 가지 문제'(『문화인류학』 제2집, 한국문화인류학회, 1969.)를 간단히 요점만 발표하기도 하였습니다. 그런데 농경제의 쪽으로 해석을 하여서 김택규, 조동일 두 교수님이 탁견이라고 칭찬을 해 주었습니다만, 방증자료가 부족하여 논문으로 완성하기에는 오랜 기간이 걸렸습니다.

내 앞의 선학들은 실증주의자들이었습니다. 가면극에 관한 문헌자료가 거의 없으니 놀이꾼이나 구경꾼의 구술 자료를 거의 그대로 편집하여 기록한 것이 논문이었습니다. 그런데, 놀이꾼들이나 현지인이 말하는 가면극에 관한 구술이 모두 정확한 것이라고 믿어서는 안 됩니다. 기억의 한계와 착오, 미화시키려는 심리적 욕구, 역사나 그럴 듯한 사실과의 견강부회가 있는 경우가 많습니다. 이런 비합리적인 부분이 내 눈에 걸리었습니다. 이것을 합리적으로 해석하는 일이 내 연구의 주안점이었습니다. 해석의 방법을 모색하는 데는 민속학(일본 저서)과 연극학보다 인접 학문인 인류학의 문화이론, 문학연구방법론 같은 이론들이 간접적으로 도움을 많이 주었습니다. 석사논문도 새 견해를 많이 제시하고 싶어 의민 선생님이 학문적 거리를 두고 있었던 들놀음을 대상으로 썼습니다.

대학의 전임이 되고 난 뒤에 내 연구 영역을 확대해야 할 것인가 고민을 하였습니다. 그러나 민속학자는 주 전공과 대상지역이 분명해야 한다, 내 전공은 가면극이고, 지역은 영남이라고 다짐을 하면서 주로 들놀음과 오광대에 관한 논문을 계속 썼습니다. 처음에는 의욕적으로 욕심을 내었으나 내 능력의 한계 때문에 이들 가면극의 실상을 밝히는 정도였습니다. 1982년에 24년 간 경상도 가면극을 연구한 것을 박사학위 논문 '오광대와 들놀음 연구'로 정리하였습니다. 우리나라 최초의 가면극 박사논문이라고 했습니다. 최소한, 내 연구로 인하여 한국연극사에 경상도 가면극, 들놀음과 오광대의 위상을 높이었다는 자부심을 가집니다.

그러나 내 연구 성과에도 한계가 있습니다. 오광대와 대립되는 갈래로 들놀음을 설정하였으나 지역적으로 협소하고 분포지역이 수영, 동래, 부산진 세 곳뿐이라는 점입니다. 그리고 후학들이 더러 수정, 보완해야 할 부분도 있을 것입니다.

내가 경상도 가면극 연구를 하면서 아직 해명을 못한 부분이 많이 남아 있습니다. 언뜻 머리에 떠오르는 것만 열거하여도 여러 가지가 있습니다.

1. 구전에 의하면 개화기 가까이 갑자기 경남, 부산에 가면극이 유포 혹은 성행한 이유
2. 고을굿과 현재 공연되는 가면극과의 관계
3. 신라 도읍지 인근에 들놀음, 오광대, 고려 도읍지 인근에 탈춤, 조선조 도읍지 인근에 산대놀이 등이 분포된 원인

IV

1950년대 말 이후 경상도 가면극 전승 양상 중 다음 사항은 짚어볼 필요가 있을 것입니다.

1. 1950년대 말 경상도 가면극은 자연 전승력을 잃고 있어서 온전히 전승되고 있다고 보기 어려웠습니다.

우리 가면극은 1930년 이전에 이미 놀이가 중단되었다가 민족문화운동으로 재연한 것이 많습니다. 민족문화운동으로 재연한 수영, 동래, 진주의 가면극은 지식 청년들이 대거 참여하여 단순한 민중의 놀이라기보다 범계층적인 지역공동체의 놀이라고 할 수 있습니다. 일본 식민지 통치 하의 1940년대 소위 대동아전쟁의 전시체제에서는 모든 민속놀이와 연희가 놀이될 수 없었습니다. 그러다가 1945년 광복 후 광복기념으로 한 두 차례 놀이한 곳이 있었습니다. 경상도 가면극은 1950년 6.25 동란으로 놀이할 수 없다가 1960년대 무형문화재 제도가 생기면서 재연된 것들입니다. 그 때에도 놀이에 직접 참여했던 사람은 3-4인 정도뿐이었습니다.

2. 특히 대사 전승이 제대로 되지 않은 가면극이 더러 있었습니다. 수영들놀음, 고성오광대 같이 놀이꾼이 직접 쓴 연희본이 있거나 진주오광대, 동래들놀음 같이 1930년대 채록본이 있는 경우는 대사의 전승 상태가 좋은 편이나 그 외는 대사와 극 내용이 온전히 전승되었다고 볼 수 없습니다.

3. 과장의 명칭도 없었고, 과장 사이의 분절 의식도 명확하지 않은 경우가 많았습니다. 과장과 과장 사이를 분명히 끊지 아니하고 이어서 놀이하는 경우가 많았습니다. 학자의 채록본에 따라서 과장 수에 차이가 나는 이유가 여기에 있습니다.

현지에서 놀이꾼들이 과장 명칭도 없이 그저 "○○논다" "○○이 나와서 논다"라고 서술적으로 말하였습니다. 내가 고성오광대 채록할 때에 "오광대가 나와서 논다" 혹은 "다섯 광대가 나와서 논다"라고 하여 '오광대 과장'이라고 하였고, "제밀주가 논다"고 하여 '제밀주' 과장이라고 과장 명칭을 명사화하였습니다. 경상도 가면극의 과장 명칭은 대부분 학자가 붙인 것입니다.

4. 오늘날과 같이 지역 이름이 붙은 가면극 명칭은 원래 있었던 것이 아닙니다. "오광대", "들놀음"이란 이름만 쓰였습니다. 수영들놀음, 혹은 수영야류 같은

명칭이 없었습니다. 통영오광대란 명칭도 없었습니다. 원래는 "들놀음 논다." "오광대 놀자." "통영에 오광대놀이가 있다."라고 하였습니다. 수영들놀음, 통영 오광대라고 지역명이 붙은 이름은 학자들이 각 지역의 것을 구별하기 위하여 명명한 것입니다.

5. 양반과장을 제외한 과장은 대사가 적었습니다. 이런 과장은 원래 동작 위주이며 대사가 적었는데, 재연 과정에 더러 대화가 더 붙었는데, 대부분 대사가 설명적으로 되었습니다.

6. 50년 간 경상도 가면극의 변화를 보면 세대별로 놀이가 바뀐 것을 알 수 있습니다. 특히 춤의 경우 현저한 변모양상을 볼 수 있습니다. 제1세대는 자연스러운 비정형적인 춤을 추었으나 소박하면서도 묵은 깊이를 느낄 수 있었습니다. 제2세대는 조금 유식한 사람들이라 춤을 예술로 의식하고 전수교육을 담당하면서 학교 무용 수업처럼 후배들을 가르쳤습니다. 그래서 교방춤의 영향이 가미된, 멋을 부리는 정형적인 춤으로 정착시켰습니다. 제3세대는 제2세대에게서 "하나, 둘, 셋" 하고 춤을 배워서 규격적인 춤을 춥니다. 자연스러운 향토춤으로서 맛이 많이 사라졌습니다.

7. 연희단체들이 서로 초청하여 공연을 하거나 같은 장소에서 놀이하게 되면서 다른 가면극을 자주 볼 기회가 많아지면서 놀이가 서로 닮아가는 경향을 보입니다. 따라서 지역적 독자성이 퇴색되어 가고 있습니다.

V

내가 1966년부터 40년간 부산시와 경상남도의 문화재 문화위원을 하면서 지방 혹은 중요 무형문화재에 관한 조사와 심의를 하였는데, 이제 한계 상황에 놓인 것 같습니다. 무형문화재 제도가 획기적인 변화를 해야 하는 시기에 이른 것입니다.

우리나라 무형문화재 지정 제도는 없애야 합니다. 모든 법과 제도는 만고불

변의 철칙이 아닙니다. 시대적 상황에 따라 변화하기 마련입니다. 우리나라 무형문화재 제도는 근대화 과정에 전승문화, 특히 가면극을 보존하는 데에 엄청나게 큰 역할을 하였습니다. 무형문화재 제도가 없었다면 과연 오늘날 몇 개의 가면극이 살아남았을까? 거의 다 소멸되었거나 더 변형되어 공연되고 있을 것입니다.

법과 제도는 완벽한 것이 아닙니다. 자체의 모순을 내포한 경우가 많습니다. 아무리 전승예술이라고 하더라도 대대로 이어져 내려온 예능만 수행하며 공연할 수 없는 것입니다. 시대적 요구와 놀이꾼의 개성이 작용하지 않을 수 없습니다. 몰개성적인 전승 예능만 지정한다는 것은 현실 가능한 일이 아니라 이상 지향적 행위입니다.

무형문화재 제도는 효용만 있는 것이 아니라 반대급부도 있었습니다. 공(功)만이 아니라 과(過)도 있었다는 말입니다. 모든 예술행위는 창조적이어야 합니다. 따라서 한 민족의 예술도 창조성에 의하여 다양하게 행해져야 합니다. 그런데, 무형문화재 제도가 창조적 민족예술의 발전을 가로막았다고 해도 과언이 아닙니다. 지정이나 전수에 개인의 창조적 노력은 인정하지 않을뿐더러 타기할 것으로 되어 있기 때문입니다.

지금까지 전혀 창조적인 요소가 있는 것이 중앙이나 지방의 무형문화재로 지정되지 않았다는 말이 아닙니다. 원형을 얼마나 고수했느냐? 창조적 예술 행위가 얼마나 가미 되었는가? 비율을 따져서 기준을 정할 수도 없습니다. 조사 · 심의에 관계하는 사람의 주관에 좌우된 경우가 없지 않았습니다.

무형문화재 제도가 처음 시행되던 1960년대와 근년은 시대 상황이 많이 바뀌었습니다. 근대화가 시작되기 초기라 아직까지 전승 상태가 양호한 민속예술들이 많아서 지정할 것이 지방마다 산재하여 있었습니다. 40여 년간 지정될 것은 거의 지정이 되었고, 지정되지 아니한 것은 아직 존속하더라도 전승 상태가 이미 좋지 못하게 되어 무형문화재로 가치를 인정받기 어렵게 되었습니다. 이제 엄격한 기준에 따라 무형문화재로 지정할 것이 거의 없는 시대가 되었다고 말할 수 있습니다.

무형문화재 제도 시행 초기에는 놀이꾼들이 애써 지정을 받으려고 하지 않았습니다. 관계하는 학자들이 권유하고 주선하여 무형문화재 지정을 하도록 하였습니다. 그런데 근년에는 지역 주민들의 문화재에 대한 인식이 달라지고, 무형문화재 지정에 따른 우대와 이득 때문에 놀이꾼들이 무리하게 무형문화재 지정을 받으려고 합니다. 전승 상태가 좋지 못한 것, 역사적인 꼬투리 하나를 가지고 무리하게 꾸며서 만든 것 들을 지정 신청하는 경우가 날로 많아지고 있습니다.

경상도 가면극으로는 원래 떠돌이 광대패가 있던 지역 사람들이 경남 가면극의 발상지라는 자긍심으로 고교 교사들을 시켜 경상도 각지의 가면극 대사를 종합, 창작하여 대본을 만들고, 하회별신굿탈놀이 관계자가 탈을 제작하고, 통영오광대 놀이꾼이 춤과 연기를 지도하여 이 세상에 없었던 새로운 가면극을 탄생시켜서 공연을 하고 있습니다. 이것을 지방무형문화재 신청을 하는 일이 있었습니다. 또 한 곳은 원래 가면극 전승지가 따로 있는데, 시내의 문화원 관계자와 풍물꾼들이 시내에서 놀이를 구성하여 전승지 사람들을 배제하고 지정 신청을 한 일도 있습니다. 전승 상태도 문제지만 전승지가 부산광역시로 편입이 되고, 연희하고 있는 시내는 경상남도에 그대로 남아 있어서 무형문화재의 관할 구역 문제가 제기되었습니다. 현재로는 한 가면극 종목의 연희단체가 두 지역에 있는 기현상이 야기되고 있습니다.

새로 지정하는 것도 문제이거니와 이미 지정된 종목도 운영에 문제가 많아서 문화재청에서 여러모로 개선책을 모색하고 있지만 근본적으로 자기모순을 지닌 제도고, 많은 지정 무형문화재 관계자의 이해가 얽혀 있어서 풀기 어려운 난제로 되어 있습니다.

우리나라 무형문화재 제도의 시대적 역할은 다 한 것 같습니다. 그러므로 이미 지정된 무형문화재는 현재의 형식으로 보존·전승하고, 신규 지정은 하지 않는 것으로 법제화해야 합니다. 그 대신 범위를 넓혀 전승적 요소와 아울러 창조적 부분이 있는 예술 중에서 우수한 것을 다른 명칭과 개념으로 지정하는 방안을 강구하여야 할 것입니다. 예컨대, '민족예술' 혹은 '전통예술'이라고 지정하여 전폭적인 지원을 하여 우리 민족예술을 다양하게 발전하도록 해야 할 것입니다. 동시에 전통예술이라고 새로 만들거나 복원한 것도 우수한 것이면 지정하는 것이 좋을 것입니다.

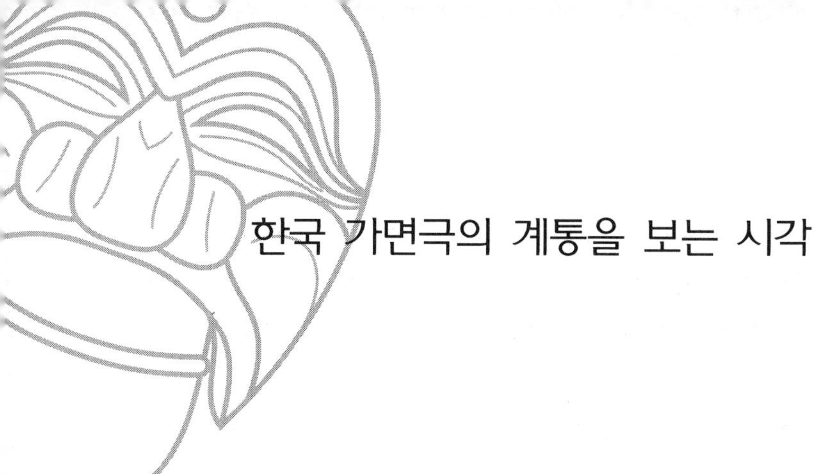

한국 가면극의 계통을 보는 시각

Ⅰ. 머리말

주지하는 바와 같이, 전통문화는 고유문화(자생문화)와 외래문화의 결합으로 성립되었다. 우리 민족은 각 시대마다 이미 존재하고 있던 '고유문화의 현재화'와 외국으로부터 새로 유입된 '외래문화의 한국화'를 진행했고, 그것이 결합·융화되어 우리의 전통문화를 성립시킨 것이다. 이는 전통연희 분야도 마찬가지다. 우리 민족은 언제나 한반도에서 자생적으로 발생해서 성립된 연희들을 시대의 변천에 따라 창조적으로 계승하는 작업, 즉 자생적 연희의 현재화를 시도해 왔다. 아울러 어느 시기에서나 외래 기원의 연희들을 우리의 취향에 맞게 개작해서 향유하는 작업, 즉 외래연희의 한국화를 진행했다. 이러한 자생적 연희의 현재화와 외래연희의 한국화를 통한 작업이 어우러져 우리의 우수한 연희문화가 성립되었던 것이다.

현재 우리의 종교가 된 불교·천주교·기독교, 우리의 학문이 된 유학과 서양학문, 국어 속에 들어와 있는 한자어·몽골어 등 수많은 외래어 등은 외래문화의 한국화를 잘 보여준다. 또 현재 많은 교회에서 서양오케스트라의 반주에 맞춰 노래하는 성가대, 수많은 관객을 동원하는 뮤지컬, 세계대회에 나가 우승을 휩쓰는 B-boy들의 브레이크댄스는 외래문화이지만, 현재 우리의 문화로 향유하고 있지 않은가. 더욱이 우리가 매우 자랑스럽게 생각하는 한류(가요, TV연속극, 영화)는 어떤가. 현재 우리의 가요는 1930년대 들어온 일본의 엔까에서 영향을 받은 트로트(일명 뽕짝)와 서양 팝송의 한국화, TV연속극과 영화도 외래문화의 한국화가 아닌가.

한류는 이미 삼국시대에도 있었다. 신라박(新羅狛) · 입호무(入壺舞)를 비롯해서, 당나라의 십부악 중 고구려악인 호선무(胡旋舞)와 광수무(廣袖舞), 일본에 전하는 삼국 및 발해의 악무인 우방악(右方樂), 중국에서 유명했던 고구려 인형극, 이백(李白)의 악부시 〈고구려〉, 고구려춤을 흉내냈던 당나라 재상 양재사의 경우, 백제인 미마지가 중국 남조 오에서 배워 612년 일본에 전했다는 기악 등이 그것이다. 이 가운데는 우리의 고유한 연희와 함께, 신라박 · 호선무 · 기악처럼 외래 기원의 연희도 있었다.[1]

그러므로 현재의 한류열풍은 우연한 일이 아니다. 이미 고대로부터 우리의 연희문화는 주변 여러 나라와의 교류를 통해 항상 그 독자성과 우수성을 갖추어 온 경험이 있기 때문이다. 우리는 삼국시대부터 조선시대에 이르기까지 끊임없이 외래 연희를 수용하여 공연예술을 풍부하게 영위하면서, 그것을 우리의 취향에 맞게 개작하여 한국화함으로써 새로운 공연예술을 창출해 왔던 것이다. 새로운 공연예술을 성립시킬 수 있었던 뿌리는 부여의 영고, 고구려의 동맹, 예의 무천 같은 제천의식이나, 마한의 농경의식 같은 상고 사회의 가무 전통으로부터 이어지는 자생적 · 토착적 공연예술이었다. 삼국시대에 서역과 중국으로부터 외래 연희들이 유입되었을 때, 이런 연희들을 담당할 수 있는 자생적 연희 전통이 있었기 때문에 고구려악, 신라악, 백제악은 수준 높은 연희로 발전할 수 있었다. 본고는 이러한 시각에서 한국 가면극의 성립과 계통을 살펴보고자 한다.

현재 진행되고 있는 가면극의 기원에 대한 논쟁의 핵심은 18세기에 성립된 것으로 간주되는 본산대놀이 가면극이 어디로부터 유래한 것인가에 대한 문제이다. 우리에게는 이미 상고시대 암각화의 가면, 삼국이 일본에 전해 준 우방악

---

1) 이에 대한 자세한 논의는 전경욱, 「고대의 한류로서 우리 공연예술이 동아시아에 미친 영향」, 『고대에도 한류가 있었다』(지식산업사, 2007) 참조.

의 가면희(12종), 백제인 미마지가 일본에 전한 불교가면극인 기악, 고구려 안악 3호분의 가면희도처럼 완함·현금·퉁소의 전문악사들이 앉아서 연주하는 가운데 추는 가면무 등 오래 전부터 가면희가 있었다. 하회나 강릉의 가면극도 시대를 많이 거슬러 올라갈 수 있을 것이다. 그러나 본산대놀이와 양주·송파·봉산·강령 등의 가면극들은 그 내용으로 보아 대개 18세기 전반기 이후에 생겨났을 것이라는 데 관련 학자들의 의견이 일치하고 있다. 다만 18세기에 이 가면극들이 성립될 때 어떤 기원으로부터 변화 발전한 것인가에 대해서는 학자들 사이에 견해가 대립되고 있다. 그러므로 이 문제의 해명이 가면극의 기원설에 대한 논의를 진전시킬 수 있는 열쇠이다. 본고에서는 이 열쇠를 산악·백희(즉 산대희),[2] 그리고 산악·백희 연희자와 본산대놀이 연희자의 관련성을 통해 찾고자 한다.

한국 가면극은 그 내용과 성립과정으로 보아 크게 '마을굿놀이 계통 가면극'과 '본산대놀이 계통 가면극'으로 나눌 수 있다.[3]

마을굿놀이 계통 가면극은 하회별신굿(河回別神祭)놀이나 강릉관노가면극(江陵官奴假面劇)처럼 마을굿에서 유래하여 발전해 온 토착적·자생적 가면극들을 말한다. 즉 마을굿놀이 계통 가면극은 마을이나 고을의 주민들이 마을이나 고을의 수호신에게 제사를 지내던 마을굿·고을굿에서 유래한 것으로서 비전문적(비직업적)인 사람들에 의해 전승되어 왔다. 마을굿놀이 계통 가면극들이 자생적인 가면극으로서 마을굿으로부터 유래했다는 점에 대해서는 대부분의 학자들이 동의하고 있다.

본산대놀이 계통 가면극은 본산대놀이로부터 전파된 가면극들을 말한다. 학

---

2) 산악·백희는 고대에 무용·음악·연극·체육·무술(武術)이 세분화되지 않은 채 연행되던 총체예술로서 서민적인 연희였다. 산악·백희의 종목은 크게 (1) 곡예와 묘기, (2) 환술(幻術), (3) 각종 동물로 분장한 가면희와 동물 재주 부리기, (4) 괴뢰희(傀儡戲)라고 불린 인형극, (5) 골계희(滑稽戲), (6) 가무희(歌舞戲), (7) 악기 연주 등으로 나눌 수 있다.

3) 이두현은 이 두 계통을 각각 '서낭제 탈놀이'와 '산대도감 계통극'으로 나누어 논의했다. 그는 하회별신굿탈놀이, 강릉관노가면극 등 서낭제에서 놀았던 서낭제 탈놀이는 서낭제에서 기원해 발전한 토착적 가면극이라고 보았다. 그러나 서울 근교의 산대놀이, 해서탈춤, 야류와 오광대는 산대도감 계통극이라고 보았다. 이두현, 『한국 가면극』(문화재관리국, 1969).

자들은 애오개, 사직골 등에 있었던 산대(山臺)놀이를 흔히 본산대놀이라고 부르는데, 이는 양주와 송파 등지의 별산대놀이와 구별하기 위한 것이다. 본산대놀이는 조선 후기에 서울 근교에서 반인(泮人)들이 삼국시대 이래 전승되어 온 산악(散樂)·백희(百戲) 계통의 가면희와 연희를 재창조해 만들어낸 가면극이다. 그러므로 본산대놀이 계통 가면극은 전문적(직업적)인 연희자들이 연행하던 가면극인 본산대놀이의 영향 아래 성립된 것이다. 본산대놀이 또는 산대도감극 또는 산대극이라고 불리는 이 가면극이 산대희(즉 산악·백희)로부터 발전해서 성립했다는 학설이 산대희기원설, 산악백희기원설, 산대도감계통설이다. 안확,[4] 김재철,[5] 양재연,[6] 이두현,[7] 김학주,[8] 서연호,[9] 윤광봉,[10] 전경욱,[11] 사진실,[12] 정형호[13] 등이 정도의 차이는 있으나 대체로 이 학설의 입장에 서 있다.[14]

본산대놀이의 영향 아래 서울과 경기도의 송파산대놀이·양주별산대놀이, 황해도의 봉산탈춤·강령탈춤·은율탈춤, 경상남도의 수영야류·동래야류·통영오광대·고성오광대·가산오광대, 남사당패의 덧뵈기 등이 생겨났다.

일본의 저명한 연극학자인 가와타케 시게토시(河竹繁俊)는 일본의 경우도 동아시아 공동의 연희문화인 산악·백희가 일본에 유입된 이후 변화·발전해

---

4) 안확, 「山臺舞劇と處容舞と儺」, 『朝鮮』 201(朝鮮總督府, 1932.2.)

5) 김재철, 『조선연극사』(학예사, 1939).

6) 양재연, 「산대도감희에 취하여」, 『중대30주년논문집』(중앙대, 1955).

7) 이두현, 『한국의 가면극』(일지사, 1979).

8) 김학주, 「나례와 잡희」, 『아세아 연구』 6권 2호(고려대 아세아문제연구소, 1963); 김학주, 『한·중 두 나라의 가무와 잡희』(서울대학교 출판부, 1994)에 재수록.

9) 서연호, 『산대탈놀이』(열화당, 1987).

10) 윤광봉, 『한국의 연희』(반도출판사, 1992).

11) 전경욱, 『한국 가면극 그 역사와 원리』(열화당, 1998).

12) 사진실은 "중세 보편주의의 상징과도 같았던 산대의 문화가 해체되면서 탈춤〈산대놀이〉가 발전하였다. 나례도감인 의금부의 관리를 받던 경중우인들이 산대도감패를 자처하며 흥행활동에 나선 결과였다고 할 수 있다."라고 밝히면서 본산대놀이의 산대희기원설을 지지하고 있다. 사진실, 『공연문화의 전통』(태학사, 2002), 60쪽.

13) 정형호, 「본산대의 전승과 양주별산대놀이의 형성」, 『한국 전통연희의 전승과 미의식』(민속원, 2008).

14) 이상 여러 학자들의 구체적인 견해는 전경욱, 「한국 민속극 연구의 현황과 전망」, 『한국 가면극과 그 주변문화』(월인, 2007), 128~132쪽을 참조할 것.

서, 후대에 일본의 대표적 전통연극인 노가쿠(能樂)·노쿄겐(能狂言)·닌교조루리(人形淨瑠璃)·가부키(歌舞伎) 등을 성립시켰다고 밝힌 바 있다.15)

　중국에서는 산악을 담당했던 사람들이 이 연희들을 발전시켜 '나희(儺戲)'라는 가면극을 성립시켰고, 일본에서는 사루가쿠(猿樂) 즉 산악을 담당했던 사람들이 '노(能)'라는 가면극을 성립시킨 것처럼, 한국에서도 중국 사신 영접시에 나례도감(儺禮都監)에 동원되어 연희를 펼치던 반인(泮人)들이 18세기 전반기에 산악·백희 계통의 연희와 기존의 가면희들을 바탕으로 재창조해 낸 것이 '본산대놀이'이다.16)

Ⅱ. 마을굿놀이 계통 가면극의 역사적 전개

　상고시대 우리의 자생적 연희의 흔적은 암각화를 통해 살펴볼 수 있다. 울주군(蔚州郡) 대곡리(大谷里) 반구대(盤龜臺)의 암각화는 거대한 바위에 각종 동물과 물고기·인물 등이 2백여 점이나 조각되어 있는, 우리나라 최대의 선사시대 조각품이다. 호랑이·사슴·고래와 같은 동물들이 정교하게 묘사되어 있는가 하면, 사람이 벌거벗고 춤추는 모습과 화살을 갖고 사냥하는 모습이 묘사된 것도 있다. 가면은 두 개가 있다. 이 암각화들은 수렵을 떠나기 전의 진지한 기원과 모의 연행, 그리고 수확을 하고 돌아와서의 감사제사와 마을 사람들의 즐거운 연희가 충분히 연상되는 장소이자 그림이다.17) (도판 1)

---

15) 河竹繁俊, 『日本演劇全史』(東京: 岩波書店, 1979).

16) 전경욱, 『한국의 가면극』(열화당, 2007).

17) 이상 암각화와 그에 대한 해석은 김정배, 「동북아 속의 한국의 암각화」, 『한국사연구』 특집호 별책(한국사연구회, 1997.12), 1~30쪽 및 서연호, 「고대연희사의 잔영을 찾아서」, 『한국 가면극연구』(월인, 2002), 9~40쪽 참조.

도판 1. 반구대 암각화

고대국가 시대에는 부여의 영고(迎鼓), 고구려의 동맹(東盟) 등 국중대회(國中大會)가 있었다. 국중대회는 농사가 잘되게 해 달라고 하늘에 제사를 지내면서 노래 부르고 춤을 춘 행사이면서, 국가 단합을 위한 정치적인 기능도 수행했던 것으로 보인다. 그러므로 현재의 마을굿은 바로 나라굿인 국중대회와 동일한 목적과 기능을 갖고 있으며, 나라굿의 유풍임을 알 수 있다.

『삼국지』 위서 동이전에 부여에서는 정월에 지내는 제천행사에서 연일 크게 모여서 마시고 먹으며 노래하고 춤추는데, 그 이름을 영고라고 했다는 기록이 있다. 영고라는 명칭을 통해 북을 치고 악기를 연주하면서 신을 맞이했음을 알 수 있다. 정월에 연일 크게 모여 노래하고 춤추었다는 내용은 바로 오늘날 대개 정월 보름에 당집에서 마을의 수호신에게 제사 지내고, 마을 주민들이 모두 모여 풍물을 울리고 노는 마을굿과 그대로 일치하고 있다. 이러한 제천의식에서 굿·놀이·연극의 복합체인 원시종합예술이 싹튼 것은 세계적으로 공통된 현상이다.

『삼국지』 위서 동이전의 마한 조에 기록된 바와 같이, 오월에 씨를 뿌린 후와 시월에 농사일을 마친 후에 행한 제천의식도 요즘 강릉단오제를 비롯해 여러 마을에서 단오 때 풍악을 울리고 노래와 춤으로써 마을의 수호신에게 제사 지내는 마을굿을 거행하는 모습과 너무나 흡사하다.

한국의 마을굿은 기본적으로 마을의 안녕을 기원하는 종교적 성격과 풍농풍어를 기원하는 풍요제의의 성격을 겸하고 있는 점이 특징이다. 마을굿의 일종인 강릉단오제나 하회별신굿에서는 무당들이 마을 주민들과 함께 마을굿을 거행했다. 이런 과정에서 하회별신굿의 경우와 같이 마을 주민들이 가면을 쓰고 노는 가면극이 발생했다. 하회별신굿은 무당들이 주도했지만, 가면극인 하회별신굿탈놀이는 마을 주민인 농민들이 담당했다. 강릉단오제도 무당들이 주도했지만, 가면극은 관노들이 놀았다. 이외에도 경북 안동의 병산별신굿탈놀이, 경북 영양군 주곡동의 탈놀이 등의 예에서 보듯이, 전국적으로 많은 지방에 마을굿을 중심으로 전승되던 가면극들이 있었을 것이다.

『신증동국여지승람』제32권 고성(固城) 성황사(城隍祠) 조에서 조선 전기 마을굿의 모습을 살펴볼 수 있다.

> 그 지방(고성) 사람들은 해마다 5월 1일에서 5일까지 모두 모인다. 두 무리로 나뉘어 사당의 신상(神像)을 메고 푸른 깃발을 세우고 여러 마을을 두루 돌아다닌다. 마을 사람들은 다투어 술과 찬으로써 신상에 제사 지내며, 연희자들은 모두 모여 온갖 연희를 펼친다.

이 기록에 의하면, 경남 고성 지방에서는 단오 때 마을굿에서 신상과 성황대를 앞세우고 가가호호를 방문하고 나서, 나인(儺人) 즉 연희자들이 온갖 연희를 펼쳤다. 이런 마을굿놀이들이 발전해서 하회별신굿놀이나 강릉관노가면극과 같은 가면극이 생겨난 것으로 보인다.

특히 『동국세시기』 12월 조에서 소개한 강원도 고성(高城)의 풍속을 통해서 조선 후기의 마을굿이 가면과 연결되어 있음을 확인할 수 있다.

> 매달 초하루와 보름에는 군(郡)의 사당에 관(官)에서 제사를 드린다. 비단으로 신의 가면을 만들어 사당 안에 비치해 두면 12월 20일 이후에 그 신이 고을

사람에게 내린다. 신이 오른 사람은 그 가면을 쓰고 춤추며 관아의 안과 고을을 돌아다니며 논다. 그러면 집집에서는 신을 맞이해다가 즐긴다. 그렇게 하다가 정월 보름 전에 신을 사당 안으로 돌려보낸다. 이 풍속은 해마다 있으며, 이는 나례신(儺禮神)의 종류다.

인용문을 통해 강원도 고성 지방에는 연말에 사당에서 신을 맞이하여, 관아뿐만 아니라 마을의 집집마다 방문하며 노는 풍속이 있었음을 알 수 있다.

주목되는 점은 이 지방에서는 마을의 수호신을 가면으로 형상화했다는 사실이다. 이는 경북 안동의 하회마을에서 마을의 수호신인 성황신을 가면으로 형상화한 것과 일치한다. 하회별신굿탈놀이에서는 성황신인 각시가면이 존재하고, 각시의 무동춤은 신성현시(神聖顯示)를 연출한다.(도판 2) 하회의 성황신은 이 마을에 시집와 열다섯 살 때 남편과 사별하고 이곳의 성황신이 되었다고 전한다. 본 가면극에 앞서 성황신인 각시의 가면을 쓴 연희자가 무동을 타고 걸립을 했다. 성황신인 각시의 등장은 이 가면극이 각시를 중

도판 2. 하회별신굿탈놀이의
각시가 무동을 탄 모습.

심으로 각시에 의해서 주도되는 어떤 근원성과 관련이 있음을 시사한다.[18] 결국 강원도 고성과 경북 하회의 예를 통해 마을굿놀이에서 마을 수호신을 상징하는 가면을 중심으로 가면극이 형성되는 과정을 살펴볼 수 있다.

물론 마을굿놀이 계통 가면극이 반드시 이런 과정만을 거친 것은 아닐 것이다. 황창무와 『삼국유사』 처용랑(處容郞) 망해사(望海寺) 조의 기록은 자생적 가면희의 또다른 예를 보여 준다. 이런 자생적 가면희들도 마을굿놀이 계통 가

---

18) 서연호, 『서낭굿탈놀이』(열화당, 1991), 44~46쪽.

면극에 영향을 끼쳤을 것이다.

황창무는 가면을 쓰고 춤추는 검무이다. 황창무는 품일 장군의 아들 관창(官昌)이 계백 장군에게 살해된 사실을 전설화해서 만든 것으로 보인다.

처용랑 망해사 조의 기록에서 동해용, 처용, 남산신(南山神), 북악신(北岳神), 지신(地神) 등의 신격들이 나와서 춤을 추었다는 것은 사람이 그 신격들에 해당하는 가면을 쓰고 춤을 추었다는 뜻이다. 헌강왕이 남산신의 가면을 쓰고 남산신의 춤을 추었다는 사실은 이러한 사정을 이해하는 단서가 된다.

또 이 기록의 처용설화는 신라 제49대 헌강왕(憲康王: 재위 875-886) 대의 것인데, 이 설화는 처용을 문신(門神)으로 신격화하면서, 처용의 모습이 역귀를 퇴치할 수 있는 주술력을 갖게 되는 과정을 잘 보여 준다. 이 설화에서 처용무와 관련되는 내용을 요약하면 다음과 같다. 처용이 밖에 나가 밤늦도록 놀다가 집에 돌아오니 역신이 자기의 아내를 차지하고 있었는데, 처용이 〈처용가〉라는 향가를 지어 불렀더니 역신이 나타나 용서를 빌면서 "맹세코 이후로는 공(公)의 형용을 그린 것만 보아도 그 문에 들어가지 않겠습니다"라고 말하고는 물러갔다고 한다. 이렇게 시작된 처용무는 고려시대와 조선시대의 나례와 연회 등에서 계속 전승되었는데, 가면을 착용하고 역귀를 쫓아내는 춤을 추었다.

헌강왕이 남산신의 가면을 쓰고 추었던 춤이나, 처용무에서 처용의 가면을 쓰고 추는 춤은 자생적 가면희의 전통을 잘 보여 주는 예이다. 이 처용무는 실제로 후대 마을굿놀이 계통 가면극에 영향을 끼쳤다. 강릉관노가면극에 등장하는 양반광대, 소매각시, 시시딱딱이의 삼각관계는 바로 처용, 처용의 처, 역신의 관계와 매우 유사하다. 홍역의 역신으로 간주되는 시시딱딱이가 다정하게 춤추며 노는 양반광대와 소매각시를 훼방놓는다. 그리고 소매각시를 억지로 끌고가서 차지한다. 하지만 결국 양반이 시시딱딱이를 물리치고 다시 소매각시를 찾아온다. 처용설화에서 처용이 자기의 처를 차지하고 있는 역신을 쫓아내고 처를 다시 찾는 구나(驅儺)의 형식과, 양반광대가 시시딱딱이를 물리치고 소매각시를 되찾는 극적 형식이 일치하고 있다.

Ⅲ. 본산대놀이 계통 가면극의 역사적 전개

서울에서 18세기 무렵 성립된 것으로 추정되는 본산대놀이는 당시의 시대상과 사회상을 담고 있다. 18세기 이전에도 가면희는 있었지만, 본산대놀이와는 다른 내용이었다. 본산대놀이는 전문적 연희자들이 삼국시대 이래 전승해온 산악·백희 계통의 가면희와 연희들을 혁신적으로 재창조한 것이다. 그러므로 본장에서는 삼국·통일신라·고려·조선시대에 연행되던 전문적 연희자들의 연희와 가면희를 살펴보면서, 산악·백희의 연희자와 본산대놀이 연희자와의 관련성, 그리고 구체적으로 산악·백희의 어떤 요소들이 본산대놀이의 내용에 영향을 끼쳤는지를 밝히고자 한다.

1. 삼국시대의 연희와 가면극

다음 기록이나 중국의 화상석, 내몽골의 고분벽화, 고구려의 고분벽화는 고구려가 중국·서역과 매우 활발한 교류가 있었고, 고구려에 이미 산악(散樂)·백희(百戲) 같은 서역·중국 유래의 연희와 가면희가 있었음을 알려 준다.

> 무제가 조선을 멸하고 고구려를 현으로 삼아 현도에 속하게 하고, 악사와 놀이꾼을 보냈다. (『후한서(後漢書)』 85 동이열전(東夷列傳) 제75)

또한 고구려 고분의 벽화에는 나무다리걷기(高蹻, 수산리고분·팔청리고분), 방울받기(弄丸, 장천1호분·약수리고분·수산리고분·팔청리고분), 바퀴 돌려 올리기(舞輪, 수산리고분·장천1호분), 말타기 재주(馬上才, 약수리고분·팔청리고분), 칼 재주 부리기(팔청리고분, 안악 제3호분의 행렬도), 씨름(角抵戲, 각저총·장천1호분), 수박희(手搏戲, 무용총·안악 제3호분) 등 묘기에 해당하는 놀이; 가면희(안악 제3호분) 등 연극적 놀이; 원숭이 재주부리기(장천1호분) 같은 동물곡예; 긴 뿔나팔 불기(안악 제3호분·팔청리고분)와 여러 고분에서 발견되는 북·종·배소·완함·긴 통소 등의 악기 연주 등 산악 백희에 해당하는 연희들이 다양하게 그려져 있다.(도판 3-6) 이 산악·백희를 담당했던 사람들은 그 연희 내용으로 볼 때 전문적이고 직업적인 연희자들이었을 것이다.

도판 3. 고구려 수산리(水山里) 고분벽화(5세기)의 연희 장면.
나무다리걷기(高蹺), 방울받기(弄丸), 수레바퀴 쳐올리기(舞輪).

도판 4. 고구려 각저총(角抵塚)의 씨름 장면.
동쪽을 바라보고 있는 매부리코의 씨름꾼은 서역인으로 보인다.

도판 5. 무용총(舞踊塚)의 수박희(手搏戲).

도판 6. 장천(長川) 1호분(号墳)의 연희 장면 중 부분도. 원숭이 재주 부리기. 방울받기(弄丸).
수레바퀴 쳐올리기(舞輪). 큰 나무 줄기에 원숭이가 한 마리 있고, 나무 아래도 원숭이가 한 마리 있다.
연희자가 이 원숭이들을 놀리고 있다. 나무 오른쪽 상단으로 농환과 무륜이 보인다.

특히 안악 제3호분 동수묘(冬壽墓)의 벽화 중 후실의 가면희도(假面戲圖)에
는 네 사람이 보인다. 세 사람이 각각 긴 퉁소, 완함, 거문고를 연주하는 가운데
한 사람이 탈춤을 추는 그림이다. 춤추는 인물은 그림이 비교적 선명한데, 붉은

물방울 무늬가 있는 터번식의 머리쓰개가 이국적이다. 이 인물은 코가 큰 가면
을 썼으며, 다리를 ×자형으로 꼬고 손벽을 치는 듯한 자세로 춤을 추고 있다.
집안 다섯무덤의 4호고분과 5호고분에도 가면을 쓴 사람이 있다.[19](도판 7-9)

도판 7. 고구려 안악(安岳) 3호분(号墳)의 가면희도(假面戲圖)의 악기연주와 춤 장면.
긴통소, 완함(阮咸), 긴 통소의 반주에 맞추어 춤을 추고 있는 연희자.

도판 8. 동일 장면을 그려본 것.

---

19) 주재걸, 「고구려사람들의 예술활동에 관한 연구」, 『고고민속논문집』 8(평양: 과학백과사전출
    판사, 1983), 250쪽.

도판 9. 동일 장면 중 오른쪽의 춤추는 사람 세부도.

고구려는 소수림왕(小獸林王) 2년(372년) 전진(前秦)으로부터 불교를 받아들였고, 북주(北周: 557-580) 때 서역악(西域樂)을 채용했다. 그래서 6세기 후반부터 고구려 말인 7세기 후반까지는 고구려악(高句麗樂)의 전성시대였다. 고구려악은 오현(五絃)과 필률(篳篥) 같은 서역 악기를 먼저 섭취했기 때문에 백제악과 신라악보다 우월해서, 수(隋)의 구부기(九部伎)에 들 수 있었다.[20]

고구려는 서역계의 악기와 가면무를 가지고 있었기 때문에 일본에서도 백제악·신라악이란 명칭은 사라지고 고려악(高麗樂, 고마가쿠)이란 명칭으로 전래되었다. 일본에서는 5세기 중엽에서 9세기 중엽에 이르는 동안 신라악(新羅樂), 백제악(百濟樂), 고구려악(高句麗樂)의 순서로 전래되어 병립했다. 그리고 9세기 중엽에 이르러 외래악무(外來樂舞)를 정리할 때, 당나라와 인도(천축) 등의

---

20) 이혜구, 『韓國音樂研究』(國民音樂研究會, 1957), 222~224쪽.

악무를 좌방악(左方樂)이라 하고, 삼국 및 발해의 악무를 우방악(右方樂)이라
불렀다.

이 좌방악과 우방악은 부가쿠(舞樂)로서 백제인 미마지(味摩之)가 612년에
전한 기가쿠(伎樂)보다 약 50년 정도 늦게 중국과 한반도에서 전래된 것이다.
우방악은 일명 고려악이라 하여, 고구려악이 삼국악의 총칭으로 불렸다. 고구려
악은 24곡(曲)이었는데, 이중 나소리(納曾利), 곤론핫센(崑崙八仙), 신토리소
(新鳥蘇), 고토리소(古鳥蘇), 신쇼오도쿠(進走禿), 다이쇼오도쿠(退走禿), 소리
고(蘇利古), 고토쿠라쿠(胡德樂), 오오닌데이(皇仁庭), 기토쿠(貴德), 아야기리
(綾切), 지큐(地久) 등 12곡은 가면무악(假面舞樂)이다.[21] (도판 10-12)

도판 10. 일본 우방악(고구려악)의 나소리(納曾利) 연행 장면

---

21) 이혜구, 『한국음악연구』(국민음악연구회, 1957), 219~220쪽.

도판 11. 일본 우방악(고구려악)의 곤론핫센(崑崙八仙) 연행 장면.

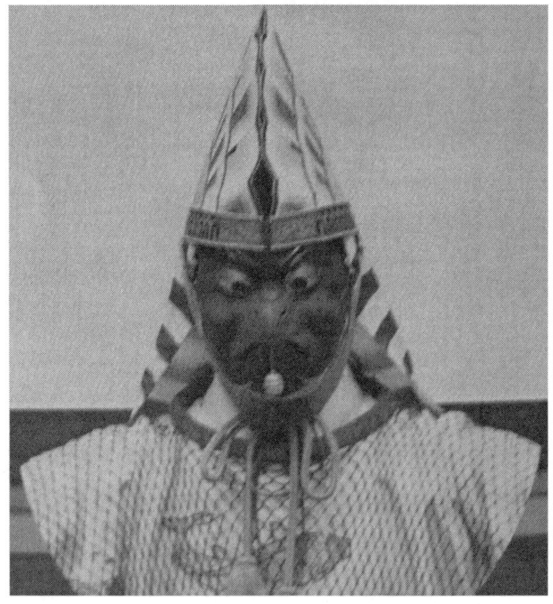

도판 12. 일본 우방악(고구려악)의 곤론핫센(崑崙八仙) 가면.

백제의 연희는 일본 문헌인 『교훈초(敎訓抄)』(1233년)에 백제인 미마지가 중국 남조 오에서 배워 612년 일본에 전했다는 기악(伎樂)의 내용이 소개되어 있다. 기악은 절에서 불사(佛事) 공양의 무곡(舞曲)으로 연출되던 교훈극으로서 묵극(黙劇)이었다.[22] 일본의 연극사에서 기악의 전래는 "일본의 예능사상 획기적인 의미를 갖고 있으며, 예능 발전의 지표가 되었다."는 평가를 받고 있다. 또한 멀리 중앙아시아에서 시작된 기악이 일반 대중을 관객으로 한 극적 구성을 갖는 가면무용극의 효시로서 일본의 거의 모든 예능에 영향을 끼쳤다는 사실은, 연극의 세계적 교류를 새삼 실감케 하는 흥미로운 일이라는 지적도 있다.[23] 현재 일본에는 기가쿠에 사용되던 가면들이 230여 개 남아 있는데, 대부분 코가 큰 서역인 모습이다.(도판 13-14)

도판 13. 기악의 취호왕가면.
쇼오인(正倉院) 소장.

도판 14. 기악의 취호종자가면.
쇼오인 소장.

---

22) 이혜구, 「산대극과 기악」, 『한국음악연구』(국민음악연구사, 1957).
　　이혜구, 「양주별산대놀이의 옴·먹중·연잎과장」, 『예술논문집』 8(예술원, 1969).
23) 가와타케시게토시 저, 이응수 역, 『일본연극사(상)』(청우, 2001), 90~91쪽.

  신라의 가면극 관계 놀이는 가무백희(歌舞百戲)와 황창무(黃昌舞), 〈신라악 입호무(新羅樂 入壺舞)〉(도판 15), 〈신라박(新羅狛)〉(도판 16)을 들 수 있다.

도판 15. 『신서고악도(信西古樂圖)』의 신라악(新羅樂) 입호무(入壺舞). 환술의 일종이다. 연희자가 오른쪽 항아리로 들어가서 왼쪽 항아리로 나온다.

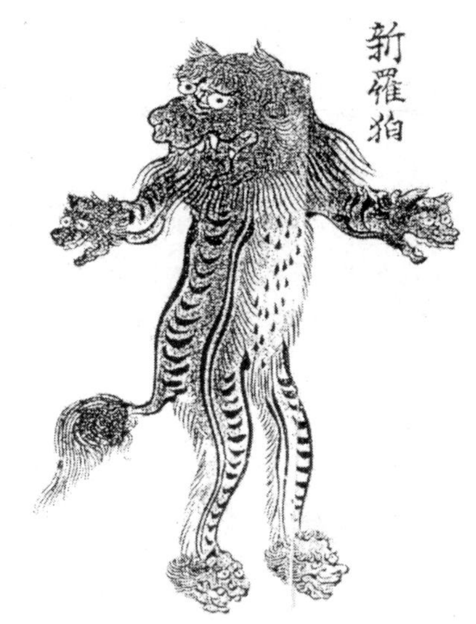

도판 16. 『신서고악도(信西古樂圖)』의 신라박(新羅狛)

2. 통일신라시대의 연희와 가면극

통일신라시대의 가면극 관계 연희는 『삼국사기』 잡지 중 최치원(崔致遠: 857-?)의 〈향악잡영오수(鄕樂雜詠五首)〉에 묘사된 금환(金丸), 월전(月顚), 대면(大面), 속독(束毒), 산예(狻猊)의 다섯 가지 놀이와 처용무(處容舞)에서 찾아볼 수 있다. 금환은 방울받기인 농환(弄丸)이다. 월전은 구경꾼들의 반응을 통해 골계희 즉 우희(優戱)임을 짐작할 수 있다.[24] 대면, 속독, 산예는 가면희이다.

대면(大面)	황금색 가면을 썼다 바로 그 사람	黃金面色是其人
	구슬채찍을 손에 쥐고 귀신을 부리네.	手抱珠鞭役鬼神
	빨리 뛰다 천천히 걷다 추는 한바탕 춤은	疾步徐趨呈雅舞
	너울너울 봉황새가 날아드는 듯.	宛如丹鳳舞堯春
속독(束毒)	쑥대머리 파란 얼굴의 이상한 사람들이	蓬頭藍面異人間
	떼를 지어 뜰에 와서 난새춤을 추네.	押隊來庭學舞鸞
	북소리는 둥둥둥 바람은 살랑살랑	打鼓冬冬風瑟瑟
	남으로 달리고 북으로 뛰며 그칠 줄을 모르네.	南奔北躍也無端
산예(狻猊)	멀고 먼 사막을 건너 만리 길을 오느라고	遠涉流沙萬里來
	털옷은 다 찢어지고 먼지를 뒤집어썼네.	毛衣破盡看塵埃
	머리를 흔들고 꼬리를 치며 인덕을 길들이니	搖頭掉尾馴仁德
	뛰어난 그 재주가 어찌 온갖 짐승과 같으랴.	雄氣寧同百獸才

이와 같이, 대면은 황금색의 가면을 쓰고 손에 구슬 채찍을 들고 역귀(疫鬼)를 부리는 춤을 묘사한다. 속독은 원방인(遠邦人)이 왕의 덕화를 사모해 떼지어 와서 춤과 음악을 바치는 내용인데, 가면은 쑥대머리(蓬頭亂髮)에 얼굴이 파란 귀면(鬼面)이었다. 산예는 사자가면을 쓰고 추는 사자탈춤인데, "멀고 먼 사막

---

24) 이에 대한 자세한 논의는 전경욱, 「우희와 판소리·가면극의 관련양상」, 『한국민속학』 34(한국민속학회, 2001.12) 참조.

을 건너 만리 길을 오느라고"하여 서역으로부터 유래했음을 밝히고 있다.

3. 고려시대의 연희와 가면극

고려시대에는 불교적 제전인 연등회(燃燈會)와 토속신에 제사 지내는 팔관회(八關會)에서 채산(彩山) 또는 채붕(綵棚)이라고 부르는 가설무대를 설치하고, 거기서 백희를 연행했다. 그리고 나례에서는 방상시(方相氏), 창사(唱師), 십이지신(十二支神), 처용(處容) 등이 가면을 착용했고, 여러 연희도 공연되었다. 고종 31년(1244년)에는 궁중연회에서 가면을 쓰고 공연하는 연희가 있었다.

> 정해일에 왕이 간소한 연회를 배설했다. 이 날 최이가 가면을 쓴 연희자들이 하는 잡희(假面人雜戲)를 바쳤다. 왕이 그들에게 은병 한 개씩 주고, 또 기생들에게는 각각 비단 두 필씩 주었다. (『高麗史』권 제23 高宗 31년 2월 조)

인용문에 의하면, 궁중의 간소한 연회에서 가면을 쓴 사람들이 잡희를 공연했다. 당연히 이들은 전문적 연희자들이었을 것이다.

2놀이하는 자를 광대(廣大)라 한다(國語假面爲戲者 謂之廣大)"는 기록이 보인다. 이를 통해 고려시대에 전문적으로 가면을 쓰고 노는 가면희가 있었고, 그 연희자를 '광대'라고 불렀음을 알 수 있다.

원래 나례(儺禮)는 섣달 그믐날 궁중과 민간에서 가면을 쓴 사람들이 일정한 도구를 가지고 주문(呪文)을 외치면서 귀신을 쫓는 동작을 해, 묵은 해의 잡귀를 몰아내던 의식이다. 고려 말에는 점차 나례에서 구역의식(驅疫儀式)보다 잡희부(雜戲部)가 확대되면서, 나례가 잡희인 나례희(儺禮戲) 즉 나희(儺戲)로 인식되어 갔다. 조선시대에는 이러한 현상이 더욱 심해졌다.

고려 말 이색(李穡: 1328-1396)의 한시 〈구나행(驅儺行)〉은 크게 두 부분으로 나뉜다. 전반부(1구-14구)는 12지신(支神)과 진자(侲子)들이 역귀(疫鬼)를 쫓는 의식을 묘사(描寫)하는 내용이고, 후반부(15구-28구)는 구나의식(驅儺儀式)이 끝난 후 전문적 연희자들이 각종 잡희를 연행하는 내용이다. 후반부에서는 오방귀무(五方鬼舞), 사자탈춤, 불토해내기인 토화(吐火), 칼 삼키기인 탄도(呑刀), 서역의 호인희(胡人戲), 줄타기, 처용무, 각종 동물로 분장한 가면희 등을 묘사했는데, 이는 대부분 산악·백희·산대잡극·잡희 등으로 부르던 연희이다.

4. 조선시대의 연희와 가면극

조선조 『문종실록(文宗實錄)』 즉위년(1451년) 6월 10일 조에 중국의 사신을 영접할 때 채붕(綵棚)을 설치하는 것에 대한 논란이 보인다. 그런데 이때 나(儺)를 쓰는 것으로 되어 있다. '나'는 이제 섣달 그믐날의 구나의식만을 가리키는 것이 아니라, 나례에 동반되었던 잡희 즉 나희(儺戲)를 가리키며, 이것이 중국 사신의 영접에도 사용된 사실을 알려 준다. 이 기록에서 주목되는 것은 중국 사신의 영접시에 동원된 놀이꾼들의 부류(部類)와 그들의 연희를 구별해 언급하고 있다는 점이다.

(나라에 國喪이 있어서) 백성들이 부모를 잃은 것과 같아서 함부로 떠들고 희학할 수 없다고 한다면, 광대와 서인의 주질, 농령, 근두 등과 같은 규식이 있는 놀이는 예전대로 하고, 수척과 승광대 등의 웃고 희학하는 놀이는 늘여 세워서 수만 채우는 것이 가하다. 음악은 마땅히 예전대로 하고, 금지하는 것이 불가하다.

百姓如喪考妣 不可恣爲謔譃 則如廣大西人注叱弄鈴斤頭等 有規式之戲 則依舊爲之 如水尺僧廣大等 笑謔之戲 則列立備數而已可也 音樂則當依舊爲之不可禁也.

인용문에 의하면, 광대와 서인은 주질(注叱, 줄타기), 농령(弄鈴, 방울받기), 근두(斤頭, 땅재주) 등의 규식(規式)이 있는 놀이를 담당했다. 수척과 승광대는 웃고 희학(戲謔)하는 놀이를 담당했다. 악공은 음악을 담당했다.[25]

광대가 담당한 규식이 있는 놀이는 줄타기, 방울받기, 땅재주로서 전문적 연희자들이 연행하던 산악·백희의 종목이다.

수척(水尺)은 화척(禾尺), 재인(才人), 달단(韃靼), 백정(白丁), 재백정(才白丁), 신백정(新白丁) 등으로도 불렸다. 그러므로 수척은 바로 백정을 말한다. 백정은 조선시대 이전에는 양수척(楊水尺)이라고 불렸다. 양수척은 후삼국시대부터 고려시대에 걸쳐 떠돌아다니면서 천업에 종사하던 무리인데, 북방민족이나 귀화인의 후예로 보인다. 조선시대의 백정은 세종 5년(1423년) 그 이전의 재인과 화척을 합해 통칭한 것이다. 이들은 도살업(屠殺業), 육류판매업(肉類販賣業), 고리제조업(柳器製造業), 잡희(雜戲) 등으로 생계를 유지했다.

『세조실록(世祖實錄)』 권3, 2년 3월 정유(丁酉)조에서는 "백정을 화척, 혹은 재인, 혹은 달단이라고 부르는데, 그 종류가 하나가 아니다. …… 본래 우리 민족이 아니다.(白丁 或稱禾尺 或稱才人 或稱韃靼 其種類非一 …… 本非我類)"라고 밝히고 있다. 이미 『고려사』 권 제134 列傳 제47 신우(辛禑) 8년 4월조에 "화척은 곧 양수척이다(禾尺卽楊水尺)"라는 내용이 보인다. 또 『성종실록(成宗實錄)』 권 252, 22년 4월 무진(戊辰)조에서는 "우리나라의 재인과 백정은 그 선조가 호종이다(我國才人白丁 其先胡種也)"라고 하여, 한국의 재인과 백정이 북방 유목민의 후예임을 밝히고 있다.

『예종실록(睿宗實錄)』 1년 6월 29일조 양성지(梁誠之: 1415-1482)의 상소문은 이런 사실을 분명하게 밝히고 있다.

> 양수척(楊水尺)은 전조(前朝, 고려)의 초기에 있었는데 강화도로 옮겨갔을 때도 있었습니다. 재인(才人)과 백정(白丁)은 충렬왕 때도 있었고 공민왕 때에

---

25) 필자는 『한국가면극 그 역사와 원리』(열화당, 1998), 142~155쪽; 『한국의 전통연희』(학고재, 2004), 219~228쪽 및 319~338쪽; 『한국의 가면극』(열화당, 2007), 146쪽; 「재승 계통의 연희자」, 『민속학연구』 8(국립민속박물관, 2002.12) 등에서 누차 밝힌 바와 같이, 조선시대의 전문적 연희자는 신청(재인청)에 속해 있던 세습무계의 무부(巫夫), 북방민족의 후예인 수척과 반인, 재승 계통의 연희자가 주를 이루고 있다고 본다. 고려시대에는 이상의 세 집단 외에 서역 출신의 연희자도 있었는데, 조선시대에는 이들이 점차 사라져갔던 것으로 보인다. 그리고 이 가운데 세습무계의 무부들은 판소리를 성립시켰고, 반인들은 본산대놀이를 성립시킨 것으로 본다.

도 있었습니다. 그래서 멀리는 500-600년 전(고려 초기를 가리킴, 필자 주)에 있었고, 가까워도 수백년 아래(충렬왕 때와 공민왕 때, 필자 주)로는 떨어지지 않는데도, <u>악기를 연주하며 노래하는 풍습(絃歌之習)과 짐승을 도살하는 일(宰殺之事)을 지금껏 고치지 않고 있습니다.</u>

이 기록은 재인과 백정이 고려시대 양수척의 계통이며, 조선조 예종 때까지도 계속 놀이와 도살에 종사하고 있었음을 분명히 밝히고 있다.

또한 『中宗實錄』의 "정재인(呈才人)·백정(白丁) 등은 본시 일정한 재산이 없는 사람들로서 오로지 우희(優戲)를 직업으로 하여 여염을 횡행하며 양식을 구걸한다고 하나 …(呈才人白丁等 本是無恒産之人 專業優戲 橫行閭里 稱爲乞糧.)"라는 기록도, 조선 전기에 백정들이 연희에 종사했음을 전해 주고 있다.

서울에서 가면극인 산대놀이를 놀았던 반인(泮人)들은 성균관(成均館)에 소속된 노비(奴婢)들로서 조선 전기부터 소를 도살해 문묘제향(文廟祭享)에 응했고, 조선 후기에는 현방(懸房)이라 불리는 푸줏간을 운영하면서 서울의 쇠고기 유통을 독점했던 사람들이었다. 조선이 건국되어 성균관에 문묘제향을 위해 소를 도살하는 백정이 필요했을 때, 귀화한 북방민족의 후예에게 그 일을 맡겼을 것으로 추정된다. 반인(泮人)은 이들이 반궁(泮宮), 즉 성균관에 소속된 노비였기 때문에 생긴 명칭이다. 물론 숙종 때 4천 명이나 되던 반인들이 모두 북방민족의 후예는 아니었다. 반인들 중 일부가 북방민족의 후예였던 것으로 보인다.[26]

아키바 다카시(秋葉隆)는 본산대놀이의 연희자가 반인이라는 사실을 처음 제시했다.

산대희의 연희자는 궁중에서 천한 일을 하던 하층민으로 <u>반인(泮人, panin)</u>이라 칭했는데, 상인(常人)과의 교혼(交婚)은 금지되었다. 그들은 <u>산대도감 또는 나례도감에 예속되어</u> 궁중으로부터 쌀이나 콩 등을 지급받아 왔으나, 인조 12년 상주(上奏)에 의해 궁중에서 산대희가 폐지됨으로써, 그 이후에는 그들

---

26) 전경욱, 「본산대놀이와 北方文化」, 『민속학연구』 제8호(국립민속박물관, 2001.8).

자신이 연희의 흥행에 전력하게 되었고 커다란 무대를 만드는 것도 없어지게 되었다. 특히 <u>서쪽 교외의 아현리(阿峴里)에 사는 연희자들이 많았는데, 소위 아현(애오개)산대의 이름이 유명했다.</u>[27]

인용문과 같이, 아키바는 반인들이 산대도감 또는 나례도감에 예속되어 있었고, 이들이 서울의 애오개산대놀이 가면극을 전승했다고 밝혔다. 반인들이 산대도감 또는 나례도감에 예속되어 있었다는 말은, 이들이 중국 사신 영접행사에 동원되었다는 사실을 의미한다.

정조 9년(1785) 왕명으로 성균관에서 편찬한 『태학지(太學志)』에 반인과 전통연희의 관련을 보여 주는 기록이 발견된다.

(가) 숙종 29년 癸未年(1703년)에 유생이 영접도감에서 주관하는 잡희를 보는 것을 금하고, 범한 자는 삼년 동안 과거의 응시를 정지시키라 명했다. <u>매번</u>

---

27) 秋葉隆, 「山臺戲」, 『朝鮮民俗誌』(東京: 六三書院, 1954) 172쪽. 이 논문이 처음 『日本民俗學のために』(柳田國男古稀記念文集九輯)(民間傳承の會, 1948.9), 1~22쪽에 실렸을 때는 泮人(반인)이 아니고 泙人(평인)이라고 되어 있었다. 그러나 후일 아키바 다카시는 이 논문을 자기 저서인 『조선민속지』에 다시 수록하면서 '泮人(panin)'이라고 영문을 덧붙여 표기함으로써, 이전에 泙人이라고 썼던 것이 착오였거나 인쇄상의 오자였음을 분명히 밝혔다.
그리고 이두현, 「산대도감극 성립과정에 대하여」, 『국어국문학』 18(국어국문학회, 1957); 『한국의 가면극』(일지사, 1979), 118쪽에서 소개한 팽인(伻人)은 반인(泮人)의 착오로 보인다. 실제로 필자의 『한국의 가면극 그 역사와 원리』(열화당, 1998)가 출판된 이후, 이두현은 『한국연극사』(신수판)(학연사, 2000), 174쪽 등에서 본산대놀이의 연희자를 반예(泮隷) 즉 반인으로 수정했다.
또한 서연호도 『산대탈놀이』(열화당, 1987), 113쪽에서 秋葉隆의 「山臺戲」를 번역하면서 애오개산대놀이의 연희자를 伻人으로 했다가, 후에 『꼭두각시놀음의 역사와 원리』(연극과 인간, 2001), 123쪽과 『한국 가면극 연구』(월인, 2002), 69쪽 등에서 반인(泮人)으로 수정했다.
사진실은 『공연문화의 전통』(태학사, 2002), 212쪽에서 "필자는 경중우인의 존재를 처음으로 밝혔으나 그들이 궁중의 골계희(소학지희)를 담당한 사실에만 주목하였다. 따라서 본산대놀이 즉 산대도감극이 서울 시정의 상업문화를 바탕으로 발전한 사실을 주장하였으면서도 그 주체인 산대도감패와 경중우인을 직접 연결하지 못하였다. 경중우인에 속한 부류들 역시 여러 가지 예능을 겸비하였을 텐데 탈춤을 추었을 가능성을 배제한 것은 한계에 속한다. 마침 전경욱 선생이 경중우인으로서 泮人의 존재를 확인하고 그들이 본산대 놀이꾼이라고 하였으므로 경중우인이 산대도감패로 전환된 사실을 수용하게 되었다."고 하면서 반인을 본산대놀이의 연희자로 인정했다.

북사(北使)가 올 때를 당해 조정에서 나례도감을 설치해 창우들을 모아 산붕(山棚)을 배설해 맞이했다. 이에 이르러 대사성 김진규(金鎭圭)가 아뢰기를, "신이 지난 번에 거리에서 도성사람들이 물결처럼 달려가는 것을 보았는데 사자(士子)가 또한 많이 가서 보니 선비가 자중치 못함이 이와 같습니다. 마땅히 금제(禁制)가 있어야 합니다."라고 하므로 임금의 이 명령이 있었다.

(『太學志』 卷 第7 敎化 條)

(나) 영조 12년 병진년(丙辰年, 1736년)에 임금이 유사에게 성균관 입직관(入直官)의 죄를 다스리고, 태학의 두 장의(掌議)를 모두 과거의 응시자격을 정지시키라고 명했다. 이때 반인들이 산붕(山棚)을 설치해 반촌 내에서 연희를 베푸니 임금이 듣고 이 명령이 있었다.　　　　(『太學志』 卷 第7 敎化 條)

(가)에 의하면, 중국사신이 올 때 조정에서는 나례도감을 설치하고 창우들을 모아 산붕(山棚)을 배설해 맞이했다. 그런데 (나)에 의하면, 반인들이 반촌 내에서 산붕을 설치하고 연희를 연행한 것으로 나타난다. 산붕은 작은 산대로서 예산대라고도 불렀다. 작은 산대인 산붕를 설치하고 그 앞에서 여러 가지 연희를 펼치는 것이다. 그러므로 중국사신 영접시에 나례도감에서 창우들을 모을 때, 당연히 산붕을 설치하고 놀던 반인들도 동원했을 것이다.[28]

『영조실록』 12년(1736년) 2월 22일 조는 (나)와 동일한 사건을 기록하고 있는데, 거재 유생과 성균관 관원을 벌주자는 좌의정 김재로의 청을 왕이 허락했다. 그런데 이보다 이틀 전인 『승정원일기』 45권 영조 12년 2월 20일 조에서는 동일한 사건에 대해 다음과 같이 밝히고 있다.

지난달 20일경 반인의 무리가 마침 북방사신들을 위해 베풀었던 산붕놀이를 멈추는 때를 만나(필자 주: 실제로 영조실록 1월 24일조를 보면, 청나라 사신이 왔기 때문에 임금이 모화관(慕華館)에 나아가 맞이하는 내용이 있다), 각자 돈

---

28) 이상 반인과 관련된 자세한 논의는 전경욱, 「반인의 다양한 활동과 본산대놀이의 전승」, 『문묘 제례악과 양주별산대놀이』(성균관대박물관 개관 40주년 기념 특별전 도록)(성균관대 박물관, 2004. 10), 209~227쪽 참조.

> 을 모아 산붕희(山棚戱)의 도구를 빌려 이틀간 성묘(문묘)의 뒤에 산붕을 설치
> 하고 기이한 재주를 두루 보여 주었고, 음란한 악을 크게 베풀었는데 성균관의
> 유생들도 뛰어가서 구경하지 않는 자가 없었습니다.[29]
>
> (『承政院日記』 45卷 英祖 12년 2월 20일 조)

인용문에 의하면, 반인들이 중국 사신의 영접시에 설치하는 산붕을 빌려 연희를 베푼 것으로 나타난다.[30] 만약 다른 놀이패를 불러왔다면 그것을 언급했을 것인데, 그런 내용이 없는 점으로 보아 반인들의 일부가 직접 공연했던 것으로 생각된다.

마침 아극돈(阿克敦: 1685-1756)의 『봉사도(奉使圖)』(1725)는 중국 사신 영접행사의 연희 장면을 잘 전해 준다. 이중 제7폭은 서울의 모화관(慕華館) 마당에서 사신을 위해 공연한 대접돌리기, 땅재주(3명), 탈춤(4명), 줄타기를 묘사하고 있다. 마당의 오른쪽에는 산거(山車) · 산붕(山棚) 등으로 불렸던 소규모의 산대가 보인다. 바로 이런 산대 앞에서 공연하던 연희들을 '산대희'라고 불렀는데, 연희 종목은 모두 산악 · 백희에 해당하는 내용이다. 특히 가면을 쓴 네 사람이 춤을 추고 있는데, 서울 근교의 가면극을 산대놀이라고 부른 이유를 알려주는 매우 중요한 장면이다.(도판 17-18)

---

29) 去月念間, 泮人輩, 適會胡使停棚之時, 各自聚錢, 賃得棚戲之具, 兩日設棚於聖廟之後, 雜陳異技, 大張淫樂, 齋儒輩, 亦莫不奔走聚觀.

30) 이상의 인용문에서 알 수 있듯이, 반인들은 분명히 중국사신 영접행사에 사용되었던 산붕희의 도구를 빌려와서 공연을 베풀었다. 당시는 유생들이 산대희를 구경하면 과거시험 응시자격을 박탈했기 때문에, 문제가 발생했던 것이다. 그런데 인용문에서 분명히 중국 사신 영접행사 후에 산붕희의 도구를 빌려와 공연했다고 했음에도 불구하고, 손태도는 이 행사를 과거급제자 축하행사라고 말한다. 이 행사가 정말 과거급제자 축하 행사인가. 유생들이 과거급제자 축하 행사에 참여하는 것은 당연한 일이다. 유생들이 과거급제자 축하 행사에 참석했다고 벌을 준다는 것은 상상할 수도 없는 일이다. 그런데도 도저히 논리적으로 생각할 수 없는 내용을 정확한 고증 없이 자기 멋대로 추측하여 함부로 글을 쓰고 있는 것이다. 손태도, 「본산대 탈놀이패에 대한 시각」, 『고전희곡연구』 제4집(한국고전희곡학회, 2002.2), 140~142쪽.
그리고 '2009년 한국민속학회 하계학술대회'에서 필자가 이 논문을 발표한 후의 토론 과정에서 손태도는 〈게우사〉에 나오는 '총융청의 공인' 문제와 송석하 선생이 언급한 '편놈' 문제 등에 대해 언급했는데, 이는 이미 필자의 『한국의 전통연희』(학고재, 2004), 426~433쪽에서 자세히 논의한 내용이다.

도판 17. 『봉사도(奉使圖)』 제7폭(幅) 모화관(慕華館)에서 행해진 중국사신 영접행사의 연희장면(1725년).
줄타기·물구나무서기·접시 돌리기 · 탈춤 등이 묘사되어 있다.

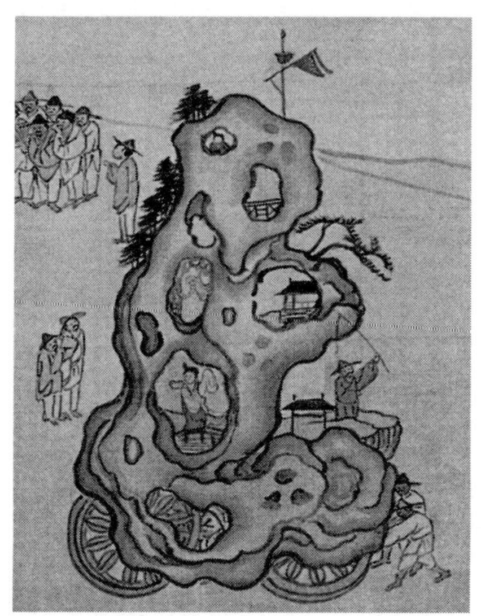

도판 18. 『봉사도(奉使圖)』 제7폭 모화관에서 행해진 중국사신 영접행사의 연희장면 중 부분도.
이것은 끌고 다닐 수 있는 소형의 산대(山臺)로서 예산대(曳山臺) 또는 산붕(山棚)이라고 불렀다.
원래 조선 전기의 대형 산대는 이보다 규모가 훨씬 컸다. 한국에서는 이런 산대 앞에서
산악 · 백희를 공연했기 때문에, 산악 · 백희를 산대희(山臺戲)라고 불렀다.

유득공(柳得恭: 1749-1807)의 『경도잡지(京都雜志)』 권1 성기(聲伎) 조에서는 나례도감에 속한 연희들을 소개하고 있다. 나례도감에 속했다는 것은 나례나 중국 사신 영접행사에서 공연되었다는 것을 의미한다. 이 기록에서는 인형극 또는 산대잡상놀이와 가면극을 소개하고 있는데, 특히 가면극의 성립에 관한 매우 중요한 정보를 제공하고 있다.

> 연극에는 산희(山戱)와 야희(野戱)의 두 부류가 있는데, 나례도감에 소속된다. 산희는 다락을 매고 포장을 치고 하는데, 사자·호랑이·만석중 등의 춤을 춘다. 야희는 당녀(唐女)와 소매(小梅)로 분장하고 논다.

야희의 소매와 당녀는 현재 양주별산대놀이와 송파산대놀이 등에 나오는 점으로 보아, 이미 유득공의 『경도잡지』가 저술된 18세기 중엽에 본산대놀이가 성립되어 있었거나, 성립되어 가고 있는 과정이었다는 점을 확인할 수 있다. 이는 바로 산악·백희로부터 가면극으로의 발전을 의미한다. 본산대놀이 가면극은 나례도감에 속했던 연희자들, 즉 나례나 중국 사신 영접행사 등에 동원되어 산악·백희 계통의 연희를 담당했던 연희자들 가운데 한 부류인 반인(泮人)들이 만들어낸 것이기 때문이다.

강이천(姜彝天, 1769-1801)의 한시 〈남성관희자(南城觀戱子)〉는 그가 열 살 때인 1778년 남대문 밖에서 인형극과 가면극을 보고, 11년 후인 1789년에 지은 것이다.

(가) 평평한 언덕에 새로 자리를 펼쳐 　　　　　　平陂更展席
　　　상좌 아이 깨끼춤 추는데 　　　　　　　　僧雛舞縞素
　　　선녀 하늘로부터 내려왔나. 　　　　　　　仙娥自天降
　　　당의(唐衣)에 수놓인 바지(繡袴)를 입었으니 　唐衣復繡袴
　　　한수(漢水)의 선녀 구슬을 가지고 노는 듯 　漢女弄珠游
　　　낙수(洛水)의 여신 푸른 물결에 걸어나오듯. 　洛妃清波步

(나) 노장스님 어디서 오셨는지?　　　　　　老釋自何來
　　　석장을 짚고 장삼을 걸치고　　　　　拄杖衣袂裕
　　　구부정 몸을 가누지 못하고　　　　　龍鍾不能立
　　　수염도 눈썹도 도통 하얀데　　　　　鬚眉皓如鷺
　　　사미승 뒤를 따라오며　　　　　　　沙彌隨其後
　　　연방 합장하고 배례하고　　　　　　合掌拜跪屢
　　　이 노장 힘이 쇠약해　　　　　　　力微任從風
　　　넘어지기 몇 번이던고?　　　　　　顚躓凡幾度
　　　한 젊은 계집이 등장하니　　　　　　又出一少妹
　　　이 만남에 깜짝 반기며　　　　　　驚喜此相遇
　　　흥을 스스로 억제치 못해　　　　　　老興不自禁
　　　파계하고 청혼을 하더라.　　　　　破戒要婚娶
　　　광풍이 문득 크게 일어나　　　　　狂風忽大作
　　　당황하여 어쩔 줄 모르는 즈음　　　張皇而失措
　　　또 웬 중이 대취해서　　　　　　　有僧又大醉
　　　고래고래 외치고 주정을 부린다.　　呼號亦恣酗

(다) 추레한 늙은 유생　　　　　　　　療倒老儒生
　　　이 판에 끼여들다니 잘못이지.　　　闖入無乃誤
　　　입술은 언청이, 눈썹이 기다란데　　缺脣犭尨其眉
　　　고개를 길게 뽑아 새 먹이를 쪼듯　　延頸如鳥嗉
　　　부채를 부치며 거드름을 피우는데　　揮扇擧止高
　　　아우성치고 꾸짖는 건 무슨 연고인고?　叫罵是何故
　　　헌걸차다 웬 사나이　　　　　　　趠趠一武夫
　　　장사로 뽑힘직하구나.　　　　　　可應壯士募
　　　짧은 창옷에 호신수　　　　　　　短衣好身手
　　　재주가 씩씩하고 뛰어나니 누가 감히 거역하랴!　豪邁誰敢忤
　　　유생이고 노장이고 꾸짖어 물리치는데　　叱退儒與釋
　　　마치 어린애 다루듯　　　　　　　視之如嬰孺
　　　젊고 어여쁜 계집을　　　　　　　獨自嬰靑娥

홀로 차지하여 손목 잡고 끌어안고	抱持偏愛護
칼춤은 어이 그리 기이한고!	舞劍一何奇
몸도 가뿐히 도망치는 토끼처럼.	身輕似脫兎
(라) 거사와 사당이 나오는데	居士與社堂
몹시 늙고 병든 몸	老甚病癃痼
거사는 떨어진 패랭이 쓰고	破落戴敝陽
사당은 남루한 치마 걸치고.	纏縷裙短布
선승(禪僧)이 웬 물건인고!	禪律是何物
소리와 여색을 본디 좋아하여	聲色素所慕
등장하자 젊은 계집 희롱하더니	登場弄嬌姿
소매 벌리고 춤을 춘다.	張袖趁樂句
(마) 할미 성깔도 대단하구나	婆老尙盛氣
머리 부서져라 질투하여	碎首恣猜妬
티격태격 싸움질 잠깐새	鬪鬩未移時
숨이 막혀 영영 죽고 말았네.	氣窒永不竂
무당이 방울을 흔들며	神巫擺叢鈴
우는 듯 하소하듯	如泣復如訴
너울너울 철괴선(鐵拐仙) 춤추며	翩然鐵拐仙
두 다리 비스듬히 서더니	偃蹇植雙胯
눈썹을 찡긋 두 손을 모으고	竦眉仍攢手
동쪽으로 달리다가 서쪽으로 내닫네.	東馳又西騖[31]

　　인용문은 〈남성관희자〉의 가면극 부분이다. (가)는 상좌춤(上佐舞)과 팔선녀춤(八仙女舞)이다. 현재 상좌춤과장은 별산대(別山臺)놀이와 해서(海西)탈춤에서 전승되고 있다.(도판 19)

---

31) 번역문은 임형택, 『이조시대 서사시』 하(창작과 비평사, 1992), 302~306쪽에서 인용했음.

도판 19. 봉산탈춤의 상좌(上佐)춤과장

　(나)는 노장춤이다. 노장이 젊은 계집(少妹)에게 반해 파계(破戒)하면서 청혼(請婚)한다. 이때 "또 웬 중이 대취해서 고래고래 외치고 주정을 부린다(有僧又大醉 呼號亦恣酗)"는 내용에서 알 수 있듯이, 술 취한 중(醉僧)이 등장해서 주정을 부린다. 지금도 별산대놀이와 해서탈춤의 노장과장에서 노장이 소무를 차지한 후 취발이가 나와서 노장으로부터 소무를 뺏기 위해 노승과 싸우는데, 이 시에서도 노장이 소매를 차지한 후 술 취한 중(취발이)이 등장하고 있다.(도판 20) 그리고 취발이의 가면만 봐도 별산대놀이와 해서탈춤이 동일 계통임을 확인할 수 있다. 취발이가면은 술 취한 모습을 표현하기 위해 붉은 바탕이고, 한 줄기의 머리카락을 머리 위부터 아래로 길게 늘어뜨리고 있는 것이 특징이다.(도판 21-23)

도판 20. 봉산탈춤의 노승(老僧)춤과장에서 취발이(醉僧)이 버드나무가지로
노승을 때려서 쫓아내는 장면. 취발이의 무릎에는 방울이 달려 있다.

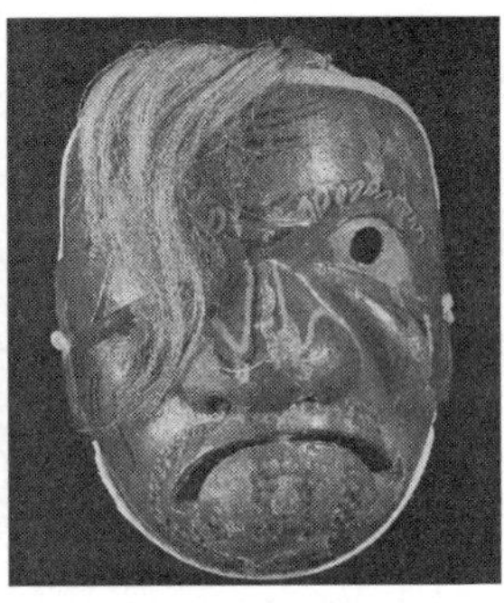

도판 21. 1920년대
양주별산대놀이의 취발이 가면.

도판 22. 1920년대
퇴계원(退溪院)산대놀이의
취발이 가면.

도판 23. 1996년 봉산탈춤의
취발이 가면.

(다)는 샌님과 포도부장(捕盜部將)춤이다. 샌님(늙은 儒生)이 젊은 계집(小妹)을 차지하고 있는데, 칼을 찬 젊은 포도부장이 등장해 소매를 뺏고 칼춤을 추는 내용이다. 이는 현재 양주별산대(楊州別山臺)놀이, 송파산대(松坡山臺)놀이, 봉산(鳳山)탈춤 등의 샌님 포도부장과장과 동일한 내용이다. 특히 이 시

에서 샌님가면을 긴 눈썹에 언청이 모습으로 묘사하고 있는데, 이는 현전 별산
대놀이·해서탈춤의 샌님가면과 완전히 일치한다.(도판 24-25)

도판 24. 양주별산대놀이의 샌님, 포도부장, 소무.

도판 25. 1920년대 양주별산대놀이의 샌님가면.

(라)는 거사(居士)와 사당(社堂)춤이다. 현재도 봉산탈춤에 거사와 사당춤이 있다.(도판 26)

도판 26. 봉산탈춤의 사당(社堂)춤과장

(마)는 영감과 할미춤이다. 할미가 첩을 질투해서 싸우다가 죽자, 무당(巫堂)이 등장해 방울을 흔들며 굿을 거행하는 내용이다. 이는 지금도 별산대놀이와 해서탈춤에서 그대로 전승되고 있는 내용이다.(도판 27) 야류와 오광대에서는 할미 또는 영감의 죽음 후에 무당이 굿을 하거나, 상여를 내가며 상여소리를 부른다.

도판 27. 봉산탈춤에서 할미의 죽음 후에 무당이 거행하는 굿.

이상 〈남성관희자〉의 가면극 부분은 바로 본산대놀이를 묘사한 것인데, 현전 별산대놀이나 해서탈춤과 거의 일치하는 내용이다. 그래서 이미 18세기 중후반에 서울에서 본산대놀이가 공연되고 있었음을 구체적으로 확인할 수 있다.

이외에 본산대놀이 계통 가면극인 해서탈춤(황해도), 별산대놀이(서울·경기), 야류와 오광대(경남) 등은 각 과장의 구성과 연희 내용, 등장인물, 대사의 형식, 극적 형식, 가면의 유형 등을 살펴볼 때 동일 계통임이 드러난다.[32]

이중 일부만 예를 들어 살펴보자. 우선 본산대놀이 계통 가면극들은 벽사(辟邪)의 의식무인 상좌춤이나 오방신장무과장, 양반과장, 노장과장, 영감·할미과장을 공통적으로 갖고 있다. 그리고 상좌, 양반, 샌님, 말뚝이, 쇠뚝이, 포도부장, 노장, 소무, 신장수, 취발이, 영감, 할미 등의 등장인물 명칭도 일치한다. 첫째양반인 샌님가면은 본산대놀이를 보고 지은 강이천의 한시 〈남성관희자〉에서 이미 언청이로 묘사된 바 있는데, 해서탈춤과 별산대놀이에서도 모두 흰색 바탕의 얼굴에 쌍언청이의 모습을 하고 있다. 둘째양반도 언청이 가면인데, 언청이가 한 줄로 표현되어 있다. 종가집 도령가면은 얼굴과 코가 비뚤어진 모습이다. 야류와 오광대에서는 양반가면이 모양반탈, 홍백탈, 흑탈, 곰보탈 등으로 더욱 추하게 표현되어 있다. 앞서 지적한 바와 같이, 취발이가면은 붉은 바탕에 한 줄기의 머리카락을 늘어뜨린 모습이 동일하다.

또한 양반들은 놀이판에 나온 후 말뚝이를 불러 양반을 모시지 않고 어디로 그리 다니느냐고 꾸짖는다. 그러면 말뚝이는 여러 지명을 열거하며 양반을 찾기 위해 여러 곳을 두루 다녔으나, 찾을 길이 없어서 한양의 양반 본가를 찾아갔다가 양반의 대부인과 성행위를 했다는 말을 한다. 이는 '말뚝이 노정기(路程記)'라고 부를 수 있는 대사로, 본산대놀이 계통 가면극에는 모두 나온다. 이어 말뚝이는 양반들에게 시중을 들고 복종하는 체하면서, 실제로는 양반을 조롱하고 풍자하는 연극적 형식도 공통적이다.

산대놀이와 해서탈춤의 영향관계는 김일출의 황해도 현지조사를 통해 드러

---

32) 전경욱, 『한국의 가면극』(열화당, 2007), 127~131쪽.

났다. 해주는 황해도의 정치·경제·문화의 중심지로서 해주 감영의 교방에 모여든 가무인들이 있었고, 통인청을 중심으로 하급 관속과 한량들이 해주탈춤을 전승했다고 한다. 더욱이 그는 "특히 해주탈놀이는 그 관계자들이 자인하고 있는 바와 같이 경기의 산대놀이와 부단한 교류를 형성하고 있어 여러 가지의 면들에 산대놀이의 일정한 영향이 인정되고 있다."고 밝혔다.[33]

그러나 해서탈춤이 산대놀이의 영향을 받았지만, 황해도 각지에서 독자적인 변모를 거쳤던 것으로 나타난다. 해서탈춤은 가면·의상·춤사위·대사의 유형으로 보아 크게 두 유형으로 나눌 수 있다. 기린·서흥·봉산·재령·신천·안악 등지의 가면극을 대표하는 봉산탈춤형과, 옹진·강령·해주 등지의 가면극을 대표하는 해주탈춤형이 그것이다. 봉산탈춤형의 가면은 기본 재료인 종이를 잘 활용하여 형태나 색채 면에서 조형감각이 뛰어나며, 팔먹중가면과 취발이가면은 비사실적인 귀면형(鬼面型)으로 요철(凹凸) 굴곡이 심하다. 그러나 해주탈춤형은 사실적인 인물가면으로 요철이나 혹이 없고 눈망울만 크다. 봉산탈춤형의 기본 의상은 좌청(左靑)·우홍(右紅)의 원동에 초록색 소매를 단 등거리를 나삼 위에 입은 후 붉고 푸른 띠를 매는 것이다. 그러나 해주탈춤형은 주로 회색의 칡베 장삼을 입는데, 소매는 팔을 내리면 땅에 닿을 정도로 길다. 봉산탈춤형의 춤사위는 장삼 소매를 휘어잡고 뿌리거나 한삼을 경쾌하게 휘뿌리면서 두 팔을 빠른 사위로 굽혔다 폈다 하는 깨끼춤이 기본이다. 그러나 해주탈춤형의 춤사위는 느린 사위로 긴 소매를 고개 너머로 휘두르는 동작이다.[34]

이는 바로 본산대놀이가 전파되는 과정에서 기존에 황해도의 각 지방에 존재했던 가면희와 연희들의 영향으로 인하여 변모된 것이라고 해석할 수 있다. II장에서 지적한 바와 같이, 본산대놀이가 전파되기 전부터 이미 전국적으로 많은 지방에 마을굿을 중심으로 전승되던 가면극들이 있었을 것이기 때문이다. 또 통영의 경우처럼 관아의 나례(儺禮)에서 연행되던 가면희도 있었을 것이기 때문이다.

---

33) 김일출, 『조선민속탈놀이연구』(평양: 과학원출판사, 1957), 138쪽.
34) 김일출, 『조선민속탈놀이연구』(평양 : 과학원출판사, 1958), 138~139쪽.

경상남도 통영에서도 통제사의 영문이 설치된 후부터 매해 섣달 그믐달 통제사 동헌에 들어가서 밤 늦게까지 매귀를 치고, 탈놀이를 하였다고 한다. 각도(各島)에서 소집되어 수군(水軍)에 배치된 악공들 삼십여 명을 동원하여 섣달 이십팔일 경부터 집사, 이방 등의 감독 하에 연습하였다. 그믐날 매귀행렬에는 나무탈을 쓴 양반, 큰에미, 작은에미, 까마귀탈(검 붉고 코가 돼지 주둥이 같고 새 같은 얼굴), 주지(獅子, 옛날에는 세 명이 들어가는 크기였으나 근래에는 한 명의 크기), 비비탈(영노), 중광대(중매구)탈 등이 따라다녔다. 까마귀탈과 비비탈들은 독무(獨舞)였다. 특히 중광대탈은 매귀행렬 앞에 서며, 매귀를 친 다음에 중타령, 염불, 천수경을 외우고, 방안에 들어가서 혼자 귀신을 쫓았다고 한다.[35]

이처럼 통영 지방에는 현재의 통영오광대가 전파되기 전부터 이미 통제영의 나례에서 연행되던 가면희가 있었다. 통영의 통제영에서 섣달 그믐날 행해지던 나희(儺戲)로서의 가면희는 현존하는 통영오광대와는 별개의 것으로 나례에서의 매구치기가 중심이었다.[36] 전국적으로 관아가 있던 곳에서는 이와 유사한 사례들이 많이 있었을 것이다.

이상에서 살펴본 바와 같이, 본산대놀이 계통 가면극들은 주로 공통적인 연희 내용을 갖고 있지만, 지역적인 변모과정을 거쳤던 것으로 나타난다. 그래서 지역에 따라 일부 특징적인 과장도 갖고 있다. 별산대놀이의 연잎과 눈끔적이과장, 해서탈춤의 사자춤과장, 야류와 오광대의 사자춤과장 · 영노(비비)과장 · 문둥이춤과장 등이 그것이다. 김일출의 조사에 의하면, 봉산탈춤의 사자춤과장은 1913-1915년경부터 비로소 놀기 시작한 것이라고 한다.[37] 그러므로 야류와 오광대에만 있는 과장들도 그 지역에서 추가한 지역적 변이일 것이다.

한편 현존하는 본산대놀이 계통 가면극에는 나례의 오방귀 · 오방처용무와

---

35) 이두현, 『한국가면극』(한국가면극연구회, 1969), 328쪽. 1961년 11월 고영기, 이갑조의 제보.
36) 이두현, 『한국의 가면극』, 247쪽.
　　 서연호, 『야류 · 오광대탈놀이』(열화당, 1989), 38~39쪽.
　　 충무시지편찬위원회, 『충무시지』(동위원회, 1987), 1266쪽.
37) 김일출, 앞의 책, 177쪽.

가면극의 오방신장무, 나례의 사자춤과 가면극의 사자춤, 나례의 소매와 가면극의 소무·소매각시, 나례의 처용·역신과 가면극의 취발이·노장, 나례의 대면·귀신과 가면극의 말뚝이·양반, 나례의 구나형식과 팔먹중춤의 극적 형식, 나례의 구나 가면과 가면극의 연잎·눈끔적이 가면 등 나례의 영향이 많이 남아 있다.[38] 이는 본산대놀이를 성립시킨 연희자들이 나례에 동원되던 반인들이었기 때문이다.

5. 본산대놀이에 끼친 산악·백희의 영향

본산대놀이와 산악·백희와의 관련성에서 주목되는 점은 본산대놀이 계통 가면극의 많은 대목들이 독립적인 우희(優戲)의 모습을 하고 있다는 사실이다. 본산대놀이의 형성에는 여러 요인들이 작용했을 터이지만, 대사의 구성이나 양반과장 중 양반의 모습 등은 우희·유희의 영향을 직접적으로 보여 준다. 우희는 산악·백희의 한 종목이었으므로, 산악·백희 계통의 연희가 구체적으로 어떻게 본산대놀이의 형성에 영향을 끼쳤는지를 확인할 수 있다.

우선 우희 중 양반계층에 대한 풍자를 주목해 보자. 〈도목정사놀이〉는 이조판서와 병조판서가 서로 정실(情實)로써 조카와 사위의 임명을 청탁하는 내용으로서, 양반계층의 부정을 폭로하고 있다. 〈탐관오리놀이〉는 실제로 있었던 일을 소재로 하여 부패한 관리를 비판하는 내용이다. 또 우희에서는 관리들의 탐오하고 청렴한 모양과 민간의 더럽고 자질구레한 일에 이르기까지 여러 사건들을 들추어내기도 했다.

문희연(聞喜宴)에서 반드시 연행되던 유희(儒戲)도 우희의 일종이다. 유희는 선비를 풍자하고 유가(儒家)를 희롱하는 내용인데, 이를 위해 유학의 경전도 자주 인용되었다. 『성호사설(星湖僿說)』 유선(類選) 권5 하(下)의 기예문(技藝門) 이유위희(以儒爲戲) 조에 유희에 대한 언급이 보인다.

---

38) 이상 가면극과 나례의 관련양상에 대한 구체적 논의는 전경욱, 「제6장 가면극과 나례」, 『한국의 가면극』(열화당, 2007), 157~188쪽 참조.

유자(儒者)를 조롱거리로 삼다 : 지금 등과한 자들은 반드시 창우를 써서 낙으로 삼는다. 창우들의 연희에는 반드시 유희(儒戲)라는 것이 들어 있다. 다 떨어진 옷과 찢어진 갓을 쓰고 꾸며낸 이야기와 억지 웃음으로 온갖 추태를 연출하여 축하연의 즐거움으로 삼는다. 대저 요새 벼슬하는 사람들이 모두 다 유(儒)로써 이름을 삼으면서도, 천한 사람들로부터 이렇게까지 모욕을 당하니, 저 배우들은 책망할 것도 없으려니와, 요즘 사대부들이 태연히 수치를 알지 못하는 것이 괴이할 뿐이다.

인용문에 의하면, 과거 급제자의 집에서 벌이는 축하잔치인 문희연에서 창우가 유자(儒者)를 조롱거리로 삼아 연행하는 '유희'가 있었다는 것이다. 유자들이 천한 놀이꾼으로부터 모욕을 당하면서도 태연히 수치를 알지 못하는 것이 괴이할 뿐이라는 말을 통해, "다 떨어진 옷과 찢어진 갓을 쓰고 꾸며낸 이야기와 억지 웃음으로 온갖 추태를 연출"하는 내용이 바로 유희임을 알 수 있다.

우희와 유희에 이미 양반층(유학자)을 풍자하는 내용이 많이 있었으므로, 가면극에서 양반과장의 성립은 매우 자연스런 현상이었다. 전국의 모든 가면극에 양반과장이 반드시 포함되어 있을 뿐만 아니라, 본산대놀이 계통 가면극에서 양반과장이 그 분량과 내용 면에서 가장 큰 비중을 차지하고 있는 것은 우연한 일이 아니다.

봉산탈춤의 양반과장에서는 양반이 말뚝이에게 나랏돈을 떼어먹은 취발이를 잡아오라고 명령한다. 취발이를 잡아온 말뚝이는 양반에게 "샌님 말씀 들으시오. 시대가 금전이면 그만인데, 하필 이놈을 잡아다 죽이면 뭣 하오. 돈이나 몇 백 냥 내라고 하여 우리끼리 노나 쓰도록 합시다"하고 말한다. 그러면 양반은 그 제안을 받아들인다. 이 양반은 바로 우희의 부패한 관리와 일치하고 있는 것이다.

봉산탈춤의 다음 대목은 양반과장이 유희와 밀접한 관련이 있음을 분명하게 보여 준다.

　　말뚝이 : 양반 나오신다아, 양반이라거니 노론, 소론, 이조, 호조, 옥당을 다
　　　　　　지내고, 삼정승 육판서 다 지낸 퇴로재상으로 계신 양반인 줄 아지
　　　　　　마시요. 개잘양이라는 양자에 개다리 소반이라는 반자 쓰는 양반
　　　　　　이 나오신단 말이요.
　　양　반 : 이놈 뭐야아!
　　말뚝이 : 아아 이 양반 어찌 듣는지 모르겠소. 노론, 소론, 이조, 호조, 옥당을
　　　　　　다 지내고, 삼정승 육판서 다 지내고 퇴로재상으로 계시는 이생원
　　　　　　네 삼 형제분이 나오신다고 그리 했소.
　　양　반 : (합창) 이생원이라네에. (춤)　　　　　　　　　　(봉산탈춤 양반과장)

　　인용문은 양반을 조롱하는 내용이다. 처음에는 점잖게 양반을 소개하다가,
갑자기 개잘양(방석처럼 쓰려고 털이 붙은 채로 손질해 만든 개가죽)이라는 ‘양
자와 과 개다리소반의 ‘반’자를 양반과 연결시킴으로써 양반을 개 차원으로 격하
시켜 조롱하고 있다. 더구나 쌍언청이 가면, 언청이 가면, 얼굴이 비뚤어진 가면
을 쓴 양반 삼형제는 말뚝이의 변명을 듣고 합창으로 “이생원이라네에”하고 외
치면서 춤을 추는 바보스런 모습을 보인다. 유희에서 유자(儒者)를 조롱하듯
양반을 조롱하고 있는 것이다.
　　강령탈춤 양반과장에서도 유희를 찾아볼 수 있다.

　　진한 : 들어 봐라. “지주불폐(知主不吠)허니 군신유의(君臣有義)요, 모색상
　　　　　사(毛色相似)허니 부자유친(父子有親)이요, 일폐중폐(一吠衆吠)허
　　　　　니 붕우유신(朋友有信)이요, 잉후원부(孕後遠夫)허니 부부유별(夫
　　　　　婦有別)이요, 소부적대(小不敵大)허니 장유유서(長幼有序)라.”

　　　　　　　　　　　　　　　　　　　　　　　　　　　(강령탈춤 양반과장)

　　이와 같이, 진한양반은 “개는 주인을 알아보고 짖지를 않으니, 군신유의요.
개는 어미와 새끼의 털색깔이 같으니, 부자유친이요. 개는 한 마리가 짖으면
여럿이 함께 짖으니, 붕우유신이요. 개는 새끼를 가진 후에는 수컷을 멀리하니,

부부유별이요. 개는 덩치가 작은 놈은 큰 놈에게 대들지 않으니, 장유유서라."
하며, 양반층에서 중시하던 유교적 도덕 덕목인 오륜(五倫)을 개와 관련시켜
설명함으로써 오륜을 웃음거리로 만들고 있다.

　주목되는 점은 강령탈춤의 진한양반이 개가죽관을 쓰고 있고, 대부분의 가면
극에서 양반들의 가면이 추한 모습이며, 의복이 비정상적인 경우가 많다는 점도
바로 유희와 통하고 있다는 것이다. 첫째양반인 샌님 가면은 서울·경기의 별산
대놀이와 해서탈춤에서 모두 흰색 바탕의 얼굴에 쌍언청이의 모습을 갖고 있어
서 다른 가면들과 쉽게 구별된다. 둘째양반도 대개 언청이가면인데, 언청이가
한 줄로 표현되어 있다. 셋째양반인 도련님은 얼굴과 입이 비뚤어진 모습이다.
(도판 28-30)

도판 28. 1996년 양주별산대놀이의 샌님가면.

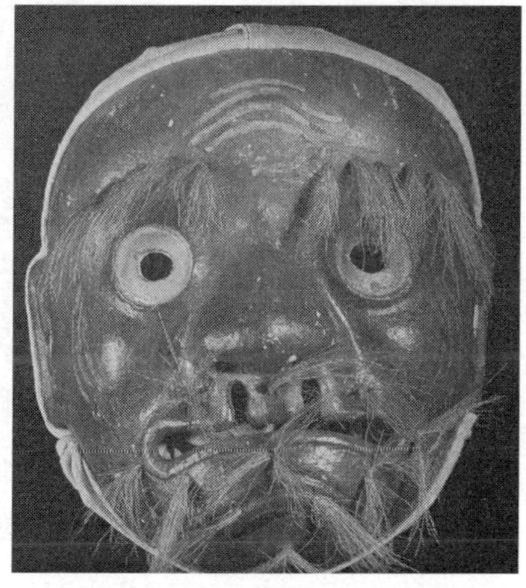

도판 29. 1920년대 퇴계원(退溪院)
산대놀이의 샌님 가면.

도판 30. 1996년 봉산탈춤의 양반 가면들.

통영오광대에서는 양반 가면들을 얼굴의 반쪽은 빨간색이고 나머지 반쪽은 흰색인 홍백가 가면, 코와 얼굴이 삐뚤어진 삐뚜르미 가면, 얼굴 전체가 검은색인 흑 가면, 얼굴 전면에 천연두 흔적의 곰보 가면인 손님 가면 등 매우 비정상적으로 표현하고 있다. 문둥이 과장에 나오는 문둥이도 양반으로 설정해 놓았다. 이는 서민층이 지배층인 양반의 위선과 비리를 폭로·비판하면서, 그들에 대한 증오와 경멸을 표현한 것이다. 특히 홍백 가면은 양반의 어머니가 부정한 짓을 하여 낳은 자로서 아버지가 둘이라고 한다. 즉 얼굴의 붉은쪽은 남양 홍씨가 아버지이고, 얼굴의 흰쪽은 수원 백씨가 아버지이기 때문에, 이 가면을 홍백(紅白)가라고 부른다.(도판 31)

도판 31. 통영오광대의 양반 가면들.

이상과 같이, 양반의 가면들은 유희에서 유자(儒者)를 조롱하기 위해 비정상적인 모습으로 치장한 것과 통하고 있음을 알 수 있다. 그리고 유가의 오륜과 경서, 그리고 문자 등 양반층의 문화조차도 조롱의 대상이 되고 있다. 그러므로 우희·유희와 가면극의 양반과장은 그 형식과 내용이 너무나 유사한 것이다.[39]

양반과장 이외에도 노장과장 중 먹중·취발이의 대사나, 영감할미과장 중 영감과 할미의 대사에서는 골계적인 내용의 재담들도 우희의 전통과 일정한 관련이 있다. 이는 나례도감에 동원되던 반인들이 이미 우희를 하고 있었고, 18세기 전반 본산대놀이가 성립될 때 빈인들이 그 연희 내용에 우희를 적극 활용한 결과인 것이다.

---

39) 이상 가면극과 우희의 관련양상에 대한 구체적 논의는 전경욱, 「제7장 가면극과 우희」, 『한국의 가면극』(열화당, 2007), 189~213쪽 참조.

Ⅳ. 결론

이상에서 살펴본 바와 같이, 한국의 가면극 가운데 마을굿놀이 계통 가면극은 자생적 가면극이다. 우리의 자생적 연희의 흔적은 이미 상고시대의 암각화와 국중대회를 통해 확인할 수 있다. 그리고 황창무,『삼국유사』처용랑 망해사 조의 남산신 가면무와 처용무 등 자생적 가면무도 마을굿놀이 계통 가면극의 성립에 영향을 끼쳤다. 마을굿놀이 계통 가면극들은 다른 지방의 가면극과 전혀 다른 내용을 갖고 있다. 그것은 이 가면극들이 마을굿에서 자생적으로 형성되어 발전해 왔기 때문이다.

한편 본산대놀이는 삼국시대에 유입된 산악·백희가 통일신라시대, 고려시대, 조선시대를 거치면서 발전해 형성된 것이다. 이 산악을 놀았던 사람들은 그 연희 내용으로 볼 때 삼국시대부터 전문적이고 직업적인 연희자였으며, 이들의 후예가 통일신라시대에 최치원의 시에 묘사된 다섯 가지 연희, 통일신라시대 이래 고려시대까지 계승된 팔관회와 연등회에서 연행된 가무백희, 고려시대 이래 조선시대까지 계승된 나례에서 연행된 산대희 등을 놀았다.

백희, 잡희, 산대희, 산대잡희라고 칭해졌던 연희는 바로 서역과 중국에서 유입된 산악·백희 계통의 연희이다. 조선시대에 이 산악·백희 계통의 연희를 놀았던 사람들은 궁궐의 나례나 중국 사신의 영접시에 동원되어 여러 가지 연희를 펼쳤다. 특히 통일신라시대 최치원의 〈향악잡영〉 5수 중 〈대면〉·〈속독〉·〈산예〉는 가면희이고, 고려시대에는 최이가 왕의 궁중연회에 가면희를 바쳤고, 가면을 쓰고 놀이하는 자를 광대라고 불렀으며, 조선 전기에는 김구의 한시 〈이밀양댁연석관우희작〉에 사대부가의 잔치에서 연행된 가면희가 보인다. 물론 그 연희자는 산악백희를 놀던 전문적 연희자일 것이다.

아극돈의 『봉사도』(1725) 중 제7폭에서는 당시의 중국 사신 영접 행사에서 소형 산대 앞에서 대접돌리기, 물구나무서기, 줄타기와 함께 가면을 쓴 네 사람이 춤을 추고 있는 모습을 묘사하고 있다. 그래서 이미 1725년 이전에 중국 사신 영접 행사에서 산대를 설치하고 가면희도 행했으며, 서울 근교의 가면극을 산대 놀이라고 부르는 이유를 확실하게 알 수 있다.

유득공의 『경도잡지』권1 성기 조에서는 나례도감에 속했던 연극인 야희를 소개하고 있는데, 이를 통해 18세기 중엽에 본산대놀이가 성립되어 있었거나, 성립되어 가고 있는 과정이었다는 점을 확인할 수 있다. 이는 바로 산악·백희로부터 가면극으로의 발전을 의미한다. 본산대놀이 가면극은 나례도감에 속했던 연희자들, 즉 나례나 중국 사신 영접행사 등에 동원되어 산악·백희 계통의 연희를 담당했던 연희자들 가운데 한 부류인 반인(泮人)들이 만들어낸 것이기 때문이다.

또 강이천의 한시〈남성관희자〉(1789)는 이미 1778년에 지금과 같은 내용의 본산대놀이가 성립되어 있었음을 전해 준다. 본산대놀이라고 할 수 있는 서울 근교의 가면극은 애오개(아현), 사직골, 구파발, 녹번 등에 있었다. 본산대놀이의 영향 아래 서울과 경기도의 송파산대놀이·양주별산대놀이, 황해도의 봉산탈춤·강령탈춤·은율탈춤, 경남의 수영야류·동래야류·통영오광대·고성오광대·가산오광대, 남사당패의 덧뵈기 등이 생겨났다.

본산대놀이 계통 가면극인 해서탈춤(황해도), 별산대놀이(서울·경기), 야류와 오광대(경남) 등은 각 과장의 구성과 연희 내용, 등장인물, 대사의 형식, 극적 형식, 가면의 유형 등을 살펴볼 때, 동일 계통임이 드러난다.

가면극의 많은 대목들은 독립적인 우희의 모습을 하고 있다. 본산대놀이의 형성에는 여러 요인들이 작용했을 터이지만, 대사의 구성이나 양반과장 중 양반의 모습 등은 우희·유희의 영향을 직접적으로 보여 준다. 우희는 산악·백희의 한 종목이었다. 그러므로 산악·백희 계통의 연희가 구체적으로 어떻게 본산대놀이의 형성에 영향을 끼쳤는지를 확인할 수 있었다.

그러나 마을굿놀이 계통 가면극들과 본산대놀이 계통 가면극들이 서로 독립적으로 발전해온 것으로 보이지는 않는다. 서로 끊임없이 영향을 주고받았을 것이다. 또 각 지역으로 전파된 본산대놀이 계통 가면극들도 계속 독자적 변모

과정을 거쳤을 것이다. 현재 봉산탈춤·강령탈춤·은율탈춤 등 해서탈춤은 양주별산대놀이·송파산대놀이 등 별산대놀이와 연희 내용, 등장인물, 가면 등에서 매우 유사한 모습을 보인다. 그러나 해서탈춤은 여러 독자적인 측면을 갖고 있고, 가면·의상·춤사위·대사의 유형으로 보아 크게 봉산탈춤형과 해주탈춤형으로 나눌 수 있을 정도로 황해도 내에서도 지역에 따라 변모양상을 보인다. 이는 바로 전파과정에서 기존에 그 지방에 있었던 가면극과 연희들의 영향으로 인하여 변모된 것이라고 해석할 수 있다. 본산대놀이가 전파되기 전부터도 전국적으로 마을굿과 관아나례 등에서 행해지던 가면희와 더불어 외방재인들의 연희가 있었기 때문이다.

본산대놀이 계통 가면극들은 별산대놀이의 연잎과 눈끔적이과장, 해서탈춤의 사자춤과장, 야류와 오광대의 사자춤과장·영노(비비)과장·문둥이춤과장 등이 지역에 따라 일부 특징적인 과장도 갖고 있다. 김일출의 조사에 의하면, 봉산탈춤의 사자춤과장은 1913-1915년경부터 비로소 놀기 시작한 것이라고 한다. 그러므로 야류와 오광대에만 있는 과장들도 그 지역에서 추가한 지역적 변이일 것이다.

또한 서울의 본산대놀이도 각 지방에 존재하던 가면극들로부터 영향을 받았을 가능성이 있다.

『기완별록(奇玩別錄)』(1865년)의 내용을 통하여 그동안 대립되는 견해로 여겨졌던 산대도감계통극설과 마을굿기원설 등이 상호 보완될 수 있는 길이 열린다고 할 수 있다. 농촌과 어촌을 포함한 여러 지역에서 토착적인 민속문화를 기반으로 하는 탈춤이 굿에서 극으로 발전하였다. 외방재인이 산대나례와 같은 국가적인 공연행사에 참여하면서 탈춤을 포함한 지방의 연희가 중앙에서 공연될 기회를 얻게 되었을 것이다. 나례도감이 재인들을 모아 산대나례를 총연출하는 과정에서 어떤 방식으로든 궁정의 연극문화가 외방재인의 탈춤에 영향을 주었을 것이다. 또한 각 지역의 외방재인들끼리 자발적인 상호 교류도 활발하였을 것이다. 이러한 순환적인 방식을 통하여 500년 이상 궁정과 민간의 문화가 교류하였으니 각 지방의 탈춤에 많은 유사점들이 나타난 것은 당연하다. 그럼에도 불구하고 각 지방의 탈춤이 토착문화의 기반을 잘 유지해온 사실에 오히려 주목하여야 할 것이다.[40]

이 견해는 직업적 전문적 연희자인 외방재인들이 국가적인 공연행사에 참여가기 위해 서울로 올라와 공연하는 기회를 통해서, 궁정의 연극문화가 외방재인의 가면극에 영향을 주었을 것이라고 추정하고 있다. 당연히 역으로 외방재인들의 가면극과 연희도 서울의 본산대놀이 등 공연문화에 영향을 주었을 것이다. 이는 궁중정재의 민간연희화와 민간연희의 궁중정재화의 사례를 통해서도 살펴볼 수 있다.[41]

그리고 본산대놀이로부터 전파된 각지의 가면극은 과장의 구성, 연희 내용, 등장인물, 가면의 형태 등 여러 면에서 본산대놀이의 영향을 받았지만, 가면의 재료와 제작방법, 의상, 춤사위, 구체적인 대사 등은 독자적인 모습을 보인다. 이는 바로 인용문의 언급처럼 각 지방의 가면극이 토착문화의 기반을 잘 유지해온 사실을 보여준다.

하회별신굿탈놀이와 강릉관노가면극은 연희 내용과 등장인물들이 다른 지방의 가면극과 전혀 다르다. 그것은 이 가면극들이 마을굿에서 자생적으로 형성되어 발전해 왔기 때문이다. 그러나 하회별신굿탈놀이의 파계승과장이나 유학과 유학자를 조롱하는 내용, 강릉관노가면극의 '소매각시'라는 명칭에서 알 수 있듯이, 후대에는 마을굿 계통 가면극도 본산대놀이 계통 가면극의 영향을 일부 받은 것으로 보인다.

---

40) 사진실, 『공연문화의 전통』(태학사, 2002), 407쪽.
41) 궁중정재와 민간연희의 교섭양상에 대해서는 전경욱, 『한국의 전통연희』(학고재, 2004), 298~309쪽; 정은경, 『조선시대 궁중정재와 민간 연희의 교섭 양상』(고려대 대학원 문화재학 협동과정 석사학위논문, 2003.8) 참조.

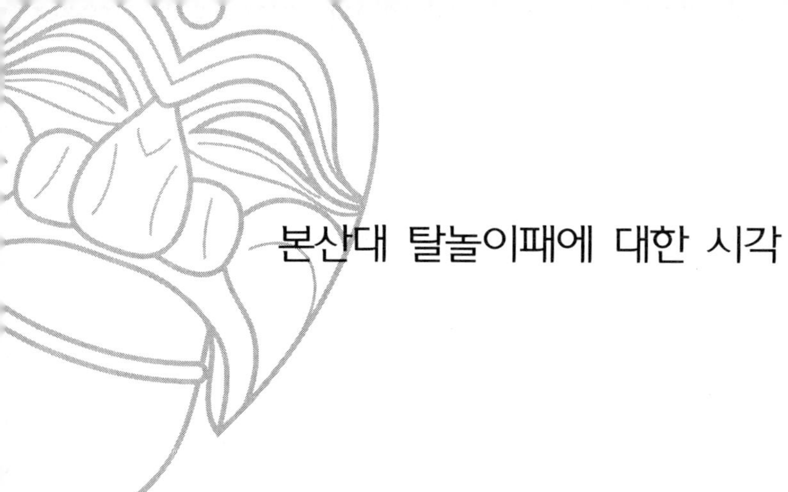

본산대 탈놀이패에 대한 시각

1. 들어가는 말

탈놀이 연구에 있어 탈놀이 집단에 대한 연구는 무엇보다 우선적으로 이뤄져야 할 것이다. 그런데 종래 탈놀이 연구에 있어 이러한 탈놀이 집단에 대한 연구는 그렇게 본격적으로 이뤄지지 않았다. 그것은 무부(巫夫) 계통의 악공들에 의해 이뤄졌던 통영오광대[1]나 관청의 관노들에 의해 이뤄졌던 강릉 단오제의 관노가면극[2]처럼 그 성격이 분명한 집단에 의한 탈놀이들도 있었지만, 관청의 하리배(下吏輩)들이 중심이 되었던 봉산탈춤, 양주별산대,[3] 상인(商人)들이 중심이 되었던 송파산대,[4] 놀이에 관심 있는 일반 평민들에 의해 이뤄졌던 고성오광대, 동래야류,[5] 토착 주민들에 의해 이뤄졌던 하회 별신굿 탈놀이 등 대체로 전문적인 놀이패들이기보다 원래의 생업이 있는 사람들이 다소 신명을 발휘해 놓은 것들이기 때문에 이들을 통한 탈놀이 집단 자체에 대한 연구 의의는 일정한 한계가 있었기 때문이다.

그러나 조선 후기에서 근대로 이르는 과정에서 변화가 있었던 탈놀이들을

---

1) 전경욱, 『한국 가면극 -그 역사와 원리』, 열화당, 1988, 211쪽.
2) 이두현, 『한국의 가면극』, 일지사, 1979, 109쪽.
3) 위의 책, 183쪽, 125쪽.
4) 전경욱, 1998, 84쪽.
5) 위의 책, 156쪽.

넘어 그 이전의 원래의 탈놀이 집단들을 바라보게 되면 일정한 연구 시각을 가지게 된다. 비록 조선 후기에 신분상의 변동이 크게 일어났으나 조선시대는 기본적으로 신분 사회였기에 어떤 특정의 일들은 특정의 신분 집단이 담당했을 것이기에 탈놀이도 어떤 특정한 집단이 담당했을 것이기 때문이다.

이러한 조선시대의 특별한 탈놀이 집단 자체에 대한 연구 시각을 가지게 될 때 일차적으로 주목되는 것이 본산대 탈놀이패다. 본산대 탈놀이는 우리나라 중앙의 산대희 계통에서 나온 우리나라 중부지방의 대표적 탈놀이기 때문이다.

그동안 본산대 탈놀이패에 대해서는 '궁중의 천역에 종사하였다'는 조사와 다른 계급의 사람들이 '편놈'이라 낮추어 불렀고, 이러한 '편놈'을 한자어로 '팽인(泙人)' 혹은 '팽인(伻人)'이라고 하는 사실 정도가 알려지고 있다.

그러다가 근래에 전경욱이 본산대 탈놀이패인 '팽인(泙人)'은 원래 성균관 노비였던 '반인(泮人)'을 말하는 것으로 본산대 탈놀이패는 이 '반인'들이라고 주장하고 있다.[6]

이에 대해 필자는 고려대학교에서 있었던 '민속학회' 학술 발표장에서 일반 토론자로 그 주장에 다소 문제가 있음을 지적했고, 대구 계명대학교에서 있었던 2000년 '한국구비문학회' 하계 학술대회에서는 지정 토론자로 본산대 탈놀이패로서의 반인설을 공식적으로 정면으로 부정했다. 그러나 전경욱은 이러한 반대 토론들과 부정이 있었음에도 불구하고 최근까지도 본산대 탈놀이패로서의 반인을 여전히 강조하고 있다.[7]

그러므로 이글에서는 일단 본산대 탈놀이패 집단으로서의 전경욱의 '반인설'을 다시 한 번 분명히 부정하고자 한다. 한편 중국의 사신이 오는 것과 관련된 중앙의 산대희에 대한 문종의 다음과 같은 발언과 관련, '수척(水尺)' 또한 본산

---

6) 위의 책, 148~155쪽.
  ______, 「서울의 본산대놀이와 그놀이꾼」, 사재동 편, 『한국 희곡문학사의 연구』 VI, 중앙인문사, 2000.
7) 전경욱, 「한국 산악백희의 놀이꾼」, 한국고전희곡학회 하계 학술회의 발표문, 2001a.
  ______, 「본산대놀이와 북방 문화」, 『민속학연구』 제8호, 국립민속박물관, 2001b.
  ______, 「본산대놀이 계통 가면극의 지역적 소통」, 『한국민속학』 제37호, 한국민속학회, 2003. 6.
  ______, 「해서탈춤의 악사와 재인촌」, 『구비문학연구』 제24호, 한국구비문학회, 2007. 6.

대 탈놀이패로 이해될 가능성이 있다.

> 여광대(如廣大) 서인(西人) 주질(注叱) 농령(弄鈴) 근두(斤斗) 등(等) 유규
> 식지희(有規式之戱) 즉의구위지(則依舊爲之)
> **여수척(如水尺) 승광대(僧廣大) 등(等) 소학지희(笑謔之戱則)** 즉열립비수
> (則列立備數) 이이가야(而已可也)
> 문종실록, 원년 6월 10일(임오)

중국 사신이 오게 되어 산대희를 해야 되는데, 국가가 상중(喪中)에 있기에
문종 자신이 ' ~ 등의 규식지희는 예전처럼 하고, ~ 등의 소학지희는 열지어
서게 해서 숫자만 갖추는 것이 가하다'라고 한 것이다. 그런데 여기서 '여수척
(如水尺) 승광대(僧廣大) 등(等) 소학지희(笑謔之戱)'의 부분에서 '승광대(僧廣
大)'라는 것은 오늘날 산대 탈놀이에서 '노장'과도 연결될 수 있어 여기서의 '소
학지희(笑謔之戱)'는 오늘날의 본산대 탈놀이로 이어질 수 있다. 이 경우 '수척
(水尺)'은 본산대 탈놀이와 관련된다. 그래서 종래 '수척'이란 광대 집단을 설정
해 오고 있다. 더구나 본산대 탈놀이패로 반인(泮人) 집단을 설정한 전경욱이
이 반인 집단과 여기서의 수척(水尺)을 연결시키고 있어 여기서의 '수척(水尺)'
은 바로 본산대 탈놀이패가 되고 마는 것이다.

그러므로 여기에서는 본산대 탈놀이패로서의 '수척'에 대해서도 논의하고자 한다.

그리고 이러한 기존의 논의들을 넘어 본산대 탈놀이 집단에 대한 현재의 필자
의 입장도 가능한 대로 제시해 보고자 한다.

2. 전경욱의 '반인설(泮人說)'에 대한 반론

전경욱이 본산대 탈놀이패로 성균관의 노비들인 반인을 제시한 논거는 대체
로 첫째, 1930년대에 탈춤을 조사한 일인(日人) 학자 추엽륭(秋葉隆)이 본산대

탈놀이패로 '반인(泮人)'을 분명히 한 점, 둘째, 반인들이 채붕을 만들고 잡희를 한 사실이 있는 점, 셋째, 반인 중의 일부가 서울지역의 도축(屠畜)을 담당한 점에서 본산대 탈놀이패(이하 본산대패) 중의 하나였던 사직골 딱딱이패들의 구성 인원인 '백정, 상두꾼, 건달' 등과 일치하는 점 등이다.

이러한 논거들에 대해 하나씩 논의해 보도록 한다.

첫째, 전경욱이 본산대 탈놀이 집단을 '반인(泮人)' 집단으로 확신한 것은 추엽륭(秋葉隆)이 1948년도의 논문에서는[8] 본산대패를 '팽인(泙人)'이라고 했다가 이후 『조선 민속지』(1954)에서는 '반인(泮人, panin)'이라고 영문 표기까지 한 것에서 시작된다. 전경욱은 이를 추엽륭(秋葉隆)이 본산대패로 '반인(泮人)'을 확신한 것으로 보고 있다.[9]

그러나 추엽륭이 본산대패로 반인을 확신한 것이 아니다. 그가 나중에 본산대패로 성균관 노비인 반인을 확신했다면 『조선 민속지』에서 '팽인(泙人)'을 '반인(泮人)'으로 바꾸는 과정에서 이들이 바로 '성균관 노비'였음을 추가했을 가능성이 많다. 왜냐하면 이 '반인(泮人)'이 놓여진 말 전후에는 '궁중에서 천한 일을 하던 하층민', '궁중으로부터 쌀이나 콩 등을 지급받아', '그들 자신이 연희의 흥행에 전력', '봄에는 선인(蟬印) 가을에는 호인(虎印)을 찍은 조합의 증명서를 들고 다니며 연 2회 선착장·시장 등의 상가로부터 돈이나 곡식을 거두어들여 생활' 등 성균관 노비인 반인과는 거리가 있는 내용들이 상당히 있었기 때문이다.

> 산대희의 연희자는 **궁중에서 천한 일을 하던 하층민**으로 **팽인(泙人)**이라 칭하였는데, 상인(常人)과의 교혼(交婚)은 금지되었다. 그들은 산대도감(山臺都監) 또는 나례도감(儺禮都監)에 예속되어 **궁중으로부터 쌀이나 콩 등을 지급받아** 왔으나, 인조(仁祖) 12년 상주(上奏)에 의해 궁중에서 산대희가 폐지됨으로써, 그 이후는 **그들 자신이 연희의 흥행에 전력**하였고 커다란 무대를 만드는 것도 없어지게 되었다. 일좌(一座)의 비용은 지방 유지들의 기부에 의존하였는데, 그들은 소위 계방(契房)이라 칭하는, 백성들이 공역의 면제

---

8) 추엽륭(秋葉隆), '山臺戲', 『日本民俗學のために』(柳田國男古稀記念論文集九輯), 1948.
9) 전경욱, 1998, 141쪽, 309쪽.

나 기타 원조를 구하기 위해 관아의 하리(下吏)에게 금전재물을 바치는 풍속을 이용해서, **봄에는 선인(蟬印) 가을에는 호인(虎印)을 찍은 조합의 증명서를 들고 다니며 연 2회 선착장·시장 등의 상가로부터 돈이나 곡식을 거두어들여 생활**하였다. 특히 서쪽 교외의 아현리(阿峴里)에 사는 연희자들이 많았는데, 소위 아현산대(阿峴山臺, 애오개산대)의 이름은 유명하였다.[10]

　　산대희의 연희자는 **궁중에서 천한 일을 하던 하층민으로 반인(泮人, panin)**이라 칭하였는데, 상인(常人)과의 교혼(交婚)은 금지되었다. 그들은 산대도감(山臺都監) 또는 나례도감(儺禮都監)에 예속되어 **궁중으로부터 쌀이나 콩 등을 지급받아** 왔으나, 인조(仁祖) 12년 상주(上奏)에 의해 궁중에서 산대희가 폐지됨으로써, 그 이후는 **그들 자신이 연희의 홍행에 전력**하였고 커다란 무대를 만드는 것도 없어지게 되었다. 일좌(一座)의 비용은 지방 유지들의 기부에 의존하였는데, 그들은 소위 계방(契房)이라 칭하는, 백성들이 공역의 면제나 기타 원조를 구하기 위해 관아의 하리(下吏)에게 금전재물을 바치는 풍속을 이용해서, **봄에는 선인(蟬印) 가을에는 호인(虎印)을 찍은 조합의 증명서를 들고 다니며 연 2회 선착장·시장 등의 상가로부터 돈이나 곡식을 거두어들여 생활**하였다. 특히 서쪽 교외의 아현리(阿峴里)에 사는 연희자들이 많았는데, 소위 아현산대(阿峴山臺, 애오개산대)의 이름은 유명하였다.[11]

그런데 이를 해소할 수 있는 추가적인 설명이 더 이상 없고 '팽인(泙人)'을 '반인(泮人)'으로 바꾸고 영문 'panin'만 추가했을 뿐이다.

또한 이러한 내용이 실려 있는 같은 책에서는 본산대패로 오히려 화랑·재인·광대 등과 같은 '산이'를 제시하고 있는 것을 볼 수 있다.

　　조선에 있어서 가무·잡기의 발달은 오로지 화랑·재인·광대 등이 예능을 담당하였지만, 그들을 부정한 산이로 간주하고 천시賤視하였으므로, 그 예능도 고도의 예술적인 발전을 거둘 수가 없었다......**더욱이 산이가 행하는 조선**

---

10) '추엽륭(秋葉隆), 서연호 역, '山臺戲', 『日本民俗學のために』(柳田國男古稀記念論文集九輯), 『산대 탈놀이』, 열화당, 1948: 1987, 113~114쪽' 참조.

11) '추엽륭(秋葉隆) 저, 심우성 역, 『조선 민속지』, 동문선, 1954: 1993, 204쪽' 참조.

의 탈놀음은, 산디놀음 또는 조산造山이라 칭하며, 이것을 연기하는 무부巫夫
중에 산주山主로 불리거나 산목재인山木才人으로 불리는 자가 있다.[12]

이러한 사실들로 보아, 이 무렵 추엽륭은 본산대패로 성균관 노비인 반인(泮
人)을 확신한 것이 아닌 것이다.

그리고 '팽인(泙人)'[13] 혹은 '팽인(伻人)'은[14] 본산대패를 '편놈'[15]이라 다른 집단
에서 낮추어 부른 것에 대해 대접해서 붙여 준 한자어다. 그러므로 성균관 노비인
'반인(泮人)'과는 실제적인 관계가 전혀 없을 수도 있을 것임을 명심해야 한다.

둘째, 반인의 '산붕잡희'의 성격 문제다.

전경욱은 영조 12년 2월 22일경 성균관 노비인 반인이 채붕을 설치한 동일
사건에 대해 다음과 같은 4가지 자료를 언급했다.

신 등(等)이 이제 서울에 들어와 길거리에서 전해지는 소문을 들으니 성묘
(聖廟)와 지극히 가까운 곳에서 산붕(山棚)까지 베풀어졌으나 금한 것이 없었
다고 합니다. 마음에 의심되어 그것을 그대로 믿을 수 없었습니다. 반촌(泮村)
에 이르러 그 상세한 사실을 들으니 지난달 20일경 **반인들이 마침 청나라 사신
을 위한 산붕이 멈춘 때를 만나 각자 돈을 모아 산붕희(山棚戲)의 도구를 빌려**

---

12) 위의 책, 293쪽.

13) "산대희의 연희자는 궁중에서 천한 일을 하던 하층민으로 팽인(泙人)으로 칭하였는데, 상인(常
人)과의 교혼(交婚)은 금지되었다." 추엽륭(秋葉隆), 1948, '山臺戲'
"당시 나례도감(儺禮都監)에 예속되어 궁중의 천역(賤役)에 종사하던 이들은 편놈[泙ㅅ] 이라
고 하는 이른바 백정(白丁)과 큰 차가 없는 하층자였었다." 최상수, 『산대 · 성황신제 가면극의
연구』, 성문각, 1985, 87쪽.

14) "산대놀이 연희자들은 궁중천역에 종사하던 伻人(편놈)들로 서울 문밖에 살았고, 인조조 이후
공의로서의 산대잡희가 폐지되자 이들은 분산하여 제각기의 거주지를 중심으로" 이두현, 1979,
118쪽.

15) "그리고 무동(舞童), 땅재조(才操)군보다 창부(唱夫)가 훨씬 위이고 육갑잡이 백정(白丁) 등(等)
계급(階級)은 광대보다 한층 낮은 것이라 한다. 그리고 가면극역자(假面劇役者)를 따로 편놀[필
자: '편놈'의 오재]이라고 따로이 부르는 것이 있는데 이것은 타계급(他階級)에서 호칭(呼稱)하는
것이며 무동(舞童) 땅재조(才操)군과 격(格)은 동격(同格)이지만 서울에 재주(在住)하는 고(故)
로 한층 고위(高位)에 있었다 한다." 송석하, 「전승 음악과 광대」「동아일보」(1935. 10. 3.)
"가면극배우(假面劇俳優)는 「탈군」이라고 지칭(指稱)했으며 후술(後述)하는 재인(才人)으로부
터는 편놈이라고 호칭(呼稱)함" 송석하, 「광대(廣大)란 무엇인가」, 『조광』, 1936년 2월호, 255쪽.

이틀 간 성묘의 뒤에서 기이한 기예들을 잡진(雜陳)하고 음란한 음악을 크게 베푸니 성균관에 있던 유생들도 또한 분주하게 달려가 보았다고 합니다. 아, 산붕희는 청나라 사신에게 기쁨을 주는 도구로 공자를 모시고 학문을 하는 성균관 근처에는 있게 해서는 안 됩니다. 반인들이 어리석고 무식하여 이런 괴이한 일을 했더라도 성균관의 임직(任職)에 있던 자들이 진실로 마땅히 바로 엄금했어야 했습니다. 그런데도 편안히 그 괴이한 것을 모르고 그들이 하는 것을 내버려 두어 성묘와 지극히 가까운 것에서 음란한 기예들이 베풀어지는 데까지 이르게 하였습니다.

이것은 실로 300년 동안은 없던 변고입니다. 이 이야기를 들은 사람들은 가슴을 쓸어내리고 놀라지 않은 것이 없습니다. 그러나 삼사(三司)[16]의 우두머리들은 또한 한 마디 말조차 없어 신 등이 적이 분노하게 된 것입니다.

『승정원일기』, 영조 12년 2월 20일(갑신), '호남 유생들의 상소'[17]

이에 앞서 호유(湖儒)의 상소문에 반인들이 성묘(聖廟) 근처에 **산붕을 설치했다**는 말이 있었다.

영조실록, 12년 2월 22일[18]

임금이 유사에게 명하여 성균관 입직관의 죄를 다스리게 했다……그때에 반인들이 반촌(泮村) 내에서 **산붕을 설치하고 장악(張樂)**했다.

『태학지』, 권7, '교화(敎化)'[19]

성묘(聖廟) 근처에서 반인들이 **산붕을 설치하고 잡희**를 했다. 실로 이것은

---

16) 사헌부, 사간원, 홍문관. 언론을 맡았다.

17) 臣等今於入洛之初 竊聞道路所傳 聖廟至近之地 至有設棚之擧 而莫之有禁 心竊訝惑 不以爲信矣 及到泮村 得聞其詳 則去月念間 泮人輩 適會胡使停棚之時 各自聚錢 賃得棚戲之具 兩日設棚於聖廟之後 雜陳異技 大張淫樂 齋儒輩 亦莫不奔走聚觀 噫 棚戲 卽胡使供歡之具也 不可使近於闕里絃誦之地 泮人輩 雖愚駭無識 有此怪擧 爲其齋任者 固當登時嚴禁 而恬不知怪 任其所爲 至設淫技於聖廟逼近之地 此實三百年所無之變故 聞者莫不拊心驚歎 而三司之上 亦無一人言之者 臣等竊爲之慨然也 『승정원일기』, 영조 12년 2월 20일(갑신)

18) 先是 湖儒疏有言 泮人 設棚於聖廟近地　영조실록, 12년 2월 22일

19) 上命有司治成均館入職館之罪……時泮隷輩 設山棚 張樂於泮村之內 『태학지』, 권7, '교화(敎化)'

전에 없던 괴이한 일이었다.

『건륭병진승전』, '의대명률불응(依大明律不應) 위장팔십(爲杖八十)'[20]

이 자료들을 언뜻 보면 반인들이 산붕잡희를 많이 한 것처럼 보이지만 이것들은 사실 모두 같은 사건에 따른 서로 다른 문헌들의 다른 기록들일 뿐이다. 영조 12년 2월 20일경에 반인들이 성균관 근처에서 산붕을 세우고 잡희를 벌인 적이 한 번 있었던 것이다.

그런데 이렇게 반인들이 주최한 산붕잡희는 위의 첫째 번 인용문에서, "각자 돈을 모아 산붕희(山棚戲)의 도구를 빌려 이틀 간 성묘의 뒤에서"라고 했듯 국가적 행사로서의 산붕잡희가 아니고 반인들이 민간에서 사사로이 한 것이다. 전경욱이 주장하는 대로 국가적인 산대희에 반인들이 본산대 탈놀이를 한 것이, 아니었던 것이다.

또 위의 인용문에서, "반인들이 마침 청나라 사신을 위한 산붕이 멈춘 때를 만나"라고 하고 있듯 이 당시는 청나라의 옹정제가 사망하고 건륭제가 즉위할 무렵이어서 새로운 황제가 즉위하고, 사망한 황제에 대한 옹정제란 시호가 올려지며, 건륭 황후의 존호가 올려지는 등 중국 사신들이 연이어 오던 때였으므로 이 당시는 산붕도 대기하고 있고 산붕잡희를 하던 광대들도 여전히 서울에 머물러 있던 때다. 그러므로 위의 인용문에서 '음악을 베풀고 잡희를 갖추었다'는 것과 관련 반인들의 악기 연주는 불가능한 것이기에 이 행사에 악사들이 동원되고 이와 동시에 당시 서울에 있었던 국가적 산대희에 동원되었던 광대들도 동원된 것으로 보는 것이 자연스럽다. 반인들은 다만 돈을 내어 이러한 산붕잡희를 주최한 것이다.

그러면 이 당시 반인들이 왜 산붕잡희를 주최했을까?

조선 후기에 들어 산붕잡희는 국가적 행사로서의 산대희 외에도 민간의 잔치에도 이러한 유의 행사를 하는 것을 이상으로 여겼다.

---

20) 聖廟近處有泮人輩設棚雜戲 實是無前之擧 『건륭병진승전』, '의대명률불응(依大明律不應) 위장팔십(爲杖八十)'

　　정언(正言) 정찬선(鄭纘先)이 아뢰기를,

　　"국가에서 산붕의 놀이를 베푸는 것은 대개 이국(異國) 사람을 즐겁게 하기 위함이었습니다. 그런데 **근래에 사대부가(士大夫家)의 경수연(慶壽宴)에 문득 이 놀이를 많은 사람이 즐기는 번회(繁會)한 가운데 뒤섞어 늘어놓고 있으니**, 이미 매우 괴이(怪異)한 편인데다, 심지어는 호악(胡樂)과 호무(胡舞)를 꾸며서 즐거움을 돕는 바탕으로 삼기에 이르렀으니, 이것은 전에 있지 않았던 일입니다. 옛사람이 이천(伊川)에 가서 피발(被髮)한 것을 보고 그곳이 오래지 않아 오랑캐가 될 것을 알았습니다. 습속(習俗)이 반대로 옮겨짐은 관계가 가볍지 않으니, 청컨대 명하여 일체 금단(禁斷)하게 하소서."

　　하니, 임금이 말하기를,

　　"아뢴 대로 하라."

숙종실록, 34년 5월 12일(정해)[21]

　　신이 호남(湖南) 도백(道伯)으로 있을 때에 신의 아우 홍현보가 **문과에 등제(登第)한 후** 노경(老境)에 있는 편모(偏母)를 보려고 와서 기쁜 마음으로 풍악을 사용한 것은 인정이 당연한 일인데, 이에 근심과 경황(驚惶) 등의 말로써 온갖 트집을 꾸며내어 풍악을 갖출 날이 아닌 때 사용한 것처럼 하였습니다. **그 이른바 채붕은 어떠한 물건인지 알지 못하며**

경종실록, 즉위년(1720) 8월 4일(무술)[22]

　　무숙(武肅) 장붕익(1646~1735)이……형조판서 겸 훈련대장 및 포도대장이 되어 항상 헌거(軒車)를 타고 다녔다. 하루는 성(城)을 나서 한 동네를 지나게 되었다. 당시는 **진사와 생원의 방방(放榜)이 이뤄진 때여서** 나느니 현가(絃歌)의 곡조요 집집마다 고르느니 광대였다. 길 옆 우물가에 한 여종이 물을 길으니 옆 사람이 그녀에게, "너네 집은 무엇으로 응방(應榜)을 하느냐?"고 물으니 대답하기를, "응방하는 것은 여사(餘事)다. 조석 끼니도 잇기 어려워 늙은 상전

---

21) 正言鄭纘先啓曰 國家設山棚之戲, 蓋爲悅異國之人也 近來士夫家慶壽之宴 輒以此戲 雜陳於 衆樂繁會之中 已極駭異 而至作胡樂胡舞 以爲助歡之資 此乃前所未有之事 古人見伊川被髮 知其不久爲戎 習俗移反 關係不輕 請命一切禁斷 上曰 依啓 숙종실록, 34년 5월 12일(정해)

22) 臣待罪湖南也 臣弟鉉輔登第 來省爲臨年偏慈 志喜用樂 人情之所當然 乃而優遑等說 極意 粧撰 有若用樂當用之日 其所謂彩棚未知何狀物 경종실록, 즉위년 8월 4일(무술)

은 바야흐로 턱이 돌아가고 부황이 들었는데 응방을 어느 겨를에 생각하리오?”
했다. 무숙공이 그 말을 듣고 측은히 여겨 그 집에 가서……이에 포도청에 분
부하여 광대 4명을 급히 올리게 하여 창방(唱榜)을 위해 대령하게 하고 **그 집
앞 길거리 앞에 좌우 산붕을 갖추어 놓고 음악을 벌였다.** 그리고 끝난 뒤에는
300냥으로 그 노인에게 헌수(獻壽)했다.

『기문총화』, ‘장붕익, 응방(應榜)을 하게 해 줌’23)

[그림] 예산대(曳山臺)

산붕 혹은 산대는 이 그림에서 보듯 실제 산모양의 구조물이고 산붕잡희는 이러한
산붕 위·아래에서 광대와 기생들이 가무백희를 하는 것을 말한다. 이러한 산붕은
그 규모에 따라 대·중·소가 있었고,24) 고정된 것과 이 그림에서처럼 끌고 다닐
수 있는 것도 있었다. 반인들이 잠시 빌린 산붕은 이러한 예산대로 볼 수 있다.
아극돈(阿克敦) 저, 황유복(黃有福)·천화숙(千和淑) 교주(校註),
『봉사도(奉使圖)』, 沈陽: 遼寧民族出版社, 1725: 1999.

---

23) 張武肅鵬翼……秋判兼訓將及捕將　常來軒車　一日出城過一洞　則時當進生放榜　曲曲絃歌
家家選優　路傍井邊有一婢子汲水　而傍人向之曰　汝家新恩何以應榜　對曰　應榜猶屬餘事　朝
夕難繼　吾家老上典方枉顧中　應榜何暇念及乎云　時武肅公　聞其言　而惻然往其家……仍
分付捕廳極捧倡優四人　唱榜前待令　而左右山棚具陳於其家前通街上　終夜張樂而罷　以三
白錢獻壽於其老親『기문총화』, ‘장붕익 응방(應榜)을 하게 해 줌’

24) 彩棚之制　大棚長則七十五尺廣六十尺　中棚則長六十尺廣四十尺　諸設中棚以飾茶亭　문종
실록, 2년 3월

그리고, 다음에 보듯, 영조 때의 이 무렵에는 서울 주변의 서빙고에는 마을 단위의 산붕들을 만드는 등 서울 주변에는 마을 차원의 산붕을 만들어 놓고 즐기는 일까지 이뤄지고 있었다.

> 저는 서빙고동에 삽니다. 본동은 전에부터 2개의 동으로 나뉘어저 1계(契)와 2계(契)로 되어 있습니다. 저는 1계에서 집강(執綱)이란 소임을 맡고 있습니다. **1, 2계의 동네 사람들은 각기 산붕을 설치하여 즐기며 봅니다. 제가 2계의 산붕을 설치한 곳에 가니 2계의 소임이 있는 김상건이 말하기를, "이것은 2계의 산붕인데 1계의 존위(尊位)께서 무슨 일로 와서 봅니까?" 했습니다.** 그리고 온갖 패설(悖說)을 하고 심지어는 꾸짖어 욕보이는 데까지 이르렀습니다. 그래서 저는 분노를 참고 귀가하였습니다.
>
> 『승정원일기』, 영조 12년 3월 17일(정해)[25]

그러므로 반인들이 이 당시 돈을 거둬 산붕을 빌려 이틀간 산붕잡희 행사를 벌인 것은 당시 이러한 민간에서의 산붕을 만들어 놓고 노는 모습을 자신들도 한번 해 본 것이다. 그런데 이것은 위의 호남 유생들의 상소문에서 서울지역에서는 "삼사(三司)의 우두머리들은 또한 한 마디 말조차 없었다"고 하였듯 그렇게 크게 문제될 것이 없었으나 한 달 뒤 호남의 유생들이 서울로 올라와 이 이야기를 듣고 '이 산붕잡희가 성균관과 지극히 가까운 데서 열렸다'는 것이 지적됨으로써 위와 같은 논의들이 일어난 것이다. 이 당시 호남의 유생들이 이와 같은 점을 지적하지 않았다면 이것은 아무런 문제없이 넘어갈 일이었던 것이다.

그러면 여기서 다른 집단도 아닌 성균관의 반인들이 이러한 민간의 산붕잡희 행사를 주최했을까 하는 점이다. 이에 대해서는 현재 남아 있는 자료로는 그 구체적인 것을 알 수 없다. 다만 그러한 행사를 하기 열흘 전에 다음과 같은 성균관에서의 경사(慶事)가 고려될 수 있을 뿐이다.

---

25) 以爲矣身, 住在西氷庫地, 而本洞, 自前分爲兩洞, 有一二契, 矣身方察一契執綱之任矣° 兩契洞漢, 各設山棚而遊觀, 矣身往于二契設棚處, 則二契任掌金尙建以爲, 此乃二契山棚, 則一契尊位, 胡爲來見云, 而多般悖說, 至於詬辱之境, 故矣身忍憤歸家 『승정원일기』, 영조, 12년 3월 17일(정해)

> 감귤을 태학에 내려 주고 겸해서 인일제(人日製)를 행하여 **진사 황진과 생원 이영록을 직부(直赴) 전시(殿試)하도록 했다.**
>
> 영조실록, 12년 1월 8일(계묘)[26]

'직부(直赴) 전시(殿試)'란 문과 급제자가 다시 서열을 정하기 위해 임금 앞에서 보는 시험인 전시(殿試)에 바로 나아가는 것이기에, 이것은 사실상 문과 급제에 해당한다.

과거 급제를 하면 대과 급제는 물론 생원, 진사가 되는 소과 입격의 경우에도 집 앞에 좌우 산붕을 갖추고 밤새도록 음악을 잡히는 것을 이상으로 삼았다는 것을 위의 장붕익(1646~1735)이 가난한 소과 입격자에게 응방(應榜)하게 해 준 이야기를 통해 알 수 있었다.[27] 그러므로 이러한 사실상의 문과 급제에 해당하는 성균관의 직부(直赴) 전시자(殿試者)들을 위해 이러한 산붕잡희 행사를 벌일 수도 있다. 그러나 이에 대해서는 더 이상 언급이 없으니 알 수 없다. 다만 과거 급제자의 행사에도 산붕잡희를 벌이는 것을 이상으로 여겼던 당시였던 만큼 성균관 유생들의 과거 급제를 자주 보았던 반인들이어서 이러한 과거 급제와 관계된 민간의 산붕잡희도 많이 접해 왔기에 이 무렵 이렇게 자신들이 주최자가 된 산붕잡희 일까지 벌여 보지 않았나 추측해 볼 수밖에 없다.

어쨌든 이 당시 반인들의 산붕잡희는 국가적 행사로 이뤄진 것이 아니고 반인들이 사사로이 한 것이며, 음악 연주와 광대들의 여러 기예도 당시 이러한 일들을 공식적으로 담당하던 사람들이 서울에 머물러 있었기에 이러한 악공, 광대들이 했을 것으로 보는 것이 적절하다.

그러므로 이러한 반인들의 산붕잡희 일을 보고 이들 반인들이 국가적 산대희에 동원되어 본산대 탈놀이 계통의 탈놀이를 한 공식적인 집단이었다고 하는

---

26) 賜柑太學 兼行人日製 進士黃進生員李永祿 命直赴殿試 영조실록, 12년 1월 8일(계묘)

27) 이것은 조선시대 말에 편찬된 『기문총화』에 나오는 전해 오는 일화(逸話)이지만 이러한 이야기가 통용될 수 있었던 것은 이 이야기 속의 내용이 실제 가능성이 있기 때문이었다고 볼 수 있다. 그런 면에서 장붕익 때에는 생원이나 진사가 된 소과 입격자들도 축하 잔치에 집 앞에 산붕을 세우기까지 하며 놀았던 것을 이상으로 삼았다고 할 수 있다.

것은 거의 설득력이 없다. 그나마 이들이 이렇게 산붕잡희를 했다는 것은 이 경우 한 번밖에 없다. 현재까지 알려진 조선시대의 자료 어디에도 국가의 산대희와 관계해 '반인'이 언급된 적이 없다. 이 일도 이 일과 관련된 자료들에서도 말하고 있듯 '삼백 년 만에 처음 있었던 일'이고 '전에 없던 일'로 하나의 사건에 지나지 않았던 것이다.

셋째, '반인'과 '수척'의 관계다.

전경욱은 성균관 노비들인 반인들의 일부는 서울지역의 현방(懸房) 곧 푸줏간 일을 했으므로 이러한 반인의 일부가 곧 백정 계통이라고 하였다. 그래서 반인이 백정 계통이고 보면 종래 백정이 되는 수척이 본산대 탈놀이를 할 가능성이 있는 앞서 든 문종실록과 관계해서도 반인이 본산대패가 될 수 있다는 것이다.

그러나 문묘 제향과 관계해서 도살업을 하게 된 반인과 북방 계통의 수척이었던 백정 집단은 다른 집단이다. 반인은 신분상 관노(官奴)들로 천민들이고, 백정은 신분상으로는 '양인(良人)'이지만 천시된 이른바 '신량역천(身良役賤)' 집단이다. 그리고 백정은 북방 계통으로 우리 민족과는 다른 이류(異類) 집단인 것이다. 조선시대는 신분 사회였기에 이러한 신분과 관련된 사실은 엄격했다. 도축을 한다고 해도 반인들이 백정 집단은 아닌 것이다. 그러한 사정을 1930년대에 백정에 대해 연구했던 점패방지진(鮎貝房之進)은 다음과 같이 잘라 말하고 있다.

> **종전 대뢰(大牢)에서 사용했던 소를 도살하는 것은 보통의 백정이 아니다.**
> '반인(泮人)' 또는 '관인(舘人)'이라고 칭하는 동소문(東小門) 성균관(成均館) 앞 관동(舘洞)에 1단(一團)으로 주거(住居)하며……이 중 도우자(屠牛者)를 '재인(宰人)'이라고 칭한다. 보통의 백정(白丁)보다 다소 일반의 대우하는 좋은 호칭이 있었다.[28]

---

28) '從前大牢に用いる牛の屠殺は普通の白丁にあらず泮人又舘人と稱せる東小門成均館前舘洞に一團となり住居し……此の中の屠牛者を宰人と稱る普通の白丁より多少一般の待遇好さ稱るなり' 점패방지진(鮎貝房之進), 민속원 영인, 『花郞攷·白丁攷·奴婢攷』, 1931~1938:

‘대뢰(大牢)’ 곧 소를 잡아 행하는 성균관의 제향들을 위해 반인이 도살을 하더라도 그들은 백정이 아닌 것을 분명히 말하고 있는 것이다.

그러므로 전경욱이 힘들여 북방계의 수척이 백정이 되어 탈놀이를 하게 된 것을 논하고 성균관의 노비인 반인들의 일부도 백정이었다는 것을 논한 다음, 이 두 가지를 연결해 백정 계통의 반인들이 본산대 탈놀이를 했다는 주장은 백정과 반인이 사실 다른 집단인 것에 의해 아무런 성과도 없는 논의가 되어 버리는 것이다.

한편 수척 계통의 백정이 탈놀이를 하였다는 것이 본산대패의 하나인 한양 사직골 딱딱이패들이 ‘백정, 상두꾼, 건달’29)로 구성되었다는 것과 일치한다고 하고 있다. 그런데 여기서 본산대패의 하나였다는 한양 사직골 딱딱이패의 구성원들이 ‘백정, 상두꾼, 건달’이었다는 것에 대해서는 그 말 그대로를 본산대패와 관계해서 모두 사실로 받아들여서는 안 된다. 이 말이 나온 것은 다음과 같은 1960년대의 증언에 의한 것이다.

> 양주(楊州)골에서는 200년 전부터 해마다 주로 4월(四月) 파일과 5월(五月) 단오(端午)에 **한양(漢陽) 사직(社稷)골 딱딱이패(백정(白丁), 상두군, 건달로 구성되었다 한다.)**를 초청(招請)하여 산대(山臺)놀이를 놀게 하였는데 그들은 지방(地方) 순연(巡演) 기타(其他)로 공연(公演) 약속을 어기는 일이 한두 번이 아니어서 불편을 느낀 나머지 양주(楊州)골에서 신명이 과한 자들끼리(주로 관아(官衙)의 하리배(下吏輩) 즉 아전(衙前)) 사직(社稷)골 딱딱이패를 본며 가면(假面) 기타(其他)를 제작하고 실연(實演)한 결과 그 성과가 나쁘지 않아 의외의 성공을 거두고 그 뒤부터 발전(發展)시켜 내려온 것이 양주(楊州) 별산대(別山臺)놀이이며
>
> 양주군 주내면 유양리 거주 서정주 및 고(故) 김성대 담30)

―――――――――――――――

1992, 186~187쪽.

29) 이두현, 1979, 118쪽.

30) 이두현, 『(개정판) 한국 연극사』, 학연사, 1985, 140쪽.

그런데 이와 같은 증언은 다음과 같은 1957년에 기록된 문서의 연장이다.

산대놀이는 여조(麗朝) 말엽, 즉 불교(佛敎) 전성시대 천인(賤人) [상사람]들에 의해서 이루어진 것으로서, 이조(李朝) 시대에는 한양(漢陽) 사직(社稷)골에 근거를 두고 일명 '딱딱이패'들이 공연을 함으로써 '딱딱이극'이라고 불리어 왔던 것입니다……

양주읍에서는 약 백 이삼 십 년 전부터 연중행사로 4월 8일, 5월 단오를 기하여 한양(漢陽) 사직(社稷)골의 '딱딱이극'를 초청하였으나, 사직골 '딱딱이극'은 벌써 타지방과 약속이 되었기 때문에 양주에서는 놀이를 실패하고 못 하게 되므로 불편한 감을 느끼게 된 일이 한두 번이 아니었읍니다. 그래서 양주에서도 신명(神明)이 과(過)한 자들끼리 가면을 만들어 실연한 결과 춤 · 농희(弄戲) · 재담(才談) 등이 한양의 '딱딱이패' 이상으로 훌륭하였던 것입니다. 이것을 모방한 것이 오늘날까지 계승되어 양주에 정착된 것입니다.[31]

1957년에 기록된 문서에서는 탈놀이 연희자를 그냥 '천인(賤人)'으로 한 것을 1960년대의 증언에는 '백정, 상두군, 건달'로 말해지고 있는 것이다. 본산대패의 하나로서 사직골 딱딱이패가 '백정, 상두군, 건달'로 구성되어 있었다는 것은 본산대 탈놀이꾼들이 보통 사람들과는 다른 '천인'이었다는 것에 대한 한 개인의 부연 설명 정도에 머물 수도 있음에 유의해야 하는 것이다.

또한 가령 사직골 딱딱이패가 실제로 '백정, 상두군, 건달'로 구성되어 있었다면, 이 사직골 딱딱이패는 원래의 본산대패가 아니었다고 보아야 한다.

본산대패가 사라질 무렵 양주의 하리배(下吏輩)가 중심이 된 양주별산대, 상인들이 중심이 된 송파산대, 일반 농민인 중심이 된 퇴계원산대[32] 등 본산대

---

31) '양주산대 · 1957년본', 조동일, 『탈춤의 역사와 원리』, 홍성사, 1979, 321~322쪽.

32) 퇴계원 산대는 현재도 살아 있는 백황봉 옹(1911년생)의 증언에 의하면 1918년경에 양주별산대 놀이꾼들을 퇴계원에 오게 하여 그 곳의 사람들이 배워 성립시켰는데, 탈놀이를 한 사람들은 한원근(연초 가공), 민홍운(농사), 조홍기(국밥집), 최은동(농사), 윤원산(농사), 서순집(농사), 서만봉(농사) 등 연초 가공업을 하거나 농사를 짓는 일반 평민들이었다.

조사자: 필자, 이자균, 민경조(퇴계원 산대놀이 보존회장), 석종관(양주별산대 전수조교) 일시: 2001. 8. 24. 장소: 퇴계원 백황봉 옹의 자택

계통에서 나온 여러 탈놀이들이 성립되었다. 이들 탈놀이패들은 원래의 본산대패와는 관계없는 집단이다. 그러므로 사직골 딱딱이패가 실제로 '백정, 상두군, 건달'로 구성되어 있었다면 이들에게서는 일정하게 공통된 신분적 요소를 찾기 어렵고, '궁중의 천역에 종사'했던 원래의 본산대패와도 상당한 거리에 있기에 이들은 원래의 본산대패가 아니라 후대에 본산대 계통 탈놀이를 한 사람들 정도로 바라보아야 하는 것이다.

어쨌든 본산대패로 백정이 되는 수척 집단을 설정하고 이를 한양 사직골 딱딱이패로서의 '백정, 상두군, 건달'과 연결시키는 것은 그렇게 주요한 논의가 아닌 것이다.

이러한 사실들로 보아, 본산대패로서의 '반일설(泮人說)'은 거의 설득력이 없다. 전경욱이 본산대패로서의 반인설에 대한 논거로 제시한 추엽륭의 본산대패로서의 반인에 대해 확신한 점, 영조 12년의 반인의 산붕잡희가 반인의 본산대 탈놀이라는 점, 반인이 백정이었다는 점 어느 것 하나도 사실이 아니기 때문이다.

3. '여수척(如水尺) 승광대(僧廣大) 등(等) 소학지희(笑謔之戱)' 에 대한 해석

문종실록의 '여수척(如水尺) 승광대(僧廣大) 등(等) 소학지희(笑謔之戱)'에 대한 해석과 관련, 종래 여기서의 '수척(水尺)'을 광대 집단의 하나로 설정해 오고 있고, 전경욱도 이러한 '수척'에서 본산대패 집단이 나온 것으로 보고 있다.

과연 북방 계통의 '백정'이 되는 '수척'을 광대 집단으로 볼 수 있을 것인가? 종래 이에 대해 대체로 긍정적 시각이 마련되어 있다.[33]

---

33) "이조시대(李朝時代)의 광대(廣大)는 남방계(南方系)의 화랑(花郞)과 북방계(北方系)의 재인(才人)과의 혼효(混淆)에서 이루어졌다고 보겠다……수척(水尺)이 기(妓)가 되었을 뿐 아니라 또한 창우(倡優)가 되었다는 것" 김동욱, 『춘향전 연구』, 연세대출판부, 1965, 19~20쪽.

‘수척(水尺)’을 광대로 읽는 것은 송나라 사람이었던 손목(孫穆)의 『계림유사』(1103)에서부터 시작된다.

    ‘창왈(倡曰) 수작(水作), 척왈(尺曰) 작(作)’(창(倡)을 수척이라 한다)
    ‘창인지자왈(倡人之子曰) 고작(故作) 악공역왈(樂工亦曰) 고작(故作) 다창
    인지자위지(多倡人之子爲之)’(창인(倡人)의 아들을 고작(故作)이라 한다. 악
    공 또한 고작(故作)이라 한다. 창인(倡人)의 아들들이 많이 악공이 된다)

여기서의 ‘창(倡)’을 종래 모두 ‘광대’로 읽었던 것이다.[34) 그래서 ‘창왈(倡曰) 수척(水尺)’을 ‘광대를 수척이라 한다’로 해석했다. 그러나 이에 대해서는 오늘날 재론의 여지가 있다.

‘창왈(倡曰) 수척(水尺)’에서의 ‘수척(水尺)’은 우리 문화에서는 분명 ‘백정’이나 ‘기생’을 가리키는 말이었다.

‘수척(水尺)’은 다음의 기록들에서 분명히 알 수 있듯 ‘양수척(楊水尺)’을 말하고 나중에 백정이 되는 집단이다.

    양수척(楊水尺)은 태조가 백제를 칠 때에 제어하기 어려웠던 유종(遺種)으로 본래 관적(貫籍)과 부역(賦役)도 없었다. 즐겨 수초를 따라 옮겨 사는 것이 무상(無常)하여 오직 사냥을 일삼고 유기(柳器)를 엮어 파는 것을 업으로 삼았다.
            고려사, 열전 ‘최충헌’[35)

    한 **백정(白丁)**[우리나라에는 특특한 종류의 사람이 있는데, 사냥과 유기(柳器)를 만드는 것으로 업을 삼았으니, 편호(篇戶)의 백성과 다르다. 이를 이름하여 백정이라고 하는데 곧 전조의 **양수척(楊水尺)**이다.]
            중종실록, 5년 8월 4일(정해)[36)

    “수척(水尺)(즉, 배우)의 ‘승광대(僧廣大)’ 등 소학지희” 이두현, 1985, 87쪽.
34) 김동욱, 1961, 297쪽, 이두현, 1985, 87쪽, 전경욱, 2000, 266~270쪽.
35) 楊水尺 太祖攻百濟時 所難制者遺種也 所無貫籍賦役 好逐水草遷徙無常 唯事畋獵 編柳器 販鬻爲業   고려사, 열전 ‘최충헌’

> 동대문 안에 **수척(水尺)**들이 모여서들 만나는데, 양주(楊州) 근처에서 소와
> 말을 도살하여 먹을 것을 사들이는 **수척(水尺)**들이 모두 여기에 모입니다.
> 중종실록, 20년 12월 14일(무술)[37]

이들 '수척(水尺)'은 '재인(才人)', '화척(禾尺)', '달단(韃靼)' 등과 함께 북방
유목 민족 계통으로[38] 사냥과 도축(屠畜)을 주로하며 유기(柳器)를 엮어 파는
부류들이다. 그리고 이들은 항산(恒産)이 없어 흔히 강도와 도적이 되는 무리들
이어서 조선 전기에 있어서 가장 큰 문제적 집단이었다. 그래서 세종 5년(1423)
에는 이들에게 일반 백성을 뜻하는 '백정(白丁)'이란 이름을 내리면서까지 일반
백성들과 섞여 살며 농업에 종사하게 하기 위한 강력한 정책을 펼치지만,[39] 근
대에 이르기까지 이들은 일반 백성들에 동화되지 못하고 도축을 전문으로 하는
천민 집단으로 그들의 습속을 유지하여 내려왔다.

그리고 이러한 '수척'은 '기생'의 별칭이기도 했다. 그것은 우선 이러한 양수척
집단에서 기생이 나왔기 때문이다.

> **양수척(楊水尺)**은……오직 사냥을 일삼고 유기(柳器)를 엮어 파는 것을
> 업으로 삼았다. **대개 기종(妓種)은 본래 유기장(柳器匠)의 집에서 나왔다.**
> 고려사, 열전 '최충헌'[40]

그러나 조선 전기에 와서는 이러한 양수척의 부류를 양민으로 간주하게 되었
으므로, 기생도 더 이상 이러한 양수척에게서 얻지 못하게 되었다. 그래서 다음
과 같이 '간(干)'이니 '척(尺)'이니 하는 특수 집단에서 관기(官妓)를 뽑지 않고

---

36) 一白丁[我國有別種人 以射獵結造柳器爲業 異於篇甿 名曰白丁 卽前朝楊水尺也] 중종실록,
　　5년 8월 4일(정해)

37) 東大門內 水尺聚接 楊州近處水尺宰殺牛馬以買食者 皆聚於此 중종실록, 20년 12월 14일(무술)

38) 白丁 或稱和尺 或稱才人 或稱韃靼 其種類非一……本非我類 세조실록, 2년 3월 28일(정유)

39) 강만길, 「왕조(王朝) 전기(前期) 백정(白丁)의 성격(性格)」, 『조선시대 상공업사 연구』, 1984,
　　한길사.

40) 楊水尺……唯事畋獵 編柳器販鬻爲業楊 凡妓種本出於柳器匠家 고려사, 열전 '최충헌'

관비(官婢)에서 관기(官妓)를 뽑게 된다. 신분 사회였던 조선 사회에서는 제도적으로 기생과 같은 천역을 지울 수 있는 것은 천인인 관비뿐이었기 때문이다.

> 또 더구나 **먼저 있던 관기(官妓)들로 간(干)이니 척(尺)이니 칭하는 것들도** 이제는 모두 천역을 면하여 보충군에 소속되고, **지금의 관기(官妓)는 다 관비(官婢)에서 뽑았으므로**, 관청 내의 모든 사역(使役)에 있어 오히려 부족한 점이 있으니, 그 폐단도 작지 않습니다.
>
> 세종실록, 원년 4월 14일(무자)[41]

그러나 고려시대 북방 유목민 계통의 양수척(楊水尺)에서 기생이 나온 전통이 있었기에, 다음에 보듯, 조선 후기까지도 기생이 수척으로도 불렸다.

> **수척(水尺)**은 관기(官妓)의 별명이다.
>
> 정약용, 『아언각비』(1819)[42]

이렇듯 '수척(水尺)'이란 말은 나중에 백정이 되는 북방계 사람들을 지칭한다는 것과 기생에 대한 별칭이기도 했다는 것을 확인할 수 있다.

또한 '창(倡)'이란 글자는 '배우 창', '기생 창'으로 기생을 뜻하는 말로도 쓰였다. 그래서 중국에서도 기생을 '창기(倡伎)', 기생집을 '창가(倡家)'라 했다.[43] 우리나라에서도 역시 이와 같았다.[44]

---

41) 又況在先官妓之稱干稱尺者 竝令免賤 屬補充軍 今之官妓 悉以官婢擇定 官中諸役 尙有不
  敷 其弊不貲　세종실록, 원년 4월 14일(무자)

42) 水尺者 官妓之別名也　정약용의 『아언각비』(1819)

43) 游觀弟內 多從倡伎　『후한서』, '양기전(梁冀傳)'
  倡家日暮紫羅裙 清歌一轉口氣氛　노조린(盧照鄰), 「장안 고의(長安古意)」
  제교철차(諸橋轍次), 『(修訂版) 大漢和辭典』, 東京: 大修館書店, 1984, 卷一: 843쪽.

44) 敎坊獻歌謠奏伎 引行沈香山 王妃駐輦觀之 倡伎前導歌舞　세종실록, 22년 4월
  倡樂盛　정현석, 『교방가요(敎坊歌謠)』, '교방가요 서(敎坊歌謠叙)', 1872.
  金庚信鷄林人……馬遵舊路 誤至倡家　이인로, 『파한집』

그러므로 『계림유사』의 '창왈(倡曰) 수척(水尺)'은 현재까지도 우리나라에서 '광대'를 분명히 '수척(水尺)'이라고 한 사례가 없는 반면, 기생은 분명 조선 후기까지도 '수척(水尺)'으로 불리기도 했고, 송나라 손목의 기록도 또한 수척 집단의 여자들이 기생이 되기도 했던 고려시대의 기록이므로 여기서의 '창(倡)'을 '광대'보다 '기생'으로 볼 여지가 있다.

다음으로 '창인지자왈(倡人之子曰) 고작(故作) 악공역왈(樂工亦曰) 고작(故作) 다창인지자위지(多倡人之子爲之)'도 '기생의 아들을 고작(故作)이라고 한다. 악공 또한 고작(故作)이라 한다. 기생의 아들들이 많이 악공이 된다'로 해석하는 것이 제도적으로도 사실에 부합하는 해석이다.

중국에도 그러했듯,[45] 우리나라에서도 다음처럼 제도적으로도 기생의 아들들이 악공이 되었기 때문이다.

> 예조에서 아뢰기를,
> "......전악서(典樂署)[46]는 **기생의 자손들**과 공노비로 부족한 인원을 보충합니다......."
> 하니, 그대로 따랐다.
>
> 세종실록, 15년 2월 14일(무술)[47]

> 예조에서 아뢰기를,
> "......갑오년 6월 28일 이후에 **여기(女妓)**로서 양인(良人)에게 시집가서 낳은 자와, 선덕(宣德) 7년 7월 1일 이후에 **여기(女妓)**로서 동·서반 유품(流品)

---

45) 전경욱 교수는 중국에서도 기생의 아들들이 악공이 되었음을 옹민화(翁敏華) 교수(중국 상해 사범대학교)를 통해서도 확인할 수 있다 했다.
　　고려대 민속학연구소 제2회 학술회의 '중국의 산악백희와 놀이꾼(優伶)'
　　　　일시: 2000. 9. 27.　　장소: 고려대 한국학관 시청각실
　　당시 옹민화(翁敏華) 교수는 「중국 우령(優伶)의 역사와 종류」란 연구 발표를 하였다.
46) 조선시대 궁중 음악은 아악(雅樂)을 담당한 아악서(雅樂署)와 당악(唐樂)과 향악(鄕樂)을 담당한 전악서(典樂署)에 의해 유지되었다.
47) 禮曹啓......典樂署則妓孫及公賤充差......從之 세종실록, 15년 2월 14일(무술)
　　'유승원, 『조선 초기 신분제 연구』, 을유문화사, 1987, 378쪽'에서 재인용

의 7품 이하와 문·무과에 급제한 자 및 생원·성중관(成衆官)·유음(有蔭)
자손에게 시집가서 낳은 자......무동(舞童)에 정속(定屬)시키고, 그 나이 장성
함에 이르러 다시 **악공**으로 이속(移屬)시키고......"

하니, 그대로 따랐다.

세종실록, 16년 3월 16일(계사)[48]

악공에 대해서는, 경기 이남의 경우에는 고려 말에는, 다음에 보듯, 주로 무당
집안의 남자들이 동원되었다.

> 호구(戶口)를 조사하여 호적(戶籍)을 작성하는 것은 재상들이 건의하고 전
> 하가 비준한 것이며, 이 일은 제가 중국에 가 있었을 때에 제기되었습니다.
> 그리고 **맹인과 무당(巫堂)의 자식을 전부 모아서 악공을 시키는 것은 전의시
> (典儀寺)에서 전하의 명령을 받들고 실시한 것입니다.** 그런데 호적이 없고 남
> 의 이름을 쓰는 자들은 호적이 자기에게 불편하다고 원망하면서 이것이 제가
> 한 짓이라고 합니다. 맹인과 무당들은 그 제의가 저에게서 나온 것으로 간주하
> 고 저를 저주하고 있습니다.

고려사, 열전, '정도전'[49]

이것은 다음에 보듯 조선 전기에 또다시 확인된다.

> 봉상시와 아악서의 악공은......2백 98명이 소용되옵는데, **이 앞서 무녀의 자
> 질(子姪)과 양인(良人)의 정리(丁吏) 등으로 이에 속하게 하였으나,** 원래 정원
> 이 겨우 2백 명으로 오히려 98명이 부족하오며......**구례에 의하여 무녀의 자질
> 과 놀고 지내는 양민들로 나이 13세 이상 20세 이하 되는 자를 선택하되, 서울**

---

48) 禮曹啓......甲午六月二十八日以後 女妓嫁良夫所生 宣德七年七月初一日以後 女妓嫁東西
班 流品七品以下文武科出身人生員成衆官有蔭所生子孫......屬於舞童 及其年長 移屬樂
工......從之 세종실록, 16년 3월 16일(계사)

49) 戶口成籍 堂臣言之 殿下可之 其事出於臣在中原之時也 刷盲人巫師之子 充樂工 典儀寺奉
殿下之命而行之者也 無籍冒名之徒 怨戶籍之不便於己者 曰道傳之所爲也 盲人巫師以此
議爲出於臣而詛之 고려사, 권119 열전 제32 '정도전'

에서 30명, **충청도**에서 30명, **전라도**에서 35명, **경상도**에서 40명, **강원도**에서
15명으로 하고

세종실록, 11년 3월 22일(무진)[50]

이렇듯 악공이 되는 집단은 세종 이전까지는 경기 이남에서는 대체로 이른바
세습 무당 집안의 남자들이었다. 그러면 세종 이전에는 세습무가 없는 경기이북
에서는 어떤 집단이 악공이 되었을까? 이 경우 우리나라에서 제도적으로 기생
의 아들들이 악공이 되기도 하였으므로, 세습무가 없었던 경기이북에서는 기생
의 아들들이 악공이 되었을 것이다.

그러므로 이러한『계림유사』의 손목의 기록에 대해, 광대를 '수척(水尺)'이라
한 기록도 없고 수척 계통의 백정 집단과 광대 집단은 실제 다른 집단이었던
반면에, 우리나라에서는 기생을 '수척(水尺)'이라 한 사실도 있고 기생의 아들이
제도적으로 악공이 되기도 하였으므로,『계림유사』의 '창왈(倡曰) 수척(水尺)',
'창인지자왈(倡人之子曰) 고작(故作) 악공역왈(樂工亦曰) 고작(故作) 다창인
지자위지(多倡人之子爲之)'는 '기생을 수척(水尺)이라 한다', '기생의 아들을 고
작(故作)이라고 한다. 악공 또한 고작(故作)이라 한다. 기생의 아들들이 많이
악공이 된다'로 해석하는 것이 여러 모로 가장 자연스럽다. 우리나라에서는 기
생이 원래 양수척 집안에서 나왔기에 '수척'이라고 흔히 말해 왔으나 중국인 손
목으로서는 '기생'을 '수척'이라고 하는 것은 처음 들었기에 이를 이상하게 여겨
견문록이자 역어집(譯語集)인 그의『계림유사』에 고려에서는 '기생을 수척이라
한다'는 말을 굳이 적어 남겼던 것이다.

그런데 이러한 자연스런 해석에도 불구하고 '창왈(倡曰) 수척(水尺)'에서 '창
(倡)'을 종래 '광대'로 본 것은 조선왕조실록에 다음과 같은 언급도 있기 때문이다.

---

50) 奉常寺雅樂署樂工……二百九十八人 前此巫女子姪及良人丁吏等屬之 元額僅二百人而欠
九十八人……依舊禮 巫女子姪閑散良民擇取年十三歲以上二十歲以下 京中三十名 忠靑道
三十名, 全羅道三十五名 慶尙道四十名 江原道十五名 세종실록, 11년 3월 22일(무진)

　　여광대(如廣大) 서인(西人) 주질(注叱) 농령(弄鈴) 근두(斤斗) 등(等) 유규
식지희(有規式之戲) 즉의구위지(則依舊爲之)
　　여수척(如水尺) 승광대(僧廣大) 등(等) 소학지희(笑謔之戲) 즉열립비수(則
列立備數) 이이가야(而已可也)

문종실록, 원년 6월 10일(임오)

국가가 상중(喪中)에 있는데 중국 사신이 오게 되어 산대희를 어떻게 하느냐
와 관련하여 문종 자신이 ' ~ 등의 규식지희는 예전처럼 하고, ~ 등의 소학지희
는 열지어 서게 해서 숫자만 갖추는 것이 가하다'라고 하고 있는 것이다. 문제는
'여수척(如水尺) 승광대(僧廣大) 등(等) 소학지희(笑謔之戲)'에 대한 해석이다.
종래에는 이를 '수척에 의한 승광대 등의 소학지희' 등 '수척'을 행위 주체로 해석
하곤 했다.[51] 이는 위의 '여광대(如廣大) 서인(西人) 주질(注叱) 농령(弄鈴) 근
두(斤斗) 등(等) 유규식지희(有規式之戲)'에서 '광대(廣大)'를 행위 주체로 보아
'광대에 의한 서인, 주지, 농령, 근두 등의 규식지희'로 해석하는 것에 영향 받은
것이다.

　　그런데 조선시대까지만 하더라도 다음에 보듯 '광대(廣大)'는 흔히 '가면'의
뜻으로 사용되었다.

　　나례청의 잡상(雜像)인 주지(注之), 광대(廣大) 등의 물품을 우변 나례청은
이미 이전에 쓰던 것으로 수리해 만들었는데……이른바 **주지(注之), 광대(廣
大) 등의 물품**은 모두 지난해에는 새로 만들었는데……어찌 **주지(注之), 광대
(廣大)를 위하여 본조에 별도의 국(局)을 설치할 수 있겠습니까.** 지난해의 전
례대로 **나례청의 공장(工匠)들로 하여금 같은 양식으로 수리해 만들게 하고**

광해군일기, 8년 8월 20일(무오)[52]

---

51) 주33)과 동일.

52) 儺禮廳 雜像注之廣大等物 右邊儺禮廳則已以前件修造……所謂注之廣大等物 皆是上年新
　　造之件……豈可爲注之廣大 別爲設局於本曹乎 依上年禮 令儺禮廳工匠等 一樣修造 광해
　　군일기 8년 8월 20일(무오)

중국 사신이 왔을 때 사용할 주지(注之) 및 작은 주지(注之) 한 개, 평량자 50개, 절요마(折要馬), **광대(廣大)** 등에 들어갈 채색

'나례청등록'(1624)[53]

가면(假面) ○**광대**

『역어유해(易語類解)』(1690)

여기서의 '광대(廣大)'는 분명히 가면을 뜻한다. 그리고 이러한 '광대(廣大)'와 함께 거론되는 '주지(注之)'는 오늘날 사자탈에 해당한다. 그러므로 문종실록의 '여광대(如廣大) 서인(西人) 주질(注叱) 농령(弄鈴) 근두(斤斗) 등(等) 유규식지희(有規式之戲)'의 '주질(注叱)'도 사자탈이 분명하다.

한편 '광대'란 말이 사람에게 쓰일 경우에는 연희를 하는 사람을 가리키는 말이다. 그런데 문종실록에는 연희적 성격의 '소학지희'가 아닌 사자춤, 농령 곧 구슬들던져받기, 근두 곧 땅재주 등과 같은 '규식지희'에 이 '광대'가 제시되어 있어 문종실록의 이 '광대'는 연희를 하는 '광대'가 아닌 위의 '가면'의 용례들에서처럼 '가면'으로 쓰여진 것이 문맥에도 맞다 할 것이다. 여기서의 '광대'는 '가면춤' 정도가 될 것이다.

따라서 문종실록의 '여광대(如廣大) 서인(西人) 주질(注叱) 농령(弄鈴) 근두(斤斗) 등(等) 유규식지희(有規式之戲)'는 '가면춤, 서인, 사자춤, 농령, 근두[54] 등의 규식지희'로 해석하는 것이 적절하다.

이렇게 문종실록의 '광대'가 그 이하 나열된 종목들의 행위 주체가 아니라 그 이하 나열된 종목들과 대등한 한 종목이라면, 그 다음 '여수척(如水尺) 승광대(僧廣大) 등(等) 소학지희(笑謔之戲)'의 '수척'도 종래 보아온 것과 같이 '승광대(僧廣大)'와 같은 놀이를 하는 주체가 아니라 '승광대(僧廣大)'와 대등한 인물로 보는 것이 적절하다.

---

53) 天史時所用 五色注之及小注之一 平涼子五十介 折要馬 廣大 等 所入與彩色 '나례청등록'
54) 서인(西人)은 미상(未詳)이고 농령은 여러 구슬들을 던져 받는 놀이이며 근두는 땅재주이다.

이에 대해 서대석 교수는 전경욱의 발표에 대한 필자의 토론 과정에서 '여광대(如廣大) 서인(西人) 주질(注叱) 농령(弄鈴) 근두(斤斗) 등(等) 유규식지희(有規式之戲)'에서 '광대(廣大)'가 주체가 될 경우, 한문의 문장 구성상 '광대(廣大)' 다음에 '지(之)'가 더 있어서 '여광대지(如廣大之)~ '와 같은 식이 되는 것이 일반적이라고 했다.[55]

중문학과의 김학주 교수도 이 부분의 해석에 있어, 원문이 '여수척(如水尺) 승광대(僧廣大) 등(等) 소학지희(笑謔之戲)'로 되어 있는데, 이처럼 '등(等)'이란 말을 쓸 경우에는 두 개 이상의 말이 나열된 경우로 보는 것이 자연스럽다고 하여, 여기에서처럼 '수척'과 '승광대'를 대등하게 보는 쪽을 지지하였다.[56] 그리고 박진태 교수도 '등(等)'이란 말이 있을 경우 두 개 이상의 대등한 말이 나열된다는 김학주 교수의 지적에 특히 주목하여 이 부분의 해석에 필자의 견해를 지지했다.[57]

그러면 '수척(水尺)'은 종래 백정이나 기생을 뜻하던 말이었으므로, 이 대목은 '백정, 중광대 등이 등장하는 소학지희' 혹은 '기생, 중광대 등이 등장하는 소학지희'로 해석하는 것이 온당할 것이다.

그러면 여기서의 '수척'은 백정일까, 기생일까?

백정은 현재 산대 탈놀이 계통에는 나오지 않는다. 다만 서낭제 탈놀이 계통인 안동 하회 탈놀이에 나올 뿐이다.

안동 하회 탈놀이에는 주지(사자탈), 백정, 각시, 중, 양반, 선비, 초랭이, 이매, 부네, 할미 등의 등장인물이 나오는데,[58] 이는 본산대 탈놀이 계통인 양주별산대 탈놀이에 등장하는 상좌, 옴중, 목중, 연잎, 눈끔적이, 완보, 신주부, 왜장녀, 노장, 소무, 말뚝이, 원숭이, 취발이, 샌님, 포도부장, 신할아비, 미얄할미 등의 인물들[59]과 많이 다르다. 그런데 탈놀이는 대체로 종교적 의식에서 발전되어

---

55) 2000년 8월 18일 대구 계명대학교 '2000년 한국구비문학회 하계 학술발표회장'
56) 2001년 6월 23일 충남대학교 '2001년 한국 고전희곡학회 하계 학술발표회장'
57) 2002년 2월 18일 건국대학교 '2001년 한국 구비문학회 동계 학술발표회장'
58) 이두현, 1979, 104~107쪽.
59) 위의 책, 123쪽.

나온 것이므로 종교적 성격이 강한 주지와 초랭이가 있는 안동 하회 탈놀이가 산대 탈놀이보다 오히려 고형(古型)을 유지한 면이 있을 수 있다. 주지와 초랭이 곧 초란이[60]는 구나 의식에 악귀를 쫓는 존재들이기에 원래 궁중 나례의 탈놀이에도 이러한 등장인물들이 있었으리라 여겨진다. 그런데 안동 하회 탈놀이에는 아직 종교적인 고속(古俗)이 많이 남아 있어 그러한 구나적 성격의 탈들이 아직도 남아 있고, 종교적 의식에서 예술적 극으로의 전화가 많이 이루어진 양주별산대에서는 이러한 종교적 탈들은 오늘에 이르며 없어지게 된 것으로 여겨지는 것이다.

주지가 궁중의 탈놀이에도 있었을 것임은 '주지(主之)' 등이 거론된 '나례청등록'의 기록을 통해서도 충분히 짐작할 수 있고, 초란이가 원래의 산대 탈놀이에 있었음은 정약용(1762~1836)의 『목민심서』 '금폭(禁暴)' 항목에 다음처럼 '초란이'를 산대놀이와 관계시킨 것을 통해서도 알 수 있다.

> 굴뢰붕간(窟櫑棚竿)의 놀음
> ; 방언(方言)으로 초란이(焦闌伊)라고 하니 또한 산대(山臺)놀음의 이름이다.[61]

실제로도 초란이의 경우에는 같은 본산대 탈놀이 계통인 송파산대 탈놀이에는 남아 있다.[62]

이렇듯 원래의 궁중의 탈놀이에는 있었을 주지, 초란이 등이 있는 안동 하회 탈놀이가 산대 탈놀이 계통들보다 고형(古形)을 유지하고 있는 것이라면, 안동 하회 탈놀이에 나오는 백정도 원래의 궁중의 탈놀이에도 있었을 가능성이 어느

---

60) 위의 책, 27~28쪽.

61) 窟櫑棚竿之戲 方言焦闌伊 亦名山臺 '위의 책, 27쪽'에서 재인용.

62) "다만 송파산대(松坡山臺)놀이에는 양주별산대(楊州別山臺)놀이에서 이미 탈락한 초라니, 당녀(唐女), 해산어멈, 신할멈, 무당탈 들을 따로 갖고 있고, 놀이 과장(科場)에서도 이들 탈들이 맡는 역(役)이 따로 있어 이런 점에서는 송파산대(松坡山臺)놀이가 비교적 고형(古型)을 보존한 대목이 남아 있다고 하겠다." 위의 책, 128쪽.

정도 있다 할 것이다.

한편 수척을 기생으로 볼 경우, 기생, 중광대 등과 같은 우스갯거리는 현행 산대도감극 계통인 양주별산대나 송파산대에서 소무(小巫)와 노승(老僧)이 나오는 노장 과장이 있어 현재 알려진 산대희의 실제적 내용과도 어느 정도 일치한다 할 것이다.

그러나 여기서 필자는 문종실록의 '수척'은 오히려 백정 쪽으로 보고자 한다. '수척'이 기생에 대한 별칭으로 분명 쓰여졌기는 하나, 조선왕조실록에는 기생을 분명히 '수척'으로 기록한 용례가 없는 반면 백정은 흔히 '수척'으로 기록하였으며, 안동 하회탈놀이에 백정이 나오듯 과거의 산대 탈놀이에 백정도 나왔을 가능성이 많기 때문이다.

'여수척(如水尺) 승광대(僧廣大) 등(等) 소학지희(笑謔之戲)'의 '수척'은 소학지희에 등장하는 인물임이 분명하고, 여기서의 '수척'은 백정 쪽으로 보고자 하는 것이다.

한편 이러한 문종실록의 재해석에 있어, 여기서 '여수척(如水尺) 승광대(僧廣大) 등(等) 소학지희(笑謔之戲)'의 '수척'을 종래대로 광대의 한 부류로 본다면, 앞서 논했듯, 수척은 곧 양수척으로 나중에 백정의 한 부류가 되는 집단이다. 이들은 북방 유목민 계통으로 농사를 짓지 못해 일반 백성과 어울려 살지 못하고, 오로지 사냥과 도축을 일삼고 쉽게 강도와 도적의 무리가 되는 집단이었다. 그래서 조선 전기에는 이들을 어떻게 할 것인가라는 것을 과거의 대책(對策) 시험으로 낼 정도였다.[63] 그러므로 이러한 강퍅한 집단에게 연말 나례 시에 궁중 안에서도 이뤄지곤 하던 본산대 계통 탈놀이를 맡긴다는 것은 여러 모로 불가능한 일이다. 또한 이들에 대해,

---

63) 試文科于慶會樓池邊策日 ......盜賊之源 皆曰 起於貧窮 今之爲盜者 率皆豪悍之徒 其間才人白丁十常八九 雖使與平民雜處 尙不從化 數百年來 自成一俗 根株旣未可盡去 不去則寇盜不絕 將何術以處之 세조실록, 14년 4월 2일(신묘)

> 정재인(呈才人)과 백정(白丁) 등은 본래 항산(恒産)이 없는 사람들로 배우
> 놀음을 오로지 업(業)으로 한다.
>
> 중종실록, 36년 5월 기해[64]

라는 말이 하나 있기는 하나, 그 외에 이들에 관한 수많은 언급들은 사냥과 도축을 오로지 하고 강도질과 도적질 등을 일삼는다는 내용들 일색이다. 그러므로 여기서의 '배우놀음으로 오로지 업(業)으로 한다'도 백정(白丁)이란 말 이전에 '정재인(呈才人)'이란 '광대'가 같이 있고, 정재인(呈才人)인 광대와 백정(白丁)은 모두 항산(恒山)이 없었기 때문이었을 것이다.[65]

이러한 사실들로 보아 '여광대(如廣大) 서인(西人) 주질(注叱) 농령(弄鈴) 근두(斤斗) 등(等) 유규식지희(有規式之戲) 즉의구위지(則依舊爲之) 여수척(如水尺) 승광대(僧廣大) 등(等) 소학지희(笑謔之戲) 즉열립비수(則列立備數) 이가야(而已可也)'란 문종실록의 '수척(水尺)'은 소학지희의 한 등장인물일 뿐 광대놀음의 주체가 아닌 것으로 보는 것이 적절하다 할 것이다.

따라서 『계림유사』의 '창왈(倡曰) 수척(水尺)'에서 '수척(水尺)'을 광대로 보아 '창(倡)'을 '광대'로 반드시 해석할 여지도 없어지게 되는 것이다.

4. 본산대 탈놀이패에 대한 가능한 시각

앞서 본산대패로서의 '반인설'과 '수척설'을 부정해 보았다. 그러면 본산대패는 과연 어떤 집단이었을까?

본산대패가 어떤 집단이었던가를 규명하기 위해서는 우선 본산대 계통 탈놀이는 중앙의 산대희에서 행해진 것임을 분명히 해 둘 필요가 있다. 이에 대해서는 조원경과 이혜구가 문헌 사실들만으로 볼 때 산대희 혹은 연말 나례희에서

---

64) 呈才人 白丁 等 本無恒産之人 專業優戲 중종실록, 36년 5월 기해
65) 김일출도 이대목은 왕이 정재인과 백정·재인을 혼동한 것으로 보고 있다. 김일출, 『조선 민속 탈놀이 연구』, 과학원출판사, 1958, 122쪽.

탈놀이를 한 사실이 없다고 논의하기도 했지만,[66] 다음에 보듯 조선시대의 문헌들에는 오늘날 본산대 탈놀이를 산대희 계통에서 나온 탈놀이임을 분명히 언급하고 있기 때문이다.

> 연극에는 산희(山戲)와 야희(野戲) 양부(兩部)가 있는데, 모두 나례도감(儺禮都監)에 속한다. 산희는 결붕하장(結棚下帳)하여 사자, 호랑이, 만석승(曼碩僧)의 춤을 추고, **야희에서는 당녀(唐女)와 소매(小梅)로 분장하여 춤을 춘다.**
>
> 류득공(1749~ ?), 『경도잡지』[67]

여기서 야희의 당녀와 소매는 본산대 탈놀이 계통의 송파산대에 있었다는 당녀와 소무[68]가 분명하다. 이러한 탈놀이가 '나례도감' 곧 산대희를 주관하는 기관의 행사 중 '연극' 부분에 속해 있었던 것이다.

> 산대(山臺): 선비, 중, 미인(美人)이 모두 가면을 쓴다.
>
> 정현석, 『교방가요』(1872)[69]

여기서의 '선비, 중, 미인(美人)'는 오늘날 양주별산대나 송파산대의 샌님, 노장, 소무에 해당하는 것이 분명하다. 이러한 탈놀이를 이 당시에도 '산대'라 하여 원래 산대 탈놀이 계통에서 나온 것임을 말해 주고 있는 것이다.

또 오늘날 전승되고 있는 탈놀이의 명칭도 '양주별산대', '송파산대'처럼 국가에 큰 행사가 있을 때 열리는 산대희와 같은 산대놀이에서 나왔음을 분명히 하고 있다.

---

66) 조원경, 「나례와 가면무극」, 『학림』 제4집, 연희대 문과대 사학연구회, 1955.
이혜구, 「목은 선생의 구나행(驅儺行)」(1955), 『(보정판(補訂版)) 한국 음악의 연구』, 민속원, 1996.

67) 演劇有山戲野戲兩部 屬於儺禮都監 山戲結棚下帳 作獅虎曼碩僧舞 野戲扮唐女小梅巫　류득공(1749~ ?), 『경도잡지(京都雜志)』, 권1.

68) 주61) 참조.

69) 山臺　士與僧美人 皆假面　정현석, 『교방가요』(1872)

　　이러한 사실들로 보아, 오늘날의 양주별산대나 송파산대 같은 본산대 탈놀이 계통은 중앙의 산대희에서 행해진 탈놀이에서 나온 것이 분명한 것이다.

　　그러면 이러한 산대희 계통의 본산대 탈놀이를 한 사람들은 누구일까? 이는 산대희를 누가 했느냐이고, 이것은 조선시대의 경우 궁궐의 연말 나례희를 누가 했느냐로 이어진다.

　　고려시대의 팔관회, 연등희, 연말 나례희 등 산대 가무백희류의 공연들이 이뤄진 행사들은 조선시대에는 연말 나례희로만 축소되었다. 조선시대에 들어 불교적 성격이 있었던 팔관회와 연등회는 폐지되고 중국의 나례 의식에서 들어온 연말 나례희만 남게 된 것이다. 조선시대에는 이러한 연말 나례희 때 산대도 만들고 전대의 가무백희도 집결하였다. 조선시대의 산대 가무백희류의 행사들은 사실상 이 연말 나례희를 통해 전승·발전된 것이다. 가끔씩 있었던 국중의 큰 경사 때나 중국 사신맞이 행사 때의 산대희는 이렇게 매년 있었던 궁궐의 연말 나례희의 확대·연장에 지나지 않았다. 그래서 다음에 보듯 조선시대에는 이러한 행사들에서의 산대희도 흔히 '나례'라고 하는 관례가 성립되었다.

> 　　중국 사신 환관(宦官) 유경(劉璟)……칙서(勅書)와 상(賞)으로 주는 하사품(下賜品)을 받들고 오니, 산붕(山棚)을 설치하고, 결채(結綵)하고, **나례(儺禮)**를 준비하라.
>
> 　　　　　　　　　　　　　　　　　　　　　　　　태종실록, 4년 11월 갑진[70]

> 　　중국의 사신 영접 시 결채(結綵)하고 **나례(儺禮)**를 준비하는 것
>
> 　　　　　　　　　　　　　　　　　　　　　　　　세종실록, 8년 4월 12일(을해)[71]

> 　　나례도감(儺禮都監)이 아뢰기를,
> 　　"**나례(儺禮)**를 할 때 헌가(軒架)와 놀이들을 올리는 것은 전적으로 희자(戲子)들이 맡아하기 때문에, 종묘에 고하는 중대한 예식 날짜를 이달 9월 16일로

---

70) 朝廷使臣宦官劉璟……奉勅書及賞賜來 設山棚結綵備儺禮　태종실록, 4년 11월 갑진
71) 朝廷使臣迎接時 結綵儺禮之備　세종실록, 8년 4월 12일(을해)

잡은 뒤에……"

광해군일기, 11년 9월 12일(신묘)[72]

상이 조사(詔使)가 나왔을 때에 **나례(儺禮)**를 설행할지의 여부를 대신에게 의논하라고 명하였다.

인조실록, 원년 10월 2일(무자)[73]

이러한 조선시대의 연말 나례희를 담당한 사람들은 다음에 보듯 서울지역 광대들과 경기도지역 광대들이었다. 그러한 사정이 다음의 기사들에 잘 나타나 있다.

나례는 조종조(祖宗朝) 때부터 행한 것이니, 경솔히 할 수 없다. 우인들은 본래 농사를 짓지 아니하고 양식을 구걸하여 먹고 살며, 또 먼 곳의 사람들이 아니라 **경기(京畿)에 거주하는 이틀 정도의 거리에 있는 사람들**이다.

세종실록, 13년 6월 25일(정사)[74]

근래 흉년이 들었으므로 나례 때에 정재(呈才)하는 사람을 경중(京中)에 사는 자만으로 하였으나 올해에는 곡식이 조금 잘되었으니, **조종조(祖宗朝)의 전례에 따라 경기의 각 고을과 경중의 정재(呈才)하는 사람을 아울러서 하라.**

중종실록, 23년 10월 15일(계미)[75]

원래는 경기도지역까지의 광대들이 동원되었으나 나라의 사정이 어려울 때는 서울지역 광대들만을 동원하였던 것이다.

---

72) 儺禮都監啓曰儺禮之時 軒架呈戲 專掌戲子之事 故告廟大禮 今九月十六日擇日之後　광해군일기, 11년 9월 12일(신묘)

73) 上命議詔使時儺禮亭否于大臣　인조실록, 원년 10월 2일(무자)

74) 儺禮 自祖宗祖行之 不可輕改 凡優人本不業農 乞糧而食 且非遠地人 皆京畿居二日程者　세종실록, 13년 6월 25일(정사)

75) 近來年歲凶歉 故儺禮時呈才人 只以京中居者爲之矣 今年則稍稔 其依**祖宗朝例 以京畿各官及京中呈才人並爲之**　중종실록, 23년 10월 15일(계미)

그런데 이렇게 연말 나례희 때 외부에서 동원되는 사람들 외에 원래 궁중 소속의 사람들도 있었다. 바로 원래의 연말 나례인 구나(驅儺)를 담당한 악공들이었다.

우리나라의 연말 나례는 고려 단종 6년(1040)에 들어온 이래 그 절차는 중국의 나례 의식을 그대로 답습하였다. 그것은 고려사의 '계동(季冬) 대나의(大儺儀)'가 신당서(新唐書)의 '대나(大儺)'의 의식과 같은 것을 통해서도 알 수 있다.[76] 이러한 의식은 주(周)나라의 나례(儺禮) 의식을 이은 것으로 방상씨, 진자(辰子), 창수(唱帥), 고각군(鼓角軍) 등이 구나 의식을 맡아한 것이다.

그런데 다음에 보듯 계동(季冬) 대나(大儺)에서 구나를 맡은 집단은 악공들이다.

계동(季冬) 대나의(大儺儀)

기일(期日) 하루 전에 서운관(書雲官)[77]에서 사람들의 **나이 12세 이상으로부터 16세 이하까지를 뽑아서 진자(辰子) 48명**으로 만들고 2대(隊)를 나누어서 한 대(隊)에 24명으로 하여, 6명을 1행(行)으로 만들어 가면을 쓰고 붉은 옷을 입고 채찍을 쥐게 한다. **공인(工人) 20명**은 붉은 두건(頭巾)을 쓰고 붉은 옷을 입게 하는데, 방상씨 4명은 황금빛 네 눈의 가면에 웅피(熊皮)의 현의(玄衣)와 주상(朱裳)을 덮어 입고, 오른 손에는 창을 쥐고 왼손에는 방패를 쥐게 하며, 창수(唱帥) 4명은 봉(棒)을 쥐고 가면을 쓰고 붉은 옷을 입으며, 집고(執鼓) 4명, 집쟁(執錚) 4명, 취적(吹笛) 4명은 모두 붉은 두건을 쓰고 붉은 옷을 입는다. **서운관의 관원 4명**은 공복(公服)을 입고 각각 관할 부서를 감독한다……그날 이른 새벽에……서운관의 관원이 나자(儺者)를 인도하여 북을 치고 함성을 지르면서 내정(內庭)으로 들어가고, 방상씨는 창을 잡고 방패를 들면서 소리를 지르고, 진자가 모두 화답한다. 그 부르는 말은, "갑작(甲作)은 흉(歹凶)을 먹고, 필위(胇胃)는 역(疫)을 먹고, 웅백(雄伯)은 매(魅)를 먹고, 등간(騰簡)은 불상(不祥)을 먹고…… 네가 급히 가지 않으면, 뒷사람의 양식이 될

---

76) 김학주, 『한·중 두 나라의 가무와 잡희』, 서울대출판부, 1994, 9~10쪽.
77) 이후 관상감(觀象監)으로 개칭되었다.

것이다"고 한다. 돌아다니면서 부르고, 이를 마치면 여러 대(隊)가 북을 치고 함성을 지르면서 각각 광화문으로 달려가 나와서는 4대(隊)로 나뉘는데(**대(隊)마다 각각 방상씨 1명, 진자가 12명 그 중 채찍을 잡은 아이가 5명, 창수·집봉, 집쟁, 집고, 취적이 각각 1명이다**) 매 대(隊)마다 횃불을 가진 10인이 앞에서 행진한다. 서운관의 관원 각각 1인이 이들을 거느리고 마침내 4문(四門)의 곽외(郭外)에 이르러 그친다.

세종실록, '오례의'[78]

대나(大儺)를 진자 48명, 악공이 20명, 서운관 관원 4명이 맡아하고 있기에 악공이 대나의 중심인물임을 알 수 있다. 악공 20명에서 방상씨 4명, 창수·집봉 4명, 집고 4명, 집쟁 4명, 취적 4명이 나오는 것이다. 그래서 인용문 뒤의 각 대(隊)의 내용에는 바로 방상씨로부터 시작해서 취적으로 끝나 있으며 악공은 없는 것이다. 또한 악공이 방상씨와 창수 등이 되는 것은 고려사의 대나의(大儺儀)와 성현의 『용재총화』를 통해서도 알 수 있다.

> **악공 22명** 그 중 한 명이 방상씨가 되고……그 중 한 명이 창수가 되고
>
> 고려사, 지18 예6 '계동(季冬) 대나의(大儺儀)'[79]

> **악공** 한 명이 창수가 된다.
>
> 『용재총화』, 권1[80]

---

78) 季冬 大儺儀　前一日書雲觀選人年十二以上十六以下爲辰子四十八人兮 爲二隊 每隊二十四人 六人作日行 着假面赤衣執鞭 工人二十人着赤巾赤衣 方相氏四人着假面黃金四目 蒙熊皮玄衣朱裳 右執戈 左執盾 唱帥四人執棒着假面赤衣 執鼓四人 執錚四人 吹笛四人 具着赤巾赤衣 書雲觀四人着公服各監所部……其日曉頭……書雲觀引儺者鼓譟 進入內庭 方相氏執戈揚盾唱之 侲子皆和 其辭曰 甲作食歹凶 胇胃食疫 雄伯食魅 騰簡食不祥……汝不急去 後者爲糧 周呼訖 諸隊鼓譟 各趣光化門以出 分爲四隊(隊各方相氏一人 侲子十二人 執鞭五人 唱帥執棒執錚鼓吹笛各一人) 每隊持炬十人前行 書雲觀官各一人領之 遂至四門郭外而止　세종실록, '오례의(五禮儀)'

79) 工人二十二人 其一 方相氏……其一爲唱帥　고려사, 지18 예6 '季冬大儺儀'

80) 樂工一人爲唱帥　『용재총화』, 권1.

구나라는 것이 잡귀잡신이 무서워 할 가면들을 쓰고 타악기들을 두들기는 것이기에 이를 제대로 할 수 있는 사람들은 악공들이었던 것이다.

그런데 이것은 주례에 입각한 대나로 제석날 이른 새벽 궁궐의 구나를 한 뒤 광화문에 다시 모여 서울 도성의 동·서·남·북대문 등 4대문까지 가서 마치는 의식이다.

이에 앞서 제석 전날 저녁에는 다음과 같은 나례 의식이 궁궐 안에서 이뤄졌다.

> 구나(驅儺)의 일은 관상감에서 주관하였다. **섣달그믐 전날 밤에 창덕궁과 창경궁의 뜰에서 한다.** 그 규제(規制)는 붉은 옷에 가면을 쓴 **악공 한 사람**은 창수(唱師)가 되고, 황금빛 네 눈의 곰껍질을 쓴 **방상씨 4명**은 창을 잡고 서로 친다. **지군(指軍) 5명**은 붉은 옷과 가면에 화립을 쓴다. **판관(判官) 5명**은 초록색 옷에 가면과 화립을 썼고, 조왕신(竈王神) 4명은 푸른 도포를 입고 복두(幞頭)를 쓰고 목홀(木笏)을 쥐고 가면을 썼으며, **소매(小梅) 수인**은 여자 모양의 가면을 썼는데, 저고리와 치마 모두 분홍 저고리에 초록색 치마를 입었고, 손에 긴 당간(幢竿)을 잡는다. 12신은 모두 귀신의 가면을 쓰는데, 예를 들면 자신(子神)은 쥐 모양의 가면을 쓰고, 축신(丑神)은 소 모양의 가면을 쓴다. 또 악공 10여 명은 복숭아나무와 갈대 이삭을 들고 이를 따른다. 아이들 수십 명을 뽑아서 붉은 옷, 붉은 두건에 가면을 씌워 진자(侲子)로 삼는다. 창수가 큰 소리로, “갑작(甲作)은 흉(歹凶)을 먹고, 불주(佛胄)는 범을 먹으며……그 때 후회함이 없도록 하라” 하면 진자가, “예” 하고 머리를 조아리며 복죄(服罪)하는데 여러 사람이, “북과 징을 쳐라” 하면서 이들을 쫓아낸다.
>
> 『용재총화』, 권1[81]

이것을 이어 『용재총화』에서는 역시 제석날 새벽의 앞서 소개한 궁궐의 대나

---

81) 驅儺之事 觀象監主之 除夕前夜 入昌德昌慶闕庭 其爲制也 樂工一人爲唱師 朱衣着假面 方相氏四人 黃金四目 蒙熊皮執戈擊柝 指軍五人 朱衣假面着畵笠 判官五人 綠衣假面着畵笠 竈王神四人 靑袍幞頭木笏着假面 小梅數人 着女衫假面上衣下裳 皆紅綠執長竿幢 十二神 各着其神假面 如子神着鼠形 丑神着牛形也 又樂工十餘人 執桃苅從之 揀兒童數十 朱衣朱巾着假面爲侲子 唱師呼曰 甲作食殃 佛胃食虎 雄伯食魅 騰簡食不祥……其無悔 侲子曰喩 叩頭服罪 諸人唱鼓鑼時 驅逐出之 『용재총화』, 권1.

(大儺) 의식을 소개하고 있다.

> 제석 하루 전에 어린아이 수십 명을 모아 진자(侲子)로 삼아 붉은 옷에 붉은
> 두건을 씌워 궁중으로 들여보내면 관상감이 북과 피리를 갖추고, 새벽이 되면
> 방상씨가 쫓아낸다.
>
> 『용재총화』, 권2[82]

이러한 제석날 새벽에 대궐에서 시작되어 도성의 4대문에 이르기까지의 대나 의식에 앞서 궁궐 자체 내에서의 구나가 먼저 이뤄질 필요가 있기에 제석 전날 저녁 위에 소개한 궁궐 뜰의 그러한 구나를 하는 것이다.

또한 나자(儺者)로 제석날의 대나에는 방상씨와 진자만 보이지만 궁궐 뜰에서의 제석 전날 저녁의 구나에는 이 외에도 지군(指軍), 판관, 조왕신(竈王神), 소매(小梅) 등이 더 보인다. 오늘날의 산대 탈놀이에 연결될 수 있는 인물들인 것이다.

구나의 인물들은 중국에서도 송(宋)나라 정도에 오게 되면 방상씨, 진자 등과 같은 주(周)나라 때의 원래의 구나적 존재들은 사라지고, 판관, 종규(鍾馗), 소매(小妹), 조군(竈君) 등 민간의 설화 속에 전래되는 제신(諸神)들이 나례 의식에 등장하게 된다고 한다. 심지어 정화(政和) 연간(1111~1117)에는 대나 때 계부(桂府)에서 올린 가면이 800매나 되어 '늙은 것, 젊은 것, 고운 것, 미운 것 등' 하나도 서로 닮은 것이 없었다고 한다.[83] 이러한 중국의 나례 의식의 변모와 관련 우리나라도 주례(周禮)의 방상씨 등이 동원되는 나례 의식을 여전히 지키면서도 중국에서의 나례의 변모에 따라 새로 등장된 존재들도 조금씩 수용한 것이다.

이렇듯 연말 나례 의식에서 가장 중요한 구나 의식을 악공들이 담당했고, 이

---

82) 除夕前日 聚小童數十名爲侲子 被紅衣紅巾 納于宮中 觀象監備鼓笛 方相氏臨曉驅出之 『용재총화』, 권2.

83) 김학주, 1994, 12~13쪽.

러한 구나 의식도 시대에 따라 변하는 등 다소 변화 여지가 있었음을 살펴보았다. 이럴 경우 이러한 가면을 쓰고 하는 구나 의식이 점차 놀이화되면서 일정한 탈놀이로 변할 여지가 있을 것이다

또 이러한 제석 전날 저녁의 궁궐의 나례에는 다음처럼 임금을 비롯한 궁궐 사람들과 신하들이 관객이 된 상황에서 시정의 여러 일들을 꾸며 공연하는 광대들의 놀이들도 있었다.

> 비현합(丕顯閤)에 나아가 나례를 구경하였는데, 세자가 종친, 재추(宰樞)와 더불어 입시하였다. **우인(優人)들이 나례로 인하여 혹은 여염(閭閻)의 비세(鄙細)한 일을 개진(開陳)하고** 또 규풍(規風)하는 말도 있으므로, 임금이 즐겁게 듣고 베 50필을 하사하였다.
>
> 세조실록, 10년 1월 17일(경오)[84]

> 임금이 중궁(中宮)과 더불어 사정전(思政殿)에 나아가서 나례를 구경하니……잡희가 시작되어 밤 2고(鼓)에 **축역(逐疫)한 우인(優人)들이 잡희를 통하여 스스로 서로 문답하면서 관리의 탐오(貪汚)하고 청렴(淸廉)한 모양과 여리(閭里)의 더럽고 잔단한 일까지 들춰내지 아니하는 바가 없었다.**
>
> 세조실록, 10년 12월 28일(정미)[85]

이른바 임금은 궁궐 안에서만 살아 궐 밖의 일들을 잘 모르기에 연말 나례희 때 궐 밖의 여러 일들을 한 명의 광대가 중심이 되어 간단한 말과 흉내 내기로 하는 화극(話劇)의 전통이 연말 나례 의식이 들어온 고려시대 이래 궁중에서 전승되고 있었던 것이다.[86]

---

84) 御丕顯閤觀儺戲 世子與宗宰入侍 優人因戲或陳閭閻鄙細之事 又有規諷之言 上樂聞之 賜布五十匹　세조실록, 10년 1월 17일(경오)

85) 上與中宮御思政殿觀儺……雜戲俱作 夜二鼓逐疫優人因戲自相問答 官吏貪廉之狀 閭里鄙細之事 所不知　세조실록, 10년 12월 28일(정미)

86) 졸고, 「조선시대 화극(話劇)의 전통과 그 역사」, 『공연문화연구』 제12집, 한국공연문화학회, 2006.

이 외에도 외부에서 동원된 광대들에 의한 줄타기, 땅재주, 구슬들던져받기 등의 여러 기예들도 있었을 것이다.

그러므로 조선시대 궁궐의 나례희에는 원래의 구나적 요소 외에 이러한 연말의 축제적 분위기 속에 멀리는 삼국시대에서부터 시작되어 고려시대를 거쳤을 불교의 기악(伎樂) 계통의 가면극이나 고려시대부터 중국에서 유래한 가면을 쓰고 구나를 하는 것들 중 놀이화된 것들도 공연되었을 가능성이 많다. 그렇다면 오늘날 본산대 탈놀이 계통으로 이어질 수 있는 탈놀이도 궁중 소속 악공들이 하였을 가능성이 많다. 연말 나례에서 가장 중요한 가면을 쓰고 구나를 하는 의식을 이 악공들이 담당하여 으레 이러한 연말 나례 의식에 참가했기에 궁중에서 전래되어온 이러한 가면극들도 외부에서 동원된 광대들보다 이러한 궁중 소속 악공들이 연례적으로 했을 가능성이 많기 때문이다.

그런데 이렇게 궁중 소속의 악공들이 본산대 계통 탈놀이를 하였으리라고 해서 궁중 소속의 악공들인 장악원의 악공들을 드는 것만으로는 부족하다. 나례는 '군례(軍禮)'로 크게 보면 병조 관할이기에 예조 소속의 장악원의 악공들보다 병조 소속으로 궁궐에 있었던 군악대 계통의 악공들이 사실 더 우선적으로 고려될 수 있기 때문이다.

이러한 사정이 고려시대의 계동 대나 의식에 보다 분명히 나타나 있다.

계동(季冬) 대나의(大儺儀)

......**악공 22명 중 1명은 방상씨(方相氏)**라 하여 황금사목(黃金四目)의 가면에 웅피(熊皮)의 현의(玄衣)와 주상(朱裳)을 덮어 입고, 오른 손에는 창을 왼손에는 방패를 든다. **또 다른 1명은 창수(唱帥)**라 하여 탈을 쓰고 가죽옷을 입고 몽둥이를 든다. **고각군(鼓角軍) 20명을 1대로 하여 4명은 기(旗)를 잡고, 4명은 각(角)을 불고, 12명은 북을 치면서** 궁중의 악귀를 쫓는다.

고려사, 지18 군례 '계동 대나의)'[87]

---

87) 季冬大儺儀 ......工人二十二人其一方相氏著假面黃金四目蒙熊皮玄衣朱裳右執戈左執楯 其一爲唱帥著假面皮衣執棒　鼓角軍二十爲一隊執旗四人吹角四人持鼓十二人以逐惡鬼于

조선시대의 '계동 대나의'에서는 '악공 20명으로 방상씨 4명, 창수(唱帥) 4명, 집고(執鼓) 4명, 집쟁(執錚) 4명, 취적(吹笛) 4명을 구성한다'고 하여 이 자체 군악대란 요소를 드러내지 않았으나 이의 선행 형태였던 고려시대의 경우에는 '악공 22명으로 방상씨 1명, 창수(唱帥 1명, 고각군(鼓角軍) 20명을 구성하고 고각군은 다시 4명은 기(旗), 4명은 각(角), 12명은 고(鼓)를 담당한다'고 하여 군례였던 계통 대나의의 악공이 실은 군악대 계통의 사람들임을 분명히 하고 있는 것이다. 이럴 경우 조선시대의 '계동 대나의'에 이들 악공들이 군악대 계통 임을 굳이 드러내지 않은 것은 이러한 의식이 군례인 만큼 이것을 담당하는 악 공들도 기본적으로 군악대 계통 사람들임이 당연해서 그럴 수 있다.

궁중에는 장악원의 악공들 외에 무반 계통의 선전관청(宣傳官廳)에 속해 있 는 군악대 계통의 악공들도 있었다. 이들은 임금의 군사적 행동을 외부의 군대 들에 알리고 임금의 궁궐 내외의 거동에 취타 음악을 연주하는 것을 주된 임무 로 삼았는데, 조선 전기에는 내취라치(內吹螺赤), 조선 후기에는 내취(內吹)의 형태로 궁궐에 속해 있었다. 조선 전기의 경우 임금의 군사적 조치가 있으면 내취라치가 각(角)을 불어 외취라치에게 알리는 식이었다. 이러한 내·외 취라 치가 640명 정도였다.[88] 조선 후기의 5군영 체제에서는 원래 선전관청 소속의 원내취(元內吹)와 훈련도감, 금위영, 어영청, 용호영 등의 군영에 소속된 군악 대 일부가 봉상된 겸내취(兼內吹)로 이뤄진 이른바 '내취'가 100명 내외로 있었 다.[89] 이러한 군악대 계통의 악공들이 조선시대에도 상당수 궁궐에 있어 이들 에 의해 궁궐의 군례 의식인 나례 의식들이 이뤄질 수 있는 것이다.

禁中 고려사, 64권 지18 군례 '계동 대나의(季冬大儺儀)'

88) 今大典 不分內外吹螺赤 共六百四十人 성종실록, 원년 2월 17일(병인)

89) "영조대(1724 – 1776)에는 내취의 숫자만 해도 350명가량이었고 실질적 기능을 하는 내취는 100여 명 가량이었다.
정조대 선전관청의 기록인 『선청일기』에는 1787년(정조 11) 내취 156명, 1790년(정조 14) 겸내 취 95명, 100명이라고 기록되어 있으며 내취의 규모가 약 100여 명에서 156명까지 그 증감의 폭이 매우 넓다.……19세기 자료인 『육전조례』에는 원내취 50명과 겸내취 44명, 모두 94명이 선정관청의 도예(徒隸)에 속해 있다고 했다." 이숙희, 『조선 후기 군영악대』, 태학사, 2007, 325~326쪽.

또 이들 조선 전기 내취라치나 조선 후기의 내취가 궁궐 밖의 군대와 연결되기에 이러한 궁궐 밖 군대 소속의 군악대들에 대한 고려도 할 필요가 있다. 실제로 조선시대 말에 이뤄진 「게우사」[90]에서는 다음처럼 조선 후기 5군영의 중심 기관이었던 훈련도감의 사람들이 본산대 계통 탈놀이를 하고 역시 5군영의 한 군영인 충융청의 군악대 악공들이 반주 음악을 담당하는 것을 말하고 있기 때문이다.

> 션유노름ㅎ거든 귀경을 ㅎ쇼……슘남의 제일 광딕 젼인보힝 급피 불너 슈모~~ 칠팔인을 호스시켜 등딕ㅎ고 **좌우편 도감포슈(필자: 훈련도감 포수(砲手))** 급피 불너 **슌두노름 긔게 시화복 시탈** 션유 씌 딕령ㅎ라 이쳔양식 늬여쥬고 졍업 동막 충평 화동 목골 흠열 셩불 일등 그스 명챵 스당 골느 쎄여 이슴십명 급쥬 노와 불너오고 **슌두노름ㅎ는 씌는 충융쳥 공인 등딕ㅎ고** 노름날 퇴일ㅎ냐……강숭 육지 슘어 노코 **좌우슌 망셕츔은 구름 쇽의 넘노난 둧** 스당 그스 집진 쇼리 벽공의 낭즈ㅎ고[91]

이렇듯 본산대 탈놀이 계통을 원래 놀았던 사람들을 찾기 위해서는 궁궐에서 나례 의식들을 한 악공들을 고려하고, 이러한 나례 의식들을 한 악공들을 고려할 경우 궁궐에 기본적으로 있었던 장악원의 악공들은 물론 조선시대 선전관청에 속해 있었던 군악대인 내취라취나 내취, 이들과 또한 일정한 관계에 있었던 궁궐 밖 군대의 군악대들까지 고려하지 않을 수 없다. 이러한 장악원의 악공들이나 군악대 소속 악공들을 고려할 경우 역시 문제적 집단으로 설정되는 것이 경기이남 무당 집안의 남자들인 화랑이 집단이다.

조선시대 경기이남 이른바 세습 무당 집안의 남자들인 화랑이 집단은, 앞서도 보았듯, 고려 말에 악공으로 호적에 올라가고, 조선 초기에도 이러한 방식이 지속된 사람들이었다.

---

90) 판소리 12마당의 하나인 「무숙이타령」의 사설본이다.
91) 김종철 주석, 「게우사」, 『판소리연구』 제5집, 판소리학회, 1994, 438~439쪽.

호구(戶口)를 조사하여 호적(戶籍)을 작성하는 것은 재상들이 건의하고……
**맹인과 무당(巫堂)의 자식을 전부 모아서 악공을 시키는 것은 전의시(典儀寺)
에서 전하의 명령을 받들고 실시한 것입니다.**

고려사, 열전, '정도전'[92]

봉상시와 아악서의 악공은……2백 98명이 소용되옵는데……**구례에 의하여
무녀의 자질과 놀고 지내는 양민들로**

세종실록, 11년 3월 22일(무진)[93]

그런데 무당 집안의 남자들이 악기에 대한 일정한 기능이 있어서 취해진 이
방법은 성종 때『경국대전』이 완성되며[94] 악공은 공천(公賤) 곧 공노비로 충원
되는 것으로 제도화된다.

아악서(雅樂署)는 좌방(左坊)에 속한다. 악사(樂師) 2명과 악생(樂生) 297
명, 보충 인원 100명으로 구성되는데, 모두 양인(良人)으로 충당한다. **속악(俗
樂)은 우방(右坊)에 속한다. 악사(樂師) 2명 악공(樂工) 518명**, 매 10명마다에
1명의 보충 인원 1명을 두며, 가동(歌童) 10명으로 구성되는데, **모두 공천(公
賤)으로 충원한다.** 양인(良人)으로 원하는 자가 있으면 들어 준다.

『경국대전』, 권3[95]

악공은 천민인 반면 무당 집안의 남자들은 양민이기에 제도적으로는 이들
무당 집안의 남자들을 악공으로 삼을 수 없었던 것이다. 그러나 이때까지는 경
기 이남의 경우 무당 집안의 남자들이 주로 악공이 되었고,[96] 『경국대전』 이후

---

92) 주48) 참조.

93) 주49) 참조.

94) 성종 16년(1485)부터 본격적으로 시행됨.

95) 雅樂署屬左坊 樂師二人 樂生二百九十七人 補數一百人 並以良人充之 俗樂屬右坊 樂師二
人 樂工五百十八人 每十人補數一人 歌童十人 並以公賤充之 良人願屬者聽 『경국대전』,
권3.

96) 경기이북의 경우는 기생의 아들들이 주로 악공이 되었음은 앞서 밝혔다.

에도 양민들도 원하면 이러한 악공이 될 수 있었기에 '신량역천(身良役賤)' 곧 신분상으로는 양민이나 천역에 종사하는 방식으로 이러한 악공에 무당 집안의 남자들이 여전히 많이 들어갔을 것으로 여겨진다.

그래서 임진왜란 이후 군대가 강화되고 특히 군악대 계통이 강화되자 다음에 보듯 1618년에 이뤄진 순천부의 부지(府誌)인『승평지』에는 무부(巫夫)들을 동원하여 이 취라치(吹螺赤) 곧 군악대를 강화하였음을 기록하고 있다.

> 취라적(吹螺赤) 10명 ∘**무부(巫夫)**들을 임시 사용하여 이 숫자에 머물지 않는다. 2명을 더 했다.[97]

또 조선 후기의 호적들에는 다음에 보듯 무당 집안의 호적에 '병영 취타수' 혹은 '취타수'란 직역이 흔히 발견된다.

> 1717년 도산면 벽계촌 6통 5호 : "**병영취타수** 염귀학 52세 병오생……**처 무녀(巫女)** 김이고……**후처 무녀(巫女)** 배소사……아들 **취타수** 학선 16세

> 1729년 북동면 월명상촌 2통 1호 : "화랑(花郎) 이원대 48세 임술생……처 이소사……아들 **취타수** 마당금

> 1732년 북동면 월명중촌 1통 3호 : "무부(巫夫) 이원대 51세 임술생……처 이소사……아들 **취타수** 마당[98]

이러한 사실들을 소개하며 임학성은 다음과 같은 말을 하고 있다.

---

97) 吹螺赤　十 ∘巫夫假使 不在此限　新增二　『호남 읍지』 중『승평지(昇平志)』, '관속(官屬)'
98) 1717년 都山面 碧溪村 6통 5호 : "兵營吹打手廉貴鶴年伍拾貳丙午……妻巫女金伊故……後妻巫女裵召史……率子吹打手鶴先"[단성호적(상), 226쪽 – 상단]
　　1729년 北洞面 月明上村 2통 1호 : "花郎李元大年肆拾捌壬戌……妻李召史……率子吹打手馬堂"[단성호적(상), 484쪽 – 하단]
　　1732년 北洞面 月明中村 1통 3호 : "巫夫李遠大年伍拾壹壬戌……妻李召史……率子吹打手麻堂"[단성호적(상), 619쪽 – 하단]

실제 단성현 호적에는 무부(巫夫)로 직역을 기재하기 전에 직역을 취타수(吹打手)로 기재한 무당 집안의 아들을 다대하게 발견할 수 있다."[99]

궁중의 장악원과 같은 경우는 악공의 교육 제도가 자리 잡혀 있었기에 성종 때부터는 관노로서 악공을 충원하더라도 문제가 없었다. 그러나 지방에서는 이러한 악공의 교육이 힘들었기에 종래처럼 무당 집안의 남자들로 여전히 악공들을 충원하는 관례가 이어져 조선 후기 군사 제도의 재정비로 군악대가 확대되는 과정에서도 이렇듯 무당 집안의 남자들이 군악대인 취타수들로 많이 동원된 것이다.

이러한 사실은 조선 후기에 중앙군으로 새로이 편성된 훈련도감을 비롯한 5군영의 도대방 곧 군악대의 우두머리 악공들이 군악대의 일 외에 전국의 무당들도 통솔하였다는 다음과 같은 증언으로도 나타난다.

> 오영문(五營門)에 따라 오도가(五都家)가 있는데, 이 오도가(五都家)는 자치기관이다.
> 영문의 감독을 받지않고 스스로 구관(句管)할새 오도가에서는 다시 일인식 선거하야 도대방(都大房)이란 특별 감독기관을 배설하고 도패두(都牌頭) 즉 악장이 총관하다.
> **도대방의 경비는 각 도가가 부담하고 그 외에 전국 무당을 통솔하니 전국 무당의 무적(巫籍)은 도대방에서 처치(處置)할새, 거기서 수입금이 불소(不少)하고 또한 무인(巫人)에 관한 정사(政事)를 일체 겸섭(兼攝)함으로써 세력이 대단하며,** 그 정기회는 일개월 일회로 하여 군악사 및 무녀 등에 관한 공사(公事)를 처리하였다.
> ―1928년 서울에 살았던 내취(內吹) 출신이었던 이봉기(1856년생)와 이원근(1864년생)이 증언[100]

---

99) 임학성, '조선 후기 호적 자료에서 확인되는 무격과 광대·재인들(1)', 『역사민속학』 제20호, 한국역사민속학회, 2005.

100) 안확, 「천년 전의 조선 군악」, 『조선』 14권 1호, 1930.

군악대의 악공들은 내적으로 무당들과 관계가 있었다는 것인데 이것은 이들 군악대의 주된 사람들이 이른바 경기 이남의 세습무 집안의 남자들인 무부(巫夫)들이었다는 것으로 이어진다.

고려 말, 조선 초 무당의 아들들이 악공이 되는 관례는 비록 성종 때 악공은 천민이기에 관노로 충원한다는 제도적 방식이 성립되었지만 그 이후에도 여전히 지속된 것을 알 수 있다.

이럴 경우 궁궐의 나례 의식들과 관계되는 악공들이 장악원의 악공이 되었든, 궁궐 내 선전관청에 속한 군악대가 되었든, 궁궐 밖 군대의 군악대가 되었든 모두 이러한 경기 이남의 세습무 집안의 남자들인 화랑이 집단과 관계됨을 알 수 있다. 성종 이전까지 장악원의 악공들은 무부들이 중심이 되었고, 조선 후기 군대의 군악대의 주된 사람들이 역시 이들 무부들이었으며, 궁궐 내에 있었던 선전관청 소속 군악대 사람들도 궁궐 밖 군대의 군악대 사람들에서 뽑아 봉상된 사람들이 있었기 때문이다.

따라서 이들 경기이남 세습무 집안의 남자들인 화랑이 집단 사람들이 궁궐의 나례 의식들을 담당한 악공들과 관련되고 이러한 궁궐의 나례 의식들을 담당한 악공들이 본산대 탈놀이 계통의 탈놀이를 한 사람들과 연결된다면 이러한 본산대패와 관계해서도 화랑이 집단이 일차적 고려 대상이 되는 집단임을 알 수 있다.

이러한 화랑이 집단이 본산대패가 될 가능성에 대한 것은 이때까지 조사된 본사대패와 관련된 여러 사실들과도 많이 통한다.

국선(國仙)은 곧 괴뢰류(傀儡類)이다. **조선의 풍속에 매번 제석(除夕)의 밤에는 궐내에 축나(逐儺)의 놀이를 한다. 화랑배(花郎輩)가 선인(仙人)의 옷을 입고 선인(仙人)의 모자를 쓰고 얼굴에는 탈박을 쓰고 궐내를 두루 다녀 잡귀(雜鬼)를 축출(逐出)하는 모양을 한다.** 복색은 각 방위의 색에 응해서 청홍황흑백의 오방의 색이며 관복(官服)을 입은 모양과 머리에 사모(紗帽)를 쓴 모양으로 검은 가죽신을 신고 무답(舞踏)하며 두루 다닌다.[101]

---

101) 國仙卽傀儡類也 朝鮮風俗 每於 除夕夜 闕內有逐儺之戲 花郎輩 被仙人服 戴 仙人帽 面被

이것은 1930년대 궁궐에서 내관(內官)을 맡아한 적이 있던 사람이 증언한 것인데 궁궐의 나례 의식을 이들 화랑이 집단 사람들이 하였다는 것을 구체적으로 말하고 있는 것이다.

조선에 있어서 가무·잡기의 발달은 오로지 **화랑·재인·광대** 등이 예능을 담당하였지만, 그들을 부정한 산이로 간주하고 천시賤視하였으므로, 그 예능도 고도의 예술적인 발전을 거둘 수가 없었다……**더욱이 산이가 행하는 조선의 탈놀음은, 산디놀음 또는 조산造山이라 칭하며**, 이것을 연기하는 무부巫夫 중에 산주山主로 불리거나 산목재인山木才人으로 불리는 자가 있다.[102]

앞서 소개했듯, 역시 1930년대에 조사한 추엽륭도 화랑이 집단이 본산대 탈놀이까지 하였음을 언급하고 있는 것이다.

일반사회(一般社會)에서는 예인(藝人)을 총칭(總稱)하여 광대(廣大)라 하고 그들 자체(自體)에서는 가인(歌人)을 창부(唱夫)라 하고 땅재조(才操) 줄타기 장고(杖鼓)잡이 등(等)을 광대라 하였는데 그 외(外)에 인형역자(人形役者) 가면극역자(假面劇役者)까지 포함하였다 한다. 그리고 무동(舞童), 땅재조(才操)군보다 창부(唱夫)가 훨씬 위이고 육각잡이 백정(白丁) 등 계급(階級)은 광대(廣大)보다 한층 낮은 것이라 한다. 그리고 **가면극연자(假面劇役者)를 따로 편놀(필자: '편놈'의 오자)이라고 따로이 부르는 것이 있는데 이것은 타계급(他階級)에서 호칭(呼稱)하는 것이며 무동(舞童) 땅재조(才操)군과 격(格)은 동격(同格)이지만 서울에 재주(在住)하는 고(故)로 한층 고위(高位)에 있었다 한다.** 그리고 이들은 포도군사(捕盜軍士)에 예속(隸屬)되어 있어 그 실제적(實際的) 세력(勢力)도 그 지위(地位)를 얼마간 보장(保障)한 경향(傾向)도 있었다.——이상(以上) 하규일노(河圭一老) 담(談)[103]

(탈박) 周行闕內 若逐出雜鬼樣也 服色各應方位之色 靑紅黃黑白以五方之色 製官服樣 頭戴紗帽樣 足履黑靴 舞踏周行 점패방지진(鮎貝房之進), 민속원 영인, 1931~1938: 1992, 168쪽.

102) 주12) 참조.

103) 송석하, 1935, 254~255쪽.

무동, 땅재주꾼들과 동격이란 것은 이들이 모두 악공 계통 사람들이란 것과 통한다. 평상시에는 악공이 되고 유사시에는 광대가 되는 우리나라의 악공·광대 집단은 어릴 때는 무동이 되고, 자라서 목이 좋으면 창부가 되고, 그것이 안 되면 삼현육각을 연주하는 악공이 되며, 이도 안 되면 줄타기, 땅재주를 배우는 기예 광대가 되기에, 본산대패들이 궁중 소속 악공들이라면 이러한 지방의 무동, 땅재주를 하는 악공·광대 집단과 동격이며 다만 서울과 지방이란 지역차만 있는 것이다.

그러나 궁중의 연말 구나나 본산대 탈놀이를 한 사람들이 과연 전적으로 오늘날 경기 이남의 세습무 집안의 남자들인 화랑이 집단이었느냐에 대해서는 다소 망설여진다. 화랑이 집단은 조선시대 무당의 굿이 금지된 4대문 안을 제외한 경기 북부인 장단, 양주 등지를 포함하여 경상도, 전라도지역까지 분포하여 전통 사회에서 소리, 줄타기, 땅재주, 악기 연주 등을 공식적으로 담당한 사람들이었다. 그런데 이들 집단이 오늘에 이르기까지도 하는 가장 중요한 일은 관과 민간의 행사에서 피리, 대금, 해금 등의 선율 악기를 연주하는 것이고 그 중에서도 특히 굿판에서도 역시 이러한 악기들을 연주한다는 것이다. 그런데 근대 이후 본산대 탈놀이를 한 아현 본산대패에게는 무엇보다 화랑이 집단의 그러한 무속 주변의 선율 악기 연주에 대한 흔적을 거의 찾아볼 수 없다.

본산대패의 가장 주요한 근거지였던 아현동에는 1970년경까지도 이러한 탈놀이를 하던 사람들이 모여 살았다고 한다. 당시 아현동에서 살며 이들 탈놀이꾼들과 친했던 정주(鄭柱, 1911~1996, 본적: 서대문구 북아현동 3번지)는 5~6가구의 이들이 3채의 집에서 같이 살았는데, 이들의 윗세대만 하더라도 여러 곳에 많이 불려 다녔지만 이들 세대들은 불려 다니지 못하고 어렵게 살다가 1968년경에 다른 생업들을 하였던 자식들을 좇아 모두 흩어졌다고 한다.[104]

---

104) 홍헌일,「서울 아현(阿峴) 본산대(本山臺)놀이 고찰(考察)」, 제13회 서울문화사학회 학술발표회 발표문, 1996. 1. 28., 덕수궁 문화재관리국 강당
홍헌일 선생님에 대한 현지조사
조사자: 필자, 이자균   일시: 2001. 9. 13.   장소: 홍헌일 선생님의 '서울 서대문구 향토문화연구소'

당시 정주 노인을 발굴한 홍헌일이 아현동 본산대패에 대해 조사한 주요 내용은 다음과 같다.

1993년 여름 그곳 북아현동 1의 452일대에서 **1930년대부터 살았다는 정주(鄭柱) 당시 84세된 노인**을 찾게 되어 그후 수차례의 만남을 통하여 60여년전의 옛 기억을 되살려 6~7인들의 당시 아현본산대 마지막 놀이패들의 이름들을 채록하고 단오날, 백중날, 8월 추석날 등 명절에 애기능이 있는 홍살문 아래 잔디위에서 마을 사람들이 모인 가운데 한 과장을 흥겨웁게 얼굴에 가면을 쓰고 의상은 비록 허름했으나, 먹색깔 장삼에 흰바지에 가까운 옷을 걸치고 **삼현육각(三絃六角)은 갖추지 못했으나 장구와 북, 그리고 꽹가리에 맞추어 신나도록 소리를 지르면서 탈춤추는 광경을 젊을 때 자주 보았다는 것이었다.** 그러나 1935년이 지나면서 일본 관헌들이 미신(迷信)으로 귀신쫓는다는 명분을 내세워 연희를 중단시켰으며, 신사참배를 강요하는 쪽으로 감시가 심해지자 후엔 미미하게 몇사람이 조용히 주변눈치를 보면서 어설프게 놀이하는 모습을 떠올리면서 그당시 나라잃은 설움이 얼마나 가슴쓰렸는지 몰랐다고 술회하였다.

너무 고령인 노인과 몇 차례의 대담을 통하여 없는 기억을 되살려 들려준 내용들을 1994년 9월 9일 녹취(錄取)한 후 당시 열댓명의 주인공들 중 생각나는 이름들을 가까스로 기록하면서 안상훈, 양분돌이, 박용복, 양재원, 이원종, 양분도[105]가 특히 염불곡, 타령곡, 굿거리 장단을 치며 멋들어진 한 과장을 끝낸 후 쉴참에 이르러 여러 집에서 탈바가지에 추렴한 푼돈과 음식들을 간단하게 접대했으며, 곡물이나, 과실들을 추수한것들을 조금씩 나누어 준 것 같다고 자술하여 여간 큰 성과가 아니었다.[106]

이외 홍헌일의 언급에 따르면 이들은 이러한 탈놀이를 세습해 왔다고 한다.

---

105) 이들에 대해 홍헌일 선생님이 1차적으로 조사하였으나 아무도 찾지 못했다. 필자도 이들을 현재 조사 중이나 아직까지 아무도 찾지 못했다. 다음 사람들은 필자가 이미 조사했으나 탈놀이를 한 사람들이 아니었다.
  양재원(1908년 7월 7일생. 필자·이자균 조사), 이원종(1905년 6월 13일생. 저자·이자균 조사), 이원종(1909년 10월 11일생. 필자 조사)
106) 홍헌일, 1996, 5~6쪽.

그리고 탈놀이를 한 것은 발표문에는 '단오, 백중, 추석'으로 되어 있지만 추석에는 사실상 별로 놀지 않았고, 오히려 정월 대보름에 놀았다 한다. 정주 노인이 정월 대보름에 손을 떨면서 보곤 했다는 것을 증언했다 한다. 또한 남사당패들과도 어울려 하는 경우가 있었는데 그럴 경우에는 구경꾼들이 많았다 한다. 악기에는 꽹과리 등과 같은 타악기 외에 농악에서 신호용으로 부는 나발도 불었다 한다.

이들이 화랑이 집단 계통의 사람들이라면 탈놀이를 하는 것 외에 무속 주변에서 선율 악기 연주도 하고, 탈놀이에도 그러한 그들의 재주인 선율 악기 연주를 하였을 것인데 그러한 점이 전혀 드러나 있지 않다. 또 화랑이 집단 계통 사람들은 그들 간에만 혼인하는 오랜 계급 내혼의 결과 오늘날 서울·경기 주변의 사람들은 어떻게든 현존하는 경기지역의 화랑이 집단 사람들과 사돈, 겹사돈, 겹겹사돈과 같은 혼인 관계를 맺고 있는 것이 자연스러운데,[107] 지금까지의 조사로는 오늘날 경기지역에 남아 있는 화랑이 집단 사람들과 이들 본산대 탈놀이를 한 사람들과의 혼인 관계에 대해서는 거의 알려진 것이 없다.

이러한 사실들로 보아, 아현동 본산대패는 화랑이 집단이 아니었을 가능성이 많다. 악공들에는 화랑이 집단 사람들 외에도 관노 계통 사람들도 있고, 무부가 아닌 양민이 악공이 된 경우도 있었을 것이므로, 본산대 탈놀이 같은 것이 주요한 공연으로 행해질 때는 악공들 중 주된 집단인 화랑이 집단이 중심이 되어 이러한 공연들을 하였을 것이나 본산대 탈놀이가 주요한 공연물이 되지 못했을 때는 악기 연주 기량이 뛰어났던 화랑이 집단 계통 사람들은 악기 연주 방면으로 나아갔고 그렇지 못한 비화랑이 집단 악공 계통 사람들은 자신들이 참여하기도 했던 이러한 본산대 탈놀이를 민간에서의 공연을 통해 여전히 유지했을 수도 있는 것이다. 그래서 본산대패가 화랑이 집단과 많이 연결되어 있었는데도 불구하고 조선시대 말과 근대 무렵의 대표적 본산대패 집단이었던 아현동 본산대패에서는 그러한 화랑이 집단적 요소를 거의 찾아볼 수 없게 된 것이다.

---

107) 졸저, 2003, 58~59쪽.

그러면 본산대패로 화랑이 집단을 잡을 것인가 화랑이 집단 외의 악공 집단을 잡을 것인가? 이러한 역사적 과정까지 밝히기에는 아직 이른 면이 있다. 여기서는 단지 원래의 본산대 탈놀이 계통의 탈놀이를 논 사람은 궁궐의 나례 의식을 담당한 악공이었다는 주장에 머물고자 한다. 그러한 악공들이 어디 소속의 악공들이었는지, 어떤 집단 계통의 악공들이었는지 등에 대한 것은 다음의 연구 주제로 남겨 두고자 한다. 이러한 사실들과 관계되는 것은 지금으로서는 대체적인 짐작을 할 정도로만 자료들을 확보하여 아직 단정을 짓기에는 이르기 때문이다.

5. 맺음말

우리나라 중부지방의 대표적 탈놀이인 본산대 탈놀이에 대해서는 아직까지 그 집단의 정체마저 제대로 규명되지 못하고 있다. 그 동안 선학들은 이들에 대해 '궁중 소속의 하층민'으로 '팽인(伻人, 泙人)' 혹은 '편놈'이라 불린다는 사실들만 소개했을 뿐 그들 집단에 대한 보다 구체적인 조사를 하지 않았다.

이에 대해 그 동안 전경욱의 '반인설'이 제기되기는 하였으나, 이 설은 본산대패와 실제 아무런 관계도 없을 수 있기에 그 연구사적 의의는 극히 제한되어 있다.

본고에서는 이러한 전경욱의 '반인설'을 전면 부정하고, 현 단계에서 본산대 탈놀이 집단의 정체에 대한 시각을 가능한 대로 제시해 보았다. 이러한 필자의 시각으로 볼 때 원래의 본산대 계통의 탈놀이를 한 사람들은 궁궐에서 나례 의식들을 담당한 악공들이었음이 분명하다. 문제는 이러한 악공들이 장악원 소속이었느냐, 궁궐 내에 있었던 선전관청 소속의 군악대 소속이었느냐, 심지어는 궁궐 밖 군대의 군악대 소속이었느냐란 점이다. 그리고 이들 악공들이 화랑이 집단 사람들이었느냐, 관노 계통 사람들이었느냐, 일반 양민으로 악공이 된 사람들이었느냐란 점이다. 또 조선 후기에서 근대 무렵에 이르는 기간 중 이러한 본산대 탈놀이를 한 사람들의 집단에 변화가 있을 수 있었다는 것이다. 이러한 사실들은 아직 제대로 논의하기 어려운 것이 사실이다. 그래서 여기서는 단지 전경욱의 본산대패로서의 '반인설'을 부정하고 이러한 본산대패는 원래 궁중에서 나례 의식들을 담당한 악공들에서 시작되었다는 주장을 하는 정도에만 그치고자 한다.

2001년 9월 필자는 동료인 이자균과 함께 일단 지금이라도 본산대패에 대해 조사를 해 보자며 아현동 일대를 조사했다. 그러한 과정에서 그들 아현동 본산대패 사람들과 친했다는 정주(鄭柱) 노인으로부터 1960년대 말까지도 그들이 아현동에 모여 살고 있었다는 이야기를 들었다는 홍헌일의 조사내용을 듣고 이 분야의 연구자의 한 사람으로 참으로 할 말이 없었다. 그동안 그들은 그렇게 버려져 있었던 것이다. 필자는 그 이후 홍헌일을 이어 이들 본산대패 집단 사람이나 그 후손들을 찾아보았으나 아직까지 사실상 거의 결과가 없다. 그러나 필자는 앞으로도 상당 기간 본산대패와 관련되는 문헌적 연구와 함께 이들 본산대패의 후손들을 찾는 작업을 병행하고자 한다.

참고문헌

『고려사』 『경도잡지(京都雜志)』

정현석, 『교방가요(敎坊歌謠)』(1872) 『기문총화』

'나례청등록' 『대명률직해』(1395)

정약용, 『아언각비』(1819) 『역어유해(易語類解)』

『용재총화』

이우성 · 임형태 편역, 『이조 한문 단편집 (중)』, 일조각, 1978.

『조선왕조실록』 『한국 민속 대사전』, 민족문화사, 1991.

오횡묵 저, 여강출판사 영인, 『한국 지방사 자료 총서 일록(日錄) 2』, 1987.

김동욱, 『한국 가요의 연구』, 을유출판사, 1961.

______, 『춘향전 연구』, 연세대출판부, 1965.

김일출, 「봉산 탈놀이의 옛모습을 찾아서」, 『문화 유산』 제3호, 과학원출판사, 1957.

______, 『조선 민속 탈놀이 연구』, 과학원출판사, 1958.

김학주, 『한 · 중 두 나라의 가무와 잡희』, 서울대출판부, 1994.

사진실, 「산대의 무대 양식적 특성과 공연 방식」, 『구비문학연구』 제7집, 한국구비문
학회, 1998.

졸고, 「광대 집단의 가창 문화 연구」, 서울대 박사논문, 2001.

졸저, 『광대의 가창 문화』, 집문당, 2003.

졸고, 「조선시대 화극(話劇)의 전통과 그 역사」, 『공연문화연구』 제12집, 한국공연문
화학회, 2006.

손태도 · 이자균, 「광대 집단에 대한 연구 II ―경기이북의 재인촌과 광대」, 『고전희
곡연구』 제2집, 한국고전희곡학회, 2001.

송석하, 「전승 음악과 광대」, 『동아일보』(1935. 10. 3.)

______, 「광대(廣大)란 무엇인가」, 『조광(朝光)』, 1936년 2월호.

유승원, 『조선 초기 신분제 연구』, 을유문화사, 1987.

이두현, 『한국의 가면극』, 일지사, 1979.

______, 『(개정판) 한국 연극사』, 학연사, 1985.

______, 『한국 가면극 선(選)』, 교문사, 1997.

이숙희, 『조선 후기 군영악대』, 태학사, 2007.

이혜구, 「복은 선생의 구나행(驅儺行)」(1955), 『(보정판) 한국 음악의 연구』, 민속원, 1996.

전경욱, 『한국 가면극 ―그 역사와 원리』, 열화당, 1998.

______, 「서울의 본산대놀이와 그 놀이꾼」, 사재동 편, 『한국 희곡 문학사의 연구』 VI, 중앙인문사, 2000.

______, 「한국 산악백희의 놀이꾼」, 한국고전희곡학회 하계 학술회의 발표문, 2001a.

______, 「본산대놀이와 북방 문화」, 『민속학 연구』 제8호, 국립민속박물관, 2001b.

조동일, 『탈춤의 역사와 원리』, 홍성사, 1979.

조원경, 「나례와 가면무극」, 『학림』 4, 연희대 문과대 사학연구회, 1955.

최남선, 『조선 상식 문답 속(續)』, 삼성문고 17, 1947.

최상수, 『산대·성황신제 가면극의 연구』, 성문각, 1985.

홍헌일, 「서울 아현본산대(阿峴本山臺)놀이 고찰」, 제13회 서울문화사학회 학술발표 회발표문, 1996. 1. 28., 덕수궁 문화재관리국 강당.

아극돈(阿克敦) 저, 황유복(黃有福)·천화숙(千和淑) 교주(校註), 『봉사도(奉使圖)』, 沈陽: 遼寧民族出版社, 1725: 1999.

예겸(倪謙), 『조선기사(朝鮮紀事)』

점패방지진(鮎貝房之進), 민속원 영인, 『花郞攷·白丁攷·奴婢攷』, 1931~1938: 1992.

제교철차(諸橋轍次), 『(修訂版) 大漢和辭典』, 東京: 大修館書店, 1984.

추엽륭(秋葉隆) 저, 서연호 역, '山臺戲', 『日本民俗學のために』(柳田國男古稀記念論文集九輯), 『산대 탈놀이』, 열화당, 1948: 1987.

______________저, 심우성 역, 『조선 민속지』, 동문선, 1954: 1993.

「현지 조사」

고려대 전경욱 교수와 중국 상해대 옹민화(翁敏華) 교수를 통한 중국에도 기생의 아들이 악공이 되는 사실에 대한 현지조사

　조사사 : 필자

　일시: 2000. 9. 27.

　장소 : 고려대 한국학관 시청각실; 고려대 민속학연구소 제2회 학술회의 '중국의 산악백희와 놀이꾼(優伶)', 당시 옹민화(翁敏華)교수는 「중국 우령(優伶)의 역사와 종류」란 연구 발표를 하였다

양주별산대 보유자 노재영 옹(1932년생)에 대한 현지조사

　조사자 : 필자, 이자균(굿연구가), 석종관(양주별산대 전수조교)

　일시 : 2001. 8. 1.

　장소 : 경기도 양주별산대 전수관

퇴계원 산대 제보자 백황봉 옹(1911년생)에 대한 현지조사

　조사자 : 필자, 이자균, 민경조(퇴계원 산대놀이 보존회장), 석종관(양주별산대 전 수조교)

　일시 : 2001. 8. 24.

　장소 : 퇴계원 백황봉 옹의 자택

아현동 본산대패들과 교류했던 정주(鄭柱) 노인(1911~1996)을 조사했던 홍헌일 선 생님에 대한 현지조사

　조사자 : 필자, 이자균

　일시 : 2001. 9. 13.

　장소 : 홍헌일 선생님의 '서울 서대문구 향토문화연구소'

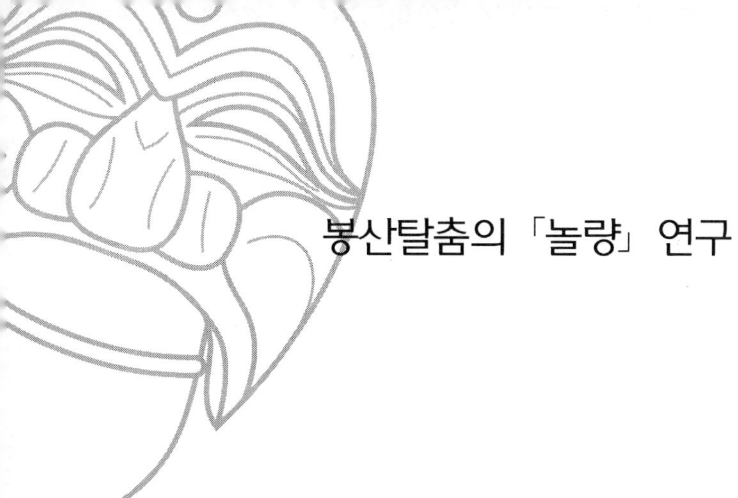

봉산탈춤의 「놀량」 연구

이소라

1. 시작말

탈춤노래 연구의 일환으로 수영야류의 노래에 이어 봉산탈춤의 놀량을 고찰하고자 한다. 이 놀량은 제3과장인 사당춤에서 사당과 거사들이 그 가사를 다섯 내지 여섯 토막으로 나누어 각 토막을 선입후제창(先入後齊唱)방법으로 가창한다.

선입후제창이란 먼저 선창자가 몇 음만 소리 내어주면 이어서 선창자를 포함하여 다함께 불러나가는 가창방법이다. 봉산탈춤에서는 사당이 선창자의 역할을 한다. 이론적으로는 제창부분에 사당이 늘 합세를 하는 것으로 전수 대본에 기록되어 있으나 실제로는 〈봉산 1〉[1]에서 보듯이 거사들만 부르다가 사당이 어느새 합세를 하기도 한다. 질러내는 곳이 많아 사당이 좀 여유를 가지고 부르기 위함일 것이다.

봉산탈춤의 놀량은 이른바 서도입창(西道立唱)의 첫 곡인 서도 놀량에 속한다.

이창배(1916-1983)에 의하면 서도놀량은 경기놀량에서 파생했다 하므로[2], 먼저 양곡의 이동점(異同点)을 살핀 후에 현 봉산탈춤보존회의 놀량과 서도민요 전문가의 놀량을 대조할 것이다.

---

1) 〈봉산 1〉과 〈봉산 2〉의 악보는 맨 뒤에 있음.
2) 이창배, 『한국가창대계』, 홍인문화사, 1976, 348쪽.

경기입창의 마지막에 잘 부르는 개고리타령은 전남지방의 개골노래와 관련성이 많으며, 경기민요 방아타령은 중부 경기도의 논김방아타령에서 받음구만 바꾼 것이고, 진도아리랑은 섬진강유역 산아지곡의 받음소리만 개작한 것이라는 등, 그간의 연구 성과들로 보아 전문예인들이 작곡을 할 때, 기존의 민요들로부터 영향을 받는 일이 적지 않을 것이 예측되는 고로 놀량이 창출될 당시 참고되었음직한 민요의 가능성이 있는지를 찾아보고자 한다.

2. 서도놀량과 경기놀량

〈봉산 1〉은 서도놀량과 경기놀량의 대조 악보이다. 서도놀량〈봉산 1②〉은 현 중요무형문화재 제 17호 봉산탈춤보존회의 기록보존용 문화재청 제작 video를, 경기놀량〈봉산 1①〉은 현 중요무형문화재 제19호 선소리산타령보존회가 1992년경에 자체적으로 제작한 카세트테이프를 채보하였다.

〈봉산 1〉에서 보면, 서도놀량은 경기놀량의 처음 1/3 정도를 생략하고 "녹양 벋은 길로" 조금 전의 입말부터 들어가되[3] 직전의 "에 – 말들어도 봐라"는 생략한다. 경기놀량의 "평양감영 쑥 들어간다"는 "북향산 쑥 들어를 간다"로 바꾸었다. "기러기는 훨훨"은 "기러기 나니 훨훨, 훨훨"로 부른다. 그 이후 "다 말 들어도 봐라"까지는 비슷하다. 이어 나오는 경기놀량의 "에 에 이여 –, 이열 네헤이 열" 이하 "삼월이며 – "이전까지는 아래와 같이 서로 다르다.

> 경기놀량〈봉산 1①〉
> 　　에 에 이여 –, 이열 네헤이 열,
> 　　에–에–이여–, 에 나하– 아–오이열 네로구나,

---

3) 〈봉산 1②〉의 시작부분 보다는 그 12행 앞의 〈봉산 1①〉의 "에라디여"아래에다 배정함이 더 부합될 것이다.

종일 가도 안성은 청룡이로구나 −,
몽림 일월이 송사리나

서도놀량〈봉산 1②〉
인간을 하직하고, 청산을 쑥 들어를 간다,
에 헤요 에 헤에 요 −, 어 허 야 요호오 홀 네로구나
황혼나니 거리 검쳐잡고 서낭당 숭 뻑궁새,
한 마리 〈남게〉앉고, 또 한 마리 땅에 앉어,
니가 어드메로 가하자느냐
니가 어드메로 가하자느냐
이산 − 넘어가,도 거리 숭 뼈꿍새야,
저산 − 넘어가,도 거리 숭 뼈꿍새야, 에 − 헤,
어리힌 낭자하, 고운 태도,
눈에 암암,하고 귀에 헤에헤 쟁 − 쟁,
비난, 네헤−, 헤헤 비히나니−다, 비나니로호구−나,
소원, 소, 원 성취로 비나, 니로호오호구후− 나 헤−

경기놀량의 "삼월이여"이하를 서도놀량과 대조하면 〈표 1〉과 같다.

〈표 1〉 경서도놀량의 "삼월" 이하

놀량	경기〈봉산1①〉	서도〈봉산1②, 2③〉	서도〈봉산2①〉
	삼월이며 − ,	삼월 *이라	삼월이라
	육구함도 대사중로	육구함도 *대삼월이라	육구함도 대삼월이라
	얼씨구나 절씨구나	얼씨구나 절씨구나,	얼씨구나 절씨구나
	아무려도 네 − ,	*담불 담부−울이 *생김도 사랑,	담불 담부−울이 생김도, 사랑

가사	녹양방초 사랑초	*사랑초 다방초 *넝출넝출이 박넝출이 (⟨2③⟩:넌출넌출이 박넌출이)	#(사랑 사랑 – , 내사랑아 – , 남창에 북창에 열고나보니 담불 담부울이 쌓인도, 사랑 기암에 고성에 기여나 올라 휘휘 칭치 – 잉도 감긴도, 사랑)
			사랑초 다방초 넌줄넌줄이 박넌줄이
	다 저 저문날이로구	*요내 가삼에 *맺힘도 사랑 에 헤	요내, 가사 – 암에 맺힌도 사랑 에 –
	나 에 – 아하 이열 네로구나	나헤 – 월, 네로호구나 – 하아하	나에 – 에엘,네로구나 하아아

⟨표 1⟩의 ⟨봉산1②⟩는 봉산탈춤의 기록보존용 video자료이며, ⟨봉산2③⟩은 보유자 윤옥의 1983년도 교육내용을 녹음한 테이프이다. ⟨봉산2①⟩은 서도놀량의 박기종[4] 창이다.

⟨표 1⟩에서 보면, 경기놀량⟨봉산1①⟩의 삼월이며를 봉산탈춤에서는 삼월'이라'로 발음하고 전자는 '며'를 길게 벋음에 비해 서도놀량에서는 삼월과 같은

---

4) 朴基種(1928. 남. 황해도 벽성군 고산면 원평리 임정동 출생) : 13세때부터 지병치료차 임정동에서 휴양중인 산홍에게 서도소리를 4~5년간 입문하였다. 그후 소리선생을 찾아 해주 – 사리원 – 평양 – 서울로 가서 살았으며, 현재는 대전에 거주한다. 『서도소리가사집』을 펴내었고, 관련 CD를 출시하였다. 『서도소리가사집』392쪽에서 그는 서도놀량을 평양에서 이정근, 서원준으로부터 배웠다 한다. 필자와의 2003.2.14 대담에서 그는 놀량을 산홍에게서도 배웠으며, 이정근으로부터 더 갈고닦은 셈이라고 하였다.
또한 2001.2.20 대담에서 그는 산홍의 스승인 민형식을 추천받아 해주로 찾아갔으며, 멀리 이사를 가게 된 민형식의 소개로 1946년 평양에 가서 이정근으로부터 수심가 등을 배웠다. 이 때 이정근 댁으로 서원준이 가끔 놀러왔는데, 서원준으로부터 배뱅이굿, 변강쇠타령을 배웠다. 공산정권의 치하라 소리공부를 남몰래 해야 했었는데 결국은 문책을 받아 서울로 와버렸다. 서울에서는 배따라기 · 자진 배따라기를 최경명에게, 긴아리 · 자진아리 · 공명가 · 경발림을 평양권번 출신인 이반도화에게 배웠다고 했다.

경쾌한 리듬으로 부른다.

전자의 '대사중로'가 서도놀량에서는 '대삼월이라'로 바뀐다.

전자의 "아무려도 네−, 녹양방초 사랑초 다 저문날이로구"를 봉산탈춤(기록용과 윤옥 창)에서는 "사랑초 다방초 넝출넝출이 박넝출이 요내 가삼에 맺힘도 사랑에헤"류로 대체한다. 박기종 창에서는 봉산탈춤의 '사랑초 다방초' 앞부분에 '사랑 사랑−, 내사랑아 −, 남창에 북창에 열고나보니 담불 담부울이 쌓인도, 사랑 기암에 고성에 기여나 올라 휘휘 칭치−잉도 감긴도, 사랑'이 더 첨가된다. 박기종 창에서의 이 첨가부분이 이창배 창[5]의 서도놀량에는 들어 있는 것을 보면, 봉산탈춤의 전수과정에서 생략된 것임을 알 수 있다.

〈봉산1①〉의 경기놀량은 모갑이(선창자,소리애비)가 처음의 "산천초목이 다 무성한데−"를 선창하면 "나, 아에−"이하를 제창해 나가는 선입후제창방법으로 가창한다.

〈봉산1①〉은 (레)솔라도레미의 S1줏대선법[6]에 속한다. 줏대음의 아랫음인 (레)는 악보의 첫 3분박5박(15/8)으로 기보된 "네로군나"부분의 '군나'에서 짧은 음가로 2회 출현할 뿐이다.

한국농요에 있어서 일반적인 S선법(솔선법)이라면 솔(라)도레미처럼 (라)음이 중요음으로 쓰이지 않음에 비하여 〈봉산1①〉의 상기 "네로군나"다음의 "마는"이하부터 "장송이 와자지끈도"까지의 부분에서는 마치 (라)음이 기음인 것처럼 쓰이고 있다. 그러나 L선법(라선법)으로 분석하지 않은 것은 일반적인 L선법이라면 그 4도윗음인 레가 강조되어야 할 터인데 이곳에서는 도가 비중 있게 사용되기 때문이다. 줏대음인 솔에서 종지(t1.)한다.

〈봉산1①〉의 음역은 14도로서 2악티브에 조금 못 미칠 만큼 매우 넓다. 높은 음을 속소리(假聲)로 처리한다.

---

5) 이창배, 『한국가창대계』부록악보, 홍인문화사, 1976, 126쪽.

6) 선법명칭례에 대하여는 필자의 1998년 이후의 저서들(대전민요집 83쪽 및 민초의 소리, 의성의 민요, 함평의 민요, 광양의 민요, 보성의 민요, 경기지방의 상부소리, 경북지방의 상부소리, 전남지방의 상부소리, 충남지방의 상부소리, 경기도 논맴소리 총서(1) 등)을 참고할 것.

〈봉산1①〉의 선입부분은 자유리듬적이며, 일제히 제창하는 요령은 상호간에 익숙한 모갑이의 장고점에 의해 암시된다. 제창부분은 모두 3분박리듬을 바탕으로 한다. 장고는 2:1(♩ ♪)의 3분박 리듬으로 계속 쳐나가다가 악보의 앞부분 "아하무리"에서처럼 길게 벋는 관계로 박을 짚기가 어려울 때는 변화가락을 쳐줌으로써 일제히 다음소리를 내기 쉽도록 돕는다. 3분박2박(6/8)으로 마디를 그어나가면 3분박3박을 차지하는 곳이 이따금씩 나온다. 처음 제창 부분에서는 3분박2박에 3초정도 소요되다가 둘째 번 네로군나 다음의 길게 벋는 "이 — "부터 잦아지며 악보의 "육구함도"행에서는 잠시 아주 조금 늘어지는 듯하다가 곧 잦아진다.

봉산탈춤 놀량〈봉산1②〉의 음조직은 S1.t6.이다. 요성이 솔라도레미의 라에 있기도 하고 솔라보다 도에 중점을 두고 요성하는가 하면, 또한 일반 솔선법처럼 기음요성을 확실하게 하는 경우도 있어 일반 솔선법의 쓰임에다 중간음을 굵게 요성하는 서도창법적인 영향이 약간 숨어있는 것인가 하는 점 등 단순한 쓰임새가 아니다. 음역은 11도에 이를 만큼 넓지만, 14도에 이르는 경기놀량보다는 좁다. 가성도 쓰지 않는다. 삼월이라〈봉산2②〉만을 보면 윤옥 창인 삼월이라〈봉산2③〉나 박기종 창인 삼월이나〈봉산2①〉나 출현음은 (솔라)도레미 의 S1.선법이긴 하되 솔라의 쓰임과 요성이 도레에 비해 약하다. 〈봉산2①,③〉 모두 종지음은 t6.이다.
이에 비해 경기놀량의 "삼월이며"이하를 보면 출현음은 같되 솔이 비중 있게 쓰인다.

서도놀량의 속도는 3분박1박에 1초정도 소요된다. "삼월이라" 직전의 "나헤"에서 점점 늘어지다가 "삼월이라"부터 다시 원래의 속도로 돌아가서 맺는다.
서도놀량은 3분박1박을 기본리듬으로 가지며, 이를 3분박2박으로 조합한다면, "네로구나"
'기러기나니 훨'에서의"기러기 나니", 말 들어 보아라에서의 "보아라,", 거리

숭뻐꿍새야에서

　"거리 숭뻐꿍", 점점 늘어지는 나-헤-의 "헤-"부분 및 〈봉산2①〉의 '사랑
기암에 고성에'부분의 "사랑"만 3분박3박으로 묶어진다.

　이리하여 봉산탈춤보존회의 놀량은 첫째, 가사에 있어서 경기놀량의 앞부분
을 생략하고, 중간부분 이하에선 변개·첨가하였으며 둘째, 경기놀량에 비해 경
쾌한 속도로 바꾸었다. 또한 이창배와 박기종 전승의 서도놀량에 나오는 '사랑
초 다방초' 앞부분 가사가 생략되었다.

　선율의 출현음은 모두 동류이나, 요성 및 종지음에서 경기놀량과 조금 차이가
난다. 음역은 양자 모두 11도이상으로 넓지만 경기놀량이 더 넓으며, 경기놀량
에서만 가성을 쓴다.

　경기놀량은 통절형식의 곡으로 파악하여 모갑이가 처음만 선입한 후 일제히
끝까지 제창하지만, 봉산탈춤 놀량에서는 5~6회로 나누어 각각을 선입후제창한다.

　봉산탈춤의 놀량에서는 악사가 장고를 치고 사당과 거사들은 소고를 드는
데, 서도놀량 연주자들은 예전에도 소고를 들지않고 그대로 불렀다고 한다(이
창배, 전게서, 895쪽).

　조선조 예종대나 중종대의 기록에 의하면[7], 비승비속의 남녀노소가 모여서
생업을 버리고 남자는 북을 치고 여자는 소고를 치며 놀량에서부터 방아타령,
잦은방아타령 등을 불렀다고 한다. 조선조말엽에 와서는 오강(마포, 용산, 서강,
한남동 서빙고)을 중심으로 많은 소리꾼에 의해 남성단체의 노래로 세속화시켜
성창했는데, 선소리산타령의 보유자였던 김태봉은 1900년대의 소리꾼인 뚝섬패
의 한인학과 방아다리 과천패의 소완준에게 이를 배워 최석조와 더불어 이 방면
의 권위자였으며 특히 놀량을 잘 불렀다고 한다. 현 보존회에서 전승하는 놀량
은 거의 김태봉(1898-1970)제[8]이다.

---

7) 황용주, 『한국 경서도 창악대계』, 선소리산타령 보존회. 1992. 156쪽 이하 참조.

옛 서울의 선소리산타령 전성기의 단체별 분포를 보면 뚝섬패, 한강패(한남동), 쇠봉구 패(서빙고), 용산 삼개패(용산 마포), 동막패(西江-현 공덕동), 청패(청파동), 왕십리패(이명학), 진고개 호조(戶曹) 다리패(현 명동 충무로 일대), 과천 방아다리패(역삼동), 애오개 마전다리패, 자하문패, 모화관패 등이 있었다.

선소리 산타령이 민간인에 의해 전승되기 시작한 것은 1780년대의 인물인 이의택(李義澤; 1780~?)으로 보고 있으며, 이의택이 제자인 박종대와 더불어 평양에 가서 이를 부르는 것을 듣고 평양의 소리꾼들이 배워 서도소리의 명창인 허덕선과 그의 제자 김방울이 이를 손질해서 지금의 서도입창이 전해 내려온다고 일컬어 온다. 구한말 평양의 날탕패가 서도입창을 잘 불렀고, 서도기생들도 이를 잘 불렀다고 한다. 1900년대에 서도명창 문영수(1867~?), 이정화(1865~?)가 서도입창을 배워 동대문 협률사 시절에 이를 불러 인기가 있자 박인섭,김경호,김태운 등 경기명창들이 이를 배워서 많이 불렀기 때문에 이때부터 경기입창과 서도입창을 다 같이 부르게 되었다고 한다.

3. 놀량과 네로구나류의 논맴소리

과연 서도놀량은 경기놀량을 본받아 좀더 경쾌하고 쉽게 개작된 것일까? 아니면 서도놀량을 바탕으로 더 느릿하고 복잡한 선율을 보탠 것이 경기놀량일까?

위에서 분석한대로 두 놀량의 구성음이 기본적으로 경기선법을 뼈대로 하고 있으며 구전민요에 있어서 앞 시대 사람들의 전언으로 보아 전자일 가능성이 더 높다고 보여진다.

그렇다면 경기놀량은 어떻게 나온 것일까? 옛 민초의 노래 중에 참고 될 만한 무엇이 있는가? 아니면 전혀 새로운 작곡, 작사인가?

필자는 경기놀량에서 거듭 나오는 반복어인 "네로구나"에 주목한다. "네로구

---

8) 현 보유자 황용주는 1967년 5월~10월의 기간에 김태봉에게 개별적으로 놀량을 사사하였다.

나"류를 받음구에 쓰는 논맴소리가 있기 때문이다.

현재까지 필자가 채보 정리한 "네로고나"류의 농요는 〈표 2〉와 같다.

〈표 2〉 "네로고나"류 농요의 반복구 예

기능	지 역(가창자)	반복구 例	비 고
논 매 기	곡성군 옥과면 무창리 ① (이봉순, 1914. 옥과면 토 민. 홍순규, 1918. 토민)	(A) 슬러−허헝, 술−러−허−헝, 술−러−허엉 헤헤헤이, 이이더−허, 아−헤 헤헝, 으어− 도호이, 슬러허−어−허이, 어허 네−헤, 어화 모호호 하야 하야하도, 네−로−−고나	〈악보1285〉.복창. 假聲사용. 음역:11도 (A): L1.t4.v8,11. (B): L2+솔시도미. 　　t4. v5,8.
		(B) 슬러−엉, 수−러허헝, 슬러−어어−엉 허흥헤, 에−헤헤이, 이일래−허어이, 아−헤 헤헷, 이여−허 허 도오이, 슬러허 허허을, 으을래−헤, 어하 모−오이 하야 하야도, 네−로−−고나	
논 매 기	곡성군 옥과면 무창리 ② (유기춘, 강춘식)	슬러−허헝, 허허흘러−허, 허이예, 수흘러−수, 어히, 얼러−−, 아 어 허, 어−허 헐러, 헐러허−허−서이, 어헐래−, 어허노허, 아야 아이야도, 네헤로오−, 고나	〈악보1292①〉:무창리①과는 다른마을임. 음역: 10도. L2+S2. t4. v1,4,5,7,8.
논 매 기	영암군 삼호면 (백만봉,1900.토민)	(받): 오호−,어−이,야−아, 아, 에 모리헤, 해도, 네가 네로구나	(메):1. 불러−세이러−허, 노−래−한장, 불러−어허허, 세−에로−이 / 2. 불과같이나는 베테, 묏과 같이 짓은 논에, 김매기도 어리한디 소리까장 하라시요이/ 음역: 7도 (메1):미솔라+미라시 (메2):미솔라+(도미)+ D1. (받):D6.t1.v1.

논 매 기	보성군 율어면 문양 (전재인,1928.토민)	(받): 야ー하하, 헤이 헤이ー 루, 네헤로 고ー혼나	〈보성 29〉 (메): 좀도나 조호홋네 헤 ー헤, 좀ー도, 조호호 호네ー헤헤, 오늘, 노 혼매디히조, 음도 조 호호호 혼데ー헤 / 假聲사용. 음역:19도(2oct.반) (받): Y1.t4g.v4,5,6,18. (메): Y2.v4,5,7,8.
도 사 리	보성읍 봉산리 (박기문,1914.토민 박기삼,1922.토민)	(받): 위ー야, 헤 이ー히, 네ー 헤이네로, 고ーー나	〈악보 1957〉 (메): 산천ー, 초목은, 다하 소, ー옥닢 나하고ー 호, 월, 출에 동정의, 달이, 에 솟ー네헤/ 음역: 1oct. S1+R1.(제2음이 주요음으 로 쓰임) t1(단.끝을2도올림) v1,2,4,5,6,7.
논 매 기	보성군 미력면 덕림 (김동엽,1905.토민)	(받): 에 야하하, 어이 ー네로, 오고나	〈악보 1958〉 음역: 1oct. (받):S1.t1.v1,4,5.
장 원 질	나주시 왕곡면 월천 (노유종,1921.토민) 등	(받): 위야ー, 에ー, 어ー야, 에 ー, 네가 네로, 고나	〈악보 634〉 (메): 가세 가세ー, 에ー, 지심을 매고, 에ー 집으로, 가세ー이 / 음역: 1oct. S2+R2.t4g.v1,4,5,8.

〈표 2〉를 보면, 농요인 네로고나류는 복창을 하는 곡성의 술러헝형과 그밖에 보성, 영암, 나주에서 수집된 멕받형으로 나누인다. 모두 긴입말 뒤에 네로고나가 붙음이 공통된다.

멕받형은 다시 '아무리해도'가 있는 영암형과 없는 보성 및 나주형으로 나누인다.

경기놀량의 앞부분(서도놀량에선 생략된 부분)엔 "아무리해도 네로구나"류가 2회 나오는데 〈표 2〉의 술러헝형과 영암형도 이를 보유한다.

경기놀량의 짜임새를 다시 보자. 선소리산타령 현 보존회의 경기놀량〈봉산1①〉이 이창배 정리 악보(위의 책, 105쪽)나 왕십리패 이명길 창(필자 입수의 素 92-4-6)과 크게 차이는 없으므로 〈봉산1①〉에서 보도록 한다.

경기놀량이 부르기 힘든 것은 〈표 3〉에서와 같이 반복구 부분을 여러 가지 형태로 다양하게 변주하여 불러나가기 때문이다. 변주의 모습은 악보를 대조하여 보기 바란다.

〈봉산1①〉의 제6행 이하 제34행까지 5회(A-E)에 걸쳐 연속하여 네로구나 집단이 변주되고 있다. 이렇듯 복잡하게 변주되는 고로 경기놀량이 어려웠고, 서도놀량에서는 이를 생략했던 것이다.

제35-37행은 "에 -, 말 들어도 봐라, 녹양 벋은 길로"이다. F(제39-40행)형은 봉산탈춤 놀량에서도 보인다.

〈표 3〉을 토대로 경기놀량을 보면, (산천초목)+ABCDE+(녹양벋은길)+F+(춘수는 낙락)+GH+(종일가도 안성은 청룡)+K의 구조로 짜여있다고 할 수 있다. 서도놀량 내지 봉산탈춤에서는 녹양벋은길 이하만 가지고 변개하였다.

<표 3> 경기놀량 반복구 부분의 변주

\<봉산1①\>		가 사
A	제6-15행	제-어, 이힐기힐고오호, 도오호다-다, 아하무리, 에-헤나 하으어, 어야, 에-, 에헤나아아, 아하도 네로-군나 마느-은네, 에헤에야-
B	제16-18행	에- 어-디 히-, 이히히이이- 이야-어언 네로군나(*假聲)
C	제19-22행	이- 이-, 이 -, 에라디여어어-어야라, 위여어 네로구나
D	제23-27행	에 -, 요-- 호올 히-이 이이이이, 얼씨구나 절씨구나 아-무려도 네로구나　　　　　　　　　　　(*假聲)
E	제28-34행	에어디-이이, 에어디이 이이, 이이 -, 이이이이- 이--이요 -, 에-, 마--오 이여열 네로구나　　　　　　(*假聲)
F	제39-40행	에-에, 이여-, 이여열 네-로구나
G	제51-52행	에 에 이여-, 이열 네헤이열
H	제53-55행	에-에-이여-, 에 나하-아-오이열 네로구나
K	제64-65행	아-하 이열- 네로구나 -

A—K는 네로구나 집단의 여러 가지 변주에 불과하다. 이를 한 종류의 보다 간편한 반복구로 축약한다면 술러헝형이나 멕받형의 네로고나류 농요와의 비교가 가능해 진다.

가성을 쓰는 곡성군①A〈악보 1285〉의 속소리 주변(헤헤헤 이, 이이더—허) 이하를 보면,

〈표 3〉A—E와의 연관이 근거 없다고 일축하기 어렵다.

보성읍〈악보 1957〉과 같은 멕받형의 받음구들은 F,H,K와 보다 근접한다.

경기놀량은 "산천초목이 다 무성한데"로 시작하는데, 보성읍의 〈악보 1957〉은 "산천초목은 다 속닢나고"가 메김구 예의 전반부로 등장한다. 경서도놀량에서 유래되었다는 전남 입창의 하나인 화초사거리도 "산천초목이 속잎은 다헌데"로 말문을 열어 위의 보성읍 부분과 비슷하다. 이창배는 "경기놀량을 산천초목이 다 성림(盛林)한데"로도 불렀는데 '다 성림이' 와전되어 '다 속닢난데'[9]로 바뀐 것으로 추측한다.

화초사거리에서는 경기놀량의 "아무리해도 네로구나" 대신에 "아무리하여 어기얼싸 네로구나야"라고 하여 '어기얼싸'를 그 중간에다 첨가시킨다.

화초사거리에서는 산천초목이 속잎은 다헌데 다음에 "구경, 에어어허야 어어이히 어기얼싸"으로 잇지만 〈악보 1957〉에서는 "월출에 동〈경〉의, 달이, 에숫네헤"로 잇는다. 노동요에 있어서 메김구는 소리애비의 자의로 들어가는 말이 많으므로 민요권을 판단함에 있어서는 받음구가 보다 중요하다. 〈악보 1957〉을 비롯하여 네로고나류의 농요엔 화초사거리의 '어기얼싸'가 들어있지 않는 것을 보면 전자가 후자로부터 영향을 받아 생겨난 유형으로 보기보다는 후자의 이전에 전자가 형성되어 있었던 것이라 생각된다.

---

9) 관기를 통해 육지의 노래가 영향을 준 것으로 보이는 제주도 성읍민요 중의 산천초목가는 무후렴의 교창형으로 불리운다 :
　(앞소리꾼) : 산천초목 —, 속입이 난디 —
　(뒷소리꾼) : 구경—, 가기 — 얼화 반갑도다

4. 맺는 말

현 보존회의 봉산탈춤 놀량은 서도놀량의 "사랑사랑 내사랑아"이하 "휘휘칭칭 도 감긴도 사랑"까지가 빠져있음과, 서도놀량은 경기놀량의 (산천초목)+ABCDE+ (녹양벋은길)+F+(춘수는 낙락)+GH+(종일가도 안성은 청룡)+K의 구조에서 녹양 벋은길 이하만 가지고 변개하였음을 밝혔다.

ABCDEFGHK는 각각 네로구나 집단의 다양한 변주에 불과하며, 이러한 네로 구나 집단은 전남지방 네로고나류 농요의 반복구와 유관함에 언급하였다.

〈봉산 1〉 경기놀량과 서도놀량

이 힐 기 힐 고 오 호
도 오 호 오 다 — — 다
3/8박늘임
아 하 — 무 리
<장고점>
에 헤 나 하 으 — 어 —
어 야 에
예 헤 나 — 아 아 아 하 — 도
15
8
네 로 — — 군 나 — —

마 느 — — 은 네
에 헤 에 야
속소리
에 어 — — 디 히 — —
이 허 허 이 이
이 — 야 어 언 네 — 로 군 나
<장고점>
속도 조금 잦아짐.
♩. = 86
이 이
이

에 라 디 여 어 — — 어   어 야
라 위 여 어 얼 네 로 구 나
에
요 — — —   호 — 울
히 — 이 — — —
얼 씨 구 나 절 씨 구 나
아 무 려 도 네 로 구 나

에 어 디 — 이 이
에 어 디 이 이 이
이 이
이 여 이 이 — — 이 — —
여 요

1.
에 마 — — — — 오 — —
2. ♩. = 100
(사당)
(거사들)
에 라 디 여
어 허 어 야 요 — —
이 여 얼 네 로 구 나
오 — — 올 네 로 구 나
1.
에
말 들 어 도 봐 라
녹 양 벋 은 — 길 로
(사당)
녹 양 에 벋 은 — 길 로

평양 감영 쑥 드 어 러 간 다
북 향 산 쑥 들 어 를 간 다
에 에 이 여
(거사들)
에 로 헤 헤 이 혜
이 여 얼 네 로 구 나
어 허어야 요 홀 네로구나
춘 수 는 나 락
(사당)
춘 수 나 니 나 락

기 러 기 는 훨 훨 낙 락
기 러 기 나 니 훨 훨 훨 훨 낙 락
tutti.
장 송 이 와 지 끄 은 도
장 송 이 와 자 지 끈 도
다 부 러 져 마 른 가 지 나 마
다 부 러 졌 다 마 른 가 지 나 하 마
지 지 화 자 자
지 화 자 자 하

종 ─ ─ ─ ─ ─ 을씨 ─ 구 나
종 ─ 을 시 히 구 나
지 지 화 자 자 ─
지 화 자 하 자 ─
종 ─ ─ ─ 호 오 을씨 ─ 구 나
종 ─ 을 시 히 구 나
얼 씨 구 나 종
얼 씨 구 나 종

다 말 들 어 도 봐 — 라
다 하 — 말 들 어 — 를 보 아 라
1.
에 에 이 여
이 열 네 헤 이 열
에 — 에 — 이 여
에 나 하 — 아 — — 오 이 열 —
네 로 구 나 종 일 — 가 — 도 안 — 성 온
청 — 롱 이 로 구 나

몽 립 — 일 월 이송 — 사 러 나
삼 월 — 이 며
육구합도대사중 로얼씨구나절씨구나
아 무려 도 네
녹 양 방 초 — — 사 랑 초
다 — — 저 저 문 날
이 로 — 구 나 — 에

아 하 이 열 — 네 로 —
구 — 나
2. —계속— ♩.＝100
tutti.
인 간 을 하 직 — 하 고
청 산 을 쑥 들 어 를 간 다
에 헤 요 에 헤 에 요
어 허 야 요 요 호 오 홀 네 로 구 나
(사당)
황 — 혼 나 니 거 리 검 쳐 잡 고

서낭 다―항 승―뻐 궁새
한―마 리 땅에앉 고
<남게>
또―한 마 리 땅에앉 어
(거사들)
니가 어드 메 로가 하자 느냐
니가 어드 메 로가 하자 느냐
이 산 ― 넘어
가 ――도 거리 숭뻐― 꿍새 야
저 산 넘어―가 ―도

거 리 숭 뻐 — 꿍 새 야 —
에 혜
(사당) 춘 어 리 — 힌 나 — — 앙 — — 자 하
고 우 운 태 — — — 도 —
tutti. 눈 에 암 암 하 고 귀 에 혜에혜
쟁 쟁
(사당) 비 난 녜 혜 혜 혜

비 히 나 니 — 다
tutti.
비 나 니 로 호 구 — 나
소 — 원 — —
소 위 — — ㄴ
성 — 쿼 로 비 나
니 로 호 오 호 구 후 — —
rit.
나 혜
a tempo

(거사들)
tutti.
삼 월이라 육 구함 도대 삼 월이라
얼 씨구나 절 씨구나 담 불
담 부 — — 울 — 이 생 김 도
— 사 랑 사 랑초 다 방초
홍 두 깨 넝 출넝출이박 넝 출이
요 내 가 사 — — — 암에
몇 험 도 — — 사 라 — 항

에
나 헤 － － － － － －
월 네 로 호
구 나 하 아 하

〈봉산 2〉 삼월이라

<봉산 2>
삼월이라
- 서도 놀량 중에서 -
1. 박기종(1928.남.황해도 벽성군 출신) 전집 CD채보
2. 봉산탈춤 기록용 video.
3. 윤옥(1925.여.보유자) 素 83-11A
이소라 채보
1. ♩.=100~110
삼 월 이 라 육 구 함 도 대 삼 월 이 라
2.
삼 월 이 라 육 구 함 도 대 삼 월 이 라
3. ♩.=80~100
삼 월 이 라 육 구 함 도 대 삼 월 이 라
얼 씨 구 나 절 씨 구 나 다 암 불
얼 씨 구 나 절 씨 구 나 담 불
얼 씨 구 나 절 씨 구 나 다 함 불

담 부 ― ― ― ― 울이 생 김 도
담 부 ― ― 울 ― 이 생 김 도
담 부 ―후― 우후―우 울 생 ― 김 도

― 사 랑 사 랑
― 사 랑
― ― ― 사 랑

1.
사 랑
내 사 랑 아
남 — — 창 에 북 — 창 — 에 열 — 고 — 나 —
보 — 니 — — 담 불 담 부
— — — 우 올 — 이 쌍 안 도
21 8
사 랑 기 — 암 에 고 — 성 에
6 8
기 — 여 나 — 을 라
휘 휘 칭 치 — — — — — 잉 도

감 긴 도 一 사 랑
사 랑 초 다 방 초 홍 두 께
사 랑 초 다 방 초 홍 두 께
사 랑 초 다 방 초 홍 두 께
넌 줄 넌줄이 박 넌 줄이요 내
넝 출 넝출이 박 넝 출이요 내
넌 출 넌출이 박 넌 출이요 내

가 사 ― ― ― ― ― ― ― 압에 맺 힌 도
가 사 ― ― ― ― 압에 맺 힘 도
가 사 ― 하 ― ― 함 에 매해 침 도

― 사 랑 ― 에
― ― 사 라 ― 항 에 에
― 사 랑 아하 ― 에 ― 에

나 — 에. — 에 — — 에 — — 옐
나 혜 — — — — — —
나 — 예 예혜—예 — 에혜 —
네 — — 로 구나 하 아 —
월 네 로호구나 하 아 하
위 네 로구나 아 — 아

<악보 1285>
곡성군 옥과면
술렁 소리(논매는 소리①)
(A) 이봉순(1914. 남. 土)
무창리 출생. 신흥 2 구거주)
(B) 홍순규(1918. 남. 土)
이소라채보(84-35 B)
♩-150
(A)
술 러 ─── 허 헝 술 - 러 -
허 - - 헝 술 (히) 러 (히) 허 - 엉
헤 처처 이 이 이 어 허 - -
아 - - 헤 헤 허 ─ ㅇ 으 어 -
도 호이 술 러 허 - 어 - 허 - 이
어 허 - - 네 ── 헤
어 화 묘 호 호
하 아 하 아 하 도
네 (히) 로 - - - 고 나
(B)
술 러 ─── 엉 수 ── 러 허 헝
수 ── 러 ── 어 허 ── 엉 허 홍 헤

〈악보 1957〉
전남 보성군
보성읍 봉산리
논매기(도사리 할때의 들소리)
(예) 박기문(1914. 남.봉산리 土農)
(받) 박기삼(1922. 남.봉산리 土農)
이소라채보(86-9-26)
♩=M.M 150
(박)①
위 아 헤 이 히
(ㄴ)
네 레이 네로 고 나
(ㄷ)
(ㄹ)
(메)①
산 천 초 록 으ㅡㄴ
다 하소 ㅡㄱ 뇨 나,하 고 호
월 초 에 등 정의 달ㅡ이 에
솟 네 혜
(박)④
위 아 하아 허 이
네 에이 네로 고 호 나 하
(메)②
멋 다 보 리
산 창 남 읽 네 행 기 히
내 래 다 보 니 백 료수로 고 호
고 나 하

참고문헌

이창배, 『한국가창대계』, 홍인문화사, 1976.

이창배, 『한국가창대계 부록악보』, 홍인문화사, 1976.

朴基種, 『서도소리가사집』(황해도, 평안도), 서도소리연구회, 1999.

황용주, 『한국 경서도 창악대계』, 선소리산타령 보존회, 1992.

이소라, 『한국의농요』 제4집, (민속원 복간), 1990, 〈악보1285, 1292①〉.

이소라, 『한국의농요』 제3집, (민속원 복간), 1989, 〈악보634〉.

이소라, 『한국의농요』 제5집, 민속원, 1992, 〈악보1257, 1258〉.

이소라, 『보성의 민요』, 보성문화원, 2002, 56−58쪽, 149쪽〈보성29〉.

가면극 할미마당과 죽음의 미학

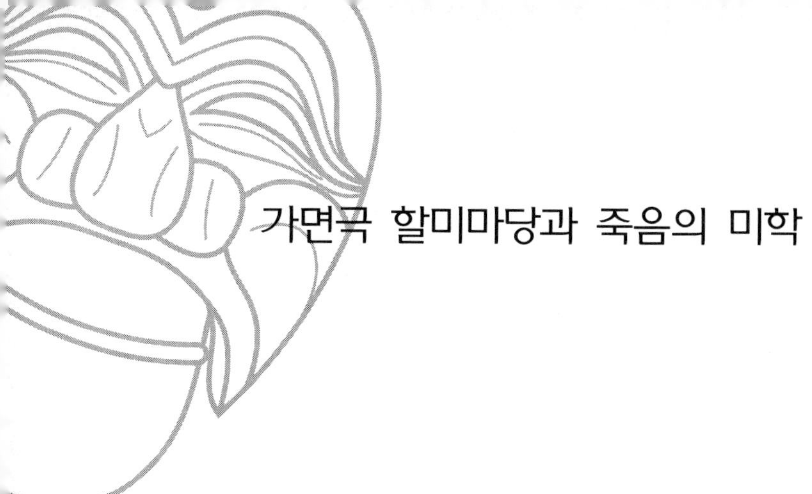

전신재

1. 머리말

한국의 가면극은 죽음으로 끝난다. 대부분의 판소리가 결혼 등의 행복한 잔치로 끝나는 데에 반해서 대부분의 가면극은 죽음으로 끝난다. 그러니까 판소리가 행복한 결말로 끝나는 데 반해서 가면극은 불행한 결말로 끝난다. 한국의 전통적인 공연 예술의 쌍벽인 판소리와 가면극의 결말이 이렇게 대조적인 것은 흥미로운 문제이다. 판소리와 가면극은 융성 지역, 공연 양식, 정서 표출 방식 등에서도 대조적이거니와 판소리와 가면극의 이러한 대조적인 요소들의 원인과 실상과 그 효용 등에 관한 탐구는 한국 전통 공연 예술의 원리를 구명하는 데 도움을 줄 수 있을 것이다.

이 논문에서 필자는 가면극의 결말 부분을 장식하는 죽음에 주목한다. 서양의 경우 희극은 결혼으로 끝나고 비극은 죽음으로 끝나는 것이 일반적인데 그렇다면 판소리는 희극이고 가면극은 비극이라고 할 수 있겠는가? 또한 연극의 기원을 제의라고 할 때 결혼 제의가 발달해서 희극이 되고 장례 제의가 발달해서 비극이 되었다는 이론이 있는데 그렇다면 우리의 가면극은 장례 제의에서 비롯된 것이라고 할 수 있겠는가? 비극의 효용은 죽음에 대한 공포와 연민의 정서를 유발시킴으로써 카타르시스를 일으키는 것인데 우리의 가면극에도 이러한 논리가 적용되는가? 할미마당에 함축되어 있는 작품정신은 도대체 무엇인가? 중마당, 양반마당, 할미마당 중에서 할미마당을 맨 뒤에 배치해 놓은 의도는 무엇이고, 할미마당의 맨 뒤에 죽음을 배치해 놓은 의도는 무엇인가? 이러한 여러 가지 문제들을 해결하기 위한 기초 작업이 이 논문이다.

이 논문에서 필자는 우리나라 각 지역의 가면극의 할미마당을 연작 형식의 작품인 것으로 파악한다. 한 지역의 가면극만 집중적으로 천착해 들어가면 우리나라 가면극 전체를 거시적으로 파악하기도 어렵고 각 지역 가면극들 사이의 유기적인 관계도 파악하기 어렵겠기 때문이다.

특정 지역의 가면극의 할미마당만을 따로 떼어서, 혹은 각 지역의 가면극의 할미마당들을 종합해서 살펴본 연구들은 그 동안 적지 않게 이루어졌다. 박태상, 신동흔, 심상교, 전신재, 정상박, 정형호, 조동일, 허용호, 황루시 등의 연구 성과가 그것이다.[1] 필자는 이들의 연구 성과를 수용하면서 할미마당들을 연작의 형식으로 보고 순차적으로 분석해 나가는 방법을 취하겠다. 이러한 방법의 연구는 아직 나온 바 없다.

고찰 대상 작품은 굿의 단계에서 벗어나 연극성을 확보한 작품으로 한정한다. 〈가산오광대〉, 〈고성오광대〉, 〈수영들놀음〉, 〈동래들놀음〉, 〈봉산탈춤〉, 〈양주별산대놀이〉, 〈송파산대놀이〉의 여덟 작품이 그것이다. 〈강령탈춤〉과 〈은율탈춤〉은 자료가 충분하지 않아 그 실체를 미처 파악하지 못했으므로 일단 제외한다.

이 논문은 필자의 이전의 두 논문을 종합하면서 부분적으로 수정, 보완한 것임을 미리 밝혀 놓는다. 그 두 논문도 참고 문헌에 제시되어 있다.

2. 할미의 삶과 죽음

〈가산오광대(駕山五廣大)〉의 할미마당에는 할미, 영감, 마당쇠, 서울애기,

---

1) 이들의 연구 성과를 이 자리에서 일일이 점검하지는 않는다. 다만 이 논문 뒤에 참고 논문에 포함해서 목록을 제시한다.

옹생원 등이 등장한다. 할미와 영감은 부부이고, 마당쇠는 그들의 아들이다. 서울애기는 영감의 첩이다. 옹생원은 할미를 좋아하는 신장수로서 소경이다. 공간 배경은 처음부터 끝까지 할미의 집으로만 한정되어 있다.

할미는 남편(영감), 아들(마당쇠), 첩(서울애기)과 함께 자기 집에서 정착하고 있다. 영감이 집을 나가 첩과 딴살림을 차리고 있었으나, 영감이 서울애기를 데리고 본가로 들어와 함께 살게 된 것이다.

영감의 가면은 큰양반의 가면을 겸용하는 데에서 알 수 있듯이 영감은 자기가 마치 양반인 것처럼 가장으로의 권위를 과장해서 내세운다. 영감이 첩을 데리고 오래간만에 집에 돌아왔을 때 첩만 먼저 들여보내어 할미에게 인사시키게 하고, 자기는 집에 들어가지 않고 대문 앞에 서 있으면서 할미가 나와서 자기를 맞아들이라고 한다. 영감이 첩을 얻은 데 대하여 할미가 '늙어가면서 이게 무슨 짓'이냐고 불평을 하자 영감은 다음과 같이 말한다.

> 으흠, 남자가 어째, 그게 못할 짓까. 그런데 여자라는 것은 삼종지례(三從之禮)만 지키면 되는 것인데, 거가부종사(居家父從事)하고 출가부종사(出家夫從事)하고 부사자종사(夫死子從事)하나니 그거만 여자가 지키면 되고 남자가 시키는 대로만 하면 되는 거 아닌가?[2]

할미의 가면은 갈색 바탕에 검은색 주름이 잡혀 있으며 이목구비는 균형이 잘 잡혀 있거니와, 할미는 이러한 영감을 가장으로서 깍듯하게 섬기며 첩에 대해서도 포용적인 태도를 보인다. 영감이 오래간만에 돌아왔을 때 할미는 거울을 찾으며, 영감이 첩을 데리고 왔으니 나하고 살자고 옹생원이 할미에게 청혼하였을 때 할미는 옹생원에게 "이 양반이 죽을라고 환장했나, 그럼 내 죽네"라고 거절한다. 첩에 대해서 할미는 처음에는 거부의 태도를 보이지만 결국에는 "그래 나(이) 많은 늙은 영감 따라 사느라고 욕봤다. 여기 따슨 구들막에 앉아라."라고 위로해 준다.

---

2) 이두현, 『한국가면극선』, 교문사, 1997, 356−357면.

마당쇠는 서당에 다니고 있으며 그로 하여 마당쇠가 명석해지는 데 대하여 할미는 흡족해한다.

> "아이고 우리 자슥 참말로 귀도 밝다. 말도 잘 하고. 이 참 돈 들인 보람이
> 있다. 이 재미로 사는 거다."[3]

어느 날 영감은 '집구석이 분잡한 것'으로 트집을 잡아 재산을 갈라 다시 딴살림을 차리자고 하며 값진 재산은 모두 첩에게 주려 한다. 이에 대해서 할미는 모든 재산을 아들에게 물려주어야 한다고 주장하며 이 문제에 대해서만은 결코 영감의 뜻을 따르지 않는다. 자기의 친아들로 하여금 대(代)를 잇게 함으로써 가정의 질서를 잡아놓으려는 것이 할미의 소망이다. 이에 대하여 첩에게 마음이 기울어져 있는 영감은 홧김에 살림살이를 부수고 그 바람에 조상단지를 깨뜨리게 된다. 그리고 이로 하여 영감은 동티가 나서 죽는다.

영감이 조상단지 동티로 쓰러졌을 때, 할미는 "아이고 내사 영감이 죽고 나면 어이 사나."라고 옹생원 앞에서 통탄하며, 스스로 물을 뿌려 부정을 치면서 "아이고 우리 영감아, 영감아. 어째든지 우리 영감만 살려 주라."고 신(神)에게 간청한다. 할미는 영감을 위하여 옹생원으로 하여금 괘(卦)를 빼게 하고, 또 다른 봉사를 불러 경(經)을 읽게 하고, 대잡이를 불러 대를 잡게 하고도, 도저히 살려낼 수 없게 되자 무당들을 불러 오구굿을 하게 한다.

〈통영오광대(統營五廣大)〉의 할미마당과 〈고성오광대(固城五廣大)〉의 할미마당에는 할미, 영감, 장성한 두 아들, 첩, 첩의 아들(아기) 등이 등장한다. 장성한 두 아들은 부모와 떨어져서 연락이 없이 따로 살고 있다가 모친(할미)이 돌아가시자 비로소 나타나서 서로 자기가 맏상주라고, 즉 자기가 적자이고 상대방이 서자라고 다툰다.[4] 주요 공간 배경은 첩의 집이다.

---

3) 이두현, 앞의 책, 355면.
4) 〈고성오광대〉의 경우 이두현 채록본(1964), 전경욱 채록본(1993)에는 맏상주 다툼 장면이 없다. 그런데 천세봉 필사본(1946-1955 추정), 정상박 채록본(1960)에는 이 장면이 있는 것으로 보아 맏상주 다툼 장면은 후대에 탈락된 것으로 보인다.

영감과 첩과 할미가 첩의 집에서 살고 있다. 그러니까 할미는 첩의 집에 얹혀 살고 있는 것이다. 원래 영감은 할미를 버리고 첩의 집에 가서 정착하고 있었고, 할미는 아들과도 헤어져 있고 영감과도 헤어져 있는데다가 정착할 집도 없어 유랑을 하고 있다가 영감을 찾아가서 첩의 집에 얹혀살게 된 것이다. 이것은 〈가산오광대〉에서 영감이 첩을 데리고 할미가 정착하고 있는 본가로 들어오는 것과 반대가 되는 상황이다.

영감의 가면은, 〈가산오광대〉에서처럼 큰양반의 가면을 겸용하지 않고, 별도로 만들어서 사용하는데 그 모습이 시골 영감의 모습이다. 영감의 성격도, 〈가산오광대〉에서처럼 거드름을 피우지 않고, 많이 누그러져 있다. 영감은 첩을 얻은 데에 대해서 할미에게 미안한 마음을 나타낸다. 〈통영오광대〉의 영감은 "만사가 모두 다 내 불찰이다."라고 말하고, 〈고성오광대〉의 영감은 "이게 모다 내 불찰이네. 용서하게." "죄송하고 미안하네. 동지섣달 설한풍에 핫바지(에) 이는 벅벅 긁어쌓고 어쩔 수가 없었네."[5]

〈통영오광대〉의 할미 가면은 연분홍색 바탕에 검은색 주름이 잡혀 있고, 〈고성오광대〉의 할미 가면은 짙은 갈색(혹은 왼쪽은 초록색 혹은 흰색, 오른쪽은 붉은색) 바탕에 입이 삐뚤어져 있다. 거기에다가 흰 저고리, 흰 치마를 입었고, 괴나리봇짐을 짊어지고 짚신 한 켤레를 허리에 차고 있다.

할미가 첩의 집에 얹혀살고 있는 상황에서, 그리고 할미에게도 첩에게도 동거하고 있는 아들이 없는 상황에서[6] 영감은 할미와 첩 사이에서 어느 편도 들지 않고 중도적인 입장을 취하고 있다. 그리고 이러한 영감에 대해서 할미는 공격적이거나 비판적이지 않다. 통영과 고성의 오광대에서는 할미와 영감 사이에 갈등이 드러나지 않는다. 할미는 영감에게 "(첩을) 얻은 것은 좋지만은 미치지는 마이소."[7]라고 말한다. 따라서 할미·영감·첩의 삼각관계로 맺어지는 갈등

---

5) 전경욱, 「고성오광대 연희본」, 『구비문학연구』1, 한국구비문학회, 1994, 430–431면.
6) 할미가 죽어 출상할 때에야 아들 두 명이 나타나 서로 맏상주라고 다투는 것으로 보아, 그리고 할미가 유랑하다가 첩의 집으로 들어온 것으로 보아, 할미는 분가한 아들과 의절하고 살았던 듯하다.
7) 전경욱, 위의 자료, 위의 책, 431면.

은 나타나지 않는다.

그러나 자식이 문제로 떠올랐을 때 할미와 첩은 날카롭게 대립한다. 첩이 진통을 시작하자 할미는 온갖 정성과 봉사를 다한다. 할미는 정화수 길어다가 부정을 치고 황봉사 불러다가 경을 읽게 한다. 드디어 첩이 아들을 낳자 할미는 그 아들을 자기가 소유하려 한다. 그러나 첩은 자기가 낳은 아들을 할미에게 빼앗기지 않으려 한다. 첩이 아들을 낳음으로써 힘의 균형에서 할미가 첩보다 불리한 입장이 되자 할미가 첩의 아들을 차지하려 하는 것이다. 할미는 첩의 아들을 자기의 아들로 삼아 '할미-첩의 아들' 중심의 가정 질서를 새로 수립하려 하고, 이에 대해서 첩은 자기가 낳은 아들을 빼앗기지 않고 '첩-첩의 아들' 중심의 가정 질서를 확고히 하려 한다. 이 대결에서 첩이 할미를 넘어뜨리고 할미는 쓰러져 죽는다. 각편에 따라, 대결의 과정에서 할미가 첩의 아들을 집어던져 죽게 하고 이에 첩이 할미를 넘어뜨려 죽게 하는 경우도 있다.[8] 이것은 〈가산오광대〉에서 할미가 자기의 아들로 대(代)를 잇게 하는 데에 성공하는 것과 반대가 되는 상황이다.

첩의 아들을 통해서라도 자기의 가정을 구축하려는 할미의 집념은 첩에 의해서 무산되고 할미는 외롭게 죽는다. 긍정적인 인물이 불리한 여건에서 고군분투하다가 목숨을 거두는 장면은 관객들에게 강렬한 연민의 정서를 불러일으켜야 할 것이다. 초월적인 존재의 보호도 없으니 더욱 그리해야 할 것이다.

그러나 실제 공연에서 할미가 죽는 장면은 지극히 가볍게 처리된다. 넘어뜨려져서 죽는 것부터가 비사실적이다. 경우에 따라 이 순간적인 장면은 희극적으로 연출되기도 한다. 할미는 반듯하게 넘어져 다리를 처음에는 90도 각도로, 다음에는 30도 각도로 올렸다가 내리며 쭉 뻗고 벌벌 떨다가 일시에 멈춘다.[9] 심각한 살인 사건임에도 불구하고 첩에 대한 뒤처리도 없다.

할미가 죽자 영감은 자식들에게 통지하여 초상을 치른다. 두 아들이 상여 뒤를

---

8) 이두현, 위의 책, 327면.
   전경욱, 「고성오광대 연희본」, 『구비문학연구』 1, 한국구비문학회, 1994, 436면.
9) 전경욱, 위의 자료, 위의 책, 436면.

따라가며 맏상주 다툼을 한다. "내가 큰상주다. 네가 작은어미한테서 낳았다."

〈수영(水營)들놀음〉의 할미마당과 〈동래(東萊)들놀음〉의 할미마당에는 할미(심달래, 沈月川)와 영감과 첩(제대각시)이 등장한다. 이들의 아들은 등장하지 않는다. 할미와 영감과 첩은 유랑 중이다. 오광대가 아들이 살아 있는 상황을 보여주는 데에 반해서 들놀음은 아들이 죽은 이후의 상황을 보여주며, 오광대에서는 영감과 할미가 어디에든 정착하고 있는 데에 반해서 들놀음에서는 영감과 할미가 각각 유랑하고 있다.

〈수영들놀음〉의 영감 가면은 전에는 양반 가면을 겸용했었고,[10] 요즈음에는 별도의 가면을 만들어 사용하지만 그 모습이 셋째 양반과 유사하다.[11] 〈수영들놀음〉에서 할미는 영감의 모색(貌色)을 악사에게 다음과 같이 설명한다.

> 우리 영감이 훌륭하고 깨끗하고 이마가 툭 터지고 사모(紗帽) 꼴나고 점잔하고 양반답고 말소리도 알곰살곰하오.[12]

그런데 〈동래들놀음〉에서는 할미는 영감의 모색을 이렇게 설명한다.

> 색골로 생겼지요. 키가 크고 얼골은 갸름하며 코가 크지요.[13]

이처럼 동래의 영감은 수영의 영감보다 비속한 모습으로 나타난다.

들놀음의 할미는 오광대의 할미보다 더욱 비속한 인물로 묘사되어 있다. 들놀음의 할미 가면은 오광대의 할미 가면에 비해서 상대적으로 더욱 몰골스럽다. 〈수영들놀음〉의 할미 가면은 누르스름한 바탕에 흰 점과 검은 점이 배게 찍혀 있으며 코와 입이 정도 이상으로 심하게 삐뚤어져 있고 양쪽 뺨에 혹이 각각 달려 있다. 〈동래들놀음〉의 할미 가면은 붉은 벽돌색 바탕에 검은 점이 성기게

---

10) 이두현, 앞의 책, 386면

11) 전경욱, 『한국의 탈』, 태학사, 1996, 121 – 122면.

12) 이두현, 앞의 책, 387면.

13) 이두현, 앞의 책, 419면.

찍혀 있으며 언청이이고 입이 삐뚤어져 있고 양쪽 뺨이 불거져 나와 있다. 이러한 얼굴에 허리와 배꼽이 맨살로 노출되어 있다. 이러한 모습의 할미가 주저앉아서 거울을 보며 화장을 하기도 하고 옆구리를 긁기도 하고 이를 잡기도 하며 오줌을 누기도 한다. 〈동래들놀음〉의 할미는 허리 뒤쪽에 쪽박과 짚신을 차고 있다. 〈고성오광대〉의 할미는 짚신만을 차고 있는 데에 비해서 〈동래들놀음〉의 할미는 짚신과 쪽박을 차고 있다.

들놀음의 기본 구조는 다음과 같다. 할미는 집을 나가 영영 돌아오지 않는 영감을 찾아 길을 나선다. 오랜 방랑 끝에 할미는 영감을 만난다. 그러나 영감은 첩(제대각시)을 얻어 살고 있는 중이고, 거기에다가 영감은 오래간만에 만난 할미를 박대한다. 과거사를 이야기하는 중에 할미가 데리고 있던 아들 삼형제가 모두 죽었다는 사실이 밝혀지자 영감은 홧김에 할미를 발길로 차고, 그 충격으로 할미가 죽는다.

통영과 고성의 오광대에서는 영감이 할미와 첩 사이에서 중도적인 태도를 가지고 있는 데에 반해서 수영과 동래의 들놀음에서는 영감이 할미를 배척하고 첩의 편을 들며, 전자에서는 할미가 첩에게 살해되는 데에 반해서 후자에서는 영감에게 살해된다.

전반적으로 보아 〈수영들놀음〉의 영감·할미보다 〈동래들놀음〉의 영감·할미가 더욱 비속한 인물로 묘사되어 있다. 〈수영들놀음〉에서 영감은 점잖고, 할미는 비속하다. 사정이 이러한지라 할미는 영감을 훌륭한 사람으로 여기고 있지만 영감은 할미를 귀찮은 존재로 여기고 있다. 영감은 할미에게 "내가 집을 나올 때 …… 자식 삼형제 다 살게 마련해 주고 혈혈단신 나온 나를 왜 추접게 이리고 쫓아다니는고."라고 질책한다.

그러나 〈동래들놀음〉에서는 사정이 다르다. 〈수영들놀음〉에서는 영감과 할미 사이에 문화적 격차가 있는 것으로 묘사되지만 〈동래들놀음〉에서는 영감과 할미가 똑같이 비속한 인물로 묘사된다. 악사에게 할미는 영감의 모색(貌色)을 색골로 생겼으며 코가 크다고 설명하고, 영감은 할미의 모색을 얼굴은 푸르쪽쪽

하고 입이 크다고 설명한다. 이러한 모색에 걸맞게 영감과 할미는 만나자마자 음란하게 성행위를 벌인다.

〈수영들놀음〉과 〈동래들놀음〉의 이러한 차이에도 불구하고 두 작품은 할미가 자기를 버리고 헤어진 영감과 다시 결합하려고 하지만 영감이 이를 거부한다는 점에서 공통된다. 원래 할미에게 소중한 존재는 영감이라기보다는 아들이었다. 그래서 영감이 집을 나갔어도 아들이 살아있을 때에는 희망을 가질 수 있었다. 아들을 통해서 가정 질서를 유지할 수 있기 때문이다. 그러나 아들이 죽자 이제는 영감에게 의지할 수밖에 없는 사정이 되었다. 이러한 단계에 와서 비로소 할미, 영감, 첩이 서로 긴장 관계를 가지는 삼각의 갈등 구조가 생겨나게 된다. 두 작품은 영감과 첩(제대각시)의 다정한 맞춤[對舞]과 이에 대한 할미의 질투를 강조해서 표현한다.

〈동래들놀음〉에서 할미는 질투심이 일어나자 땅에 주저앉아 거울을 꺼내어 화장을 하고, 관중을 향하여 "아이고 여보소." 하고 손뼉을 치고 나서 제대각시를 가리키며 "저 인물이 내보다 잘났나? 내가 잘났지!"라고 소리친다.[14] 작품의 구성상 할미가 데리고 있던 아들의 죽음을 알고 나서 영감이 할미를 죽이는 것으로 되어 있지만, 그 사실을 알기 이전에 영감의 애정은 이미 첩에게 기울어져 있었고, 아들의 죽음에 대해서는 영감보다 할미가 더 심각하게 여기고 있다. 또한 〈동래들놀음〉에서는 아들의 죽음 때문에만 아니라 "…… 내 소실 하나 얻은 것까지 심술을 부리니 내가 어떻게 살겠나. 못 살지 못 살아 …… 에이 이년 너도 죽어라."[15] 하며 영감이 할미를 발길로 찬다. 그리고 이 충격으로 할미가 죽는다.

할미가 죽자 영감은 당황하여 의원을 불러 진단하게 하고 봉사를 불러 경을 읽게 한다. 그러나 할미를 살려낼 수 없게 되자 상여꾼들을 불러 상여를 내가게 한다. 그리고 영감은 상복을 입고 혼자서 상여 뒤를 따라간다. 〈동래들놀음〉의 경우는 여기에 오구굿이 첨가되어 있다.

---

14) 이두현, 위의 책, 421면.
15) 이두현, 위의 책, 422면.

〈봉산(鳳山)탈춤〉의 할미마당에는 할미(미얄)와 영감과 첩(용산 삼개 덜머리 집)이 등장한다. 할미와 영감 두 사람 다 매우 비속한 모습으로 묘사되어 있다. 그 몰골스러움은 극한을 뛰어넘어 차라리 우스꽝스러운 모습이다. 할미의 가면 은 검푸른색 혹은 검은색 바탕에 흰 점, 붉은 점, 새까만 점들이 배게 찍혀 있다. 이마는 앞으로 툭 튀어나왔고, 눈은 우묵하게 들어갔으며, 턱은 주걱처럼 길고 끝이 밖으로 휘어나왔다. 이마에는 붉은 수건을 둘렀다. 거기에다가 흰 치마와 저고리(혹은 검은 치마와 흰 저고리)를 입었는데 허리 부분을 맨살로 드러내고 있으며 부채와 방울과 지팡이를 들고 있다. 영감은 흰 합죽이 얼굴에 난간이마 로 내밀고 개털로 만든 흰 수염, 흰 털 눈썹을 달았고 머리에 개가죽관을 썼다. 흰 장삼과 바지를 입었고 부채와 지팡이를 들었고 괴나리봇짐을 짊어지고 있다.

영감과 할미는 각각 유랑을 하고 있다. 영감과 할미는 원래 아들(혹은 삼남 일녀)과 함께 고향인 전라도 제주 막막골에서 정착하고 있었는데 난리가 일어나 서 서로 자기 목숨을 구하려고 도망을 하였다가 이산가족이 되어 유랑을 하고 있는 것이다. 아들은, 할미가 데리고 있었는데, 산에 나무를 하러 갔다가 호환 (虎患)을 당했다. 영감은 땜장이, 석수(石手)장이 등의 일을 닥치는 대로 하면서 경기도와 서울 지역을 거쳐 강원도 이천 교미탄, 평안도 영변 향산 등을 전전하 였고, 할미는 무당 노릇을 하면서 유랑을 하였다.

할미와 영감은 서로가 서로를 찾아 헤매다가 어느 곳에서 딱 만난다. 할미와 영감은 만나자마자 할미의 주도로 격렬한 성행위를 한다. 그러고 나서 서로 그 동안 고생한 이야기를 하는 중에 영감은 할미가 자식을 잃은 것을 알게 되고, 할미는 영감이 첩을 얻은 것을 알게 된다. 할미가 홧김에 첩을 때리자 영감은 첩을 비호하고 할미를 배척한다. 할미는 다시 헤어지자고 하며 재산을 나누어 달라고 한다. 영감은 나쁜 것만 할미에게 주고 좋은 것은 다 자기가 가지겠다고 한다. (혹은 덜머리집이 좋은 것은 자기가 가져야 한다고 대든다.) 할미가 재산 을 더 달라고 조르자 영감은 홧김에 살림살이들을 때려 부수고, 그 통에 사당(祠 堂)도 때려 부순다. 그리고 영감은 쓰러져 죽는다. 사당 동티로 죽은 것이다.

영감이 죽자 할미는 다음과 같이 말한다.

> 잘 되었다. 이놈의 영감 사당 짓모지 말라 해도 내 말 안 듣고 짓모더니 사당 동티로 너 죽었구나. 동내방내(洞內坊內) 키 크고 코 큰 총각, 우리 영감 내다 묻고 나하고 둘이 살아봅세. 이놈의 영감 눈깔은 벌써 까마귀가 파먹었구나.16)

죽었던 영감이 이 말을 듣고 다시 살아나서 할미를 마구 때리고, 할미는 영감에게 맞아죽는다. 할미가 죽자 영감은 첩 덜머리집과 어울리어 희롱을 하고, 남강노인(혹은 남극노인)이 나타나 죽은 할미를 위해 오구굿을 해 준다.

〈통영오광대〉와 〈고성오광대〉에서 할미는 첩의 자식까지도 자기가 차지하려다가 죽임을 당한다. 그러나 〈봉산탈춤〉에서 할미는 자기의 자식도 버리려한다. 영감과 할미가 다시 헤어지려고 재산을 나눌 때 영감은 "네년의 새끼 너다 가져라."고 말한다. 이에 할미는 "네년의 새끼 너 다 가지라니, 이 늙은 할멈혼자 빌어먹기도 어려운데 새끼까지 나를 주니 어찌하여 살란 말인가." 하며엉엉 울고, "동지섣달 설한풍에 얼어죽는 수밖에 없구나. 영감, 이렇게 여러 새끼를 다리고 나 혼자 몸뚱이로 어찌 산단 말입나." 하고 영감에게 하소연한다.17)할미에게 자식은 이제 더 이상 가정의 대(代)를 잇기 위한 기둥이 아니다. 자식에 대한 이러한 인식은 영감의 경우도 같다. 영감과 할미는 오래간만에 만나서그 동안 고생한 이야기를 하는 중에 다음과 같은 대화를 나눈다.

> **령감** 여보 할멈 이왕지사는 막론하고 아이자식 놈이나 잘 있는지 알아보세.
> 첫째 문열이라는 놈은 잘 있나.

---

16) 이두현, 위의 책, 210면.
17) 이두현, 위의 책, 207−208면.
  * 빈털털이로 만난 영감과 할미가 논, 밭, 여종, 남종, 용장, 봉장 등의 재산을 분배하는 것, 자식이 이미 죽었다고 하고 자식을 나누는 것, 정착하지 못하고 유랑 걸식하는 형편인데 사당을 부수는 것 등은 작품 자체의 구성의 모순이다. 이 모순의 원인에 대해서는 할미마당의 형성과 변모를 밝혀내는 과정에서 논의해야 할 것이다.

할멈 문열이란 놈 말두 맙소. 혼자 살기 어려워서 산에 나무하러 보냈더니
나무지게 뻗쳐 놓고 오푼치기 하다가 발길로 작심을 퇴겨서 콱 지게
넘어지는 바람에 깔려 죽었습네.

령감 그놈 장하다. 외도하다 죽었네그려. 둘째 빵빵이란 놈은 어찌 됐나.

할멈 그놈은 령감 온다니까 마주 뛰여 나오다가 소 발자국 물에 빠져 죽었
습네.

령감 아 그놈 복 좋다. 배가 싫건 불러서 죽었구나. 세째 놈은 어찌 됐나.

할멈 그놈은 마당에서 자다가 돌돌애미(산돌림 즉 호랑이)한테 물려 갔습네.

령감 아 그놈 든든한 놈 죽었다. 그 다음 네째 찔레뚜기는?

할멈 찔레뚜기 말두 맙소. 앞집의 엄총각놈이 우리 숫돌 좋다고 만날 낫
갈러 오더니 그년 달고 도망갔답네.

령감 아이고 죽겠다. 이건 정 분하구나. 그년이 열댓살만 나면 한밑천 든든
히 잡고 보낼랴고 했더니 그놈한테 떼웠구나. 아이고 분해라 ……[18]

영감은 아들의 죽음보다 딸의 도망을 더 아쉬워한다. 아들은 돈을 받고 팔
수 없지만 딸은 돈을 받고 팔 수 있기 때문이다. 영감은 아들에 의한 세대의
계승에는 관심이 없다.

재산 분배 다툼에서 〈가산오광대〉에서는 영감은 재산을 첩에게 물려주자고
고집하고, 할미는 아들에게 물려주자고 고집한다. 그러나 〈봉산탈춤〉에서는 할
미와 영감과 첩 세 사람이 각기 자기가 가지겠다고 고집한다.[19]

〈가산오광대〉에서 할미는 옹생원의 접근을 끝내 거절한다. 그러나 〈봉산탈
춤〉에서 할미는 영감이 쓰러지자마자, "동내방내 키 크고 코 큰 총각, 우리 영감
내다 묻고 나하고 둘이 살아봅세."라고 소리친다.

〈가산오광대〉에서 영감은 조상단지를 부수고 그 동티로 죽는다. 그러나 〈봉
산탈춤〉에서 영감은 사당은 부수고도 죽지 않는다. 조상단지와 사당은 다 같이
가신(家神)으로서의 조상신을 봉안한 신성한 대상이요 장소라는 점에서 공통된

---

18) 김일출, 『조선민속탈놀이연구』, 평양 : 과학원출판사, 1958, 225면.
19) 이두현, 앞의 책, 206-208면.

다. 〈가산오광대〉에서는 가신의 신성성과 가정의 질서가 살아 있고, 〈봉산탈춤〉에서는 가신의 신성성은 이미 사라졌고 가정의 질서도 이미 깨어져 있다.

〈수영들놀음〉과 〈동래들놀음〉에서 영감은 첩의 편을 들고 할미를 배척하며, 할미는 영감에게 맞아 죽는다. 그러나 할미가 죽자 영감은 애통해하고, 할미를 살리려고 애를 쓰기도 하고, 결국에는 상복을 입고 할미의 상여 뒤를 따른다. 그러나 〈봉산탈춤〉에서는 할미가 영감에게 맞아 죽자 영감은 첩 덜머리집과 희롱한다. 할미를 위한 오구굿은 영감이 주선하지 않고 남강노인이 주선한다. 오구굿을 준비하면서 남강노인은 다음과 같이 말한다.

> 동네 사람들, 이것 보소. 미얄할멈이 죽었구려. 아이고, 불쌍하고 가련하여
> 라. 영감을 잃고 가진 고생을 하더니 그만하고 죽었구나. 이것을 어찌하노.[20]

> 이것이 죽었구나. 불상하구나 가련하구나. 제 영감 이별 몇해에 독부(獨婦)
> 로 지내드니 아아 매를 맞어 죽어? 하도 불상하니 넋이나 풀어 줄 밖에 없다.[21]

이제까지 우리는 〈가산오광대〉, 〈통영오광대〉, 〈고성오광대〉, 〈수영들놀음〉, 〈동래들놀음〉, 〈봉산탈춤〉에 나타난 할미의 삶과 죽음의 실상을 순서대로 살펴보았다. 이 순서는 곧 할미가 몰락해 간 과정이다.

가산의 할미는 영감과 아들과 첩과 함께 자기 집에 정착하고 있다가 영감을 잃는다. 통영과 고성의 할미는 아들과 생별(生別)하고 영감과 첩과 첩의 아들과 함께 첩의 집에 정착하고 있다가 첩에게 맞아 죽는다. 그러나 할미는 죽어서는 아들의 보살핌을 받는다. 수영과 동래와 봉산의 할미는 아들과 사별(死別)하고 혼자서 유랑하고 있다가 영감과 첩을 만나지만 곧 이어서 영감에게 맞아 죽는다. 그런데 수영과 동래의 할미는 죽어서는 영감의 보살핌을 받지만 봉산의 할미는 죽어서도 영감에게 버림을 받는다. 또한 가산의 할미는 조상단지에 봉안한 조상

---

20) 이두현, 위의 책, 211면.
21) 임석재 채록, 「봉산탈춤 대사」, 심우성 편저, 『한국의 민속극』, 창작과비평사, 1975, 249면.

신의 가호를 받으며 목숨을 이어가지만 봉산의 할미는 사당에 봉안한 조상신의 가호도 받지 못한 채 죽음을 당한다. 봉산의 할미는 몰락의 극한을 보여준다.

3. 할미의 비원

이 장에서는 할미마당의 갈등 구조를 통하여 할미의 비원(悲願)을 파악하고 그 비원이 의미하는 바가 무엇인가를 살펴보기로 한다.

〈가산오광대〉에서는 할미와 영감이 대결한다. 영감은 '영감—첩'의 가정 질서를 수립하려 하고 할미는 '영감—할미—아들'의 가정 질서를 수립하려 한다. 이 대결에서 조상신의 가호를 받아 할미가 승리하고 영감이 패배한다. 〈통영오광대〉와 〈고성오광대〉에서는 할미와 첩이 대결한다. 첩은 '영감—첩—첩의 아들'의 가정 질서를 수립하려 하고 할미는 '영감—할미—첩의 아들'의 가정 질서를 수립하려 한다. 이 대결에서 첩이 승리하고 할미가 패배한다. 〈수영들놀음〉과 〈동래들놀음〉과 〈봉산탈춤〉에서는 할미와 영감이 대결한다. 영감은 '영감—첩'의 가정 질서를 수립하려 하고 할미는 '영감—할미'의 가정 질서를 수립하려 한다. 이 대결에서 영감이 승리하고 할미가 패배한다.

그런데 수영과 동래와 봉산의 경우, 기본 갈등 구조는 '영감—첩'과 '영감—할미'의 대립이지만 세부 구조는 조금씩 다르다. 그것은 수영, 동래, 봉산의 순으로 삶의 조건이 점층적으로 악화되어 간 데에 기인한다. 봉산에서는 가정 질서 자체가 완전히 파괴되어 있어서 영감과 할미와 첩이 제각기 생존의 길을 찾아야 하는 상황이다. 이러한 상황은 재산 나누기 다툼에서 영감과 할미와 첩이 제각기 자기가 재산을 차지하여야 한다고 주장하는 싸움에서 단적으로 드러나고, 사당이 완전히 파괴되어 버리는 장면에서 상징적으로 나타난다. 이처럼 처절한 상황에서 영감은 할미의 주검 앞에서 첩과 희롱을 하고 할미는 죽어서도 영감과 결합하려는 의지를 나타낸다. 글자 그대로 '비원(悲願)'이다. 결국 '영감—첩'과 '영감—할미'의 대립인 셈이다. 죽음 이후로도 이어지는 할미의 비원에 대해서는 후술한다.

여기에서 우리는 〈수영들놀음〉과 〈동래들놀음〉과 〈봉산탈춤〉의 경우는 자식이 죽고 없는 상황이라는 사실을 주목하게 된다. 〈가산오광대〉에는 친아들이 있고, 〈통영오광대〉와 〈고성오광대〉에는 첩의 아들과 장례 때에나 나타나는 아들이 있지만, 〈수영들놀음〉과 〈동래들놀음〉과 〈봉산탈춤〉에는 할미에게도 첩에게도 아들이 없다. 아들이 있었으나 이미 죽고 없는 것이다.

〈동래들놀음〉에서 할미는 영감을 만나자마자 영감과 격렬한 성행위를 벌인다. 이것은 〈가산오광대〉, 〈통영오광대〉, 〈고성오광대〉에는 없는 장면이다. 〈봉산탈춤〉에서도 할미는 영감을 만나자마자 영감과 격렬한 성행위를 벌인다. 〈봉산탈춤〉에서 할미는 영감과 성행위를 하고 나서 영감을 자기가 낳은 아들로 착각한다. 할미는 땅에 넘어져 있는 영감의 머리 위로 기어나가면서 이렇게 말한다.

> **미얄** (고통스러운 소리로) 아이고 허리야, 연만칠십에 생남자(年晚七十生
> 男)하였으니 이런 경사 어데 있나, 아들 보니 좋을시구. (춤을 춘다.)[22]

아들을 낳으려는 비원이 환각을 낳은 것이다. 간절한 집념은 환상을 낳는다. 그렇지만 늙은 할미가 아들을 낳는 것은 현실에서는 불가능하다. 그럼에도 불구하고 할미는 아들에 대한 집념을 포기하지 않는다. 아들을 통해 가정 질서를 구축하려는 할미의 집념은 이렇게 죽음 이후로도 이어진다.

여기에서 우리는 〈양주별산대놀이〉와 〈송파산대놀이〉의 할미마당을 살펴볼 필요를 느낀다. 이제까지 우리가 살펴본 할미마당들이 영감이나 할미의 죽음으로 끝나는 데에 반해서 〈양주별산대놀이〉와 〈송파산대놀이〉의 할미마당은 할미의 죽음으로 시작한다.

〈양주별산대놀이〉에는 영감(신할아비), 할미(미얄할미), 도끼, 도끼누이가 등장한다. 영감은 옥니가 달린 깍쟁이로서 사람이 붙지를 않는 인물로 묘사되어 있고, 할미는 가랑잎에 불붙듯이 성미가 마르고 급하여 도량이 작은 인물로 묘

---

22) 이두현, 앞의 책, 200－201면.

사되어 있다. 그리고 그들의 아들인 도끼는 빚 갚을 돈을 가지고 가출한 난봉꾼으로 설정되어 있고, 그들의 딸인 도끼누이는 출가했지만 남편에게 버림받고 혼자서 가난하게 살고 있는 생과부로 설정되어 있다. 도끼와 도끼누이는 각각 부모와 연락을 끊고 살고 있다.

빈궁 속에서 평생 동안 고생만 한 할미는 영감의 구박을 받자 분한 마음이 상승된다. 할미는 두 손으로 가슴을 치면서 울고, "고생살이로 늙은 할미 오늘날이 고생이 마지막이다." 하고 독약을 먹고, 장중에 쓰러져서 긴 양대[23]를 배 위에 세우고 죽는다.[24] 할미가 죽자 따로 살면서 왕래가 없던 도끼와 도끼누이와 신할아비가 함께 모여서 장례를 치르고 진오기굿을 한다. 〈송파산대놀이〉에서도 할미는 영감의 구박을 받고 비슬비슬 쓰러져 죽는다. 그리고 죽은 할미를 위해 진오기굿을 한다. 양주에서는 가족들이 직접 진오기굿을 하는데 반하여 송파에서는 무당을 불러 진오기굿을 한다.

다음은 〈양주별산대놀이〉에서 신할아비와 도끼가 미얄할미의 시체 앞에서 대화를 나누는 장면이다.

도끼	그런데 이 전신의 맥을 내가 죄 다시 보았소.
신할아비	그랴.
도끼	보니깐두루 전신이 아주 죄 죽었소. 죄 죽었는데,
신할아비	죽었겠지.
도끼	이왕에 나 누님 맹길려구 아버지두 옹색 풀던 구녁은 시방 입 때 살았어.
신할아비	뭐, 거기 살았어? 어디 만져 보자. 어디 만져 봐.
도끼	살았어. 왜 그걸 만지려고 야단이요. 내가 먼저 만져 봐야지.
신할아비	거 네가 만져 보겠느냐?
도끼	거 만져 보니깐 살았소.
신할아비	예라 이 자식아.

---

23) 묘혈을 파기 위해 시체를 재는 막대기. 버드나무 지팡이이기에 양대라고 함.

24) 「양주산대 · 1957년본」, 조동일, 『탈춤의 역사와 원리』, 홍성사, 1979, 409면.

도끼　　　　지금이래두 마지막 옹색 필 테면 피우. 나 있어도 괜찮우.[25]

　할미는 전신이 뻣뻣하게 죽었지만 할미의 성기는 따뜻하게 살아 있다. 할미의 강렬한 생명 의지를 읽을 수 있다. 할미는 죽어서도 그 생명 의지를 포기하지 못한다. 그런데 그 생명 의지는 할미 개인의 생명으로 그치는 것이 아니다. 그것은 가족들을 하나로 묶는 응집력이다. 아들(도끼)과 딸(도끼누이)과 부모(신할아비, 미얄할미)가 흩어져서 살고 있다가, 즉 가정이 와해되어 있다가 할미의 주검 앞에서 그들은 다시 하나로 뭉친다. 그들은 죽은 할미의 따뜻한 성기를 통하여 존재적 근원의 동질성을 발견한다.[26] 가족이 뭉쳐서 살게 하려는 것이 죽은 할미의 비원이다.

　〈봉산탈춤〉의 진오기굿 장면에서 죽은 할미는 무당의 입을 통하여 다음과 같이 말한다.

　　왔소 왔소, 만신의 입을 빌고 몸을 빌어 내가 왔소. 어어어, 생전에 먹은 마음 이루지 못하고 황천객이 되어 왔소. 어어어, 영감을 만나 소원을 이루렸더니 뜻밖에도 억울한 죽음을 하였으니(운다)[27]

---

25) 이두현, 앞의 책, 89면.

26) 이 장면을 조동일은 '어머니의 죽음과 자기 생명의 관계를 확인하는 것'으로 보았고, 임재해는 '죽음의 그늘 속에서 삶의 생명을 확인하는 것'으로 보았다. 필자의 견해도 이들의 견해와 크게 다르지 않다.
　조동일, 〈신할애비과장의 부모와 자녀〉, 『탈춤의 역사와 원리』, 홍성사, 1979, 274 – 275면.
　임재해, 〈한국의 장례놀이에 나타난 죽음과 삶의 형상〉, 전신재 외, 『동아시아 기층문화에 나타난 죽음과 삶』, 민속원, 2001, 59면.
　할미의 성기를 통하여 아들이 어머니(할미)와의 유대감을 확인하는 모티프는 〈가산오광대〉에서도 보인다. 〈가산오광대〉 할미마당의 첫 부분에서 할미가 오줌을 눌 때 마당쇠(아들)가 할미(어머니)의 성기를 들여다보며 할미와 나누는 골계스러운 대화가 그것이다.
　이러한 모티프와 관련하여 이중섭(李仲燮, 1916 – 1956)의 그림 〈가족〉이 흥미롭다. 이중섭이 가족과 헤어져 통영에서 살고 있을 때 가정의 회복을 갈망하며 그린 〈가족〉에는 이중섭 자신과 두 아들과 아내가 화면을 채우고 있다. 두 아들은 환희와 희망의 몸짓을 하고 있고 이중섭은 노란 꽃송이들을 뚝뚝 흘리며 두 손으로 받쳐들고 있고 아내의 머리 위에는 하얀 비둘기가 앉아 있다. 아내는 나신이며 성기를 그대로 드러내고 있다.
　『이중섭 작품집』, 현대화랑, 1972, 원색도판 6.

27) 이두현, 앞의 책, 212면.

할미는 '생전에 먹은 마음'을 이루지 못하고 죽은 것이 원통하고 원통함을 울면서 호소한다. 그러나 그 '생전에 먹은 마음'이 구체적으로 무엇인지는 나타나 있지 않다. 다만 그것은 영감과의 만남 자체가 아니라 '영감을 만나'서 이룩할 수 있는 일임을 암시받을 수 있을 뿐이다.

그런데 〈송파산대놀이〉에서는 그 내용이 좀 더 구체적으로 나타난다. 죽은 할미는 무당의 몸을 빌어 가족 앞에 나타난다. 그리고 가족 한 사람 한 사람의 손을 잡고 가슴에 쌓인 말을 한다.

(가) 살아생전에 영감 거두지 못한다구 날더러 죽으라구 죽으라구 그렇게도 몹시 애를 쓰고 쩔쩔매더니 죽어놓으니 속이 시원하겠소. … 그래두 불쌍하구 가련하구랴. … 이젠 우리 영감을 누가 거두어 주며 누가 보살펴 준단 말이요. … 이제부터는 흔히 먹고 흔히 쓰고 널리 먹고 널리 쓰고 부자 되고 장자 되게 도와주고 점지해 줄 테니 거부 되어 잘살게 되면 그때나 마누라 덕인 줄 아시구 부디 부디 오래 살어 우리 자식들이나 잘 보살펴 주고 시집 장가 들게 해 주오.

(나) 우리 도끼야, 너를 내가 살아생전에 장가를 못 들이고 나이가 오십이 되도록 그냥 내버려 두고 황천객이 되었으니 불쌍하구 가련하구 원통하구 절통하구나. … 네 소원대로 장가도 보내 주구 고래등 같은 기와집에 하인도 몇씩 두고 호의호식하며 걱정없이 잘살게 도와줄 테니 그땐 네 어미 덕인 줄 알아라.

(다) 요런 불쌍하구 가련한 것 같으니 요것이 그래도 우리집의 귀연둥이로 불면 날까 불면 꺼질까 애지중지 금지옥엽 고이고이 키웠더니 사주팔자가 아주 사나워 시집간 지 석달 만에 서방 영감 시아범 시어멈 죄 잡아먹구 독수공방 홀로 누워 눈만 깜짝깜짝하구 드러누웠으니 요런 불쌍하구 가련한 팔자가 세상에 또 어디 있겠느냐? 내 이제부터 오는 서방 가는 서방 죄 업어다 다시 시집보내 줄테니 염려 말고 걱정 말아라.[28]

(가)에 나타나 있듯이 영감이 부자가 되어 오래 오래 살기를 할미가 바라는

---

28) 이병옥, 『송파산대놀이 연구』, 집문당, 1982, 187－189면.

것은 영감에 대한 애정 자체 때문이라기보다는 자식들에게 대한 애착 때문이다. 할미는 영감이 자식들의 결혼에 큰 힘이 되어 주기를 바라는 것이다. (나)에서 할미는 아들이, 나이가 오십이 되었지만, 결혼하여 '고래등 같은 기와집에(서) 하인도 몇씩 두고 호의호식하며 걱정없이 잘'살기를 바란다. 현실적이고, 물질적으로 풍족한 삶에 가치를 두고 있다. (다)에서 할미는 과부가 된 딸이 재혼하기를 바란다. '서방 영감 시아범 시어멈'이 이미 죽어서 없는 빈자리에 '오는 서방 가는 서방(을) 죄 업어서 다시' 채움으로써 사람들이 한데 어우어진, 시끌시끌하더라도 사람 냄새나는 삶에 가치를 두고 있다.

할미는 영감과의 재결합 자체를 통하여 가정 질서를 회복하려 하지 않는다. 할미는 아들을 통하여 가정 질서를 수립하려 한다. 가정 질서의 기본 축을 부부의 수평적 구조로 설계하지 않고 모자의 수직적 구조로 설계한 것이다. 즉 할미에게 중요한 존재는 영감이 아니라 아들이다.

할미는 자기 아들이 총명한 청년으로 성장하는 데에서 삶의 보람을 느낀다. 아들과 함께 살고 있을 때 할미는 영감이 집을 나가 첩과 함께 살고 있어도 개의하지 않는다. 이 상황에서는 할미는 영감을 찾아가지 않는다. 오히려 영감이 할미를 찾아온다(가산). 그러나 슬하에 아들이 없을 때 할미는 그곳이 첩의 집이더라도 영감을 찾아 첩의 집으로 간다. 그리고 첩의 아들을 빼앗으려 한다. 할미는 영감보다 첩의 아들을 중시한다(통영·고성). 그러나 첩에게도 아들이 없을 때, 할미는 첩으로부터 영감을 빼앗으려 한다(수영·동래·봉산). 그리고 할미는, 늙은 나이에도 불구하고, 영감과의 사이에서 아들을 낳으려 한다. 할미는 유랑을 하면서 영감을 애타게 찾고 영감을 만나자마자 영감과 격렬한 성행위를 벌인다(동래·봉산). 영감이 죽으면 할미는 키 크고 코 큰 총각을 찾는다(봉산).[29] 그리고 자신이 죽었을 때 할미는 다른 곳은 다 죽어도 성기만은 죽지 않는다(양주·송파). 그러나 할미는 결국 죽는다. 할미는 그녀의 비원 이승에 실현해 놓지 못하고 저승으로 간다. 저승에서 할미는 그녀의 후손들이 생명을

---

29) 사실은 영감이 죽은 것이 아니지만 할미는 영감이 죽었다고 판단한 것이다.

지속해 내려갈 수 있도록, 그러기 위해서 후손들이 이승에서 '수부귀다남(壽富貴多男)'의 행복한 삶을 향유할 수 있도록, 그녀의 후손들을 보호한다(송파).

여기서 우리는 〈가산오광대〉의 조상신을 만나게 된다. 〈가산오광대〉에서 조상단지로 표상되는 조상신은 할미(〈가산오광대〉의 할미)와 그녀의 아들 마당쇠를 보호하기 위하여 영감을 동티로 죽였던 것이다. 〈송파산대놀이〉의 할미는 죽어서 조상신이 된 것인데 그 조상신이 바로 〈가산오광대〉의 조상신과 동격이라 하겠다.

살아서는 물론이고, 죽음 이후로도 이어지는 할미의 비원(悲願)은 무엇인가. 그것은 아들을 통해서 가정 질서를 확립하는 것이다. 그리고 가정이 대(代)를 이어 번성하는 것이다. 우리가 앞에서 살핀 할미의 몰락 과정은 결국 가정이 와해되어 간 과정이고, 거기에 대한 할미의 대응은 와해된 가정 질서를 회복하려는 의지인 것이다. 가족들이 뿔뿔이 흩어져 유랑을 하고 있어 가정 자체가 사라져 버린 상황에서 가정을 다시 구축하려는 것이 할미의 비원은 처절하기까지 하다.

4. 죽음 관련 제의의 효용

할미마당은 두 부분으로 구성되어 있다. 할미의 곤궁한 삶과 죽음의 모습을 보여주는 전반부와 죽은 할미(혹은 영감)를 위해서 제의(祭儀)를 베풀어 주는 후반부가 그것이다. 각종의 채록본과 요즈음의 실제 연행에서 후반부는 등한시되고 있다. 그러나 연행을 제대로 하기 위해서는 전반부와 후반부의 균형을 맞추어야 할 것이다. 아마도 원래의 연행에서는 할미의 삶과 죽음의 모습을 보여주는 부분의 연행 시간보다 죽음 이후의 제의 부분의 연행 시간이 더 길었을 듯하다. 원래 가면극의 연행은 저녁 때 시작해서 이튿날 새벽에 끝나도록 짜여 있었다. 이렇게 긴 시간 동안을 연행하면서 제의를 연행하는 시간이 요즈음처럼 그렇게 짧을 수는 없다. 가면극의 연행은 중마당, 양반마당, 할미마당의 순서로 이어진다. 할미마당을 제일 뒤에 배치하고, 할미마당에서는 죽음과 관련되는 제의를 제일 마지막에 배치한다. 전통적으로 우리의 가면극이 죽음 관련 제의로 끝나도록 연행되어 온 데에는 그 나름대로의 의미가 있을 것이다.

각 가면극에서 연행하는 제의는 다음과 같다.

〈가산오광대〉 : 오구굿
〈통영오광대〉 : 운상(運喪)
〈고성오광대〉 : 운상
〈수영들놀음〉 : 운상
〈동래들놀음〉 : 운상, 오구굿
〈봉산탈춤〉　 : 오구굿
〈양주별산대놀이〉 : 조문(弔問), 무덤 다지기, 대상(大祥), 오구굿
〈송파산대놀이〉 : 오구굿

상여 나가는 장면이나 오구굿 장면은 반드시 연행하고, 양주의 경우는 여기에 빈소에서 조문하는 장면, 장지에서 회다지하는 장면, 집에서 대상 치르는 장면을 추가하여 연행한다.

서양 비극의 주인공은 타락한 현실 속에서 고상한 정신적 이념을 실현하려고 거대한 현실과 정면으로 맞서서 투쟁하다가 힘에 겨워 뜻을 이루지 못하고 죽는다. 비극의 주인공은 고독한 영웅이다. 그 고독한 영웅의 죽음 앞에서 비극의 관객은 숭고한 경지로 이끌어올려진다. 관객은 숭고의 정서를 체험하게 된다. 이런 비극적 정서의 체험을 통해서 관객은 정신적 가치의 중요성을 깨닫게 되고, 정신 정화(淨化)를 달성한다. 이것이 서양 비극의 효용이다.

할미는 가정을 파괴해 가는 가혹한 현실 속에서 생명의 지속과 물질적 풍요를 실현하려고 몸부림을 치다가 힘에 겨워 뜻을 이루지 못하고 죽는다. 할미는 가련한 여인이다. 그 가련한 여인의 죽음 앞에서 가면극의 참여자들(연행자들과 구경꾼들)은 연민의 정서에 젖는다. 이 상황에서 상여 나가는 장면과 오구굿의

연출은 그 뼈아픈 연민의 정서를 승화시키는 장치이다.

상여 나가는 장면에서 사람들은 죽음을 피부로 감촉한다. 허구세계 속에서의 장례 장면이지만 그것을 예술 작품으로 재창조하지 않고 실제의 장례와 거의 똑같게 연출하므로 사람들은 일상생활 속에서 장례에 직접 참석한 것과 같은 체험을 하게 된다. 그러나 장례 제의가 사람들을 죽음에 대한 공포와 죽은 사람에 대한 연민의 정서로 몰아넣기만 하는 것은 아니다.

이 장면에서 사람들을 압도하는 것은 상여의 원색적인 색채와 밤의 적막을 깨는 상여소리이다. 상여소리는 그 구성진 소리로 망자(亡者)가 가정과 친지와 마을로부터 분리되는 이별의 슬픔으로 시작해서 망인을 저승길로 고이 보내고자 하는 가족들의 축원과 가족들이 화목하고 후손들이 융성하기를 바라는 망인의 축원으로 이어져서 조상의 음덕(蔭德)을 입어 자손들이 발복(發福)하리라는 확신으로 마감된다.30) 따라서 이 장면이 제대로 연출된다면 사람들은 이처럼 슬픔으로 시작해서 축원으로 이어져 확신으로 끝나는 제의의 구조에 따라 어둠으로부터 밝음으로 전이되는 정서의 변이를 체험하게 될 것이다.

할미마당은 이처럼 장례제의를 예술적 재구성 없이 원형 그대로의 모습으로 가면극 안에 재현해 놓음으로써 극적 효과를 거둔다. 장례제의 대신 진오기굿을 연출하는 경우에도 같은 방법으로 같은 효과를 거둔다.

주지하는 대로 진오기굿은 죽은 사람의 넋을 저승으로 천도(薦度)하는 굿이다. 죽은 사람의 넋이 저승으로 고이 가기 위해서는 그 넋이 깨끗해야 한다. 사람은 누구나 이승에서 사는 동안 갈등을 겪게 마련인데 살아서 그 갈등을 해소하지 못하고 죽으면, 그래서 넋에 원과 한이 맺혀 있으면 그 넋은 저승으로 가지 못하고 이승을 떠돈다. 이승을 떠돌면서 그 넋은 이승에 살아 있는 사람들에게 해코지를 한다. 그래서 우리는 죽은 사람의 넋에 맺혀 있는 원한을 풀어주어야 하는 것이다. 그러기 위해서 우선 죽은 사람을 불러내어 생전의 원과 한을 모두 토로하게 함으로써, 그리고 살아남은 사람은 죽은 사람의 생전에 그에게

---

30) 류종목, 「장례의식요의 의식구조내적 기능」, 『임하 최진원 박사 정년기념논총 고전시가의 이념과 표상』, 대한, 1991, 683－708면.

잘못했던 일들을 낱낱이 열거하고 나서 그에게 용서를 청함으로써, 또한 그에게 필요한 모든 일을 약속함으로써 죽은 사람의 넋을 정화(淨化)시켜 준다. 그리고 그 정화된 넋을 저승으로 인도해 준다.

그런데 굿을 통해서 정화되는 사람은 사실은 죽은 사람이 아니라 살아남은 사람이다. 껄끄러웠던 일들을 낱낱이 토로함으로써 화해를 이끌어내었을 때 그 화해는 죽은 사람과 살아남은 사람 사이의 화해가 아니라 살아남은 사람의 자기 정화이고, 살아남은 사람과 살아남은 사람 사이의 화해이다.

무당이 빗자루를 향물로 적시어 가지고 영돈(육신)과 밥그릇(넋) 위의 솥뚜껑을 씻어낼 때 실제로 씻기어지는 것은 죽은 사람의 넋이 아니라 굿에 참여하고 있는 사람들의 마음이다. 긴 무명베에 매듭지어져 있는 일곱 개의 고가 하나씩 풀어지는 것을 보면서 원한이 하나씩 풀어지는 것을 의식하는 것은 죽은 사람이 아니라 그것을 보고 있는 살아 있는 사람들이다. 긴 무명베 위로 넋당석이 길을 닦으며 저승으로 갔을 때, 그리고 무당이 그 무명베를 세로로 길게 가르며 나가 이승과 저승이 완전히 분리되었을 때 마음이 홀가분해지는 사람은 죽은 사람이 아니라 살아남은 사람이다.

진오기굿은 죽은 사람을 위한 굿이 아니라 살아 있는 사람을 위한 굿이다. 사람들은 진오기굿을 통하여 죽음을 직시하고, 죽음에 대한 부정(不淨)한 생각을 깨끗이 씻어버리고, 새로운 삶을 시작한다.[31]

할미마당은 진오기굿의 이러한 원리를 가감이나 굴절 없이 그대로 이용한다. 〈봉산탈춤〉의 마지막 대사는 자못 상징적이다.

　"아이들아, 일어나거라. 남창 동창 다 밝았다."[32]

---

31) 진오기굿에 대해서는 다음 논문들이 참고가 된다.
　　나경수, 「진도씻김굿의 연구」, 『호남문화연구』 18, 전남대 호남문화연구소, 1988, 69-97면.
　　이경엽, 「씻김굿의 제의적 기능과 현세주의적 태도」, 『굿의 현장에서 본 씻김굿 무가』, 박이정, 2000, 60-87면.
　　조흥윤, 「살아남은 가족들과 망자의 작별과 잔치」, 『서울 진오기굿』, 열화당, 1993, 78-91면.
　　황루시, 「절제된 한풀이의 미학」, 『전라도 씻김굿』, 열화당, 1985, 76-91면.
32) 이두현, 앞의 책, 213면.

원래 가면극은 밤새도록 연희하고 먼동이 밝아오는 새벽에 끝나도록 연출된다. 새벽을 맞이하면서 발화되는 이 마지막 대사에는 정화된 정신으로 새날을 맞이하려는 소망과 아이들에게는 구차한 삶을 물려주지 않으려는 소망이 함께 함축되어 있다.

할미마당의 주제를 남성의 횡포에 대한 비판으로 보는 경우33)와 할미를 여성에게 배척받는 여성으로 파악하는 경우34)는 할미를 연민의 대상으로 파악하는 점에서는 같다. 할미가 가지고 있는 유토피아의 꿈(영감과의 화해)을 실현하지 못한 데에서 비극성을 찾는 경우35)와 할미가 자신의 절망적인 삶을 극복하지 못한 데에서 비극성을 찾는 경우36)도 할미를 연민의 대상으로 파악하는 점에서는 같다. 여기에서 필자는, 할미를 단순히 연민의 대상으로 파악하는 관점에서 관점을 돌려, 절망적인 상황을 극복하려는 할미의 치열한 의지, 처절할 정도로 치열한 의지 자체에 비극성이 있다고 본다. 앞에서 우리는 상황의 절망적인 정도가 커질수록 거기에 정비례해서 골계성이 짙어지는 사정을 확인한 바 있다. 가면의 모습에서도 그러했고, 행동 양식에서도 그러했다. 이 골계에서 우리는 절망적인 상황에 억눌리지 않고 그것을 딛고 일어서려는 치열한 의지를 읽어낼 수 있다.37)

치열한 싸움에 뒤따르는 비극적 죽음을 응시하면서 자신의 정서를 정화하는 것은 동서양이 같다. 다만 서양의 경우는 대상을 객관적으로 바라보면서 명상을 하고, 우리의 경우는 제의 속에 몰입하여 몸으로 정서를 체험하는 그 방법이 다르고, 서양의 비극에서는 숭고한 정신적 가치를 중시하는 데에 반해서 우리의

---

33) 조동일, 「미얄과장의 웃음과 눈물」, 『탈춤의 역사와 원리』, 홍성사, 1979, 221 – 222면.

34) 허용호, 「봉산탈춤 속의 여성들」, 『구비문학연구』 4, 한국구비문학회, 1997, 527면.

35) 박태상, 「가면극에 나타난 갈등 구조 및 죽음 의식 연구」, 『한국문학과 죽음』, 문학과지성사, 1993, 361 – 362면.

36) 심상교, 「민속극에 나타난 비극적 특성 연구(Ⅱ)」, 『한국민속학』 29, 민속학회, 1997, 427면 및 435면.

37) 이런 점에서, 할미의 죽음이 가족제도의 붕괴와 이의 회복이라는 양면성을 지니는 것으로 본 정형호의 견해에 필자는 동의한다.
정형호, 「한국 가면극에 나타난 여성의식」, 황재군 외, 『한국문학과 여성』, 박이정, 1997, 271면.

할미마당에서는 세대를 이어 내려가는 생명의 지속을 강조하는 점에서 동서양은 서로 다르다. 할미의 생명 의지는 개인의 목숨 자체를 의미하는 것이 아니라, 출산을 통하여 끊이지 않고 계속 대(代)를 이어 내려가게 함으로써 응집력 있는 인간띠를, 시대를 계속 이어 내려가는 인간띠를 구축하는 것이다. 이것이 죽음을 극복하는 길이다. 이것이 개인의 죽음에도 불구하고 생명을 이어가는 길이다. 죽음과 성(性)이 밀착되어 있는 소이연도 바로 이것이다.

그 인간띠의 기본 단위는 가정이다. 혹독한 현실에서 파괴되어 버린 가정 질서를 회복하려는 것이 할미의 비극적 의지이다.

5. 맺음말

할미의 삶과 죽음의 실상, 그리고 죽음 이후로도 이어지는 할미의 비원을 〈가산오광대〉, 〈통영오광대〉, 〈고성오광대〉, 〈수영들놀음〉, 〈동래들놀음〉, 〈봉산탈춤〉, 〈양주별산대놀이〉, 〈송파산대놀이〉의 순서로 살펴보았다.

처음에 할미는 조상신의 보호를 받으며 아들과 함께 자기 집에서 정착하고 있다(가산). 다음 단계에서 할미는 아들과 생별하고 첩의 집에 얹혀살면서 첩의 아들을 자기의 아들로 삼으려다가 첩에게 맞아 죽는다(통영·고성). 그 다음 단계에서 할미는 아들과 사별하고, 영감과 생별하고 유랑을 하다가 영감을 만나지만 재산 문제, 첩의 문제, 자식 문제 등으로 갈등이 일어나 영감에게 맞아 죽는다(수영·동래·봉산). 최후의 단계에서 할미는 조상신의 보호도 받지 못하며 죽어서도 영감의 배척을 받는다(봉산).

할미는 아들을 통해서 수직적 인간관계의 가정 질서를 확립하려는 비장한 소원을 가지고 있다. 아들과 함께 살고 있을 때 할미는 구태여 영감을 찾아가지 않는다(가산). 슬하에 아들이 없을 때 할미는 첩의 집으로 영감을 찾아가서 첩의 아들을 자기의 아들로 삼으려 한다(통영·고성). 자기에게도, 첩에게도 아들이 없을 때 할미는 첩에게서 영감을 빼앗으려 하고(수영·동래·봉산), 늙은 나이에도 불구하고, 아들을 낳기 위해서, 영감과 격렬한 성행위를 한다(동래·봉산). 할미는 죽어도 성기는 죽지 않으며(양주·송파), 성기마저 죽은 다음에 할미는 조상신이 되어 후손을 보호한다(송파).

혹독한 현실에서 파괴되어 버린 가정 질서를 회복하려는 치열한 의지를 가지고 현실과 싸우다가 죽음을 맞이한다는 점에서 할미는 비극적 인물이다. 그 할미의 상여가 나가는 장례제의에 참여함으로써 사람들은 어둠으로부터 밝음으로 전이되는 정서의 변이를 체험하고, 그 할미를 위한 진오기굿에 참여함으로써 사람들은 자기 정화를 체험한다. 타인의 죽음 장면을 통해서 자기 자신의 정신을 정화하는 원리는 동서양이 같다.

할미마당을 통해서 우리는 골계가 절망을 극복하는 한 방법인 것, 우리 문화에서는 대를 이어서 내려가는 수직적 인간관이 중시되고 있는 것 등을 확인하였다.

공연 예술을 통하여 타인의 죽음을 관조함으로써, 그리고 그 장례제의에 참여함으로써 공포와 연민의 정서로써 자신을 정화하는 원리에 관해서는 좀 더 면밀한 고찰이 필요하다. 장례제의나 진오기굿이 가면극 안에서 연출되는 상황을 좀 더 면밀하게 살펴보아야 할 것이다. 다음 과제로 남겨 놓는다.

〈변강쇠가〉와 〈봉산탈춤〉 할미마당은 판소리와 가면극이 만나는 곳이다. 〈변강쇠가〉의 옹녀는 변강쇠와의 격렬한 성행위에도 불구하고 아이를 가지려는 비원을 성취하지 못하며, 유랑을 하며 살 수밖에 없는 가혹한 현실에서 변강쇠와 가정을 이루고 정착하려는 비원도 성취하지 못한다. 또한 변강쇠는 마을 수호신의 표상인 장승을 뽑아다가 패어 때고 그 동티로 죽는다. 옹녀와 할미, 변강쇠와 영감, 장승과 사당이 각각 대응한다. 그런데 〈변강쇠가〉에서는 변강쇠가 죽고 옹녀가 살아남는 데에 반해서 〈봉산탈춤〉에서는 할미가 죽고 영감이 살아남는다. 이러한 공통점과 차이점이 의미하는 것, 나아가서 판소리 전반과 가면극 전반의 대비적 고찰 등도 앞으로의 연구 대상으로 남겨 놓는다. 〈가산오광대〉에 나타나는 영감의 죽음에 대해서도 별도의 논의가 필요하다.

참고 문헌

김일출, 『조선민속탈놀이연구』, 평양 : 과학원출판사, 1958.

나경수, 「진도씻김굿의 연구」, 『호남문화연구』 18, 전남대 호남문화연구소, 1988.

류종목, 「장례의식요의 의식구조내적 기능」, 『임하 최진원 박사 정년기념논총 고전시가의 이념과 표상』, 대한, 1991.

박태상, 「가면극에 나타난 갈등 구조 및 죽음 의식 연구」, 『한국문학과 죽음』, 문학과지성사, 1993.

신동흔, 「들놀음 할미마당의 극적 짜임새와 주제」, 『한국극예술연구』 1, 태동, 1991.

심상교, 「민속극에 나타난 비극적 특성 연구(Ⅱ)」, 『한국민속학』 29, 민속학회, 1997.

이경엽, 「씻김굿의 제의적 기능과 현세주의적 태도」, 『굿의 현장에서 본 씻김굿 무가』, 박이정, 2000.

이두현, 『한국가면극선』, 교문사, 1997.

이병옥, 「송파산대놀이 연희본」, 『송파산대놀이 연구』, 집문당, 1982.

임재해, 「한국의 장례놀이에 나타난 죽음과 삶의 형상」, 전신재 외, 『동아시아 기층문화에 나타난 죽음과 삶』, 민속원, 2001.

전경욱, 「고성오광대 연희본」, 『구비문학연구』 1, 한국구비문학회, 1994.

전경욱, 『한국의 탈』, 태학사, 1996.

전신재, 「할미마당의 갈등구조와 할미의 인간상」, 『구비문학연구』 9, 한국구비문학회, 1999.

전신재, 「한국 가면극에서의 죽음」, 전신재 외, 『동아시아 기층문화에 나타난 죽음과 삶』, 민속원, 2001.

정상박, 『오광대와 들놀음 연구』, 집문당, 1986.

정형호, 「한국 가면극에 나타난 여성의식」, 황재군 외, 『한국문학과 여성』, 박이정, 1997.

조흥윤, 「살아남은 가족들과 망자의 작별과 잔치」, 『서울 진오기굿』, 열화당, 1993.

조동일, 「미얄과장의 웃음과 눈물」, 『탈춤의 역사와 원리』, 홍성사, 1979.

조동일, 「신할애비과장의 부모와 자녀」, 『탈춤의 역사와 원리』, 홍성사, 1979.

허용호, 「봉산탈춤 속의 여성들」, 『구비문학연구』 4, 한국구비문학회, 1997.

황루시, 「절제된 한풀이의 미학」, 『전라도 씻김굿』, 열화당, 1985.

황루시, 「할미 영감놀이 연구」, 『이화어문논집』 5, 이화어문학연구소, 1987.

제3장

가면극의
음악과 무용

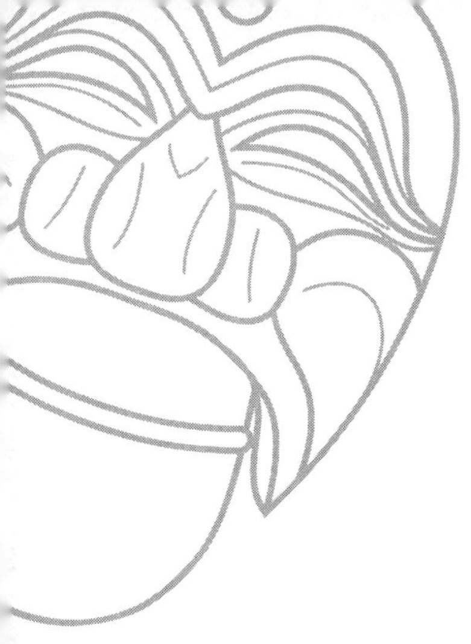

가면극과 음악[*]

1. 화두 군말

이보형입니다. 회장님께서 저를 소개하시면서 너무 과찬을 하셨는데 그건 그 냥 나이 먹은 사람대접으로 하신 말씀이겠지요. 실은 제가 그렇게 연구를 많이 한 것도 아닙니다. 지난번에 이두현 선생님과 그리고 정상박 선생님을 모셨으니 까 이번에는 제가 늙은 순서가 되어서 불러 주신 것이겠지요. 저는 연극 전공이 아니고 음악 전공이기에 가면극을 전문으로 하시는 여러분에게 큰 도움을 드리 지 못 할까 두렵습니다. 다만 가면극의 반주음악에 삼현육각(三絃六角)과 농악 (풍장)이 있는데 이 가운데 삼현육각을 중심으로 하되 가면극 반주 음악으로 쓰이는 삼현육각을 중심으로 그 주변 이야기를 하고자 합니다만 이것이 혹시 여러분의 연구에 간접적인 조그만 도움이라도 되면 다행이겠습니다.

그런데 저 개인이 가면극 음악 전반을 연구한 내력을 얘기하는 것 보다 가면 극 쪽에 관심을 가지시는 분들께 도움이 될까하여 주로 그 반주음악 삼현육각에 대한 말씀을 드릴까 합니다. 여러분이 가면극을 많이 연구하셨기 때문에 가면극

---

* 한국공연문화학회는 2006년도의 학회 기획 주제로 "가면극의 종합적 고찰"을 설정하였다. 이와 함께 네 분의 원로 가면극 연구자를 모시고, 회고담을 듣기로 하였다. 이 글은 2006년 11월 4일 고려대학교에서 발표된 이보형 선생님의 말씀을 채록한 것이다. 강의의 현장성을 확보하기 위해 가능한 한 구어체 그대로 채록하였음을 밝혀둔다.

** 한국고음반연구회 회장

음악에 대한 일반론은 다 아실 것이니 제가 새롭게 해석하는 가면극 반주음악 삼현육각의 생성에 관한 얘기를 골라서 하겠습니다.

우선 여러분이 알다시피 남쪽 지방 가면극 반주 음악은 풍장(농악)으로 연주하고 중부 이북 가면극 반주음악은 삼현육각으로 연주를 합니다. 자 그럼 가면극 반주음악으로 연주되는 풍장과 삼현육각에 대하여 말씀드리되 먼저 간단한 풍장 쪽 주변 이야기를 말씀드릴까 합니다.

2. 풍장과 풍물과 장단

그럼 먼저 풍장의 어의(語義)에 대하여 간단히 말씀드리지요. 요즈음은 농악을 주로 풍물이라 이르고 있는데 여기서 제가 풍물이란 용어를 쓰지 않고 풍장이라는 말을 쓰는 이유를 어의적(語義的)으로 풀어 말씀드리겠습니다. 우선 풍장이란 말은 '타악기 장단으로 벌이는 풍악(風樂)'이라는 뜻입니다. 풍악이란 말은 음악을 뜻합니다만 이 말은 음악에서 풍류(風流)라고 하는 말과 비슷하게 쓰이는데 다 같이 시경(詩經)의 풍아(風雅)와 같은 말에 그 어원을 두고 있습니다. 그런데 한국의 음악인들에게는 '풍악'이라 이를 때 음악성과 '풍류'라 이를 때 음악성은 좀 다르게 받아들였던 것 같습니다. 둘 다 음악을 가리키는 말이지만 일테면 '풍악을 잡혀라' 할 때에는 화려한 음악으로 받아들이고, '풍류를 잡혀라' 할 때에는 정숙한 음악으로 받아들입니다. 그렇지만 이것이 엄격한 구분이 있는 것은 아니었던 것 같습니다.

앞에서 말씀드린 바와 같이 풍장이라고 하는 말은 '타악기(장단)로 치는 풍악'을 가리키는데 그러니 풍장은 야외에서 연주하는 음량이 큰 음악을 가리키는 것이고 그러니 풍장이라는 음악은 흔히 농악을 가리킵니다. 농악 치는 것을 두고 남쪽 지방에서는 '풍장 친다' 이르는데 비하여 경기도에서는 '풍물 친다'고 이릅니다. 풍물이라는 말은 풍장을 치는 악기를 가리키던 것인데 뒤에 '풍물을 연주한다'는 뜻으로 '풍물 친다'라 이르던 것이 뒤에 농악 자체를 가리키는 뜻으로 전이되어 풍물이 풍장을 가리키는 말 즉 농악을 가리키는 말로 전이된 것입니다.

그럼 농악을 연주하는 악기를 농악기라 이르지 어찌하여 풍물(風物)이라 일렀는가를 말씀드리겠습니다. 악기(樂器)라는 말은 전통 사회에서 궁중음악, 관아음악, 상류사회 음악에서 쓰던 한문에서 나온 말이라 민간의 순수 우리말이 아닙니다. 본디 민간에서는 악기라는 말이 따로 있었습니다.

우리말로 기구(器具) 도구(道具)를 가리키는 말로 연장 연물이라 이르지요. 서양음악에서 악기를 가리키는 말이 기구 도구를 가리키는 말로 썼듯이 우리말로도 악기를 가리키는 말로 기구 도구라는 말을 썼는데 기구 도구의 순수 우리말이 연장 연물이었습니다. 이 말이 악기를 가리키는 말로 쓰였던 예로 제주도에서 굿에서 쓰이는 악기를 연물이라고 합니다. 절에서 법회에 쓰이는 네 악기 법고, 범종, 목어(木魚), 운판(雲版)을 사물(四物)이라 이르는데 이 사물이라는 말이 '네 가지 연물'이라는 말에서 나왔다는 것을 알 수 있습니다. 요즈음 사물놀이에서 사물이라는 말도 꽹과리, 징, 장구, 북 네 악기를 가리키는 '네 가지 연물'이라는 말에서 나온 것입니다. 그러니 풍물이라는 말이 '풍장에 쓰이는 연물' 즉 '농악에 쓰이는 악기'라는 말이라는 것을 알 수 있을 것입니다.

말이 나온 김에 장단이라는 순수 우리말을 찾아보겠습니다. 오늘날 우리가 흔히 쓰는 장단이라는 말 또한 중국 한문에 기원을 두고 있는 장단(長短)이라는 한자말에서 나왔습니다. 장단이라는 말을 쓰기 이전에는 이 말을 타악기를 가리키는 말로 대신 썼던 것 같습니다. 그 예로 제주도에서 장단을 가리키는 말을 도구 기구를 가리키는 연물로 씁니다. 일테면 성주굿 장단을 성주굿 연물이라 이르지요. 그리고 춤추는 장단 가운데 느린 것을 느진연물, 빠른 것을 자진연물이라 이르는 데서 볼 수 있습니다.

장고로 장단을 치는 것이 보편화되면서 악기 장고라는 말로 장단이라는 말을 이르는 것을 볼 수 있습니다. 그 예로 함경도 굿에서 장단을 정적기장기, 상애짓기장기라 이르는데 함경도에서는 장고를 '장기'라 이르는데서 알 수 있습니다.

그러니 정적기장기는 정적기장단이고 상여짓기장기는 상애짓기장단이라 할 수 있습니다.

악기란 말로 장단을 지시하는 예는 농악에서도 볼 수 있습니다. 농악에서는 '장단' 그리고 가락을 '무슨 쇠'라 그러거든요. 예를 들면 상쇠와 부쇠가 상대적인 가락을 주고받는 장단을 '짝쇠', 또 다듬이질 소리와 같다고 해서 '다듬쇠', 또 영동가락이라고 해서 영동쇠, 호남 가락이라 하여 호남쇠, 동네 농부들이 논두렁에서 치는 농악이라 하여 두렁쇠, 떠돌아다니는 유랑 농악패 가락이라 하여 뜬쇠, 되바라진 쇠가락이라 하여 노랑쇠라고 하는데서 볼 수 있습니다. 여기에서 되바라진 가락을 노랑쇠라 이르는 것은 판소리와 같은 성악에서도 너무 장식음을 써서 되바라진 목을 노랑목이라고 이르는 것과 같습니다.

그러니까 풍물이라고 하는 것은 '풍장에 쓰는 기물'이란 뜻이니 본디 풍물은 농악기를 뜻하는 말입니다. 풍장이란 말은 농악을 가리키는 말이지요. 예를 들면 남도지방에서는 김매기 두레를 하면서 치는 농악을 '두레 풍장'이라 하고, 김매러 논에 들어갈 때 치는 농악을 '들풍장', 나올 때 치는 농악을 '날풍장', 김맬 때 치는 농악을 '지심풍장'이라 하여 풍장이라는 말이 쓰입니다. 앞에서 풍장이라는 말은 '타악기로 치는 풍악'을 가리킨다고 하였습니다. 타악기로 장단을 치는 것을 남쪽지역에서는 '고장 친다'고 이릅니다. 그리고 판소리를 반주하는 북을 '고장 북'이라 이릅니다.

앞에서 말한 바와 같이 우리는 본디 장단이라는 말을 타악기를 지시하는 말로 썼던 것인데 조선 말기에 선비들이 중국의 한문 용어인 '장단구(長短句)'라는 말을 빌려 쓰게 되면서 민간에서까지 타악기로 지시하던 말 대신 장단이라는 말로 지시하는 것이 보편화된 것 같습니다.

여러분이 다 알다시피 장단이란 말은 중국에서 문학용어로 쓰던 용어지요. 중국에서 장단이라는 말이 시 율격을 가리키는 말인데 이것이 한국에서 음악용어로 굳어진 것입니다. 중국에서 장단구라는 말은 시의 율격에서 나온 것으로 압니다. 중국의 고대에는 4언 율격이 보편적이었고 한대 이후에는 5언 또는 7언이 보편적이었습니다. 그 시절에는 시 율격이 일정하여 장단 즉 길고 짧은 율격이 아니었습니다. 수당 이후로 서역 영향을 받아가지고 시구들이 길고 짧게 된 율격이 생기면서 이것을 '장단구(長短句)'라 했는데 이런 말이 우리나라에 들어와 쓰이면서 조선 말기에 음악용어로 장단이란 말이 쓰이게 되었고 이것이 오늘날과 같이 보편화 된 것 같습니다.

남쪽지방 가면극의 풍장 반주는 그 지방의 일반 농악처럼 다양한 장단이 쓰이지 않고 춤에 쓰이는 몇 가지 장단만이 쓰이게 되었습니다. 덧배기장단 정적궁이장단입니다. 이것을 요즈음은 굿거리장단 자진모리장단이라 이르고 있습니다. 가면극 장단이 단순한 것은 마치 가면극 반주로 치는 삼현육각 장단이 간단한 것과 같습니다. 마치 삼현육각 장단을 풍장만으로 치는 것과 같이 들립니다. 그것은 가면극 반주로 치는 풍장이 일반 농악풍장과 같은 다양한 가락을 치지 않는 까닭입니다. 이렇게 풍장을 단순하게 치는 예를 은산별신제 행진음악에서 볼 수 있습니다. 은산별신제 행렬은 본디 대취타를 치는 것이지만 지금은 악기가 없어 대취타를 칠 수 없으니 이것을 풍장으로 대신하는 것인데 이 풍장이 일반 농악가락을 치는 것이 아니고 대취타 반주 장단을 치는 것입니다. 다음에 다시 말씀드리겠지만 가면극에서 풍장 장단이 단순한 이유를 이로써 짐작할 수 있습니다.

3. 삼현육각

현재 전승되는 남쪽 지방 가면극에서는 풍장을 치고, 북쪽 지방 가면극에서는 삼현육각을 칩니다. 지금까지 남쪽지방 가면극의 반주음악인 풍장의 명칭과 장단에 대하여 말씀 드렸으니 경기-황해도 지방 가면극에서 반주음악으로 연주되는 삼현육각에 대하여 말씀드리겠습니다. 삼현육각이란 북, 장구, 목피리, 곁피리, 대금, 해금으로 된 악기편성을 가리키는 것인데 한편 이런 편성으로 연주되는 음악을 가리킵니다. 여러분께서 김홍도의 무동도(舞童圖)라든가 신윤복의 검무도(劍舞圖)에 보이는 악기편성이 삼현육각입니다. 이 전통사회에서 삼현육각 편성으로 연주되는 음악은 첫째 거상악(擧床樂), 둘째 무용음악, 셋째 행악(行樂)으로 쓰였습니다.

삼현육각 악기편성에서 목피리라는 말은 피리 제1주자라는 뜻이고 곁피리는 말은 피리의 제2주자라는 뜻입니다. 삼현육각에 쓰이는 악기는 모두 음량을 크게 발하는 연주법을 쓰고 있는 것이 특색입니다. 그래서 음량이 크므로 방중악(房中樂 실내악)에 쓰이지 않고 전정악(殿庭樂)에 쓰입니다.

삼현육각이라는 말의 어의 해석은 좀 복잡합니다. 여기에 편성되는 여섯 악기는 앞에서 말씀드린 대로 북(좌고), 장고와 같은 타악기와 목피리, 곁피리, 대금, 해금과 같은 관악기로 되었습니다. 해금은 악기 연주법이 찰현악기라 서양음악에서는 이런 찰현악기를 현악기로 치지만 전통음악에서는 찰현악기는 관악기로 칩니다. 그래서 여섯 관악기 및 타악기라는 뜻으로 육각(六角)이라 이른 것입니다. 그렇다면 어찌하여 그냥 육각이라 하지 삼현육각이라 하여 삼현(三絃) 즉 세 가지 현악기라는 말을 쓰느냐 하는 것이 의문일 것입니다.

이에 대한 것은 분명히 밝혀지지 않았지만 필자는 여러 글에서 다음과 같이 그 내력을 발표한 바 있습니다. 여기에서 삼현육각의 삼현이라는 말을 쓰게 된 것은 삼현육각의 생성과정에서 나온 것이라 할 수 있습니다. 삼현육각이라는 말은 삼현삼죽(三絃三竹)에서 파생된 것으로 보입니다. 통일신라 이후로 향악의 주요 편성이었던 삼현삼죽은 거문고, 가야금, 향비파 이렇게 삼현과 대금, 중금, 소금 이렇게 삼죽으로 된 편성을 말합니다. 물론 삼현삼죽에는 대고(大鼓)와 박(拍)이 함께 편성되었습니다. 이런 편성이 통일신라에서부터 조선 초기까지 노래와 합주와 춤으로 공연되었습니다. 이 편성 음악으로 통일신라시대 향가와 고려시대 가요가 춤과 함께 공연되었을 것입니다.

그러던 것이 삼현삼죽 음악은 고려시대부터 외국에서 들어 온 피리, 해금, 장고와 같은 악기들이 첨가되어 거문고, 가야금, 향비파, 목피리, 곁피리, 대금, 해금, 장고, 북으로 명실 공히 삼현육각 악기편성이 형성된 것으로 보입니다.

그 뒤에 방중악과 전정악에 악기편성이 분화되어 전정악에는 삼현이 제거되고 육각만 남았지만 이 변화된 편성에서는 관례대로 삼현육각이라 이르게 된 것으로 보입니다.

여기에서 방중악과 전정악이란 무엇인가, 그리고 삼현삼죽에서 방중악편성과 전정악편성으로 분화되었다는 것은 무엇을 말하는 것인가 말씀드리겠습니다. 방중악이란 방안에서 연주하는 음악을 가리키는 것으로 거문고를 위주로 하여 현악기가 중심이 되는 음량이 적은 관현악편성으로 된 음악이고, 전정악은 뜰에서 연주하는 음악을 가리키는 것으로 향피리를 위주로 하여 관악기로 편성되는 음량이 큰 관악합주로 된 음악입니다. 그 대표적인 예를 들자면 현악영산회상이 방중악편성이고 관악영산회상이 전정악편성입니다. 현악영산회상은 거문고, 가야금, 양금, 세피리, 대금, 해금, 단소, 장고로 편성되고 관악영산회상은 북, 장고, 목피리, 곁피리, 대금, 해금으로 삼현육각으로 편성됩니다. 관악영산회상이 삼현육각으로 편성되었다 하여 삼현영산회상이라 이릅니다. 지금은 국립국악원에서는 관악영산회상을 음악당에서 순음악 대편성으로 연주하면서 좌고, 장고, 향피리, 대금, 해금, 당적, 아쟁으로 편성하기도 합니다만 이것은 근래에 생긴 편성입니다.

앞에서 삼현육각이 삼현삼죽에서 파생하였다는 것 그리고 삼현이라는 말의 어의적 의미를 대었습니다만 실제 그렇게 변하는 것을 증거 할 재료를 댈 수 있는지 말씀드리겠습니다. 삼현육각의 악기편성의 변천을 알 수 있는 자료로 전정악으로 무용반주 도상이 있습니다. 역대 전정악 무용반주는 도상을 연대별로 놓고 보면 삼현육각 악기편성의 변천과정을 짐작하게 합니다. 기로연도(耆老宴圖) 등에 보이는 무용도를 보면 오래 된 것에는 거문고, 가야금, 당비파와 같은 현악기와 피리, 대금, 해금, 장고 북과 같은 관악기 및 타악기가 편성되어 있는 것을 볼 수 있습니다. 조금 뒤로 내려오면 거문고, 가야금과 같은 현악기는 도태되고 현악기는 당비파만 남고 관악기는 그대로 남아 있습니다. 조선 후기로 오면 오늘날과 같이 당비파마저 도태되어 현악기는 완전히 사라지고 관악기만

남았습니다. 이로써 삼현삼죽에서 삼현육각이 남았다고 할 수 있습니다.

앞에서 잠깐 말씀 드렸습니다만 삼현육각은 가면극의 반주 음악 말고 무엇에 쓰였는가를 다시 말씀드리겠습니다. 삼현육각은 궁중 정재 무용반주, 그리고 거상악(擧床樂), 그리고 행악(行樂)을 연주하였습니다. 여기에서 거상악이라 하는 것은 귀인에게 술을 올릴 때 연주하는 음악인데 그 밖에 향교제사나 마을 굿의 의식에서 신에게 잔을 올릴 때에도 연주하였고 사연에서 귀인에게 잔을 올릴 때 거상악을 연주하였습니다. 행악이란 행진음악이란 뜻인데 귀인의 행차에 취고수(吹鼓手) 악대와 세악수(細樂手) 악대가 딸립니다. 이때 취고수는 대취타 편성의 음악을 연주하는 것이고 세악수는 삼현육각편성의 음악을 연주합니다. 세악수가 연주하는 삼현육각 편성의 음악이 행악입니다.

삼현육각이라는 말의 원천이 되었던 삼현삼죽 악기편성이 어떻게 생성된 것인지 말씀드리겠습니다. 삼현삼죽이라는 악기편성은 앞에서 말씀드린 바와 같이 통일신라시대 음악편성입니다. 그런데 삼국시대에는 이런 편성의 음악이 없었습니다. 그렇다면 삼현삼죽은 신라가 삼국을 통일하는 과정에서 생성되었다고 할 수 있지요. 다시 말해서 삼국시대 말기에 삼국에서 쓰던 악기들이 집합된 것이 삼현삼죽이라 할 수 있다는 말씀입니다. 신라 음악의 편성은 주로 가야금, 노래, 춤이었습니다. 한편 세로저[縱笛]가 쓰이게 된 것 같습니다. 그리고 고구려 백제는 거문고, 완함, 세로저, 북이었던 것 같습니다. 이는 고구려 벽화와 백제 향로를 보면 짐작이 갑니다. 뒤에 완함은 비파로 바뀌고 세로저는 가로저[橫笛]로 바뀐 것 같습니다. 삼국이 통일되어 삼국의 악기편성을 수용한 것이 삼현삼죽으로 보입니다.

삼현삼죽이 어떻게 삼현육각으로 변하였는가는 앞에서 말씀드렸습니다만 이 변천 과정을 다시 악기 전파과정을 통하여 말씀드릴까 합니다. 삼국시대에 이미 우리나라에서는 서역악기가 들어옵니다. 완함이라는 악기가 중국에서는 한나라시대에 쓰이기 시작하였습니다만 기원은 서역에 있는 것으로 보입니다. 비파와 횡적 또한 서역에서 들어온 것으로 보이며 이것이 삼현삼죽 형성에 영향을 준 것으로 보입니다. 앞에서 말씀드린 바와 같이 중국에서는 이미 수당시대에 서역악기들이 수없이 들어와 중국음악을 송두리 채 바꾸어 놨습니다. 그리고 이 중국의 서역악기들이 우리나라에 들어옵니다. 그리고 이런 서역계통 악기들이 삼현삼죽에 끼이게 되었을 것입니다. 그래서 피리 해금 장구와 같은 악기들이 편성되면서 삼현이 포함되는 원형태의 삼현육각으로 형성되었다고 할 수 있습니다.

지금 우리 음악에서 가장 보편적으로 쓰이는 악기라서 우리 고유 악기로 생각하기 쉽지만 장고는 분명히 서역악기입니다. 그리고 서역벽화에 보이는 장고는 매우 작은데 우리 장고는 커서 다르지 않느냐 하시겠습니다. 그것은 서역의 장구가 우리나라에 들어와 커진 것이라고 할 수 있습니다. 흔히 요고가 불리는 서역의 장고는 우리나라에서 커진 것인데 어찌하여 이 악기가 커진 것인가를 말씀드리겠습니다.

지금은 그렇지 않은 경우도 있지만 우리 음악은 저음(低音) 지향 음악이었습니다. 우리 민족은 저음 음악을 좋아 한다는 것이지요. 그것은 중국음악이 고음 지향이라는 것과 반대입니다. 중국에서는 청아한 소리라 하여 고음을 구사하는 것이 좋은 것이라 합니다만 우리 음악은 장엄한 저음을 구사하는 것이 좋은 것이라 하였습니다. 이것은 당장 우리 남창가곡과 중국의 남창가곡을 비교하여 보면 알 것입니다. 그래서 악기도 저음 지향으로 발전하였고 따라서 장고도 크기가 대형으로 변한 것입니다.

비파와 피리와 같은 악기들이 모두 서역에서 왔다면 어찌하여 향비파 당비파라 하는 것과 향피리 당피리라 하여 향, 당이라는 말이 붙는지 의문이 갈 것입니다. 이런 악기들이 모두 서역에서 온 것이 사실인데 우리나라에 들어와 토착하는 과정이 달랐다고 할 수 있습니다. 향피리, 향비파, 대금은 서역에서 일찍 들어 와 삼국시대 말기에 쓰이게 된 것이 삼국통일 되면서 삼현삼죽이 형성되면서 끼이게 된 것이고 당피리, 당비파, 당적과 같은 악기들은 서역 악기들이 먼저 중국에 들어가 중국화 되어 당악이 형성된 뒤에 이 당악이 우리나라에 들어오면서 함께 들어 온 악기들이라고 볼 수 있습니다.

해금이라는 악기는 지금 악기분류에 당악기에 들지만 이 악기는 중국 수당시대에 당악에 쓰이던 서역계통 당악기들과는 수입경로가 다릅니다. 이 악기는 서역악기가 아니고 중국의 북방민족인 해족의 악기라 합니다. 지금은 얼후(二胡)와 같은 해금 계통의 악기들이 중국음악을 주도하고 있지만 수당시대의 관현악도에 얼후가 보이지 않는데서 알 수 있습니다. 조선시대에는 해금이 보편적인 악기가 되었습니다. 그러나 지금 남쪽지방 삼현육각에는 일찍 해금이 쓰이지 않고 그 대신 찰현악기인 아쟁이 쓰이게 되었는데 그 이유를 말씀드리겠습니다.

아쟁은 당악기에 들지만 우리나라에서는 궁중음악에만 편성되었습니다. 그래서 일반인들은 이런 악기를 모르고 있었습니다. 일제시대 이왕직아악부 학생들이 극장에서 일반인들을 상대로 발표회를 하면서 궁중음악이 공개되었고 이 과정에서 아쟁이 일반에게 처음 공개되었습니다. 여기에서 아쟁이 저음을 내는 것을 보고 매력을 느낀 민간음악인이 가야금을 개나리 가지로 긁어서 소리를 내어 무용반주와 창극 반주에서 효과를 보았습니다. 이것을 보고 일부 음악인들이 산조를 짜서 오늘날 인기 있는 아쟁산조가 탄생된 것입니다. 아쟁이 보편화되면서 산조아쟁이 따로 만들어져 지금 많이 쓰고 있습니다. 아쟁이 보편화되자 해금이 일찍 퇴화된 남쪽 지방에서 삼현육각에 해금 대신 아쟁을 쓰게 된 것입니다.

삼현육각을 일명 대풍류라 합니다. 여기에서 대풍류라 하는 것은 관악기가 주를 이루는 풍류라는 뜻입니다. 이것은 현악기가 주를 이루는 줄풍류의 상대적인 의미입니다. 이 대풍류와 줄풍류가 모두 삼현삼죽에 기원을 두는 음악입니다. 그럼 어찌하여 현악기 중심음악과 관악기 중심음악으로 분화되었을까 하는 것을 말씀드리겠습니다. 이것은 앞에서 삼현육각 음악이 뜰에서 연주되는 전정악이었기 때문에 삼현삼죽에서 분화되었다고 잠깐 말씀드린 것의 연장선상에 있는 것입니다.

제가 보기에는 당초에 삼현삼죽 음악은 전정악이나 방중악의 악기편성 양식이 분화되지 않았던 것 같습니다. 후대에 내려오면서 삼현삼죽에 장고, 피리, 해금과 같은 외래 악기가 첨가되어 선율악기의 음량이 커지게 되었습니다. 전정악에서는 앞에서 말씀드린 바와 같이 전체 공연 상황이 큰 음량을 요구하기 때문에 관악기가 음량이 큰 연주법을 쓰게 되고 그 결과 음량이 작은 현악기는 도태된 것이라 할 수 있고 이것이 오늘날 대풍류가 된 것이라 할 수 있습니다. 그러나 방중악에서는 공연상황이 작은 음량을 요구하기 때문에 현악기들이 살아남았고 그 대신 관악기는 음량을 작게 내는 연주법을 쓰고 북은 도태되었을 것으로 보입니다. 줄풍류에 양금, 단소가 첨가된 것은 그보다 훨씬 뒤 일입니다.

이것을 오늘날 가장 흔히 연주되는 기악합주곡으로 영산회상에 적용하여 말씀드리겠습니다. 이 음악은 적어도 조선 초기부터 연주되었던 음악이라 초기에는 전정악과 방중악의 악기 편성 차이가 그렇게 크지 않았던 것 같습니다. 그러나 조선 후기에 오게 되면 오늘날과 같이 악기편성의 차이가 나서 방중악으로 연주되는 영산회상을 줄풍류, 현악영산회상, 거문고회상, 중광지곡이라 이르고 전정악으로 연주되는 영산회상을 대풍류, 관악영산회상, 삼현영산회상, 표정만방지곡이라 이르고 있습니다. 여기에서 삼현영산회상이라는 말은 삼현육각으로 연주하는 영산회상이라는 뜻입니다.

4. 가면극 음악

경기-해서 가면극의 반주에 삼현육각이 쓰이는 것은 그 가면극이 전정이나 광장에서 연주하기 때문입니다. 만일 조선 초기에 전정악과 방중악이 분화되기 이전에 방중(극장) 가면극이 분화되었다면 일본의 노, 가부기라든가, 그리고 중국의 경극이라든가, 베트남의 수중 인형극처럼 방중악 편성인 줄풍류 편성으로 반주하였을지도 모릅니다. 그러나 우리는 끝내 방중 가면극을 탄생시키지 못하였습니다.

그것은 방중(극장 무대) 가면극을 탄생시킬 상류사회 가면극 향수 문화가 형성되지 못한 때문입니다. 오늘날 가면극 음악이 삼현육각을 쓰고 있다는 것은 전통사회에서 끝까지 전정 공연으로 일관하며 민속극에 머물러 있었기 때문이라는 것을 알 수 있습니다. 이것은 한국의 가면극이 상류계층의 향유물이 되지 못하고 민중들의 향유물에 머물고 있었다는 것을 말하고 있는 것입니다.

그러나 삼현육각만은 주민이면 아무나 연주하는 민속음악이 아니고 공연예술을 전문으로 하는 창우집단의 고인(악공)이 연주하던 전문 음악입니다. 이들은 음악을 주체하는 집단이 아니고 보수를 받고 연주하는 전문집단입니다. 그래서 경기-해서 가면극에서는 주최 측인 관속이나 토호집단이 이 창우집단의 동원을 필요로 하였을 것입니다. 창우집단은 음악 주최 집단이 아니고 보수를 전제로 연주하던 집단이므로 보수 없으면 공연하지 않았을 것이니 오늘날 사회에서 삼현육각의 공연을 필요로 하지 않는 지역에서는 삼현육각이 전승되지 않고 단절되었던 사실에서 알 수 있는 것입니다. 오늘날 해주삼현육각과 은율삼현육각이 겨우 전승된 것은 가면극의 전승과 관련이 있습니다.

그렇다면 영남 가면극에 삼현육각이 연주되지 않는 이유는 무엇인가 의심이 가겠지요. 그 이유를 꼬집어 말씀드리기는 어렵습니다. 저는 두 가지 해석이 가능하다고 생각합니다. 그 하나는 본디부터 영남 가면극은 풍장을 반주 음악으로 하였다고 가정하고 내리는 해석이고, 다른 하나는 본디 영남 가면극의 경우에도 삼현육각으로 반주하였던 것인데 뒤에 풍장으로 바뀌었다는 가정을 하고 내리는 해석입니다.

본디부터 영남 가면극은 풍장을 반주 음악으로 하였다고 가정하고 해석해 보면 이렇습니다. 경기지방의 창우집단의 걸립에서는 삼현육각을 동원하기 때문에 이를 '삼현걸립'이라 일렀지만 남도 창우집단의 걸립에서는 풍장을 쳤기 때문에 이를 '풍장걸립'이라 이르듯이 남쪽지방에서는 풍장문화가 발달하였다고 할 수 있고 그래서 영남지방에서는 가면극에서 삼현 대신에 풍장을 쳤다고 할 수 있습니다.

본디 영남 가면극의 경우에도 삼현육각으로 반주하였던 것인데 뒤에 풍장으로 바뀌었다고 가정하고 내리는 해석은 이렇습니다. 통영지방에서는 옛날에 가면극에 삼현육각으로 반주하였다는 설이 있는데 이것이 맞는다면 본디 영남 가면극의 경우에도 삼현육각으로 반주하였던 것인데 뒤에 풍장으로 바뀌었다고 가정하고 내리는 해석이 옳을 수 있습니다. 영남지역 가면극의 주최집단인 이속집단이 삼현육각을 연주하는 창우집단을 동원하는 것은 어려운 일이 아니었을 것입니다. 왜냐 하면 창우집단은 관아의 공연에 참가하고 있기 때문에 관아 공연의 주최자인 이속집단의 행사를 외면할 수는 없었을 것입니다.

그러나 관아의 이속집단이 창우집단을 동원하기 어려운 지역이거나 아니면 이속집단이 스스로 풍장을 쳐서 공연에 동참하는 행위를 향유하는 문화에서는 굳이 삼현육각을 동원할 이유가 없겠지요.

5. 화미(話尾) 군말

가면극의 반주음악에 대한 연구는 아직 황무지와 같습니다. 앞으로 음악공연문화를 연구하는 학자들이 나와서 연구업적을 쌓이게 되면 이것들이 풀리겠지요. 저는 이에 대한 연구가 깊지 못하지만 기왕 불려 나왔기 때문에 그냥 연구화두를 던지는데 그쳤습니다.

지금까지 저의 어눌한 이야기를 듣느라고 수고하셨습니다. 시간이 되었으니까 이걸로 마치겠습니다. 고맙습니다.

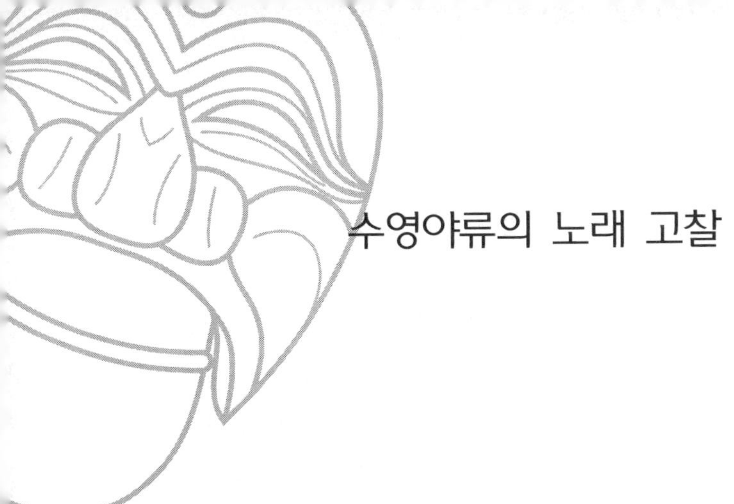

수영야류의 노래 고찰

이소라

1. 개관

가면극의 음악적 요소에 대한 연구의 시작으로 수영야류의 노래들을 악보화하여 이를 검토하고자 하였다.

수영야류는 현 부산광역시 수영구의 수영동 토민들(조선후기 동래부 南村面의 동부리, 서부리, 남문외리, 북문외리)이 놀았던 탈놀음으로, 1930년대에 송석하가 들놀음 현장을 답사하여 관계자들의 구술을 바탕으로 기록한 글에 따르면 수영야류는 약 60년 전인 1870년경에 초계 밤마리(현 합천군 덕곡면 율지시장)의 대광대(竹廣大)패 공연을 수영사람이 보고 와서 창설한 것으로 되어 있다. 이에 대해 정상박은 정월보름의 농경의례에서 자생적으로 시작하여 연극으로 발달하면서 외부의 영향을, 특히 조선후기에 떠돌이탈놀음의 영향을 받았을 것으로 보고 그 형성시기도 200년보다 훨씬 이전이었을 것이라는 견해를 가진다.[1]

수영야류는 지신밟기(정월 초3, 4일부터 13일경까지) - 탈제 - 정월 14일 밤의 시박에서 배역 확정 - 보름날 낮에 산신제, 최영장군묘제 및 먼물샘(遠水井)고사 - 길놀이 - 관객과 함께 어울림춤판 - 탈놀음(양반과장/영노과장/할

---

[1] 정상박, 『수영야류』, 문화재청, 2001, 23쪽.
　　송석하, 『한국민속고』, 일신사, 1960.
　　송석하, 「오광대소고」 『조선민속』 제1호, 조선민속학회, 1933.

미 영감과장/사자춤 과장) — 탈소각제의 순으로 진행된다.

이두현이 鄭時德(1894.양반춤. 조두영2)께 배움), 太命俊(1904.수양반,봉사, 범)의 구술에 근거하여 1970년에 제출한『무형문화재 조사보고서』제73호에 의하면 길놀이 때에 길군악대의 길군악〈극 2〉·팔선녀 역을 맡은 기생들의 "지화자"·난봉가패의 난봉가(에헤 에헤 에에여 어를만 두리둥둥 내사랑만 하노라)·양산도소리패의 양산도(에하라 놓아라 아니 못놓리라 능지를 하여도 나는 못놓겠네)가 불리운다. 양반과장에서는 다섯 양반의 作詩 獨唱과 함께 부르는 齊唱이 불리운다. 그 독창과 제창은 다음과 같다.

> 수양반 : 樓頭月上可憐宵 江上初逢李上舍(詩唱한다)
> 차양반 : 죽장짚고 芒鞋신고 천리강산을 들어가니 폭포도 장히좋다 廬山이
>   여기로다 〈극 3의 2〉
> 셋째, 넷째양반 : 단가
> 종가도령 : 천자뒷풀이 〈극 3의 5〉
>
> 제창 : 백구타령〈극 4〉, 오독도기〈극 5〉, 해산타령〈극 6〉, 갈가부타령〈극 7〉

할미 영감과장에서는 봉사의 독경〈극 8〉과 향도가〈극 9의 1〉가 나온다. 조사 당시 이전에는 〈극 9의 1〉류 대신에 염불가(받음구 : 니난실 난뇨 니난실 난뇨 나무아미염불이라)가 불리웠다고 하는데 그 메김구는 아래와 같다.

> . 저건너 저것이 북망산이냐 어서가고 바삐가자
> . 다시갔다 못오는 길을 속히 가면 무엇하랴
> . 황령추존(荒凉醜拙의 와음이라 함) 북망산에 만고영웅 토일부라
> . 孤寂無依한 이 영혼을 극락세계로 모셔보자

崔漢福(1895-1968, 수양반)이 직접 수록한 冶遊劇本(註1의『수영야류』pp.179-

---

192)도 전술『조사보고서』제73호에서와 같이 길군악, 지화자, 난봉가, 양산도, 양반과장에서의 독창(가사의 예시가 없이 수양반은 詠詩或詩唱, 다른양반들은 短歌或流行歌)과 제창(백구타령·오독도기·해산타령·갈가부타령)에 대한 언급이 있으나 할미과장의 대본은 생략되어 있다.

2001년 3월에 수영고적민속예술보존협회가 전수교육교재용으로 펴낸 책자는 최한복과 태명준의 구술을 정리하여 1964년에『국어국문학』제27호에다 발표한 강용권本 대사를 쓰고 있는데 제1과장인 양반부터 제4과장인 사자무까지 기록되어 있다.『조사보고서』제73호 게재의 노래부분과 비교해 보면, 길놀이 부분이 생략되어 있고 그 밖의 부분은 대동소이3)하나 다만 향도군이 시체를 둘러메고 염불을 부르며 출상한다고 하면서 염불가만 실려 있고 제73호에서와 같은 향도가에 대한 언급이 없다.

상기 本들에는 지신밟기에 대한 가사가 없으나 현재 보존회에는 성주풀이, 조왕풀이, 장독풀이, 우물풀이, 곡간풀이, 뒷간(정낭)풀이, 삽짝(대문)풀이의 가사例를 인쇄화해 두고 있다.

이리하여 본고에서는 수영야류의 지신밟기노래를 비롯하여 길놀이, 양반과장 및 할미과장의 노래들을 검토하고 그 성격을 민요권적 관점에서 고찰해 보고자 한다. 半唱調로 읊는 대사들도 다루고, 덧뵈기 춤 등 장단에 대하여도 논의하여야 할 것이나 시간부족과 자료미비로 인해 차후의 과제로 남긴다.

채보를 위해서는 수양반(태덕수)이 필자를 위해 독창해 준 tape 02-8-14(반

---

3) 예를 들면 강용권본에는 봉사의 독경가사는 〈극 8의 1〉부분인 "해동조선국 .. 대자대비하옵소서"에 이어 .四方讚(일쇄동방결도량...), 도량찬(道場淸淨無瑕穢...), 懺悔偈(我昔所造諸惡業 皆由無始貪瞋痴 從身口意之所生 一切我今皆懺悔)로 이어진다.『제73호』에서도 이와 같으나 참회게에서 '개유무시탐진치'나 '일체아금개참회'가 빠져있다. 후자는 전자보다 더 뒤인 1970년에 조사되었고, 길군악에서 '을'출(月出)서산, 수양반 독창에서 '수도'월상가련소(樓頭月上可憐宵)라 하여 가창자의 발음습관이나 잘못 발음한 것도 그대로 실으려는 정신이 엿보이는 점으로 미루어 兩本의 동일노래에 있어서 그 가사간의 차이가 크게는 없어 보인다.

주 없음), 보존회 제공의 복사테이프(02-8-10), 2001년도 문화재청 제작 기록 보존용 video 및 중요무형문화재지정 20주년 기념으로 수영 놀이마당에서 공연한 1991년도의 video를 활용하였다. 성주풀이에 대하여는 필자의 1985년도 녹음테이프(85-10-4①A)을 표본으로 삼았다. 지신풀이 채보가사가 청취불명한 부분에 대해서는 도태일과의 통화로 재확인하기도 하고, 생략된 부분을 보충해 넣기도 하였다.

2. 지신풀이 〈극 1〉

기록보존용 video 에서는 문굿, 성주, 조왕, 장독, 우물 및 삽짝풀이가 연희되었고 곡간풀이(여러여러 곡간아/ 울리자 울리자/ 이곡간을 울리자/ 거리노적 산노적/ 천석만석도 울리고/ 억만석도 울리소/ 잡귀잡신은 소멸하고/ 만복은 이리로)와 뒷간풀이(여러여러 뒷간아/ 마구자 마구자/ 이뒷간을 마구자/ 이집꼽똥 막우고/ 토사강란 마구고/ 급살 주도당 막아주소/ 여러여러 뒷간아/ 천년만년을 울리소/ 잡구신은 소멸하고/ 만복은 이리로)는 생략되어 있다. 그 음악은 〈극 1의 3, 4〉유형으로 보면 될 것이다.

〈극 1〉은 부산 토민인 도태일의 창이다. 구성음은 도(레)미솔라(도`), 또는 미(솔)라도레미`이다. 요성이 적은 편이며 도선법, 미선법의 중간음(즉, 도선법의 미, 미선법의 라)에 요성이 나타난다.

〈극 1의 3~6〉에서는 매 곡마다 소리 2마디 다음에 사물 2마디가 나오며 이 구조가 한 곡이 끝날 때까지 계속된다. 모두 3분박4박을 1마디로 한다. 성주풀이〈극 1의 2〉에서만은 이러한 패턴에 따르지 않고 여러 마디를 소리한 후에 사물 3마디가 들어갔다. 지신풀이노래를 크게 지신식(地神式)과 고사식으로 대별4)할 때, 〈극 1의 2〉는 경상도의 일반적인 경향과는 달리 고사식에 속한다.

---

4) 이소라, 「지신밟기노래」『지신밟기』, 문화재관리국.1987. pp17ff.
　　이소라, 『양산의 민요』, 양산군. 1992. pp.345~368.

3. 길노래(산타령) 〈극 2〉

〈극 2〉는 멕받형식의 구조를 가지고 있으며, 그 받음구 예는 (받)A : "에 헤, 엥/헹 엥헤 에,/엥 헹헤 에,/ 엥 헹에 엥/ 에라-하 아, / 어 -허 야하, / 우 여-라, / 산이로/ 다 -하 아, /"이다. 〈극 2의 1〉의 제3~5행은 3분박3박(9/8)으로 채보하였고, 느린 곡임을 감안하여 제6,7행에서는 4분의9박(9/4)으로 정리하였다. 제6,7행의 (받)B는 (받)A를 간편히 부른 것으로 (받)A가 더 표본적이다. 실제공연에서는 〈극 2의 2〉의 제3행에서처럼 메김소리의 끝부분에 맞추기 위한 '오'가 첨가된다.

메김구는 가사 2음보가 선율 3분박4박 1마디(12/8 또는 12/4)를 차지하며 메김선율은 2마디씩으로 구성된다.

태덕수 창〈극 2의 1〉의 구성음은 도(레)미솔라도이다. 라를 솔로 떨어뜨리던지 또는 퇴성하면서 종지한다. 요성은 도미솔라에 있다.

민요 중에서 후렴구 해당부분에 '산'이로구나 류가 있어 산타령이라고 일컬어지는 곡으로는 ①섬진강유역의 산아지로고나, ②홍성군에서 널리 수집되는 홍성형 산타령, ③강화군 선원면의 논맴소리인 '니나나가 산이로고나', 그밖에 ④경기입창인 앞산타령과 뒷산타령, ⑤서도입창인 앞산타령과 뒷산타령 등이 있다. 이영산홍이 부른 앞산타령과 뒷산타령은 빅타레코드판(49074-A, B)에 취입되었었다. 이 중에서 ②와 ③이 〈극2〉에 보다 유관해 보이므로 이를 비교해 보도록 한다.

②류는 결성면 금곡·무량·성남·성호리, 은하면 대천·유송·장곡·장척·화봉리, 홍동면 운월리, 홍성읍 송월리, 갈산면 와리, 광천읍 운용리, 서부면 광리·상황리·남당리 및 장곡면 가송리에서 수집된다.[5] 논맴소리인 예가 적지

이소라, 『상주의 민요』, 상주군. 1993. pp.475~481.
이소라, 『의성의 민요』, 의성문화원. 2000. pp.547~563.
이소라, 『한국의 농요』 제4집, 민속원 복간. 1990, pp.244~245. 등

않으며, 그 밖에 벼벨 때나 흥민요로도 불리운다. 채보한 13곡 중에서 절반 남짓한 7곡의 메김구에 "산아 산아 수양산아, 눈비 맞어서 백두산이로다"가 나온다. 그 예로 〈홍주 66, 67〉을 첨부한다. 그 받음구는 아래와 같으며, 〈극2〉와는 (뜻 없는 어휘+'산'어휘)라는 공통성 외엔 차이가 난다.

〈홍주 66〉 :　어—이기 나—누 나—하하누—, 어—이기 나—누 나—하하누
　　　　　　　—, 어이기나, 나흐— 흐예—, 어—허 산아—지로 고——나—
〈홍주 67〉 :　에—에—에 — , 어이기나—노 나—노—내—나—노, 난다디여
　　　　　　　로, 산이로 고나—

②의 수양산에서는 예외〈홍주 74〉가 전혀 없는 것은 아니지만 〈홍주 66, 67〉에서처럼 산아〈산아〈수양산의 순으로 선율이 상향진행을 함에 비해 〈극2〉에서는 산아=산아〈수영산 식으로 수영산 부분은 상향진행을 하나, 두 번째 '산'은 앞 음과 동타를 한다. 〈극2〉는 3분박계통의 고정박으로 가창되고 ②류는 비고정(非固定)장단곡으로 가창되지만 유장한 소리인 점에서는 공통이고 또한 〈홍주 66〉의 내재박은 "산아—/산아—, /수양—, /산—아—하아, /눈비—/맞어—서, /백두산이로호/다—하/"로서, 〈극 2의 1〉의 메김선율("산아/사안아, /수여어엉/산아하앙, /눈—비, /맞구서/백두산/아——, /)같이 해석 채보될 여지가 있다. 〈홍주 67〉의 경우도 이에 준한다. 〈홍주 66〉의 구성음은 (미)솔(라)도레(미`)이며 무반음전음계(無半音全音階)의 미선법이 아니라 솔줏대선법에 속한 것으로 해석된다. 왜냐하면 우리 민요선법에서 미선법의 경우 미 대신에 솔이 중요하게 쓰이는 것은 맞지가 않기 때문이다. 〈홍주 67〉의 구성음도 이에 준한다.

　③은 강화군의 논맴소리로는 드문 예에 속한다. 〈악보 425〉[6]는 (메)와 (받)이 3분박4박 2마디씩으로 정리되어 있어 ②의 경우보다는 〈극2〉와 비교하기가 수

---

5) 이소라, 『홍성의 노동요』, 홍성문화원 1994, pp.90 ff.
6) 필자의 논문에서 〈악보〉는 『한국의 농요』 게재곡을 지칭한다. 〈악보 425〉는 『한국의 농요』 제3집, 1989, 민속원 복간, 강화군 편에 실려 있다.

월하다. 역시 유장한 곡이다. 메김구에 "산아 산아 '수영'산아/ 이름이 좋와서 백두산아"가 나와 수양산 대신에 수영산이라고 부른 또 하나의 예가 되고 있다. '산'아='산'아='수'영으로 그 첫머리들을 동일음으로 내고 있다. 구성음은 솔라도 레미 이며 솔선법에 속한다.

〈극 2〉의 길노래(길군악)는 수영고유의 전래민요라기 보담은 기존의 산타령과 관련하여 그 영향을 받아 불렀던 것으로 보이며, 메김구를 수영강, 또는 수영성 등으로 새로 지어 넣었다고 생각된다.

4. 지화자, 난봉가, 양산도

이들은 모두 길놀이에서 가창된다.

4.1 지화자

팔선녀가 수양반의 좌우 또는 앞에서 '지화자'를 부른다고 할 뿐 메김가사에 대한 기록이 없는 정황으로 보아 활쏘기 대회에서 관중했을 때 기생들이 '지화자'를 제창하는 부분이 참고 된다(『한국의 농요』 제5집 〈악보 1087〉 참조).

4.2 난봉가

『보고서』 제73호의 난봉가 메김구는 다음과 같다 :

. 난봉이 났구나	난봉이 났구나
남의집 귀동자	새로 난봉이 났구나
. 실실 동풍에	궂은비 주루룩 오는데
시하야 연풍에	내사랑만 가노라

그러나 근래엔 난봉가를 부르지 않았다고 하며, 기록보존용 video에도 들어 있지 않다.

난봉가에는 긴난봉가, 잦은난봉가(에헤 에헤야 어야더야 어허야 어라함마 디여라 내사랑아), 병신난봉가, 개성난봉가(박연폭포), 사설난봉가 등이 있으며 대표적인 서도민요로서 그 원조는 긴난봉가(아하아에— 에헤이요 어람마 둥둥 내사랑아)라고 알려져 있다.[7] 上記 실실동풍 가사도 긴난봉가나 개성난봉가에 자주 나온다.

『보고서』 제73호의 난봉가 받음구는 긴난봉가의 그것에 가장 근접한다. 자진난봉가와 개성난봉가는 20세기 초에 유성기음반에 취입된 이후로 널리 보급되었다.

4.3 양산도

민요가창자들이 '양산도'라고 이름하며 불러주는 곡을 분류하면 논맴양산도(화순형)와 논김양산도(연파형, 고양형) 및 일반 흥민요 양산도가 있다.[8] 이들은 메김소리 부분에 공통점이 있으나 받음소리가 제각각이다.

화순형은 서울 이남의 서부지역에서, 연파형은 파주시와 연천군에서, 고양형은 고양시를 비롯하여 광명시와 포천군에서 수집한 바 있다. 양주군에는 고양형과 연파형이 공존한다.

『보고서』 제73호에 게재된 양산도 가사와 기록보존용 video(서옥련이 불렀음)에서 가창된 것은 흥민요 양산도에 속한다. 이는 유성기음반시대에 이영산홍, 이진봉이 취입하여 널리 보급되었다. 흥민요 양산도는 경기민요로 분류되며, 이창배 채보의 양산도는 솔줏대선법으로 되어 있다.

상기 서옥련(1936.여.부산토민) 창도 솔줏대선법으로 가창되었는데, 후렴구 끝부분인 못 놓겠네의 '겠'과 메김구 "에헤이여 — 양덕맹산 흐르는 물은 감돌아든다고 부벽루하로라"의 끝부분인 '로'에서 짧게 1회씩 줏대음 아래로 미가 출현

---

7) 이창배, 『한국가창대계』, 홍인문화사, 1976, 832쪽.

8) 이소라, 「논김양산도 攷」, 『한국민요학』, 한국민요학회, 1999, pp.171 ff.

하였다.

　홍민요 양산도는 논맴양산도나 논김양산도를 근거로 경기지방의 소리꾼에 의해 받음구가 다시 만들어지고 다듬어진 것으로 예측된다.

5. 작시 자창 〈극 3〉

　양반과장에서 말뚝이(막둑이,막득이)가 나타나기를 기다리며 시간을 보내느라고 다섯 양반이 독창을 한다. 수양반은 1970년경까진 유두월상 ..을 詩唱한 것으로 보이나 근래엔 〈극 3의 1〉을 부른다. 후자의 가사는 창작 되었다기보다는 불수빈(丈夫歌 : 국내 청년을 모아다가 교육계에 넣어두고 각종 학문 교수하여 인재양성하는 것도 장부의 사업이요 ...)에서 따온 것이며, 끝에 에라만수를 덧붙였다.

　차양반의 〈극 3의 2〉는 단가인 죽장망혜를 가창하고자 한 것으로, 『보고서 제73호』엔 긴 가사가 실려 있는 바, 이는 일반 단가 가사의 앞부분에 해당한다 (『한국가창대계』상게서.630쪽 참조).

　셋째양반과 넷째양반은 각기 단가를 부른다고만 되어 있고 가사가 실려 있지 않다.

　기록보존용 video 에서는 셋째양반이 〈극 3의 3〉을, 넷째양반은 각설이곡풍에 얹어 〈극 3의 4〉를 가창하였다. 보존회 제공 테이프(02−8−10)에서는 두 양반 모두 무속인들이 부르던 성주풀이 곡으로 알려져 있는 〈극 3의 3〉곡풍으로 에라만수를 가창했다.

　종가도령이 천자뒷풀이를 독창한다함은 1964년의 강용권本에서 처음 언급되고 그 이후로도 가사는 기록되어 있지 않다. 전래동요에 분류되는 천자뒷풀이는 처음에 '하늘천 따지'하고 짧게 풀이 하다가 '가마솥에 눌은밥 딸딸 긁어서'로 들어가는 형이 〈극 3의 5〉처럼 '하늘에 올라'로 겹풀이 하는 형보다 더 많다. 제3행에 감을 현(玄)은 '요리 조리'로 풀어내어 요리조리 보아도 검다는 것으로 해석됨과 동시에 감는다는 의미로 다가오게 한다. 내 한 그릇 '자시세'하고 높여준 것은 〈함평 170〉[9]에서도 드러난다.

6. 백구타령 〈극 4〉

백구타령은 양반과장에서 말뚝이가 등장하기 전, 독창에 이어 부르는 제창(공동합창)의 첫 노래이다. 〈극 4의 1〉에서와 같이 첫말이 '백구야'로 시작하기 때문에 백구타령이라 불리운다. 단가로 불리운 백구타령이 제비표레코드(B53-A) 申錦紅 창으로 보급되었는데 서두가 "백구야훨훨나지마라 너잡을내안니다 승상이 발이시매〈버리시매〉 너를좇아서여기왔다 나물먹고 물마시고 … "로 나오며 제3행의 '남문을 열고' 이하는 보이지 않는다. "남문을 열고호 바라를 치니, 계명─ 산천이 밝아온다"는 이창배가 정리한 경복궁타령(전게서. 807쪽)의 첫메김구이며 둘째 번 메김구인 "을축사월 갑자일에 경복궁을 이룩하세"와 함께 경복궁타령의 대표적인 가사로 꼽힌다. 경복궁타령은 경복궁중건을 기하여 나온 노래로서, 1865년─1868년간에 '안팡게'같은 방게류에서 영향을 받아 서울의 소리꾼들에 의해 창출된 것으로 보이며, 그 이후에 안성, 담양, 진도, 여천군 등지의 논맴소리, 장원질소리, 마당놀이 노래로서 원용되었다.[10]

기록보존용 video에서는 〈극 4의 1〉에 이어 사물2장단을 치고 '세월아' 이하를 불렀다.

7. 오독도기 〈극 5〉

경기민요 〈오돌독〉이 제주민요 〈오돌또기〉의 편곡이듯이[11] 〈극5〉의 오독도

---

9) 이소라, 『함평의 민요』, 함평군, 2002, 265쪽.
10) 이소라, 「경복궁타령 攷」, 『민속학연구』 제9호, 국립민속박물관, 2001.

기도 〈오돌또기〉의 변작이다.

〈극5〉의 제1절 가사를 〈예1〉의 제1절 가사에 〈표 1〉로서 대조해 보면, 본문부분에서는 '소리'와 '명랑하다'가 첨가되고 '저기 춘향이 나온다'는 '춘향이' 부분만 가지고 변개하였으며 '내가 머리로 갈까나'를 생략하는 대신 후렴부의 둥그대당실을 '풍구다 당실'로 변경하여 본문화 하고 있음을 본다. '용타'로 시작하는 후렴에 있어서는 '연자버리고'만 남기고 모두 새로 만들어졌다.

〈극5〉의 선율길이는 후렴의 '마'부분을 짧게 줄임으로 인해 〈예1〉보다 6/8박 1마디가 적어진다. 〈예1〉은 본문부의 후반이 후렴부에서 가사와 선율 모두 반복됨에 비해, 〈극5〉에서는 반복되지 않는다. 〈극5〉는 그 제2행에서 보는 바와 같은 (1악티브 도약+동음연타+하행진행)을 특징으로 하는 볼록곡선이 자주 등장한다.

〈예2〉의 오돌또기와 경기민요 오돌독의 비교악보에서 보듯이 선율은 오돌독보다 수영야류 오독도기가 더 변화되었다. 수영야류 오독도기의 제1절 가사는 오돌독에 비해 오돌또기의 잔재를 더 가지고 있는 편이나 제2절 이하의 본문은 양반과장에 맞도록 완전 개작되었다.

〈표 1〉 〈극5〉의 오독도기와 〈예1〉의 오돌또기

	〈극5〉 오독도기(제1절)	〈예1〉 오돌또기(제1절)	비 고
본문 가사	오호도 도혹독, 도호도 소리	오 도-르 또-- 호기	'소리' 첨가.
	춘야 추추 월월 워허리	저기 춘향이 나-하 온다	춘향이를 변조.
	달도 바할고 명랑 하다	달-도, 밝-고	명랑하다 추가.
		내가 머리로 갈까 나	
	풍구다 당실 풍구다 당실		〈예1〉의후렴첫행에 해당.

---

11) 이소라, 「오돌또기와 오돌독, 오독떼기」, 『민요론집』, 민요학회(제주도), 1996.

후렴 가사	용타 요홍타 용타 용타		
	지랄로 헐씬 연자 바하리고		연자버리고는 공통.
	(마)/ 어허 헐레로다		(마)는 6/8박 1마디. (어허 헐레로다)는 6/8 박2 마디.
		둥그대 당실 둥그대 당실 이야도당실 연자 버리고 달ㅡ도 밝ㅡㅡ고 내가 머리로 갈까 나	둥그대당실은 〈극5〉의 본문 '풍구다당실'.
장 단	(메)6/8박 8마디.(1절 메김의 첫 행만 느리게 부름) (받)6/8박 7마디	(메)12/8박 4마디 (받)12/8박 4마디	〈극5〉의 후렴. (마)가 1마디 부족한 까닭임.
선율형	(메) : (a`+b`) + (b`+e`) (받) : (b`+b²) + (b⁴)	(메) : (a+b) + (c+d) (받) : (e+b³) + (c`+d`)	〈극5〉는 b`(1oct.상행의 볼록곡선)가 주축임. 〈예1〉(받)의 후반부는 (메)의 후반부를 반복.
음조직	cg(b)c`(e`) (e`은 d`로도 대체됨. 후렴의 '마'는 f) 요성:(fgc`) / 종지음: g	(e)gabd`e`(g`). (g`는 f#으로도 대체됨) 요성:(ea) / 종지음: a	

8. 해산타령(망했네)〈극 6〉, 갈까부다〈극 7〉

〈극6〉은 양반과장에서 말뚝이가 등장하여 재담을 나눈 후에 퇴장할 무렵에 불리우며, 곧 〈극7〉을 부르며 퇴장한다. 모두 제창(공동합창)한다.

〈극6〉은 동음연타의 선율이 주를 이루며 이따금(3분박4박 1마디로 이루어지는 1 phrase의 처음이나 끝부분) 4도나 5도상행, 4도 하행을 하는 단순한 선율로 되어 있다. 후렴구는 "얼씨구 절씨구 지화자 절씨구"이다. 본문과 후렴선율이 각각 3분박4박 2마디씩이다. 제3절에서는 후렴 대신에 사물로 몇 마디를 대신하다가 멈춘다.

〈극 7의 1〉은 수양반 역인 태덕수(1929.수영토민) 창으로 반주 없이 독창한 것이다. 공연된 〈극 7의 2〉를 참고하면 세마치(4분의3박) 장단에 얹어 가창된다. 초입의 '가하'는 長引되며, 따라와서의 '서'도 길어지지 않고, '나도갈까나'도 '나도'를 생략하면서 고정박으로 일관함을 본다. 〈극 7의 1〉의 주요 구성음은 도미솔라도´이며 미에서 종지한다. 이창배가 정리한 서도입창 뒷산타령(전게서. 350쪽)의 본문부분 가사에 "갈까보다 말까보다 임을 따라 갈까보다 자룡이 월강하던 청총마 비껴타고 이내 一身이라도 漢陽을 따라갈까나"가 나온다. 또한 순창군의 논맴소리〈악보 2032〉에도 갈까타령("갈까보다 갈꺼나보다 옛임을 따하라 인간의 갈꺼나보다")이 나온다(『한국의농요 제5집』. 전게서). 포천군 가산면 유동순 창 메나리에는 "갈까보다 말까나 보다, 이에 헤에헤에ー에, 이예 이에 이예에, 임을 따라서, 허어허ー 허얼까에, 오호오우오ー, 오우오다"가 나온다[12].

9. 봉사 독경〈극 8〉, 향도가〈극 9〉

〈극8〉과 〈극9〉는 할미 영감과장에서 불리운다.

〈극8〉은 통민요에 속한다. 처음에는 〈극 8의 1〉에서와 같이 2분박적으로 북의 또박또박한 리듬에 맞추어 할미(수영야류의 심달래)가 졸도하였음을 아뢰고 '大慈하옵소서'부분에 이르면 북이 더러러하고 잘게 쪼개어 맺어주고는 이어서 〈극 8의 2〉에서와 같이 3분박리듬에 맞추어 사방찬, 도량찬, 참회게로 읽어 나간다. 이때의 북은 ♩♪♩♪를 1패턴으로 하여 ♪ 부분만 북위를 침으로서 리듬감을 더 높인다.

---

12) 이소라, 포천군지 민요편, 『포천군지』 下, 1997, 202쪽.

〈극9〉는 수영에서 상여가 나갈 때에 부르던 전래민요를 그대로 활용하였다. 〈극 9의 1〉은 어산영 곡풍이며 먼 길 떠나기 전에 상여를 어르면서 부른다. 〈극 9의 2〉는 어화남창류의 두 마디 행상소리이고 〈극 9의 3〉은 오르막을 오를 때 부르는 반 마디의 잦은 행상소리이다. 각각의 받음구는 다음과 같다.

〈극 9의 1〉 : 아 − 에 ~ 이, 에−이 이 이 −
〈극 9의 2〉 : 어화롱 어화롱 어화남창 어화롱
〈극 9의 3〉 : 어화남차

어산영은 경상도민요를 대표하는 오래된 곡 중의 하나이다. 전파의 중심지역(cultural center)으로 보이는 울산, 양산 방면에서는 나무꾼소리로써뿐만 아니라 논맴소리 또는 행상소리의 메김소리로써도 활용된다. 자유리듬곡에 속하지만 선율은 긴장과 이완의 연속이며 이에 따라 노랫말은 〈극 9의 1〉에서와 같이 2음보씩 단락을 짓기도 하고 1음보 또는 더 길게 단락을 지우기도 한다. 〈극 9의 1〉의 제2행에서처럼 동음연타에다 연속으로 꺾는 장식음으로 된 요성을 하거나, 똑똑 끊는 요성법을 쓰는 것도 그 특징으로 꼽힌다. 일반적으로 어산영 곡의 음조직은 미선법 또는 도선법을 이룬다. 〈극 9의 1〉의 음조직도 일반형에 든다.

『보고서 제73호』(1970년 9월 조사)에는 향도군은 시체를 상여에 올려서 상여를 메고 향도가(또는 상여가)를 메고 출상한다고 하면서 〈극 9의 1〉에 관련한 가사를 '향도가'라는 곡목하에 기록함과 동시에 예전엔 이것 대신에 염불가를 불렀다고 개관에서 언급한 가사를 게재하고 있다. 1964년의 강용권본에는 향도군이 시체를 둘러메고 염불을 부르며 출상한다고 하면서 염불가 가사만 있는 것을 보면 1964년까지는 상여 없이 그냥 뻣뻣해진 할멈의 시체를 둘러메고 퇴장했으며 1964년 이후 1970년 9월 이전의 기간에 상여가 첨가되면서 〈극 9의 1〉을 부르기 시작한 것으로 보인다.

염불가는 황해도민요 영향권에서 행상(行喪)때 부르는 산염불 계통일 것이 예상된다. 趙牧丹, 金蓮玉이 부른 산염불(받음구는 "네나누나요 나니난실나요 네나누이여라 불이로다" 메김구는 "산은 첩첩 천봉이요, 수는 잔잔 벽계수라")이 빅타레코드(49106－B)에 취입되었었다.

10. 맺는 말

수영야류의 노래부분인 지신풀이〈극1〉, 길노래(산타령)〈극2〉, 작시자창〈극3〉, 백구타령〈극4〉, 오독도기〈극5〉, 망했네(해산타령)〈극6〉, 갈까부다〈극7〉, 봉사독경〈극8〉 및 향도가〈극9〉를 악보화 하여 약술하고 그밖에 지화자, 난봉가, 양산도, 염불가에 대하여도 언급하였다.

송석하의 견해를 따라 수영야류의 창설을 1870년경으로 잡았을 때, 이 중에서 〈극 1, 3의 2~5, 8, 9〉정도가 그 당시 수영지역에 전승하였던 민요로 보인다. 그러나 〈극9〉는 초창기엔 부르지 않았다하니 제외된다. 그밖에 팔선녀의 '지화자'나 〈극6〉의 후렴부분, 수양반의 누두월상.. 詩唱은 다분히 전통적이었을 것으로 보인다. 기타의 노래들은 위에서 검토한 바와 같이 타 지역의 것을 변개하거나, 그 영향을 받았을 것이 예측된다. 1920년, 1930년대의 유성기음반 보급도 이러한 노래형성과 원용에 상당한 역할을 하였을 것이라 보여진다.

정상박의 견해를 따라 수영야류의 형성시기를 200년보다 훨씬 이전부터의 자생적 탈놀음으로 생각한다면 음정월의 지신밟기와 수영농청놀이에서 보는 바와 같은 소싸움놀이 장면 등이 그 기초에 있을 것이나, 길놀이에 왜 칭칭이소리(치기나 칭칭나네)부대가 없는지, 수영의 농요와 어로요, 상부소리 등을 응용하지 않고 왜 유성기음악시대의 보급노래들이 적지 않은지가 의문으로 남는다.

〈극 1〉　　수영야류　　　　　**지신풀이**　　　　(소리) 도태일(1923.동래군 現부산시 기장군
　　　　　　　　　　　　　　　　　　　　　　　　　정관면 월평리 출생.
　　　　　　　　　　　　　　　　　　　　　10여세에 수영 이주)
　　　　　　　　　　　　　　　　　　(악기) 김달봉, 박한기, 전영진 등

　　　　　　　　　　　　　　　　　이소라 채보 (문화재청 2001년도 기록보존용
　　　　　　　　　　　　　　　　　　　　　제작 video. 별도녹음 참조)

1. 문굿

2. 성주풀이　　　(素85-10-4-1A)

온다　온다　　나려 온다
지신　지신이　　나려 온다
지신　명당은　　조 명당
하날이　생겨　　갑자 년
땅이　생겨　　을축 년
천지　세상이　　생겼고
하늘에는　　옥황이 생겨
땅에는　　이집 성주가　생겼네

성주　본이　　어드메요
경상도　　안동 땅
제비원이가　　본이로다
제비원에다가　　솔씨받아
*거제봉산에　　던졌더니　　　　(*거제봉산 ; 깊은 산속을 의미함)
그 솔이 점점　　자라날 때
삼정승이　　물을 주고
육판사가　　길〈러〉낼 때
낮이　되〈면〉　　태양 받고
밤이　되며는　　이슬 받아
청장목　　황장목에
낙락　장송이　　되었구나—

* 되였구나-의 '나'를 숨을 주지않고 동음연타로 굵게 뻗음을 신호로 쇠가 합세한다.
 소리할 때는 장고, 북만 약하게 반주한다. 징은 매 마디의 첫박에 만 울린다.

거 지 봉 산 을 들 어 가 서
나 무 한 주 를 받 았 더 니
<바 라 보>
까 막 까 치 집 을 지 야
성 주 집 에 는 부 당 하 다
엇 다 이 나 무 제 껴 놓 고
또 한 나 무 둘 러 보 자
황 새 덕 새 가 알 을 낳 어
성 주 집 에 는 부 당 하 다

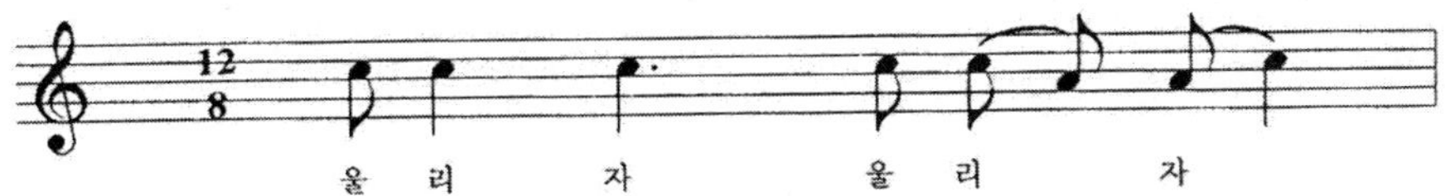

쓸거덩	쓸거덩	톱질이야
쓰거렁	쓰거렁	톱질이야
쿵	더	쿵 더
쿵더	쿵더	톱질이야
이나무	한주를	장만하니
청동이	지동하고	지동이 천동 한다 ─

♩. = 100~120

3. 조왕 지신풀이

경주 솥으는 닷말기
*소캐 솥으는 서말기 (*서말 들어가는 작은 솥)

(#K2)

여기 저기 걸렸네
샛별 같이 걸렸네 / (#K2)

은 동우 놋동우는
여기 저기 앉아 있고 / (#K2)

은조래 복조래는
아게 자게 걸려 있고 / (#K2)

니모 반짝 도리판은
실근 위에 엎쳐 있〈네〉 / (#K2)

(#K2)

울리자 울리자
천년 만년을 울리 주소

4. 장독 지신

(♯ K2)

꼬-장은〈고추장은〉　　　매와 주고
막장에는　　달아 주소 /　　　　　(♯ K2)

간장에는　　깜아 주고
된장에는　　눌어 주소 /　(♯ K2)

막아주소　　막아주소
장의 *까시를　막아 주소 /　(♯ K2)　　(*장의 까시 : 장에 생기는 애벌레)

잡귀　잡신은　멀리 가고
만 복은　이리　오소 /　(♯ K2)

울리자　울리자
천년 만년을　울리 주소 /　(♯ K2)

5. 우물 지신풀이

울리자   울리자
우물 지신을   울리 주소 / (# K2마디)

칠년   대한   가문 날에도
마르지 않는   우물 되소 / (# K2마디)

구년   홍수   긴 장마에
변하지 않는   우물 되소 / (# K2마디)

잡구 잡신은   멀리   가고
만복은   이리 오소 / (# K2마디)

울리자   울리자
우물 지신을   울리 주소 / (# K2마디)

천년   만년을   울리 주고
만년   천년을   울리 주소 / (# K2마디)

6. ― 대문밖으로 나가 다른 곳으로 떠나기 전 ―

울리자   울리자
대문 지신을   울리자 / (# K2마디)

키큰   놈도   막아 주고
발큰   놈도   막아 주고 / (# K2마디)

도적놈   대적놈도   막아 주고
잡귀 잡신   막아 주고 / (# K2마디)

손재 살도   막아 주고
삼재 구실도   막아 주고 / (# K2마디)

잡구 잡신은   멀리 가고
만복으는   이리 오소 / (# K2마디)

소지하니   황금출
대문하니   만복래 / (# K2마디)

〈극 2〉 수영야류   <u>길노래(산타령)</u>

1. 태덕수(1929. 남. 수영토민) 창
   02-8-14A(별도녹음)
2. 1991년도 20주년공연
   (video)

1.

(메)　 ○ 월출　동산에　　달이 뜨니
　　　　 일락　서산에　　해 떨어 진다 아아

(받)　 에헤,엥　헹헹헤헤이,　엥 헹헤헤이,
　　　 엥 헤헹　에라,　　　　어허라
　　　 우여라　산이로　　　다—

외침 :　"지화 — "

(메)　 ○ 성아　성아　　수영 성아
　　　　 돌을　모아서　　성을 쌓네

산아 사 안 아 수 여 어영산아하양
눈 비 맞 구 서 백 두 산 아 ―
에 헤 에 에이 애헤에 에 헤 야
우 여 라 산 이 ― 로 다
산 아 ― 산 아 ― 수 영 산 산 아 ―
눈 비 가 맞 구 서 백 두 산 아
오

아 강아 수영— 강아
물을 모아서 압록강아

〈극 3〉　수영야류　　　　　작시 자창　　　(tape1) 02-8-10B(보존회 제공테잎)
　　　　　　(양반과장)　　　　　(作詩 自唱)　　　(tape2) 기록보존용 video.

1. 수양반(태덕수 : tape1)

2. 차양반(엄창균 tape2 : 1956.남.거창군 심원면 과정리 출생.
25세까지 살다가 부산 이주. 1981년도에 수영 이주)

* 되어서 못하겠다고 중단함(차양반 가면은 할아버지 형상임)

3. 셋째양반(문 장수 tape2 : 1928.남.수사자 보유자)

　　　ㅇ　낙양성　　십리 하에
　　　　　높고　낮인　　저 무덤은
　　　　　영웅　호걸이　　몇몇이며
　　　　　절<세>　가인이　그 누구냐
　　　　　우리 인생　　한번 가면
　　　　　저 모양이　　되누나
　　　　　에라 만수

4. 넷째양반(원관영 tape2 : 1956.남.곡성군 입면출생. 19세에 부산 이주. 1979년에 수영 이주)

　　　ㅇ　얼 씨구 씨구　　들어왔네
　　　　　절 씨구 씨구　　들어 왔네
　　　　　이때 좋은 때는　　　어느 때
　　　　　때를 맞춰　　삼춘 진다
　　　　　꽃은 피어서　　떨어 진다
　　　　　입은<잎은>　피어서　　만발하네
　　　　　우리 부모　　날 낳아서
　　　　　고이 고이　　길렀네
　　　　　도서관내　　앉어서
　　　　　맹장 공자를 일었네
　　　　　물러 줄 것이　없어서
　　　　　삐전 한벌을　　물렸네
　　　　　풍파나 얼씨구나　　좋다
　　　　　거들 거리고도　　생겼네

5. 종가도령(tape1)　　－ 서당에 갔는데　오늘 배운 것을 한번 해보겠심더 －

가매　솥에　〈누룽지〉
딸 띨　끌거서
선생님　한그릇　디리고
내 한그릇　　자시세　　　　－ 이어서 덧뵈기 춤 춘다 －

(＊tape2 박정규 창에선 춤 이전에 아래 2마디를 부른다.
　　박정규: 1950. 남. 남해군 서면 작작리출생. 18세까지 살다 부산이주. 1981년 수영 이주)

〈극 4〉　수영야류　　　　　백구타령　　　1. 기록보존용 video
　　　　　(양반과장)　　　　　　　　　　　2. 태덕수 창(02-8-14A)

1.

2.

♩. = 43~50
12/8
세 월 아 네 월 아 가 질 마 라 —
[아 까 운 청 춘 이 다 늘 는 다
사 업 에 청 년 <늙>
아 서 라 하 — 치 고 경 주 를 사 니 —
(京 州)
계 명 — 산 천 이 밝 아 온 나
(鷄 鳴)
아 서 라
아 서 라 죽 고 경 주 를 사 니
(*이하. 실음은 반음정 더 높아졌음)
계 명 산 천 이 밝 아 온 나

〈극 5〉　　수영야류　　　　　　　오독도기　　　　　2001년 문화재청
　　　　　　（양반과장）　　　　　　　　　　　　　　　　기록보존용 video

(수양반) : 달이　발다니
(차양반) : 아마도　보름달이
(수양반) : 너 몰랐다.　일명성희에　오작이　남비로다.

<후렴>
용 타 요 요 홍 타 용 타 용 타
지 랄 로 힐 씬 연 자 바 하 리 고
마 어 허 — — 힐 레 로 다
2. 저 놈 의 야 — 항 반 거 동 보 소
저 놈 의 야 — 항 반 거 동 보 소
갓 을 벗 어 등 짐 하 고
이 리 로 비 틀 저 리 로 비 틀 비 틀 비 틀

(수양반) : 비틀 비틀이라니
(차양반) : 아 —   술을 마셨는가 보다
(수양반) : 너 몰랐다.   취야와공산(醉也臥空山)타가 갱문행화촌(更問杏花忖)이라

　〈후렴〉 용타..

　　　　　　　ㅇ　　수양산　깊은 골로,
　　　　　　　　　　가만히　슬슬　들어 가서
　　　　　　　　　　버드나무　잎사귀로

　　　　　　　　깊고　깊고　깊은 물에
　　　　　　　　여기도 풍덩　저기도 풍덩　풍덩 풍덩

(수양반) : 풍덩 풍덩이라니
(차양반) : 아 —   웅덩이에 돌을 던지던가 보다
(수양반) : 너 몰랐다.   양류청청 도수인(渡水人)이로구나

　〈후렴〉 용타..

〈극 6〉 수영야류 (양반과장) 망했네(해산타령) 2001년 문화재청 기록보존용 video.

(*후렴대신에 사물로 반주리듬인 ♩♪♪ ♪♪ ♪♪♪ 류를 몇회 치다가 멈춘다)

〈극 7〉　　수영야류　　　　갈까부다　　　　1. 태덕수(1929.수양반 보유자) 창
　　　　　　（양반과장)　　　　　　　　　　　　　　　素 02-8-14A

　　　　　　　　　　　　　　　　　　　　　　　　2. 2001년도 문화재청
　　　　　　　　　　　　　　　　　　　　　　　　　기록보존 video.

1.

2.
♩ = 75~68
(제창)
가 — — 리
갈 까 나 부 — 다
북例 (북위) (북면)
Sim.
장고例 (채편) (북편)
님 홀 로 따 라 와 서 —
님 과 둘 이 서 갈 까 나 부 — 다
노 비
권 — — — 식 을
다 영 이 별 하 — 고 님 홀 로
<속>

따 라 와 서 — 님 과 둘 이 서
갈 까 하 나 부 — 다
문 전 옥 답 을 다 방 매 하 여 —
님 과 둘 이 서 갈 까 나 부 — 다

〈극 8〉 수영야류 (할미과장)　　봉사 독경

1. 엄창균 창(2001년 기록보존용 video)
2. 보존회제공 tape (02-8-10A)

1.

2.

"천수천안(千手千眼) 관자재보살 광대원만 무애대비심 대다라니"
♩. = 80~90
(북위)
(북편)
/ Si
일 쇄 동 방 결 도 량
이 쇄 남 방 득 청 량
삼 쇄 서 방 구 정 토
사쇄 북방 영안강

〈극 9〉　수영야류　향도가　1,2. (메)조흥복(1933. 남. 수영토민)
　　　　　(할미과장)　　　　　　(받)김성율(1949. 남. 〃)등
　　　　　　　　* 요령(謠鈴)없이 멕였음　　채보 : 이소라(2001년 문화재청
　　　　　　　　　　　　　　　　　　　　　기록보존용 video)
　　　　　　　　　　　　　　　　3. 素02-8-10A(보존회제공 tape)

에 천 년 만 년 살 자 더 니
나 는 간 다 나 는 간 다 아
나 는 혼 자 나 만 간 다
(받) 아 에 이
에 이 이 이
(메) 에 에 에
에 에 에

명 사 십 리 해 당 화 야
이 － － － 이 － － － － 꽃 진 다 꼬 서 러 마 라
너는 다시   피련마는~
우리 인생   한번 가면~   이이
다시 올줄   모르더라 ~
(받)
아   예   이
예   이 이 이
(메)   헤 － 에에에에에 －
영감 영감   내영감아~ 이이이 내 없다고 서러마라
건너방 선창장에에에에   사철옷이 들었으니 － － 에
철철이 갈아입고, 후세상에 다시 만나 아아아
천년 만년 살고 가자
(받)
아   에   이
에   이 이 이

2. 어화남창   ♩. = 50

* 멕일 때는 북, 장고만 치고 받을 때는 사물로 반주한다.
20주년 기념공연에선 반주없이 소리만 하였슴.

(메)α
어 — 하 롱 어 화 하 롱 —
어 화 남 창 어 화 로 웅
(받)
어 화 롱 어 화 롱 —
<북>
<장고>
<징>
<쾡>
어 화 남 창 어 화 롱
(메)
가 자 가 자 — 바 삐 가 자 —
<북>
<장고>

(메)　o　한번 가면　　못 오는 길,
　　　　　바삐 가며는　　　무엇 하나
　　　o　가자 가자　　바삐 가자
　　　　　상두꾼아　　바삐 가자

　　　o　북망 산천이　　멀다 더니
　　　　　대문 밖이　　북망 산천
　　　o　살은 썩어　　녹수 되고
　　　　　뼈는 썩어　　진토 된다

　　　o　아츰 나잘에　　성턴 몸이
　　　　　저녁 나잘에　　병을 실어
　　　o　찾는 것은　　냉수 로다
　　　　　부르는 것은　　엄마 로다

　　　o　약방에서　　약을 지여
　　　　　약탕관에다　　걸어 놓고
　　　o　풍로에다　　불을 피여
　　　　　울명 불면　　약을 달꼬

3. 잦은 행상

♩. = 80~100
(앞) (뒤) (앞) (뒤)
어 화 남 차 어 화 남 차 어 화 남 차
(앞) (뒤) (앞) (뒤) (앞)
어 화 남 차 어 화 남 차 어 화 남 차
(앞) (뒤) (앞) (뒤) (앞)
어 화 남 차 어 화 남 차 어 화 남 차

(메) ○ 산천~ 초목~ 푸르러~ 오구~
　　　 우리네 인생은. 나날이 늙네- 헤
　　 ○ 노자-노자. 젊어서 노지 -
　　　 늙어허지며허는. 나는 못노리라 하

(메) 산에 올라 옥을캐니 캐구보니 산옥일다
　　 산에 올라 도라질캐니 캐구보니 산옥일세/
　　 산은 첩첩 천봉이요 물요 천천 반천일다//

〈예 4〉
제주도
성읍
오돌또기
(메) 조 을 선
(후렴) 이선욱·현순옥
사설정리 : 김 영 돈
채 보 : 이 소 라
♩.= 67
오 도 ― 르 또 ― 호 기
저 기 춘향이 나 ― 하 오 ― ㄴ다
달 도 밝 ― ― 고
내 가 머리로 갈 까 나
〈후렴〉
둥 그 대 당 실 둥 그 대 당 실
이 야 도 당 실 연 자 버 리 고
달 도 밝 ― ― 고
내 가 머 리 로 갈 까 나

〈2절〉 성산포 일출봉   시로미돈송만송
        서귀포 해녀가   바다에든송만송
        (후렴)

〈3절〉 한로산 중허리   시로미든송만송
        서귀포 해녀가   바다에든송만송
        (후렴)

〈4절〉 가면은 가고   말면은 말지
        초신을 신고서   시집을 가느냐
        (후렴)

〈5절〉 오라고 호데는   밤이나 가곡
        동네 술집인   해낮이 간다
        (후렴)

〈6절〉 앞강에 뜬배는   나를 싣고 갈 배
        뒷강에 뜬배는   임이나 싣고 갈배여
        (후렴)

〈7절〉 임떠난 방안에   담배 연기만 남고
        배떠난 항구엔   파도만 친다.
        (후렴)

<예 5>

오돌또기와 오돌독

이소라 채보

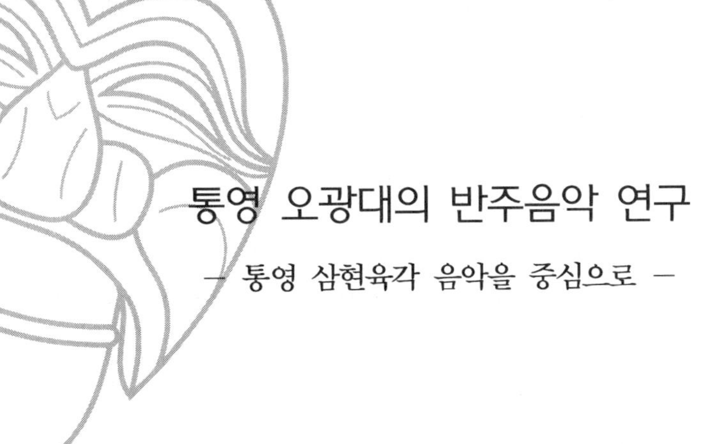

통영 오광대의 반주음악 연구

— 통영 삼현육각 음악을 중심으로 —

이용식

1. 내드름

 탈놀이는 탈을 쓰고 노는 연희패의 춤·노래·재담과 이를 반주하는 음악이 어우러지는 종합공연예술이다. 그러나 기존의 탈놀이에 대한 연구에서는 반주음악에 대한 음악학적 성과가 미미했기 때문에 탈놀이의 총체적이 모습을 조망하지 못하고 있는 실정이다. 탈놀이의 음악에 대한 기존의 논의는 대부분 악사의 유래와 성격을 통한 음악사회학적 연구에 머무르고 있고,[1] 실제 음악에 대한 분석적 논의는[2] 그다지 활발하지 못했기 때문에 탈놀이 음악의 실체를 파악하는데 어려움이 따른다.

---

1) 조동일, 「악사의 유래와 구실」, 『탈춤의 역사와 원리』, 홍성사, 1981; 김혜정, 「가면극 반주음악의 계통과 악사의 성격」, 『청계논총』 제2집, 한국정신문화연구원, 2000.

2) 탈놀이의 음악적 분석은 봉산탈춤 음악(김호석, 『봉산탈춤 음악본』(서울: 민속원, 2006))을 논의한 연구가 아직까지는 거의 유일하다. 필자가 이 논문을 한국공연문화학회 제28회 연구발표회(2007년 2월 2일, 관동대학교)에서 발표한 이후 전국적인 탈놀이 음악을 분석한 논문(임혜정, 「한국 가면극의 음악 고찰—본산대놀이계통을 중심으로」, 서울대학교 박사학위논문, 2007)이 발표되었다. 이 논문에서는 본고에서 다루는 통영 오광대 음악도 다루었다. 통영 오광대 반주음악을 다른 통영 삼현육각 및 다른 지역 삼현육각 음악과 관련지어 그 문화사적 의의를 규명한 본고와 달리 이 논문은 통영 탈놀이 음악의 장단과 선율을 중심으로 한 음악학적 분석이다.

탈놀이의 반주음악은 크게 풍물음악과 삼현육각으로 구분할 수 있다. 현재 연희되는 탈놀이 중에서 해서·경기의 탈춤과 산대놀이 계열은 피리·젓대(대금)·해금·장구·북의 삼현육각이 반주하고, 경상도의 오광대, 들놀이[野遊], 별신굿 탈놀이 계열은 풍물음악으로 반주하고 있다. 그러나 마을굿에서 비롯된 별신굿 탈놀이만 풍물패가 반주음악을 연행하고, 오광대와 들놀이는 본래 삼현육각과 풍물음악으로 반주했던 것을 근래 들어 삼현육각 음악이 도태되어서 현재는 풍물음악만 남아있는 것이다. 이는 1960년대 이전에 조사된 오광대의 각종 기록·음향 자료에 삼현육각을 연주했었다는 것으로도 알 수 있다. 예를 들어 고성 오광대에는 삼현육각 반주를 했었다는 기록이 전해지지만,[3] 통영 오광대의 경우는 1964년 조사 당시 피리를 연주한 녹음자료가 발간되어[4] 삼현육각의 존재를 확인할 수 있다.

본고에서는 통영 오광대의 반주음악인 삼현육각의 음악문화사적 의의를 규명하고자 한다. 통영 오광대뿐만 아니라 승전무와 무악(巫樂) 등에서 연주되는 통영 삼현육각과의 음악학적·문화사회학적 연구를 통하여 통영에서 전승되는 삼현육각 음악의 특성을 밝히려는 것이다. 또한 통영 삼현육각과 다른 지역 탈놀이의 삼현육각의 비교연구를 하고자 한다. 이를 통해 경상남도 탈놀이에서 연행됐던 삼현육각의 본질적 규명을 도모하고자 하는 것이다.

2. 통영 오광대의 삼현육각

통영 오광대는 낙동강변의 초계(草溪) 밤마리[栗旨]의 대광대 놀이를 수용한 마산 오광대에 그 기원을 두고 있다.[5] 통영에서 오광대를 놀기 시작한 것은

---

3) 이두현, 「고성오광대」, 『한국가면극선』, 교문사, 1997, 316 – 317면.

4) 국립문화재연구소, 『통영오광대』 국립문화재연구소 소장 음반자료 시리즈 (CD), 국립문화재연구소, 2004에는 통영오광대 음악 전반에 대한 해설(임혜정, 「통영오광대의 음악」)이 수록되었다.

5) 송석하, 「오광대소고」, 『조선민속』 제1호, 조선민속학회, 1933, 21면; 최상수, 「야류·오광대

1900년 무렵에 이화선(李化善)이 창원에서 통영으로 이주하여 장진국(張鎭局)과 더불어 의흥계(義興契)를 조직하고 마산 오광대를 가르쳐준 데서 시작되었다.[6] 이 무렵 통영 오광대에 삼현육각이 연주가 되었는지는 알려진 바가 없다. 당시에는 정월 2일부터 14일까지 매구패가 집집마다 돌며 매구굿을 하고 거두어들인 돈으로 14일 밤에 파방굿과 오광대를 놀았다는 것을 보면 당시에는 사물로 구성된 매구로 오광대의 음악반주를 했다는 것이 학계의 정설이다.[7]

그러나 이 당시에도 통영을 비롯한 경남 오광대에서 삼현육각 반주를 했었을 가능성이 있다. 송석하에 의하면 초계 밤마리에서 파생된 진주 오광대의 제1과장에서는 〈염불타령(念佛打令)〉을 연주했고, 마산 오광대의 제3과장에는 〈본령산(本靈山)〉을 연주했다고 한다.[8] 이 당시 진주 오광대에서 삼현육각을 연주했다는 사실은 1928년 진주유치원(幼稚園)에서 놀았던 오광대를 기록한 정인섭의 〈진주오광대〉에서도 증명된다.[9] 즉, 제1경인 오방신장 출장(出場)에 피리·젓대·해금·장고·대북 등으로 합주하는 '고조선진곡(古朝鮮進曲)'을 연주한다고 하는데,[10] 이 음악은 삼현육각으로 연주하는 것이다. 제2경에서 문둥광대가 놀 때에 음악은 '세마치장단'으로 변하는데 악기는 징·꾕새(꽹과리)·장고로 연주했다는 기록을 보면,[11] 진주 오광대에서 삼현육각과 풍물패의 두 종류의 반주음악패가 있었다는 것을 알 수 있다.

1930년대 기록에서 보이는 악곡인 〈염불타령〉이나 〈본령산〉은 모두 대풍류(竹風流), 즉 삼현육각으로 연주하는 〈영산회상(靈山會相)〉[12]의 곡목을 의미

가면극」, 『경상남도지 (하)』(1963), 102 – 103면.

6) 박진태, 『중요무형문화재 제6호 통영오광대』, 화산문화, 2001, 51면.

7) 박진태, 앞의 책, 52면.

8) 송석하, 앞의 글, 24면, 30면.

9) 정인섭, 「진주오광대 – 탈노름」, 『조선민속』제1호, 조선민속학회, 1933, 32 – 37면.

10) 정인섭, 앞의 글, 32면.

11) 정인섭, 앞의 글, 32면.

12) 〈영산회상〉은 본래 거문고 중심의 관현악편성인 줄풍류(絲風流)로 연주하는 악곡으로서, 상령산(혹은 본령산), 중령산, 세령산(혹은 잔령산·소령산), 가락덜이, 상현도드리, 하현도드리, 염불도드리, 타령, 군악의 9곡으로 이루어진 모음곡이다. 이를 관악기 편성의 대풍류로 연주하는 경우에 국악계에서는 〈관악영산회상〉 혹은 〈삼현영산회상〉이라 하며 하현도드리가 빠진

하는 것이기 때문에 이는 진주와 마산 오광대에서 삼현육각으로 음악반주를 했었다는 사실을 입증하는 것이다. 이렇듯이 1930년대 경남 오광대에서는 삼현육각 음악이 존재했다.

1930년대에 통영 오광대에서 삼현육각이 연주되었는지는 확실히 알 수 없지만 그럴 개연성은 충분하다. 왜냐 하면 통영은 수군통제사의 통제영(統制營)이 있던 곳으로서 각종 의식·행사에서 음악을 담당했던 취고수(吹鼓手) 악대가 소속된 취고수청(吹鼓手廳)이 존재했기 때문이다. 통영의 취고수청은 숙종 13년(1687) 제64대 통제사인 류중기(柳重起)가 설치했고, 마지막 통제사인 제208대 홍남주(洪南周)가 1895년 병사(病死)함으로써 해산되었다.[13] 취고수청이 해산되면서 관현악기를 연주하던 악사들은 주로 승전무(勝戰舞)의 반주악사가 되고 타악기를 연주하던 악사들은 오광대를 전승하게 되었다고 한다.[14] 취고수청의 악사들은 주로 세습무 집안 출신이었고, 창원의 이화선이 통영에서 거주한 명정동은 무당과 악사들이 많이 살던 곳이었다.[15] 즉, 이화선이 통영에서 의흥계를 조직하여 오광대를 놀기 시작하던 무렵부터 무당과 악사가 직간접적으로 개입되었고, 취고수청 출신의 악사들이 음악을 담당했을 것이다. 취고수청의 악사들 중에서 관현악기 악사들은 승전무를, 타악기 악사들은 오광대를 각각 연주했다기보다는 이들이 서로 넘나들면서 음악을 연주했을 가능성이 많다. 이는 1980년대까지도 통영에서는 삼현육각 악사들이 별신굿, 승전무, 오광대를 넘나들면서 삼현육각과 타악음악을 두루 연주했었던 사실에서도 확인되는 바이다. 즉, 일제 강점기에도 통영 오광대에서 삼현육각을 연주했을 가능성은 통영에 취고수청이 오래 전부터 존재했었던 사실로 유추할 수 있는 것이다.

통영 오광대에 삼현육각 음악이 연주되는 전통은 1960년대에도 이어졌다. 통영

8곡으로 이루어진 모음곡이다. 대풍류로 연주하는 악곡을 민간에서는 〈대풍류〉 혹은 〈삼현육각〉이라고 하는데, 불교 의식, 굿판, 탈놀이판 등의 각종 민간 연희판에서 연주한다(졸저, 『민속, 문화, 그리고 음악』, 집문당, 2006, 22면).

13) 충무시지편찬위원회, 『충무시지』, 동위원회, 1987, 78, 118면.
14) 전경욱, 『한국가면극 그 역사와 원리』, 열화당, 1998, 94면.
15) 전경욱, 앞의 책, 93면.

오광대가 1930년대 중반 일제의 금지로 중단되었다가 1958년 건국10주년기념 민속예술제전의 초청을 계기로 장재봉(張在奉, 1896~1966)이 주동이 되어 오정두(吳正斗, 1899~1983), 김진수(金辰守, 1909~1974), 구삼봉(具三奉, 1899~1965) 등 1930년대 오광대를 놀던 춘흥계(春興契) 연희자들을 중심으로 재연되었다. 이후 1962년 서울에서 개최된 전국민속예술경연대회에 참가하고 그해부터 통영의 한산대첩기념제전에서 공연하면서 지역적인 전통예술로 정착되었다. 이후 통영 오광대는 1964년 중요무형문화재 제6호로 지정을 받게 된다.[16]

1964년 중요무형문화재로 지정되던 당시의 연희자들 중 음악을 담당했던 악사는 오정두(吳正斗, 남, 1899년생, 꽹과리), 김진수(金辰守, 남, 1909년생, 악사), 문창섭(文昌燮, 남, 1919년생, 악사), 유동주(劉東柱, 남, 1917년생, 호적), 박경규(朴景奎, 남, 1902년생, 악사), 주봉진(朱鳳珍, 남, 1891년생, 무대감독·의장감독), 이안근(李晏根, 남, 1889년생, 악사) 등이다. 이들 중에서 박경규와 주봉진은 삼현육각의 명인으로 유명했던 악사였는데,[17] 이들은 1968년 통영의 승전무가 중요무형문화재 제21호로 지정되던 당시에 예능보유자로 인정되었다.

주봉진(1891~1976)은[18] 통영 출생으로 30대에 이승근에게서 젓대 삼현과 풍류를 배웠다.[19] 그는 1968년 중요무형문화재 제21호 승전무의 젓대 반주음악 보유자로 인정되었는데, 젓대뿐만이 아니라 가야금·양금·단소 등에도 능했다고 한다.[20] 즉, 주봉진은 각종 악기에 능했던 악사였지만, 오광대에서는 무대감독·의장감독의 역할만 수행했고 음악에는 관여하지 못했다.

박경규(1902~1970)은 별명이 경삼(景三)이며 거제에서 태어났고 30대에는 통영에서 거주했다. 그는 부친인 박학창에게서 피리·대금·가야금을 배워서 삼현육각

---

16) 박진태, 앞의 책, 61면.
17) 이보형, 『삼현육각』, 무형문화재조사보고서 4, 문화재관리국, 1984, 32면.
18) 주봉진이 1899년생이라는 기록도 있다(박진태, 앞의 책, 69면). 주봉진이 1891년생이라는 사실은 그를 인터뷰한 각종 기록에서 확인된다. 이에 대해서는 김천흥, 「무형문화재보고서 제36호 승전무 (통영북춤)」, 『무형문화재보고서』 제6집 (31~40), 문화재관리국, 463면; 이보형, 앞의 책, 32면.
19) 이보형, 앞의 책, 32면.
20) 김천흥, 앞의 글, 463면.

과 풍류에 능했고,[21] 1968년 중요무형문화재 제21호 승전무의 피리 반주음악 예능보유자로 인정되었다. 박경규는 1964년 녹음된 통영 오광대 반주음악의 피리를 연주했고,[22] 1967년 문화재관리국이 제작한 〈통영 오광대〉 영상자료에서도 피리를 연주했다(〈도판 1〉).[23]

〈도판 1〉 1967년 제작한 〈통영 오광대〉 영상자료 중 반주악대

박경규의 음악은 그의 아들인 박복률(朴福律, 1933~1987)과 배중렬(裵仲烈, 1922~1986)에게 전수된다. 배중렬은 통영 지방에서 굿판의 장구를 도맡아 치던 악사인데, 그는 무악 장구를 박경규에게서 배웠다.[24]

박복률은 1976년 중요무형문화재 제21호 승전무의 젓대 반주음악 예능보유자로 인정되었다. 박복률은 어려서부터 부친인 박경규 외에도 삼촌인 박재술(朴在述)에게서 피리를 배우고 주봉진에게서 젓대를 배웠다. 그가 1976년 예능보유자로 지정될 당시에 비록 젊은 나이였지만 음악에서는 기존의 보유자들에게 삼현육각을 가르칠 정도로 뛰어난 악사였다고 한다(〈도판 2〉).[25]

---

21) 이보형, 앞의 책, 32면.

22) CD의 해설서(임혜정, 「통영오광대의 음악」)에는 박경규가 연주했다는 기록은 없지만, 중요무형문화재 제82-라호 남해안 별신굿의 예능보유자인 정영만이 박경규의 피리임을 확인해주었다. 박경규는 정영만의 외조부로서, 정영만은 어려서부터 박경규의 피리연주를 듣고 자랐다고 한다. 정영만, 인터뷰, 2006.5.12, 전화인터뷰, 2007.1.17.

23) 이 자료에서는 피리를 연주하는 모습이 촬영되었지만, 실제로 피리 연주는 삽입되지 않았다.

24) 하효길, 「남해안 굿」, 하효길 외, 『한국의굿』, 민속원, 2002, 283~284면.

〈도판 2〉 통영 삼현육각 중 젓대와 피리 (우측이 박복률)

박복률은 승전무의 악사로만 활동한 것이 아니라 통영 굿판의 악사로도 이름을 날렸다. 그는 굿판에서는 피리와 징을 연주했던 악사였고, 현재 중요무형문화재 제82-라호인 남해안 별신굿 기예능보유자인 정영만(鄭永萬, 1956년생)은 그의 외조카이기도 하다.[26]

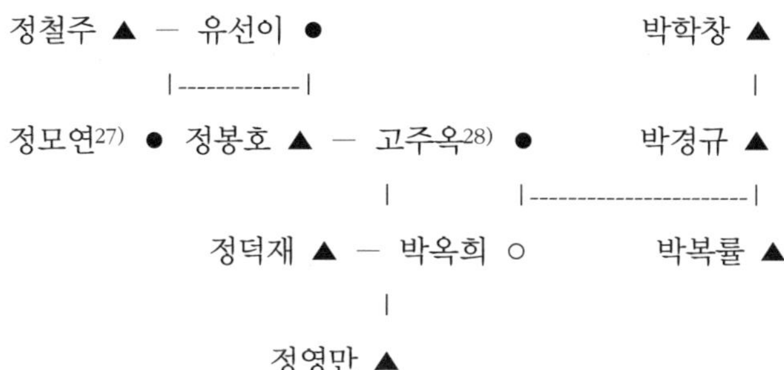

▲ ● 무업 종사자
△ ○ 무업 비종사자
___ 중요무형문화재 보유자

---

25) 이보형, 앞의 책, 34면.

26) 졸고, 「남해안 별신굿 음악 현지연구」, 『한국무속학』 제6집, 한국무속학회, 2003, 57면.

27) 정모연(鄭模蓮, 1915~1989), 남해안 별신굿 제1대 기예능보유자.

28) 고주옥(高周玉, 1913~1990), 남해안 별신굿 제2대 기예능보유자.

결국, 통영 오광대의 반주악사로 활동했던 박경규는 승전무의 반주악사이기도 했고 굿판의 반주악사이기도 했던 것이다. 그의 아들인 박복률 또한 승전무와 굿판을 넘나드는 악사였다. 이렇게 오광대·승전무·굿판의 음악을 넘나들 수 있었던 것은 이들 연희에 같은 음악이 연주되었기 때문이다. 그리고 이를 하나로 묶는 매개체는 삼현육각이었다.

3. 통영 오광대의 삼현육각 음악

삼현육각은 보통 피리·젓대·해금·장구·북의 편성이지만, 통영 오광대에서는 주로 피리만 연주했다. 삼현육각에서 피리·젓대·해금의 삼(三)잽이 편성이 이상적이지만, 실제 음악판에서는 피리와 해금의 양(兩)잽이 편성도 허다하고, 피리 혼자만의 단(單)잽이 편성도 허다하다. 이는 주로 경제적인 측면에 의해 결정되는데, 음악판에 소요되는 경비에 따라 악사의 숫자가 달라지는 것이다.[29] 신윤복(申潤福, 1758~?)의 그림에도 피리의 단잽이 편성으로 장구 반주에 맞추어 무당의 굿을 반주하는 모습을 볼 수 있는 것으로 보아(〈도판 3〉) 삼현육각이 단잽이로 편성되는 것은 늦어도 18세기부터의 전통이라고 할 수 있다.

〈도판 3〉 신윤복의 무녀도

---

29) 졸저, 앞의 책, 130면.

통영 삼현육각에서 연주되는 피리는 일반적인 피리와 약간 다르고, '통영 피리'라는 이름을 갖는다. 통영 피리의 관대와 서를 만드는 재료는 대나무로 일반적인 피리와 같지만, 일반적인 피리에 비해 두께가 두꺼워서 향피리와 당피리의 중간 정도의 크기이다. 이렇게 일반적인 삼현육각에 연주되는 향피리에 비해 통영 피리는 크기가 크기 때문에 현지인들은 이 피리를 '대(大)피리'라고도 한다. 그리고 일반적인 피리에 비해 통영 피리는 지공(指孔) 사이가 좁고, 서(舌, reed)의 길이가 약간 짧다. 이렇게 악기의 크기가 약간 다른 것은 박경규가 연주하는 피리(〈도판 4-좌〉)와 그의 아들인 박복률(〈도판 4-우〉)이 연주하는 피리의 차이에서도 확인할 수 있다. 이렇게 관대가 두껍고 서가 짧은 통영 피리는 일반적인 피리에 비해 맑은 소리[淸聲]를 만들어내고 주로 승전무와 굿의 반주음악에 쓰였다고 한다.[30]

〈도판 4〉 박경규(좌)와 박복률(우)의 피리 연주

통영에서 삼현육각으로 연주하는 악곡은 오광대의 반주음악으로 연주하는 〈느린 굿거리〉(〈참고악보 1〉) 이외에도 〈거상악(擧床樂, 〈참고악보 2〉)〉, 〈길

---

30) 정영만, 인터뷰, 2006.5.12.

군악(行軍樂, 〈참고악보 3〉), 〈타령(打슈, 〈참고악보 4〉〉 등이 있다. 이 중에서 〈거상악〉은 통영 굿에서는 신을 모시는 청신악(請神樂, 〈참고악보 5〉)으로 연주되고 〈타령〉은 승전무와 굿에서는 삼현(三絃)춤(〈참고악보 6〉)을 반주하는 가락이다. 결국 통영 삼현육각 음악은 예전의 통제영에서 거행되는 각종 의식과 연례뿐만 아니라 오광대, 승전무, 굿판 등의 반주음악으로 연주된다. 이는 삼현 육각을 연주하는 악사들이 통제영을 비롯하여 각종 민간의 연희판에서 비슷한 음악을 연주했던 관습에서 비롯된 것이다.

통영 오광대의 1964년 녹음 자료에서 연주되는 피리 가락은 〈느린 굿거리〉이다. 이 음악은 제1과장인 문둥탈, 제4과장인 농창탈, 제5과장인 포수탈에서 연주된다. 제1과장인 문둥탈의 느린 굿거리 가락은 1964년 채록본에 "느린 굿거리 장단에 맞추어 새면(악사석)을 향하여 문둥이가 춤을 추며 등장한다"[31]라고 되어 있는 부분의 음악을 일컫는 것이다. 여기에서 '새면'은 삼현(육각)을 일컫는 것으로서 삼현육각으로 연주하는 〈느린 굿거리〉에 맞추어 문둥이가 춤을 추며 등장한다는 의미이다.

이처럼 통영 오광대에서 삼현육각으로 연주하는 곡목은 〈굿거리〉뿐이다. 앞서 언급했듯이 1930년대의 기록에 마산 오광대에서는 〈염불타령〉을 연주하고, 진주 오광대에서는 〈본령산〉을 연주했다는 기록과 비교하면, 경상남도의 오광대에서는 삼현육각을 연주하는 전통이 있지만 지방에 따라 오광대에서 각기 다른 악곡을 연주했다는 것을 알 수 있다.

통영 오광대에서 연주하는 〈굿거리〉는 본래 경기도 무악의 하나로서 전문음악가집단의 음악이었다. 〈굿거리〉를 전국적으로 퍼뜨린 것은 사당패 등의 유랑예인집단의 역할이 컸고, 이를 각 지방 관아의 전문음악집단인 세악수(細樂手) 혹은 취고수 악사가 받아들인 것이다. 전라남도 농악의 남해안권에서는 굿거리 장단을 '신식장단' '협률장단' '사당패장단' 등으로 표현하는데,[32] 이는 굿거리장 단이 기존의 마을 농악패와 관련되었다기보다는 유랑예인집단이나 전문연희패

---

31) 이두현, 『한국가면극선』, 교문사, 1997.
32) 김혜정, 「전남지역 매구의 길굿에 관한 연구」, 『한국음악연구』 제27집, 한국국악학회, 1999.

의 영향으로 인한 것임을 보여주는 것이다.

통영 〈굿거리〉 가락(〈참고악보 1〉)은 봉산 탈춤에서 연주하는 〈굿거리〉 가락 (〈참고악보 7〉)이나 경기도 무악에서 삼현육각으로 연주되는 〈굿거리〉 가락 (〈참고악보 8〉), 그리고 전주 농삼현으로 연주하는 〈굿거리〉 가락(〈참고악보 9〉)과 유사한 점이 많다. 결국 경기도 무악에서 삼현육각으로 연주하는 〈굿거리〉 가락은 전라도나 경상도에 퍼지면서 비슷한 골격선율이 유지되고 있고, 각 지방의 특성에 맞는 약간의 변형이 가해지면서 전승된 것이다. 이는 통영 삼현 육각의 〈길군악〉(〈참고악보 3〉)이 경기 무악의 〈길군악〉(〈참고악보 10〉)이나 해주 삼현육각의 〈긴짜〉(〈참고악보 11〉)와 유사한 것을 보면 〈굿거리〉만의 특징이 아니고 삼현육각 음악의 보편적 특징인 것임을 알 수 있다.

통영 오광대에서 연주되는 〈느린 굿거리〉는 3소박 4박(12/8박자) 장단의 음악이다. 가락의 구성음은 솔–라–도–레–미로서 경토리에 가깝다. 통영 오광대의 〈느린 굿거리〉는 다른 지방의 탈놀이에서 연주되는 〈굿거리〉 가락과 유사한 것이다.[33] 예를 들어, 봉산 탈춤에서 연주되는 〈굿거리〉도 3소박 4박자 장단에 솔–라–도–레–미의 경토리의 구성음으로 된 것이 같은 성격의 음악인 것을 알 수 있다. 통영 오광대의 〈느린 굿거리〉를 봉산 탈춤에서 연주되는 〈굿거리〉와 비교하면 아래의 〈보례 1〉과 같다.

---

33) 이에 대해 임혜정은 다른 견해를 갖는다. 그에 의하면 통영 오광대의 〈굿거리〉에서는 re'음을 지속음으로 많이 사용하고, 각 장단을 la로 종지하는 선율형이 빈번히 출현하는데, 이는 다른 지역 탈놀이의 〈굿거리〉와 구분되는 점이라고 했다. 이런 통영 오광대 〈굿거리〉의 특징은 봉산 탈춤을 포함하는 해서 탈춤에서는 〈굿거리〉보다는 〈타령〉에서 많이 보인다고 한다. 이처럼 명칭은 〈굿거리〉를 쓰지만, 그 음악에서는 〈타령〉과 유관하게 전개되는 양상은 수영과 동래 야류의 〈굿거리〉에서도 볼 수 있다고 한다(임혜정, 「한국 가면극의 음악 고찰」, 103–104면).

〈보례 1〉통영 오광대의 〈느린 굿거리〉와 봉산 탈춤의 〈굿거리〉[34]

위의 〈보례 1〉을 보면 통영 오광대의 〈느린 굿거리〉와 봉산 탈춤의 〈굿거리〉에 비해 잔가락이 많은 것을 알 수 있다. 특히 통영 〈느린 굿거리〉의 가락이 늘어나는 부분은 d'에서 g'의 음역에서 나타나고 e' 혹은 g'의 높은 음을 질러 내는 부분이 많다. 이렇게 통영 가락이 높은 음을 많이 내는 것은 통영 피리가 서가 짧아서 청성을 많이 내는 것과 관련이 있다. 또한 통영 가락이 봉산 가락에 비해 잔가락이 많은 것은 대풍류 음악의 지역별 성격과도 관련이 있다. 즉, 서울·경기 지방의 음악이 대개 잔가락이 많지 않은데 비하여 흔히 향제(鄕制)

______

34) 김호석, 앞의 책, 175면. 김호석 채보 악보는 3/4박자이고 플랫(♭)이 두 개 붙은 기보이지만, 통영 〈느린 굿거리〉와의 비교를 위해 필자가 12/8박자, 플랫이 없는 체제로 바꾸었고, 통영 선율에 맞게 재구성했다.

음악이 잔가락이 많기 마련이다. 이는 대풍류뿐만 아니라 줄풍류에서도 흔한 현상이다. 즉, 서울의 경제(京制) 줄풍류에 비해 이리·구례 등의 향제 줄풍류나 김죽파·성금연·김윤덕 등의 산조 명인이 연주하는 민간풍류는 훨씬 잔가락이 많고, 특히 높은 음역에서 잔가락이 많이 나타난다.[35] 이렇듯이 통영 오광대의 〈느린 굿거리〉는 봉산 탈춤의 〈굿거리〉에 비해 잔가락이 많고, 특히 높은 음역에서 잔가락이 많이 나타나는 것은 대풍류 가락의 지역적 차이에 기인하는 것이다.

4. 맺음말

현재 통영 오광대는 꽹과리·징·장구·북·태평소 등의 풍물패가 반주음악을 연주하지만, 본래 통영 오광대의 반주음악은 경기·해서 탈놀이의 반주음악과 마찬가지로 삼현육각이 있었다. 1960년대의 자료에는 통영 오광대의 반주에 피리로 연주하는 삼현육각이 있는 것으로 이를 알 수 있다. 통영 오광대의 삼현육각은 통영 취고수청 음악의 역사적 맥락을 전승하는 것이다. 통영에 삼현육각을 연주하는 악사들이 예전부터 존재했고, 이들은 관아의 각종 의식이나 잔치뿐만 아니라 민간의 각종 연희판에서 음악을 연주했다. 통영 삼현육각이 연주되던 공간은 승전무, 오광대, 그리고 굿판 등이다.

통영 오광대에서 삼현육각 음악은 〈굿거리〉가 연주되는데, 이는 다른 지방의 굿판이나 탈놀이판에서 연주되는 〈굿거리〉와 같은 계통의 음악이다. 다만 통영 〈굿거리〉는 다른 지방 탈놀이의 〈굿거리〉에 비해 잔가락이 많고, 특히 높은 음역에서 연주되는 잔가락이 많다. 이는 통영 삼현육각에 연주되던 '통영 피리'가 관대가 굵고 서가 짧아서 '청성(淸聲)'을 연주하기 용이하게 만들었던 것과 맥락을 같이 한다. 이렇게 경기·해서 지방의 삼현육각 음악에 비해 통영의 삼현육각 음악은

---

35) 류지연, 「가야금 줄풍류의 형성에 관한 연구」, 이화여자대학교 박사학위논문, 2007, 176–177면.

높은 음역의 잔가락이 많은 것이 통영 지방의 독특한 음악적 특색을 이루는 것이다.

　통영을 비롯한 경상남도의 오광대에서 예전에는 삼현육각을 연주했지만, 현재는 풍물음악만이 남아있는 것은 음악적으로는 상당한 퇴보이다. 음악문화는 사회적 여건에 의해 변질되기 마련이지만, 삼현육각으로 연주하는 세련된 음악이 퇴화되어 생명력을 잃은 오늘날의 오광대판은 예전의 판에 비해 역동성과 예술성이 후퇴한 것이다. 1960년대 이후 통영 오광대판에서 연주되던 삼현육각이 사라진 원인을 음악사회학적으로 규명해야 할 필요가 있다. 그리하여 철저한 고증에 의해 삼현육각을 재현하여 음악을 재구성하여 올바른 오광대 탈판을 만들 필요가 있다.

참고문헌

국립국악원, 『한국의 굿: 경기도당굿』, 한국음악 제30집, 국립국악원, 1998.

김천흥, 「무형문화재보고서 제36호 승전무 (통영북춤)」, 『무형문화재보고서』 제6집 (31~40), 문화재관리국.

김혜정, 「가면극 반주음악의 계통과 악사의 성격」, 『청계논총』 제2집, 한국정신문화연구원, 2000.

김혜정, 「전남지역 매구의 길굿에 관한 연구」, 『한국음악연구』 제27집, 한국국악학회, 1999.

김호석, 『봉산탈춤 음악본』, 민속원, 2006.

류지연, 「가야금 줄풍류의 형성에 관한 연구」, 이화여자대학교 박사학위논문, 2007.

박진태, 『중요무형문화재 제6호 통영오광대』, 화산문화, 2001.

송석하, 「오광대소고」, 『조선민속』제1호, 조선민속학회, 1933.

이두현, 『한국가면극선』, 교문사, 1997.

이보형, 『삼현육각』, 무형문화재조사보고서 4, 문화재관리국, 1984.

이용식, 「남해안 별신굿 음악 현지연구」, 『한국무속학』 제6집, 한국무속학회, 2003.

이용식, 『민속, 문화, 그리고 음악』, 집문당, 2006.

임혜정, 「한국 가면극의 음악 고찰 – 본산대놀이계통을 중심으로」, 서울대학교 박사학위논문, 2007.

임혜정, 「통영오광대의 음악」, 국립문화재연구소, 『통영오광대』 국립문화재연구소 소장 음반자료 시리즈 (CD), 국립문화재연구소, 2004.

전경욱, 『한국가면극 그 역사와 원리』, 열화당, 1998.

정영만, 인터뷰, 2006.5.12.

정영만, 전화인터뷰, 2007.1.17.

정인섭, 「진주오광대 – 탈노름」, 『조선민속』제1호, 조선민속학회, 1933.

조동일, 「악사의 유래와 구실」, 『탈춤의 역사와 원리』, 홍성사, 1981.

최상수, 「야류·오광대 가면극」, 『경상남도지 (하)』, 1963.
충무시지편찬위원회, 『충무시지』, 충무: 동위원회, 1987.
하효길, 「남해안 굿」, 하효길 외, 『한국의굿』, 민속원, 2002.

참고자료

국립문화재연구소, 『통영오광대』 국립문화재연구소 소장 음반자료 시리즈 (CD), 국
　　　립문화재연구소, 2004.
문화재관리국, 『통영오광대』 (동영상), 문화재관리국, 1967. 국립문화재연구소 홈페
　　　이지(www.nricp.go.kr).

<u>참고악보</u>

〈참고악보 1〉 통영 오광대의 느린 굿거리 피리가락

박경규 피리
이용식 채보
♩. = M.M. 66~68
실음은 단2도 낮음

〈참고악보 2〉 통영 삼현육각의 거상악36)

<hr>

36) 이소라, 「치리섬 별신제」, 『문화재』 제17호, 문화재관리국, 1984, 206면.

〈참고악보 3〉 통영 삼현육각의 길군악[37)

정영만 외 연주
이용식 채보
♩. = M.M. 88

---

37) 졸고,「남해안 별신굿 음악 현지연구」,『한국무속학』제6집, 한국무속학회, 2003, 91면.

〈참고악보 4〉 통영 삼현육각의 타령[38]

---

38) 이소라, 앞의 글, 208면.

〈참고악보 5〉 통영 굿의 청신악[39]

정영만 연주
이용식 채보
♩ = M.M. 52~60

〈참고악보 6〉 통영 굿의 삼현악[40]

정영만 연주
이용식 채보
♩. = M.M. 69

---

39) 졸고, 앞의 글, 92면.
40) 졸고, 앞의 글, 125면.

〈참고악보 7〉 봉산 탈춤의 굿거리[41]

도 당 대 감

〈악보 58〉 굿거리 6장단

---

41) 김호석, 『봉산탈춤 음악본』, 민속원, 2006, 175면.

〈참고악보 8〉 경기 무악의 굿거리[42]

전주 농삼현 굿거리

---

42) 국립국악원, 『한국의 굿: 경기도당굿』, 한국음악 제30집, 국립국악원, 1998, 148면.

〈참고악보 9〉 전주 농삼현의 굿거리[43]

길 군 악

피리: 문풍 외 3인
대금: 전태준
채보: 이보형

---

43) 이보형, 『삼현육각』, 무형문화재조사보고서 4, 문화재관리국, 1984.

〈참고악보 10〉 경기 무악의 길군악[44]

해주 삼현 긴짜

---

44) 국립국악원, 앞의 책, 4면.

<참고악보 11> 해주 탈춤의 긴쨔[45]

탈춤에 나타난 북방춤과 남방춤의 계통적 비교

이병옥

1. 서 론

한국 탈춤은 종합예술적 성격을 띠고 있어 연극학·민속학·국문학·무용학·미술학·인류학 등 여러 학문분야에서 연구대상으로 삼고 있어 사용하는 명칭도 가면극·탈놀이·탈춤 등 다양하다. 그러나 탈춤은 한국 전통춤의 중요한 영역을 점하고 있어 무용학적 연구도 매우 중요하다. 따라서 본 연구는 무용학 분야의 연구로 '탈춤'[1]이란 용어를 사용하였다.

탈춤은 전국에 다양한 양태로 전승되고 있으며 지역적 특징이 잘 나타나고 있어 지역적 특징을 비교하는 방식도 여러 가지로 접근할 수 있겠다. 즉 향토민속을 이루는 형성 조건은 기후·지형·사회환경·역사·의식주·생업노동·종교의식·세시풍습·민중의식 등 여러 요인[2]에 의해 형성되고 있기 때문에 지역

---

1) 탈춤이란 말은 근자에 이미 보편성을 띤 명칭이 되기도 하였지만, 본 연구가 춤을 연구하는 무용학이 때문이기도 하다. 따라서 본 연구자는 탈춤의 용어의 일관성을 유지하기 위해 전국에 분포된 지역탈춤도 탈춤이란 명칭을 썼다. 즉 북부지방 '해서탈춤'은 그대로 봉산탈춤, 강령탈춤, 은율탈춤이라 사용하지만, 중부지방 산대놀이도 '산대탈춤'으로 '송파산대탈춤', '양주별산대탈춤'으로 쓰며, 영남지방 오광대와 야류도 '오광대·야류탈춤'이라고 하여 '수영야류탈춤'이라고 쓴다.

2) 정병호는 춤의 분포와 지역성을 형성하는 조건으로 풍토적 조건, 역사와 풍속적 조건, 사회환경적 조건으로 나누었으나 본 연구자는 좀더 세분하여 지역적인 춤을 형성하는 요인으로 제시한 것이다. 정병호, 『한국의 전통춤』, 집문당, 1999, pp.265~273.

별 탈춤의 비교방식도 여러 가지 복합적인 연구가 필요하다.

하지만 과거에 많이 이루어졌던 민속학적 연구와는 달리 인류학적 관점에서 접근 아시아 전역 특히 북방아시아와 남방아시아의 춤문화의 비교를 통하여 한반도 춤문화의 북방춤과 남방춤의 계통을 밝혀 보고자하는 것이 본 연구의 목적이다.

우리나라는 동아시아 북방과 남방의 중간에 위치하여 양면적인 요소가 다분히 나타나고 있기 때문이며, 국내에서도 북부지방 해서탈춤(봉산 · 강령 · 은율)과 중부지방의 산대탈춤(송파 · 양주)과 남부지방의 오광대 · 야류탈춤(고성 · 통영 · 가산 · 고성 · 수영)이 한국탈춤의 북방계와 남방계의 계통적 성격을 지니고 있기 때문이다.

이와 관련하여 동아시아 북방과 남방의 인종적 계통과 형질적 차이를 살펴보지 않을 수 없다. 아시아에는 인종학적으로 황인종이라고 하는 몽골로이드(mongoloid)가 분포되어 있는데, 북방에는 원래 추운 북극권 에스키모인와 시베리아와 몽골 한대 초원지대에서 기마(騎馬) 유목민으로 살았던 북방계 몽골리언이 있었고, 아시아 남방에는 따뜻한 인도차이나 반도 등지에서 바나나 야자 등 과일열매를 따먹거나 벼농사를 지어먹고 사는 채취농경민인 남방계 몽골리언이 살고 있다.

우리나라는 북방과 남방의 중간 위도에서 더위와 추위가 교차되는 온대지방으로 북방과 남방문화가 혼합된 양상을 보이고 있다. 그러나 인종적 혈통은 기마유목민족과 같은 북방계 몽골인종이 80%를 차지하고 있으며 20%만이 남방계 몽골인종이다. 그렇지만 생업적인 면은 반대로 남방계적 농경생활을 하는 농업민족이 되었다. 그러니까 혈통적으로는 기마 · 유목민족이었지만 한반도로 남하하여 정착하여서는 농경생활을 영위하여 왔다는 것이다.

따라서 한반도에는 북방문화와 남방문화가 혼재된 양상을 보이고 있지만 어떤 분야는 북방요소가 강하게 나타나고 있고, 또 다른 분야에서는 남방계적 요소가 더 강하게 표출되는 경우가 있어 이것을 엄격하게 구분 짓기가 매우 어렵다. 왜냐하면 문화는 외래문화의 전래만이 아니라 독창적으로 한반도 문화를 창조하여 왔기 때문이다.

여기에서 문화의 자생론과 전파론3)의 문제가 대두되는 것이지만 사실상 이 양자는 함께 민족문화를 형성해가는 원리이기 때문에 어느 한 쪽만을 고집할 수는 없다. 내부적인 자생론과 외부적인 전파론을 동시에 연구하기에 어려움이 있어 본 연구는 북방과 남방의 외래문화적 전파론적 입장에서 연구관점으로 설정하였다.

인간의 몸짓표현의 일종인 춤은 비록 개인차가 있다 하더라도 대부분은 음악적 관습과 생활환경에 따라 윗세대로부터 학습되어 세대 전승이 자연스럽게 이루어져 왔기 때문에 전통시대에는 원형적 요소가 잘 보존 전승된 무형문화중의 하나이다.

따라서 본 연구의 구체적인 연구과제로 이러한 춤의 인류학적 관점에서 기후풍토·형질적 생태요소와 생업·노동생활 문명요소 등 두 가지 측면에서 북방계춤과 남방계춤의 특징을 고찰하고 한국탈춤에 나타난 계통적 특징을 살펴 비교하였다.

그러나 이와 같은 연구를 수행함에 있어 따르는 여러 가지 제한점도 있는데,

첫째는 외부적 전파론적 입장에서 연구를 수행하기 때문에 우리민족이 자생적으로 창조해낸 춤에 대한 부분은 잠시 접어둘 수밖에 없다는 점이다.

둘째는 한국탈춤의 3대 지역탈춤이 대표성을 띠고 있기 때문에 여타지역(강원도, 함경도, 전라도 등지의 탈춤)의 탈춤까지 총망라하여 연구대상을 삼을 수 없다는 점이다.

셋째는 북방과 남방의 계통연구이기 때문에 일본과 중국과의 동서교류관계까지 규명하기는 복잡하여 차후 연구과제로 돌렸다.

---

3) 문명(Civilization)이란 인간의 육체적·정신적 노동을 통하여 창출된 결과물(結果物)의 총체로서 물질문명과 정신문명으로 대별된다. 문명의 생명은 공유성(共有性)이다. 인류 문명은 자생(自生)과 모방(模倣)에 의해 탄생하고 발달하며 풍부해진다. 자생성은 문명의 내재적이고 구심적인 속성으로서 문명의 보편성(普遍性)과 개별성(個別性)을 규제하고, 모방성은 문명의 외연적(外延的)이고 원심적(遠心的)인 속성으로서 문명의 전파성(傳播性)과 수용성(受容性)을 결과한다. 따라서 자생성과 모방성은 문명의 2대 속성인 동시에 그 발생·발달의 2대 요소이기도 하며, 서로 상보상조적 관계에 있다. 여기서 문명의 전파성이란 창조된 문명이 물리적 거리나 장애에도 불구하고 의식적이든 무의식적이든 주위에 조만간 보급·확산된다는 것을 의미한다. 또한 문명의 전파성에 대응되는 수용성은 전파된 문명이 피전파문명에 합류·정착되는 것을 뜻한다. 정수일, 『고대문명교류사』, 사계절, 2001, pp.22~37. 발췌

2. 한국탈춤의 지역적 춤사위 유형과 특징

1) 북 · 중 · 남부지역 탈춤의 춤사위 유형

〈표 1〉 해서지방 탈춤의 춤사위 유형

지방	분류방법	춤사위 유형
봉산탈춤	손팔사위	외사위, 양사위, 겹사위, 엎사위, 민사위, 물결사위, 트림사위, 꼬리치기, 활개펴기, 등장사위, 어깨가로매기, 짊어지고 활개펴기, 뒤채빼기고 몰아매기, 몸통뒤틀며 까불기.
	걸음걸이	까치걸음, 가재걸음, 게걸음, 울력걸음.
	발사위	발흔듬사위, 안팎꺽기, 두벌뛰기, 옆시리
	고개사위	고개잡이, 근경(사방살피기)
	온몸사위	누어추기(용트림), 앉아춤, 앉아뛰기, 개구리뛰기, 연풍대(돌림사위)
강령탈춤	염불장단	우방진, 좌방진, 회우(좌)방진, 곱사위, 곤장차기
	타령장단	외발뛰기(곤장채기), 들며 곤장채기, 후방진, 어르기(겨루기), 인사메기, 인사사위, 돌며곤장차기, 코차기, 고개잡이, ⏐곤장걷어차기, 세위뛰기, 맞춤사위(멋사위), 양발후방뛰기, 까치걸음, 외발뛰기
	굿거리장단	채직놀림, 치마차기, 몸통잡이, 외사위, 앉아뛰기, 앉아 뿌리기 우회사위, 엎사위, 홋사위, 외돌사위
은율탈춤		외사위, 곱사위, 양사위, 만사위, 도무, 뭇동춤, 취발이깨기춤, 미얄엉덩춤, 덕매사위, 앉을사위, 도는사위, 모듬사위

해서탈춤 〈표 1〉은 봉산. 강령. 은율 등 세 지방의 탈춤이 전하고 있다. 이들은 대체로 팔먹중들의 한삼사위춤이 주축을 이루고 있으며, 대부분이 타령장단으로 원박춤으로 활발한 한삼뿌림과 장삼 휘두름을 통한 힘찬 곡선미를 보여주는 춤사위다. 따라서 춤집(무폭)이 크고 남성적이어서 전투무용적이고 축귀적인 동작이다. 춤사위의 동작구조는 유단소로서의 꺽음과 무단소로서의 뿌림사위가 지배적이다.

〈표 2〉 경기지방 산대탈춤의 춤사위 유형

지방	분류방법	춤사위 유형
송파. 양주	거드름춤 (염불장단)	합장재배, 사방치기(사방재배), 용트림, 끄덕이, 돌단춤, 부채춤, 팔뚝잡이, 활개펴기, 활개꺾기, 활개 치기(장삼치기), 복무, 삼진삼퇴
	깨끼춤 (타령장단)	공통-여다지, 곱사위, 깨끼(자진화장), 깨끼리, 팔뚝잡이, 멍석말이, 자리춤, 어깨춤, 갈지자춤, 목잡이(덜미잡이) 송파-화장무, 반화장, 자진화장, 배치기, 화장치기, 돌단이, 거울보기, 몰아치기, 한삼치기, 염풍뎅이(연풍대) 양주-깨기, 고개잡이, 너울질, 거수잡이
	걸음걸이	까치걸음, 『양반 취발이』, 빗사위걸음, 짐걸이걸음, 원숭이걸음, 두루치기걸음, 앉은걸음, 활개걸음, 갈지자걸음, 건들걸음, 껑충걸음, 모듬걸음, 옆치기걸음
남사당		나비춤, 닭이똥사위, 팔뚝고개잡이

경기도 송파·양주산대탈춤 〈표 2〉은 염불장단의 거드름춤과 타령장단의 깨끼춤과 굿거리장단의 건드렁춤으로 나누어진다. 거드름춤은 '거들먹거린다', '거드름피운다'는 뜻으로 해석되는데, 느린 염불 장단에 맞춰 몸 마디마디의 멋을 풀어내고 감기는 듯 다져가는 주술적인 몸짓으로 몸부림과 생명의 꿈틀거림으로 표현된다. 장삼으로 얼굴을 가리거나 고개잡이로 고개를 끄덕이는 동작으로 느리게 움직이는 것이 거드름춤의 특징이다.

깨기춤은 산대탈춤의 기본 춤사위로 '깨진다' '깍는다' '깨금발'과 같은 의미이다. 깨끼춤은 몸짓의 양식화가 잘되어 있고, 주로 감치고 조이고 젖히는 손춤사위가 주축을 이루고 있으며, 역시 매듭이 확실한 타령장단의 춤사위가 특징이다. 그래서 섬세하고 다양한 여성적인 춤사위로 분화. 발달하였고 동작이라기보다 정중동의 춤이며, 무게 있는 장년적인 염불장단의 거드름춤도 발달하였다. 또한 대부분의 춤사위가 도약무보다 답지무로 되어 있다. 동작구조는 유단소의 꺽음새가 대다수이고 무단소춤은 거의 없다.

그러나 굿거리장단의 건드렁춤은 특정한 춤사위가 없이 멋대로 추는 허튼춤이다. 오광대나 야유탈춤도 덧배기춤 또는 배김새춤이라고 하여 배김사위를 제외하고는 무단소의 허튼춤이 많다.

〈표 3〉 영남지방 오광대 · 야류탈춤의 춤사위 유형

지방	춤사위 유형
동래 및 영남지방의 공통춤사위	덧배기춤, 문둥이춤, 할미엉덩이춤, 학춤사위, 궁둥이춤사위, 깨춤사위 (어깨흔듬새), 배춤사위, 구불춤사위, 홍두깨 춤사위(절구대춤), 주춤사위, 평게춤사위, 요동춤사위, 활개짓뜀사위, 일자사위, 겨드랑사위, 어름사위, 풀이사위, 느린(빠른)휘두름사위, 울러맨사위, 겨드랑사위, 어름사위, 무당춤사위, 앉은어름새, 발오금춤, 깨금질, 좌우사위, 고개흔듬새, 앉은뜀사위, 엎드림사위, 뒤집사위, 길사위, 갈지자사위, 재주춤, 근질사위, 비틀사위
통영	덧배기춤사위, 문둥이춤사위, 누름새
고성	덧배기춤, 문둥이춤, 메는사위, 엉덩이춤, 어깨춤사위
수영	덧배기춤, 말뚝이춤(채사위, 배김사위, 양팔사위, 앉은사위)

덧배기 춤사위에는 어름새, 배김새, 풀음새가 있는데 '베어버린다' '박는다'라는 의미이다. 이 춤의 동작원리는 어느 지점에 온몸을 던져 정지하였다가 적절히 풀어 나가는 춤사위다. 오광대, 야유춤〈표 3〉은 대개 즉흥적인 허튼춤으로 동작구조는 대다수의 꺽음새와 평행선의 유단소로 되어 있으며 무단소 춤사위는 거의 없다.[4]

2) 한국 탈춤사위의 일반적 특징

탈춤은 재담과 노래 그리고 몸짓을 포함한 춤 등 가무극적 총체성을 띠고 있다. 그러나 춤은 재담이나 노래에 비하여 거의 과반수 이상을 차지하고 있으므로 실제의 탈춤은 춤을 위주로 한다 해도 과언은 아닐 것이다. 탈춤은 분명

---

4) 이병옥, 『한국무용민속학개론』, 도서출판 노리, 2000, pp.129~131.

다른 민속춤5)에 비해 독특한 특징을 지니고 있다.

첫째는 활달한 '남성춤' 이라는 점이다. 탈춤은 우리나라의 민속춤 중에서 유일하게 살아남은 '남성춤'이다. 승무, 살풀이, 강강술래 등이 여성춤이라면 탈춤. 농악무는 남성춤이다. 그래서 탈춤의 춤사위는 동작이 크고 외향적이며 남성다운 씩씩함과 활달함과 활기 넘치는 패기의 춤으로 나타난다.

둘째는 탈춤사위는 '매듭춤'이어서 구분 동작이 확실하다는 점이다. 한 장단씩 동작이 매듭지어 끝나고 계속 반복하거나 다른 춤사위로 넘어간다. 그리하여 화장무, 깨끼리, 거울보기, 곱사위, 여다지, 외사위, 양사위 등 수많은 춤사위가 확실한 동작으로 구분되어져 있다.

셋째, 탈춤사위는 익살스럽고 극적인 표현이 '몸짓춤(mimic dance)'으로 되어 있다. '깨끼리'춤은 손짓 발짓으로 상대방에게 대화를 하는 듯한 인상을 주는 극적인 요소가 담긴 짝춤이다. '배치기' '배김새' '끄덕이'는 모두 상대방에게 고갯짓과 표정으로 대화를 하는 몸짓춤이다.

넷째, 탈춤은 다양한 신분과 당시사회 인물들을 탈분장하여 추는 춤으로 각 배역의 성격을 잘 나타내게 하기 위해 '배역춤'이 특색 있게 나타나고 있다. 첫상좌의 사방재배춤, 왜장녀, 해산어멈의 배춤과 엉덩이춤. 원숭이의 깡총걸음과 재롱춤. 소무의 자라춤. 노장의 복무와 거드름춤, 옴중의 용트름춤 등 배역의 성격과 극적 구성에 따라 독특하고 재미있는 배역춤이 연출되고 있다. 그리고 탈춤의 배역에 따른 춤사위 유형은 양반춤을 비롯하여 상좌춤 · 먹중춤 · 사당춤 · 노장춤 · 사자춤 · 할미춤 · 원숭이춤 · 취발이춤 · 마부춤 · 소무춤 · 말뚝이춤 · 문둥이춤 · 승무춤 · 영노춤 · 오방신장춤 · 주지춤 · 초랭이춤 · 백정춤 · 장자마리춤 · 시시딱딱이춤 · 무동춤 · 사대부춤 · 노친네춤 · 피조리춤 · 꺽쇠춤 · 장쇠춤 등 배역과 지방에 따라 많은 춤들이 있다

---

5) 한국 전통춤을 대분류(大分類)한 유형은 궁중춤, 민속춤, 의식춤, 예인춤 등 4대 분류가 되며, 이 중 민속춤을 중분류(中分類)한 유형은 탈춤, 농악춤, 소리춤, 허튼춤 등 4중 분류가 있으며, 각 유형별로 춤이 독특한 양상을 보이고 있다. 이병옥(2002), 『안성향당무』, 용인대 전통문화연구소, p.21.

그러나 이러한 탈춤의 배역을 분석해보면 크게 보아 할미계·영감계·무당계·승려계·양반계·천민계·창녀계·관원계·신장계·무동계·동물계·괴물계 등 12가지 배역들이 연희하고 있다. 탈춤은 발림이나 간단한 허튼춤으로 추는 경우와 본격적으로 춤을 추는 경우가 있어서 춤의 종류 역시 다양하다.

그런데 이러한 탈춤 중에서 가장 흥겹고 멋이 있으며, 본격적으로 추는 춤은 산대계 춤으로 해서지방에는 봉산탈춤의 팔먹중춤·첫먹중춤·강령탈춤의 말뚝이춤·취발이춤·은율탈춤의 마부춤 등이 있으며, 중부지방의 양주산대와 송파산대는 먹중춤과 옴중춤 등이 있다. 또한 남부지방의 오광대와 야유춤은 양반춤과 말뚝이춤. 문둥이 법고춤 등이라 할 수 있다.

다섯째, 탈춤 춤사위의 또 다른 특징은 손과 발이 같은 쪽이 함께 움직이는 '수족상응(手足相應)춤'의 특징을 지니고 있다.

일반적으로 걸을 때는 손발이 어긋나게 걷는다〈수족대응(手足對應)〉. 그런데 탈춤은 일반적으로 오른발 들 때 오른손을 들고 왼발들 때 왼손 드는 춤사위 구조로 되어 있다. 즉 화장무, 자진화장, 멍석말이, 곱사위, 외사위, 겹사위 등 대부분의 기본춤사위가 수족상응 춤사위다.

여섯째, 탈춤의 기본걸음은 일반 민속춤과는 달리 '깨끼걸음'이 중심이 된 '깨끼춤(hopping step)'이다.

탈춤의 걸음걸이는 1박1걸음의 '건들걸음', 2박1걸음의 '깨끼걸음', 4박1걸음의 '활개걸음'으로 되어있다. 탈춤은 대체로 타령장단 중심의 기본춤으로 형성되어 있어 타령장단의 속성상 4박의 매듭이 분명한 박자구조를 이루어 걸음걸이도 박자매듭이 확실하다. 깨끼걸음(hopping step)에는 깨끼춤 종류의 자진화장, 멍석말이, 곱사위, 외사위, 겹사위 등 탈춤의 기본춤사위를 이루고 있다. 그 밖에 건들걸음에는 건드렁춤 종류의 뒷짐사위, 들사위, 쳐들사위, 흔들사위, 빗사위 등이 있고, 활개걸음에는 활개춤 종류의 긴여다지, 화장무, 활개펴기, 활개꺾기 등이 있다.

일곱째, 한국민속춤에서 유일하게 '고개짓춤'이 있다. 고개잡이, 고개끄덕이,

쳇머리흔들기 등이 있다.

고개짓춤은 춤추는 배역이 감정을 상대방에게 무언(無言)으로 표현하는 의미가 있으며, 또 하나는 탈을 썼기 때문에 얼굴표정을 부각시키거나 변화시키는 수단으로 고개짓춤이나 목춤을 춘다.[6]

3. 한국탈춤에 나타난 동아시아 북방춤와 남방춤의 계통 비교

1) 아시아 북방계와 남방계 형질의 차이

인류의 형질적 진화는 기후환경이 가장 크게 작용하여 왔다. 일반적 특징은 추운 기후의 형질과 더운 기후의 형질이다. 아시아 추운 북방인과 더운 남방인은 같은 황인종이라 하더라도 형질적 차이는 여러 면에서 나타난다.

우리 인간의 직계조상은 원숭이와 같은 영장류에서 분리 진화된 오스트랄로피테쿠스 아파렌시스(Australopithecus afarensis)[7]로, 약 500만년(최근에는 700만 년 전까지 규명)전 아프리카 사바나 기후 지역에 거주했던 최초의 인류인 직립 원인(猿人)이다. 다음으로 진화된 호모 하빌리스(Homo habilis)는 약 200만 년 전 동아프리카에 거주, 간단한 도구(찍개) 사용하였고, 그 다음 호모 에렉투스(Home electus)는 약 170만 년 전 인도네시아의 자바, 중국 화북 지방, 독일, 아프리카의 올드바이 계곡 등지에 거주, 불사용, 동굴 생활, 아슐리앙식 주먹도끼를 사용하였다.

호모 사피엔스(Home sapiens, 네안데르탈인)는 약 10만 년 전(약 40만 년 전부터 에렉투스에서 변화) 유럽, 아프리카, 아시아 등지에 거주, 추위에 잘 적응, 도구 사용, 매장 풍습이 있었다. 호모 사피엔스 사피엔스((Homo sapiens sapiens)는 약 4만 년 전 출현, 현생 인류의 시조, 동굴 벽화 등 예술 발달, 다양

---

6) 이병옥, 『한국무용민속학개론』, 도서출판 노리, 2000, pp.131~132.
7) 이영록, 『인류의 기원』, 범문사, 1995, p.232.

한 도구 발달, 1만 년 전 농경을 시작하였다.

미국 워싱턴대 앨런 템플턴 교수는 저명한 과학잡지 '네이처(nature)' 2002년 3월 7일자에 발표한 논문에서 인류가 발상지인 아프리카를 떠난 것은 170만 년 전, 60만 년 전, 그리고 10만 년 전 등 모두 세 번이었던 것으로 유전자 분석 결과 나타났다고 밝혔다. 전 세계 민족을 대상으로 성염색체, 미토콘드리아, 그리고 일반 염색체 등 10곳의 유전자를 분석해 컴퓨터로 이를 분석했다. 그리고 "유전자의 패턴은 아프리카에서 새로 이주해온 사람과 이미 나와서 유라시아대륙에서 살던 사람이 교잡을 해 그 후손이 현재 인류가 되었다는 점을 말해준다"고 밝혔다.[8]

다음은 현생인류의 3대 인종인 서양 백인종(caucasoid)[9]과 동양 황인종(mongoloid)[10]과 아프리카 흑인종(negroid)[11]을 특징적인 부분만 비교한 것이다.[12]

아시아 인종은 몽골로이드(Mongoloid), 몽골리언, 몽골인종이라고 하며 동양인을 대표한다. 시베리아와 중국 등의 일대에 분포해 있으며, 홋카이도나 사할린에 분포해 있는 아이누족, 인도네시아 인종, 북태평양과 미국대륙에 분포한 인디언·에스키모, 팜파스의 아인종 등으로 구분된다. 주로 황갈색 피부이며, 모발은 검고 직모(直毛)이다. 눈은 검고, 어린애에게는 둔부(臀部)에 몽골반(斑)이 나타난다.

초기 남방계 몽골리안은 지금부터 4만~2만5천 년 전 무렵 아시아대륙의 남쪽, 태평양의 하와이와 폴리네시아 제도 등에 거주한 것으로 보인다. 이들은 현재의

---

8) 동아일보, 2002.3.13. 신동호 동아사이언스기자, dongho@donga.com

9) 서양 백인종(caucasoid) : 유럽, 서남 아시아, 북부 아프리카 및 신대륙(아메리카와 오스트레일리아)에 거주. 밝은 갈색 피부, 파상 모발(색 다양), 푸른 눈(또는 회색), 좁고 높은 코, 긴 얼굴, 체모 많음, 머리카락 색깔 다양하고 분포 범위가 가장 광범위하다.

10) 동양 황인종(mongoloid) : 남부 아시아 및 서남 아시아를 제외한 아시아 전역. 넓은 얼굴 낮은 코, 검고 굵은 직상모, 황갈색 피부, 흑갈색 눈, 몽고반점, 체모 적음, 눈꺼풀에 피하지방이 있고 세계 인구의 약 35% 차지(인구 수 최대)하고 있다.

11) 아프리카 흑인종(negroid) : 사하라 이남의 아프리카와 카리브해 연안. 검은 피부, 흑색 곱슬머리, 두터운 입술, 넓고 낮은 코, 검은 눈, 큰 둔부가 있다.

12) http://jongmoon.pe.kr/hakseup_geo/geow_hakseup/injong_munha/injongmunha.htm

동남아시아인처럼 눈이 크고 쌍꺼풀이 발달했으며, 호리호리한 몸매를 지녔다. 4만 년 전에 지구의 온난기가 되자 이들의 일부가 따뜻해진 북쪽으로 이동해 오늘날의 몽골 고원, 고비 사막, 그리고 티베트에 정착했다. 그런데 2만5천 년 전쯤 빙하기가 닥쳐 당시 내륙아시아의 기후는 현재보다 훨씬 춥고 모질었다. 새로운 환경과 투쟁하면서 이들의 신체적 형질은 서서히 바뀌기 시작했다. 강풍과 추위에 효과적으로 대처하기 위해 눈은 작아지고, 습기가 차 얼어붙을 틈을 주지 않기 위해 체모의 숫자는 줄어들었다. 체열의 손실을 줄이기 위해 전체적으로 다부지고 뭉툭한 체형을 가진 새로운 인류가 등장했다. 바로 한국인을 포함한 북방계 몽골리언이다.[13]

오늘날 북방계 몽골리언에 속하는 대표적인 민족은 몽골족, 퉁구스계의 소수민족들, 중국의 신장웨이우얼 지역부터 카자흐스탄을 거쳐 터키까지 퍼져 있는 투르크계(우리 역사에는 돌궐로 기록된) 민족, 일본인, 그리고 약 1만3천 년 전 북방계에서 갈라져 나와 미 대륙으로 진출한 북미의 인디안, 남미의 인디오들이다.

우리 민족의 원류가 북방계 80%와 남방계 20%로 이뤄져 있다는 것은 학계가 다 잘 알고 있는 사실이다. 한민족의 주류를 이루고 있는 이들 북방계를 살펴보면 확연히 눈에 띄는 몇 가지 특징을 갖고 있다.

예컨대 엉덩이에 푸른 반점, 북방계는 눈에 쌍꺼풀이 지지 않고 눈두덩이가 두꺼우며 '몽골주름'(Mongolian Eye Fold 또는 Epicanthic Fold)[14]이 있어 뱁새눈(almond eyes)의 형태를 보여주고 있다.

머리 형태가 둥글고 얼굴이 편평하고, 하악골이 발달하여 네모진 얼굴이 많

---

13) http://www.chemmate.com/sence/s35.htm

14) 한반도로 인구가 이동하던 2만 5000년 전에는 기온이 영하 50도까지 내려갔기 때문에 그들은 눈동자의 동상을 막기 위해 실낱같이 눈을 뜰 수밖에 없었다. 눈가 양미간 쪽으로 내려와 있는 윗눈꺼풀의 연장부분인 '몽골주름'(Mongolian Eye Fold 또는 Epicanthic Fold)은 브리태니커 사전에는 "몽골주름은 아시아 지역 인종 눈가 안쪽의 특징적인 주름으로, 북미 인디언에게서도 발견된다" 라고 쓰여있다. 이처럼 쓸모없어 보이는 몽골주름이 한국인에게 많이 나타나는 이유는 무엇일까. 형질 인류학자들의 설명에 따르면, 몽골주름은 안구가 외부와 접촉하는 면을 줄이기 위해서 발달한 살 꺼풀이다. 바람이 세차게 부는 추운 겨울에 벌판을 걸을 때면 누구나 눈을 가늘게 뜨게 된다. 너무 추우면 안구의 습기까지 얼어붙기 때문이다.

고, 코는 펑퍼짐하고 광대뼈가 다소 튀어 나왔으며 모발은 굵고 뻣뻣하다. 백인에 비해 수염이 적은 것은 안면에 습기가 맺혀 동상에 걸리지 않게 하려는 자연선택의 결과다.

우리 신체의 여러 가지 특성으로 미뤄볼 때 우리의 조상은 추운 곳에서 살며 적응해 왔음을 짐작할 수 있다. 지금도 지구상의 가장 추운 곳에 사는 사람들은 거의 대부분이 북방계 몽골리언들이다. 북극 지역의 에스키모들, 시베리아에 퍼져 살고 있는 통구스계 소수 민족들, 몽골 고원에 사는 몽골인들이 그들이다.

우리 민족의 조상은 북방계의 형질을 획득한 뒤 남하해 만주와 중국 북방 등지에 거주하다가 한반도에 정착하면서 본격적인 농경 생활을 시작한 것으로 추측된다.

남방계는 이와 달리 눈에 쌍꺼풀이 지고 코가 오뚝하며 북방계에 비해 피부는 다소 검고 꺼칠하다. 우선 남방계는 얼굴의 모습이 북방계에 비해 좁으며, 따라서 상대적으로 얼굴이 갸름해 보인다. 턱의 모습을 보면 북방계는 다소 넓고 모가 진 반면에 남방계는 하관이 빨다.

이것은 육식을 주로 하던 북방 유목민족과 채식을 주로 하던 남방계의 진화 형태가 다르기 때문이다. 머리칼은 북방계에 비해 더 가늘거나 보드랍고 곱슬머리인 경우도 있다.

남방계와 북방계가 결정적으로 다른 것은 체형이다. 북방계는 다리가 남방계보다는 긴 반면에 상체가 다소 왜소해 보이고 손이 짧다. 기골이 장대한듯하면서도 가슴이 좁은 체형은 북방계에서 나타나는 현상이다.

반면에 남방계는 손이 길고 상체가 발달해 어깨가 벌어졌으나, 다리가 짧아 약간 안짱다리의 모습을 하고 있다. 그렇기 때문에 영양 상태가 거의 같이 발달한 오늘날의 신세대에게서는 잘 나타나지 않지만, 얼마 전까지만 해도 앉은키는 일본인이 더 컸고, 선키는 북방계 한국인이 더 컸다. 초원을 달리던 북방계의 다리가 더 길고, 밀림에서 생활하던 남방계의 팔이 더 긴 것은 진화의 자연스러운 결과이다.[15]

일반적으로 동양인의 손가락은 동물학의 '앨런의 법칙16)'에 따라서 백인이나 흑인의 그것보다 덜 가느다랗고, 더 짧고 뭉툭하여 섬섬옥수(纖纖玉手, 가느다랗고 흰 손가락)가 드물다.17)

이처럼 인류의 체형은 기후 풍토에 따라 진화되어 왔으며, 체형의 변화는 춤의 표현과 춤사위 기법과 맵시가 다르게 나타나기 때문에 무용학에서의 형질인류학분야는 문화인류학분야 만큼이나 중요하다.

2) 생태환경과 형질적 차이로 나타난 춤 특징 비교

인종의 형질에서 가장 큰 특징은 키와 체격의 크기, 사지의 길이, 얼굴의 모습이다. 이러한 인종의 형질이 달라짐에 따라 춤추는 모습도 다르게 보이는 것이다.

여기서 춤과 관련하여 가장 관심의 초점이 되는 것은 키와 사지의 길이라고 본다. 그러면 왜 인종별로 키가 차이가 나는가? 그것은 인류가 생태학적으로 환경에 적응하는 과정에서 형성된 것이다. 우선 초원지대 인류와 밀림지대 인류는 키가 다르다. 초원지대 인류는 먼 곳을 바라보면서 맹수를 피하고 초식동물을 사냥하기 위해서는 다리가 길고 키가 커야 했다(예: 사반나 마사이족). 따라서 초원지대에서는 키 큰 종의 인류만이 용불용설(用不用說)18)과 적자생존(適

---

15) 이병옥, 『춤의 인류학 연구』, 도서출판 노리, 2002, pp. 95~99.
16) 동물학의 '앨런의 법칙'에 따르면, 포유동물의 종은 추운 곳에 사는 것일수록 신체의 돌출 부분(코, 귀, 꼬리 등)이 작아지고 둥근 체형으로 가는 경향이 있다. 체표 면적의 비율이 작아질수록 체온 유지에 유리하기 때문이다. 예를 들어 열대지방에 사는 코끼리의 코, 귀, 꼬리는 시베리아의 혹한 지대에 살던 털맘모스 미라의 그것보다 훨씬 크고 넓다. 열대지방에서는 체표면적이 넓어야 체열을 방출하기가 쉽고, 반대로 한대지방에서는 좁아야 체온 유지에 유리하기 때문이다. 앨런의 법칙은 포유류인 인간에게도 그대로 적용된다. 열대에 사는 흑인들은 팔, 다리, 손가락이 길다. 백인의 경우도 마찬가지다.
17) http://www.burimhong.pe.kr/news02/008%20han%20min%20jok.htm
18) 용불용설(라마르크) : 생물의 개체는 환경에 적응하고자 하는 내적 욕구를 가지며, 또 내적 욕구에 따라 스스로 형질을 변화시킬 능력이 있다. 나아가 한 세대동안 환경에 맞도록 변화된 개체의 표현형적 형질, 즉 획득형질은 어버이에서 자손으로 유전된다는 설. 이 설은 1809년 프랑스 라마르크는 화학진화로 생긴 최초의 생물진화를 설명하기 위해 동물의 기관 중에서 많이 쓰이는 것은 점점 발달하고 반대로 쓰이지 않는 것은 퇴화한다는 「용불용설」을 제안

者生存)[19]의 법칙에 따라 기동력 있게 살아남아 키가 커졌다.

반대로 밀림지대는 나무열매를 따먹기 위해서는 나무타기에 적합한 짧고 튼튼한 다리(예: 피그미, 부시족)와 열매따기에 적합한 긴 손과 팔의 형질이 유전되어 키가 작으나 손가락과 팔이 길어졌고(긴팔원숭이처럼), 상대적으로 다리는 짧아졌다.

대체로 북방한랭지역에 초원지대가 많아 키가 크고, 남방열대지역에 밀림지대가 많아 키가 작다. 그런데 똑같이 북방에 있는 유럽인과 아시아인의 키는 차이가 나는가? 유럽북부는 일조량이 적고 해양난류의 영향으로 따뜻하여 초원지대가 많아 키 큰사람이 많았으나, 아시아북부는 추운데다 설상가상으로 빙하기를 지내면서 앨런의 법칙과 같이 팔다리가 다시 작아졌기 때문이다.

결국 키와 관련한 팔다리 길이는 기후 풍토와 생업 등 여러 가지 요인이 작용하고 있다고 보는데, 연구자의 견해로는 큰 키의 환경은 초원지대. 평원지대, 따뜻한 곳, 이동생활, 육식 등이며, 작은 키의 환경은 밀림지대, 산악지대, 아주 덥거나 추운 곳, 정착생활, 채식 등이 작용하고 있다고 본다.

인류는 170만 년 전 호모에렉투스와 10만 년 전 호모사피언스로 진화되어 그 중에서도 이동성이 강한 큰 키의 같은 인류가 전 세계로 퍼져나갔지만 결국 이러한 주위환경에 따라 서양인이 큰 키 환경이 많아 계속 커졌고, 동양인은 작은 키 환경이 많아 대체로 작아졌다. 그렇지만 동양에서는 북부초원지대 사람들이 남부에 비해 키가 크고 남부 밀림지대 사람들이 키가 작다.

이러한 키의 환경은 그대로 춤의 여건과 환경에 영향을 미치게 되었다. 사지가 긴 북방계 사람들은 늘씬하고 미끈한 팔다리로 마음껏 나래를 펴고 '뿌리는 춤사위'와 방방 '뛰는 춤'을 추지만, 키 작은 남방인들은 짤막한 팔다리로 마음껏 팔다리를 펴는 춤사위를 출 수가 없기 때문에 서양 춤처럼 쭉쭉 '뻗정다리춤'이

했다.

19) 적자생존과 자연선택 : 모든 생물은 개체마다 변이가 있으며, 이들 중에 환경에 유리한 형질을 가진 개체가 살아남는다. 그리고 환경에 적합하지 않은 개체는 도태된다. 즉, 생존에 유리한 형질은 자연에 의해 선택된 것이다.

발달하지 못하고 오히려 '앉은뱅이춤'이 발달하였고, 손과 팔을 굽혔다 폈다, 엎었다 제쳤다, 감았다 풀었다하는 '휘젓는 춤사위'가 발달하였다.

원래 초원지대 인종들은 먼 곳을 바라보며 생활하기 때문에 시선이 높고 멀리보기 위해 키 높이 자세가 보편화되어 뻗정다리자세와 뻗는 춤이 발달하였는데(서양춤), 같은 초원지대지만 북방계 몽골리언은 지구의 마지막 빙하기(2만5천 년 전)를 견뎌내면서 눈보라 속에서 살아남기 위해 푹푹 빠지는 눈밭을 걷다보니 '엉거주춤걸음'이 퇴행적으로 진화되어 오늘날 동양인들의 춤에서 보이는 '무릎굴신걸음'이 생겨났다. 다리근육은 발달하여 그렇지 않아도 짧은 다리가 통다리가 되고 엉덩이근육마저 아래로 쳐졌고, 설상가상으로 눈밭에서 빠지지 않으려고 발바닥은 설피처럼 넓어지고 뒤꿈치는 삐져나가 '뒤꿈치 디딤걸음'이 보편화되었다.

현생 한국인은 빙하기가 끝나는 1만 년 전부터 남하하여 한반도에 정착하여 바로 이러한 체형적 움직임이 춤의 근간을 이루게 있는 것이다. 그 후 초원을 되찾은 북방몽골인들은 다시 초원지대 형질로 환원 진화되어 갔으나 한반도로 남하한 한국인들은 땅을 향해 농사짓는 농경생활로 오히려 엉거주춤 형질로 더욱 진화되었다.

〈그림 1〉 은율탈춤 팔먹중의
한삼춤과 화려한 옷

따라서 한국 중남부탈춤의 기본자세는 '기마(騎馬)자세'라 하여 '엉거주춤자세'가 기본 춤자세가 되었고 북부해서탈춤은 엉거주춤보다는 '뻗정 자세'형태를 보이고 있다.

그리고 북부해서탈춤은 뻗정다리춤과 앉은뱅이춤의 중간 형태를 보이고 있으며 팔 동작은 활기차게 '뿌리는 사위'가 많다. 중부산대탈춤과 남부오광대·야류탈춤은 '앉은뱅이걸음'과 '휘젓는 손춤사위'가 보편적이다.

북방은 춥기 때문에 옷의 의존성이 높아 양털 옷 같은 '동물성 무복'으로 온몸을 감싸며,

〈그림 2〉 고성오광대 양반과장의 모시옷의
맨손춤·덧배기춤

늘씬하지 않는 팔다리여서 노출을 꺼리는 성향(윤리도덕적 차이도 있지만)으로 '감추는 춤'과 '치장춤'이 발달하였고, 추위에 손을 보온하는 '한삼춤'이나 '장삼춤'이 발달하였다〈그림 1〉. 따라서 북부지방 해서탈춤은 이러한 연유로 '한삼사위춤'이 발달하였고, 반장삼 등 동물성 비단옷 같은 '화려한 의복'으로 치장하였다. 이에 비해 더운 남방에서는 팔다리를 노출하거나 간편한 복장으로 춤을 추며, 한삼 같은 거추장스러운 무구(舞具)는 사용하지 않고 '손춤'이나 '손가락춤'〈그림 3〉을 춘다. 중부지방 산대탈춤과 남부지방 오광대와 야류탈춤은 한삼춤보다는 '맨손춤'이 많으며 탈춤복도 모시·삼베 같은 식물성의 고의(袴衣)적삼 같은 '단순한 무복'을 입는다〈그림 2〉.

걸음걸이법에서도 키와 관련한 걸음춤이 차이를 보인다. 북방초원지대는 긴 다리를 이용한 '멀리뛰기걸음(leapping step)'이 발달하였는데, 남방밀림지대는 행동제약도 많고 더위로 운신(運身)의 폭이 좁아져 '제자리뛰기걸음(깨끼걸음, hopping step)'이 발달하였으며, 또한 북방은 큰 키로 초원에서 이동생활이 많아 '달리기걸음(running step)'이, 남방은 짧은 다리와 더위로 뛰지 않고 걷은 '건들걸음(walking step)'이 발달하였다. 걷는 자세도 북방은 큰 키로

〈그림 3〉 여성 손가락춤(태국)

발을 뻗고 걷는 '신장(伸張)걸음'이 보편화되었는데, 남방은 밀림생활과 짧은 다리로 엉거주춤으로 걷는 '굴신걸음'이 보편화되었다. 북부 해서탈춤은 대체로 당당하게 걷는 '신장(伸張)걸음'과 '도약무'가 남부 산대탈춤과 오광대·야류탈춤은 '굴신걸음'과 '답지무'가 발달하였다.

한국탈춤의 기본걸음은 깨끼걸음이지만 북부형과 중부형과 남부형이 차이가 있다. 북부해서탈춤은 '뛰는(跳躍) 깨끼걸음'이고, 중부산대탈춤은 '도듬(踏地) 깨끼걸음'이며, 남부 오광대·야류탈춤은 '사쁜뛰기(輕躍) 깨끼걸음(학사위)'이지만 많지 않고 '건들걸음(搖步)'이 많다.

남방계몽골리언, 즉 인도와 태국 발리 등 동남아시아인들의 몽골주름이 없어 쌍꺼풀이 지고 상대적으로 커진 눈망울을 휘돌리는 '눈춤사위'가 특징이 되었다. 그리고 북방계는 쌍꺼풀도 없는 뱁새눈이 많아 눈춤은 출 수도 없고, 목도 짧아 고개춤이 별로 없으나 남방계는 하관이 빨고 목이 상대적으로 길어 목을 좌우로 움직이는 목춤이 있다.

〈그림 4〉 강령탈춤 할미의 엉덩이춤

탈춤은 탈을 얼굴에 쓰므로 얼굴을 가려 눈춤과는 관계가 없지만 목춤과 고개춤은 탈을 써서 탈의 표정을 살리기 위해 더욱 발달하였다. 북부해서탈춤은 팔을 밖으로 뿌리는 외사위 형태의 팔놀림의 반작용으로 고개를 반대방향으로 흔드는 '좌우쳇머리춤'이 발달하였고, 중부와 남부탈춤은 배김새춤의 고갯짓으로 '상하 끄덕이 춤'이 발달하였다.

또한 남방계는 하체가 북방계보다 짧아 하반신 굴신폭이 커 보여 북방계보다 앉은뱅이춤이 많다. 또한 남방계는 북방계보다 엉덩이가 더 큰 것은 아니나 키가 작아 상대적으로 키에 비해 엉덩이가 큰 편이며, 체중중심점이 낮아 엉덩이를 흔들어도 안정감이 높아 '엉덩이춤'이 발달되었다. 남방계 엉덩이춤은 큰 둔부형질을 지닌 아프리카 흑인부터 지중해 단신인종, 중동지역, 인도, 동남아시아를 거쳐 하와이로 이어지는 지구 남방지역의 공통적인 춤사위이기도 하다.

〈그림 5〉 송파산대탈춤의 왜장녀의
엉덩이춤과 배춤

탈춤에서의 엉덩이춤은 주로 여역(女役)인 미얄할미와 해산어멈과 왜장녀가 추는 춤이다. 북부해서탈춤은 미얄할미가 엉덩이춤〈그림 4〉을 추고, 중부산대탈춤은 해산어멈과 왜장녀가 추는데 '엉덩이춤'과 '배춤'〈그림 5〉을 적나라(赤裸裸)하게 추며, 남부오광대·야류탈춤은 할미가 엉덩이춤을 춘다.

이에 비해 북방계 몽골인들은 '어깨춤'을 춘다. 어깨춤을 추는 지역은 한국을 비롯하여 몽골, 중국의 동북 지역과 일본의 일부 지역 그리고 시베리아 지역의 에스키모인 들 즉 북방계 몽골리언춤에서 볼 수 있다. 어깨춤은 흥을 일으키는 기능, 감정을 조절하는 기능, 그리고 박자를 맞추는 기능을 가진다.[20]

엉덩이춤(臀部舞)이나 어깨춤은 굴신동작이 없이 온몸을 쭉 뻗고 추는 서양춤에서는 없는 동작이지만, 굴신춤이 있는 동양의 춤에서는 중요한 춤사위이다. 다만 북방계와 남방계가 다른 이유는 신체적 조건과 기후적 조건과 이동생활적 조건이 복합적으로 작용하여 생성된 춤사위로 춤인류학의 중요한 연구과제이다.

우선 굴신춤은 두 가지 동작유형이 있는데, 하나는 몸통(胴體) 전체를 상하로 움직이는 상하굴신춤이며, 또 하나는 몸통을 굽힌 채 좌우로 움직이는 좌우굴신

---

20) 이병옥, 『한국무용민속학 개론』, 도서출판 노리, 2000, pp.80~81.

춤이 있다. 상하굴신춤과 좌우굴신춤 중에서 북방계는 하체가 발달하여 상하굴신춤과 어깨춤이 더 발달하였는데 그 연유를 살펴보자.

첫째, 추운 북부지방이라 상하굴신춤을 추어야 온몸이 빨리 열이나 추위를 이겨낼 만큼 운동량이 좌우굴신춤보다 크기 때문이다.

둘째, 지구중력을 역행하면서 움직이므로 힘이 들며 또 몸통 전체를 들었다 났다 하므로 운동량 크기 때문에 땀이 나면서 금방 신명(神明)이 솟는다(이 신명은 무당들의 접신과정에서는 도약무로 발전한다). 몽골리언들의 신명은 어깨춤에서 나온다.

셋째, 북방계는 상체가 남방계보다 덜 발달하고 손가락이 짧아 손가락춤을 출 수 없으나 대신 어깨춤이 주종을 이룬다.

넷째, 어깨춤은 상하굴신춤의 상체 운동기전으로 동체굴신을 효과적으로 돕는 역할과 춤가락리듬을 장단에 실어 춤을 리드미컬하게 한다.

다섯째, 북방몽골리언들은 기마민족이어서 말을 타고 달리면 상체가 안장 위에서 출썩출썩 거리며 어깨와 몸통과 하지가 저절로 상하굴신운동을 하게 된다. 지금도 몽골춤에는 말달릴 때처럼 어깨를 출썩거리는 어깨춤을 민속춤에서 추며, 한국인을 포함한 북방계 몽골리언들은 기마민족의 후손으로 이러한 상하굴신춤과 어깨춤 문화가 농경시대를 거쳐 오늘날까지도 모든 한국춤 속에서 전승되고 있다. 한국인들이 어깨춤을 추면 신바람이 나는 이유는 현재의 한국문화요소 속에서는 찾을 수는 없지만 우리 민족이 먼 옛날부터 몽골초원을 말달리던 기마민족의 후예였다는 사실을 이해한다면 어깨춤은 드넓은 초원을 말 타고 달릴 때의 신바람을 상상하면 쉽게 납득이 갈 것이다.

탈춤도 우리의 민속춤의 일종으로 흥을 돋우며, 타령장단과 굿거리장단의 리듬을 맞추기 위해 북부·중부·남부탈춤 모두 북방계 몽골리언 혈통인 어깨춤은 춘다.

이와는 대조적으로 남방계는 더운 지방에 살기 때문에 운동량이 크면 금방 땀이 나서 춤을 오래 출 수 없게 된다. 그래서 자연히 운동량이 적은 좌우굴신춤이 보편화되어 앉은뱅이춤과 엉덩이춤이 많아 졌다. 좌우굴신춤은 몸통은 그대로 두고 다리를 굽힌 채 몸통만 좌우로 움직이면 되는데 골반이 상대적으로 큰 여성들은 자연히 엉덩이춤으로 발전하게 된다. 엉덩이춤은 많이 추어도 숨이 차지 않기 때문에 남방계 굴신춤의 대명사가 되었다. 뿐만 아니라 엉덩이춤은 풍요다산을 상징하는 여성자궁춤으로 발전하였고, 섹시한 성애(性愛)춤의 한 양상으로도 발전하였다.21)

탈춤에서 엉덩이춤은 여자역인 미할할미나 왜장녀와 해산어멈춤에서 성애(性愛)춤의 일종으로 춘다. 다만 북부탈춤은 여자가 배역을 맡아 살색타이즈를 입어 배와 허리를 감춘 허리춤과 엉덩이춤을 추지만 중부와 남부탈춤은 남자들이 배역을 맡아 맨몸으로 허리와 배를 적나라하게 드러내어 놓고 북부탈춤보다 섹시한 허리춤과 배춤과 엉덩이춤을 춘다.

3) 생업과 식생활 문명차이로 나타난 춤 특징 비교

인류가 살아온 생업은 구석기시대에는 식량채집자로서 생활하였다. 그 전기에는 유인원처럼 인류가 과일, 곤충, 나무뿌리 등을 채집하여 살아가는 채취경제생활을 영위하였다. 중기에는 동물사냥을 주로 하는 수렵경제생활의 시기였으며, 후기에는 하천이나 해변에서 물고기를 잡아먹고 사는 어로경제생활의 시기였다.22) 또한 여자는 열매나 곤충을 채취하고 남자들은 사냥을 하였다. 온대지방에서는 여름에는 어로생활을 겨울에는 사냥생활을 하였다.23)

그러다가 인류는 그러다가 빙하기 말기에는 급격한 기후변동이 일어나 지금까지의 인간과 자연과의 균형을 깨뜨려버렸다. 여기에서 인간은 식량을 증대시키기 위해 식물재배와 가축사육에 관한 지식을 활용해야만 하게 되었다. 신석기시대에 들어서 마제석기를 사용하고 토기를 이용하게 되었으며, 농목생활을 하

---

21) 이병옥, 『춤의 인류학 연구』, 도서출판 노리, 2002, pp.100~105.

22) 문화사 교재연구회, 『동서양문화사』, 1996, 학문사, p.11.

23) 이병옥, "암각화를 통해본 선사시대 춤", 『댄스포럼』 2001년 12월호, pp. 64~74.

기에 이르렀다. 인간은 비로소 식량채집자의 단계를 넘어 식량생산자의 지위로 나아가게 되었다.

〈그림 6〉 자연극복과 천상지향 남성
도약춤(러시아 민속춤)

문명시대가 되면서 동서양은 점차 기후풍토와 환경에 따라서 각기 독자적인 문화를 이루면서 살게 되었다. 서양의 북부유럽지역은 해양성 온난기후의 덕으로 여름에는 고온건조하고 겨울에도 온난하여 초원지대가 많아 유목생활을 하다가 정착목축과 농업을 병행하였다.

아시아 북방몽골인은 유목민의 문명적 특성이 그대로 나타나고 있어 육식동물처럼 공격적이고 남성적이면서 전투적인 민족성과 정복적이고 진취적인 자연관이 강하게 나타나 징기스칸처럼 유라시아대륙을 정복하기도 하였다. 하늘만을 빼놓고는 모든 자연을 극복하고 정복하는 자연정복의 정신이 춤에도 표출되었다. 춤사위는 자연의 법칙을 딛고 극적인 움직임을 창출하고 발끝으로 서서 하늘에 좀더 가까이 하고자 뛰는 '자연극복춤'을 추었다. 따라서 북방춤은 인간이 생활 속에 움직일 수 있는 동작 한계를 넘어서는 춤사위와 도전적이고 직선적인 춤사위, 기교적인 춤사위 등 '자연극복춤'〈그림 6〉이 발달하였다. 역시 북부해서탈춤은 외사위·양상위·겹사위·코차기·개구리뛰기〈그림 7〉 등 자연극복적인 '도약(跳躍)깨끼춤'이 많고 강한 '한삼뿌림춤'이 많다.

〈그림 7〉 봉산탈춤 팔먹중의 개구리뛰기춤(가운데)

그러나 아시아 남방인들은 여름에 강수량이 많아 농업이 발달하여 쌀을 주식으로 하는 곡식과 야자와 바나나 등 열매채취로 채식 중심의 식생활문화가 자리잡게 되었다. 이로 인해 초식동물처럼 온순하고 집단성이 강하고 방어적이면서 낙천적이고 여성적인 민족성과 자연관이 형성되어 자연과 조화를 이루는 춤사위와 인체관절의 가동범위 내에서 움직이는 곡선적이고 고운 춤사위, 자연 순응적 춤사위로 '자연친화춤'이 발달하였다.

중부산대탈춤은 대체로 뛰지 않는 '답지(踏地)깨끼춤'이 많고 뛰는 춤보다는 자연스럽게 걷고 어르는 '건드렁춤'이 많다. 남부오광대·야류탈춤 역시 덧배기 장단(굿거리)의 '어름새춤'과 '허튼춤'이 많고 답지(踏地)의 '배김새춤'이 주류를 이룬다.

우리 민족은 앞에서도 밝힌 바와 같이 형질적으로는 북방계 몽골리언이지만 생업문명적으로는 남방계 농경생활을 5천년 동안 영위해옴으로써 북방적 기질과 남방적 기질이 혼합된 양상을 보이고 문화적으로도 양면성을 지니고 있어 춤의 특징을 구별 짓기가 매우 어렵지만 한반도 북부지방 탈춤은 북방춤 요소가 다소 많고 중남부지방 탈춤은 남방춤 요소가 다소 많이 나타난다.

이러한 생업과 식생활 문명은 그대로 춤에서도 나타나고 있는데 먼저 남방농경민들은 농경생활로 농경모방춤과 풍농풍요기원춤, 대지와 풍농을 여성의 출산을 동일시하는 유감주술적(類感呪術的, analogy charm, sympathetic magic) 여성춤이 많다. 상고시대에는 풍농기원과 추수감사의 '제천의식춤'이 성행하였다. 또한 여성은 달과 동일시하는 '달밤춤'인 강강술래 같은 '만월숭배(滿月崇拜)춤'이 성행하였다〈그림 8〉.

〈그림 8〉 달밤춤, 여성춤(강강술래)

〈그림 9〉 바티칸 시스티나 예배당 프레스코
승천하는 천장화「아담창조」(미켈란젤로 제작)

이는 모두 천신이 대지로 하강하여 농사가 잘 되기를 기원하는 땅에서의 영광(서양은 하늘에 영광을 찾는 천상지향〈그림 9〉)을 찾는 대지지향적 춤사상이다. 농경민들의 춤을 모두 땅을 향에 춤을 추는 '대지지향춤'인 '앉은춤(坐舞)'과 엎드려 추는 '복무(伏舞)'를 춘다. 대지지향적 춤사상은 단군신화에서도 천제(天帝)인 환인(桓因)의 아들 환웅(桓雄)은 천상에서도 땅을 동경하여 지상(地上)으로 내려온 하강(下降)천신(天神)이다. 웅녀(熊女)와 결혼하여 단군을 낳는다. 범종의 비천상(飛天像)〈그림 10〉을 비롯한 모든 천신그림은 옷자락과 걸친 천이 하늘에서 내려오는 하강(下降)선녀(仙女) 형상이다. 따라서 천신춤은 모두 '하강천신춤'이다.

이에 비해 북방 유목민들의 목축생활은 척박한 땅에서는 풀밖에 기대할 수 없고 그 풀을 먹 사는 양과 염소 등의 가축을 길러 젖과 고기를 먹고살면서 항상 하늘을 동경하며 살아왔다. 가축도 낮에는 밝아 초원에서 관리가 용이하나 밤에는 어두워 관리가 어렵고 늑대 등의 맹수의 습격이 두려워 야간기피현상(예: 13일의 금요일밤)이 강하여 상대적으로 주간선호심성이 곧 태양숭배사상으로 자리 잡았다.

목축생활은 대낮중심문화이어서 대낮에 춤 추고 카니발을 벌이는 '대낮춤'이 발달하였다.

〈그림 10〉 성덕대왕 신종(에밀레종)의
하강하는 비천상 조각

〈그림 11〉 하늘을 향해 승천하는 강한
힘이 솟아나는 영국의 스톤헨지

또한 북극권에 가까운 위도(緯度)여서 일조량이 부족하여 밝은 태양이 빛나기를 기원하는 '태양숭배춤'이 발달하였고, 가축을 길러 식생활을 할 수 있게 한 하늘에 영광을 돌리고 '천상지향(天上志向)춤'을 추었으며, 북방의 천신춤은 모두 '상승천신춤'이다.

이러한 현상은 선사시대 거석유물에서도 극명한 차이를 보이고 있다. 상승천신사상이 강한 유럽유목민족의 선돌(立石)〈그림 11〉이나 북방의 고인돌(支石)은 하늘(승천)과 태양(태양신)을 향해 치솟아 있는데〈그림 12〉비해, 남방의 고인돌은 납작하고 넓적하게 땅(지신)을 향해 받쳐있어 하강신이 고인돌〈그림 13〉 위에 사뿐히 내려앉을 수 있도록 배려한 거석이다.

〈그림 12〉 유럽선돌보다는
낮고(하강신) 남방식보다는
높은(승천신) 양면성을 지닌 고인돌

따라서 땅바닥에 엎드려 추는 복무(伏舞, 엎드린춤)〈그림17〉나 좌무(坐舞,앉은춤)〈그림 14〉보다는 '입무(立舞,선춤)'와 '도무(跳舞)'가 발달하였다. 땅에 몸을 가까이하더라도 엎드린춤보다는 '누운춤(沈舞)'〈그림 15〉을 춘다. 북부봉산탈춤의 첫목춤은 바로 누운춤〈그림 16〉의 본보기이다.

생활양식도 입식(立式)문화이다. 반대로 한국을 비롯한 동양남방권은 항상 땅과 함께 하는 좌식(座式)문화가 발달하여 '좌무(坐舞)'와 '복무(伏舞)' 형태가 많은 편이다.

〈그림 13〉 땅에 가까이 널판이 깔려
하강신을 맞이하는 남방식 고인돌

〈그림 14〉 고성오광대 배김새 앉은춤

〈그림 15〉 남성 누운발춤(러시아)

수렵과 유목의 담당자는 주로 남자들로 남성적인 춤이 성행하였다. 강렬하고 하늘을 향해 도약춤〈그림 4〉을 추고 전투적인 춤을 추고 육식으로 인하여 에너지가 넘쳐흘러 타민족을 정복하는 전투춤과 무기춤이 성행하였고, 정열적이고 활달한 '발춤'과 진취적인 '대형변화춤'을 창출하였다.

〈그림 16〉 봉산탈춤 첫목 누운춤

〈그림 17〉 송파산대탈춤의 노장복무

남방농경민의 뛰는 춤은 대지(농지)를 밟기 위해 뛰는 답지무(踏地舞)〈그림 18〉이지만, 북방의 뛰는 춤은 하늘에 가까이 하려는 염원의 도약무(跳躍舞)이다. 발바닥의 디딤새도 중남부탈춤은 뛰었다 땅을 딛을 때에도 대지를 자근자근 밟기 위해 뒤꿈치부터 먼저 딛으면서 발바닥 전체로 옮겨 밟는 '뒤꿈치 디딤새춤'을 추는데, 북부탈춤은 높이 뛰었다 떨어지는 충격을 완충시키기 위해 발끝부터 디뎌 단계적으로 뒤꿈치까지 디뎌 지면에 충격을 완화시키는 '발끝 디딤새춤'을 춘다.

남방의 농경민족은 땅을 숭배하여 항상 대지를 밟고 살며, 대지에서 멀어지는 2층 이상의 건물이 없다. 즉 문 열고 나가면 바로 땅에서 농사지을 수 있는 것이 농경민족의 특색이다. 그래서 항상 땅에 가까이 살면서 땅만을 의지하면서 땅을 쳐다보면서 춤을 추면서 풍농을 기원하는 '대지애착춤'[24]이 생겨났다. 그래서 춤동작적인 면에

〈그림 18〉 대지지향 답지무(고성오광대 말뚝이 배김새춤)

서도 땅을 향해 밭을 갈고 모을 심고 김매기를 하는 '무릎 굴신(屈伸)춤'이 발달하였으나, 북방은 하늘을 향에 열망하면서 도약하는 '무릎 신장(伸張)춤'이 발달하였다.

원시시대에는 남성은 수렵을 했고, 여자는 열매채취를 했다. 남성수렵은 그대로 남성유목으로 이어졌고, 열매채취는 그대로 여성농경으로 이어졌다(지금은 남자도 함께 농사를 짓지만 동남아시아 소수부족들은 아직도 여성들만 농사짓는 곳도 있다). 땅은 여성이며, 하늘은 남성이다. 또한 달을 여성이며 해는 남성이다. 남방은 강강술래처럼 달밤춤이며 만월숭배춤이 많다. 달에게서 음기(陰氣)를 많이 받아야 풍요다산을 할 수 있다는 농경민족의 춤의 우주관에서 생성된 여성춤이다.

반대로 북방의 우주관은 태양숭배춤이며, 밝은 대낮춤이다. 밝은 낮춤은 남성춤이다.

북부 해서탈춤의 연희시기 대소명절과 세시 절기에 추지만 가장 대표적인

---

24) 정병호, 『한국의 전통춤』, 집문당, 1999, p.292.

〈그림 19〉 뭉친 자유대형춤
(고성오광대 양반 말뚝이춤)

연희시기는 단옷날이다. 음력 5월5일은 추운 북부지방에서는 가장 햇볕이 강렬한 여름으로 태양숭배춤과 관련한 '단오절춤'이다. 그러나 중부와 남부탈춤의 주요 연희 시기는 보름달이 떠오르는 날이 탈춤 추는 날이다. 즉 중부산대탈춤은 7월 백중(음7월15일), 8월 한가위이며, 남부오광대·야류탈춤은 주요 연희 시기가 정월 대보름날이다. 즉 모두 보름달과 관련한 농경민들의 만월숭배춤과 관련한 '보름달춤'이라 할 수 있다.

또한 남방춤은 토속종교와 불교가 계속 발달하여, 농경축제춤, 종교의식춤이 오히려 춤의 중심이 되면서 남녀애정춤은 금기시 되었으며, 유교사상이 대두되면서 남녀가 유별하는 윤리가 더욱 발전하여 남녀 스킨십이 금기시되어 애정표현의 쌍쌍춤은 자리잡지 못하고, 단순집단춤, 뭉친대형춤, 남녀분리춤, '자유대형춤'〈그림19〉, 비조직적 대형춤으로 특성화되었다.

우리나라 탈춤에서는 서구민속춤에 비해 '자유대형춤'이지만 북부탈춤은 약간 조직적인 춤대형과 정형화가 중남부탈춤보다는 잘 되어있다.

춤사위에서는 농사짓는 노동동작은 힘을 한쪽으로 모아 괭이질, 도리깨질을 할 수 있기 때문에 춤사위에서도 노동모방적인 '수족상응(手足相應)춤'이다. 이미 마한시대부터 5월 파종과 10월 추수 후에 제천의식춤[25)에서 수족상응춤〈그림20〉이 있어왔고, 오늘날까지 전승되는 탈춤과 여러 민속춤에서 손발을 함께 들었다 내렸다하는 춤사위가 보편화되었다. 이 수족상응춤은 같은 쪽 손발을 같이 들었다 땅으로 힘을 내려 누르는 데는 효과적인 동작이다. 그러나 이 동작은

---

25) 삼국지 위지 동이전 마한조의 '탁무(鐸舞)' 내용에서 '수족상응(手足相應)'이 나온다.

하늘로 솟는 것은 한계가 있고 어색하다. 이와 반대로 '수족대응(手足對應, 手足相反)춤'[26]은 몸을 위로 솟구치는데 적합한 북방춤에서 볼 수 있는 천향(天向)춤이고, 수족상응춤은 같은 쪽 손발을 들고 다른 쪽 손발은 땅에 접지(接地)하는 지향(地向)의 춤이다.

〈그림 20〉 손과 발을 같은 쪽을 드는 수족상응 춤사위(양주별산대 완보 · 말뚝이춤)

수족상응춤은 대체로 농경노동동작춤, 택견(태권도)의 방어무술춤, 제자리에서 오르는 동작춤, 기방춤같은 느린춤, 두박자걸음인 깨끼걸음춤(hopping), 신명표현춤에서 특히 잘 나타나고 있으며, 수족대응춤은 한박걸음인 걷기(wolking), 뛰기(running)같은 전진춤(농악춤), 공격무술춤, 이동생활춤, 빠른동작춤 등에서 잘 나타나고 있다.

한국의 모든 탈춤은 '수족상응춤'이 기본을 이루고 있다. 즉 중남부지방 탈춤뿐만 아니라 북부해서탈춤도 외사위 · 겹사위 등 깨끼춤류는 모두 수족상응춤이다. 다만 등퇴장이나 뛰어 다니는 까치걸음(skipping step)은 '수족대응춤'이다.

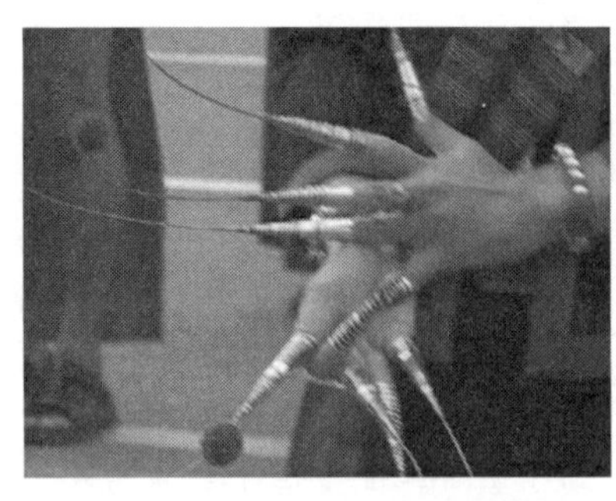

〈그림 21〉 손가락춤의 손깍지(태국)

그러나 중남부지방의 탈춤은 등퇴장도 뛰지 않고 덧배기(굿거리)장단에 수족상응의 '건드렁춤'으로 등퇴장한다.

북방춤과 남방춤에서 가장 눈에 띠는 특징은 북방춤은 주로 하체중심의 발로 추는 발짓춤과 다양한 스텝이 발달하였고, 남방춤은 상체중심의 팔뚝춤, 손춤, 손가락춤 〈그림 21〉이 발달하였다는 것이다. 춤사위

---

26) 수족상응의 반대어로 같은 개념이지만 이병옥은 「수족대응(手足對應)」이라고 표현하고, 정병호는 「수족상반(手足相反)」이라고 표현함. 이병옥, 『한국민속학개론』, 노리, 2000, p.81. 정병호, 『한국의 전통춤』, 집문당, 1999, p.300.

는 밀림에서 열매채취를 위해 나무타기를 하면서 길어진 팔과 손가락 덕분(긴 팔원숭이처럼)에 긴 손가락을 자유자재로 움직이는 손가락 춤사위가 발달하게 되었다.

〈그림 22〉 송파산대탈춤의 팔먹중 수족상응의 자진화장무와 노장의 복무

농업과 유목은 신체노동에서 아주 다른 양상을 보이고 있다. 즉 농업은 손으로 짓고, 유목은 다리품을 팔아야 가축을 기를 수 있는 것이다.

농경노동은 맨손 또는 농기구를 손으로 잡고 땅을 파고 고랑을 치고 씨를 뿌리고 물을 주고 잡초를 뽑아 곡식이 여물면 추수하여 손절구나 손도리깨질로 찧어서 곡식을 식량을 얻게 되는 것이다. 결국 씨 뿌리는 처음부터 곡식을 얻는 순간까지 대지를 향해 손을 움직여야 되지만 정착생활이어서 발의 기능은 집 앞의 농지에 왔다갔다하는 정도이다. 따라서 춤은 노동모의동작이 절대적이기 때문에 모든 농경동작이 손으로 이루어 '엎드린춤(伏舞)' 〈그림 22〉, '앉은춤(坐舞)' 〈그림 23〉, '팔춤', '손춤', '손가락춤' 〈그림 21〉이 발달하게 되었다.

이와는 대조적으로 유목생활은 가축을 몰고 이동생활을 하기 때문에 하루종일 이리 뛰고 저리 뛰고 흩어지는 가축을 몰아 목초지에 도착하여 풀을 뜯게하고 어둡기 전에 집으로 돌아와야 한다. 따라서 다리가 튼튼하지 못하면 가축을 기를 수 없다.

〈그림 23〉 대지지향 여성 앉은춤(태국)

〈그림 24〉 남성 발춤(러시아)

그러므로 상대적으로 손보다는 다리가 주된 노동의 역할을 하므로 '선춤(立舞)', '뛰는 춤', '다리춤', '발짓춤'〈그림 24〉, '걸음걸이춤'이 발달한 것이다.

북부해서탈춤은 북방계춤처럼 다리춤과 발춤이 많지는 않지만 '한삼뿌림춤'이 많고 손춤은 별로 없다. 그러나 중부산대탈춤은 남방계적 요소인 손춤이 북부탈춤보다는 많다. 즉 한삼을 쓰지 않으며 특히 깨끼리춤에서 팔뚝잡이·무릎치기 등 손가락춤은 아니지만 '손목놀림춤'이 있다. 남부 오광대·야류탈춤은 허튼춤류의 다양한 '손팔춤'을 춘다.

또한 이러한 남방인의 손팔춤은 손팔동작의 시작과 끝이 불분명하고 계속해서 이어지는 '이음춤'(無斷素춤: 춤의 시작과 끝이 불분명한 춤)을 추는데 비해, 북방춤은 다리 걸음과 발중심으로 춤을 추니 춤동작의 시작과 끝이 분명히 나타나고 다시 반복하는 '매듭춤'(有斷素춤: 춤의 시작과 끝이 분명한 춤)을 춘다.

북부해서탈춤과 중부산대탈춤은 타령장단이 주요장단으로 '매듭춤'이 많으나 남부오광대·야류탈춤은 덧배기장단에 허튼춤으로 이루어진 '이음춤'이 대부분이다.

춤 대형을 보면 북방과 남방이 많은 차이를 보인다. 쉬운 예로는 아프리카 평원의 초식동물과 육식동물의 모습을 떠올리면 쉽게 이해할 수 있다. 즉 육식동물은 초식동물을 포위해서 공격하는 대형을 취한다. 또한 유목생활에서도 양떼를 주로 포위하여 관리한다. 따라서 서양의 포크댄스 대형은 주로 포위대형으로 다양한 '공격적 원무'(一圓舞, 二圓舞, 三圓舞, 方形舞)로 이루어져있으나, 동양춤의 대형은 주로 초식동물들이 뭉쳐 맹수들의 공격을 감시하며 살듯이 방어적 '뭉친대형춤'〈그림〉이며 '자유대형'의 '허튼춤'이다. 강강술래의 원무는 술래잡기놀이에서 원으로 들어오지 못하게 막는 기능을 지닌 '방어적 원무'로 서양

원무와는 성격이 다르다. 한국탈춤은 대부분이 '자유대형춤'이다.

또한 농경노동은 에너지가 많이 소비되며 장시간 일을 해야 하기 때문에 과격한 움직임이나 노동은 금방 지쳐버려 농경효과를 얻을 수 없다. 따라서 노동의 속도는 절대로 심장박동수에 맞출 수 없고 조금 느린 호흡의 리듬에 맞추어 일을 해야 지치지 않고 오랫동안 농사일을 할 수 있다. 그래서 남방인들의 춤은 호흡에 맞춰 춤추는 '호흡춤'을 춘다. 그리고 호흡은 박자개념으로 보면 3박자 계열이어서 한국춤은 3박자춤이 많고 '느린춤'이 많다. 이런 느린춤은 동양춤의 특징이기도 하다. 물론 인류의 춤걸음 박자는 인간의 두발 걸음에서 생성된 2박자, 4박자가 기본이다. 그래서 동양춤에서도 2박자, 4박자 계열의 리듬도 많다. 그러나 이 리듬은 우리나라 정간보(井間譜)에서 보듯이 3음절1박(3정1박)이라는 리듬악보의 특성을 지니고 있는데, 이것은 3박자를 빠르게 축소한 1박자를 겹리듬으로 만든 짝수박자이다. 즉 3박자에 뿌리를 둔 호흡박자와 이족보행(二足步行)의 걸음박자를 절묘하게 결합시킨 농경인류의 춤가락이다. 굿거리장단은 뛰어다닐 필요가 없는 농경민의 '길굿춤'에서 생성된 춤가락의 대표적인 장단이며, 사뿐사뿐 뛰는 자진모리장단(3채)은 3음절1박을 좀더 빠르게 하여 생성시킨 신명의 장단이다. 그러나 휘모리장단(2채)은 농악의 마무리와 끝맺음에서만 잠깐 쳤던 심박춤가락이며, 무당의 접신의 과정에서만 나타난다. 승무에서도 클라이맥스의 휘모리가락에는 춤을 추지 않고 북가락만 연주하고 춤을 추지 않는다.

이에 비해 북방인들은 목축을 하는데 양떼를 모는 것은 기동력이 있어야한다. 말을 타고 목초지를 찾아 멀리 가야하고 흩어지는 양떼를 빨리 달려가 몰아와야 한다. 그리고 초원에 도착하면 늘어지게 쉬면된다. 그러니까 순발력과 기동력이 유목생활의 필수이다. 순발력과 기동력은 호흡속도로는 절대 안 된다. 이때는 심장박동에 맞는 기동력이 발휘되어야 한다. 포식동물들도 사냥감을 놓치지 않으려면 마찬가지로 튼튼한 심장이 있어야하며, 인류의 원시수렵생활에서도 마찬가지였으며, 이것은 유목민들의 삶 속에 그대로 전승되었다. 그래서 북방춤은 이러한 문명적 환경에서 '심박춤'이 생성되었다. 또한 심박춤의 박자는 2박자

계열춤이다. 그러나 기마민족문화가 정착되면서 3음절 1박자 빠른 심박춤이 생성되었다. 이것이 우리 민족의 자진모리와 휘모리장단의 원조이다.

북부탈춤이 다소 빠른 자진모리와 '타령장단춤'이 많고, 중부탈춤은 '타령장단춤'과 '굿거리장단춤'이 함께 쓰이고, 남부탈춤은 느린 '덧배기장단춤'이 많다.

또한 농경민들은 호흡의 리듬에 느리게 춤을 추면서 내면적인 멋을 내었고, 조상신과 천신, 농경신에게 풍농을 기원하고 풍년을 마음속으로 감사하면서 춤을 추었기 때문에 '느린춤', '내면춤'을 추었다. 따라서 남방춤은 겉으로 나타나는 기교적인 춤보다는 멋들서는 풍농기원의 절실함과 마음속의 흥(興)과 끼(氣)가 용솟음치는 '외유내강춤'이며 이것이 잘 추고 못 추고의 평가기준이 된다.

그러나 유목민의 춤은 빠른 심박속도에서 내면적인 멋을 생각할 겨를이 없으며, 형식과 기교적인 맛을 잘 살려야 잘 추는 춤이 된다. 그래서 겉으로 잘 추는 '빠른춤', '외향춤', '내유외강춤'이 특성화되었다.27)

4. 결 론

이상의 연구결과 동아시아 북방춤과 남방춤의 차이는 〈표 4〉와 같이 북방의 어깨춤과 남방의 엉덩이춤, 북방의 상하굴신춤과 남방의 좌우굴신춤, 북방의 몸통, 어깨춤, 팔목춤 등의 동체(胴體)부위춤과 남방의 눈춤, 목춤, 손가락춤 등의 말초(末梢)부위춤이 발달하였음을 알 수 있었다.

그러나 한반도의 구석기문화는 60만 년 전까지 거슬러 올라가고는 있지만 현재의 한국인의 혈통은 1만전 해빙기에 북방에서 내려온 몽골리언인 예맥(濊貊)족으로 80%를 차지하고 있다. 이들은 수렵과 유목으로 살았으나 남하하여 한반도에 정착한 후 5000년 전 경부터 농경생활을 시작하여 오늘에 이르렀다.

---

27) 이병옥, 『춤의 인류학 연구』, 도서출판 노리, 2000, pp. 105~110.

〈표 4〉 유목민족과 농경민족의 춤 특징 비교

춤 정신 ＼ 지역	유목민족춤	농경민족춤	비고
우주관	천상지향(天上志向)춤	대지지향(大地志向)춤	춤의 방향과 목표 지신과 천신사상
	무릎 상하(上下)굴신춤	무릎 좌우(左右)굴신춤	
	입무(立舞), 도무(跳舞)	복무(伏舞), 좌무(坐舞)	
	도약무(跳躍舞)	답지무(踏地舞)	
	상승천신춤(昇天舞)	하강천신춤(飛天舞)	
	태양숭배춤(대낮춤)	만월숭배춤(달밤춤)	
자연관 (생활관)	자연극복(自然克服)춤	자연친화(自然親和)춤	자연순응과 정복 풍농=여성=달(陰曆) 풍목=남성=낮(陽曆)
	발끝딛음춤(땅딛고솟음)	뒤꿈치딛음춤(지신밟음)	
	남성적인 춤(수렵.유목)	여성적인 춤(채취.농경)	
	빠른춤(이동생활)	느린춤(정착생활)	
	달리기춤(leap.run)	제자리춤(hop.walk)	
	공격적인춤(육식민족춤)	방어적인춤(채식민족춤)	
	대형변화춤(포위대형춤)	자유대형춤(뭉친대형춤)	
	친교춤(유목경쟁화합)	단합춤(농경노동)	
신체관 (노동관)	하체중심춤(다리춤)	상체중심춤(손팔춤)	노동신체부위 중시 노동동작모방
	수족대응춤(手足對應)	수족상응(手足相應)춤	
	심박춤(2박자)	호흡춤(3박자)	
	가슴편춤	가슴오그린춤	
예술관	외향중시춤(겉맛춤)	내면중시춤(속멋춤)	춤의 표현성 춤의 미적 가치
	내유외강(內柔外剛)춤	외유내강(外柔內剛)춤	
	매듭춤(有斷素)	이음춤(無斷素)	
	표출미춤	감춤미춤	
	직선미춤	곡선미춤	
	기교미춤(활달한춤)	자태미춤(고운춤)	

　　따라서 형질적인 요소는 북부·중부·남부 모두 거의 동일한 형질을 지니고 있어 지역적 차이는 크지 않다.(호남지역만 조금 왜소할 뿐) 그러나 기후풍토는 온대성 중간기후로 북부와 중부와 남부가 차이를 보이고 있어 〈표 5〉와 같이 각 지역별로 탈춤의 기후 생태적 차이는 잘 나타나고 있다.

　　즉 북방춤과 남방춤에 관련하여 북부탈춤과 중남부탈춤을 종합적으로 비교해보면 북부은 몸통, 팔목춤 등 온몸을 움직이는 활달한 동체(胴體)춤인 도약춤과 상하굴신춤과 한삼사위춤이 발달했고, 남방은 운동량이 작으면서 신체적 특징을 살린 말초(末梢)춤인 손춤, 엉덩이춤, 답지춤, 좌우굴신춤, 제자리춤 등 발달하였다.

<표 5> 기후생태적 차이로 나타난 북·중·남부탈춤의 특징

탈춤비교내용	북부해서탈춤		중부산대탈춤		남부오광대 ·야류탈춤		비고
걸음자세	뻗정자세 신장걸음	⌂	엉거주춤자세 굴신걸음	◑	엉거주춤자세 굴신걸음	◼	생태 체형
손춤도구 기본팔동작	한삼춤 뿌림사위	☼	맨손춤 휘젓는사위	◑	맨손춤 어르는사위	◼	기후
발동작	도약무	☼	답지무	◑	답지무	◼	기후
기본걸음	깨끼걸음	⌂	깨끼걸음 건들걸음	⌂ ◑	건들걸음	◼	기후
깨끼걸음	뛰는깨기걸음	⌂	도듬깨끼걸음	⌂	사쁜깨끼걸음	⌂	기후
목·고개짓	좌우첫머리춤	☼	상하끄덕이춤	◑	상하끄덕이춤	◼	생태
동체(胴體)짓	약한상하굴신 어깨춤	⌂	상하좌우굴신 어깨춤	⌂	좌우굴신 어깨춤	⌂	기후
할미춤	엉덩이춤	◑	엉덩이춤 배춤	◼	엉덩이춤	◼	생태
통계	☼3, ⌂4, ◑1		⌂3, ◑5		⌂2, ◼6		
☼:북방춤(태양 상징), ⌂:약한북방춤(약한 태양), ◑:약한남방춤(해와 달 중간성격), ◼:남방춤(달상징)							

북부탈춤은 대체로 중남부탈춤에 비해 '빠른춤', '외향춤', '발산춤'이 많고 중남부탈춤은 '느린춤', '내면춤', '허튼춤'이 많다.

그러나 노동생업적인 면에서는 기후생태적인 면과는 다른 양상을 나타나고 있다. <표 6>과 같이 생업과 노동으로 나타난 춤의 특징이 북방 유목민족춤의 성격은 약하게 나타난 반면 남방계 농경민족적 춤의 성격은 강하게 표출되고 있음이 밝혀졌다. 즉 북부해서탈춤은 약간 북방유목문화적 속성이 있기는 하지만 약하고 중부산대탈춤과 남부오광대·야류탈춤은 모두 남방 농경민족문화의 성격이 강하게 표출되고 있음을 알 수 있다.

〈표 6〉 생업문화적 차이로 나타난 북·중·남부탈춤의 특징

비교내용	북부해서탈춤		중부산대탈춤		남부오광대·야류탈춤		
자연관	자연극복춤 (외사위, 코차기, 개구리뛰기)	☀ ◐	자연친화춤 (화장무, 건드렁)	◼	자연친화춤 (허튼춤, 어름새춤)	◼	생업 자연
우주관	천상지향춤 태양숭배춤 5월단오춤	☀ ◐	대지지향춤 만월숭배춤 7월백중춤	◼	대지지향춤 만월숭배춤 정월보름춤	◼	세시풍습
연희시기	낮춤·밤춤	¤ ◐	밤춤	◐	밤춤	◼	밤낮
천신관	상승천신춤 무릎신장춤 도약무, 누운춤 복무	¤ ◐	하강천신춤 무릎굴신춤 답지무, 좌무, 복무	◼	하강천신춤 물릎굴신춤 답지무, 좌무	◼	생업노동
춤꾼(남녀)	남자	☀	남자	☀	남자	☀	남녀
수족관계	수족상응춤 수족대응춤	¤ ◐	수족상응춤	◼	수족상응춤	◼	노동방식
수족의 비중	손춤·발춤	¤ ◐	손춤	◼	손춤	◼	노동신체
걸음걸이	깨끼걸음 건너뛰기걸음	¤ ◐	깨끼걸음 건들걸음	◐	건들걸음 깨끼걸음	◼	노동강도
등장사위	건너뛰기	¤	건들걸음	◼	건들걸음	◼	
동작소	유단소 매듭춤	☀	유단소 매듭춤	¤	무단소 이음춤	◼	순발력 지구력
춤대형	자유대형춤	◼	자유대형춤	◼	자유대형춤	◼	공격방어
춤장단	타령장단 빠른장단	☀ ◐	타령장단 굿거리장단	¤ ◐	덧배기장단 느린장단	◼	노동속도
춤가락	심박춤 호흡춤	¤ ◐	호흡춤	◼	호흡춤	◼	속도감
	☀5 ,¤7, ◐9, ◼1		☀1 ,¤2, ◐3, ◼8		☀1, ◼12		

☀:북방춤(태양 상징), ¤:약한북방춤(약한 태양),
◐:약한남방춤(해와 달 중간성격), ◼:남방춤(달상징)

　　본 연구는 북방춤과 남방춤 특징의 원인이 되는 형질의 구체적인 실증자료나 과학적 수치를 제시하지는 못했지만, 세계 보편성과 현상적 특성을 토대로 형질과 문화인류학적 입장에서 비교한 기초연구였다. 그러므로 앞으로는 보다 구체적이고 과학적인 데이터를 조사하여 좀더 세부적이고 지역적인 차이까지 연구가 진행되어야 할 것이다.

참고문헌

김말복, 「춤에 나타난 동서양 사고」 『무용예술학 연구』 6집, 한국무용예술학회, 2001.

문화사 교재연구회, 『동서양문화사』, 학문사, 1996.

이병옥, 『한국무용민속학 개론』, 도서출판 노리, 2000.

______, "암각화를 통해본 선사시대 춤", 『댄스포럼』 2001년12월호

______, 『춤의 인류학 연구』, 도서출판 노리, 2002.

이영록, 『인류의 기원』, 범문사, 1995.

정병호, 『한국의 전통춤』, 집문당, 1999.

정수일, 『고대문명교류사』, 사계절출판사, 2001.

http://jongmoon.pe.kr/hakseup_geo/geow_hakseup/injong_munha/injongmunha.htm

http://www.chemmate.com/sence/s35.htm

http://www.burimhong.pe.kr/news02/008%20han%20min%20jok.htm

http://my.dreamwiz.com/geophill/study/study2044.html

http://www3.joins.co.kr/mme/world/race/race.htm

강령탈춤을 통해 본 가면극의 무용적 요소

양종승

1. 들어가는 말

가면극은 탈춤, 가면무, 가면무극, 탈놀음, 탈놀이, 탈춤놀이, 탈굿, 오광대, 야유, 들놀음, 산대, 산대놀이, 산대극, 산대도감놀이, 덧배기 등 다양한 명칭으로 논의된다. 이것으로만 보아도 가면극은 여러 요소들이 어울려 행해지는 연희임을 짐작케 하는 것이고 또한 연구자의 접근 방식과 각도에 따라 다각적인 논의들이 전개될 수 있음을 가능케 하는 것이다. 지금까지 가면극은 문학적, 문화사적, 역사학적, 민속학적, 비교문화학적 등의 접근방식에 따라 주로 기원설을 중심으로 연구가 이루어져 왔다. 이웃과의 비교연구, 연희담당층의 연구, 궁중연희와의 연관성 연구 등도 큰 성과로 꼽히고 있다. 그러나 예술학적인 측면에서의 무용학, 음악학, 복식학 등의 연구는 비교적 뒤쳐져 있는 것 또한 사실이다. 이러한 한계성은 작금에도 극복되지 못하고 있음이요, 가면극이 우리나라 대표적 종합예술이라고 일컫는데 에 걸맞지 않는 지금까지의 가면극 연구 성과의 한 면이다.

가면극(탈춤)에서 무용적 요소는 연희의 전체적인 흐름을 이끌어 가는 중요한 부분으로서 그 중요성이 그 어느 것보다도 강조된다. 가면극이 춤으로 시작하여 춤으로 끝맺는 것부터가 그렇고 대사의 연결을 춤으로 이어주고 극의 진행을 춤으로 이끌어 가고 있는데서 쉽게 파악되는 것이다. 이에, 앞서 지적한 현실을 직시하면서 본 연구를 통해 민중적 문화소산의 종합적 예술로서의 가면극을 예술학적 접근을 통한 무용적 요소를 살펴보고자 함이다. 본 연구에서는 우리나라의 여러 가면극 중 북쪽지방에서 전승되어온 강령탈춤으로 한정한다. 강령탈춤은 사위춤 형식으로 짜여져 있는데 이는 남쪽 지방의 오광대와 들놀음에서 보여지는 덧배기춤(덧뵈기춤)이나 중부 지방 산대놀이의 깨끼춤(거드름춤)과는 다른 형식의 춤이다. 탈춤에서의 사위춤 형식이란 대체로 북쪽지방에서 전승되어온 것으로서 주로 흰색의 한삼을 손목에 끼고 뿌리면서 활달하고 과격한 춤 형식을 취한다. 사위춤 형식으로 짜여진 북쪽지방의 탈춤으로는 현재 강령탈춤을 포함하여 봉산탈춤 그리고 은율탈춤이 남아 있는데, 모두가 월남한 연희자들에 의해 그 맥이 이어져 국가의 중요무형문화재로 지정되어 있다. 그러나 본래의 전승지인 북쪽 본토에서는 오래 전에 전승의 맥이 단절된 것으로 추측되고 있다. 본 연구에서는 현재 남한에서 중요무형문화재로 지정되어 있는 강령탈춤의 춤을 주제로 삼아 분석하였다.

2. 황해도 사위춤 계통의 강령탈춤 짜임새

1) 강령탈춤 개관

강령(康翎)탈춤은 황해도 강령 지방에서 마을 지역민들에 의해 놀아졌다. 일제 때에는 해주감영(海州監營) 소속 교방에 있었던 가무인들이 해산되고, 또한 통인청(通人廳)을 중심으로 집결하였던 탈꾼들이 해산되자, 그중 일부가 강령으로 모여들어 탈춤이 더욱 성행하였다고 한다. 그러나 강령탈춤은 원래부터 마을탈춤으로 시작하였고 그러한 전통은 한국전쟁 이전까지도 계속 이어져 마을민들이 주축이 되는 탈놀이로 인식되어져 왔었다. 마을의 학식 있는 토박이 원로들이 각본을 꾸미고 남자들이 연희자로 참여했으며 강령 인근에 있었던 재인 마을인 구암리 갈모동의 재인들이 악사로 참여하였다. 가면은 총 19종이 쓰이며 모두 종이로 만들어 사용하였다. 반주 음악은 주로 삼현육각 편성의 염불, 타령, 잦은굿거리 등의 장단을 연주하는데 특이한 것은 쌍피리 연주이다. 기본 타악기 구성으로 사물악기인 장구 꽹과리 징 그리고 북이 쓰여진다. 강령탈춤은 이북지역의 큰 명절인 단옷날 주로 놀아졌으며 단오가 지난 후 10일 만에 뒷풀이라 하여 다시 한 번 논 후, 사용하였던 탈을 탈판의 모닥불에 모두 태워 액을 물리 쳤다. 강령탈춤의 전체적인 짜임은 앞놀이로서 길놀이와 서막고사가 있으며 본놀이로서 탈놀이는 총 7과장으로 구성된다. 뒷놀이는 탈놀이가 끝난 후 탈을 태우고 밤새도록 뒤풀이를 한다. 강령탈춤의 전체적인 짜임새와 그에 따른 연희의 주요 내용은 다음과 같다.

2) 강령탈춤 내용

1 앞놀이 (마을길)

길놀이 – 행진, 음악, 춤

서막고사 – 의식 및 축문낭독 (춤 없음)

2 탈놀이 (탈판)

제1과장 사자춤(마부춤, 원숭이춤 포함) – 음악, 춤

제2과장 말뚝이춤 – 음악, 춤

제3과장 목중춤 – 음악, 대사, 노래, 춤

제4과장 상좌춤 – 음악, 춤

제5과장 양반·말뚝이춤 –음악, 대사, 노래, 극, 춤

제6과장 노승춤·취발이춤

　　1경 팔목중춤 – 음악, 대사, 노래, 극, 춤

　　2경 노승춤 – 음악, 극, 춤

    3경 취발이춤 ― 음악, 대사, 노래, 극, 춤

제7과장 미얄영감 · 할미춤(용산삼계집춤, 무당춤 포함) ― 음악, 대사, 노래,

극, 춤

3 뒷놀이 (탈판)

탈 태우기 ― 의식 (춤 없음)

뒷풀이 ― 음주, 음악, 노래, 춤

3. 강령탈춤 과장별 춤 분석

1) 앞놀이

(1) 길놀이

모든 출연자들이 줄지어 풍악을 울리면서 마을을 돈다. 맨 앞에 깃발을 앞세우고 그 다음으로 꽹과리, 징, 장구, 북 그리고 새납 등의 악사들이 따른다. 탈꾼들은 말뚝이 2명, 사자 2마리, 마부 2명, 원숭이, 상좌 2명, 목중 2명, 취발이, 노승, 맏양반, 둘째양반, 재물대감, 도령, 미얄영감, 미얄할멈, 용산삼계집, 무당, 남강노인 순으로 악사 뒤를 따른다. 소무는 말 또는 가마를 타기도 하고 남강노인은 검정소를 타기도 한다. 행렬은 마을 한 바퀴 돌아 탈판으로 행한다. 쓰여지는 장단은 길놀이 장단이다.

행렬 중의 춤은 각자가 배역별로 맡고 있는 춤을 추기도 하지만 주로 각자가 소지한 소도구를 들고 거드럭거리면서 흥에 젖은 허튼춤을 춘다. 허튼춤은 허튼사위로 이루어지는 즉흥적인 춤으로서 흥과 멋에 젖어 표현되는 자유로운 춤이다. 배역에 따른 규정된 춤이던지 아니면 자유롭게 추는 허튼춤이던지 길놀이에서 추어지는 춤은 자기 흥에 겨워 관객과 어울리기 위한 춤이거나 관객의 흥을 돋우기 위함이다. 그러나 궁극적인 목적은 관객들에게 탈놀이의 시작을 알리고

참여를 부추기는 데에 있다. 뿐만 아니라 나쁜 액이나 해로운 기운을 제거하여 마을을 정화시키기 위한 목적도 포함된다.

(2) 서막고사

탈판 중앙에 고사상을 차려놓고 상 앞에 가면들과 소도구들을 가지런히 펼쳐 놓는다. 탈패 우두머리가 나와 술을 따르고 준비한 축문을 낭독한다. 춤은 없다.

2) 탈놀이

(1) 사자춤(원숭이춤, 마부춤 포함)

사자는 흰 바지저고리에 털이 달린 사자바지를 입는다. 마부는 흰 바지저고리에 검정색 마부더거리를 입는다. 허리에는 홍색 띠를 뒤로 두르고 양다리에 좌청우홍색의 긴 댓님을 허벅지와 허리띠에 연결하여 묶는다. 가면을 쓰고 꽃 패랭이를 쓴다. 원숭이는 빨간색 바지와 저고리를 입고 홍색 띠를 허리 뒤로 두른다. 빨강양말과 장갑을 낀다. 사자춤의 음악은 길놀이장단, 느린타령, 자진 굿거리 등이다.

사자춤은 암사자와 숫사자 두 마리가 쌍사자로 추는데 똑같은 춤을 동일하게 춘다. 각각의 사자춤에는 두 명의 사자춤꾼이 앞 사자 뒷 사자로 역할분담을 통해 이루어진다. 앞 사자꾼은 사자탈을 양손으로 잡고 뒷 사자꾼은 오른손을 뒤로 돌려 사자 꼬리를 잡는다. 마부 두 명이 각각의 사자를 몰게 된다. 원숭이가 사자 주의에서 춤을 춘다. 사자는 탈판 중앙에 앉아 머리를 양 허리 쪽으로 돌려 털 핥는 시늉의 털핥는사위, 손을 입 바깥으로 내밀어 혀노는사위를 한 후 일어나 사자 머리를 채어 가면서 양 방향으로 돌며 추는 채는사위를 웅장하게 춘다. 한참 춤을 추다가 숫사자가 앞발을 들고 입(立)사자를 만들어 입사자 춤을 춘 후 용트림을 한다. 오른손에 채찍을 든 두 마부는 사자 두 마리를 가운데 두고 서로 마주보면서 대무한다. 마부춤은 채찍춤과 한삼춤으로 이루어지는

데 구체적인 춤사위는 거드렁사위, 돌며양사위, 겹사위, 돌며양사위, 앉아뛰기, 돌며앉아뛰기, 연풍대, 엎메기, 고개잡이, 인사사위, 까치걸음 등으로 짜여져 있다. 춤을 추다가 사자가 용트림을 하면 후려쳐 몰고 퇴장한다. 한편, 원숭이는 두 마리의 사자와 두 명의 마부들 사이로 지나다니면서 춤을 추는데 그 형식은 주로 양발로 짝발을 딛거나 양손을 허리에 붙여 펴 저으면서 떠는춤을 춘다. 때에 따라선 앉아 몸을 긁거나 이 잡는 시늉을 하기도 하며 관객들 앞에 다가가 우스꽝스러운 짓거리를 하기도 한다. 사자와 마부를 따라 곧 이서 퇴장하는데 이때에 양손으로 몸을 감싼 채 웅크려서 바닥으로 두 바퀴 구른다.

사자춤(원숭이춤 마부춤 포함)은 대사 없이 모든 내용이 춤으로 표현된다. 이 과장은 서막고사가 끝난 후 탈판 본 과장에서 첫 번째로 이루어지는 대목이기 때문에 탈판의 전체적 흐름에서 상당히 중요하다. 그것은 사자춤 마당이 본격적인 탈놀이의 시작을 알리는 것이기도 하지만 향후 진행될 탈판의 분위기를 나타내는 첫 열림판이기 때문이다. 사자춤 과장에서는 사자춤뿐만 아니라 마부춤과 원숭이춤이 포함되어 있는데도 굳이 사자춤으로 명명하는 것은 아무래도 이 과장의 전체적인 흐름이 사자춤 중심으로 진행되기 때문이다.

사자춤의 역할은 탈판의 분위기를 정리하고 여러 가지 기교를 부림으로써 관객들의 흥을 돋우는 역할을 한다. 뿐만 아니라 혹시나 탈판에 끼여 있을지 모를 모든 잡귀와 나쁜 액운을 몰아냄으로써 탈판을 정화된 신성의 공간으로 만든다. 또한 사자춤은 나쁜 짓을 한 사람을 위협하였다가 순화시키는 역할을 하기도 한다. 한편, 마부는 춤을 통해 장내를 정리하기도 하지만, 사자를 데리고 나왔다가 데리고 들어가는 길 안내자 역할을 할 뿐만 아니라 야성적인 사자를 인간사회에 순화될 수 있도록 돕는 역할을 한다. 이와 함께, 원숭이는 그의 독특한 춤을 추어 탈판을 정리하고 관객들로 하여금 탈판의 참여를 유도하거나 여러 가지 우스꽝스러운 짓거리를 하여 흥미를 고조시키는 역할을 담당한다.

(2) 말뚝이춤

두 명의 말뚝이가 똑같은 가면, 복색, 소도구를 갖추는데 왼손에는 5尺 내지 6尺 정도 되는 곤장을 들었다. 말뚝이 복색은 흰 바지저고리에 홍색 더거리를 입는다. 허리에는 황색 띠를 뒤로 둘러매고 왕방울을 단 후 채찍을 꽂았다. 양 다리에 좌청우홍색의 긴 댓님을 허벅지와 허리띠에 연결하여 묶는다. 가면을 쓰고 꽃 패랭이를 쓴다. 두 말뚝이가 각각 탈판 양쪽에서 달음질치듯 껑충껑충 뛰어 중앙으로 뛰쳐나와 서로 마주 보고는 깜짝 놀란다. 이 같은 동작을 반복한 후, 서로 마주보고 염불, 타령, 자진굿거리 장단에 맞춰 조화를 이루면서 대무를 한다. 염불 장단과 타령 장단에서는 곤장을 들고 추다가 마지막 자진굿거리에서 는 허리 뒤에 꽂아두었던 채찍을 오른손으로 들고 대무한다.

말뚝이춤은 곤장춤, 채찍춤, 한삼춤 등으로 짜여져 있는데 춤사위의 구체적인 내용은 곤장을 든 두 말뚝이가 양쪽에서 서로 마주보고 우방진(右方進), 좌방진 (左方進), 회우방진(回右方進), 회좌방진(回左方進), 곱사위, 그리고 곤장차기 등으로 춘다. 이어 계속하여 곤장춤으로 타령장단에 맞춰 곤장채기, 돌며곤장채 기, 후방진(後方進), 겨누기, 돌며곤장메기, 고개잡이, 인사사위, 코차기, 고개잡 이, 돌며곤장차기, 곤장세워뛰기, 맞춤사위, 겨누기, 양발뛰기, 까치걸음, 외발 뛰기를 한다. 이어 곤장을 놓고 채찍을 들어 한삼걸기, 코차기, 옆발찧기, 외사 위, 앉아뛰기, 돌며앉아뛰기, 쪼그려뛰기, 돌며양사위, 업메기, 고개잡이, 인사 사위, 외사위, 돌며외사위 등을 자진굿거리 장단에 맞혀 채찍춤과 한삼춤을 춘 후 퇴장한다.

말뚝이의 붉은 색 복색과 가면은 들끓는 젊은이의 힘을 보여주는 상징적인 의미이다. 말뚝이는 비록 하인 신분이지만 진보적이고 개혁적인 인물로서 곤장 을 들고 나와 지배층인 양반들을 심판하고 벌할 수 있다는 힘을 과시하기 위한 곤장 휘두르는 춤을 과격하게 춘다. 채찍은 마부가 사자를 몰고 다니기 위해 사용되는 것이다. 그런데도 말뚝이가 채찍을 들고 춤을 춘다는 것은 곧 양반을 동물에 비유하여 지배층의 권위를 격하시키고 모독할 수 있음을 암시하고 있다.

곤장을 들고 추는 춤은 염불과 타령 장단으로 이루어지는데 이때는 두 말뚝이가 대무를 통해 억눌린 자의 힘을 과시한다. 자기들의 세계 즉, 민중들의 잠재적인 힘을 말뚝이를 통해 과시함으로써 참여 관객들의 호응을 얻어 힘을 단결하여 그들의 의기 당당한 모습을 보여준다. 이때의 힘이란 정의의 힘이다.

말뚝이춤은 대사나 노래가 없이 오로지 춤으로 만 이루어져 있다. 대무로 펼쳐지며 곤장춤, 채찍춤, 한삼춤을 통해 활달하고 대담하며 용감스러움을 보여준다. 휘두를 수 있는 기다란 곤장 또는 후려칠 수 있는 채찍 등을 들기 추기 때문에 춤동작이 크고 활기차며 또한 힘찬 남성적 기상을 보여 준다. 반면에 한삼을 이용하여 추어지는 한삼춤은 기교의 미를 나타낼 수 있으며, 섬세한 사위들을 구체적으로 표현할 수 있다. 이러한 춤으로 구성되는 말뚝이춤은 기교적인 춤이며 대무로 펼쳐지는 화합과 화해의 춤이다. 세부적으로는 지배층을 모독하거나 억눌린 자의 한을 풀어낸다. 또한 솟구치는 환희의 심정을 표현함으로써 민중의식을 미적인 감각으로 살려내는 춤이다.

(3) 목중춤

첫목중과 둘째목중이 똑같은 가면과 복색을 갖추고 차례로 등장하여 춤을 춘다. 목중 복색은 흰 바지저고리에 칡베장삼을 입는다. 허리에는 홍색띠를 뒤로 둘러매고 양 다리에 좌청우홍색의 긴 댓님을 허벅지와 허리띠에 연결하여 묶는다. 가면을 쓰고 송낙을 쓴다. 먼저, 첫목이 등장하여 염불, 타령, 자진굿거리 장단에 맞춰 장삼춤을 추고 나면 이어서 둘째목이 등장하여 장삼으로 첫목을 후려쳐 내쫓고 역시 염불, 느린 타령, 자진굿거리 장단에 맞혀 춤을 춘 후 퇴장한다.

목중춤은 시종일관 장삼춤으로 이루어진다. 춤사위는 염불 장단에 우방진(右方進), 좌방진(左方進), 회우방진(回右方進), 회좌방진(回左方進), 곱사위, 돌며양사위, 옆메기, 고개잡이, 인사사위, 앉아여닫이, 엇사위, 여닫이, 학걸음 등이다. 또한 타령장단에서는 겹사위, 곱사위, 돌며양사위, 옆메기, 고개잡이, 인사사위, 앉아여닫이, 엇사위 등으로 이루어지며 자진굿거리 장단에서는 겹사위, 돌며양사위, 고개잡이, 인사사위, 여닫이, 엇사위, 학걸음, 옆발찧기, 인사사위, 양사위 등으로 춘다.

목중춤은 강령탈춤 여러 가지 특징 중의 하나로 꼽히는 독특한 춤으로서 이북지방의 웅장한 장삼춤을 한눈으로 보여주는 대목이다. 현존하는 해서지방의 탈춤 중 유일하게 남아있는 강령탈춤의 장삼춤은 웅장하고 활기찬 남성적인 사위춤의 진수이다. 목중춤은 첫목중춤과 둘째목중춤으로 구분되어 있는데 첫목과 둘째목의 등장 순서에 따라 춤 내용의 변화가 약간 있지만 근본적인 짜임새는 모두가 해서지방의 장삼춤을 바탕으로 하는 것으로서 비슷하다. 장삼춤의 묘미는 기다란 칡베 장삼소매를 휘두르는 데에 있다. 팔놀림이 크므로 춤의 폭이 마치 커다란 파도가 출렁이는 느낌이다. 따라서 몸의 굴림과 발의 디딤 역시 그 폭이 웅장하다. 과거, 탈판 중앙에 모닥불을 피워놓고 탈을 놀았을 때는 칡베 장삼을 입은 탈꾼들이 모닥불을 뛰어넘을 정도로 폭이 크고 힘차게 장삼춤을 추었다고 한다.[1] 장삼춤은 또한 춤 복색이 검정색 칡베로 되어 있어 그 느낌과 춤의 형태는 마치 무겁고 어두운 곳에서 가볍고 환한 곳으로 활활 뛰어 날아오르는 전환의 분위기와 느낌을 담고 있다. 이는 민중들의 아픈 가슴과 응어리를 춤으로 풀어내는데 손색이 없다. 뿐만 아니라 맺었다 풀었다 하는 춤사위 기법을 살려 장삼춤의 화려함과 웅장함을 한층 더 한다.

강령탈춤의 목중춤은 불교 의례의 단면을 보여주는 춤으로써 탈춤이 불교의 영향을 입고 있고 있거나 또는 놀이를 통한 민중들의 사고가 불교 사상과 습합되었음을 보여주는 대목이다. 이는 불교 승려의 고행과 수도 형태를 탈놀이에 도입함으로써 불교의 민중화 내지는 교육적 목적이 있음을 알 수 있으며 반면에 민중들에 의해 불법의 모순과 부조리를 파헤치고자 하는 속셈이 있다. 이러한 춤 내용들은 뒷장에 나오는 노승 파계장면과 무관하지 않기 때문이다.

---

1) 고 강령탈춤 인간문화재 박동신 선생의 담

(4) 상좌춤

두 명의 상좌가 똑같은 가면과 복색을 갖추고 양쪽 귀퉁이에서 등장하여 대무한다. 상좌춤의 복색은 흰 바지저고리에 행전을 찾으며 백장삼을 입고 흰 고깔을 썼다. 홍가사를 어깨에 두르고 염주를 목에 걸었다. 염불, 느린타령, 굿거리 장단에 맞혀 추는데 강령탈춤 전 바탕에서 가장 부드럽고 섬세한 춤이다.

상좌춤은 장삼소매를 이용하여 추는 일명 장삼춤이다. 이때의 장삼놀림은 목중춤에서의 장삼놀림과는 사뭇 다르다. 목중춤에서의 장삼춤은 칡베로 만들어진 무겁고 기다란 장삼소매를 이용한 사위춤 형식의 춤인 반면에, 상좌춤의 장삼춤이란 갑사로 만들어진 가벼운 장삼소매를 이용하는 춤이다. 상좌춤의 장삼놀림은 승무에서의 장삼놀림과도 또한 다르다. 승무에서의 장삼놀림은 기다란 장삼소매를 북채로써 활기차게 뿌리고 감고 하지만 강령탈춤의 상좌춤에서는 짧은 장삼소매를 맨손으로 뿌리고 감고 하는 것이다. 그러므로 그 기교가 다를 뿐 아니라 춤 느낌 또한 다르다. 상좌춤의 춤사위 또한 강령탈춤 전 바탕에서 쓰여지는 춤사위와도 사뭇 다르다. 상좌춤에는 승무에서 사용하고 있는 춤사위들이 많이 있는데 그 내용은 주로 합장사위, 뿌림사위, 감는사위, 채는사위, 맞사위, 짓는사위 등이다.

상좌춤은 장삼놀림의 아름다움과 섬세함을 보여주는 춤으로써 두 명의 상좌가 동시에 등장하여 대무를 펼친다. 상좌춤은 불교 의례를 한 면으로 보여주는 춤이다. 상당히 조용한 춤으로서 여성적인 섬세함과 아름다움을 나타내는 춤이다. 상좌춤 역시도 탈춤이 불교의 영향을 입고 있거나 또는 놀이를 통한 민중들의 사고가 불교 사상과 습합되었음을 암시한다. 상좌춤은 또한 나쁜 액을 쫓아내거나 좋지 못한 해로운 기운을 제압하는 춤인데 이것은 곧 벽사의식적 기능을 갖는 춤으로 이해된다. 이로 보아 민중들의 탈놀이에 종교 신앙성이 강한 불교 의식이나 의례를 도입함으로써 민중놀이에 신앙성과 신비성을 갖도록 하고자 함을 알 수 있다.

(5) 양반·말뚝이춤

양반·말뚝이춤은 양반 가문에 못난 네 명의 양반과 하인 말뚝이 두 명 등 총 6명의 춤꾼이 등장하여 대사와 노래를 섞어가며 군무로 이루어진다. 맏양반은 흰 바지저고리에 행전을 차고 회색 칡베장삼을 입었다. 허리에 옥색 술띠를 묶고 지팡이를 짚었으며 꽃이 화려하게 그려진 화선을 들고 머리에 가면을 쓴후 개가죽관을 썼다. 둘째양반은 맏양반의 차림새와 같고 백색부채와 지팡이를 짚고 가면 쓴 후 총관을 썼다. 셋째양반으로 간주되는 재물대감은 흰 바지저고리에 행전차고 옥색도포와 쾌자를 입었다. 허리에 옥색 술띠를 매었으며 화선을 들고 가면 쓴 후 무당모자인 빨강색 홍관을 썼다. 도령은 흰 바지저고리에 남쾌자를 입고 술띠를 매었다. 백선을 들고 가면 쓴 후 복건을 썼다. 두 말뚝이는 말뚝이춤 과정의 차림새와 같고 채찍을 들었다. 양반·말뚝이춤 과정은 자진굿거리장단을 주로 사용하고 재물대감이 등장하여서는 장타령장단, 만세바지장단, 굿장단 등을 사용한다.

양반·말뚝이춤은 양반들의 장삼춤, 부채춤, 지팡이춤, 병신춤, 무당춤과 말뚝이들의 한삼춤과 채찍춤이 혼합하여 이루어진다. 양반들의 장삼춤은 목중춤에서의 활기찬 동적인 장삼춤과는 달리 느린 정적인 춤으로 이루어진다. 장삼소매를 머리 위로 휘둘러 돌려 양반들의 위엄을 나타내 보이려 하지만 지극히 한정된 춤으로서 일관한다. 뿐만 아니라 장엄하기보다는 약간은 어리석은 뜻한 몸짓을 통해 양반들의 잘못된 부분을 은연중 내 비추기도 한다. 이와는 달리, 말뚝이들은 활달한 한삼춤을 통해 그들의 과감한 행동을 적극적으로 나타내 보인다. 사자를 몰고 다닐 때 사용하는 마부 채찍을 들고 나와 양반들을 후려치는 채찍춤이나 손목에 낀 한삼으로 온갖 욕설을 표현하는 한삼춤 등은 상당히 동적으로 추어진다. 한편, 재물대물은 장타령춤과 굿춤을 추고 도령은 양반들을 놀리거나 관객들과 장난을 치면서 자유롭게 즉흥적인 춤을 춘다.

맏양반과 둘째양반은 부채춤, 지팡이춤, 장삼춤 형식의 춤을 추는데 구체적인 춤사위로는 고개사위, 겹사위, 고개잡이, 돌며양사위, 엇사위, 앉아뛰기, 인사사위, 외사위 등이다. 재물대감은 고개사위, 고개잡이, 겹사위, 돌며양사위, 엇사위, 앉아뛰기, 인사사위, 외사위, 양사위, 연풍대, 병신춤 등으로 부채춤, 병신춤, 무당춤 형식의 춤을 춘다. 도령은 외발사위, 뜀질사위, 장타령춤 등으로 부채춤, 병신춤 등을 추고 말뚝이춤은 겹사위, 돌며외사위, 코차기, 엎발찔기, 고개잡이, 앉아뛰기, 쪼그려뛰기, 엎메기, 인사사위, 외사위 등으로 추어지는 채찍춤과 한삼춤을 춘다.

　양반·말뚝이춤 짜임새는 춤 주인공들인 양반들과 말뚝이들이 지배층과 피지배층이란 이질적 관계를 설정하여 대립적인 선상에서 추어지는 대무 형태이다. 이 춤의 궁극적인 목적이 양자 간의 묶은 갈등을 해소시키는 것이기 때문에 시종일관 맺고 푸는 본질을 갖고 있다. 한쪽이 다른 한쪽에 의해 일방적으로 추락하거나 또는 일방적으로 미화됨으로써 우세와 열세의 이분법적 구조에 바탕 한 것이다. 양반춤은 말뚝이에 의해 수모를 겪는 후퇴하거나 퇴보적인 춤으로 그려지고 말뚝이춤은 어두운 곳에서 밝은 곳으로 새롭게 솟나나는 진보적인 춤으로 그려지기 때문에 양반춤은 가냘프고 어설프며 일방적으로 몰락 당하지만 말뚝이춤은 힘 있고 박력 있으며 활기에 찬 춤으로 승화되어 진다. 예를 든다면, 말뚝이가 채찍으로 양반을 몰아 부여 후려치더라도 양반은 불만만을 나타낼 뿐 그것에 대한 어떠한 반격이나 대책을 세우지 않는다. 또한 땅에서 하늘로 솟았다가 다시 땅으로 돌아오는 즉 초월의 세계로 갔다가 다시 현실로 되돌아오는 춤으로 의미전달을 하고 있는 '코차기'라던가 '엿 먹어라'식의 팔뚝걸기(한삼걸기)가 민중의 대변자인 말뚝이춤에서만 보여지는 것은 양반과 말뚝이의 대립 선상에서 추어지는 말뚝이춤의 우세적이고 남성적인 활기에 찬 춤으로서 일종의 민중 해방춤이라 할 것이다. 이러한 이분법적 논리에 의한 춤의 진행이 눌리는 자와 누른 자 간의 대립적인 갈등의 춤이지만 곧이어 양자 간에 화해와 화합의 정신으로 승화되는 조화로운 춤으로 탈바꿈하게 된다. 눌리는 자와 누른 자 간의 조화로운 춤으로서의 가능성은, 곧 한쪽이 가해자이면서 동시에 피해자로서 패배자이며 동시에 또 다른 한쪽이 피해자이면서 가해자로서의 승리자이기 때문이다. 이러한 이중성, 양면성, 복합성, 조화성을 갖고 있는 양반·말뚝이춤의 본질이란 모순과 부조리를 폭로하여 갈등을 해소함으로써 곧 화해와 화합의 춤으로 승화되는 특징을 갖고 있다.

(6) 노승·취발이춤(팔목중춤, 소무춤 포함)

노승·취발춤은 크게 세 가닥으로 구분된다. 첫 번째는 술 취한 취발이가 그를 따르는 일곱 명의 목중들과 함께 하는 팔목중춤이 군무로 추어지는 것이고 두 번째는 두 명의 상좌를 대동한 노승이 아리따운 소무를 보고 동하여 불법을 파계하는 춤이며 마지막 세 번째는 취발이가 노승으로부터 빼앗은 소무를 데리고 흥겹게 즐기다가 소무가 낳은 취발이 새끼를 데리고 글공부를 가르치는 춤으로 되어 있다. 목중들은 흰 바지저고리에 목중 더거리를 입고 허리에 홍색 띠를 뒤로 둘러매었다. 양다리에 좌청우홍색의 긴 댓님을 허벅지와 허리띠에 연결하여 묶는다. 취발이는 흰 바지저고리에 일월을 상징하는 둥근 모양의 점박이가 박힌 붉은 취발이 더거리를 입고 허리에 황색의 띠를 뒤로 둘러매고 뒷부분에 왕방울 찼다. 양다리에 좌청우홍의 긴댓님을 허벅지와 허리띠에 연결하여 묶는다. 양손으로 푸른 느티나무 또는 버드나무 가지 한 묶음을 든다. 소무는 홍치마 노랑저고리에 남쾌자를 입고 제비홍띠를 허리 뒤로 둘러매었다. 색동한삼을 손목에 끼고 가면 쓴 후 벙거리를 썼다. 상좌는 흰 바지저고리에 행전을 찼으며 백장삼을 입고 흰 고깔을 썼다. 홍가사를 어깨에 둘렀으며 염주를 목에 걸었다. 노승은 회색 바지저고리에 행전을 찼으며 회색 칡베장삼을 입고 붉은 가사를 어깨에 메었다. 커다란 백팔염주를 목에 걸고 화선과 육환장을 들었으며 가면 쓴 후 송낙을 썼다. 노승·취발이춤은 염불, 타령, 자진굿거리 장단에 맞춰 춘다.

노승·취발이춤은 등장인물에 따라 다양한 춤들이 복합적으로 꾸며져 있다. 먼저, 팔목중춤은 여덟 명의 목중들이 가면을 머리 위에 걸치고 등장하여 활기찬 한삼춤으로 군무를 벌인다. 구체적인 춤사위들은 겹사위, 외사위, 양사위,

연풍대, 까치걸음 등이다. 상좌를 대동한 노승이 등장하여 소무를 어르는 춤을 춘다. 산 속에서 불법을 숭상하던 노승이 어여쁜 소무를 보고 아름다움에 놀라 부채와 백팔염주를 이용하여 어렵게 소무를 꾄다. 춤사위는 상좌춤에 있어서 합장사위, 뿌림사위, 감는사위, 채는사위, 맞사위, 짓는사위 등을 장삼춤 형식으로 춘다. 소무춤에 있어서는 짓는사위, 뿌림사위, 돌릴사위, 펴는사위 등이 사용되는데 그 형식은 색동한삼춤이다. 노승춤은 장삼춤, 부채춤, 염주춤 그리고 육환장춤을 떠는사위, 채는사위, 좌방진, 우방진, 도는사위, 외사위, 고개잡이, 인사사위, 겹사위, 허리채는사위, 돌며외사위 등으로 춘다. 취발이춤은 느티나무 또는 버드나무 가지를 들고 추는 나뭇가지춤을 추는데 주로 활용되는 춤사위는 겹사위, 양사위, 돌며양사위, 외사위, 채는사위, 엇사위, 앉아뛰기, 돌며앉아뛰기 등이다.

노승·취발이춤은 절간에서 오랫동안 불법을 숭상하던 노승을 파계시킨 후, 취발이가 노승으로부터 빼앗은 소무와 함께 낳는 아기를 기르는 장면이다. 목중들, 노승, 취발이, 소무의 연관 관계를 춤으로 표현하는 일종의 이야기 중심의 극적인 춤이다. 팔목중들은 노래 좋아하고 춤 좋아하는 한량들이지만 동시에 민중의 대변자로서 어둠에 감쳐져 있는 노승을 파계시키기로 한 인물들이다. 노승을 꼬여 어여쁜 소무에게 데려가자 노승은 곧 동하여 파계하기 시작한다. 노승이 파계를 진행하자 상좌들은 더 이상 노승을 보좌할 수 없기 때문에 퇴장한다. 소무는 노승의 적극적인 접근에도 매번 뿌리치다가 결국 깨끗하게 씻어 목에 걸어준 염주를 갖고서야 마음을 돌린다. 반복되는 소무의 거절은 결국 노승으로 하여금 불법 수호의 상징물인 염주를 버리게 함으로써 더욱 처절하게 파계시키고자 하는 본뜻이 담겨져 있다. 노승은 불법을 어긴 후 소무를 데리고 흥겹게 놀다가 민중의 우두머리 격인 춤 잘 추고 노래 잘하고 계집질 좋아하는 취발이와 맞선다. 취발이는 소무를 빼앗을 각오로 노승을 위협하는데, 결국 노승과 취발이의 대립 결과는 힘 있고 박력 있는 취발이의 일방적인 승리로 끝맺음을 한다. 노승을 내쫓은 취발이가 다시 소무를 갖기 위해 온갖 힘을 쏟는다.

생산력을 가진 자에게 다가서는 소무는 취발이와 교태스러운 행위를 하여 취발이의 새끼를 잉태시킨다. 취발이는 소무로부터 얻은 아들을 데리고 놀며 글공부를 시키다가 막을 내린다.

(7) 미얄영감·할미춤(용산삼계집춤, 무당춤 포함)

미얄영감의 복색은 흰 바지저고리에 행전을 차고 검정 칡베장삼을 입은 후 허리에 옥색 술띠를 둘러매었다. 백부채와 죽장을 들고 가면 쓴 후 개가죽관을 썼다. 할멈은 흰 치마저고리에 방울이 달린 지팡이와 무당부채를 들었다. 짚신 한 짝과 방울이 달린 허리띠를 뒤로 매었다. 용산삼계집은 홍치마와 노랑저고리를 입고 흰 손수건을 들었다. 남강노인은 흰 바지저고리에 행전을 찼으며 흰 두루마기를 입고 곰방대를 들었다. 미얄장단, 자진굿거리, 만세바지장단, 굿장단 등에 맞춰 춘다.

미얄영감·할미춤은 크게 두 가닥으로 구분되어 이루어진다. 첫 번째 춤은 미얄영감과 미얄할멈 그리고 영감의 첩 용산삼계집 등 세 사람의 삼각관계에서 애정과 갈등을 소재로 한 서민생활의 애환 및 일부처첩(一夫妻妾) 생활상을 다루는데 첫 대목은 영감이 용산삼계집을 꾀는 내용의 춤이다. 영감은 난리 통에 할멈을 잃고 돌아다니다가 주막에서 젊은 여자를 만나 첩으로 삼는다. 할멈은 고생 끝에 영감과 상면한다. 영감을 사이에 둔 할멈과 용산삼계집 간의 갈등이 고조되어 결국 할멈이 쫓겨난다. 두 번째 춤은 영감과 첩으로부터 내쫓긴 할멈이 죽게 되자 마을의 원로격인 남강노인이 등장하여 그를 좋은 곳으로 보내기 위한 진혼제를 거행하는 대목이다. 이 과정의 춤은 미얄영감춤, 미얄할미춤, 용산삼계집춤, 무당춤으로 구분된다. 구체적인 춤사위는 영감춤에 있어서는 부채와 지팡이를 이용하여 겹사위, 감는사위, 고개잡이, 인사사위, 엎메기, 여닫이, 외사위 등을 한다. 미얄할미춤은 부채와 방울지팡이를 이용하여 허리채는사위, 좌우치기, 꼰두발사위 등으로 이루어지는 엉덩이춤을 주로 춘다. 용산삼계집은 오른손에 흰 수건을 들고 짓는사위, 뿌리는사위, 돌릴사위, 펴는사위 등을 사용한다. 무당춤은 방울, 부채, 서낭기, 세왕필, 신칼 등을 들고 추는 부채춤, 서낭기춤, 세왕필춤, 신칼춤, 굿춤 등으로 구분되는데 주로 양사위와 연풍대가 사용된다.

미얄영감·할미춤은 나이 먹은 영감과 할멈이 난리 통에 헤어졌다가 재회하였는데 영감의 첩이 등장함으로써 부각되는 갈등과 그들의 삶을 담은 줄거리가 재담과 노래가 섞여지면서 추어지는 극적인 춤이다. 미얄영감은 나이는 먹었지만 재생산력을 소유한 한량이다. 젊은 색시를 첩으로 얻어 새로운 삶을 즐길 수 있을 만큼의 능력을 갖고 있다는 것이다. 나이 먹어 쓸모없는 미얄할멈은 신기(神氣)가 있어 점 보러 다니다가 고생 끝에 영감과 재회하지만 젊고 아름다운 첩과는 비교가 되질 않을 만큼의 만족스러운 삶을 꾸려내지 못하고 쇠퇴의 길을 가고 있는 처지이다. 결국 할멈은 첩과의 갈등에서 분하고 원통함을 지니고 집을 나가 물에 빠져 죽고 만다. 할멈이 죽은 것을 본 마을 원로 격인 남강노인이 영감을 앞세우고 할멈을 위한 진혼제를 거행한다. 재생산력을 추구하는 용산삼계집의 춤과 퇴보적이고 비생산적인 할미춤의 대결은 결국 생산성을 지닌 전자의 승리로 끝난다. 굿춤을 통해 갈등을 해소하고 잘못된 과거를 씻어내어 새롭게 도약하고자 하는 산 자의 미래지향적 삶에 대한 긍정적 결과를 얻는다. 동시에 죽은 자의 원혼을 푼다.

3) 뒷놀이

(1) 탈 태우기

사용하였던 탈 모두를 모닥불에 태워 마을의 모든 잡귀와 액운을 물리치고 평안을 기원한다.

(2) 뒷풀이

탈꾼, 악사, 관객 모두가 어울려 음주와 함께 밤새껏 신명풀이를 하면서 흥겹게 논다. 뒷풀이는 탈판을 최종적으로 마무리하는 마지막 끝장이다. 뒤풀이에 참여하는 사람이라면 누구든지 음악을 연주하고 춤을 추며 노래를 하는데 일종의 난장판을 연상케 한다. 그러므로 뒷풀이 춤에서는 일종의 난장춤이 연출되는데 주로 허튼사위로 이루어진다. 뒷풀이에서의 난장춤은 굳이 전문적인 탈꾼이 아니더라도 출 수가 있는 것이고 서투른 춤 솜씨라 할지라도 흥을 낼 수가 있다. 자연스럽게 즉흥적으로 흥에 겨워 즐기면서 추는 춤이다. 이러한 뒷풀이춤은 마당밟기와 같은 기능을 함으로써 결국 잡귀와 해로운 기운을 없애는 역할을 한다. 또한 개인적으로는 맺힌 한을 풀고 전체적으로는 마을민들의 대동단결을 도모한다. 그리고 탈판의 종결을 마무리한다. 이때에 마을만들의 애로사항은 물론이고 사회성을 갖는 논제로 잡담이 오간다. 또한 다음을 기약하고 마을의 번영과 발전을 위한 대책마련도 논의되기도 한다.

6. 맺는 말 – 강령탈춤을 통해 본 가면극에서 춤이 갖는 의미와 기능 그리고 역할

강령탈춤은 봉산탈춤이나 은율탈춤 등과 함께 북쪽지방의 독특한 사위춤 계통의 탈춤으로 전승 발전되어 왔다. 그러나 강령탈춤에는 독특한 춤이 포함되어 있는데 그것은 칡베 장삼을 이용하여 활기차게 감고 뿌리면서 북쪽지방의 독특한 춤 형식을 만들어내는 장삼놀림의 춤이다. 이로써, 강령탈춤에서는 하얀 한삼을 이용하여 추는 한삼사위춤 뿐만 아니라 기다란 칡베장삼을 이용한 칡베장삼춤이 포함되어 있어 주목된다. 이러한 춤 형식은 봉산이나 은율에는 보이지 않는 내용들이며 강령탈춤만의 독특한 특징으로서[2] 해서지방의 토속적인 춤 형식을 표현하는데 중요한 자료임을 보여주고 있다. 또한 강령탈춤은 사위춤의 독창적이고 구체적인 내용을 말뚝이춤을 통해 보여주고 있는데 이러한 말뚝이

---

2) 이두현, 1979, 『한국의 가면극』, 서울; 일지사, 190쪽.

춤이 단독적으로 분리되어 독립된 과장을 이루고 있는 것이다. 일반적으로 봉산이나 은율에서는 한 명의 말뚝이만 등장하는 것과는 달리, 강령에서는 두 명의 쌍말뚝이가 등장하여 여러 가지의 춤사위를 대무로서 보여 준다. 이러한 춤 구조는 역시 봉산이나 은율에서는 보이지 않는 것들로서 강령탈춤에만 독창적으로 존재하는 것으로써 북쪽 지방 여타의 다른 탈춤과는 색다른 것으로 평가되어 왔다.[3]

강령탈춤 전 과정에서 표현되는 춤은 크게 25가지의 형식으로 나타나는데 그것들은 길놀이춤, 허튼춤, 사자몸통춤, 채찍춤, 한삼춤, 떠는춤, 곤장춤, 장삼춤, 부채춤, 지팡이춤, 방울지팡이춤, 병신춤, 무당춤, 육환장춤, 염주춤, 색동한삼춤, 수건춤, 나뭇가지춤, 취발이새끼춤, 엉덩이춤, 서낭기춤, 세왕필춤, 신칼춤, 굿춤, 난장춤 등이다. 춤사위로는 허튼사위, 입장사위, 털핥는사위, 혀노는사위, 채는사위, 입사자, 용트림, 거드렁사위, 겹사위, 연풍대, 엎메기, 고개잡이, 까치걸음, 긁는사위, 뒤궁구르는사위, 우방진(右方進), 좌방진(左方進), 후방진(後方進), 회우방진(回右方進) 회좌방진(回左方進), 곱사위, 곤장차기, 곤장채기, 돌며곤장채기, 돌며곤장메기, 돌며곤장차기, 곤장세워뛰기, 인사사위, 맞춤사위, 겨누기, 양발뛰기, 외발뛰기, 한삼걷기, 코차기, 엎발찧기, 앉아뛰기, 돌며앉아뛰기, 쪼그려뛰기, 양사위, 돌며양사위, 업메기, 여닫이, 앉아여닫이, 엇사위, 학걸음, 합장사위, 뿌림사위, 감는사위, 푸는사위, 어르는사위, 맞사위, 장타령사위, 외발사위, 뜀질사위, 떠는사위, 채는사위, 도는사위, 허리채는사위, 외사위, 돌며외사위, 돌릴사위, 펴는사위 허리채는사위, 좌우치기, 꼰두발사위 짓는사위, 돌릴사위, 펴는사위 등 총 68종이다.

춤형식과 춤사위에 영향을 미치는 것으로는 복색(한삼과 장삼)과 소도구(채찍, 곤장, 부채, 지팡이, 방울지팡이, 육환장, 염주, 손수건, 나뭇가지, 취발이새끼, 서낭기, 세왕필, 신칼)이다. 복색의 한 부분인 한삼과 장삼은 손목 부분에 부착되어 춤사위의 율동감과 생동감을 갖게 하고 춤의 표현

---

3) 강령탈춤 말뚝이 과정이 독창적이라는 견해는 익히 잘 알려진 바이다.

력을 한층 고조시키는데 큰 역할을 하게 된다. 그러한 이유는 한삼의 경우 가벼운 천으로 기다랗게 제작되어 쉽게 나풀거릴 수 있도록 되어 있으며, 장삼의 경우 두꺼운 칡베로 넓게 만들어져 무거운 느낌을 줄 수 있기 때문이다. 한편, 소도구 또한 복색 부분의 한삼이나 장삼 못지않게 춤에 미치는 영향이 강하다. 주로 소품으로 취급되는 부채, 대지팡이, 곤장 등은 소도구들의 활용은 춤의 율동감과 생동감뿐만 아니라 춤의 의미전달에도 큰 도움을 준다. 춤과 춤의 연결을 자연스럽게 도모할 뿐만 아니라 춤의 고저를 조절하는데도 한몫하게 된다. 뿐만 아니라 이야기 중심의 극적인 춤과 춤 사이를 자연스럽게 연결시켜 줌으로서 춤의 이해력을 넓히고 의미전달을 돕는다.

강령탈춤에서의 춤이 갖는 의미와 기능은 대략 민중의식, 삶, 신앙성, 불교성, 놀이성, 예술성, 연희의 공간성과 시간성, 교육성, 생산성 등으로 나타나고 있다. 민중의식과 관련된 것으로서는 억눌린 자의 활기찬 기상을 춤으로 보여줌으로써 지배층을 모독하고 동시에 민중들의 억울함을 폭로하여 개혁을 시도하려는 의도를 갖는다. 그러한 것은 양반의 가냘픔과 어리석음을 표출하고 동시에 민중(말뚝이 또는 취발이)들의 활기찬 진보적 성격을 나타내는 데서 나타난다. 억눌린 자의 한을 풀어내고 해방의 춤을 통해 솟구치는 환희의 심정을 미적인 감각으로 살려냄으로서 지배층과 피지배층의 대립적 선상을 민중의 해방춤으로 표현한다.

삶과 관련된 것으로는 춤을 통해 지배층과 피지배층과의 화합 및 화해를 도모함으로서 미래의 삶에 대한 긍정적 효과를 기대할 뿐만 아니라, 마을민의 대동단결과 발전을 도모하기도 한다. 한편, 영감과 할멈의 재회는 헤어짐과 만남을 통해 삶의 슬픔과 환희의 양면적 구조를 반영하고 있다. 또한 싸움에서 승자와 패자가 나뉨으로써 갈등은 해소되지만 원과 한을 낮게 하는 인간사의 본질을 드러낸다. 결국 꼬여짐을 원풀이 내지는 한풀이를 통해 산 자의 미래를 위한 무속적인 한국인의 본질적 신앙 행위의 굿춤이 표현된다.

신앙·종교성과 관련되어 있다는 것은 곧 나쁜 액을 쫓고 동시에 해로운 기운을 제거하며 잡귀와 잡신을 몰아냄으로서 탈판을 정화시키는 벽사의식적인 신앙성과 신비성의 춤이 크게 부각되는 데서 알 수 있다. 한편, 불교와 관련하여, 노승이나 목중 등 불교 종사자들이 불교 의례적 또는 관련성의 춤을 통해 불교와 연관된 의미와 기능을 갖도록 하고 있다. 수도승의 고행과 수도 형태를 담은 불교적 또는 불교 지향적 춤은 불교의 단면을 보여주는 대목으로서 불교의 민중화 또는 교육화의 내용을 춤으로 표현하고자 하였다. 그와는 달리, 승려가 어여쁜 소무에 동하여 불법을 파계함으로서 불교의 부도덕한 면을 담고 있으며 민간과 승려의 동시 출연으로 인한 민중놀이의 불교화 또는 불교의식의 민중화를 직·간접적으로 표출한다. 이는 탈춤이 불교의식과 민중놀이가 습합되어 있음을 보여주는 것이다.

놀이성과 관련되어서는, 관객을 동원하기 위한 길놀이에서의 춤이라든가 뒷풀이에서의 허튼춤 등이 흥판과 난장판을 만드는 광경에서 잘 나타나고 있다. 길놀이춤을 통해 관객들의 참여를 유도하여 흥을 고조시킴으로써 놀이적 연희로 이끌어 간다. 또한 탈놀이 진행과정에서 추임새 뿐 아니라 자유로운 자기만의 흥춤을 통해 축제적 놀이성격을 갖는다. 결국 길놀이, 탈놀이, 뒷놀이에서 연속적으로 이어지는 춤은 탈꾼과 관객이 동시에 흥을 북돋을 수 있는 최대적인 요소로써 작용한다. 이는 춤을 통해 연희자를 포함한 모든 참여자들이 한 공간에서 공감대를 형성할 수 있도록 하게 만든다. 오늘날의 탈춤은 정형화된 춤사위로 연희를 이끌어 나가지만 원래는 즉흥적으로 이루어졌다. 이러한 연희 형식은 탈춤의 춤사위를 상당히 자유롭게 변화시킬 수 있도록 하였던 것이다. 탈춤은 조선시대에 유교적인 윤리 도덕의 영향으로 피지배층이었던 양반들이 탈춤이나 판소리 등의 민중예술을 무시하였던 까닭으로 정형화된 즉 사회적으로 공인된 무대가 발달하지 못한 것으로 파악되고 있다. 이러한 이유로 탈춤은 공간이 터진 마당이나 야외에서 놀아졌는데 이것이 오히려 연희자와 관객이 일체감을 가질 수 있는 연희로 발달하게 된 것이다. 그러므로 탈춤은 자연스럽게 관객이 연희에 끼어들어 대사뿐만 아니라 춤에도 한몫하게 된 것이다. 그러한 요소들을 잘 소화해 내기 위해서는 자연스럽게 춤의 역할이 큰 작용을 하게 된다. 특히 뒷풀이의 경우, 참여자들이 누구나 할 것 없이 흥을 낼 수 있는 여러 가지 요소 중에 가장 강한 것이 춤이다. 이때는 흥에 겨운 춤을 마구잡이로 춘다. 서로 어깨동무를 하기도 하고 줄지어 춤을 추기도 한다. 서로가 몸과 몸으로 부딪침으로써 차원 높은 집단적 신명풀이를 한다. 이 기회를 통해 맺힌 감정을 춤으로 발산하여 상호간의 정서를 이해하고 내면적 의식을 교환하게 된다.

가면극에서의 춤은 다분히 예술성을 담고 있다. 다양한 춤 형식과 복잡하고 섬세한 춤사위는 예술적인 기교를 바탕으로 한다. 비록 탈춤이 민중놀이로서 마을의 청장년들로 구성된 비전문적인 춤꾼들에 의해 이루어 졌다지만 짜여진 춤 형식과 춤사위 기법으로 보아 예술적 끼를 갖지 않은 춤꾼이 소화해 내기란 어렵다. 이에 탈춤에 관여하였던 춤꾼들은 분명 예능적 끼를 가진 자들로써 구성되었을 것이고 수많은 관람객이 참여하는 공연장에서 춤을 추기 위해 기법을 연마하고 연구하여 예술적 미를 다듬었을 것이다. 또한 강령탈춤 지속 과정에서 보이듯이, 한 때는 교방에서 학습하였던 가무인들이 참여하였을 정도로 이미 예술성을 갖추고 있었던 연희임을 말해주고 있다. 예능학습을 전문적으로 받은 기녀들이 자연스럽게 참여 하였던 것만 보아도 가면극에서의 수준 높은 춤을 짐작할 수가 있다. 한편, 탈춤은 지역 연희로서 오랫동안 한 곳에서 전승·발전되어온 까닭으로 구체적이고 섬세한 춤 기법을 갖추게 되는데 별 무리가 없다. 뿐만 아니라 춤은 음악에 물려있고 음악은 춤 속에 있다는 가무악의 혼연일체적 원리에 비추어 볼 때, 강령탈춤의 삼현육각 반주나 쌍피리 연주는 예술성 없는 연희에서 연주되지 않았을 것임이 분명하다.

춤을 통한 탈춤에서의 공간과 시간의 초월은 극의 진행과 변화에 큰 도움을 준다. 탈놀이에 주어진 시간은 한정적이고 무대는 불변이다. 폭 넓은 상황설정이나 장중한 시간을 춤으로 해소시킴으로써 시간과 공간을 무한정으로 확보케 한다. 예컨대, 팔목중들이 노승을 파계하기 위해 물 좋고 산 좋고 경치 좋은 곳으로 인도하는데 있어서, 퇴장하였다가 다시 등장하기보다는 노래를 곁들인 춤을 통해 시간과 공간을 해결한다.

탈춤이 갖는 교육성은 곧 나쁜 짓을 한 사람을 위협하여 교화시키는 사자춤이나, 인간이 사자를 인간사회에 순화시키는 내용의 춤으로 표출되고 있는데서 알 수 있다. 뿐만 아니라 취발이 새끼를 춤으로 교육하고 성장시킴으로서 가면극에서 춤이 갖는 교육성의 한 면을 엿볼 수가 있다. 마지막으로, 탈춤 속에서의 생산성은 중요하다. 즉 영감이 용산삼계집과 결합하는 춤은 재생산적인 능력을 나타내고 소무가 취발이와의 교태스러운 관계에서 새끼를 생산해내는 춤은 곧 삶과 인간의 생산성을 표출하고 있는 것이다. 이러한 현상은 미얄할멈이나 노승의 비생산적인 춤을 통해 이루어지는 결과로서, 될 수 있는 것과 될 수 없는 것의 이중성을 춤으로 표현하는 것이다.

춤은 대사와 대사를 연결하는 역할을 한다. 예컨대, 양반·말뚝이과정에서 양반과 말뚝이 사이의 대립적인 대사를 주고받는 장면에서 극 진행이 다음으로 이어지지 않을 것 같아 보이지만 양반춤과 말뚝이춤의 대무를 통해 자연스럽게 대사를 연결하고 극의 진행을 도모하고 있음을 알 수 있다. 춤은 또한 움직임을 통해 대사로 표현하지 못한 지배층에 대한 억울함의 발산, 사회적 모순의 폭로 등을 발산하는데, 곧 대사 이면에 내재된 응어리를 춤으로 자유롭게 표현하고 있다. 그러한 대목들은 양반들을 후려치는 춤이라든지, '엿 먹어라'식의 팔뚝걷기(한삼걷기)가 갖는 상징성에서 엿볼 수 있다. 애환과 한이 내재된 민중들의 심정을 표출하기 위해 탈춤을 추는 탈꾼들은 현실 사회의 일원이지만 탈판을 통해 신분과 지위를 초월한 민중의 대변자로 탈바꿈된다. 어두운 저녁에 탈판 중앙에 장작불을 뛰어넘는 춤을 추었다는 것은 곧 응어리진 한을 풀어내려는 극히 도약적인 의도에서 알 수 있다. 또한 탈춤에 있어서의 춤은 사회적 구조 및 인간 심리적 모순과 갈등을 풍자와 해학으로 표현한다. 춤 자체가 익살스럽고 상징적이며 표현방식이 강렬한 데서 알 수 있으며, 손놀림이나 발디딤이 강한 데서 그러한 본질을 포착할 수 있다. 그러한 것을 소화해 낼 수 있는 것은 곧 탈춤이 상정된 특정 인물의 탈을 쓰고 추는 것이며 여러 동작을 통해 또 다른 표현을 할 수 있는 이점이 있기 때문이다. 가면극에서의 춤은 또한 무엇보다도 추악한 사회의 모순을 폭로하고 억울한 민중의 감정을 발산하는 데 있다. 그러한 것은 전체적으로 보아 춤의 폭과 동작선이 크고 활발하다는 데서 알 수 있다. 이러한 견해는 일반적인 한국춤과 비교하여 볼 때 쉽게 수긍할 수 있는 대목이다. 예컨대, 탈춤에서의 코차기는 천중(天中)을 나는 춤이라고 하는데 이러한 마치 무술 같은 형식의 춤이 탈춤 이외에 존재하지 않는 것만 보아도 알 수 있다. 언뜻 보아도 가면극에서의 춤이 상당히 강하고 전투적이다는 것은 겨누기, 코차기 등의 춤사위에서 쉽게 드러나고 있다. 이러한 전투적이고 과격한 춤사위들로 하여금 가면극이 민중적이면서 동시에 현실을 초월한 개혁 의지를 강하게 나타내는 연희임을 짐작케 하는데 무리가 없다. 특히 코차기는 땅에서 하늘로 솟았다가 다시 땅으로 돌아오는 의미로서, 즉 초월의 세계로 갔다가 다시 현실로 되돌아옴을 보여주는 대목으로 분석되기도 한다.[4] 이러한 것은 탈춤이 현실과 초월의 세계를 동시적으로 감싸고 있음을 시사하는 것이고 그것은 가면극에서의 춤이 현실적이면서 초월적인 춤이라는 것을 암시한다고 볼 수 있는 것이다.

---

4) 이명경, 「강령 말뚝이 과장 연구―춤사위 의미론적 연구를 중심으로」, 『한국무용연구』, 한국무용연구회, 1986, 119쪽.

참고문헌

김실자·김정순, 『강령탈춤교본』, 강령탈춤보존회, 1989.

김영석, 『탈 ─ 중요무형문화재 34 강령탈춤』, 서울, 은하출판사, 1986.

김일출, 『조선민속탈놀이연구』, 과학원출판사, 1958.

박진태, 『한국가면극연구』, 서울, 새문사, 1985.

______, 『탈놀이의 기원과 구조』, 서울, 새문사, 1990.

서연호, 『황해도 탈놀이』, 서울, 열화당, 1988.

양종승, 「강령탈춤 연구」, 『한국민속학』 17:, 1984.

이두현, 『한국의 가면극』, 서울, 일지사, 1979.

이두현·김기수, 「무형문화재조사보고서 제68호 강령탈춤」, 문화재관리국, 1969.

이명경, 「강령 말뚝이 과장 연구 ─ 춤사위 의미론적 연구를 중심으로」, 『한국무용연
    구』 4: 96─122, 1986.

이병옥, 『송파산대놀이연구』, 서울, 집문당, 1982.

전경욱, 「탈춤의 연행원리」, 『구비문학』 8, 정신문화연구원, 1985.

______, 『한국 가면극 그 역사와 원리』, 서울, 열화당, 1998.

정병호, 『춤사위』, 한국문화예술진흥원, 1981.

______, 『한국춤』, 서울, 열화당, 1985.

______, 『한국의 민속춤』, 서울, 삼성출판사, 1993.

조동일, 『한국가면극의 미학』, 한국일보사, 1975.

최상수, 『해서가면극의 연구』, 서울: 정동출판사, 1983.

제4장

가면극과
주변문화

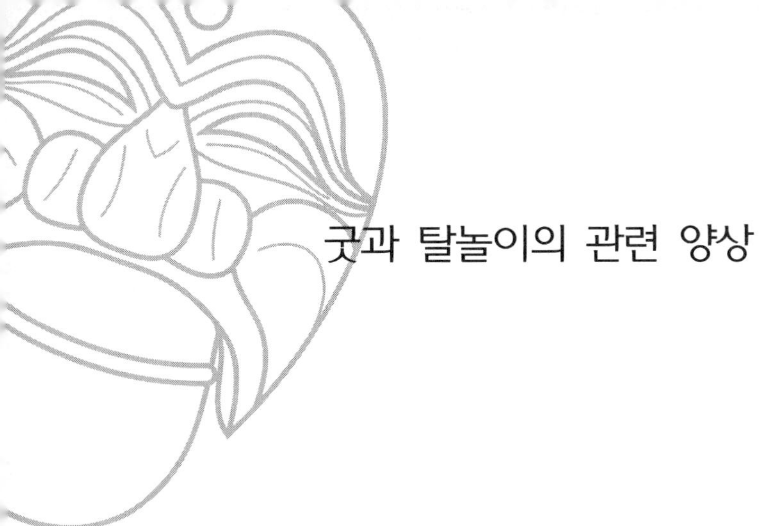

굿과 탈놀이의 관련 양상

1. 머리말

굿은 예술의 모태이며 원천이다. 문학과 음악과 무용과 연극과 연희가 굿에서 발생하여 분화·파생되었다는 주장은 이미 상식이 되어버렸다. 그러나 이러한 예술의 제의 기원설을 구체적인 자료를 통해서 검증하는 작업은 아직도 미진한 형편이다. 특히 굿을 제신(祭神)에 따라 천신굿, 시조굿, 산신굿, 용신굿, 지신굿, 성황굿(서낭굿), 당산굿, 도당굿 등으로 구분하고, 지역 공동체에 따라 나라굿, 고을굿, 마을굿으로 구분할 때 굿에 관한 문헌 자료와 전승 자료를 포괄하여 신격에 따라, 규모에 따라 체계적으로 논의하지 못한 실정이다.

나라굿에 관해서는 단편적이고 빈약한 문헌 자료만 남아있기 때문에 고을굿·마을굿의 전승 자료만 국한시켜 그 구성 구조를 분석하고, 이를 토대로 굿의 분화 양상과 변모 과정 및 굿과 탈놀이의 발생론적 관계에 대해 살펴보기로 한다. 그리고 고을굿·마을굿의 유래담과 결합된 탈과 탈놀이의 발생설화도 검토하여 굿과 탈·탈놀이의 관련 양상을 밝히기로 한다.

굿의 역사에 대한 기본적인 관점은 전문적이고 직업적인 무당이 사제하는 굿에서 비전문적이고 비직업적인 민간인이 사제자 역할을 하는 굿으로 전환되었다는 인식을 기본 전제로 한다. 왜냐하면 폐쇄적인 무당 집단에 의한 전문

문화인 샤머니즘이 민중의 생활 영역 속에서 생동하는 보다 더 민간적인 것 내지는 일반적인 민속 문화가 되는 것이 종교사의 보편적인 흐름이라고 보기 때문이다.[1]

2. 고을굿 · 마을굿의 전승 양상

1) 무격이 참여하는 굿

(1) 영산의 단오굿

경상남도 창녕군 영산의 단오굿은 일명 문호장굿이라고도 하는데, 다음과 같다.[2]

① 음력 5월 1일에 호장 · 수노(首奴) · 무녀가 영취산의 서낭당에서 서낭대에 서낭신을 강신시킨다. (신내림)

② 서낭신(문호장신)의 유적지 · 딸의 신당 · 현청을 순방하고 신청에 좌정시킨다. (신맞이 행렬과 신유)

③ 5월 3일에 서낭신이 신마를 타고 애첩의 신당을 방문한 후 부인(본처)의 신당을 방문한다. (화해굿; 신성결혼)

④ 무녀 집단이 첩 편과 본처 편으로 갈라져 싸우는데, 관중까지 합세하여 본처의 승리로 끝맺는다. (싸움굿)

⑤ 신청으로 되돌아오는 도중에 원님과 육방 관속의 집을 순방하며 축원한다. (신유)

⑥ 5월 6일에 서낭신을 영취산의 서낭당으로 배송한다.(송신)

---

1) 김열규, 『한국민속과 문학연구』, 일조각, 1971, 266~267쪽 참조.

2) 김광언, 「문호장굿」, 『한국문화인류학』 제2집, 한국문화인류학회, 1969, 99~109쪽의 보고서 참조.

무녀가 사제하는 서낭굿에서 무녀가 탈을 쓰지 않은 채 본처신과 첩신의 싸움을 제의극(祭儀劇)의 형태로 연행하는 것이 특징이다. 굿의 구성 구조는 대체로 「강신－신유(神遊)－화해굿－싸움굿－송신」이며, 화해굿이 싸움굿의 원인이 되는 점이 특이하다.

(2) 강릉의 단오굿

강원도 강릉시의 단오굿은 다음과 같다.[3]

① 음력 4월 15일에 대관령의 국사성황사에 가서 국사성황신이 빙의(憑依)된 단풍나무를 톱으로 잘라 받들고 내려온다.(신내림과 신맞이행렬)

② 예전에는 성황신을 환영하던 고을사람들이 군수(중앙조정에서 파견된 양반)와 좌수(지방의 토착 양반)의 편으로 갈라져 횃불싸움〔炬火戰〕을 벌이었다. (싸움굿)

③ 성황신을 여국사성황신사에 화해·동침시킨다. (신성결혼; 화해굿)

④ 예전에는 남녀성황신을 대성황사에 좌정시키고 그 앞마당에서 무굿과 탈놀이를 하였으나, 현재는 남대천 강변의 굿당〔신청(神廳)〕에 좌정시키고 한다. (신유; 오신(娛神)행위)

⑤ 예전에는 괫대〔화개(花蓋)〕를 앞세우고 약국성황과 대창성황(육(肉)성황과 소(素)성황) 및 시장과 관아를 순방했는데, 그때 화개무(花蓋舞)를 추고 탈놀이를 했다.(신유)

⑥ 대성황사의 뒤뜰(현재는 남대천변의 굿당)에서 신대와 화개를 불태웠다. (송신)

⑦ 탈놀이는 관노가 연희하였는데, 첫째마당에서는 장자마리(토지신과 동해신의 복합신격) 2명이 골계적인 놀이를 하고, 장내의 질서를 정돈하며, 둘째마당에서는 왕광대와 소매각시가 대무(對舞)를 할 때 홍역신인 시시딱딱이 2명이 등장하여 소매각시를 희롱하면, 왕광대가 격분하여 시시딱딱이부터 소매각시를 되찾는다. 첫째마당은 놀이판을 정화시키는 개장

---

3) 임동권, 『한국민속학논고』, 집문당, 1971, 225~228쪽의 보고서 참조.

의식이고, 둘째마당은 남녀신의 성적 결합에 의해 풍요 다산을 기원하고, 남녀간의 삼각 관계에 의해서는 홍역을 예방하려는 유감주술적인 제의극이다.

무녀가 사제하는 서낭굿과 민간인 관노가 연행하는 제의적인 탈놀이가 결합되어 있는 것이 특징이다. 굿의 구성 구조는 대체로 〈강신―싸움굿―화해굿―신유―송신〉이며, 싸움굿과 화해굿이 신유보다 선행하는 점이 특이하다.

(3) 장말의 도당굿

경기도 부천시 장말의 도당굿은 다음과 같다.[4]

① 화랭이가 하당(당집과 당나무)의 부정을 제거하면, 도당할아버지(종신제 상임 제관)가 신의(神衣)를 입고 상당(바위와 당나무)에 가서 도당할아버지를 접신하여 되돌아와서 좌정시킨다.(신내림과 신맞이 행렬)
② 도당할아버지가 집집마다 돌거나 굿당〔신청〕에서 마을사람이 백미와 종이돈과 음식을 진설한 소반(화반이라 부른다) 위에 합죽선을 펴서 세워 길흉을 점친다. 그리고 이때 도당할아버지가 왜구와 싸우다가 한쪽 다리에 부상을 입었다는 전설에 근거하여 외다리춤을 춘다.(신유)
③ 무녀가 굿당에서 제석굿, 손님굿, 군웅굿 같은 굿거리를 한다.(신유)
④ 도당할아버지가 도당할아버지신을 접신하여 상당에 가서 송신한다.(송신)

무녀의 사제 기능이 축소되고 신이 빙의된(spirit-possession) 마을사람의 역할이 확대된 것이 특징이다. 굿의 구성 구조는 〈강신―신유―송신〉이며, 싸움굿과 화해굿이 없다.

---

4) 『경기도 도당굿』(열화당, 1983)에 수록된 황루시 교수의 보고서와 1987.7.4에 지금은 고인이 된 장한복 도당할아버지와의 면담 조사에 근거함.

(4) 고성의 군사신굿

강원도 고성군 읍내에서 행했던 군사신제는 다음과 같다.[5]

① 비단으로 신탈을 만들어 사당에 안치하고, 매달 초하루와 보름날에 관아
에서 제사를 지냈다.(신체가면)
② 12월 20일 무렵에 신이 고을사람 가운데 하나에게 강신했다.(신내림)
③ 접신된 고을사람은 신탈을 얼굴에 쓰고 춤을 추며 관아의 안과 읍내를
돌면서 놀았다.(신유)
④ 다음해 정월 15일에 사당에 송신시켰다.(송신)

신들린 민간인이 신탈을 쓰고서 신의 역할을 한 것이 특징이다. 굿의 구성
구조는 〈강신-신유-송신〉이다.

(5) 하회의 별신굿

경상북도 안동시 풍산면 하회마을의 별신굿과 탈놀이는 다음과 같다.[6]

① 음력 12월 그믐날에 山主(종신제 상임제관)·광대패·동민이 화산의 서
낭당(상당)에 올라가 서낭대에 여서낭신을 강신시킨다.(신내림)
② 서낭대를 앞세우고 도령당(하당)과 삼신당(느티나무)을 순방한 뒤 동사(임시
신당, 산주와 광대패의 합숙소)에 와서 좌정시킨다.(신맞이 행렬과 화해굿)
③ 동사의 앞마당에서 탈놀이를 노는데, 각시광대가 무동춤을 추고 걸립(乞
粒)을 하고 나면, 주지마당(벽사의식무)·백정마당(황소의 도살과 우낭·
염통 팔기; 천민의 한풀이; 희생제의)·할미마당(할미의 베짜기와 청어에
대한 식탐; 생산계급의 빈곤상; 겨울과 죽음의 추방의식)·중마당(승려가
부네의 방뇨(放尿) 장면을 목격하고 약탈함; 파계승에 대한 풍자; 여름과
의 통합의례 또는 천부신과 지모신의 신성결혼)·양반선비마당(늙은 양

---

5) 이석호 역, 『동국세시기(외)』(을유문고 25), 을유문화사, 1971, 136쪽 참조.
6) 박진태, 『탈놀이의 기원과 구조』, 새문사, 2000, 350~361쪽의 보고서 참조.

반과 젊은 선비가 지체와 학식의 우열을 다툰 뒤 부네를 차지하려고 싸우다가 화해함; 사대부의 분열상과 위선에 대한 풍자; 여름과의 통합을 위한 늙은 왕과 젊은 왕의 싸움)을 연희한다.(신유와 오신)

④ 무녀와 광대들이 동민의 집을 돌면서 벽사(辟邪) 진경(進慶)의 지신밟기를 했는데, 사대부의 집에서는 무녀는 지신밟기를 하고, 광대들은 양반을 위해서 탈놀이를 놀았다.(신유와 오인)

⑤ 정월 보름날에 서낭당에 올라가 산주는 서낭당 안에서 제사를 지냈다.(당제)

⑥ 광대들은 서낭당의 앞에서 탈놀이를 놀았다.(신유)

⑦ 해질 무렵에 서낭대를 서낭당 처마에 걸쳐놓고, 하산했다.(송신)

⑧ 마을 어귀에 있는 밭에서 여서낭신과 도령신의 혼례식(초례와 신방; 해원의식과 풍요 제의)을 비밀의식으로 거행했다.

⑨ 광대들은 탈을 동사에 보관하고, 무격은 잡귀 잡신을 퇴송하는 허천거리굿을 하였다.(송신)

제관은 대내림을 하고 당제를 지내고, 무녀는 지신밟기를 하고, 광대들은 탈놀이를 하는 식으로 사제집단의 역할이 분화된 것이 특징이다. 그리고 신내림에 의해서만이 아니고 동일화의 원리에 의해 광대가 탈을 쓰는 것이 특징이다. 굿의 구성구조는 〈강신-화해굿-신유-송신〉이며, 각시광대놀이는 〈강신-신유-화해굿-송신〉으로 진행되는 제의극이다.

2) 무격이 참여하지 않는 굿

(1) 주곡동의 서낭굿

경상북도 영양군 일월면 주곡동의 서낭굿은 다음과 같다.[7]

① 음력 12월 그믐날에 풍물패가 서낭대를 조립하여 여서낭당(당나무)에 가서 신을 내린다.(신내림)

---

7) 박진태, 『민속극 자료의 세 가지 문제』, 역락, 2000, 143~153쪽의 보고 자료 참조.

② 정월 3일~5일까지 서낭대를 앞세우고 집집마다 돌면서 지신밟기를 했다. 탈꾼들도 따라다녔다.(신유)

③ 10일 무렵에 서북방에 위치한 가곡동의 풍물패가 남서낭신의 신대를 앞세우고 내방하면, 풍물을 연주하여 경연을 벌인다. 이기는 마을에 풍년이 든다고 믿었다.(싸움굿)

④ 두 마을의 남녀 서낭신의 서낭대를 당나무에 기대어 나란히 세워 놓고, 풍물을 연주하는데, 두 서낭신의 치마—여서낭신의 붉은 치마와 남서낭신의 검은 치마—가 바람에 펄럭이어 휘감기면 부부신이 교구(交媾)한 것으로 간주하고, 두 마을의 풍작을 예측했다.(신성결혼식; 화해굿)

⑤ 보름날 밤에 제관의 집에서 풍물을 치며 탈놀이를 놀았다. (신유)

⑥ 자정이 되면 서낭당에 가서 제사를 지내고, 서낭대는 해체하여 월록서당의 처마 밑에 보관하였다.(송신)

풍물패가 신내림과 지신밟기와 탈놀이를 모두 담당하여 세 가지 제의가 연속체를 유지한 점에서 마을굿이 무격 집단과의 관계를 완전히 단절시킨 것이 특징이다. 굿의 구성구조는 〈강신-신유-싸움굿-화해굿-송신〉이고, 따라서 전형적인 풍물굿이라 할 수 있다.

(2) 가산의 당산굿

경상남도 사천시 축동면 가산의 천룡제와 오광대놀이는 다음과 같다.[8]

① 음력 정월 2일~3일에 동민 가운데서 생기(生氣) 복덕(福德)이 좋은 까닭에 선임된 제관이 당산에서 천룡제를 지냈다.

② 풍물패가 당산(할미신)→장승→우물을 돌면서 축원했다.

③ 보름날 밤에 광대패가 탈놀이 "오광대"를 연희하였는데, 첫째마당 오방신장무는 제의극적 기능이 잔존하여 있고, 나머지 마당들은 양반·중·남성을 비판하고 풍자하는 세속적인 오락극이다.

---

8) 1986.8.7~8 양일간 한윤영·한계홍·김오복 씨를 상대로 면담 조사한 바에 의거한다.

　　마을사람들이 당제를 지내는 제관과 매구를 치는 풍물패와 탈놀이를 하는 광대패로 철저하게 역할을 분담하고, 세 제의가 비연속적인 관계인 것이 특징이다. 굿은 내림의 원리가 작용하지 않기 때문에 신대도 없고 송신의 절차도 없다.

(3) 수영의 산신제

　　부산시 수영의 산신제와 들놀음은 다음과 같다.[9]

　　① 음력 정월 초순에 야유계가 주동이 되어 지신밟기를 하여 걸립한 전곡으로 경비를 조달하였다.(신유의 변형)
　　② 탈을 만들어 탈제를 지냈다.(신내림의 변형)
　　③ 보름날 낮에 광대패가 산신제·우물고사·최영장군묘제를 지냈다.(신내림과 신유의 변형)
　　④ 달이 뜰 무렵에 강변이나 먼물샘에서 출발한 광대패의 행렬이 시장의 공연 장소로 이동했다.(신맞이 행렬의 변형)
　　⑤ 집단란무에 이어서 탈놀이를 놀았다. 탈놀이는 양반과 남성을 비판하는 마당을 연행한 뒤 제의적인 사자무로 끝맺었다.(신유)
　　⑥ 탈들을 모두 불태우며 액을 물리고 만사 형통하기를 축원하였다.(송신)

　　산신제는 단위굿이 변형되고, 변형된 신유가 변형된 강신과 신맞이 행렬보다 먼저 연행되는 식으로 전위된 것이 특징이다. 탈놀이는 〈강신-영신 행렬-신유-송신〉으로 진행되어 사자탈을 신체가면으로 한 제의극이라 할 수 있다.

---

9) 강용권,『야류·오광대』, 형설출판사, 1982, 36~38쪽과 강용권,『한국민속극』, 동아대학교출판부, 1986, 59~61쪽 참조.

3. 고을굿 · 마을굿의 분화 양상

1) 고을굿 · 마을굿의 분화 과정

굿의 사제자는 무격, 풍물꾼, 광대로 구분되고, 굿의 구성 구조는 일반적으로 〈영신-오신-송신〉으로 지적되지만, 〈내림(맞이)-신유-싸움굿-화해굿-송신〉와 같은 확대형도 적잖이 확인된다. 물론 지역에 따라서는 이들 다섯 단위굿의 순열과 조합이 다르게 발현되는 변이 양상을 보이기도 한다. 따라서 한국 굿의 역사는 무격이 사제하는 굿에서 악사가 주도적인 역할을 하고 광대가 종속적인 풍물굿과 광대가 주도적인 역할을 하고 악사가 종속적인 탈놀이굿이 분화 · 파생된 것으로 추정된다.[10]

2) 고을굿 · 마을굿의 단속화(斷續化) 현상

하회별신굿탈놀이는 세 가지 형태의 제사 의식이 복합되어 있다. 곧 서낭신이 가가호호를 순방하며 사기(邪氣)와 악귀를 제거하고 명복을 주는 지신밟기와 당에서 제물을 바치고 축원하는 당제 및 신무를 추는 서낭신에게 동민은 공물을 헌납하며 직능신들은 놀이를 봉헌하는 탈놀이로 구성되어 있다.

수영들놀음도 음력 정월 3 · 4일경부터 13일까지 지신밟기를 하고, 보름날 낮에 산신제를 지내고, 밤에 탈놀이를 했는데, 사자탈을 산신탈로 의식하여 산신제와 탈놀이는 연속적인 관계이지만, 지신밟기는 하회처럼 빙의 원리에 의한 산신의 신유 의식이 아니라 풍물패의 음악과 언어의 주술성에 의한 축귀 초복의 의식인 점에서 차이가 생긴다.

주실마을의 서낭굿은 이와는 대조적으로 당제와 지신밟기가 연속적인 관계이지만, 탈놀이는 서낭신이 등장하지 않아 비연속적인 관계이다. 그런가 하면

---

10) 이에 대해서는 박진태,『한국민속극연구』, 새문사, 1998, 10~21쪽에서 집중적으로 다룬 바 있으나 여기서 다시 한 번 요약적으로 강조한다.

가산오광대는 천룡제와 지신밟기와 오광대놀이가 모두 비연속적인 관계이다. 이처럼 신내림과 신체가면의 유무에 따라 당제와 지신밟기와 탈놀이의 관계가 연속적이냐 비연속적이냐가 결정된다.

3) 길놀이굿과 판놀음굿의 형태적 분화

무격이 사제하는 마을굿·고을굿에서 탈광대굿과 풍물굿이 분화되어 제각기 독자적인 방향으로 변모해왔기 때문에 무격이 당맞이굿과 지신밟기에 이어 마을(또는 고을)의 수호신의 신당이나 굿당에서 당굿을 하는 경우나, 탈광대가 신당에서 내림을 받아 집돌이를 하고 신성 결혼을 할 때 직능신의 탈놀이를 하는 경우나, 풍물패가 신당에서 대내림을 하여 지신밟기를 하거나, 대내림 없이 당산굿을 치거나 고사를 지낸 다음 지신밟기를 하고서 판굿을 치는 경우나 모두 신이나 굿패가 이동하면서 연출하는 형태의 굿과 정지 상태에서 굿판을 벌이는 형태의 굿이 결합되어 있다. 이들 세 가지 경우 모두 이동 형태의 길굿(또는 길놀이굿)은 〈맞이-신유-싸움굿-화해굿-송신〉의 절차로 진행되지만, 정지 형태의 판굿(또는 판놀음굿)도 동일한 절차로 진행된다.[11] 길굿에 나타나는 대응관계는 앞에서 검증된 바 있으므로 여기서는 판굿의 대응 양상에 대해 살피기로 한다.

논의를 효율적으로 하기 위해 무당굿은 동해안의 별신굿을, 탈광대굿은 하회별신놀이를 택하고, 풍물굿은 판굿에 관한 개괄적인 자료[12]를 활용하여 대응관계를 도표로 나타내면 다음과 같다.

---

11) 박진태, 『탈놀이의 기원과 구조』, 새문사, 1990, 41~49쪽에서는 천왕굿·세존굿·일월맞이굿과, 84~101쪽에서는 하회별신굿탈놀이의 주지마당·백정마당·할미마당·중마당·양반선비마당과, 319~337쪽에서는 봉산탈춤의 노장마당·양반마당·할미마당과 굿의 절차에 나타나는 대응관계를 살핀 바 있다.
12) 정병호, 『농악』, 열화당, 1986, 90~103쪽 참조.

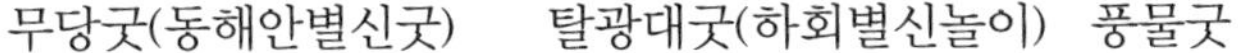

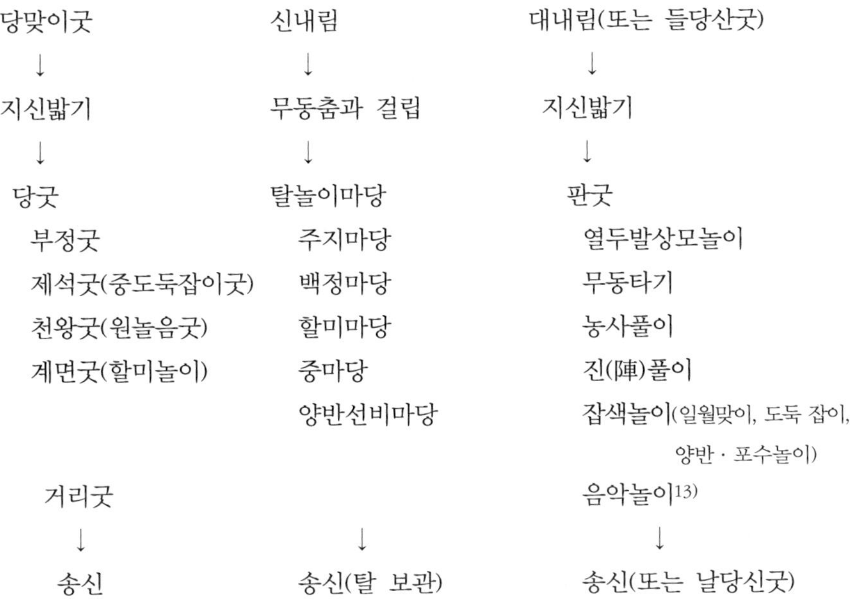

무당굿(동해안별신굿)	탈광대굿(하회별신놀이)	풍물굿
당맞이굿	신내림	대내림(또는 들당산굿)
↓	↓	↓
지신밟기	무동춤과 걸립	지신밟기
↓	↓	↓
당굿	탈놀이마당	판굿
부정굿	주지마당	열두발상모놀이
제석굿(중도둑잡이굿)	백정마당	무동타기
천왕굿(원놀음굿)	할미마당	농사풀이
계면굿(할미놀이)	중마당	진(陣)풀이
	양반선비마당	잡색놀이(일월맞이, 도둑 잡이, 양반·포수놀이)
거리굿		음악놀이13)
↓	↓	↓
송신	송신(탈 보관)	송신(또는 날당신굿)

　동해안별신굿은 당에서 신을 맞이하여 마당밟이(지신밟기)를 하고, 당이나 임시신당(굿청)에서 당굿을 하는데, 당굿은 굿당을 정화시키는 부정굿으로 시작하여 제석신·천왕신·계면할머니 등을 차례로 청하여 놀린 다음 잡귀 잡신을 퇴송하는 거리굿으로 끝맺는다. 하회별신놀이는 서낭당에서 서낭대에 대내림을 할 때 각시광대의 몸에도 동시에 신을 내림받아 마을에 돌아와서 임시 신당인 동사의 마당이나 양반집 마당에서 각시광대(서낭신)의 무동춤과 걸립에 이어 놀이판을 정화시키는 주지마당을 비롯하여 다섯 마당의 탈놀이를 놀았다. 그리고 풍물굿은 당에서 대내림을 하거나 대내림 없이 당산굿만 치고서 집돌이를 하여 지신밟기를 한 다음 마을의 빈터에서 판굿을 하는데, 판굿은 지역에

---

13) 정병호, 앞의 책에서는 5개 유형으로 분류하였으나, 농악의 가락을 변화시키는 채굿과 잽이들의 개인기 자랑을 음악풀이(놀이)로 유형화하여 6개 유형으로 만들어야만 판굿의 실상에 부합된다.

따라 차이가 있지만, 중부 지방(충청, 경기, 강원)은 무동타기가, 호남 지방은 잡색놀이가, 영남 지방은 농사풀이가 발달했다.

무당의 당굿과 광대의 탈놀이 및 풍물패의 판굿 사이의 대응 관계를 고찰함에 있어서 먼저 동해안 별신굿의 당굿과 하회별신놀이의 탈놀이 마당 사이의 대응성을 보기로 한다. 부정굿은 물력론(物力論; dynamism)에 의해 물과 불로 굿판을 정화시키는데, 주지마당은 물활론(物活論; animism)에 의해 주지(사자)탈을 쓰고서 탈판을 정화시키는 점에서 대응된다. 제석굿은 세존스님이 속가에 내려와 당금아기와 인연을 맺어 아들을 낳는 서사무가 당금아기타령(제석본풀이)을 구연한 뒤 차사가 중도둑을 잡는 중도둑잡이굿을 하는데, 중마당은 천부신적 존재인 중이 지모신적 존재인 부네를 업어가는 성적 결합놀이이면서 중의 약탈성을 극화시킨 점에서 대응된다. 천왕굿은 신관사또가 부임하여 호장을 치죄하는 원놀음굿을 하는 점에서 통치계급인 양반과 선비가 지체와 학식의 우열을 다투고 부네를 차지하려고 싸움을 벌이는 양반선비마당과 대응된다. 계면굿은 무녀가 죽어서 신이 된 계면할머니가 생산력을 과시하는 점에서 베짜기를 하고 왕성한 식욕으로 떡다리영감과 갈등을 일으키는 할미마당과 대응된다. 그리고 백정마당은 백정이 소를 도살하는 점에서 남한강 이북의 강신무의 굿에서 타살대감이 소나 돼지를 도살하여 희생으로 바치는 타살굿에 대응된다.[14)]

다음으로 풍물굿의 판굿과 관련지어 보면, 무동타기는 원래는 하회별신놀이의 서낭각시의 무동춤과 같은 성격의 신동(동남과 동녀)의 무동춤이 세속화·놀이화한 것이고, 무당굿이나 탈놀이에서는 남녀의 성적 결합(세존과 당금아기, 중과 부네)이나 성적 결합을 위한 싸움(양반과 선비와 부네)을 통해 풍요다산을 기원하는데, 판굿의 농사풀이는 농사짓는 과정을 모의하여 풍농을 기원하는 점에서 서로 대응된다. 또 판굿의 진풀이는 원진, 사방진, 오방진, 을자진, 팔자진, 방울진 등과 같은 대형을 만들고 원형이나 나선형으로 행진하여 악귀의 침범을 막거나 이미 침범한 악귀를 내쫓는 축귀 의식[15)]인 점에서 굿판이나 탈판의 잡귀

---

14) 이러한 대응성에 대해서 박진태, 『한국가면극연구』, 새문사, 1985, 17~35쪽과 『탈놀이의 기원과 구조』, 152~181쪽에서 이미 논의된 바 있다.

를 물리고 정화시키는 부정굿이나 주지마당에 대응된다.

그러나 무엇보다도 무당의 굿놀이와 광대의 탈놀이와 농악대의 잡색놀이가 제의적인 연극이라는 차원에서 대비되어야 하는데, 무당의 중도둑잡이에서는 생산신과 도둑의 양면성을 지닌 중이 등장하고, 탈광대의 중마당에서는 생산신과 파계승의 양면성을 지닌 중이 등장하고, 호남 지방 영광농악의 잡색놀이에서도 조리중이 등장하여 포수를 살리거나 양반의 딸인 각시와 어울리는 양면성을 지니는 공통점을 보인다. 그리고 무당의 원놀음굿에서는 신관사또의 권위에 도전하는 호장의 저항의식을 표출시키고, 탈광대의 양반마당에서도 사대부 계급의 분열상과 위선을 비판하는 민중적 시각을 초란이가 대변하고, 풍물굿의 잡색놀이에서도 양반의 각시를 포수가 빼앗거나 양반의 할미가 포수와 성적인 관계를 맺거나 양반의 딸을 뭇 사내들이 탐내거나 하여 한결같이 양반에 대한 반감과 도전의식을 나타낸다.

이상에서 살핀 것처럼 무당의 당굿과 탈광대의 마당놀이과 풍물패의 판굿 사이에 대응 관계가 성립하는 바 이러한 사실은 역시 무굿과 탈굿과 풍물굿이 발생론적으로 친연성을 지닌 데 기인할 것이다.

4. 고을굿 · 마을굿과 탈놀이의 관련 양상

1) 빙의 원리에 의한 신체가면놀이의 발생

주실마을의 서낭굿에서는 당나무와 서낭대에 신이 하강하지만, 경기도 부천시 장말의 도당굿에서는 마을의 상임 제관 도당할아버지의 몸에 신이 내린다. 도당굿은 상당(바위와 당나무)에서 도당신을 강신시켜 하당(당집과 당나무; 덕수 장씨 장군신)으로 모시고 오는데, 도당할아버지(제관)가 먼저 하당에서 신의를 입고 접신한 다음 상당에 가서 접신하여 모시고 하당에 와서 좌정시킨다.

---

15) 정병호, 앞의 책, 97쪽 참조.

도당할아버지는 가가호호를 순방하거나, 또는 굿당에서 마을사람들이 소반 위에 백미와 돈과 음식을 진설한 이른바 꽃반 위에 부채를 세워 길흉을 점친다. 이때 도당할아버지는 왜구와 싸우다 한 쪽 다리가 부러졌다는 전설에 근거하여 외다리춤을 추어 접신한다. 무녀가 하당에서 제석굿, 손님굿, 군웅굿 같은 굿거리를 하고 나면, 도당할아버지는 신을 내려 상당에 가서 좌정시키고 돌아온다. 이같이 장말의 도당굿은 도당신이 도당할아버지의 몸에 하강하여 마을사람들로부터 제물을 헌납 받고 축원해주고 되돌아가는데, 도당할아버지가 신의를 입고 도당신에 빙의되는 것이 특징이다.

그런데 홍석모(1781~1850)가 1849년에 저술한 『동국세시기』에 의하면, 강원도 고성군에서는 비단으로 신의 가면을 만들어 사당에 안치해 두고 음력으로 매달 초하루와 보름에 관아에서 제사를 지냈다. 그리고 12월 20일 이후에 그 신이 고을사람에게 내리면, 그 사람은 그 신의 가면을 쓰고서 춤추며 관아의 안과 고을을 돌아다니며 놀다가 다음해 정월 보름 전에 다시 사당 안으로 돌려보냈다. 이처럼 고성신탈굿에서는 신에 접신된 사람이 신의 가면을 착용함으로써 무교의 빙의 원리가 가면의 동일화 원리보다 지배적으로 작용했다.

2) 탈놀이 마당의 순서

하회별신굿은 무격보다는 동민의 역할이 확대된 농촌형 마을굿이고, 동해안 지방의 어촌형 마을굿에서는 동민은 당제만 지내고, 무격이 지신밟기를 할뿐만 아니라 무신을 위한 굿을 한다. 무굿은 제장의 잡귀를 퇴치하여 정화시키는 의식으로 시작해서 제석신, 산신, 지신, 천왕신, 손님, 용왕신 등의 무신을 위한 굿을 한 다음 다시 잡귀를 퇴송시키는 굿으로 종결짓는다. 이러한 구성 원리는 탈놀이에 그대로 계승되어 오방신장무와 사자춤 같은 벽사의식무를 첫 번째와 마지막에 연행한다.[16] 그러나 굿의 제차(祭次)가 〈정화—오신—정화〉로 진행되

---

16) 이러한 사실은 정상박, 『오광대와 들놀음연구』, 집문당, 1986, 73~79쪽에서 지적된 바 있다.

는 것과는 대조적으로 탈놀이는 〈정화-오신-정화〉→ 〈정화-오인(娛人)-정화〉·〈정화-오인〉·〈오인-정화〉→ 〈오인〉의 양상을 보여 탈놀이가 제의적이고 주술·종교적인 연극에서 오락적이고 세속적인 연극으로 전환해온 과정을 시사한다.

3) 탈놀이의 구성 원리

주실마을의 서낭굿에서는 남녀 서낭신의 싸움굿에 이어서 화해굿을 한다. 농악을 경연하는 싸움굿에서 이기는 마을은 풍년이 들고, 지는 마을은 흉년이 든다고 해서 갈등을 표출시키는 싸움굿에는 상극 원리가 작용한다. 그러나 남녀서낭신의 성적 결합에 의해 갈등을 해소시키는 화해굿은 두 마을의 풍요 다산을 초래하기 때문에 상생 원리가 작용한다.

그러나 하회별신굿탈놀이에서 양반과 선비가 신분과 학식의 우열을 다투다가 화해하고 춤을 추며, 봉산탈춤에서 양반과 말뚝이가 신분 갈등을 일으키다가 계급적인 화해를 이룩하고서 춤을 추는 경우에는 진정한 화해가 아니고, 반어적인 상황을 연출한다. 이같이 탈놀이가 굿의 구성 원리를 계승했지만 주술적인 효험을 기대하는 것이 아니라 양반을 비하하고 조롱하는 풍자의 수단으로 이용된다. 탈놀이가 굿에서 발생하였지만 마침내 굿을 극복하기에 이른 것이다.[17] 그리고 이러한 변화는 탈놀이 전승 집단이 주술 신앙과 신성주의적 세계관을 버리고 인간 중심적이고 세속주의적인 세계관을 가지게 된 데 기인한다.

5. 고을굿·마을굿의 유래설화와 탈·탈놀이의 발생설화

고을굿·마을굿 내지 읍제·동제의 유래설화가 탈·탈놀이의 발생설화와 결

---

17) 이에 대해서는 일찍이 조동일, 『탈춤의 역사와 원리』, 홍성사, 1981, 199~209쪽에서 논의되었다.

합되어 있는 몇 가지 사례를 검토하기로 한다. 이러한 성격의 탈·탈놀이 발생 설화는 탈이 강물에 떠내려왔다는 표착형(漂着說), 원혼을 위로하기 위하여 동신으로 모시고 탈놀이를 한다는 해원형(解冤說), 공업을 세우고 죽은 사람을 추모하기 위하여 신격화하고 탈놀이를 한다는 추모 기념형이 확인된다.

1) 표착설

경남지방 합천군 초계 밤마리의 오광대를 연희하게 된 동기를 말하는 전설이 대표적인 표착형이다.

> 옛적 어느 해 대홍수 때의 일. 큰 나무 궤짝 하나가 초계 밤마을에 떠내려 왔다. 마을사람들이 이를 건져서 열어보니, 그 속에는 가면이 그득하게 들어 있고, 그것과 같이 「영노전 초권」이라고 하는 책이 한 권 들어 있었다. 그 당시 그 마을에는 여러 가지 전염병 기타 재앙이 그치지 않으므로, 좋다는 방법은 다하여 보아도 별무신통 아무런 효과가 없었다. 그럴 때 마침 어떤 사람의 말 대로 탈〔가면〕을 쓰고 그 책에 쓰여져 있는 그대로 놀음〔연희〕을 하여 보 았더니, 이상하게도 재앙이 없어졌다고 하며, 그런 뒤로 이 마을 사람들은 해마 다 탈을 쓰고 연희하여 왔었던 것이라고 한다.18)

홍수는 만상의 근원인 원수(源水)의 제2차적 표현이고,19) '죽음과 재탄생', '소 멸과 재생성', '파괴와 창조'를 상징하므로,20) 홍수 때 탈이 떠내려왔다는 것은 태초의 원수 상태 내지 혼돈을 재현함으로써 탈이 통치하는 새로운 세상과 질서 가 창조되었음을 의미한다. 다시 말해서 초계의 밤마리는 전염병과 재앙으로 고통 받는 죽음의 땅에서 그것들이 소멸된 생명의 땅으로 부활하고, 역신(疫神)

---

18) 최상수, 『야류·오광대가면극의 연구』, 성문각, 1984, 98쪽.
19) 김열규, 『한국민속과 문학연구』, 일조각, 1972, 210쪽.
20) Jack Sage; trans. by J. E. Cirlot, A Dictionary of Symbols, New York; Philosophical Library, 1962, 345~346쪽.

과 악령이 지배하는 암흑의 세계에서 영노탈 같은 선하고 강력한 탈신이 보호하는 광명의 세계로 재창조된 것이다.

이러한 설화는 밤마리가 지금은 비록 한산한 시골에 지나지 않지만, 과거에는 낙동강변에 위치하여 번창했던 사실에 연유한다. 1930년까지만 해도 낙동강의 수심이 깊어 장사배가 왕래하였는데, 밤마리는 초계, 합천, 의령, 고령 등 인근의 네 고장의 생산물을 거래하던 큰 장이 섰던 곳이다. 특히 여름철에는 가까운 고장의 쌀과 곡식뿐만 아니라 멀리 함양, 산청지방의 삼과 해안지방의 소금, 바다고기 등을 교역하기 위해 난장이 열리어 사람들이 많이 모였는데, 이처럼 밤마리는 농산물과 해산물의 교역이 활발하게 이루어지던 河港 내지 河市로서 낙동강의 수로를 이용하여 외부세계와 교류하던 곳이었기 때문에 탈의 표착설화가 형성된 것으로 보인다. 그리고 낙동강의 하류인 김해의 가락과 남강의 하류에 위치하여 진주오광대가 전해진 가산에도 이와 동일한 유형의 표착설화가 전한다.

경상북도 영천의 신령에도 다음과 같은 탈의 표착설화가 전하였다.

> 옛적 신령 두실 부근의 시냇물 위에 나무궤짝 하나가 떠내려오는 것을 한 노파가 건져서 열어보니, 그 속에는 탈이 가득히 들어 있었는데, 그 탈 속에는 이것을 모시고 제사를 지내면 풍년이 들고, 제사를 지내지 않으면 재앙이 있다고 씌어 있었으므로, 그 노파는 이 탈을 부락의 집집마다 나누어주었다. 부락사람들은 집집마다 신막(神幕)을 마련하여 이 탈을 모시고 초하루와 보름에 반드시 고사를 지냈다고 한다.[21]

이러한 설화에 근거해서 20세기 초엽까지만 해도 신령의 무격들이 사당에 무서운 형상의 장군탈을 안치하고 고사와 제사를 지냈다.[22] 하천은 만상의 근원인 원수이므로 또하나의 생명력의 근원인 여성과 결합될 수 있는 것이다. 따

---

21) 최상수, 『한국가면의 연구』 성문각, 1984, 39쪽.
22) 같은 책, 39~40쪽 참조.

라서 하천에서 노파가 탈신을 영접하여 부락민으로 하여금 삭망일에 제사를 지
내게 했다는 말은 탈신들이 생명과 깊이와 힘과 지혜와 모성을 상징하는 물의
세계[23]로부터 두실마을에 현신하여 곡식과 질병을 주재하며 신정(神政)을 실시
했다는 의미이다.

이처럼 탈표착설화는 물의 정령인 용신을 숭배하는 집단의 종교적 심성에서
생성된 설화라 할 수 있으므로 탈과 함께 표착한 문서『영노전 초권』에 나타나는
영노가 오광대와 들놀음에만 등장하면서 파충류에 속하는 사실이 시사적이다.[24]

2) 해원설

하회탈 제작자는 전설상으로 허도령설과 안도령설로 양립되는데, 허도령설
화가 마을굿의 유래를 말한다.

> 허도령이 서낭신의 계시를 받아 가면을 제작하였는데, 허도령을 사모하던
> 처녀가 몰래 엿보았기 때문에 허도령이 신벌을 받아 토혈을 하고 즉사했다.
> 그래서 허도령의 원령을 위로하기 위해 성황당 근처에 제단을 조성하고 매년
> 제사를 지낸다.[25]

> 허도령이 목욕재계하고 금줄을 둘러치고서 입신의 경지에서 탈을 제작하는
> 데, 허도령을 연모하던 처녀가 몰래 엿보았다. 허도령은 토혈하고 즉사했으며,
> 처녀도 번민하다가 죽었다. 처녀가 죽은 뒤 신방울이 날아와 떨어진 지점에
> 서낭당을 건립하고, 매년 제사를 지내며, 10년마다 거행하는 별신굿에서는 여
> 서낭신을 위로하기 위해 탈을 착용하고서 혼례식을 거행한다.[26]

---

23) J. E. Cirlot, 앞의 책, 347쪽.
24) 가산오광대의 영노는 사자의 모습이지만 나머지 지역의 영노는 모두 파충류에 속한다.
25) 박진태,『탈놀이의 기원과 구조』, 새문사, 1990, 128쪽.
26) 같은 책, 129쪽.

첫 번째 설화는 성황신의 계시에 의해서 성황신의 신체탈인 각시탈이 제작되었다고 주장하고, 두 번째 설화는 각시탈이 먼저 제작되었고, 이것이 뒤에 여서낭신의 신체탈이 되었다고 주장한다. 또 첫 번째 설화는 허도령이 도령당(하당)의 신이 된 사실을 말하고, 두 번째 설화는 처녀가 서낭당(상당)의 서낭신이 된 사실을 말한다. 이같이 설화의 각편은 허도령의 신격화에 초점을 맞추느냐? 아니면 처녀의 신격화에 초점을 맞추느냐에 따라서 분화되었지만, 탈의 제작 과정에서 신의 의지와 인간의 의지 중에서 어느 것이 우선하느냐 하는 문제와도 관련된다.

경상북도 예천의 청단놀음에는 다음과 같은 발생설화가 전한다.

> 전라도 어느 부자집 노인이 가출한 각시(첩)를 찾기 위해 유랑예술단체를 조직하여 전국을 돌아다니다가 예천에서 그 여인을 찾았다. 그리하여 고향집으로 데려가려 했으나 끝내 말을 듣지 않으므로 각시를 죽여서 암매장하고 되돌아갔다.
>
> 그후부터 예천에는 화재가 자주 발생하였는데, 사또의 꿈에 망령이 나타나서 억울하게 죽은 사연을 말하고, 자신을 위로하는 제사를 지내주고 청단놀음을 해주면 화를 면하게 된다고 말했다. 사또가 아전을 불러 사실 여부를 확인시킨 뒤 그녀의 원한을 풀어주기 위해 당을 조성하고 제사를 지냈으며, 청단놀음을 놀았더니, 다시는 화재가 발생하지 않았다. 그래서 그후로 동본동에서 동제를 지내고 청단놀음을 하였다.[27]

젊은 여자의 원혼으로 인해 화재가 발생하므로 그 원혼을 동신으로 모시고 제사를 지내고 청단놀음을 하여 해원시켰다는 내용은 청단놀음이 해원 기능이 있음을 시사한다. 그리고 설화의 전반부는 청단놀음이 토착적인 탈놀이가 아니라 외부에서 전래했을 개연성을 시사한다. 실제로 남사당패 같은 유랑광대의 탈놀이로부터 영향 받은 흔적도 보이고, 탈의 종류나 극적인 내용 면에서는 지

---

27) 정병호, 「청단놀음」, 『한국연극』 제12권 제7호(통권 146호), 1988, 7월, 한국연극협회, 46쪽의 내용을 재정리했음.

리적으로 인접한 하회탈놀이의 영향을 받은 것이 분명하다.[28]

3) 추모 기념설

경상북도 경산시 자인의 한장군놀이에서 여원무와 함께 공연하는 팔광대놀이에는 다음과 같은 발생설화가 전한다.

왜구가 도천산에 숨어 있으므로 한장군이 여원무를 추기 위해 오색지로 장식한 화관을 2개 만들어 누이동생과 함께 여자로 변장을 하고서 화관을 머리에 쓰고 산 아래 버드나무언덕에서 춤을 추었다. 또 배우로 하여금 잡희를 놀게 하였다. 왜구가 산에서 내려와 구경할 때 장군이 칼을 휘둘러 왜구들을 무수히 죽이니, 제방에 아직도 칼흔적이 있는 돌이 있는데, 속칭 참왜석(斬倭石) 또는 검흔석(劍痕石)이라 부른다. 매년 이날이 되면 물빛이 붉은색이 된다고 말한다. 읍인들이 그 충의를 흠모하여 현(縣)의 서편 산기슭에 신당을 건립하고, 단오날에 여원무의 제도를 본떠서 동남(童男) 둘이 여복을 입고 화관을 머리에 쓰고서 춤을 추게 시켰다. 또 배우의 잡희를 베풀어 쇳소리를 내고 북을 두드리었으며, 호장은 사모관대하고 제사를 지냈다.[29]

한장군 남매가 여원무와 잡희를 이용하여 왜구를 유인하여 섬멸시켰기 때문에 한장군 남매를 고을의 수호신으로 모시고 그때의 승전을 기념하기 위하여 단오날에 한묘(韓廟)에 제사를 지내고, 한장군놀이와 함께 여원무와 팔광대놀이를 연행한다는 것이다.

한편 신라의 황창이 검무를 추다가 백제왕을 살해한 이후로 신라사람들이 황창가면검무를 추었다는 전설도 추모 기념형에 속한다고 볼 수 있다.[30]

---

28) 주지가면이 두 개이고, 양반과 사대부가 쪽박광대를 서로 차지하려고 다투고, 중과 쪽박광대와 초랭이가 함께 등장하는 것은 하회탈놀이의 영향이다. 그러나 광대 둘이 북놀이를 하고, 2무동 (4조)과 3무동(2조)은 남사당패나 농악굿의 영향이라 할 수 있다.
29) 『영남읍지』 「자인현」(1871년)의 〈풍속〉 조.
30) 물론 황창은 원사했기 때문에 황창가면검무가 해원 기능을 발휘한 것으로 해석할 수도 있다.

6. 맺음말

탈놀이의 제의 기원설을 다지기 위하여 먼저 마을굿·고을굿을 무격이 참여하는 굿과 무격의 참여 없이 민간인에 의해서만 행해지는 굿으로 나누어 굿의 구성 구조를 〈맞이굿-신유-싸움굿-화해굿-송신굿〉으로 보는 관점에서 광범한 자료를 검토한 다음 마을굿·고을굿의 분화 현상을 추정한 결과 (1)풍물굿과 광대굿이 무당굿에서 분화되었으며, (2)당제·지신밟기·탈놀이가 유기적인 연속 관계에서 비유기적인 단속 관계(斷續關係)로 바뀌었으며, (3)무당굿의 당굿과 광대의 판놀음과 풍물굿의 판굿이 대응됨이 밝혀졌다.

그리고 이러한 굿에 관한 논의를 토대로 굿과 탈놀이의 관련 양상을 조명한 결과 무교의 신들림의 원리에 의해 탈을 쓰다가 점차 동일화의 원리에 의해 탈을 쓰게 되었으며, 탈놀이 마당의 순서에 작용하는 구성 원리가 굿거리의 순서에 작용하는 구성 원리와 일치하며, 탈놀이 마당 내부의 구성 원리에도 굿의 구성 원리가 작용한다는 사실이 밝혀졌다. 그리고 탈과 탈놀이의 발생설화가 동신(洞神) 유래설화의 성격을 띠면서 표착형, 해원형, 추모 기념형의 세 유형으로 분류됨도 밝혀졌다.

굿에서 연극이 발생했다는 제의 기원설이 모든 연극의 기원과 생성을 설명할 수 있는 것은 아니겠지만, 이 글에서 충분히 검증되었듯이 탈놀이의 근원적 모태는 역시 굿이라는 사실을 부인할 수는 없다. 다만 굿에서 탈놀이가 발생했다는 사실을 확인하는 작업을 반복하기보다는 예술론적인, 문화론적인 천착이 있어야겠다. 이 글은 이러한 문제의식을 가지고 그 동안의 논의를 종합하면서 새로운 전망을 모색했다는 점에서 그 의의를 인정할 수 있겠다.

그러나 신라에서 황창가면검무를 추어 백제에 대한 적개심을 부추기고, 감투 정신을 고취시키려 했던 것으로 추정되기 때문에 황창의 죽음보다는 성사에 초점을 맞추어 추모 기념한 것으로 볼 수도 있을 것 같다.

참고문헌

강용권, 『야류·오광대』, 형설출판사, 1982.

강용권, 『한국민속극』, 동아대학교출판부, 1986.

김광언, 문호장굿, 『한국문화인류학』 제2집, 한국문화인류학회, 1969.

김열규, 『한국민속과 문학연구』, 일조각, 1971.

박진태, 『한국가면극연구』, 새문사, 1985.

박진태, 『탈놀이의 기원과 구조』, 새문사, 1990.

박진태, 『한국민속극연구』, 새문사, 1998.

박진태, 『민속극 자료의 세 가지 문제』, 역락, 2000.

이석호 역, 『동국세시기(외)』(을유문고 25), 을유문화사, 1971.

임동권, 『한국민속학논고』, 집문당, 1971.

정병호, 『농악』, 열화당, 1986.

정병호, 「청단놀음」, 『한국연극』 제12권 제7호(통권 146호), 1988, 7월, 한국연극협회.

정상박, 『오광대와 들놀음연구』, 집문당, 1986.

조동일, 『탈춤의 역사와 원리』, 홍성사, 1981.

최상수, 『야류·오광대가면극의 연구』, 성문각, 1984.

최상수, 『한국가면의 연구』 성문각, 1984.

『경기도 도당굿』, 열화당, 1983.

『영남읍지』「자인현」(1871년)

Jack Sage; trans. by J. E. Cirlot, A Dictionary of Symbols, New York; Philosophical Library, 1962.

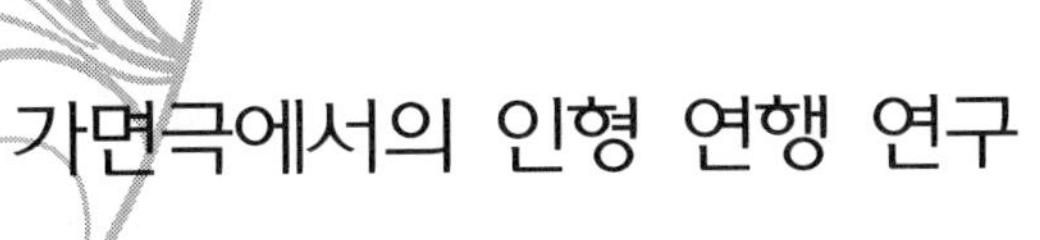

가면극에서의 인형 연행 연구

1. 머리말

본 연구에서 필자는 가면극에 등장하는 인형의 연행방식에 주목한다. 20여 년 전 이루어진 가면극 연구사 검토에서, 이후 연구의 전망과 방향으로 '종합적 연구' 또는 '총체적 연구'가 제시되었다.[1] 이는 그때까지 다양한 측면에서 이루어진 연구 성과를 감안한 것이었다. 그로부터 20여 년 동안 연구는 더욱 다양하고 다방면으로 펼쳐졌지만, 여전히 주목되지 않았던 대상 중에 하나가 바로 가면극에 등장하는 인형이다. 가면극 연행을 녹화한 영상자료나 실제 연행이 벌어지는 현장에서, 관중이 흥미를 갖고 지켜볼 뿐만 아니라 적극적으로 연행에 참여하면서, 연행판을 출렁거리게 만드는 대목 중에 하나가 인형이 등장하는 대목임을 필자는 직·간접적으로 경험하고 확인했다. 이렇게 인형이 실제 가면극 연행현장에서 주목받는 대목을 구성하는 핵심적인 요소임에도, 이와 관련된 논의는 거의 이루어지지 않았다.

이에 필자는 두 차례에 걸쳐 가면극에 등장하는 인형에 대해 주목한 바 있다. 「가면극 속의 인형들」[2]과 「가면극 인형등장 대목의 양상과 특징」[3]이 바로 그

---

1) 田耕旭, 「가면극 연구사」, 『한국학보』 40, 一志社, 1985, 160면.
2) 허용호, 「가면극 속의 인형들」, 『한국고전연구』 4집, 한국고전연구학회, 1998.
3) 허용호, 「가면극 인형등장 대목의 양상과 특징」, 『역사민속학』 23, 한국역사민속학회, 2006.

것이다. 「가면극 속의 인형들」 연구를 통해 필자는 가면극 속 인형들이 단순한 소도구가 아니라 나름의 역할을 맡고 연기하는 배우임을 밝혔다. 「가면극 인형 등장 대목의 양상과 특징」에서는 가면극에 등장하는 인형과 그 등장대목의 양상과 특징 고찰을 통해, 개별 가면극간의 관계나 특정 가면극이 갖는 새로운 특징을 발견했다. 본 연구는 바로 이러한 필자의 연구와 그 흐름을 같이한다. 특히 「가면극 인형등장 대목의 양상과 특징」과 본 연구는 밀접한 연관성을 가지고 있다. 그 연구의 서론과 결론부분에서 밝혔듯이, 「가면극 인형등장 대목의 양상과 특징」은 본 연구를 위한 일종의 전제적 연구에 해당한다.[4] '가면극에서 인형을 등장시키는 이유', '인형연행이라는 가면극 연희자의 또 다른 면모 추적', '인형 등장대목이 관중의 흥미를 불러일으키는 이유', '인형과 그 연행방식을 매개로 한 가면극과 인형극의 관계 고찰' 등의 논의를 위한 기본적이고도 필수적인 점검이었던 것이다.[5]

결국 본 연구는 필자의 앞선 연구에서 제기한 미해결 과제들을 본격적으로 수행하는 것이 된다. 그 과제들을 필자가 기대하는 연구사적 의의와 연결시켜보면 대략 다음의 다섯 항목으로 정리할 수 있다. 첫째, 그동안 주목되지 않았던 인형에 주목함으로써 가면극을 구성하는 제요소 연구에서 미흡했던 부분을 보완하고, 인형이 등장하는 이유에 대한 추론을 시도해 본다. 둘째, 가면극 연행자의 인형연행에 주목함으로써, 그동안 고찰되지 않았던 가면극 연희자의 또 다른 면모를 발견한다. 셋째, 실제 연행현장에서 관중의 흥미를 끄는 대목에 대한 천착을 통하여 이른바 연행현장론적 혹은 연행론적 접근의 한 실마리를 제시한다. 넷째, 인형 또는 인형의 연행방식을 매개로 가면극과 인형극에 대한 새로운 차원의 비교·대조를 할 수 있는 단초를 마련한다. 다섯째, 그동안 주목하지

---

4) 위의 글, 341면과 372면 참조.

5) 본래 필자의 「가면극 인형 등장대목의 양상과 특징」과 본 연구는 한 덩어리로 된 것이었다. 필자는 2006년 11월 4일 한국공연문화학회에서 「가면극에서의 인형연행 연구」라는 제목으로 발표도 했었다. 하지만 학회에서 요구하는 논문 분량에 맞추기 위해서 부득이 두 편으로 나눌 수밖에 없었다. 하나의 논문이 두 편으로 나누어지면서 앞의 논문은 인형 등장대목을 중심으로 한 가면극간의 관계 및 특정 가면극의 특성 연구로 재 집필되었고, 본 연구는 인형 연행방식을 중심으로 보다 심화된 논의를 진행하는 것으로 조정되었다.

않았던 인형과 그 연행방식에 주목함으로써 특정 가면극이 갖는 새로운 독특함을 발견한다.

이러한 과제를 수행하고 나름의 기대를 충족시키기 위해 필자는 가면극 속 인형의 연행방식에 주목하고자 한다. 논의는 우선 가면극에서 등장하는 인형의 연행방식을 유형화하고 그 유형별 양상을 정리하게 될 것이다. 이어서 인형극과의 비교를 통하여 가면극에서 인형연행 방식이 갖는 특징 검토와, 인형연행을 통하여 드러나는 연행내용의 특징을 살펴보게 된다. 이러한 두 방향의 논의를 통하여 필자가 제기한 과제와 기대를 충족시켜 보고자 한다.

2. 인형연행 방식의 유형과 그 양상

인형은 살아있는 생명체가 아니기 때문에 스스로 움직일 수도 말을 할 수도 없다. 특정 연행에서 인형이 말을 하고 움직이거나 살아있는 그 무엇으로 취급받기 위해서는 인간연행자의 연행이 있어야 한다. 연행 속에서 인형이 말을 하고 움직이거나 살아있는 그 무엇으로 인식되는 것은 바로 인간의 조종과 목소리 연기에 의해서이다. 인간의 조종과 목소리 연기를 통해서 인형이 연행 속에서 생명을 얻게 되는 것이다.[6] 따라서 특정 연행에서 인형의 등장은 보통 인형을 움직이고 그 목소리를 내는 또 다른 차원의 존재, 곧 인간의 존재를 의미하는 것이 된다. 가면극에서 인형의 존재는 곧 인간연행자의 지표(index)인 것이다.[7]

가면극에서 인형이 등장한다는 사실은, 인형에게 생명을 부여하는 인간연행

---

6) 바우만(Richard Bauman)은 "민속인형연행자의 임무는 생명이 없는 인형에게, 움직임과 소리를 통하여 생명을 부여하는 것이다. 발화보다 인간에게 필수적인 것은 없다. 그리고 인형에게 발화하는 능력을 부여하는 것은 어느 정도 진정한 의미에서 그것들에 생명을 부여하는 것"이라고 말한다. Frank Proschan, "Puppet Voices and Interlocuter: Language in Folk Puppetry", *J.A.F.*, Vol.94, No. 374, 1981, p.529.

7) Thomas A. Green과 W. J. Pepicello는 "인형과 인형의 행위는 인간 동작주(agency)의 지표"가 된다고 말한다. Thomas A. Green and W. J. Pepicello, "Semiotic interrelationship in the puppet play", *Semiotica* 47−1/4, 1983, p. 154.

자의 존재를 떠올리게 한다. 본 절에서는 바로 이 인간연행자가 인형에 대해 생명을 부여하는 양상을 살피게 된다. 인간연행자가 인형을 연행하는 방식에 대한 고찰을 하려는 것이다. 보통 인형이 등장하는 가면극에서 인형을 연행하는 인간은 함께 등장하는 가면극 연행자이다. 따라서 본 절에서의 논의는 '가면극 연행자가 행하는 인형연행'이라는 독특한 연행을 살피는 것이 된다. 그동안 재담이나 춤, 노래 등에 한정되었던 가면극 연행자의 또 다른 면모를 본 절에서의 논의를 통해 확인할 수 있을 것이다.

1) 발화연행의 세 유형과 그 양상

우리는 인형연행을 보면서 인형이 말을 하거나 듣는다고 여긴다. 하지만 인형은 스스로 말을 하거나 들을 수 없다. 인형연행을 보면서 인형이 말을 하고 듣는다고 여기게 되는 바탕에는 인간의 발화연행이 자리한다. 인형 자체는 말을 하거나 듣지 못하지만, 인간의 발화연행을 통하여 인형이 말을 하거나 듣는다고 여기게 되는 것이다.[8] 전통인형연행에서 인형이 말을 하거나 듣는 살아있는 존재임을 드러내는 방식은 각양각색이다. 그 가운데 대표적인 것이, 인형이 마치 실제 말을 하는 것처럼 인간연행자가 인형의 말을 맡아서 하는 경우이다. 이 경우 인간의 목소리연기가 행해져서, 인형이 발화주체로 인식되게 된다. '유언인형(有言人形)'으로 불리는 인형 유형이 이러한 연행방식을 취한다.[9]

그런데 인간의 발화연행이라는 측면에서 또 하나 주목되어야 하는 것이 '무언인형(無言人形)'이다. 지히(Otakar Zich)에 의하면 인형연행에서 인형이 살아 움직이는 것으로 인식되는 것은 직접적인 발화나 움직임 이외에도, 인간연행자들이 인형을 살아 움직이는 것으로 취급함으로써 가능하다고 한다.[10] 이 견해

---

8) Frank Proschan은 "나무, 흙, 가죽, 헝겊 등으로 된 오브제들은 그 자체의 언어로 말할 수는 없다. 그것들은 단지 인간의 발화로만 말할 수 있다."고 말한다. Frank Proschan, "Puppet Voices and Interlocuter: Language in Folk Puppetry", *J.A.F.*, Vol. 94, No. 374, 1981, p.549.

9) '유언인형'에 대한 논의는 허용호, 「전통인형연희의 연행방식 연구」, 『한국민속학』 제43호, 한국민속학회, 2006, 423~24면 참조.

는 말을 하지 않는 '무언인형'이라 해서 인간연행자가 발화연행을 하지 않는 것은 아니라는 점을 말하고 있다. 비록 발화주체로 인식되지는 않지만, 함께 등장하는 인간연행자의 주의를 불러일으키는 말이나 움직임을 통해, 인형이 의사소통을 하는 것으로 여겨지는 것이다. 한발 더 나아가 오로지 인간연행자 발화의 대상이 되는 경우에도 발화연행의 논의대상이 될 수 있다.[11] 인형이 발화주체로 표면화되지 않더라도 발화를 하거나 받는 것으로 취급되는 것은 곧, 인간의 발화연행이 이루어지고 있는 것이라 할 수 있다.[12]

이러한 유언인형과 무언인형에 대한 인식을 바탕으로 필자는 가면극에 등장하는 인형에 대한 인간의 발화연행을 살핀다. 유언인형과 무언인형 모두를 대상으로 인간이 행하는 인형의 발화연행에 접근하는 것이다. 인간에 의해 발화주체로 인식되는 연행방식은 물론이고, 발화를 하지 않지만 인간연행자의 움직임이나 발화를 통하여 의사소통이 가능한 존재로 인식되는 연행방식까지 모두 살피는 것이다. 이렇게 유언인형과 무언인형 모두를 대상으로 삼을 때, 가면극에서 발화연행의 방식은 '보이는 연행자의 은밀한 발화', '보이는 연행자의 간접적 발화', '보이는 연행자 발화의 대상' 등 세 유형으로 정리할 수 있다. 이 유형분류의 기준은 '누가, 어떻게'이다. 달리 말한다면, 발화연행의 주체인 인간연행자의 존재양상과 그 발화방식을 기준으로 한 것이다. 각 유형의 양상과 특징을 구체적으로 살펴보기로 한다.

발화연행의 첫 번째 유형은 '보이는 연행자의 은밀한 발화'로 이름 짓는다.

---

10) Otakar Zich, The puppet theater, 1923, pp.8~9 ; Peter Bogatrev, "Puppet theater and living actors", *Semiotica* Vol. 47−1/4, 1983, p.48.

11) 단지 발화를 받는 대상으로만 나타나는 종교적 성상에서 생명화 방식을 연구한 터너(Kay F. Turner)의 연구는 참고할 만하다. 그에 따르면, 어떤 인형연행의 경우 분명히 발화는 인형의 생기를 불어넣고 있지만 그것은 인형으로부터의 발화가 아니라, 인형에게 하는 발화이다. 인형이 인간연행자의 말 상대가 되는 경우에도 충분히 그 인형은 어떤 의미를 가진 살아 움직이는 것이 될 수 있는 것이다. Kay F. Turner, "The cultural semiotics of religious Icons: La Virgen de San Juan de los Lagos", *Semiotica*, Vol.47−1/4, 1983, pp.317~361. Frank Proschan, "The semiotic study of puppets, masks, and performing objects", *Semiotica,* Vol.47−1/4, 1983, p.35.

12) '무언인형'에 대한 논의는 허용호, 「전통인형연희의 연행방식 연구」, 424~425면 참조.

발화연행을 하는 인간연행자가 공공연하게 드러나 있지만 그 발화 생산과정은 감추어지는 경우이다.13) 〈양주별산대놀이〉, 〈봉산탈춤〉, 〈강령탈춤〉, 이두현과 허호영이 채록한 〈송파산대놀이〉14), 〈통영오광대〉, 〈고성오광대〉 등 에서 이러한 연행방식이 나타난다. 우선 〈봉산탈춤〉을 대상으로 그 구체적 양상을 살펴보기로 한다.

　　(마당에서 소무가 아이를 낳아 떨어뜨리는 동시에 해금 잽이가 해금으로 아이 울음소리를 낸 다.)
　　마　당 : <u>(취발이가 가성으로 아기 울음소리를 내며) 응애, 응애, 응애－－－</u>
　　소　무 : (아이를 마당에 낳고는 아이 울음소리를 뒤로 하고 퇴장한다.)
　　취발이 : (아기 울음소리를 내며 마당 한 가운데 아이가 있는 곳으로 가서, 아이 얼굴을 한번 쓰윽 닦고 안아들고는) 동네 사람들!
　　관　중 : 예－－
　　취발이 : 우리 집에 오지들 마시오. 연만칠십에 생남하였소. 이거 우리 아기 이름을 지어야겠는데, 이놈을 둘째라고 할까? 아니 첫째가 있어야 둘째라 하지. 그러면은 이 마당에서 낳으니 마당이라고 지을 수밖에 없구나. (사방을 둘러보며) 마당어멈 밥 좀 주소. (노래에 맞춰 춤을 추며) 둥둥둥 둥둥둥 어허둥둥 내사랑－－
　　마　당 : <u>(취발이가 노래를 부르던 중에 갑자기 아이 목소리로) 아버지, 날 데리고 둥둥 타령만 할 것이 아니라 나도 남의 자식처럼 글공부를 시켜주시오.</u>

---

13) 이 유형을 그동안 필자는 '보이는 연행자의 복화술'이라 불렀다. '복화술'이라 칭한 것은 이미원의 견해를 받아들인 것이었다. 하지만 가면극에서 발화생산자의 얼굴이 가려져 있다는 특징은 굳이 복화술의 어려운 기교를 배우지 않아도 쉽게 일인이역의 목소리연기를 할 수 있게 한다. 입이 가려져 있기 때문에 말을 하면서도 입을 움직이지 않는 복화술의 기교를 굳이 부릴 필요가 없는 것이다. 따라서 이 발화연행의 유형에서 '복화술'이라는 용어를 빼고 '은밀한 발화'로 대체했다. 이와 관련된 이미원의 견해와 필자의 이전 논의는 다음을 참조. 이미원, 「가면극과 제의」, 한국연극학회편, 『한국연극학』, 새문사, 1985, 80면. 허용호, 『전통연행예술과 인형오브제』, 민속원, 2003, 131~135면. 허용호, 「전통인형연희의 연행방식 연구」, 426~428면.

14) 현재 전승되는 〈송파산대놀이〉와는 전혀 다른 발화연행의 양상을 보이는 채록본이 두 가지 전한다. 이두현 채록본(이두현, 『韓國假面劇選』, 敎文社, 1997, 96~124면)과 허호영 채록본(沈雨晟 編著, 『韓國의 民俗劇』, 創作과批評社, 1975, 197~214면)이 이에 해당한다.

취발이 : 뭐야? 글공부를 시켜달라고? 그래 사내자식이란 글공부를 해야지. 하
　　　　늘 천—

마　　당 : <u>(취발이가 아이 목소리로)</u> 따지.

취발이 : 하하 이놈 봐라. 나는 하늘 천 하는데 이놈은 따 지로 한다.

마　　당 : <u>(취발이가 아이 목소리로)</u> 아버지 언문 뒤풀이로 가르쳐 주시오.

취발이 : 언문 뒤풀이라! 그래. (아이를 어르며 노래를 한다) …… 기억 니은
　　　　지긋하니 기억자로 집을 짓고 니은같이 살자더니 지긋같이 벗어난다.
　　　　나냐냐냐 녀녀녀녀 날아가는 원앙새야 널과 날과 짝을 지어 …… 가자
　　　　서라. 얼쑤! (취발이가 아이를 높이 안고 춤을 추며 퇴장한다.)[15]

〈그림 1〉 '마당'의 발화연행을 하고 있는
'취발이'
(2005년 6월 18일 서울놀이마당 연행)

　필자가 직접 참여관찰한 〈봉산탈춤〉에서 인형이 등장하는 대목이다. 여기서
'취발이'는 가면을 쓴 인간연행자이고 '마당'이는 인형이다. 취발이 역을 맡은
연행자는 '취발이' 목소리와 그의 아들 '마당'의 목소리를 번갈아 가며 연기한다.
'취발이' 역을 맡은 연행자가 인형의 발화까지 맡아서 하는 것이다. 인용한 대목
의 밑줄 친 부분에서 보듯이, '취발이' 역을 맡은 연행자는 자신의 목소리 이외에
또 다른 목소리를 낸다. 전혀 다른 두 개의 목소리를 내는 것이다. 인형인 '마당'

---

15) 봉산탈춤 제58회 정기공연, 서울놀이마당, 2005년 6월 18일.

이는 고개를 움직이며 말을 하는 듯한 동작16)을 취하지만, 그 발화의 생산자는 '취발이'다.

그런데 '취발이' 역을 맡은 인간연행자는 관중 눈에 보이지만, 그가 '마당'이의 발화까지 담당하고 있음을 공공연히 드러내지는 않는다. '취발이' 역을 맡은 인간연행자는 일인이역의 목소리 연기를 하면서도, 능청스럽게 자신이 '마당'이 발화의 생산자임을 감춘다. 이렇게 발화원천이 감추어질 수 있는 것은 자신의 목소리와는 다른, 아이의 목소리를 흉내 내면서 행하는 능숙한 연기 때문이다. 그리고 발화 생산자가 가면을 쓰고 있다는 가면극 고유의 특성에서 기인하는 바도 크다. 발화 생산자의 얼굴이 가려져 있기 때문에 그의 입 움직임을 전혀 볼 수 없는 것이다.

함께 등장하는 취발이 역을 맡은 연행자가 인형의 발화를 맡아서 하는 경우는 〈강령탈춤〉에서도 찾아볼 수 있다. 물론 여기에서도 취발이 역을 맡은 연행자가 인형의 발화를 하고 있다는 사실은 전혀 밖으로 드러나지 않는다. 더구나 〈강령탈춤〉의 경우, 아래 인용한 것처럼 소무의 목소리연기까지 함께 하고 있다. 취발이 역을 맡은 연행자는 일인삼역의 능숙한 목소리연기가 요구된다.

〈그림 2〉 일인삼역의 목소리연기를 하는 강령탈춤의 취발이
(2004년 6월 20일 남산골 한옥마을 공연)

---

16) '마당'이가 고개를 끄덕이며 말을 하는 것과 같은 동작의 생산자 역시 '취발이'이다. '취발이'
   왼손이 '마당'이 목덜미를 은밀하게 움직여 이런 동작을 만들어낸다.

취발이: …(상략)… <u>(취발이는 소무가 말하는 양으로 자문자답한다.)</u> 서방님, 그러나 그간 어디를 댕기시기에 참 제집에 오래간만에 오셨습니까? 방구경이나 하시지요. …(중략)… (소무 방에 앉아서 <u>소무가 말하는 모양으로</u>) 서방님 제 집에 다녀가신 후로 클클한 게 먹고파요. (<u>취발이 말로</u>) 그렇지, 먹고 풀 것이지 쇠고기를 먹어 보갔나? (<u>소무 말로</u>) 아니 난 네발 달린 건 못 먹어요. 황육을 먹겠쇠다. (<u>취발이 말로</u>) 황육이 쇠고기고, 쇠고기가 황육이야. 그러면 돼지고기를 먹갔느냐? …(중략)… <u>(소무 말로)</u> 네, 대초를 먹갔서요. (<u>취발이 말로</u>) 에이 답답한 사람 다 보겠네! (하며 취발이와 소무가 같이 일어선다.)

취발이: (불림) 꽂감, 대추, 황육, 제육 (타령에 맞춰 소무와 대무한다. 잠시 후 취발이는 소무에게서 떨어져 객석으로 돌아가며 춤춘다. 소무는 허리를 구부리며 아이 낳는 시늉을 한다.) (<u>소무 말로</u>) 아이구 배야, 아이구 배야! (<u>취발이 말로</u>) 아이를 날라나?

장구잽이: 애 낳았다. (소무는 아이를 낳고 퇴장.)

취발이: 뭐, 아이를 낳어? (아이가 있는 데로 가서 아이를 만지다가 안고 일어선다) 야아! 그놈이 참 똑똑히 잘 생겼구나. 이름부터 지어야겠다. 무어라 질꼬 거─ 불가불 첫째라고 질 수 밖에 없구나! 이름을 지었으니, 글을 가르칠 수밖에 없구나. 남자가 초학이란 것이 천자가 초학이니 천자를 읽어 줄테니 명심하고 배워라. …(중략)… <u>(취발이 아들 말로 흉내 내서)</u> 아부지 한문만 배와서 뭣 하갔어요. 언문을 좀 배워 주시오. (<u>취발이 말로</u>) 예이끼 자식, 언문을 배워 뭐 하겠느냐? (<u>아들 말로</u>) 혹시 커서 화방 출입을 하드래도 배워야 화방편지를 하지 않겠습니까? (<u>취발이 말로</u>) 그래라 그러면 언문을 배우자. 가갸, 거겨, 고교, 구규 (<u>아들 말로</u>) 아부지, 그렇게 배워주지 말고 언문 뒤풀이로 배워 주시오. (<u>취발이 말로</u>) 그래라. …(하략)…[17]

　　〈서흥탈춤〉의 경우도 실제 그 연행양상을 접할 수는 없지만, 채록본에 기술된 아래 대목을 보면, 취발 역을 맡고 함께 등장하는 연행자가 아이의 발화까지

---

17) 정형호, 『강령탈춤』, 화산문화, 2002, 256~57면.

맡아서 하고 있는 것으로 추론할 수 있다.

> 취발: 하늘 천
> 아이: 따 지
> 취발: 야! 요놈의 에무나이 보아라. 생이지지 하누나! 하늘 천 하니 따 지
>   하누나! 가물 현
> 아이: 누루 황[18]

취발이 역을 맡은 연행자가 인형의 목소리연기까지 감당하는 것은 「양주별산대놀이」에서 역시 마찬가지이다. 다음과 같이 채록본에 '취발이가 자문자답하는 것'이라고 표기까지 되어있다.

> [注意: 다음에 나오는 <u>아이 말은 취발이가 자문자답하는 것.</u>]
> 아해: 여보 아버지. 날 좀 업어 주.
> 취발: 몰라 그렇지, 아해 업는 방법이 있는 걸 여간 사람이 이걸 알 수가
>   있나. 아이라는 것은 거꾸로 업어야 체증(滯症)이 없는 법이라. (거꾸
>   로 업는다.) 아이고머니 덜미를 이렇게 뚫러? 원 어떻게 어린 녀석이
>   양기(陽氣) 덩어리로 생겼는지. (어린애를 들고 본다.) 아따 어린 녀석
>   이 자지라고 어른 좆보다 더 빳빳하구나.
> 아해: 여보 아버지 글을 배워야겠소.
> 취발: 그 이를 말이냐.
> 아해: 황해도하고 평안도하고 배우겠소.
> 취발: 옳것다. 양서(兩書:兩西)를 배워?[19]

이렇게 함께 등장하는 취발이 역할의 연행자가 인형의 발화까지 맡아서 하는 예는 〈송파산대놀이〉[20]에서도 찾아볼 수 있다.

---

18) 장경석 구술 · 김일출 채록, 「서흥탈놀이대본」, 『문화유산』 4호, 과학원 고고학 및 민속학연구
소, 1957, 70면.

19) 조종순 구술 · 김지연 필사, 「양주별산대 대본」, 전경욱 역주, 『민속극』, 고려대학교 민족문화
연구소, 1993, 51면.

동자: 아버지 나 국문 가르쳐 주.

취발이: 오—냐. 기역 니연 지글연 …(중략)…

동자: 아버지 그것두 그만두고 내 이름이나 지어 주.

취발이: 옳지 그래 이름을 지어야지. 그런데 내가 성이 머—드라, 오—라 취
　　　　발이니까 취가로군. 그러나 너를 또 취자를 써서 되겠니, 마당에서
　　　　낳으니 마당쇠라고 짓자.

동자: 내 이름이 마당쇠라. 나 젖 좀 주.[21]

〈고성오광대〉 역시 미약하게나마 부분적으로 '보이는 연행자의 은밀한 발화'
방식을 취하기도 하며, 〈통영오광대〉의 경우는 할미 역할을 맡은 연행자가 아
기의 울음소리[22]를 내며 이러한 발화연행의 방식을 부분적으로 취한다.

영감·할미: (정화수를 떠 놓고 절을 하며 축수한다.) 속히 순산하여 주십사.
　　　　　(아이 울음 소리가 난다)
영감: (생남했다고 좋아하며 아이를 부둥켜안고 어른다.)[23]

제자각시: 어린애 이리 줍쇼!
할미: 둥둥 어허 둥둥. (어린애 우는 소리 들리고 제자각시가 달려들어 아이
　　　를 뺏고 떠밀어서 할미 넘어진다.)[24]

---

20) 이병옥 채록본이나 현재 연행되는 〈송파산대놀이〉에서는 '보이는 연행자의 은밀한 발화' 연행
　　이 이루어지지 않는다. 이 방식의 발화연행이 이루어지는 경우는 이두현 채록본과 허호영 채
　　록본의 경우이다. 이두현 채록본은, 이두현 교주,『韓國假面劇選』, 敎文社, 1997, 96~24면을
　　참조하고, 허호영 채록본은, 沈雨晟 編著,『韓國의 民俗劇』, 創作과批評社, 1975, 197~214면
　　을 참조.
21) 허호영 구술·이두현 채록,「송파 산대놀이 대사」, 이두현 교주, 위의 책, 117~18면.
22) 1967년 현대문화영화공사에서 기록을 위해 촬영한 통영오광대 영상 자료 VT—0251을 보면,
　　아기가 등장하는 대목에서 '응애 응애'하는 아기의 울음소리가 나온다. 2001년 3월 24일 구영
　　옥의 제보에 의하면, 이 울음소리는 이 대목에서 할미 역할을 하며 함께 등장한 고 김삼성(1911
　　—1993)이 맡아서 했다고 한다.
23) 정상박 채록,「고성오광대」, 沈雨晟 編著, 앞의 책, 141면 참조.
24) 장재봉·오정두 구술, 이두현 채록,「통영오광대 대사」, 李杜鉉 校註, 앞의 책, 312면.

　　발화연행의 두 번째 유형은 ‘보이는 연행자의 간접적 발화’라 부를 수 있다. 이 유형은 인형의 발화 자체가 없는 무언인형인 경우이다. 하지만 함께 등장하는 인간연행자가 간접화법으로 인형의 의사를 대변해 준다. 함께 등장하는 인간연행자가 인형의 말을 중계해주는 것이다. 인형연행을 접하는 관중의 입장에서는, 인형의 실제 발화를 들을 수는 없지만 마치 인형이 발화한 것과 같은 인식을 할 수 있다. 인형과 함께 등장하는 인간연행자의 능수능란한 연행능력이 요구되는 방식이다.

　　(취발이가 아이를 안고 마당 주변을 다니며 인사를 시킨다. 이 사이에 소무는 해산어멈과 함께 퇴장한다.)
　취발이: (아이를 안고 인사를 시키며 마당 한 바퀴를 돌고난 후) 쉬――이. (아이 얼굴을 보며) 헤헤 그놈 참 잘 생겨 처먹었다. 용생용 봉생봉이라더니 어쩌면 이래 나만 꼭 닮았느냐? 아 그리고 삼신님도 고마우시지, 이 취발이가 없이 사는 줄 알고 (아이 모습을 하나하나 훑어보면서) 바지꺼정, 저고리꺼정, 조끼꺼정, 버선꺼정, 아 꼬추꺼정 모두 다 점지해 주셨구나. <u>(아이 얼굴을 귀에 대고 말을 듣는 시늉을 하며)</u> 뭐라고? 이름을 지어 달라고? 그렇지. 아 사내대장부가 세상에 태어났으면 이름 석 자가 중요하지! 가만있자 이름을 뭐라고 짓는다? (멈춰서 골똘히 생각하다가 무릎을 치면서) 옳지! 아 여기 서울놀이마당에서, 마당에서 태어났으니까 마당쇠라고 짓자. <u>(아이 얼굴을 귀에 대고 말을 듣는 시늉을 하며)</u> 뭐라고? 오줌이 마렵다고? 허, 허―― 이렇게 점잖은 사람들이 많이 오셨는데 엇다가 쉬를 한단 말이냐? 엣다 모르겠다! (마당 주변 관객석으로 가서 한 관객 앞에서 아이 두 다리를 벌려 잡고) 쉬이――― (하고 아이를 털털 털어 주면서 마당 가운데로 이동하다가 <u>아이 얼굴을 귀에 대고 말을 듣는 시늉을 하며)</u> 뭐라고? 조금 마렵다고? 어허 (다시 다른 관객석 앞으로 가서 아이 두 다리를 벌려 잡고 오줌을 누인다) 쉬이――― (아이를 안고 마당 가운데로 이동하면서) 허허허 그놈 참 시원하겠다. (마당 가운데로 이동하면서 <u>아이를 바라보며)</u> 뭐라고? 이제는 천자문을 가

<u>르쳐 달라고?</u> 그렇지! … (아이를 마당 가운데 앉히면서) 자 똑바로 앉아서 천자문을 (앉히려던 아이가 그냥 뒤로 자빠져 버린다. 관중들이 크게 웃는다.) 아 이 녀석 보게나. 점심에 술을 먹었드냐? (다시 아이를 앉히면서) 자 똑바로 앉아서 (아이가 앞으로 꼬꾸라진다) 이 녀석아 정신 차리고 글을 배워야 될 것 아니냐! (다시 아이를 앉히면서) 자 천자문을 배우는데 너만 배울게 아니고 서울놀이마당에 오신 여러분들도 따라서 한번 배워봅시다. (아이를 제대로 앉히고는) 옳지! 아 자세가 참 좋다. (아이 앞에 다리를 개고 앉는다) 자 그럼, 따라하거라! 하늘 천, 따지.[25]

2005년 5월 21일 서울 놀이마당에서 연행된 〈송파산대놀이〉에서 인형이 등장하는 대목이다. 여기서 '마당쇠'라 불리는 인형의 발화는 실제 행해지지 않는다. 대신에 독특한 의사전달 방식이 나타난다. 인용대목의 밑줄 친 부분에서 알 수 있듯이, 취발이 역을 맡은 인간연행자가 '마당쇠'의 의사를 전달해 주고 있다. 이 방식은 취발이가 '마당쇠'의 발화를 관중에게 중계하는 것처럼 보인다. 연행이 벌어지는 마당 판에서 '마당쇠'의 세계를 이해하고 알아듣는 이는 취발이 뿐이다. 그래서 취발이는 '마당쇠'의 의사를 재확인하는 대사를 한다. 그리고 이 재확인 대사는 관중에게 그대로 전달된다. 이는 취발이가 '마당쇠의 세계'와 '마당쇠 밖의 세계'를 매개하고 있음을 의미한다. 다시 말하면 인형이 맡는 '마당쇠'의 발화를 관중에게 중계해 주는 역할을 취발이가 한다.

이러한 취발이의 발화연행 방식은 남사당패의 인형극 〈꼭두각시놀음〉에서 악사의 연행방식이나 러시아의 인형극 〈뻬뜨루쉬까〉(Russian Petrushka plays)에서 음악가(organ grinder)의 연행방식과 유사한 듯 보인다. 〈꼭두각시놀음〉의 악사인 경우, 관중과 배우 양측면의 대표자로서 무대 위에서 벌어지는 사건의 전개 및 의미 해명에 계기를 부여한다.[26] 〈뻬뜨루쉬까〉의 음악가 역시 관중

---

25) 송파산대놀이 40회 정기발표회, 서울놀이마당, 2005년 5월 21일.

26) 이 방면의 연구로, 김흥규의 「꼭두각시놀음의 演劇的 空間과 산받이」, 『創作과 批評』, 1978, 가을호가 있다.

과 극중 인물 뻬뜨루쉬까 사이에 살아있는 이음새(living link)로서 기능하고 있다.[27] 이는 곧 극적 세계와 관중의 세계 사이의 중재자로서의 악사 와 음악가의 역할을 말하고 있는 것이다. 그러나 〈송파산대놀이〉의 경우, 인형의 발화가 전혀 없다는 점에서 위의 두 사례와는 변별된다. 〈꼭두각시놀음〉이나 〈뻬뜨루쉬까〉의 경우, 인형이 비록 알아듣기는 힘들더라도 말을 하지만, 〈송파산대놀이〉의 경우 전혀 말을 하지 않는다. 따라서 〈송파산대놀이〉에서 인형의 발화 연행 방식은 매우 독특한 것이라 할 수 있다. 필자는 다른 가면극과 구별되는 〈송파산대놀이〉만의 독특함 중에 하나가 바로 이러한 인형연행 방식이라 생각한다.

〈그림 3〉 '마당쇠'의 발화를 듣고 있는
송파산대놀이의 '취발이'
(2005년 5월 21일 서울 놀이마당 연행)

〈그림 4〉 '마당쇠'의 발화를 듣고 있는
송파산대놀이의 '취발이'
(2005년 4월 16일 서울 놀이마당 연행)

발화연행의 세 번째 유형은 '보이는 연행자 발화의 대상'이다. 이 유형에서 인형은 연행 내내 어떤 직·간접적 발화도 하지 않는 무언인형이다. 그런데 앞

---

27) 이에 대해서는, Sergei Obraztsov, *The Chinese Puppet Theatre*, Faber and Faber, 1961, p. 20; Thomas A. Green and W. J. Pepicello, "Semiotic interrelationships in the puppet play," p. 156 재인용을 참조. 앞의 김흥규의 연구가 악사의 중재 기능에 대하여 직접적으로 언급하지는 않았음에 비해, 오브라즈초프의 연구에서는 오르간 연주자의 중재 기능에 구체적으로 언급하고 있다.

서 무언인형에 대한 논의에서 살폈듯이, 말을 하지 않는다고 생명이 없는 물질로만 인식되는 것은 아니다. 이 인형 을 대하는 연행자들 또는 연행참가자들은, 이 인형을 대상으로 끊임없이 어떤 발화를 한다. 인형이 함께 등장하는 인간연행자의 발화 대상이 되는 것이다.

> 최괄이: 어이, 그건 내 새끼야. (아이를 안고) 아 그놈 참 잘 생겼다. 부전자전이라더니 그 녀석 참 잘 생겼다. 내가 세상에 살다가 아직까지 아들이 없었는데, 내가 새끼 낳기는 이번이 처음이라. 어디 한 번 데리고 얼러 보자. (아이를 어르는 시늉을 한다.) 어르릉 까꿍, 어르릉 까꿍, 야! 이 녀석 꼿꼿이 서 봐라. (아이를 손 위에 세우며) 꼬둑, 꼬둑, 꼬둑 어이쿠! (2회 이상 반복) 그러면 그렇지. 자— 꼬둑이타령이나 하여 보자. (최괄이가 아들을 데리고 꼬둑이타령을 하고 아이를 어르며 춤을 춘다.) 꼬둑 꼬둑 꼬둑 꼬둑 꼬둑 꼬둑이 내 새끼야, 은을 주면 너를 사고 금을 준들 너를 살까. …(중략)… 꼬둑 꼬둑 꼬둑 꼬둑 꼬둑 꼬둑이 내 새끼야. 어이— 그 녀석 방실방실 웃는구나—. (하고 외치면 돔 부리장단이 시작된다. 최괄이가 한참 아이를 어르다가 돔부리장단에 맞추어 춤을 추면서 새맥시와 같이 퇴장한다.)[28]

인용한 대목에서 인간연행자인 취괄이는 아이 역할을 맡은 인형을 아들로 대하면서, 말을 알아듣는 생명이 있는 존재로 여긴다. 인형을 보며 '잘 생겼다'고 말을 하는가 하면, 구체적으로 어르기도 한다. 손 위에 세워놓기도 하며 어르니 아이가 '방실방실 웃는다'고 움직임에 대한 메타적 발화를 하기도 한다. 취괄이의 손 위에 서 있거나 '방실방실 웃는다'는 아이 표정에 대한 취발이의 메타적 발화는, 아들로 인식되는 인형 역시 취괄이의 발화에 조응하는 일정한 움직임을 보이며 의사소통이 가능한 존재임을 드러내는 기능을 한다. 〈은율탈춤〉에서 취괄이와 아이는 일상의 아버지와 어린 아들을 대면한 것과 같은 모습을 보여준다.

이러한 연행방식은 〈고성오광대〉나 〈통영오광대〉에서도 나타난다. 아래 인

---

28) 차부회, 「은율탈춤 연희본」, 전경욱, 『은율탈춤』, 국립문화재연구소, 2003, 153~156면.

용한 대목에서도 나타나듯이, 두 가면극에서 함께 등장하는 연행자들은 아이를 대상으로 말을 걸고, 노래를 부르며 어르고 있다. 〈은율탈춤〉이 오직 취발이만 아이에게 말을 걸고 의사소통을 하고 있는 것에 비해서, 〈고성오광대〉에서는 영감과 큰어미가, 〈통영오광대〉에서는 할미양반과 할미가 인형에게 발화를 하고 있다. 복수의 연희자가 인형에게 발화를 하고 있는 것이다.

〈그림 5〉 고성오광대에서 '아이'를 어르고 있는 '할미'
(2006년 9월 2일 당항포 예술무대 연행)

몽돌이: 예, 꿰매부랄 꼬추자지가 데롱데롱 달린 옥동자(玉童子)를 순산했습니다.
할미양반: 그랬어. 그럼 이리 좀 다려 내오너라!
　　(창) (중중머리로 아이를 어른다) 두둥 내 아들 어허 둥둥 내 아들 내 아들 이리 보아도 내 아들 저리 보아도 내 아들 둥둥둥 내 아들
할미: 영감님 애 한 번 얼러 봅시다. 아가! 그래, 응—응 잘 났구나! 인간이 매몰 잡았다가 영감님거치 두루 넓적하게 생겼구나. 어—나 나—나! (소릿조로 어른다.) 둥둥둥 내 아들. 하늘에서 떨어졌나, 땅에서 불끈 솟아났나. 어—나요 동자 하늘땅 제 땅에서 떨어졌나!

    제자각시: (등장하여 퉁명스럽게) 어린애 이리 줍쇼.

    할미: <u>구름에 날려왔네.</u> (할미는 계속 아이를 어른다)

    제자각시: 어린애 이리 줍쇼!

    할미: <u>둥둥 어허 둥둥.</u> (어린애 우는 소리 들리고 제자각시가 달려들어 아이

        를 뺏고 떠밀어서 할미 넘어진다.)[29]

2) 움직임연행의 두 유형과 그 양상

인간은 자신의 육체를 통하여 스스로 움직임을 다양하게 생산해낼 수 있다. 하지만 인형의 경우 움직임이 인형 자체에서 나오는 것이 아니다. 특정 연행에서 인형이 움직인다면, 거기에는 그 움직임의 원천이 따로 존재한다. 움직이게 되는 인형과 움직임의 원천은 분리되어있다. 인형 움직임의 원천에는 인형을 조종하는 인간연행자가 있다.[30] 인간연행자는 다양한 움직임연행을 통하여 인형이 움직이거나 살아 있는 것임을 드러낸다. 인형이 스스로 움직이는 것처럼 인간이 인형의 움직임을 맡아서 할 수도 있고, 함께 등장하는 인간들이 주의를 불러일으키는 움직임을 통해 인형이 움직임의 주체가 되거나 대상이 되는 것으로 취급할 수도 있다.[31]

일반적으로 움직임연행의 방식이라 하면 보통 어떤 인형이 움직임의 주체로 연행되는 경우만을 생각하기 쉽다. 이른바 '동적인형(動的人形)'이라 불리는 것

---

29) 李杜鉉 校註, 앞의 책, 311~312면.

30) 인형이 등장하는 연행에서 인형연행자의 중요성은 여러 사람에 의해서 강조된다. 무언인형극 연출자인 스미스(Robert Smythe)는 인터넷에 올린 'Are Puppets Alive?'라는 글에서, "인형연기의 묘한 매력(magic)은 인형 자체에 본래부터 갖추어진 것이 아니라, 연행자에게서 나오는 것이며, 인형연행자의 기술과 재능이 없다면 인형은 생명이 없는 빈껍데기일 뿐"이라 말한다. 이는 인형이 등장하는 연행에서 인형을 연행하는 인간연행자의 중요성을 말하는 것으로 이해할 수 있다. 그리고 앞에서 언급한 콜러(Eric Kolar)의 견해 역시 인형이 등장하는 연행에서 인형을 연행하는 인간연행자가 차지하는 막중한 역할을 확인시켜 주고 있다. Robert Smythe, "Are Puppets Alive?,"「http://www.sagecraft.com/puppetry/philosophy/alive.html」, 2006.2.21. Peter Bogatyrev, op. cit., pp.50~52.

31) 인형의 움직임과 그 움직임의 원천에 대한 논의는 다음을 참조. 허용호, 「전통인형연희의 연행 방식 연구」, 442면.

이 그것이다. 하지만 본 논의에서는 움직임의 주체로 인식되는 동적인형만 살피지 않는다. 동적인형에 대비되는 '정적인형(靜的人形)' 역시 주목한다.[32] 비록 주체적이고 능동적인 움직임을 보이고 있지는 않지만, 인간연행자의 움직임연행이라는 맥락에서 정적인형 역시 주목해야 한다. 정적인형은 비록 독자적 움직임을 보이지는 않지만 함께 등장하는 인간연행자의 직·간접적 움직임을 통해 자신이 살아 움직이고 있다는 기호를 만든다.[33]

따라서 움직임연행의 논의대상은 동적인형과 정적인형 모두가 된다. 움직임의 주체로 인식되는 동적인형의 연행방식은 물론이고, 별다른 움직임을 보이고 있지는 않지만 함께 등장하는 인간의 연행을 통하여 움직임의 대상으로 인식되는 정적인형의 연행방식까지 아울러 살펴보는 것이다. 이렇게 동적인형과 정적인형 모두를 대상으로 삼을 때, 가면극에서의 움직임 연행방식은 '보이는 연행자의 은밀한 조종'과 '보이는 연행자 움직임의 직접적 대상'의 두 유형으로 정리할 수 있다. 이는 앞서 발화연행의 방식을 유형화한 기준인, 연행주체인 인간연행자의 존재양상과 연행방식을 기준으로 한 것이다. 각 유형별로 그 특색과 양상을 살펴보기로 한다.

인형을 움직이게 하는 인간연행자의 연행방식으로 우선 '보이는 연행자의 은밀한 조종' 유형이 있다. 이 유형의 연행방식은, 함께 등장하는 인간연행자가 은밀하게 인형을 조종하는 경우이다. 〈봉산탈춤〉, 〈강령탈춤〉, 〈양주별산대놀이〉, 〈송파산대놀이〉 등에서 이러한 연행방식이 나타난다. 이 유형에서 움직임 생산은 '함께 등장하는 인간연행자들의 은밀한 연기와 조종'으로 이루어진다. 눈에 보이

---

32) 동적인형과 정적인형에 대한 논의는 다음을 참조. 허용호, 「전통인형연희의 연행방식 연구」, 442~443면.

33) 정적인형에 대한 이러한 인식은 임재해의 다음과 같은 견해와 그 궤를 같이한다. 임재해는 "정적인 인형이 한갓 인형으로 인식된 것이 아니라 대단한 신격으로 인정되고 섬김의 대상이 되었으므로 실제적으로는 움직이지 못하는 존재이지만 관념적으로는 인간들보다 더 탁월한 역량을 발휘할 수 있는 신령이자 자유자재로 움직이고 이동하는 초월적 존재로 여겨졌다. … (중략)… 그러므로 정적이라 하는 것은 겉으로 드러난 현재적 이해일 뿐, 실제로는 역동적으로 살아 움직이며 초월적 역량을 발휘하는 신격이라 해야 할 것이다."라고 말하고 있다. 임재해, 「꼭두각시놀음의 역사적 전개와 발전 양상」, 『구비문학연구』 제5집, 한국구비문학회, 1998, 261면.

는 인간연행자가 움직임 생산과정을 은밀하게 감추려 하는 지향성을 보인다.

〈송파산대놀이〉에서 '마당쇠' 역할을 맡은 인형이 출생하는 대목에서 이러한 방식이 나타난다. 함께 등장하는 해산어멈이 소무에게 다가가서 짚 뭉치 속에 넣어온 인형을 몰래 치마 속에 넣은 이후[34]에, 마치 인형이 소무 가랑이 사이에서 나오는 것처럼 해산어멈이 연기한다.

> 취발이: 쉬―이! 이제 나도 어른이 되었으니 상투나 한 번 틀어보자. (발을 개고 앉아 앞머리를 손가락에 감아 대면 그대로 풀어진다. 또 반복해도 풀어진다.) 옛말에 취발이 상투는 짜나 푸나 매 한가지라더니, 내 팔자에 상투가 무슨 상투냐? (하며 뒤를 돌아보니, 소무가 배를 문지르다 아픈 표정을 짓고 쓰러진다. 깜짝 놀라 일어나며) 아니, 애가 웬일이냐 (달려가 배를 쓰다듬다가 깡충 뛰며) 허허. 우리 집안에 경사났네. 취발이 경사났어! 이제 우리 선영에도 꽃이 함박 만하게 피었구나! 애가 벌써 산기가 있는 모양인데, 어서 해산어멈을 불러 얼른 낳도록 칠성님께 빌어야지. 해산어멈! 해산어멈! <u>(해산어멈이 짚뭉치를 이고 엉덩이춤을 추고 나오면 장단이 나온다. 해산어멈이 엉덩이춤을 추며 소무에 다가가서 짚뭉치를 내려 놓고, 짚뭉치 속에 넣어온 동자 인형을 몰래 치마 속에서 꺼내 거꾸로 들춰 엉덩이를 탁 치고 세워 받쳐 잡고 쳐다보니, 취발이가 쫓아가 달라고 하니 줄까 말까 실강이를 하다가, 취발이가 나꿔채 빼앗아가니 해산어멈은 짚뭉치를 챙겨들고 소무를 데리고 퇴장한다.)</u>[35]

---

34) 현재 연행되는 〈송파산대놀이〉는 이렇게 해산어멈이 인형을 짚 뭉치 속에 감추고 등장하여 몰래 소무의 치마 속에 넣는다. 그런데 옛날에는 취발이가 허리춤 속에 인형을 차고 나와 놀다가 소무 치마 속을 들치고 들어가 가랑이 사이에 인형을 끼워 넣는 방식을 취했다고 한다. 이병옥, 「송파산대놀이 연희대본」, 『송파산대놀이 연구』, 집문당, 1982, 176면 각주 23) 참조.

35) 이병옥 채록, 「송파산대놀이 연희대본」, 『송파산대놀이의 연구』, 집문당, 1982; 전경욱 역주, 앞의 책, 98면.

〈그림 6〉 짚뭉치 안에 마당쇠 인형을 넣고 등장하는
송파산대놀이의 '해산어멈'
(2005년 4월 16일 서울 놀이마당 연행)

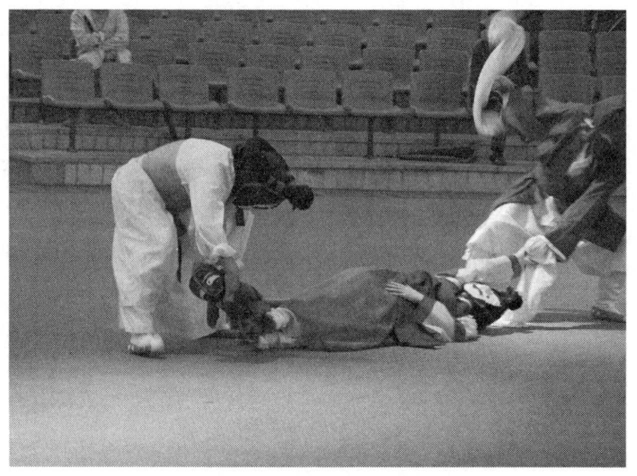

〈그림 7〉 '소무' 가랑이 사이에서 '마당쇠'를 끄집어내고
있는 송파산대놀이의 '해산어멈'
(2007년 5월 19일 서울 놀이마당 연행)

〈그림 8〉 '소무' 가랑이 사이에서 '마당쇠'를
끄집어내고 있는 '해산어멈'
(2005년 5월 21일 서울 놀이마당 연행)

아이가 태어나는 대목에서 함께 등장하는 인간연행자의 은밀한 연기와 조종으로 움직임이 만들어지는 경우는 〈양주별산대놀이〉에서도 찾아볼 수 있다.

〈그림 9〉 양주별산대놀이에서 '소무'의 가랑이 속으로
'마당쇠' 인형을 집어넣는 '해산모'
(2007년 6월 23일 양주 야외공연장 연행)

〈그림 10〉 태어난 '마당쇠'를 닦아주고 있는 '해산모'
(2007년 6월 23일 양주 야외공연장 연행)

취발이: …(상략)… (서로 얼싸안고 춤을 추다가 소무에게 산기가 있어 배를
　　　　만지고 쩔쩔맨다) 해산모야! 해산모야! 어서 와서 배도 문질러 주
　　　　고 머리도 주물러 주어라. 해산모야 어서 나와 순산을 시켜다우.
해산모: (동자인형과 짚단 등을 들고 나와서 소무의 배도 문질러 주고 머리
　　　　도 만져주며 순산시킨다)
취발이: 애 무엇을 낳았나, 아들인가 딸인가?
해산모: (손가락으로 고추를 만들어 보이며 아들이라고 한다)36)

　이렇게 아이를 출산하는 대목이 구체적으로 표현되는 〈송파산대놀이〉와 〈양
주별산대놀이〉에서, 아이 출생의 은밀한 조종과 연기가 이루어진다. 아이가 태
어나는 과정은 그 움직임 산출과정이 공공연하게 드러나지 않는다는 점에서 은
밀한 조종의 일종으로 볼 수 있다.

---

36) 김성대 채록, 「양주별산대놀이」, 심우성 엮음, 앞의 책, 179면.

다음의 예에서처럼 의사소통에 수반되는 인형의 동작 역시 인간연행자들에 의해 은밀하게 만들어지는 경우이다.

〈그림 11〉 오른손으로 은밀하게 '마당쇠'의 움직임을
만들어내는 '취발이'
(2005년 5월 21일 서울 놀이마당 연행)

취발이 : …(상략)… 뭐 이름을 지어 달라고? 그렇지. 사내대장부가 세상에 태어났으면 이름 석자가 중요한데, 그래 이름을 지어주마. 그러나 저러나 조실부모하여 십 오 세부터 주색잡기에 침범하여 글이라곤 낫 놓고 기역자도 모르니 내 이름을 뭐라 짓지? 내가 취발이니까 취자 항렬을 또 딸 수는 없고. 가만있자. 옳지! 마당에서 났으니 마당쇠라 짓자. (취발이, 인형을 바라보며) 좋다고? (취발이가 은밀하게 오른손으로 인형의 고개 뒤를 움직여, 고개를 끄덕이게 한다)37)

인용한 대목에서 알 수 있듯이, 인형움직임은 함께 등장하는 취발이 역을 맡은 연행자에 의해 산출된다. 그런데 그 움직임의 생산과정은 인간연행자의 연기

---

37) 인형이 고개를 끄덕이는 움직임양상은 〈송파산대놀이〉 채록 본에서는 기술되어 있지 않다. 이러한 움직임의 모습은 실제연행이나 영상자료에서 확인할 수 있는데, 여기서 기술한 것은 서강대학교 소장 자료(청구번호 AV-v792.11 한 17 v.5)에서 나타난 것을 필자가 채록한 것이다.

속에서 은밀하게 이루어진다. 이러한 은밀한 조종은 인형이 마치 스스로 움직이
는 것처럼 보이게 한다.

〈그림 12〉 강령탈춤에서 '취발이'의
은밀한 움직임연행
(2004년 6월 20일 남산골 한옥마을 연행)

〈그림 13〉 봉산탈춤에서 '취발이'의
은밀한 움직임연행
(2005년 6월 18일 서울 놀이마당 연행)

　　의사소통에 수반되는 인형의 움직임을 만들기 위한 인간연행자의 은밀한 조종
은 〈강령탈춤〉과 〈봉산탈춤〉에서도 나타난다. 〈봉산탈춤〉에서 인형움직임은
취발이 역을 맡은 인간연행자에 의해 산출된다. 연행 내내 인형은 취발이 역을
맡은 연행자에게 안겨 있는데, 고개를 끄덕이고 어깨를 들썩이며 말을 하는 움직
임을 보인다. 마치 실제로 말을 하는 것과 같은 효과를 불러일으키는, 이러한
움직임의 원천은 취발이 역을 맡은 연행자의 왼쪽 손가락 움직임이다. 취발이
역을 맡은 연행자는 인형을 안고, 그 뒷목덜미 부분을 왼쪽 손가락으로 밀착시키
고 은밀하게 움직여 마치 인형이 스스로 움직이는 것처럼 만들고 있다.[38]
　　〈양주별산대놀이〉에서 인형이 앉아 있는 동작 역시 함께 등장하는 취발이의
은밀한 움직임이 그 원천이 된다. 인형이 글 읽는 대목을 보면, 인형 스스로
앉아서 글을 읽는 움직임을 보인다. 이러한 움직임은 바로 앞에 앉아 있는 취발
이 역을 맡은 연행자의 은밀한 움직임에서 나오는 것이다. 그는 인형의 옷고름

---

38) 〈봉산탈춤〉에서의 은밀한 조종의 방식은 필자가 녹화한 영상 자료들(1998년 5월 23일 연행과
　　5월 24일 연행)에서 구체적으로 확인할 수 있다.

을 은밀하게 잡고 자연스럽게 앉아서 글을 읽는 것처럼 보이게 만든다.[39)]

이렇게 적나라한 출생과 의사소통의 모습을 보여주는 가면극 속 인형들은 함께 등장하는 인간연행자가 그 움직임의 근원이 된다. 인간연행자는 인형과 밀접하게 접촉된 상태에서 인형의 움직임을 자연스럽게 만들어 낸다. 마치 인형이 함께 등장하는 인간연행자의 발화와 움직임에 조응하여 함께 움직이고 있는 듯하다. 이러한 양상은 굳이 인형을 조종한다는 인상을 주지 않으면서 인형을 움직이게 하는 은밀한 조종의 한 형태라고 할 수 있다.

움직임연행의 두 번째 유형은 인형이 '보이는 연행자 움직임의 직접적 대상'이 되는 경우이다. 앞서 필자는 인형의 움직임연행을 고찰함에 있어, 정적인형에 대한 움직임연행 역시 주목해야 한다고 했다. 비록 주체적이고 능동적인 움직임을 보이지는 않지만 인간연행자의 움직임연행이라는 맥락에서 정적인형 역시 주목하는 것이다. 이에 해당하는 것이 '보이는 연행자 움직임의 직접적 대상'이라 이름 붙인 유형이다. 이 유형에서는 함께 등장하는 연행자의 어떤 움직임이 인형에 영향을 미쳐, 비록 수동적이기는 하지만 인형이 함께 움직이는 것처럼 인식된다. 인형은 함께 등장하는 인간연행자 움직임의 경험자(undergoer)로서 자리한다.

이 유형의 움직임연행은 주로 함께 등장하는 인간연행자들이 인형을 어르는 대목에서 많이 이루어진다. 인형을 어르는 대목은 인형이 등장하는 가면극 모두에서 나타난다. 따라서 인형이 등장하는 모든 가면극에서 '보이는 연행자 움직임의 직접적 대상' 유형을 찾아볼 수 있다. 특히 〈통영오광대〉, 〈고성오광대〉, 〈은율탈춤〉 등은 인형의 움직임 대부분이 이 방식으로 이루어진다. 〈은율탈춤〉의 경우를 먼저 살펴보자.

새맥시: (장내 한복판에서 아이를 낳으면)
잽이: 어이, 아이 낳았다. (이때 최괄이가 장내에 뛰어 들며)

---

39) 문예진흥원 소장 영상자료 VTV-0154를 보면 취발이 역을 맡고 있는 연행자가 인형의 옷고름을 은밀하게 잡고 앉혀서 글을 가르치는 움직임을 보이고 있다.

최괄이: 어이, 그건 내 아이야. (아이를 안고) 야, 그놈 잘 생겼다. 부전자전
　　　 이라더니 그 녀석 잘 생겼다. 내가 세상에 살다가 아즉까지 아들이
　　　 없었는데, 내가 새끼 낳기는 처음이라. 어디 한 번 데리고 얼러 보
　　　 자. 야! 이 녀석, 꼿꼿이 서 봐라. 그러면 그렇지. 자! 꼬뚝이타령이
　　　 나 하여 보자. (최괄이 아들 데리고 꼬뚝이타령을 하면서 아이를 얼
　　　 르며 춤을 춘다.) 꼬뚝꼬뚝 꼬뚝이 꼬뚝꼬뚝 꼬뚝이 내 새끼야. 은을
　　　 주면 너를 사고 금을 주면 너를 살까. …(중략)… 꼬뚝꼬뚝 꼬뚝이
　　　 꼬뚝꼬뚝 꼬뚝이 내 새끼야. 살아 생전 먹고 쓰고 마음대로 놀아
　　　 보세. 아니 놀고 무엇 하겠나. 꼬뚝꼬뚝 꼬뚝이 꼬뚝꼬뚝 꼬뚝이 내
　　　 새끼야. (최괄이 한참 아이를 얼르다가 타령장단에 맞추어 춤을 추
　　　 면서 새맥시와 같이 퇴장한다.)[40]

　　인용된 〈은율탈춤〉에서의 인형의 능동적인 움직임은 전혀 없다. 발화 역시
없다. 아기 역할을 맡은 인형은 그저 최괄이가 어르는 데로 따르기만 할뿐이다.
함께 등장하는 최괄이 역을 맡은 연행자 움직임의 수동적인 대상이 되고 있다.
아래에 인용한 〈통영오광대〉에서 등장하는 인형 역시 동일한 움직임연행이 이
루어진다. 〈은율탈춤〉이 한 연행자에 의해서만 연행이 이루어지는데 비해, 「통
영오광대」는 세 명의 연행자에 의해 번갈아 얼러진다는 점이 다를 뿐이다.

　　몽돌이 : 영감마님.
　　할미양반 : 뭐냐?
　　몽돌이 : 작은 마님이 순산했습니다.
　　할미양반 : 그래, 그러면 무엇을 순산했드냐?
　　몽돌이 : 예, 꿰매부랄 꼬추자지가 데롱데롱 달린 옥동자(玉童子)를 순산했
　　　　　　 습니다.
　　할미양반 : 그랬어. 그럼 이리 좀 다려 내오너라!
　　　　　　 (창) (중중머리로 아이를 어른다)

---

40) 이두현, 「은율탈춤」, 『국어교육』 제26집, 한국국어교육연구회, 1975; 전경욱 역주, 앞의 책,
　　232~234면.

> 　　두둥 내 아들 어허 둥둥 내 아들 내 아들
> 　　이리 보아도 내 아들 저리 보아도 내 아들
> 　　둥둥둥 내 아들
> 할미양반 : 영감님 애 한 번 얼러 봅시다. 아가! 그래, 응—응 잘 났구나! 인간
> 　　이 매몰 잡았다가 영감님거치 두루 넙적하이 생겼구나. 어—나
> 　　나—나! (소릿조로 어른다.) 둥둥둥 내 아들. 하늘에서 떨어졌나,
> 　　땅에서 불근 솟아났나. 어—나요 동자 하늘땅 제 땅에서 떨어졌나!
> 제자각시 : (등장하여 퉁명스럽게) 어린애 이리 줍쇼.
> 할미양반 : 구름에 날려왔네. (할미는 계속 아이를 어른다.)
> 제자각시 : 어린애 이리 줍쇼!
> 할미양반 : 둥둥 어허 둥둥. (어린애 우는 소리 들리고 제자각시가 달려들어
> 　　아이를 뺏고 떠밀어서 할미 넘어진다.)[41]

함께 등장하는 인간연행자들이 아기 역할을 맡은 인형을 번갈아 안고 어르고 있다. 인형은 그 자체의 움직임을 보이지 않지만, '몽돌이', '할미양반', '할미' 등에 의하여 안기고 얼러지는 움직임의 직접적 대상이 되고 있다. 인형이 아기 역할을 맡는다는 점을 염두에 둔다면, 이러한 움직임 양상은 자연스럽다. '몽돌이', '할미양반', '할미' 등의 품에 안겨 얼러지는 것 자체가 갓난아기의 자연스러운 움직임이 되는 것이다.

3. 인형연행의 방식과 내용의 특징

1) 인형연행 방식의 특징

앞에서 필자는 발화연행과 움직임연행을 유형화하는 기준으로 '연행주체인 인간연행자의 존재양상과 연행방식'을 설정했다. 그리고 이를 기준으로 인형이

---

41) 장재봉·오정두 구술, 이두현 채록, 「통영오광대 대사」, 李杜鉉 校註, 앞의 책, 311~312면.

등장하는 가면극을 살핀 결과, 세 가지 발화연행 방식과 두 가지 움직임연행 방식으로 유형화가 이루어졌다. 유형화된 연행방식들은 '인간연행자가 관중의 눈에 보이는가 / 보이지 않는가', '연행방식이 공공연하게 드러나는가 / 은밀하게 감추어지는가'에 따라 다음과 같이 정리할 수 있다.

<표 1> 가면극 속 인형연행의 방식과 인간연행자의 존재양상

		인간연행자 존재양상		연행방식	
		보임	안보임	드러냄	감추어짐
발화 연행	보이는 연행자의 은밀한 발화	O	X	X	O
	보이는 연행자의 간접적 발화	O	X	X	O
	보이는 연행자 발화의 대상	O	X	O	X
움직임 연행	보이는 연행자의 은밀한 조종	O	X	X	O
	보이는 연행자 움직임의 직접적 대상	O	X	O	X

위의 표를 통해서도 분명하게 드러나고 있듯이, 가면극에서의 인형연행은 '인간연행자가 공공연하게 보인다'는 공통점을 가지고 있다. 이러한 공통점은 인형연행의 본산이라 할 수 있는 인형극과는 전혀 다른, 가면극에서의 인형연행만이 갖는 특징이다. 인형극의 경우, 인형을 연행하는 인간은 포장막 속에 숨어 인형을 연행한다. 현전하는 전통인형극인 <꼭두각시놀음>, <서산박첨지놀이>, <발탈>42) 등을 보면, 인간은 반드시 포장 막 뒤나 안에서 인형연행을 한다.43) 인형

---

42) <발탈>의 경우 인형극이라 하기에는 조심스러운 점이 있다. <꼭두각시놀음>이나 <서산박첨지놀이>처럼 올곧게 인형배우들만 등장하여 연행이 이루어지는 것이 아니라, 인형배우와 함께 인간배우가 동시에 등장하여 연행을 전개시켜 나가고 있기 때문이다. <발탈>은 탈을 이용하면서도 전통가면극과는 다르고, 전통인형극과 유사한 인형연행 방식을 이용하면서도 다른 인형극과는 변별되는 독특함을 가진다. 그리고 두 명의 등장인물이 티격태격 다투는 전통적 재담의 전개방식을 이용하면서도 인간배우와 인형배우의 대결이라는 특이함을 가지고 있기도 하다. 발과 손을 이용하여 조종되는 특이한 구조의 인형배우와 스스로 움직이고 말하는 인간배우가 공존하며 티격태격 다투는 독특한 양상의 전통연희가 바로 <발탈>이다. 본 연구에서는 이러한 <발탈>의 독특함을 인정하면서도 그동안 관습적으로 이어져온 인형극으로의 분류에 따르기로 한다. 이는 본 연구가 <발탈>의 독특함 또는 인형극의 분류에 대한 논의가 중심이

극에서는 인형을 연행하는 인간이 철저하게 숨어있다면, 가면극에서는 인형과 함께 등장하며 그 모습을 공공연하게 드러낸다.

인형을 연행하는 인간연행자의 존재양상이 갖는 차이는, 인형을 연행하는 방식의 차이와 밀접한 관련이 있다. 앞서 살펴본 가면극에서의 인형연행 방식들은 모두 인형극에서는 찾아볼 수 없는 것들이다. 인형극의 경우 그 연행방식이, 발화연행인 경우 '숨어있는 연행자의 직접적 발화' 유형만이 나타나며, 움직임연행인 경우 '숨어있는 연행자의 조종' 유형만이 나타난다.[44] 그런데 가면극의 경우는 전혀 다른 유형들이 나타난다. 인형을 연행하는 인간연행자가 공공연하게 눈에 보이는, 어찌 보면 난감한 상황에서 가면극 연행자들은 여러 인형연행 방식을 만들어냈다. '보이는 연행자의 은밀한 발화', '보이는 연행자의 간접적 발화', '보이는 연행자 발화의 대상', '보이는 연행자의 은밀한 조종', '보이는 연행자 움직임의 직접적 대상' 등의 인형연행 방식이 바로 그것이다. 어려운 상황에서 가면극 연행자들은 기발하고도 다양한 인형연행 방식들을 생각해 냈다. 현전하는 전통인형극이 그리 많지 않은 우리의 상황에서, 다양하게 인형연행 방식을 논의할 수 있게 된 것이다.

가면극에서 인형을 연행하는 인간을 가리거나 숨길 수 있는 포장 막의 부재는, 가면극에서의 인형연행에 장애로 작용했던 것은 아니다. 오히려 포장 막이 없음으로 인해서, 가면극에서는 포장 막이 존재하는 인형극에서는 생각할 수도 없는 다양한 연행방식을 만들어냈다. 나아가 포장 막의 부재는 인형극과는 비교할 수도 없는 확장된 인형의 활동반경을 가능하게 했다.[45] 2005년 5월 21일 서울 놀이마당에서 연행되었던 〈송파산대놀이〉의 한 대목을 인용해서 그 활동반

아니라는 사정에서 기인한다. 〈발탈〉의 독특함에 대해서는 다음을 참조. 허용호, 『발탈』, 국립문화재연구소, 2004, 8~12면

43) 이와 관련된 논의는 다음을 참조. 허용호, 「전통인형연희의 연행방식 연구」, 425~426면과 443~447면.

44) 같은 글, 같은 면 참조.

45) 유로코프스키는 인형을 연행하는 인간연행자를 가리기 위한 장치, "부스와 스크린이 없어져서, 인형연행자들이 무제한적인 극적 공간에서 연행할 수 있게 되었다"고 한다. Henryk Jurokowski, "Transcodification of the sign systems of puppetry," *Semiotica*, Vol.47 − 1/4, p. 143.

경을 살펴보기로 한다.

취발이: (아이를 안고 인사를 시키며 마당 한 바퀴를 돌고난 후) 쉬——이.
(아이 얼굴을 보며)헤헤 그놈 참 잘 생겨 처먹었다. 용생용 봉생봉이
라더니 어쩌면 이래 나만 꼭 닮았느냐? 아 그리고 삼신님도 고마우시
지, 이 취발이가 없이 사는 줄 알고 (아이 모습을 하나하나 훑어보면
서) 바지꺼정, 저고리꺼정, 조끼꺼정, 버선꺼정, 아 꼬추꺼정 모두 다
점지해 주셨구나. (아이 얼굴을 귀에 대고 말을 듣는 시늉을 하며)
뭐라고? 이름을 지어 달라고? 그렇지. 아 사내대장부가 세상에 태어
났으면 이름 석 자가 중요하지! 가만있자 이름을 뭐라고 짓는다? (멈
춰서 골똘히 생각하다가 무릎을 치면서) 옳지! 아 여기 서울놀이마당
에서, 마당에서 태어났으니까 마당쇠라고 짓자. (아이 얼굴을 귀에
대고 말을 듣는 시늉을 하며) 뭐라고? 오줌이 마렵다고? 허, 허——
이렇게 점잖은 사람들이 많이 오셨는데 어따가 쉬를 한단 말이냐? 엣
다 모르겠다 (마당 주변 관객석으로 가서 한 관객 앞에서 아이 두 다
리를 벌려 잡고) 쉬이——— (하고 아이를 털털 털어 주면서 마당 가
운데로 이동하다가 아이 얼굴을 귀에 대고 말을 듣는 시늉을 하며)
뭐라고? 조금 마렵다고? 어허 (다시 다른 관객석 앞으로 가서 아이
두 다리를 벌려 잡고 오줌을 누인다) 쉬이——— (아이를 안고 마당
가운데로 이동하면서) 허허허 그놈 참 시원하겠다. (마당 가운데로
이동하면서 아이를 바라보며) 뭐라고? 이제는 천자문을 가르쳐 달라
고? 그렇지! ...(아이를 마당 가운데 앉히면서) 자 똑바로 앉아서 천자
문을 (앉히려던 아이가 그냥 뒤로 자빠져 버린다. 관중들이 크게 웃는
다.) 아 이 녀석 보게나. 점심에 술을 먹었드냐? (다시 아이를 앉히면
서) 자 똑바로 앉아서 (아이가 앞으로 꼬꾸라진다) 이 녀석아 정신
차리고 글을 배워야 될 것 아니냐! (다시 아이를 앉히면서) 자 천자문
을 배우는데 너만 배울게 아니고 서울놀이마당에 오신 여러분들도
따라서 한번 배워봅시다. (아이를 제대로 앉히고는) 옳지! 아 자세가
참 좋다. (아이 앞에 다리를 개고 앉는다) 자 그럼, 따라 하거라! 하늘
천, 따지.

〈그림 14〉 관중석까지 다가가 연행하고 있는
송파산대놀이의 '취발이'와 '마당쇠'
(2005년 4월 16일 서울 놀이마당 연행)

인용한 〈송파산대놀이〉에서 인형이 움직이는 반경은 마당의 일부분에 한정
되지 않는다. 밑줄 친 부분에서 알 수 있듯이, 인형은 마당 한 바퀴를 돌고 마당
가운데에 왔다가, 관중 속으로 들어가 관중들 사이를 헤집고 다니다가, 다시
마당 가운데에 자리하고 있다. 이처럼 가면극에서 인형들은 그 활동반경이 포장
막 주변에만 한정되지 않는다. 마당 판 전체는 물론이고 마음만 먹는다면 그
어디든 이동할 수 있으며, 누구와도 말을 할 수 있다. 이것이 가면극에서의 인형
연행이 갖는 또 하나의 특징이다.

2) 인형연행 내용의 특징

'인간연행자의 공공연한 현전'과 '포장 막의 부재'에서 기인한, '인형극과는
다른 독특한 연행방식'과 '인형 활동반경의 확장'이라는 의의에도 불구하고, 가
면극에 등장하는 인형들은 제한적이며 한계를 갖는다. 가면극에서 탈을 쓴 인간
연희자의 발화나 움직임과 비교해 보았을 때, 인형의 발화는 부자연스럽고 움직

임 역시 거칠고 투박하다. 여기서 '이렇게 부자연스럽고 투박하며 거친 인형을 왜 가면극에 등장시키는 것일까' 하는 의문이 자연스럽게 떠오른다. 이 의문은 인간연행자의 연행을 통하여 표현되는 인형연행의 내용을 살펴봄으로써 풀릴 수 있다. 〈송파산대놀이〉에서 인형이 등장하는 대목을 본보기로 삼아 그 실마리를 풀어본다.

> 취발이: …(상략)… 얘가 벌써 산기가 있는 모양인데, 어서 해산어멈을 불러 얼른 낳도록 칠성님께 빌어야지. 해산어멈! 해산어멈! (해산어멈이 짚뭉치를 이고 엉덩이춤을 추고 나오면 장단이 나온다. ①해산어멈이 엉덩이춤을 추며 소무에 다가가서 짚뭉치를 내려 놓고, 짚뭉치 속에 넣어온 동자 인형을 몰래 치마 속에서 꺼내 거꾸로 들춰 엉덩이를 탁 치고 세워 받쳐 잡고 쳐다보니, ②취발이가 쫓아가 달라고 하니 줄까 말까 실강이를 하다가, 취발이가 나꿔채 빼앗아가니 해산어멈은 짚뭉치를 챙겨들고 소무를 데리고 퇴장 한다.)
>
> 취발이: 쉬――이 그놈 참 잘 생겼다. ③용생용 봉생봉이라더니 어쩌면 이렇게 나만 꼭 닮았느냐? 그리고 삼신님도 고마우시지. 취발이가 이렇게 가난한 줄 알고 바지꺼정, 저고리꺼정, 조끼꺼정, 버선꺼정, 복건꺼정 점지해 주셨구나! ④(동자를 귀에 대고 말을 듣고나서) 뭐 이름을 지어 달라고? 그렇지. 사내대장부가 세상에 태어났으면 이름 석 자가 중요한데, 그래 이름을 지어 주마. …(중략)…
>
> 취발이: (각설이타령을 멈추고 다시 동자를 귀에 대고) 뭐? 글 배우고 밥벌이 배웠더니 배가 고프다고? 그럼 네 에미를 불러야지. 여보! 여보 아, 이년이 어딜 갔어. (소무 등장) 어딜 갔다 이제 오는 거야? 우리 마당쇠가 배고프다는데 젖 좀 먹여. ⑤(동자를 받아 내던지고 들어간다) 이런 망할 년이 있나. 애 대갈통이 단단한 돌대가리길 망정이지, 큰일 날 뻔했구나. 애가 나 혼자 만든 애냐? 저와 내가 서로 좋아서 낳은 애지. 자―― 그럼 이만 놀고 들어가자. (불림으로) 간다 간다. 취발이 간다. (퇴장)[46]

---

46) 이병옥 채록, 「송파산대놀이 연희대본」, 『송파산대놀이의 연구』, 집문당, 1982; 전경욱 역주,

인형이 등장하는 여러 가면극 중에서 〈송파산대놀이〉를 인용한 이유는, 여러 가면극에서 나타나는 다양한 양상이 종합적으로 나타나기 때문이다. 풍부하게 인형관련 대목이 표현되어 있는 〈송파산대놀이〉에서 주목할 만한 몇 장면을 표시한 것이 위에서 밑줄 친 부분이다. ①은 아이가 태어나는 내용이며, ②와 ⑤는 아이를 위험하게 다루는 내용이다. ③은 아버지와 똑같이 생긴 아들의 용모와 옷을 입고 태어난 상황을 다룬 내용이며, ④는 태어나자마자 의사표현을 하는 아이의 놀라운 능력 또는 놀라운 성장과정이 펼쳐지는 내용이다. 이러한 내용들은 인형이 등장하는 대부분의 가면극에서 나타나고 있는데, 하나하나 살펴보기로 한다.

아이가 태어나는 내용을 다룬 ①은 인형이 등장하는 대부분의 가면극에서 공통적으로 나타난다. 현행 〈통영오광대〉를 제외한 모든 가면극에서 아이를 마당 안에서 공공연하게 낳고 있다.[47] 마당 밖에서 아이를 낳고 있는 〈통영오광대〉의 경우에도, 1963년 발표한 이민기 채록 본에서는 마당 안에서 공공연하게 아기를 낳고 있다.[48] 주지하다시피 아기의 출산에는 많은 금기가 있다. 출산을 하는 공간 역시 함부로 엿볼 수 없는 폐쇄적이고 닫힌 공간이다. '상투 빌기'라는 풍속을 통해서도 알 수 있듯이, 아내에게 도움을 주려는 남편마저도 함부로 들어갈 수 없는 금기의 공간이다. 따라서 여자에게는 늘 두렵고 남자에게는 가장 무지(無知)한 장소가 된다. 그래서 남자 따로 여자 따로 남들 안 듣는 데서 은밀하게 이야기하고 궁금해 하던 것이 바로 출산이다. 적어도 남성에게는 평생에 한번 볼 기회가 있을까 말까 한 출산장면을, 인형이 등장하는 가면극에서는 공공연히 보여준다. 심지어 다음과 같이 삼을 가르고 탯줄을 자르는 장면까지 연출되기도 한다.

앞의 책, 98~103면.

47) 〈통영오광대〉에서 아기를 마당 밖에서 낳고 있는 경우는 현 연행뿐만 아니라, 이두현 채록본 (李杜鉉 校註, 『韓國仮面劇選』, 敎文社, 1997, 311면)과 영상자료(VT-0102, VT-0251) 등을 통해 확인할 수 있다.

48) 전경욱 역주, 앞의 책, 359면 참조.

> 해산모: [해산제구와 동자를 싸가지고 깨끼춤을 입장한다. 소무의 배를 문질
> 러주고 소무는 애를 낳았다. <u>아이의 삼을 가르고 목욕을 시켜서 포</u>
> <u>대기에 싸서 뉘어놓고</u> 곧 깨끼춤을 추며 개복청으로 퇴장한다.]49)

> (공석 어멈은 해산구완하는 형용하고 퇴장. 마당에 아이만 있고 소무는
> 나가서 새면 앞에 앉았다. 취발이가 낭성걸음으로 뛰어다니다가 아이를 보
> 고서) 어이쿠머니 이게 뭐여. 지금 난 게 요렇게 큰가! 몹시 숙성한데, 아!
> 육실할 년 보게 삼도 안 가르고 들어갔네. 내가 가를 수밖에. (<u>탯줄을 뻠</u>
> <u>가웃을 뻠어서 돌돌 말아 배에 붙이고</u>)…(하략)….50)

인형이 등장하는 가면극에서는 여러 등장인물들의 행위와 대사를 통해서 출
산 풍속의 여러 양상을 보여준다. 해산을 돕는 '산바라지'의 모습이나 순산을
위한 여러 비방 등이 곳곳에서 나타난다. 뿐만 아니라 위에서 살폈듯이, 아기를
구체적으로 낳는 전후 상황까지 적나라하게 표현된다. 출산과정이 공공연하게
표출되는 것이다. 출산과정에서 핵심적 주인공은 물론 아기이다. 출산을 했음에
도 아기가 나오지 않는다는 것은 있을 수 없는 일이다. 그런데 특정 연행에서
태어나는 아기의 역할을 인간배우가 한다는 것은 여러 면에서 제약이 많다. 특
히 야외 마당에서 벌어지는 가면극의 경우, 더욱 난감해진다. 산모의 뱃속에는
어떻게 들어갈 것이며, 이에 맞는 인간배우는 어떻게 구할 것인가, 혹 실제 아기
를 등장시킬 수도 있지만 그 위험함은 어떻게 극복할 것인가, 삼은 어떻게 가르
고 탯줄은 어떻게 자를 것이며, 출산 직후 거꾸로 들고 엉덩이를 치는 등의 행위
는 또 어떻게 할 것인가……. 깊이 생각하지 않아도 연이어 떠오르는 이 난감한
문제들을 거뜬히 넘어설 수 있는 방안은 인형을 등장시키는 것이다. 앞에서 살
핀 가면극 출산장면의 여러 표현들이 가능할 수 있었던 것은 바로 아기의 역할
을 인형이 맡았기 때문이다.

---

49) 박준섭·김성태 구술, 이두현 채록, 「양주별산대놀이 대사」, 이두현 교주, 앞의 책, 62면.
50) 조종순 구술·김지연 필사, 「양주별산대놀이」, 전경욱 역주, 앞의 책, 51면 참조.

〈그림 15〉 갓 태어난 마당쇠를 서로 안으려고 다투는
송파산대놀이의 '해산모'와 '취발이'
(2005년 4월 16일 서울 놀이마당 연행)

〈그림 16〉 '소무'에 의해 마당판에 내평개쳐진 '마당쇠'
(2005년 5월 21일 서울 놀이마당 연행)

인용한 〈송파산대놀이〉에서 ②라 표시한 부분은 갓 태어난 아기를 서로 차지
하려고 거칠게 싸움을 하는 장면이다(그림 15 참조). 갓 태어난 아기를 사이에

두고 거친 싸움을 벌인다는 것은 무척 위험한 행동이다. 위험한 행동은 비단 이것만이 아니다. 인용한 〈송파산대놀이〉의 ⑤ 부분 역시 해서는 안 될 위험한 행동이다(그림 16 참조). 그런데 인형이 등장하는 가면극에서는 이렇게 아이를 위험하게 다루거나 위험에 빠트리는 내용이 많다. 〈봉산탈춤〉과 〈양주별산대놀이〉에서 소무가 아이를 내던져 버리거나[51] 탁 쳐버리는 행동[52], 〈양주별산대놀이〉에서 취발이가 아기를 밟을 뻔한 동작[53]과 거꾸로 업는 것[54] 등은 그 위험도가 ②와 ⑤ 못지않다. 〈은율탈춤〉에서 아이를 손바닥 위에 세워놓고 어르는 행동[55] 역시 아이를 귀여워하는 아버지 취발이의 모습이 표출되는 것이지만 위험하기는 매한가지다. 급기야 〈고성오광대〉에서는 큰어미(할미)와 작은어미(제밀지) 간에 아이를 차지하려는 싸움 끝에 결국 아기가 떨어져 죽기도 한다(그림 17과 18 참조).[56] 이렇게 위험 부담이 높거나 실제 해서는 안 될 위험한 행동이 가능한 것은, 역시 아기의 역할을 인형이 맡고 있기 때문이다. 인형은 이러한 위험한 상황을 아무런 문제없이 해낸다. 인간 또는 실제 아기에게 이러한 행동을 할 수는 있다. 하지만 그 행동은 단지 시늉에 그치거나 아니면 비극적 결과를 낳게 될 것이다.

---

51) 「황해도가면극(일명 봉산탈춤)」, 권택무, 『조선민간극』, 조선문학예술총동맹출판사, 1966, 134면 그리고, 필자의 영상 자료(1998. 5.23 공연, 1998. 5.24 공연) 참조.

52) 김성대 구술 및 채록, 「양주별산대놀이」, 沈雨晟, 『韓國의 民俗劇』, 創作과批評社, 1975, 180면 그리고, 영상 자료 VTV-0154, VTV-1757 참조.

53) 위의 채록본, 179면 그리고 위의 영상 자료 참조.

54) 조종순 구술·김지연 필사, 「양주별산대놀이」, 전경욱 역주, 『민속극』, 고려대학교 민족문화연구소, 1993, 51면, 그리고 위의 영상 자료 참조.

55) 〈은율탈춤〉 영상 자료 VT-1759(1995년 5월 28일 서울놀이 마당 공연) 참조.

56) 정상박 채록, 「고성오광대」, 沈雨晟 編著, 『韓國의 民俗劇』, 創作과批評社, 1975, 141면과, 「고려대 국어교육과 학술답사 자료집」, 『한국어문교육』 7집, 고려대학교 사범대학 국어교육학회, 1994, 247면, 그리고 영상 자료(VT-0093, VT-0262) 등을 참조.

<그림 17> 아기를 사이에 놓고 서로 격하게
다투는 고성오광대의 '제밀지'와 '할미'
(2006년 9월 2일 고성 당항포 예술무대 연행)

<그림 18> 격하게 다투다가 아기를 떨어트리고
놀라는 고성오광대의 '제밀지'와 '할미'
(2006년 9월 2일 고성 당항포 예술무대 연행)

③은 아버지와 똑같이 생긴 아들의 용모와 옷을 입은 채 태어난 상황을, ④는 태어나자마자 의사표현을 하는 아이의 놀라운 능력 또는 놀라운 성장과정을 보여주는 장면이다. 이 두 가지를 아이를 둘러싸고 일어나는 놀라운 상황으로 묶을 수 있다. 앞에서 살폈듯이 인형들은 제자각시와 둘째양반(통영오광대), 제밀지와 영감(고성오광대), 최괄이와 새맥시(은율탈춤), 취발이와 소무(봉산탈춤, 강령탈춤, 서흥탈춤, 송파산대놀이, 양주별산대놀이) 등을 부모로 둔 아이로 등장한다. 이 가운데 취발이와 소무 사이에 태어나는 아들로 등장하는 <봉산탈춤>, <강령탈춤>, <송파산대놀이>, <양주별산대놀이> 등에서의 인형외양을 보면 ③에서의 "용생용 봉생봉이라더니 어쩌면 이렇게 나만 꼭 닮았느냐?"이라는 대사가 헛말이 아님을 확인할 수 있다. <통영오광대>에서 "영감님거치 두루 넓적하게 생겼구나"[57]라는 대사와 <고성오광대>의 "이망도 내 닮았고 코 큰 것도 내 닮았다"[58]라는 대사, 그리고 "아 그놈 참 잘 생겼다. 부전자전이라더니 그 녀석 참 잘 생겼다"[59] 등의 대사는 실제 인형의 외양과는 거리가 있는 관습적인 성격이 강하다. 반면에 <봉산탈춤>, <강령탈춤>, <송파산대놀이>, <양주별산대놀이> 등에서는

---

57) 이두현 교주, 앞의 책, 312면.

58) 고려대 국어교육과, 앞의 글, 246면.

59) 차부회, 「은율탈춤 연희본」, 전경욱, 『은율탈춤』, 국립문화재연구소, 2003, 153면.

'부전자전', '용생용(龍生龍) 봉생봉(鳳生鳳)'이라는 대사에 놀랍도록 부합하는 양상을 보인다. 인형이 맡는 아들의 외양은 아버지 취발이 모습을 그대로 복사해 놓았다. 크기만 작을 뿐 취발이 그 자체이다. 아무리 부자간이지만 이렇게 동일할 수는 없다(그림 19, 20, 21, 22 참조).

〈그림 19〉 강령탈춤의 '취발이'와
'첫째' 부자 (2004년 6월 20일 남산골
한옥마을 연행)

〈그림 20〉 봉산탈춤 '취발이'와
'마당'이 부자
(2005년 6월 18일 서울 놀이마당 연행)

〈그림 21〉 송파산대놀이의 '취발이'와
'마당쇠' 부자
(2005년 5월 21일 서울 놀이마당 연행)

〈그림 22〉 양주별산대놀이의 '취발이'와
'마당쇠' 부자
(2007년 6월 23일 양주 야외공연장 연행)

옷을 입은 채 태어나는 상황 역시 놀랍기는 마찬가지이다. ③ 부분이 인용된 〈송파산대놀이〉는 물론이고, 〈은율탈춤〉, 〈봉산탈춤〉, 〈강령탈춤〉, 〈양주별산

대놀이〉 등에서 아기가 옷을 입고 태어난다. 옷을 입고 태어나는 상황은 ③에
서처럼 "삼신님도 고마우시지. 취발이가 이렇게 가난한 줄 알고 바지꺼정, 저고
리꺼정, 조끼꺼정, 버선꺼정, 복건꺼정 점지해 주셨구나!"라는 대사로 또는 "삼
신제왕님께서 일습의복을 입혀주셨구나. 바지, 저고리, 토시, 행건, 그지굴네까
지 만들어 주셨구나. 삼신께서 빈한한 줄을 어떻게 아시고"[60]라는 식으로 재치
있고 기발한 대사로도 표현된다. 이러한 상황은 놀라움을 넘어 황당하기까지
하다.

〈그림 23〉 송파산대놀이에서 '취발이'에게 글을 배우는
'마당쇠'
(2005년 5월 21일 서울 놀이마당 연행)

그런데 인형이 등장하는 가면극에서는 이렇게 놀랍고도 황당한 상황이 아무
렇지 않게 펼쳐지고, ④ 부분에 이르면 절정에 이른다. ④의 경우 갓 태어난
아기가 아버지에게 의사표현을 하고 있는 경우이다. 여기서는 그나마 간접적으
로 의사표현을 하고 있지만, 〈강령탈춤〉, 〈봉산탈춤〉, 〈서흥탈춤〉, 〈양주별산대
놀이〉 등에서는 아기가 직접적으로 말을 한다. 그야말로 "어제 나듯한 것이 벌써

---

60) 김성대 채록, 「양주별산대놀이」, 심우성 엮음, 앞의 책, 179면.

말을 하는"[61] 상황이 벌어지는 것이다. 아이의 놀라운 능력 또는 성장속도는 단지 말을 하는 정도에만 그치는 것이 아니다. 아이가 갖고 있는 지식과 습득능력은 놀라울 정도이다. 한문과 국문은 물론이고 노래까지 배운다. 아이는 "생이지지(生而知之)"[62]할 뿐만 아니라 한번 보면 쉽게 잊지 아니하는 "일람첩기(一覽輒記)"[63]한 수준을 가지고 있다. 이렇게 인형이 등장하는 대목에서는 아이의 놀라운 능력과 성장과 같은 흔히 있을 수 없는 상황이 자연스럽게 벌어진다.

이상에서 살폈듯이, 가면극에서 인형이 등장하는 대목에서는, 인간만이 등장하는 극에서는 쉽게 접할 수 없는 놀랍고 황당한 상황이 자연스럽게 전개된다. 놀랍고 황당하고 기상천외한 여러 행위들이 인형 또는 인형과 밀접하게 연관된 인간연행자들에 의해서 거리낌 없이 벌어진다. 이러한 행위들은 인간배우들이 할 수 없거나 웬만해서는 하지 않으려 하는 것들이다. 연행에서 인형이 등장하는 만들어내는 세계는 인간배우만이 등장하여 만들어내는 세계와는 뭔가 다르다. 인형이 구현해 내는 등장인물 역시 인간배우가 구현해 내는 등장인물과는 다르다. '인형이 창조하는 세계는 가상의 놀라운 세계(wonderland of make—belive)이고, 인형이 구현해 내는 인간 역시 가상의 인간(make—belive man)이다. 인형은 인간의 복사판(replica)이 아니다. 인형이 지향하는 것은 인간의 복사가 아니라 창조이다.'[64] 따라서 가면극에서 인형 등장대목이 갖는 독특함은 인형의 본성에 따른 결과이다. 설익게 인간의 모습을 흉내 내거나 복제하는 것이 아니라, 인형만이 할 수 있는 인형 고유의 본성을 살린 행위들이다.

인형을 등장시켜 연행을 하는 데에는 일반적으로 두 가지 방식이 있을 수 있다. 그 하나는 인형을 실제 인간처럼 보이고 행동하게끔 만들고 연행하는 것이다.[65] 이 방식은 실제 사람처럼 리얼리티를 드러내려는 시도를 하며 인형들

---

61) 「황해도가면극(일명 봉산탈춤)」, 권택무, 앞의 책, 134면.

62) 김일출 채록, 「서흥탈놀이대본」, 『문화유산』 4호, 과학원 고고학 및 민속학연구소, 1957; 전경욱 역주, 앞의 책, 273면.

63) 강령탈춤보존회, 「강령탈춤 교본」, 정형호, 앞의 책, 250면.

64) Vsevelod E. Meyerhold, "The fairground booth". *In Meyerhold on Theatre*, Edward Braun trans, 1969, Hill and Wang, pp. 128~129; Peter Bogatyrev, op. cit., p.53에서 재인용.

을 점점 발전시키다가, 마침내는 인형들을 사람으로 대체할 수밖에 없게 된다.[66] 반면에 이와 다른 방향의 연행방식을 추구할 수도 있다. 이 방식을 추구하는 이들은 실제와는 확연히 다른, 인형들의 거칠고 우스꽝스러운 움직임과 자세들을 오히려 관중들이 즐긴다는 점을 간파한다.[67] 그리고 인형을 사람과 유사하게 혹은 동일하게 만들려고 노력하는 바로 그 순간에 인형은 인형 고유의 매력과 본성을 잃어버린다는 사실도 깨닫는다. 따라서 애써 사람과 닮으려고 노력하지 않는다. 오히려 인간은 할 수 없는 인형들의 매력과 본성을 설정하고 강조하는 방향으로 연행술을 발전시킨다.[68] 우리 가면극의 경우가 바로 이 후자의 방식을 추구한다.

이제 앞에서 제기했던 의문에 답을 해야 할 듯싶다. 여러 면에서 제약과 한계가 있는 인형을 가면극에 등장시키는 이유에 대해 말을 해야 하는 것이다. 가면극에서 인형을 등장시키는 이유는 인형들이 인간연행자가 할 수 없거나 공개적으로 하지 않는 행위들을 거리낌 없이 할 수 있기 때문이다. 앞서 살펴본 '어머니 뱃속에서 태어나기', '옷을 입고 태어나기', '아버지와 똑같이 생긴 아들', '아이를 거꾸로 업거나 손 위에 올려놓는 행동', '태어나자마자 말을 하는 아이', '아이를 밟을 뻔한 행동', '아이를 내 던져 버리는 행위' 등이 갖는 공통점은 인간배우가 하지 않거나 하지 못하는 행위라는 점이다. 인형은 이렇게 위험하고 놀라우며, 황당하기까지 한 행위들을 아무렇지 않게 할 수 있다는 점 때문에, 여러 제약과 한계에도 불구하고 등장하고 지속되게 아닌가 한다.

이 맥락에서 가면극에서 인형 등장대목이 특히나 관중들의 흥미를 불러일으

---

65) 김흥규는 이러한 방향의 연출에 대해 부정적인 입장을 피력한다. 그는 "바로 이러한 상태에 들어서는 순간 인형극은 진지한 연극으로서의 가치를 잃어버리는 위험에 한 발을 들여놓는 것"이라 평가한다. 곧 "인형 및 인형극 무대가 사실적인 표현에서 보다 기술적으로 세련되는 순간 인형극의 진지한 가치가 사라진다"는 입장을 취하는 것이다. 김흥규, 「꼭두각시놀음의 연극적 공간과 산받이」, 『창작과 비평』, 1978 가을호, 169~170면 참조.

66) Peter Bogatyrev, op. cit., p. 53.

67) 영상자료나 실제 연행이 벌어지는 현장을 보면, 인형이 등장할 때 관중들이 가장 흥미를 느끼고 적극적인 참여를 한다. 관중들은 시종 웃음 띤 얼굴로 마당에서 벌어지는 사건들을 보며, 적극적으로 참여한다. 이는 관중들이 인형들의 인형다움에 관심을 갖고 있음을 의미한다.

68) Peter Bogatyrev, op. cit., pp. 53~54.

키는 이유도 설명할 수 있다. 그 첫째 이유는 지금까지 살폈듯이 그 내용의 독특
함 때문이다. 인간연행자들이 주축이 되어 행하는 가면극 전반의 내용과는 다른
기상천외한 내용이 연이어지기 때문에 당연하게 관중들이 관심을 가질 수밖에
없다. 독특한 내용전개에 대한 관중들의 흥미에서 기인한 것이다. 또 다른 이유
로 인형 자체에 대한 흥미를 거론할 수 있다. 가면을 쓴 인간들만 등장하던 가면
극 연행에서 전혀 이질적인 속성을 가진 인형의 등장은 주목될 수밖에 없다.
더구나 인형 등장대목에서 이루어지는 '관중과 함께 아이 이름 짓기'나 '함께
천자문과 언문 배우기', 그리고 여러 관중의 참여를 유도하는 연행방식 등은 가
면극판을 관중에게까지 넓히고 관중에게 판을 열어놓는 효과를 낳는다. 결국
'인형 등장대목 내용의 독특함과 파격', '인형 자체가 갖는 속성의 이질성', '열린
구조의 지향' 등의 이유 때문에 관중은 인형이 등장하는 대목에 특히 흥미를
느끼고 주목하는 것이라 생각된다.[69]

4. 맺음말

지금까지 필자는 가면극에 등장하는 인형에 주목하여, 그 연행방식과 특징을
살폈다. 우선 가면극에 등장하는 인형연행의 방식을 유형화하고 그 유형별 양상
을 정리했으며, 이어서 인형극과의 비교를 통해 인형연행 방식이 갖는 특징과
인형연행을 통해 드러나는 내용의 특징을 파악할 수 있었다. 이제 지금까지의
논의를 바탕으로 필자가 머리말에서 제기했던 다섯 가지 과제와 기대에 대한

---

69) 이러한 세 가지 근거는 이후 이 주제에 대한 연구에 흥미로운 실마리를 제시한다. '낯설게
하기' 혹은 '소격효과'라는 서사극적 방식이나 '전경화'라는 개념을 통해 이 주제에 접근해 볼만
한 가능성을 제시해 주고 있기 때문이다. 이미 가면극이 서사극적 수법을 사용하고 있다는
연구가 진행된 상황에서 인형 등장대목은 서사극 속의 서사극 혹은 전경화라는 관점에서 논의
를 시도해볼 가능성이 있다. 이에 대한 본격적인 연구는 이후로 미루기로 하고, 본 연구에서는
그 가능성만을 확인하는 차원에서 그치기로 한다. 가면극의 서사극적 수법 이용에 대한 논의
는 다음을 참조. 송동준, 「서사극과 한국 민속극」, 임재해 편, 『한국의 민속예술』, 문학과지성
사, 1988, 107~128면.

나름의 답변을 해야 할 때이다. 각각의 과제와 기대를 나열하면서 본 연구를 통해 확인하고 추론한 결과를 정리하는 것으로 마무리를 하고자 한다.

본 연구의 첫 번째 과제와 연구사적 기대는 그동안 주목되지 않았던 인형에 주목함으로써 가면극을 구성하는 제 요소 연구에서 미흡했던 부분을 보완하고, 인형이 등장하는 이유에 대한 추론을 하는 것이었다. 사실 본 연구가 이루어졌다는 것 자체가 '가면극을 구성하는 제 요소 연구에서 미흡했던 부분을 보완'하는 의의를 지닌다고 할 수 있다. 인형이 등장하는 가면극을 총망라하고 나열하는 데에서 그친 것이 아니라, 그 연행방식의 유형화 및 특징까지 세밀하게 따져 보면서 가면극 속의 인형이 주목할 만한 것임을 충분히 드러냈다고 자평한다. 가면극에 대한 다양한 접근이라는 연구사적 요구에 부응하여 새로운 연구대상을 설정한 본 연구가, 이후 관련된 다양한 연구의 시발점이 될 것으로 필자는 믿고 있다.

이러한 연구사적 기대와 맞물린 과제인 '가면극에서 인형이 등장하는 이유'에 대한 본 연구의 추론은 인간연행자의 연행을 통해 표현되는 가면극에서의 인형 연행 내용 고찰의 결과를 바탕으로 이루어졌다. 부자연스러운 발화와 거칠고 투박한 움직임의 인형을 가면극에 등장시키는 까닭은, 인형이 인간연행자가 할 수 없거나 공개적으로 하지 않는 행위를 거리낌 없이 할 수 있기 때문이다. 가면극에서 인형 등장대목의 내용을 보면 '어머니 뱃속에서 태어나기', '옷을 입고 태어나기', '아버지와 똑같이 생긴 아들', '아이를 거꾸로 업거나 손 위에 올려놓는 행동', '태어나자마자 말을 하는 아이', '아이를 밟을 뻔 한 행동', '아이를 내던져 버리는 행위' 등으로 일관된다. 이 내용들이 갖는 공통점은 인간배우가 하지 않거나 하지 못하는 행위라는 점이다. 인형이 이렇게 위험하고 놀라우며, 황당하기까지 한 행위를 아무렇지 않게 할 수 있다는 점 때문에, 여러 제약과 한계에도 불구하고 가면극에서 등장하고 지속되어진 것이라 추론할 수 있다.

본 연구의 두 번째 과제와 연구사적 기대는 가면극 연희자의 인형연행에 주목함으로써, 그동안 고찰되지 않았던 가면극 연행자의 또 다른 면모를 발견하는 것이었다. 본 논의의 2절과 3절을 통해 발견한 가면극 연행자의 또 다른 면모는 인형연행자로서의 그것이었다. 다양한 발화연행과 움직임연행을 수행하는 가면극 연행자의 모습은 그동안 재담이나 춤, 노래 등에 한정되었던 가면극 연행자의 연행활동과는 다른 면모를 확인할 수 있게 했다. 구체적으로 본 논의를 통하여 일인삼역의 목소리 연기를 하는 〈강령탈춤〉의 취발이 연행자를 비롯하여, 일인이역의 목소리 연기를 하는 〈봉산탈춤〉·〈서흥탈춤〉·〈양주별산대놀이〉·〈송파산대놀이〉 등의 취발이 연행자를 확인했다. 그리고 현 〈송파산대놀이〉 취발이 연행자인 경우, 인형의 발화를 중계해주는 '간접적 발화연행'이라는 능수능란한 연행능력을 보이고 있음도 확인했다. 뿐만 아니라 〈은율탈춤〉의 최괄이나, 〈고성오광대〉와 〈통영오광대〉에서 인형과 함께 등장하는 연행자들 역시 인형을 마치 살아있는 대상으로 여기며 말을 걸고 노래를 부르며 어르는 발화연행을 하고 있음을 알 수 있었다. 인형을 움직이는 연행의 경우, 우선 〈봉산탈춤〉, 〈강령탈춤〉, 〈양주별산대놀이〉, 〈송파산대놀이〉 등에서 해산모(해산어멈)와 취발이의 은밀한 인형조종을 확인할 수 있었다. 그리고 〈은율탈춤〉의 최괄이나, 〈고성오광대〉와 〈통영오광대〉에서 인형과 같이 등장하는 연희자들 역시 인형을 마치 살아있는 존재로 여기는 움직임연행을 보이고 있음도 확인되었다. 이렇게 다양한 인형연행자로서의 모습은 그동안 거의 주목되지 않았던 가면극 연행자들의 새로운 면모라 할 수 있다.

　세 번째 과제와 연구사적 기대는 실제 연행현장에서 관중의 흥미를 끄는 대목에 대한 천착을 통하여 연행현장론적 접근의 한 실마리를 제시하는 것이었다. 사실 본 연구는 그 문제의식에서부터 연행현장론적이라 할 수 있다. 필자가 가면극에 등장하는 인형에 주목하게 된 이유 중에 하나가 '관중이 흥미를 갖고 지켜볼 뿐만 아니라 적극적으로 연행에 참여하면서, 연행판을 출렁거리게 만드는 대목 중에 하나가 인형이 등장하는 대목'이라는 점이었다. 그리고 이는 가면극 연행현장에 대한 필자의 참여관찰을 통해 경험한 것이었다. 인형연행 방식에 대한 천착을 통해 그 유형화를 시도한 것이나, 인형을 연행하는 '인간연행자의 공공연한 현전', '포장막의 부재'에서 기인한 '독특한 연행방식'과 '인형 활동반경의 확장' 등으로 정리한 가면극 인형연행의 특질에 대한 관심 역시 연행현장론적 차원의 모색에서 나온 것이다. 세 번째 과제와 연구사적 기대의 핵심이라 할 수 있는 '왜 인형 등장대목이 관중의 흥미를 불러일으키는가'에 대한 나름의 추론 역시 본 연구에서 이루어졌다. 가면극 인형연행방식과 인형 등장대목의 내용에서 나타나는 특징에 대한 고찰을 근거로 하여, 필자는 세 가지 이유를 제시했다. '인형 등장대목 내용의 독특함과 파격', '가면극 속 인형이라는 인형 자체가 갖고 있는 속성의 이질성', '관중의 적극적 참여를 유도하는 열린 구조의 지향' 등의 이유 때문에 관중은 인형이 등장하는 대목에 특히 흥미를 느끼고 주목하는 것이라 생각하는 것이다. 이러한 세 가지 이유 제시는 이후 이 주제에 대한 연구에 흥미로운 실마리를 제시한다. '낯설게 하기' 혹은 '소격효과'라는 서사극적 방식이나 '전경화'라는 개념을 통해 이 주제에 접근해 볼만한 가능성을 제시해 주고 있기 때문이다.

네 번째 과제와 연구사적 기대는 인형 또는 인형의 연행방식을 매개로 가면극과 인형극에 대한 새로운 차원의 비교·대조를 할 수 있는 단초를 마련하는 것이었다. 이에 대해 필자는 본 연구의 4절에서 집중적으로 논의했다. 3절에서 이루어진 논의를 바탕으로 가면극 인형연행의 방식이 인형극에서는 전혀 찾아보지 못한 독특한 것임을 밝힌 것이다. 가면극에서의 인형연행 방식은 '보이는 연행자의 은밀한 발화', '보이는 연행자의 간접적 발화', '보이는 연행자 발화의 대상', '보이는 연행자의 은밀한 조종', '보이는 연행자 움직임의 직접적 대상' 등으로 정리할 수 있다. 이러한 연행방식들은 인간연행자가 공공연하게 보인다는 공통점을 가지고 있으며, 이 특징은 인형극에서는 찾아볼 수 없는 독특한 것이다. 우리의 전통인형극인 〈꼭두각시놀음〉, 〈서산박첨지놀이〉, 〈발탈〉 등을 보면, 인형연행을 하는 인간연행자는 포장막 뒤나 안에 철저하게 숨어있다. 이러한 가면극과 인형극간의 인간연행자 존재양상의 차이가 구체적인 인형연행방식의 차이와 밀접한 관계가 있다. 인형극의 경우 그 연행방식이 '숨어있는 연행자의 직접적 발화’와 ‘숨어있는 연행자의 조종’ 유형만이 나타난다. 그런데 가면극의 경우 위에서 정리했듯이, 전혀 다른 유형들이 나타난다. 인형을 연행하는 인간연행자가 공공연하게 눈에 보이는 상황에서 가면극 연희자들이 창조해낸 독특하고도 다양한 연행방식이 위에서 언급한 유형들이다. 이러한 가면극에서의 다양한 인형연행 방식들은 현전하는 인형극 전통이 그리 풍부하지 못한 상황에서 나름대로 다양하게 인형연행 방식을 논의할 수 있게끔 한다. 인간연행자의 공공연한 현전과 인간연행자를 가리는 포장막의 부재라는 가면극 인형연행의 속성은, 인형극과는 다른 독특한 연행방식에 덧붙여 ‘인형 활동반경의 확장’이라는 특징을 낳는다. 인간연행자를 가리는 포장막이 없으므로 해서 가면극에서는 포장막이 존재하는 인형극에서는 생각할 수도 없는 다양한 연행방식을 만들어냈고, 인형극 속 인형과는 비교할 수도 없는 확장된 인형의 활동반경을 가능하게 한다. 가면극에서의 인형들은 그 활동반경이 포장막 주변에만 한정되지 않는다. 마당판 전체는 물론이고 마음만 먹는다면 그 어디든 이동할 수 있으며, 누구와 말을 할 수 있는 것이다. 이렇게 인형연행 방식을 중심으로 이루어진 가면극과 인형극의 비교·대조는 이전 연구에서는 언급되지 않았던 새로운 차원의 논의라 할 수 있다.

다섯 번째 과제와 연구사적 기대는 그동안 주목하지 않았던 인형과 그 연행방식에 주목함으로써 특정 가면극이 갖는 새로운 독특함을 발견하는 것이었다. 본 연구의 과정을 통해 발견된 특정 가면극이 갖는 새로운 독특함은 세 가지 정도이다. 일인삼역의 발화연행을 펼쳐 보이는 연행자가 등장하는 〈강령탈춤〉, 간접적 발화라는 독특한 연행방식을 취하는 〈송파산대놀이〉, 그리고 해서탈춤 계열이면서도 다른 탈춤과 변별되는 〈은율탈춤〉이 그 사례가 된다. 〈강령탈춤〉의 경우 ‘취발이’ 역을 맡은 연행자가 자신의 역할은 물론이고, ‘소무’와 ‘첫째’의 목소리 연기까지 담당하는 일인삼역의 목소리연기를 보인다. 이는 다른 어떤 가면극에서도 찾아볼 수 없는 〈강령탈춤〉만의 특성이다. 〈송파산대놀이〉에서 발견된 독특함은 인형의 발화연행 방식이다. 〈송파산대놀이〉에서 ‘마당쇠’라 불리는 인형의 발화는 실제 행해지지 않는다. 대신에 '취발이' 역을 맡은 인간연행자가 '마당쇠'의 의사를 전달해 준다. 마치 '취발이'가 '마당쇠'의 발화를 관중에게 중계하는 것 같다. 마당판에서 오직 '취발이'만이 '마당쇠'의 의사를 이해하고 알아듣고는, '마당쇠'의 의사를 재확인하는 대사를 통해서 관중에게 그대로 전달해 준다. 이러한 〈송파산대놀이〉 속 인형의 발화연행 방식은 다른 가면극에서는 전혀 찾아볼 수 없는 매우 독특한 것이다. 우리의 전통인형연희 전체를 염두에 둔다면, 오직 〈진도성주굿〉에서만 이와 유사한 연행방식을 찾아볼 수 있다.[70] 필자는 다른 가면극과 구별되는 〈송파산대놀이〉만의 독특함 중에 하나가 바로 여기에 있다고 생각한다.

〈은율탈춤〉의 독특함은 해서탈춤계열이면서도 다른 해서탈춤과는 다른 인형연행 방식이 나타나는 데 있다. 〈은율탈춤〉에서 나타나는 '보이는 연행자 발화의 대상'이나 '보이는 연행자 움직임의 직접적 대상'이라는 발화와 움직임연행 방식은, 해서탈춤계열보다는 경상도 오광대계열에서 나타나는 연행방식이다. 이는 필자의 앞선 연구에서 나타난 「은율탈춤」의 특성[71]과 관련해서 이후 해서탈춤계열의 형성과 전승 전반에 대한 고찰로 확대해서 주목해볼만 한 연구주제가 된다.

---

70) 허용호, 「전통인형연희의 연행방식 연구」, 435~436면 참조.
71) 앞선 연구에 의하면, "「은율탈춤」은 그 마무리나 인형이 갖는 극적 기능이 탈춤계통과 산대놀이계통과 같지만, 인형이 등장하는 대목의 전개양상이 오광대계통에 가까운 특징"을 보이고 있음이 밝혀졌다. 허용호, 「가면극 인형등장 대목의 양상과 특징」, 368면 참조.

참고문헌

강령탈춤보존회, 「강령탈춤 교본」, 정형호, 『강령탈춤』, 화산문화, 2002.

고려대 국어교육과, 「제9회 학술답사 자료집 고성군」, 『한국어문교육』 제7집, 고려대 사범대학 국어교육학회, 1994.

권택무, 「황해도가면극(일명 봉산탈춤)」, 『조선민간극』, 조선문학예술총동맹출판사, 1966.

김성대 구술 및 채록, 「양주별산대놀이」, 심우성 엮음, 『韓國의 民俗劇』, 創作과批評社, 1975.

김홍규, 「꼭두각시놀음의 演劇的 空間과 산받이」, 『創作과 批評』 1978 가을호.

박준섭·김성태 구술, 이두현 채록, 「양주별산대놀이 대사」, 이두현 교주, 『한국가면극선』, 교문사, 1997.

송동준, 「서사극과 한국 민속극」, 임재해 편, 『한국의 민속예술』, 문학과지성사, 1988.

沈雨晟 編著, 『韓國의 民俗劇』, 創作과批評社, 1975.

이두현, 『韓國假面劇選』, 敎文社, 1997, 96~124면

이미원, 「가면극과 제의」, 한국연극학회편, 『한국연극학』, 새문사, 1985.

이병옥, 「송파산대놀이 연희대본」, 『송파산대놀이 연구』, 집문당, 1982.

임재해, 「꼭두각시놀음의 역사적 전개와 발전 양상」, 『구비문학연구』 제5집, 한국구비문학회, 1998면.

장경석 구술·김일출 채록, 「서흥탈놀이대본」, 『문화유산』 4호, 과학원 고고학 및 민속학연구소, 1957, 70면.

장재봉·오정두 구술, 이두현 채록, 「통영오광대 대사」, 李杜鉉 校註, 『韓國假面劇選』, 敎文社, 1997.

田耕旭, 「가면극 연구사」, 『한국학보』 40, 一志社, 1985.

전경욱 역주, 『민속극』, 고려대학교 민족문화연구소, 1993.

정상박 채록, 「고성오광대」, 沈雨晟 編著, 『韓國의 民俗劇』, 創作과 批評社, 1975.

정형호, 『강령탈춤』, 화산문화, 2002.

조종순 구술·김지연 필사, 「양주별산대 대본」, 전경욱 역주, 『민속극』, 고려대학교 민족문화연구소, 1993.

차부회, 「은율탈춤 연희본」, 전경욱, 『은율탈춤』, 국립문화재연구소, 2003.

허용호, 「가면극 속의 인형들」, 『한국고전연구』 4집, 한국고전연구학회, 1998.

허용호, 『전통연행예술과 인형오브제』, 민속원, 2003.

허용호, 『발탈』, 국립문화재연구소, 2004,

허용호, 「전통인형연희의 연행방식 연구」, 『한국민속학』 제43호, 한국민속학회, 2006.

허용호, 「가면극 인형등장 대목의 양상과 특징」, 『역사민속학』 23, 한국역사민속학회, 2006.

허호영 구술·이두현 채록, 「송파 산대놀이 대사」, 이두현 교주, 『한국가면극선』, 교문사, 1997.

Bogatyrev, Peter, "Puppet theater and living actors", *Semiotica* Vol. 47−1/4, 1983.

Green, Thomas A. and Pepicello, W. J., "Semiotic interrelationship in the puppet play", *Semiotica* 47−1/4, 1983.

Jurokowski, Henryk, "Transcodification of the sign systems of puppetry," *Semiotica*, Vol.47−1/4, 1983.

Proschan, Frank, "Puppet Voices and Interlocuter: Language in Folk Puppetry", *J.A.F.*, Vol.94, No. 374, 1981.

Proschan, Frank, "The semiotic study of puppets, masks, and performing objects", *Semiotica*, Vol.47−1/4, 1983.

Smythe, Robert, "Are Puppets Alive?,"「http://www.sagecraft.com/puppetry/philosophy/ alive.html」, 2006.2.21.

Turner, Kay F., "The cultural semiotics of religious Icons: La Virgen de San Juan de los Lagos", *Semiotica*, Vol.47−1/4, 1983.

하회탈놀이 공연 복식에 대한 시점(時點) 검토와 그에 따른 복식 제안

이은주

1. 머리말

일찍이 고프만(E. Goffman, 1959)[1]은 우리가 일상생활 속에서 착용하는 복식이 무대 위에 선 공연자들의 복식과 같은 역할을 한다는 연극론적 접근법을 제시한 바 있다. 그의 접근법은 개인의 복장을 타인과의 의사소통의 수단인 동시에 인상을 관리하기 위한, 일종의 무대의상 또는 소도구로 이해함을 의미한다.

일상생활 속에서도 개인이 착용하는 복식이 연극배우가 입은 무대의상과 같은 중요한 역할을 하는데, 하물며 연극이나 탈놀이 등의 공연을 위한 공연복식의 역할은 말할 것도 없다. 등장인물의 복식은 등장인물의 성격이나 신분, 상황 등을 드러내 주며 연극의 극적 상황을 보다 분명하게 관객에게 전달해 주는 중요한 수단이다. 특별한 의복이나 소품의 사용을 통해 등장인물의 역할이나 성격, 상황 등을 더욱 효과적으로 표현할 뿐만 아니라 무대 위 배우에게는 자신의 역할을 더욱 사실적으로 표현할 수 있는 심리상태로 유도함으로써 결국 관객을 감동으로 이끌 수 있도록 한다. 탈놀이의 경우도 줄거리와 역할에 맞는 탈과 복장을 갖춘 광대들의 모습과 움직임이 극적인 상황을 도출한다는 점에서 다르

---

1) E. Goffman, *The Presentation of Self in Everyday Life*, Doubleday, 1959, pp.17~75.

지 않다.

하회탈놀이는 본래 제의적인 목적에서 형성된 것이었다고 할지라도 1997년부터 상설공연이 시작됨에 따라 이제는 공연문화의 일부로 자리 잡았다고 볼 수 있다. 단순히 전통문화의 계승 차원만이 아니라 공연을 위한 소품이라는 차원에서의 구체적인 방안이 모색되어야 할 때이다. 공연자들의 복장은 이러한 성공적인 연행을 위한 실질적 용도 외에 전통에 대한 교육적 자료로서의 용도를 지니기 때문에 특별한 관심을 가지지 않을 수 없다. 우리 조상들의 문화를 올바르게 이해하게 하는 교육적 자료로 활용되기 위해서는 정확한 내용을 담고 있어야 한다. 또한 하회탈놀이 공연에 사용되는 복식은 단순히 전통복식의 복원이라는 차원에서가 아니라 공연복식이라는 전문적 시각에서 보존과 전승의 방향과 시점(時點)이 논의되고 그에 따라 학문적 검증을 통한 구체적인 작업이 이루어져야 할 것이다.

지금까지 하회탈놀이의 복식에 대한 검토가 그리 많지 않았을 뿐만 아니라 복식설정을 위한 시점에 대해 구체적인 논의가 없었다고 해도 과언이 아니다. 따라서 본 연구에서는 하회탈놀이를 공연문화의 일부로 이해하면서 현장조사 자료와 선행연구, 문헌자료를 바탕으로 공연자의 복식 설정을 위한 시점을 검토하고 그에 따른 적절한 공연복식을 제안해 보고자 한다.

2. 하회탈놀이 복식의 변천과 공연복식으로의 시점 검토

1) 하회탈놀이 복식의 변천

하회별신굿 탈놀이에 사용된 탈은 13종 14점이었으나 이미 1928년 이전에 떡팔이와 별채, 총각 탈은 분실되었다고 한다. 우리가 접할 수 있는 10종의 탈을 중심으로 각각에 사용되었던 복식을 알 수 있을 뿐이다.

고려시대는 물론, 조선시대의 어느 문헌에도 하회탈놀이 복식에 관해 언급된 부분을 찾을 수는 없다. 20세기에 들어서야 그 모습이 드러난다. 아마도 첫 기록물은 〈그림 1〉에서 볼 수 있는 1940년 송석하가 찍었다고 하는 하회탈춤의 등장인물들의 모습을 담은 사진[2] 한 장일 것이다. 문자기록과는 달리 실제의 모습을 제시해 주고 있다는 점에서 대단히 중요한 자료라고 할 수 있다. 사진 왼쪽으로부터 할미, 중, 선비, 부네, 각시, 양반, 초랭이, 이매, 그리고 백정이 그 모습을 드러내고 있다.

〈그림 1〉 하회별신굿 탈놀이의 등장인물(1940년 12월 14일)

---

2) 전경욱,『국의 탈』, 태학사, 1996, 182면; 崔仁辰,『한국사진사 1631－1945』, 눈빛, 1999, 399면.

〈표 1〉 하회별신굿 탈놀이 복식의 변천

조사자 \ 등장인물	성병희 (1987) 1928년 별신굿의 복장	최상수 (1959)	유한상 (1959)	이두현·심우성 (1980) 무형문화재지정 조사보고서	권광희 (1986) 1985년 보존회의 복장
양 반	정자관·도포·두루막·바지·저고리·미투리·부채	정자관·도포·부채·담뱃대	정자관·도포·부채	정자관·도포·두루막·바지·저고리·부채·미투리	정자관·바지·저고리·주의·소색도포·세조대·부채·미투리
선 비	유건·도포·두루막·바지·저고리·미투리·담뱃대·낭선	유건·도포	갓·도포·담뱃대	유건·두루막·도포·바지·저고리·미투리·낭선·담뱃대	유건·바지·저고리·주의·청색도포·세조대·담뱃대·낭선(신랑역)
중	종이고깔·두루막·누런색도포·미투리·염주(승복을 구할 수 없어서 흉내만 냄)	고깔·재색장삼·염주·목탁	고깔·가사·지팡이	고깔·장삼·지팡이·염주(승복 없을 때, 두루막·누런색 도포·미투리·염주)	송낙·바지·저고리·행전·재색장삼·붉은 가사·짚신·염주
초랭이	벙거지·바지·저고리·조끼·행전·미투리	벙거지·평상복	바지·저고리·붉은 쾌자·청홍색 띠(양어깨·허리에 걸침)	벙거지·바지·저고리·조끼·행전·미투리	벙거지·바지·저고리·조끼·쾌자·행전·미투리
이 매	벙거지·바지·저고리·행전·미투리	평상복·색대(色帶)	벙거지·평민남자복	벙거지·바지·저고리·행전·미투리	자주벙거지·바지·저고리·녹색 조끼·행전·미투리
백 정	평량자·바지·저고리·미투리·나무도끼·나무칼·망태	평상남복·도끼·칼	천민계급복색·삼색띠·도끼·칼	평량자·바지·저고리·칼·망태·미투리	평량자·바지·저고리·짚신

각 시	저고리 · 치마 · 짚신	노랑저고리 · 분홍치마 · 명주수건	처녀 옷차림	처녀옷차림(노랑저고리 · 푸른치마 · 짚신)	초록 삼회장저고리 · 다홍치마 · 흰 명주수건 · 빨간 고무신
부 네	회장저고리 · 푸른치마 · 짚신	분홍저고리 · 검정치마	젊은 부인복색	회장저고리 · 푸른치마 · 짚신	노란 반회장저고리 · 남색치마 · 빨간 고무신
할 미	머리에 흰수건 · 흰 저고리 · 회색치마 · 짚신 · 쪽바가지	흰 저고리 · 회색치마 · 쪽박 · 지팡이	평민계급노파복색, 쪽박	흰수건 · 흰 저고리 · 회색치마 · 쪽바가지 · 짚신	흰 민저고리 · 회색치마 · 흰 머리수건 · 짚신
주 지	삼베 자루 · 바지 · 저고리	·	붉은 보	삼베 푸대	삼베 자루 · 바지 · 저고리
무 동	바지 · 저고리 · 미투리	·	·	·	·
소	·	·	·	·	·

그 후 최상수의 『하회가면극의 연구(1959)』[3]와 유한상의 '하회별신가면무극대사(1959)'[4], 이두현 · 심우성(1980)의 『무형문화재지정조사보고서 하회별신굿탈놀이』[5], 박진태의 연구(1990)[6] 등에서 그 기록이 확인된다. 그러나 이들 자료는 등장인물의 공연복식에 대해 명칭을 간략하게 언급하는데 그쳤다. 그리고 본격적인 하회탈놀이 복식 연구라고 볼 수 있는 권광희의 연구(1986)[7]와 이은주의 연구(1999)에서 제시된 내용[8]에서도 역시 수정되어야 할 부분이 있으므로 이에 다시 정리해 볼 필요가 있다고 본다.

1978년과 1980년의 발표 내용을 수정 · 보완하였다고 밝힌 성병희(1987)의

---

3) 崔常壽, 『河回假面劇의 硏究』, 高麗書籍, 1959.

4) 柳漢尙, 「河回別神假面舞劇臺詞」, 『국어국문학』 20, 국어국문학회, 1959, 197면.

5) 李杜鉉 · 沈雨晟, 『無形文化財指定調査報告書 第133號 河回別神굿탈놀이』, 문화재관리국, 1890, 29~35면.

6) 박진태, 「하회별신굿탈놀이」, 『비교민속학』 6, 1990, 179면.

7) 권광희, 「河回 別神굿 탈놀이의 服飾」, 梨花女子大學校 大學院 碩士學位論文, 1986.

8) 이은주, 「하회탈춤의 복식과 분장」, 『하회탈과 하회탈춤의 美學』, 사계절, 1999, 323~357면.

'河回 별신 탈놀이'[9]라는 글에서도 별신굿 참여자들이 입었던 복식이 간단히 언급되어 있다. 보고 된 시기는 좀 늦지만, 이 자료는 1928년 당시, 17세로 별신굿 탈놀이의 각시로 직접 참여했던 이창희(李昌熙, 1913년생) 옹을 발굴하여 그의 제보를 토대로 정리되었다는 점에서 그 어느 자료보다도 하회탈놀이 공연 복식 연구에 의미가 있는 자료라고 하겠다. 이창희 옹이 구술한 1928년의 하회 별신굿은 진정한 의미로서의 마지막 별신굿인 동시에, 하회별신탈놀이 자료로서는 가장 시기가 올라가는 것이기도 하다.

1928년의 별신굿에서 착용된 복식이란 소위 개화기에 착용되었던 일상복이다. 하회탈놀이의 복식은 다른 탈놀이의 경우와는 달리 미리 마련되어 있는 옷을 입는 것이 아니라 별신굿이 치러지던 때마다 당시 장만될 수 있는 평소의 복장을 그대로 사용하였다. 1928년 당시에도 중광대는 승복을 구할 수 없어서 평상복을 입고 중의 흉내만 내었다[10]고 한다. 물론 그 이후에 행해진 하회별신굿 탈놀이에서도 탈의 역할에 따른 복장의 기본구조는 큰 변화 없이 유지되었음을 알 수 있다.

그리고 1986년에 발표된 권광희의 '하회 별신굿 탈놀이의 복식'이라는 석사학위논문은 특별히 공연복식에 초점을 맞추어 정리한 최초의 자료라는 점에서 의의가 있다. 이상의 보고서와 논문에 제시된 하회탈놀이의 복식을 정리해 보면 〈표 1〉과 같다. 이들 자료를 통해 하회별신굿 탈놀이의 복식이 어떻게 변화되어 왔는지를 구체적으로 알 수 있다.

2) 하회탈놀이 복식의 특수성과 문제점

하회탈놀이의 공연복식에 대해 세부적으로 논하기에 앞서, 하회탈놀이의 복식이나 분장이 과거에서 현재에 이르기까지 다른 탈놀이들의 그것과 비교하여 다른 특징들은 무엇이며 전승을 위해 어떤 문제점을 고려해 보아야 할지 살펴보자.

---

9) 成炳禧, 「河回 별신 탈놀이」, 『솔뫼』, 안동대학교, 1987, 192~209면.
10) 成炳禧, 앞의 논문, 197면.

우선 하회탈은 보관하는 방법이나 분장하는 것이 다른 탈들과 다소 차이가 있었다. 다른 탈놀이의 탈들은 오락적 용도로 사용된 경우가 많았던 반면, 하회탈은 별신굿에 사용되었던 것이기 때문이다. 그래서 하회탈놀이는 탈을 태우며 즐기는 뒤풀이가 없다. 별신제가 끝나면 용기에 담아 보관해 두었다가 다음에 열리는 별신제 때 다시 사용하였다. 별신제가 아닐 때 부득이하게 탈을 꺼내야만 할 경우에는 신에게 고하고 나서 보아야 한다고 믿었다. 뿐만 아니라 탈을 함부로 다루게 되면 탈이 난다고 두려워하기까지 하였다고 하니 얼마나 신성하게 다루었는지 알 수 있다. 몇 년 간격으로 열리던 부정기적인 별신굿이었기 때문에 이렇게 신성시 보관된 탈에는 먼지가 쌓이고 냄새도 났으며 수염이나 화장 등이 상하고 퇴색되기 마련이었다. 그래서 별신제의 개최가 결정되면 향목 끓인 물로 탈들을 씻은 후 각 탈에 분장을 새롭게 했다. 주지탈에는 꿩털을 꽂고 양반과 선비 탈에는 검은 수염을 달았으며 초랭이탈에는 흰 개털에 풀을 먹여 꽂았다. 각시 탈과 부네 탈에는 찹쌀 풀에 분을 타서 희게 칠했고 연지와 곤지도 찍었다. 요즈음은 하회탈 공예전수자들에 의해 어렵지 않게 원형과 유사한 탈을 구할 수 있게 되었다. 그리고 과거와 같은 탈 보관의 금기도 사라졌다. 현재 '하회별신굿 탈놀이보존회'(이하 '보존회'라고 칭함)에서는 탈들을 함에 넣어 하회별신굿 탈놀이마당의 전수관 건물에 보관해 두었다가 공연 때에 사용하고 있다.

둘째, 본래의 하회별신굿에 참여하는 인물들은 지금처럼 공연용으로 준비해서 착용하는 것이 아니었다. 별신굿을 위해 마을의 각 성씨 대표들이 모여 광대를 선정하면 지명된 광대는 공연복식 소품들을 각자 갖추어 합숙에 들어갔다. 남자 역할을 맡게 된 광대들은 본인의 옷으로 기본 복장을 갖추고 그 외의 역할에 특별히 필요한 것은 빌려서 장만하거나 부족하면 부족한 대로 흉내만 내어 참여하였다.

하회에서는 섣달 그믐날로부터 정월 초하룻날까지의 사이에 헌납한 천이나 옷가지를 서낭대에 걸어 매는 풍습이 있었다. 옷을 걸면 복을 받는다고 하여 서로 다투어 옷을 걸었다.[11] 15일 당제(堂祭)를 지내고 그 옷을 벗겨 동사(洞舍)에 두었다가 16일 광대들도 모이고 동네 사람들이 와서 돈을 주고 산다. 그 때 자기가 헌납한 것을 다시 사 가지고 가는 사람도 있다. 이렇게 해서 모인 돈은 별신굿에 사용되었다고 한다. 각시와 부네는 주민들이 봉안한 옷 중에서 골라 입었다.[12] 성황당에 헌납하는 옷이라면 살림이 어렵더라도 정성을 들여 장만한 옷이었을 것으로 생각된다. 그리고 연행 시 사용했던 복식은 당시의 유행이나 생산품, 의식구조 등 각종 시대상을 말해 주고 있어서 당시의 민속연구를 위한 자료로도 가치가 있다.

셋째, 일부 하회탈과 등장인물의 복장은 각기 다른 시대적 층위를 드러내고 있다는 점이다. 다른 탈놀이에서는 드러나기 어려운 특징이다. 하회탈 중에도 얼굴 표정만 드러나는 탈들은 역할에 맞는 당시의 관모와 복식을 사용했기 때문에 양자 간의 시대적 불일치는 존재하지 않는다. 그러나 하회탈 중 별도의 관모를 사용하지 않고 독특한 머리모양을 드러내고 있는 각시 탈과 부네 탈의 경우에는 탈에 표현된 머리모양과 착용한 복식 사이에 시대적 차이가 존재할 가능성이 크다. 현재 보존회에서 착용하고 있는 공연복식에서 극명하게 드러난다. 즉 머리모양은 탈이 처음 제작되던 당시의 양식으로 고정되어 있기 때문에 언제나 시간적으로는 정지된 것이었지만 복장은 그때마다의 유행을 따른 것이었기에 언제나 현재적 성격을 지니고 있었던 것이다. 그러나 복식의 이러한 현재적 성격은 1928년 무진년의 별신굿을 마지막으로 더 이상 변화하지 않게 되었으므로 탈과 마찬가지로 정체성을 지니게 되었다. 그러면서도 여전히 하회탈과 복장에는 연결성이 없는 여러 시대의 양상이 혼재되어 있기 때문에 일관성이 결여되어 있으므로 이에 대한 문제 해결이 요구된다. 예컨대 머리모양은 고려 혹은 조선 전기의 것, 도포는 조선 후기의 것, 조끼는 개화기의 것과 같이 탈놀이 내에 다양한 시대의 공연복식이 동시에 나타난다.

또한 한 등장인물의 복장 안에서도 마찬가지의 양상이 나타난다. 예컨대 초

---

11) 成炳禧, 앞의 논문, 1987, 197면.
12) 앞의 논문, 197~198면.

랭이 복장의 경우, 벙거지와 쾌자는 조선 후기의 복장으로 개화기에는 입혀지지 않았던 것임에 반해, 조끼는 20세기 들어서면서 비로소 착용되었던 것이다.[13] 이는 전통복식에 대한 지식 없이, 편의적으로 복식을 갖추었기 때문일 것이다. 따라서 탈놀이에 사용되는 공연복식의 시대적 기준이 될 통일된 시점(時點)의 설정이 요구되는 것이다.

넷째, 중복하여 등장하는 배역의 경우 역할이 바뀌어도 그에 합당한 복식으로의 전환이 안 되고 있다는 점이다. 대표적인 예가 초랭이의 경우이다. 복장 자체는 조선 후기의 관노(官奴)나 군노(軍奴)의 복장이다. 큰 문제가 되는 것은 아니라고 할지라도 양반·선비마당에서 관노의 복장으로 양반의 하인 역할을 하는 것은 복장과 역할이 일치하지 않기 때문에 보기에 어색하다. 따라서 역할에 맞는 복장의 조정을 검토해 볼 수 있다.

다섯째, 현대사회에서 전통민속예술이 문화 행사나 단순한 연희로서의 성격을 띠게 됨에 따라 점차 과장된 무대의상의 특성을 지니게 되었다는 점이다. 하회탈놀이 복장에서만의 문제가 아니라 오늘날 행해지고 있는 대부분의 전통민속예술의 연행에서 야기되는 공통적인 문제점이기도 하다. 즉 연행이 전통사회에서 치러지던 본래의 시기에 이루어지지 못하고 있기 때문에 의복 유형이나 소재에 있어서 본래의 계절성이 상실되고 있다. 또한 겉으로 드러나는 부분에만 관심이 치중될 수밖에 없다. 그리고 관객을 의식해서 지나친 장식이 추가되거나 과장됨으로써 전혀 근거 없는 복식이 등장하거나 격에 맞지 않는 조합이 이루어질 수도 있다. 이러한 점은 전통민속예술의 품위를 격하시키고, 올바른 전승과 계승을 방해하는 요소로 작용할 수 있다. 또한 공연자들의 편리성이나 효율성을 위한 디자인이 이루어져야 한다는 점도 잊어서는 안 될 것이다. 따라서 전통성은 물론, 공연성의 특질이 융합된 공연복식으로 검토되어야 한다.

마지막으로 탈놀이에 사용되는 공연복식은 당시에 생산되는 상품의 영향을 받을 수밖에 없다는 문제점이 있다. 아무리 역사적 고찰을 통한 고증 결과를

---

13) 궁중발기에 의하면 1912년 이후 조끼 관련 기록이 확인된다. 이명은, 「궁중볼기에 나타난 행사 및 복식연구」, 단국대학교 대학원 석사학위논문, 2003, 266~278면.

적용하려고 해도 그 상품이 더 이상 생산되지 않는다거나 희귀해서 가격이 지나치게 비싸다든지 하여 마련하기 어려운 상황에서는 대체물을 수용하지 않을 수 없는 것이다. 그래서 어쩔 수 없이 어울리지 않는 조합이 될 가능성도 있는 것이다.

이상으로 지적한 하회탈놀이의 공연복식이 지닌 특징과 문제점들을 참고로 하여 뒷장에서 언급할 보존과 계승을 위한 방향과 시점 설정 제안이 이루어져야 할 것이다.

3) 하회탈놀이 공연복식 고증을 위한 시점 검토

오늘날의 하회탈놀이는 전통문화의 복원이라는 암묵적인 사회적 함의 속에서 무형문화재로 지정되었고 오늘날 우리에게 모습을 드러내는 하회탈놀이는 실제가 아닌 공연의 형태가 되었다.[14]

하회마을 사람들과 수백 년 이상 애환을 같이 해왔던 하회별신굿은 1928년을 마지막으로 현실의 무대에서 사라졌다. 1935년 일제 당국의 행사를 목적으로 한 소규모 연행이 이루어졌고 1941년경에 송석하의 조사를 위해 소규모로 연행되기는 했지만 이는 전통적인 맥락에서 벗어난 인위적인 탈춤이었다. 그 후 1958년에는 하회탈춤이 민속예술경연대회에 참가함으로써 하회마을 사람이 아닌 전문적 공연자들에 의하여, 하회마을이 아닌 다른 장소에서 연행됨으로써 그 성격이 한 번 더 크게 변화되었다. 1980년 무형문화재(제69호)로 지정되면서 별신굿이라는 제의로서의 맥락에서 벗어나 현재는 본격적인 공연예술로서 문화 상품적 가치를 높이는 작업을 하고 있다.[15] 따라서 탈놀이의 연행자들이 입는 복식 또한 별신굿 당시 복장인 평상복이 아닌, 공연복식으로의 중요성을 인식할

---

14) 한양명, 「하회탈춤의 사회적 의미」, 『하회탈과 하회탈춤의 美學』, 안동문화연구소, 사계절, 231~232면.

15) 조정현, 「하회탈춤 전통의 재창조와 안동문화의 이미지 변화」, 『比較民俗學』 29, 比較民俗學會, 2005, 351~363면.

필요가 있다.

〈표 1〉에서 볼 수 있듯이, 1980년 무형문화재로 지정되고, 이어 보존회에서 하회탈놀이를 공연 행사화하면서 일어난 중이나 각시, 부네의 옷차림의 변화를 읽을 수 있다. 공연복식 전승의 체계적인 확립을 위해서 어느 시점을 토대로 재현할 것인가에 대한 검토[16]가 이루어지고 그 후에 고증 과정을 거쳐 올바른 공연복식으로 거듭날 필요가 있다.

하회탈놀이 공연복식의 시기 설정은 탈의 조형성, 탈의 명칭, 탈놀이의 대사, 그리고 탈의 비중, 연극의 발달단계를 통한 연극사적 특성 등을 살펴 결정하는 방법이 있다.

첫 번째, 탈의 조형성, 특히 각시와 부네와 같은 여자 탈에 나타나는 머리 형태로 하회탈놀이의 시점 파악이 가능하다. 이는 공연복식의 시점이라기보다는 하회탈 또는 탈놀이의 기원 파악과 오히려 더 밀접한 관련이 있을 것이다. 우선 각시 탈의 머리모양은 일자로 꼬아 올린 머리와 좌우 귀 옆으로 늘어뜨린 형태가 특징적이다. 특히 이마 위에 얹힌 머리 부분은 얼굴과 분리되어 실로 엮어 고정시켜 놓은 것이다. 얼굴 부분과 나무 재질이 달라서 진위 여부를 확인하기는 어렵다. 아무튼 이와 동일한 머리모양이 아직까지는 복식사 분야에서 확인된 바 없다. 그런 가운데에 약간의 연관성을 생각해 볼 수 있는 경우는 조선 중종 대 변수(邊脩, 1447－1524)의 묘에서 출토된 목우(木偶)[17]이다. 이 목우는 좌우의 양끝 머리가 뒷목중심 쪽으로 굽었다. 이에 비해서 〈그림 3〉의 강릉박물관 소장 목우에서는 좀 더 곧게 내려온 머리모양을 확인할 수 있다.

1123년의 기록인 『고려도경(高麗圖經)』에 의하면 고려시대 부인의 머리모양은 귀천을 막론하고 같았는데 오른쪽 어깨로 늘어뜨린 후 나머지 머리카락은 내려 덮는데 붉은 비단[絳羅]으로 묶고 작은 비녀[小簪]를 찔렀다[18]고 한다.

---

16) 이일지, 「조선시대 산대놀이 복식의 변모과정과 의복상징에 관한 연구」, 『服飾』 54(2), 한국복식학회, 87면.

17) 국립민속박물관, 『오백년의 침묵, 그리고 환생』, 2000, 85면.

18) 徐兢, 『宣和奉使 高麗圖經』 卷20 賤使.

〈그림 2〉 각시탈
(국보 제121호)

〈그림 3〉 15세기 초 목우상
(강릉시립박물관 소장)

〈그림 4〉 부네탈
(국보 제121호)

〈그림 5〉 고려 동녀상
(경기도박물관)

한편 〈그림 4〉의 부네의 탈은 정수리 좌우로 돌출된 부분이 확인된다. 조선시대의 쌍계는 주로 동자(童子)의 머리모양으로 인식되고 있지만 고려시대의 유물에서는 동녀의 머리모양으로 확인된다. 흔히 쌍계(雙紒)라고 하는데 고려시대 여아로 보이는 〈그림 5〉의 회암사 출토 백자 동녀상에서도 유사한 모습을 볼 수 있다. 『고려도경』에도 10세 정도의 시집가지 않은 여아가 머리를 풀지 않았다[不被髮]고 하였다.[19] 고려시대 불화[20]나 청자[21] 등에 보이는 동자상에서는 주로 세 가닥 이상으로 총각을 만든 모습이 흔히 확인된다. 따라서 쌍계의 부네 탈은 고려 후기의 미혼녀(未婚女)로 보는 데 무리가 없다.

이렇듯 각시탈과 부네탈을 보면 하회탈이 만들어지기 시작한 시기는 고려시대로 올려볼 수는 있을 것이다. 본 연구자 역시 하회탈 문화원형을 고려시대에서 찾아보려는 노력도 하였지만[22] 탈놀이 공연복식을 고려 후기로 정하는 것에는 신중을 기할 필요가 있다. 물론 원형을 찾는다는 점에서는 그 의미가 있다고 하겠으나 하회별신굿 탈놀이가 행해질 때는 당시의 평상복을 입고 탈놀이를 했다는 점에서 탈의 제작시기만으로 공연복식을 재현하기에는 어려운 점이 있기 때문이다.

두 번째로는 탈의 역할 비중을 통해 시기를 결정짓는 방법이 있다. 탈의 비중은 별신굿을 준비하는 과정에서 드러난다. 즉 합숙 시의 잠자리 순서, 광대의 나이, 강신(降神) 단계에서 대체로 큰 광대, 각시광대, 양반광대, 선비광대 순임이 확인된다. 마지막 별신굿이 치러졌던 무진년(1928)에 참여한 광대 중 큰 광대는 80세 정도, 양반광대와 선비광대는 70세 정도로 다른 광대들에 비해 노령임을 알 수 있다. 각시 광대는 17세의 상대적으로 어린 총각이 참여했지만 서낭당에 모셔져 있는 무진생 성황(城隍)님과 관련된 만큼 그 역할이 중하여 큰 광대 다음 순서의 자리에서 잠을 잤을 뿐만 아니라 서낭당에서 강신할 때도 큰 광대 옆에 설 수 있었던 것이다.[23] 중탈이 주요인물에 포함되지 않고 양반이나 선비가 등장한다는 것은 역시 유교적인 발상이므로 조선시대의 탈놀이임을 증명하는 것이다.

---

19) 같은 책, 卷20 貴女.

20) 菊竹淳一, 『高麗時代의 佛畵』, 시공사, 1996, 198면.

21) ①Jon C. Covell and Alan Covell, *The World of Korean Ceramics*, Sisayong−o Sa, 1986, p.56.
②韓國古美術協會, 『우리 문화유산의 멋과 향기』, 2006, 20~21면.

22) 안동대학교 박물관, 「한국 대표 이미지로서 국보 하회탈의 문화원형 콘텐츠 구축」, 『2005년 문화원형 디지털콘텐츠화사업 자유공모』, 문화콘텐츠진흥원, 2005.

23) 成炳禧, 앞의 논문, 1987, 194~199면

세 번째로는 탈놀이의 탈 명칭과 대사를 통해 공연복식을 설정하는 방식도 생각해 볼 수 있다. 대사는 물론, 탈 명칭도 시대에 따라 변하였을 가능성이 크다. 예컨대 현재 백정이라고 하는 가면은 그 옛날에는 '희광이'라고 하였다고 한다. 그리고 우리가 잘 모르는 떡팔이, 별채, 총각 등의 가면도 있었으나 현재는 소실되었다고 하고 마당의 명칭과 순서도 크게 다르다. 1928년 별신굿 탈놀이 때 구사되는 재담(才談)은 미리 연습하거나 중지(衆智)로 짜여 졌다고 하는데 양반·선비마당의 대사 역시 즉흥적인 재담에 전년도 대사를 더러 답습하였던 것으로 짐작되고 있다.[24]

요즈음의 공연에서는 사용되지 않는 가면과 대사가 있다. 1959년에 유한상이 제시한 대사 중에 환재(還財) 마당에서 '별채', 즉 '별차(別差)'가 나와서 환재를 바치라고 외치는 대목[25]이 그것이다. 권두규는 '별차'라는 관직명이 고려시대에는 군사 용어로 사용되었으므로 하회탈놀이의 '환재를 바치라'고 하는 대사와는 관계없는 것으로 제외시켰다. 오히려 하회탈의 별차를 세금을 거둬들이는 조선시대 내수사의 아전 별차와 유사하다[26]고 보았다. 결국 별채는 하회탈놀이 주된 내용이 조선시대의 것임을 입증하는 것이다. 또한 고려시대에는 백정이 일반 농민이었으나 하회탈놀이에서의 백정은 소를 도살하고 불알 등을 파는 인물이다. 소를 잡는 조선시대의 백정은 고려시대의 양수척(揚水尺)이 재인(才人), 화척(禾尺)으로 분류되다가 세종 5년에 개명된 것이므로 탈놀이의 백정 역할을 볼 때 역시 조선시대 탈놀이로의 설정에 무리가 없다. 탈의 명칭과 대사가 시대에 따라 바뀌었을 개연성이 크므로 하회탈의 명칭을 제작시기로 곧장 연결시키는 것은 다소 무리가 있지만 적어도 탈놀이의 형성과 전승과 관련된 시점을 파악하기에는 무리가 없다.

네 번째, 탈춤을 희(戱)의 대표적인 양식으로 볼 때, 희(戱)의 발달 시기가

---

24) 앞의 논문, 195면.

25) 柳漢尙, 앞의 논문, 191~198면.

26) 권두규, 「신분별 명칭으로 본 하회탈의 제작시기」, 『安東史學』 9·10, 安東史學會, 2005, 427~434면.

대체로 17세기 중반 이후부터 1900년대이다.27) 전통적인 마을굿 형태로의 연행은 1928년이 마지막28)이므로 하회탈놀이 공연복식의 시점을 개화기 이전의 19세기로 설정하는 것이 바람직할 것으로 본다.

이상에서 살펴보았듯이, 하회탈의 역할 비중이나 등장인물의 신분이나 관직, 대사의 내용, 그리고 탈놀이 문화의 발달시기 등의 관점에서 살펴볼 때, 하회탈놀이 공연복식의 시점 설정에 있어서는 역시 조선 후기에 시점을 맞추는 것이 바람직하다. 단, 각시탈과 부네탈의 모습은 고려 이후 조선 전기의 것에 부합된다는 한계점이 있지만 탈놀이의 중심이 되는 등장인물의 구성이나 오고가는 대사, 양반과 선비의 무식함은 매관매직(賣官賣職)이 성행하고 다소 성실하지 못한 선비의 모습에서 신분제도가 와해되어 가는 19세기에 맞추는 것이 옳을 것으로 판단된다.

3. 현행 하회탈놀이 공연복식과 시점 결정에 따른 제언

하회탈놀이에 사용되고 있는 공연복식을 보고서와 문헌자료, 그림과 사진 자료, 그리고 현 보존회에서 사용하고 있는 실물 자료들을 중심으로 살펴보고자 한다. 서술 순서는 현 보존회에서 행하고 있는 탈놀이 여섯 마당의 순서, 즉 무동마당, 주지마당, 백정마당, 할미마당, 중마당, 양반·선비마당에 따른 등장인물의 순으로 하고자 한다. 이 순서는 성병희·김택규(1978)의 보고서에 제시된 순서와 동일하다.29) 중복되어 등장하는 인물에 대해서는 처음 등장하는 마당에 제시된 내용으로 대신하고자 한다.

---

27) 사진실, 「한국연극사 시대구분을 위한 이론적 모색」, 『韓國音樂史學報』 24, 2000, 128~133면.
28) 박진태, 『하회별신굿탈놀이』, 피아, 2006, 43면.
29) 成炳禧·金宅圭, 「安東河回別神 굿놀이」, 『우리 고장의 民俗』, 경상북도, 1978. 유한상(1959)이나 이재호(1975)가 제시한 자료와는 그 순서가 다르다.

1) 무동마당

무동마당에는 〈그림 6〉에서처럼 각시가 무동의 어깨를 타고 등장한다. 별신굿에서 각시를 무동 태우고 등장하는 이유는 각시를 신으로 우대하여 인간의 머리 위에 높이 추켜올린다는 뜻이라고 한다. 즉 신은 하늘에서 하강하는 존재이기 때문이다.

(1) 각시

각시탈은 백분 화장에 연지·곤지를 찍고 입술도 붉은 색을 칠한 화장법과 독특하게 생긴 머리형으로 일반인들에게도 널리 알려져 있다. 안동을 대표하는 상징 중의 하나로 이용되기도 한다. 본래 하회별신굿 탈놀이에서 각시는 무동마당과 혼례마당에 등장했지만 혼례마당은 비밀리에 엄중한 의례로 치러졌던 것이므로 현재 보존회에서는 혼례마당을 하지 않고 있다. 이는 하회탈놀이의 성격이 본래의 제의적 성격에서 공연의 성격으로 변화되면서 나타난 결과라고 할 수 있을 것이다.

〈그림 6〉 무동마당
(각시와 무동)

본래 각시의 복장은 본래 주민들이 성황당에 봉납한 옷 중에서 마련되었다. 1928년에도 그러했는데, 처녀의 평상복 차림30)을 하였다고 한다. 당시에는 노랑저고리에 남치마, 짚신을 갖추었다고 한다. 〈그림 1〉의 1940년 사진자료에는 회장(回粧) 없는 민저고리에 치마를 입고 있다.

요즈음 보존회의 연행에서는 신부의 녹의홍상(綠衣紅裳), 즉 녹색 삼회장저고리에 다홍치마를 입고 양손에는 명주 수건을 든다. 저고리의 형태는 근래의

---

30) 李宰戶, 「河回別神假面舞劇臺詞」, 『韓國文學』 20, 韓國文學社, 1975, 78면.

것이다. 그리고 신발은 보존회의 모든 등장인물들이 그렇듯이 근래에 연행을 위해 특별히 제작·판매되는 짚신 형태의 가죽신을 신었다. 이러한 짚신 형태의 가죽신에서 파악할 수 있듯이 탈놀이에 등장하는 인물들의 복식이나 분장은 시대의 유행 경향, 물질문화와 관련된 현상이나 의식구조 등을 포함한 시대상을 파악할 수 있는 간접적인 자료가 된다.

신부의 예복이란 지금도 그렇듯이, 생활수준에 따라 큰 차이가 있기 마련이다. 개화기까지도 대부분의 반가에서는 족두리나 화관에 원삼, 활옷을 입고 연지·곤지를 찍고 혼례를 치렀다. 다홍치마에 노랑저고리를 입고 혼례를 올린 후, 시댁에 가서는 '색시관례벳김'으로 시댁에서 장만해 놓은 소매에 흰 거들지를 단 초록 회장저고리와 다홍치마를 입었다. 따라서 요즈음 각시탈 연행자가 입는 녹의홍상은 시집간 새댁의 옷차림이다. 처녀의 옷차림을 한다는 원칙에는 위배되지만 젊은 새댁의 차림으로는 문제될 것이 없다. 단 각시의 치마는 안동 지역의 오랜 전통인 오른쪽 꼬리31)로 입는 것이 보다 적절할 것으로 생각된다. 오른쪽 꼬리로 입는다는 것은 치마를 입었을 때 거죽으로 나오는 뒷자락의 가장 자리 부분이 오른손 쪽으로 향하도록 입는 방식을 말한다. 그리고 치마 안에는 근대 복식인 속치마를 입기보다는 속속곳과 고쟁이, 단속곳을 갖추어 입는 것이 각시의 복장으로 적합할 것이다. 그리고 버선을 갖추어 신되, 짚신 형태의 가죽 신을 신을 것이 아니라 꽃신이나 당혜 등을 신는 것이 좋을 것으로 판단된다. 각시 배역에 맞는 신발로 바꾸는 것이 바람직하다. 하회가면극연구회(1975)가 채록한 유한상 제공의 대사 중에는 네 번째 파계승 마당에서 중과 놀아난 각시가 중의 등에 업혀 나가는 과정에 각시의 신발이 벗겨지며 다섯 마당에서 초랭이가 각시의 꽃신을 품에 안는 내용32)도 있기 때문이다.

---

31) 이은주, 「한국 전통복식에 투영된 좌우 개념」, 『服飾』 38호, 한국복식학회, 1998, 347면.
32) 李宰戶, 앞의 논문, 1975, 84면.

(2) 무동

각시를 어깨에 태우고 등장하는 무동의 경우, 1928년에는 바지·저고리에 미투리를 신었다고 한다. 현 보존회에서도 소색의 바지·저고리를 입고 다리에는 행전을 쳤으며 버선에 역시 짚신 형태의 가죽신을 신고 있다. 무동 외에 꽹과리나 징을 들고 탈놀이의 흥을 돋우는 인물들도 무동과 동일한 복장을 하고 있다. 또 밋밋한 차림에서의 단조로움을 깨고 변화를 주기 위해 허리춤에는 홍색의 귀주머니를 차고 있다. 머리에는 상투 없는 맨머리에 흰 끈을 동여매고 있지만 전체적 차림에서 조선 후기 서민 장정의 모습을 나타내고 있음을 알 수 있다. 상투머리와 짚신을 갖추면 더 완벽한 차림이 될 것이다.

2) 주지마당

(1) 주지

암수 한 쌍이 등장하는 주지마당의 주지는 호랑이를 잡아먹은 귀신[33], 또는 사자로 알려져 있다. 임재해는 최근 『고금소총(古今笑叢)』에 제시된 자료를 들면서 주지가 실제 동물이 아니라 인간의 형상을 상상한 희롱의 우상[34]이라고 밝힌 바 있다. 주지 탈은 짐승을 정면에서

〈그림 7〉 주지마당(암수 주지 1쌍)

바라본 도안화된 형상을 하고 있다. 주지 탈에는 본래 목판 가장자리에 30여 개의 꿩 털을 꽂았다고 한다. 탈과는 달리 몸통은 전혀 동물의 모습이 드러나지 않는 것이 특징이다. 유한상(1959)과 이재호(1975)의 자료에 의하면 붉은 보자

---

33) 유한상, 앞의 논문, 1959, 191면.
34) 임재해, 『하회탈, 그 한국인의 얼굴』, 민속원, 2005, 250면.

기로 전신을 가렸다고도 하지만 현재 보존회에서는 〈그림 7〉처럼 커다란 직사각형의 거친 삼베 자루로 전신을 덮어쓴다.

안에는 소색의 바지·저고리를 입고 행전을 치고 버선과 짚신 형태의 가죽신을 신었다. 자루의 머리 부분 양쪽으로 난 구멍으로 손을 내밀어 주지 탈을 머리에 이듯이 잡고 움직인다. 신발은 다른 등장인물과는 달리 신분에 따른 특정 신발의 규정이 불가능하지만 버선에 짚신이면 무방할 것이다.

(2) 초랭이

초랭이는 주지마당을 비롯해서 중마당, 양반·선비마당 등에 등장하는 경망스러운 인물이다. 1928년 별신굿에서는 초랭이가 벙거지를 쓰고 바지·저고리에 조끼를 입었다. 그리고 행전을 치고 미투리를 신었다. 또 그 후의 연행에서는 바지·저고리 위에 붉은 쾌자를 입고 그 위에 청홍색 대를 양어깨에 걸친 경우도 있었다.

1928년에 입었다고 하는 조끼는 당시 젊은 남자들 사이에서 유행했던 옷이었다. 서양 남성의 조끼에서 유래되어 개화기에 입혀지기 시작한 옷이다. 그리고 50년대 말에 청홍색 대를 어깨에 걸친 것은 당시 농악이라고 불리었던 풍물놀이의 복장이 영향을 미친 것으로 보인다. 이렇듯 초랭이의 경우만이 아니라 각시나 부네 등의 인물에서도 그렇듯이, 각 시대의 유행이나 사회적 관심 등이 탈놀이 복장에 반영되어 나타나는 흥미로운 현상을 확인할 수 있다.

〈그림 8〉 양반·선비마당
(좌: 이매, 우: 초랭이)

현 보존회의 초랭이는 〈그림 8〉의 우측에서 보이는 것처럼 이마에 흰 수건을 질끈 묶고 머리에는 벙거지를 쓰고 있다. 바지·저고리에 붉은 조끼, 그 위에 검은 쾌자를 입는다. 그리고 바지 위로 행전을 치고 버선에 짚신 형태의 가죽신을 신는다.

벙거지와 흑색 쾌자는 조선 후기에 하급 군인이나 조례(皂隷)가 입었던 복장으로 현재 초랭이가 입은 옷과는 다른 옷이다. 벙거지는 전모(氈帽)라고도 하는데 주로 돼지털 등으로 거칠게 만든 것이었다. 초랭이의 쾌자라고 하는 옷은 오히려 말기의 군졸들이나 구종(驅從)들이 입었던 '흑의' 또는 '더그레'로 불렸던 흑색의 옷이다. 소매가 짧고 무릎 정도를 덮는 길이의 덧옷으로 앞이 트였고 등 아랫부분, 양쪽 겨드랑이 아래 부분이 각각 트여 있다. 입을 때는 중심선에 달린 고름으로 일단 묶어 고정시킨 후 앞의 양쪽 두 자락을 뒤로 돌려 뒷자락 위로 묶어 활동성을 취했다. 흑의가 짧아 보이는 것은 바로 그러한 이유 때문이다.

그러나 벙거지와 쾌자를 입으려면 조끼는 입지 않는 것이 바람직하다. 벙거지와 쾌자는 이미 언급했듯이 조선 후기까지 사용되었던 복장이고 조끼는 개화기에 서양의 양복 조끼가 들어오면서 보급된 것이기 때문이다. 그리고 버선은 신되, 미투리보다는 짚신을 신는 것이 초랭이 신분에 어울린다. 양반·선비마당에 양반의 하인 역으로 등장할 때도 동일한 차림을 하는 것은 역할에 맞지 않으므로 벙거지와 쾌자, 조끼를 벗은 차림으로 등장하는 것을 검토해 볼 필요가 있다.

3) 백정마당

(1) 백정

하회탈놀이에 등장하는 백정이란 조선시대의 소·돼지 등을 잡는 도살업자로서, 일반 백성들과 고립되어 살던 천민이다. 갑오개혁 이후 신분평등권을 얻었지만, 오랜 전통 때문에 여전히 차별 대우를 받았다. 따라서 백정에게는 천민의 복장이 적합하다.

1928년에는 평량자에 바지·저고리를 입고 미투리를 신었다고 한다. 1940년

사진자료에는 맨머리에 바지·저고리를 입고 망태기 같은 것을 허리에 차고 있는 것으로 보인다. 그리고 그 외의 보고서에는 천민복식을 입고 삼색 대를 매었다고 기록되어 있다. 특히 삼색 대는 초랭이의 경우와 마찬가지로, 풍물패 복장의 영향이었을 것으로 생각된다. 그리고 1928년에 신었다고 하는 미투리는 비교적 고급품에 해당되는 것이었으므로 백정의 신발로는 어울리지 않는다.

현재 보존회의 백정은 〈그림 9〉에서 볼 수 있듯이, 흰 바지·저고리를 입고 행전을 친다. 저고리의 오른쪽 소매는 소의 피가 묻는 것을 막기 위해 걷어 올린다고 한다. 그리고 소품으로 나무로 만든 칼과 도끼, 망태기 등을 드는데, 다른 배역보다 갖추어야 할 소품이 많은 편이며 머리에는 솜 방울을 단 평량자 즉 패랭이를 쓴다.

목화송이를 단 패랭이는 본래 조선시대 보부상의 상징이었다. 목화장사를 하러 다니던 부상(負商)이 전쟁 중에 왕의 상처를 치료해 준 대가로 패랭이 좌우에 목화송이를 달게 하여 충의를 표

〈그림 9〉 백정마당(백정)

창한 것[35]이라고 한다. 또 조총을 사용할 때 사용할 솜 알을 달고 다니던 것이 후일 솜뭉치로 바뀌었다는 설[36]도 있다. 따라서 백정이 목화송이를 단 패랭이를 쓰는 것은 적당하지 않다. 따라서 목화송이가 없는 패랭이를 쓰거나 아니면 패랭이 없이 흰 수건을 머리에 두르고 탈만을 쓰는 것이 바람직하다. 또한 남루한 흰색 바지·저고리를 입되, 행전은 치지 말고 오히려 바지 부리를 접어 걷어 올려 다리를 노출시키고 맨발에 짚신을 신는 것이 천민의 복장으로 무리가 없을 뿐만 아니라 극적인 효과도 높일 수 있을 것으로 생각된다.

---

35) 최철·설성경, 『민속의 연구』 Ⅱ, 정음사, 1985, 123면.
36) 이훈섭, 『부보상을 아십니까』, 한마음사, 2005, 87면.

(2) 소

백정과 함께 등장하여 우랑을 제
공하는 소의 역할에는 다른 역할과
는 달리 별도의 탈은 없다. 〈그림
10〉에서 볼 수 있듯이, 현 보존회에
서는 두 사람이 허리를 굽혀 한 사
람이 다른 사람의 허리를 잡아 소의
형상을 만든다. 그리고 그 위에 소
털과 흡사한 소재로 제작한 소 형상

〈그림 10〉 백정마당(소)

의 덮개로 전신을 덮는다. 다리 부분은 몸체와 동일한 소재로 바지를 만들어
입고 있다. 그리고 우랑에 해당하는 소품을 들고 있다가 극중에서 백정에게 잘
리는 시늉을 한다.

이 같은 소의 분장이야말로 오늘날 연행되는 전통민속예술이 공연으로의 무
대를 의식해서 만든 전형적인 분장의 하나일 것이다. 소의 분장에 대해서는 선
행 보고서에 언급이 없기 때문에 과거에 어떠했는지 알 수 없지만 지금처럼 완
전한 소의 형상을 하는 분장은 어려웠을 것으로 추정된다.

4) 할미마당

할미는 베틀에 앉아 베를 짜면서 일평생의 고달픔을 넋두리한다. 할미마당의
베틀놀이는 80년 전 경에는 있었으나 그 후 한 동안 행해지지 않다가 현재 보존
회에서 다시 재현하기 시작한 것[37]이라고 한다.

할미의 얼굴에는 삶의 고달픔을 나타내려고 한 듯 검붉은 바탕에 반점이 찍혀
있다. 각 보고서에서도 할미의 복장에 대해서는 서민층의 노파 복색을 지적하였
다. 〈그림 11〉에서 볼 수 있듯이, 현 보존회에서 착용하고 있는 서민층 노파

---

37) 심우성, 『마당굿연희본』, 깊은샘, 1988.

복색은 무난하다. 머리에는 일하는 여인들이 일상적으로 쓰는 흰 수건을 쓰고 소색의 무명 저고리와 회색 무명 치마를 입는데, 치마에는 끈을 질끈 동여매어 깡총하게 올라가게 하고는 쪽박을 들었다. 저고리는 짧고 치마는 허리에 둘러서 복부의 살이 드러난다. 그러나 1940년 사진

〈그림 11〉 할미마당(할미)

자료에는 당시의 비교적 긴 저고리에 허리띠를 하고 있어서 속살이 보이지 않는다. 과거에 저고리가 짧았을 때는 치마와 저고리 사이에 넓은 허리띠를 두르기도 했지만 조선 후기의 풍속화나 개화기의 아낙네들 사진자료에서도 더러 치마와 저고리의 사이가 벌어져 가슴이 드러난 모습을 확인할 수 있으므로 전혀 근거 없는 모습은 아니다. 할미의 저고리로는 다소 짧다고 할 수 있지만 오히려 적절히 사용된다면 탈놀이의 흥을 돋우는데 도움이 될 수도 있을 것이다. 이것 역시 공연적 성격이 부각되면서 나타난 양상이라고 할 수 있다. 치마는 각시의 경우와 마찬가지로, 역시 안동 착용방식이라 할 수 있는 오른쪽 꼬리로 입고, 치마 안에는 고쟁이를 갖추어 입는 것이 조선 후기의 서민여성 복장으로 제격이다. 그리고 기운 흔적이 있는 남루한 버선과 짚신이 어울릴 것으로 생각된다.

5) 중마당

중마당은 중이 오줌 누는 부네의 모습에 욕정을 느끼게 되어 결국 부네를 옆구리에 차고 도망간다는 내용으로 구성되어 있다. 이 마당은 무동마당과 마찬가지로 대사 없이 몸짓 표현으로만 진행된다.

(1) 중

중의 모습은 속세의 사람들과는 확연히 구별된다. 승복은 일반적으로 승관에 가사, 장삼 등으로 구성되나 그 외에 염주와 목탁 등의 소품들이 곁들여진다.

그러나 처음부터 탈놀이의 중 모습이 그러했던 것은 아니다. 1928년에도 승복을 구할 수 없어서 두루마기에 누런색 도포, 염주, 미투리를 착용했다고 한다. 그 후의 연행에서는 고깔에 재색 장삼을 갖추고 지팡이나 염주, 목탁 등을 소품으로 갖추었다. 1940년 사진자료에는 고깔에 회색으로 추정되

〈그림 12〉 중마당(중)

는 포에 지팡이를 들고 있다. 대체로 머리에도 종이고깔을 쓰던 것이 1980년대에 들어서면서 송낙으로 바뀌었고 가사와 장삼이 장만되었음을 알 수 있다. 이역시 공연복식으로의 면모를 갖추면서 나타난 현상이라고 하겠다.

역시 승려의 대표적인 복식은 불교의식 때에 착용되는 가사라고 할 수 있다. 가사는 시대나 종파에 따라 그 중요성의 경중에 차이가 있었기 때문에 일률적으로 설명할 수는 없으나 보통 의식의 규모에 따라 달리 착용하였다. 장삼 위에 왼쪽 어깨에서 오른쪽 겨드랑이 밑으로 걸쳐 끈으로 매어 고정시킨다. 그리고 여러 개의 천을 직사각형으로 붙여서 만드는데 조선 후기에는 네 귀에는 일월천왕(日月天王)이라는 수를 놓고 양쪽에 끈을 단다. 애초의 기원은 내버린 옷 또는 죽은 사람의 옷을 백팔염주를 본떠서 108장을 모아 불규칙하게 꿰맨 것이었다. 색상은 붉은 색이 널리 알려져 있으나 그 외의 다른 색들도 사용되었다.

18세기 말 정조대의 강이천(姜彝天)이 산대놀이를 묘사한 '남성관희자(南城觀戱子)' 중에 노승[老釋]이 젊은 계집을 보고 흥을 억제치 못해 파계하고 청혼하더라는 묘사가 있다. 하회탈놀이의 중마당 내용과 흡사한데 이 때 노승이 석장(錫杖)에 장삼(長衫)을 걸쳤다[38]는 기록은 조선 후기의 노승 복색을 지적한

좋은 자료이다. 대체로 머리에는 송낙[39]이나 고깔[40], 방립[41] 등을 쓰고 커다란 '장삼'을 입었다. 장삼은 사명대사(泗溟大師)의 장삼 유물[42]에서 볼 수 있듯이, 큰 소매가 달린 상·하의가 연결된 긴 옷으로 치마 부위에는 맞주름이 잡혀있는 옷이다. 국말 풍속화 중에는 가사를 걸친 모습[43]이 묘사된 경우도 있지만 허리에 주름 없는 소색 또는 회색 장삼만 입고 있는 경우[44]가 더 흔하다. 그리고 또한 1886년 「기완별록(奇玩別錄)」에 묘사되어 있는 승려도 송낙에 장삼만 입고 백팔염주 목에 걸고 구절죽장을 들었다.[45] 이처럼 가사 없이 장삼만 입어도 승려의 묘사가 가능하다.

현 보존회의 연행에서는 송낙을 썼으나 최근에는 송낙 대신 탈에 연결된 검은 두건으로 대체하였으며 바지·저고리 차림에 행전을 치고 끌릴 정도의 긴 회색 장삼을 입는다. 그리고 장삼 위로는 왼쪽 어깨에 큼직한 붉은 가사를 걸치며 버선과 짚신 형태의 가죽신을 신고 있다. 그리고 목에는 나무 염주를 걸었다. 가사는 25조 가사와 같은 대형 가사보다는 오히려 소형의 5조 가사나 승려용 주머니 자루를 메는 것이 더 타당할 것이다.

(2) 부네

부네는 중마당에서는 파계승과 사랑을 나누는 여인이다. 또한 양반·선비마당에서는 양반과 선비 사이를 오가는 소첩 역을 맡은 젊은 부인이기도 하다.

부네탈은 독특한 머리 모양이 드러나므로 별도의 관모를 필요로 하지 않는다. 이 머리형을 당시의 과부 머리 형태라고 지적하는 경우도 있지만 앞서 살펴보았

---

38) 林熒澤, 『李朝時代 敍事詩』 하, 창작과비평사, 1992, 304면.
39) 金英淑 編著, 『한국복식문화사전』, 미술문화, 1998, 249~250면. 송낙은 본래 소나무 겨우살이를 엮어 만든 모자로, 중이 납의(衲衣) 차림에 쓰는 외출용 관모이다.
40) 간송미술관, 『간송미술』 60, 2000, 도29.
41) 같은 책, 도71.
42) 문화재청, 『문화재대관』 중요민속자료2 복식·자수편, 2006, 153면.
43) 李八燦, 『리조복식도감』, 東文選, 1991, 제14도.
44) 국립민속박물관, 『독일인 헤르만 산더의 여행』, 2006, 295면.
45) 윤주필, 「경복궁 중건 때의 전통놀이 가사집 '奇玩別錄'」, 『문헌과해석』, 1999.9, 216면.

듯이, 고려시대 동녀의 머리모양이라고 보면 현재 젊은 아낙으로 설정되어 있는 부네의 역할과는 맞지 않는다. 혹시 부네의 애초 역할이 지금의 역할과 다른 것은 아니었을까 하는 의문이 들기도 한다.

부네의 복장 역시 각시의 복장과 마찬가지로 주민들이 봉납한 것 중에서 골라 입었다고 하는데, 1928년 당시에는 회장저고리에 푸른 치마를 입고 짚신을 신었다. 한편 1940년의 별신굿 사진자료에는 부네의 옷차림이 가려서 보이지 않으나 최상수의 보고서(1959)에는 분홍저고리에 검정 치마, 이두현의 보고서(1969)에는 옥색 저고리에 검정 치마를 입었던 것으로 기록되어 있다.

현 보존회에서는 〈그림 13〉에서 볼 수 있듯이, 자주 고름에 남색 반회장을 댄 노란 저고리에 남색 치마를 입고 짚신 형태의 가죽신을 신고 있다. 특히 남색 치마는 조선 후기 이후 개화기까지 성인여성의 대표적인 복장의 하나였다. 조선 후기 풍속화에는 나이든 기생들도 흔히 남색 치마를 입고 등장하지만 특히 개화기 이후에는 자식을 낳은 여성이 입었던 치마였으며 또한 관리들의 부인들이 입는 격이 있는 치마이기도 했다. 또한 '59년과 '69년의 보고서에 제시된 부네의 검정치마는 개화기 당시 신교육을 받는 여학생들 사이에 유행했던

〈그림 13〉 중마당(부네)

치마로 서울 지역에서는 40년대까지도 일반여성들 사이에 유행했던 복장이다. 시기적인 차이는 있지만 안동지역에서는 더 늦은 시기까지도 젊은 여성들 사이에서 검정 치마가 유행되었다. 그러므로 부네의 복장은 별신굿이 열렸던 당시 안동 지역의 젊은 여성들이 즐겨 입었던 첨단유행이 반영된 차림새로 파악될 수 있다.

그러나 현재 보존회에서 착용하고 있는 노랑 반회장저고리에 남색치마의 부네 복장 역시 전통사회에서의 젊은 여성의 옷차림을 반영하고 있기 때문에 무리

가 없을 듯하다. 단 저고리의 배래선 모양이나 길이 등은 근래의 것이므로 조선 후기의 것에 맞추어 보는 것이 좋을 것으로 보인다. 치마는 각시의 경우와 마찬가지로 오른쪽 꼬리로 입는 것이 바람직할 것으로 생각되며 특히 치마 안에는 속치마보다는 밑 트인 고쟁이를 입는 것이 올바른 착용법인 동시에 고쟁이의 받침옷을 적절히 처리한다면 관객의 흥미도 유발시킬 수 있는 복장이 될 것이다. 또 신발은 그 역할로 보아 꽃신이나 당혜 등도 무방할 것으로 생각된다.

6) 양반 · 선비마당

양반 · 선비마당에서는 양반과 선비 외에도 초랭이와 부네, 이매, 백정과 할미 등 다수의 인물이 등장한다. 양반과 선비가 부네를 차지하려다가 학식과 신분 싸움을 하게 된다는 익살스럽고 풍자적인 내용이 전개된다.

(1) 양반

양반이란 고려 · 조선 시대의 지배신분 계층으로, 토지와 노비를 소유했으며 교육이나 과거응시 등의 기회에서 특권을 누렸다. 조선 초기에는 대부분 사족(士族)이 양반이 되었으나 조선 후기에 이르러 공명첩 · 관직매매 · 족보 위조 등의 방법으로 양반의 수가 급증하였는데, 양반 · 선비마당에서는 이러한 조선 후기의 사회상을 반영이라도 하듯이 양반을 무식한 인물로 풍자하고 있다.

조선시대의 양반은 평상시에도 양반으로서의 품위를 갖추는 정제된 외모를 갖추고자 노력했다. 상투 틀고 망건으로 말끔히 정리한 머리에는 외출 시나 연거(燕居) 시에 반드시 관모를 갖추었고 바지 · 저고리 위에 포를 착용하였으며 대를 매고 행전을 쳤다. 그리고 버선에 태사혜나 흑혜 등의 고급 가죽신 등을 신었다.

조선 후기의 대표적인 양반의 관모에는 외출용의 흑립, 즉 갓이 있었고 연거용으로 동파관, 정자관, 방건, 와룡관, 충정관 등이 있었다. 개화기 이후까지에도 널리 사용되었던 것은 외출용 흑립과 연거용 정자관이라고 할 수 있다. 또한 양반이 즐겨 입었던 포의 종류에는 도포, 직령, 창의, 중치막 등이 있었으나 그 중에서도 양반의 대표적인 포로는 임난 이후 널리 입혀지기 시작한 도포를 들 수 있다. 개화기 이후에는 도포가 예복이 되면서 계층에 관계없이 두루마기가 일반화되었지만 두루마기는 본래 조선시대 무관들의 속옷이었다. 따라서 조선 후기의 풍류를 즐기는 양반이라는 계급을 상징할 수 있는 옷으로는 넓은 소매, 여유 있는 품, 휘날리는 뒷자락을 지닌 도포가 제격이다. 평상시에는 흰색의 도포를 즐겨 착용하였으며 길복으로는 청색을 사용하였다. 유생복이 청색 도포 이므로 양반은 흰색 도포로 하는 것이 차별화되어 좋을 것으로 생각된다. 그리 고 허리에는 세조대(細條帶)라고 하는 실띠를 묶었는데 계급이 높으면 붉은 색 계통, 낮으면 푸른 색 계통의 것을 사용했으므로 양반은 홍색으로 설정하는 것 이 바람직하다. 그리고 양반의 손에는 유한계급임을 나타내는 부채나 담뱃대 등이 들려져 있었는데 특히 선추(扇錘)와 더불어 부채 사치는 남자들 사이에서 대단한 것이었다.

1928년 별신굿에서는 양반이 정자관을 쓰고 바지·저고리에 두루마기를 입 고 그 위에 도포를 입고 세조대를 매었으며 미투리를 신었다. 그리고 손에는 부채를 들었다고 한다. 1959년에도 정자관과 도포를 착용하였다고 하며 소품으 로는 대체로 부채나 담뱃대와 같은 것들이 갖추어져 있었음을 알 수 있다. 조선 후기 도포가 한참 유행할 당시에는 도포가 예복의 일종이었으므로 뒤 트인 창의 위에 입기도 하였다.[46] 그러나 바지·저고리 위에 두루마기 없이 도포만을 착용 해도 무방할 것으로 생각된다.

현 보존회에서의 양반은 〈그림 14 좌측〉처럼, 정자관을 쓰고 바지·저고리를 입고 행전을 쳤으며 흰색 도포를 입는다. 그리고 도포 위에 흰색의 세조대를 매고 짚신 형태의 가죽신을 신고 부채를 들었다. 우선 정자관은 실내용 관모이 지만 외출용의 갓을 쓴다면 선비 역시 외출용 갓을 써야 하므로 두 인물의 신분 이 확연히 드러나지 않는다. 따라서 정자관은 선비의 유건과 대조를 이루어 양

---

46) 尹琰, 『泣血錄』卷1, 1771, 13면. 『憲宗妃慶嬪金氏順和宮嘉禮時節次1(圭27008)』, 1848, 66 면, 이명은, 앞의 논문, 2003, 267면.

반임을 쉽게 알 수 있게 하는 소품이라고 생각된다. 그리고 양반의 도포는 현재 입고 있는 흰색을 사용하고 또 도포 위에 두른 흰색의 세조대는 본래 상복용(喪服用)이기 때문에 홍색이나 청색으로 바꾸는 것이 바람직한데, 특히 관직이 없는 선비가 청색의 세조대를 사용하여야 하므로 양반은 홍색의 세조대를 사용하는 것이 무난할 것이다. 그리고 버선을 신고 행전을 치고 태사혜 등의 고급 신발을 신는 것이 역할에 맞는다.

(2) 선비

조선시대의 선비란 관직에 나가지 못했거나 아니면 관직에 뜻을 버린 인물로서 학문에 몰두하고 후진을 양성하였다. 복장은 양반의 옷과 큰 차이가 없었으나 학자로서의 자부심이 대단하여 특별히 유교적 의미가 담긴 심의(深衣)나 학창의(鶴氅衣), 난삼(襴衫) 등을 즐겨 입었다. 이러한 모습은 조선 후기의 초상화에서 확인할 수 있다. 관모는 양반과 마찬가지로 외출 시에는 갓을 썼고 평상시에는 유건이나 동파관, 방건, 복건 등을 즐겨 사용하였다.

1928년 당시 탈놀이에서 선비는 유건에 도포를 입고 그 안에 두루마기와 바지·저고리를 입었다. 신발은 미투리를 신었고 담뱃대와 낭선을 들었다고 한다. 낭선은 신랑이 초례청에서 얼굴을 가리기 위해 펼쳐 드는 것이므로 혼례마당에서는 담뱃대 대신 이것을 들었을 것으로 생각된다. 그러나 현재는 혼례마당을 하지 않기 때문에 낭선을 사용할 필요는 없다. 1959년 조사보고서에도 선비는 유건에 도포를 착용했다고 하는데, 갓을 쓴 경우도 있었다. 그러나 이미 언급했듯이 선비를 양반과 구별하여 표현하기 위해서는 역시 선비의 대표적인 관모인 유건이 더 효과적일 것이다.

〈그림 14〉 양반·선비마당
(좌: 양반, 우: 선비)

현 보존회에서는 선비의 복장으로 〈그림 14 우측〉처럼, 유건에 바지·저고리를 입고 행전을 치고 옥색 도포를 갖춘다. 도포에는 푸른 색 세조대를 묶고 버선에 짚신 형태의 가죽신을 신었으며 소품으로 담뱃대를 든다. 1896년『예복(禮服)』에는 유생에게 흑립과 청포, 즉 청색 도포, 청사대(靑絲帶)를 입도록 규정하고 있음을 볼 수 있다.

특히 조선 후기의 도포는 길복으로 청색을 입고 평상복으로 백색을 입는데 성균관 유생들은 상복(常服)으로 유건에 청색 도포를 착용했다.[47] 따라서 유건과 청색 도포는 선비의 상징이었다고도 할 수 있다. 더욱이 영조 정해년(1767)에는 유생들에게 옅은 색 옷을 입고 과거 장소에 들어오는 것을 엄금할 정도였다.[48] 따라서 도포는 옥색으로 하고 도포 위에 맨 푸른 세조대는 선비에 적합하며 신발은 선비의 경제적 능력에 달린 것이지만 양반의 태사혜는 선비에게 화려하다고 생각되므로 흑혜가 무난할 것으로 판단된다.

(3) 이매

이매는 선비의 하인 역으로 등장한다. 탈은 일명 '바보탈'이라고도 불리며 다른 탈과는 달리 턱이 없다. 〈그림 8〉의 좌측 인물이 이매인데, 성병희의 보고서(1987)에는 벙거지에 바지·저고리, 행전과 미투리를 착용하였다고 한다. 한편 최상수의 보고서에는 남자 평상복에 청홍 색대를 어깨에 둘렀다고 하고, 유한상과 이두현의 보고서에는 벙거지에 평상복을 입었다고 한다. 권광희(1986)의 논문에는 자주색 벙거지에 바지·저고리를 입고 녹색 조끼를 걸치고 행전과 미투리를 신었다고 했다.

현 보존회에서는 별다른 관모 없이 저고리는 풀어 헤치고 바지에 행전을 치고 허리춤에는 홍색 귀주머니를 찬다. 그리고 버선에 짚신 형태의 가죽신을 신는다. 현재의 이매 역할에 벙거지는 어울리지 않으므로 그대로 관모 없이 공연하

---

47) 李圭景,『五洲衍文長箋散稿』卷45, 道袍辨證說.
48) 李肯翊,『燃藜室記述』.

는 것이 좋을 듯하다. 변변치 못한 인물로 설정된 이매가 가슴을 풀어 젖히거나 행전을 치지 않은 모습이 등장인물의 성격 묘사에 효과적이다. 홍색의 귀주머니 역시 이매의 본래처지와는 어울리지 않지만 인물 됨됨이의 특수성을 감안할 때 극적 효과를 높일 수 있다.

공연복식에 대해 역사적 고증을 거쳐 제안하고 또 그 제안에 따라 공연복식을 갖추는 것이 바람직하지만 여러 가지 현실적인 이유로 제안이 그대로 실현되기에 어려움이 있을 수 있다는 한계점을 아울러 지적하면서, 〈표 2〉를 제안하고자 한다.

〈표 2〉 하회별신굿 탈놀이 배역에 따른 복식 제안

인 물	관 모	의　　　복	신 발	버 선	소 품
각 시	·	녹색　삼회장저고리 · 홍색치마(오른쪽 꼬리) · 속속곳 · 고쟁이 · 단속곳	꽃신/당혜	버선	명주 수건
무 동	흰 수건	흰 바지 · 저고리 · 행전	짚신	버선	귀주머니
주 지	·	흰 바지 · 저고리 · 행전 · 소색 삼베자루	짚신	버선	·
초랭이	벙거지	흰 바지 · 저고리 · 행전 · 흑색 더그레	짚신	버선	방망이
백 정	패랭이	흰 바지 · 저고리 · 행전	짚신	·	칼 · 도끼 · 망태기
소	·	소털 소재의 소 형상 덮개 · 동일 소재의 바지	짚신	버선	우랑
할 미	흰 수건	흰색 민저고리 · 회색 치마(오른쪽 꼬리) · 고쟁이	짚신	버선	쪽박
중	송낙	흰 바지 · 행전 · 저고리 · 회색 장삼 · 홍색 5조 가사	짚신	버선	염주 · 목탁
부 녀	·	노랑　반회장저고리 · 남색치마(오른쪽 꼬리) · 속속곳 · 고쟁이	꽃신/당혜	버선	·
양 반	정자관	바지 · 저고리 · 행전 · 백색 도포	태사혜	버선	세조대(자색) · 부채
선 비	유건	바지 · 저고리 · 행전 · 옥색 도포	흑혜	버선	세조대(청색) · 담뱃대
이 매	·	흰 바지 · 저고리	짚신	·	귀주머니

4. 맺음말

본래의 하회탈놀이 복식은 공연물의 단순한 소품으로서의 복식이 아니라 별신굿에 참여하는 신성한 의미를 지닌 것이었으며 의도적인 특별한 복장이라기보다는 참여자들의 평상복에 가까운 것이었다. 특별히 각시와 부네의 복장은 주민들이 섣달그믐과 정월 초하루 사이에 성황당에 헌납한 옷들 중에서 선택되었지만 별신제가 열릴 당시 광대로 선정된 사람들이 개인적으로 준비하였던 것이다. 그러나 1980년 하회탈놀이는 무형문화재로 지정되었으며 1997년 이후 '하회별신굿 탈놀이보존회'를 통해 상설 재현되면서 공연문화로서의 자리를 굳혀나가고 있다. 탈놀이를 위한 공연복식은 보존회의 회원 각자가 준비하여 보관해 두었다가 연행 시에 착용하고 있음으로써 그 의미가 크게 변화되었다.

하회탈놀이의 공연복식은 각시탈과 부네탈의 경우처럼, 고려시대의 탈에 조선시대의 복식이라는 서로 다른 역사적 층위를 드러내고 있었다. 또한 한 배역의 복장 내에서도 동일한 혼란 양상이 나타나는 문제점과 함께, 여러 마당에 등장하는 공연자의 경우에는 한 복장으로 계속 등장함으로써 배역에 맞지 않는 복장으로 등장하게 된다는 문제점도 확인되었다. 아울러 단순한 지역 주민의 대동제가 아닌, 공연문화의 하나로 변화되어 감에 따라 참여자의 복식도 단순한 전통복식의 고증 대상으로서가 아니라 공연복식으로의 극적인 효과, 그리고 공연자를 배려하는 디자인이 요구됨을 인식하였다.

이러한 문제점들을 바탕으로 완성도 높은 공연이 되기 위한 하회탈놀이의 공연복식 고증의 시점을 설정하였다. 탈의 조형성과 탈의 역할 비중, 탈 명칭과 대사를 근거로 공연복식의 시점을 조선 후기로 설정하는 것이 바람직하다는 결론을 도출하였으며 이를 근거로 하회탈놀이 공연복식을 구체적으로 제안하였다.

각시는 녹색 삼회장저고리와 홍색치마를 오른쪽 꼬리로 입으며 속속곳과 고쟁이, 단속곳을 입고 버선에 꽃신이나 당혜를 신으며 손에는 흰 명주 수건을 든다. 무동은 흰 수건을 머리에 동여매고 흰 바지·저고리에 행전을 차고 허리에는 귀주머니를 차며 버선에 짚신을 신는다. 주지는 흰 바지와 저고리에 행전을 차고 버선에 짚신을 신으며 소색 삼베자루를 뒤집어쓴다.

초랭이는 벙거지를 쓰고 흰 바지·저고리에 흑색 더그레를 덧입고 행전을 차며 버선에 짚신을 신으며 방망이를 든다. 백정은 패랭이를 쓰고 흰 바지·저고리에 행전을 차며 버선 없이 짚신을 신으며 칼·도끼·망태기를 갖춘다. 소는 소털과 유사한 소재로 소 형상의 덮개를 쓰고 동일 소재의 바지를 입는다. 그 외에 버선과 짚신을 입고 우랑을 갖춘다.

할미는 머리에 흰 수건을 두르고 흰색 민저고리에 회색 치마를 오른쪽 꼬리로 입는다. 안에는 고쟁이를 입는다. 버선에 짚신을 신고 쪽박을 허리에 찬다.

중은 송낙을 쓰고 흰 바지·저고리에 행전을 치고 버선과 짚신을 신으며 회색 장삼과 크기가 작은 붉은 색 5조 가사를 두른다. 염주를 목에 걸고 목탁을 든다. 부네는 노란색 반회장저고리에 남색 치마를 오른쪽 꼬리로 입고 안에는 속속곳과 고쟁이를 입으며 버선에 꽃신이나 당혜를 신는다.

양반은 정자관을 쓰고 바지·저고리에 행전을 치며 백색 도포를 입는다. 도포 허리에는 자색 세조대를 띠고 버선에 태사혜를 신으며 부채를 든다. 선비는 유건을 쓰고 바지·저고리를 입고 행전을 친다. 옥색 도포에 청색 세조대를 두르며 버선에 흑혜를 신고 담뱃대를 든다. 이매는 흰 저고리와 바지를 입는데 허리에는 다홍색 귀주머니를 찬다. 바지는 밑단을 둥둥 걷어 입고 버선 없이 짚신을 신는다.

19세기 전통복식을 근거로 하여 이상에서 제안한 하회탈놀이 복식은 연행자와 관객 모두에게 전통문화에 대한 올바른 이해를 증진시켜줄 수 있을 뿐만 아니라 공연물로서의 하회탈놀이를 성공적으로 이끄는데 도움이 될 수 있을 것으로 생각된다.

참고문헌

〈원전〉

李圭景, 『五洲衍文長箋散稿』 卷45, 道袍辨證說.

徐兢, 『宣和奉使 高麗圖經』 卷20, 賤使.

尹琰, 『泣血錄』 卷1, 1771.

李肯翊, 『燃藜室記述』

〈논문〉

柳漢尙, 「河回別神假面舞劇臺詞」, 『국어국문학』 20, 국어국문학회, 1959.

박진태, 「하회별신굿탈놀이」, 『비교민속학』 6, 1990.

권광희, 「河回 別神굿 탈놀이의 服飾」, 梨花女子大學校 大學院 碩士學位論文.

이은주, 「하회탈춤의 복식과 분장」, 『하회탈과 하회탈춤의 美學』, 사계절, 1999.

成炳禧, 「河回 별신 탈놀이」, 『솔뫼』, 안동대학교, 1987.

이명은, 「궁중불기에 나타난 행사 및 복식연구」, 단국대학교 대학원 석사학위논문, 2003.

한양명, 「하회탈춤의 사회적 의미」, 『하회탈과 하회탈춤의 美學』, 안동문화연구소, 사계절.

조정현, 「하회탈춤 전통의 재창조와 안동문화의 이미지 변화」, 『比較民俗學』 29, 比較民俗學會, 2005.

이일지, 「조선시대 산대놀이 복식의 변모과정과 의복상징에 관한 연구」, 『服飾』 54(2), 한국복식학회.

권두규, 「신분별 명칭으로 본 하회탈의 제작시기」, 『安東史學』 9·10, 安東史學會, 2005.

사진실, 「한국연극사 시대구분을 위한 이론적 모색」, 『韓國音樂史學報』 24, 2000.

李宰戸, 「河回別神假面舞劇臺詞」, 『韓國文學』 20, 韓國文學社, 1975.

이은주, 「한국 전통복식에 투영된 좌우 개념」, 『服飾』 38호, 한국복식학회, 1998.
윤주필, 「경복궁 중건 때의 전통놀이 가사집 '奇玩別錄'」, 『문헌과해석』 1999.

〈단행본〉

국립민속박물관, 『독일인 헤르만 산더의 여행』, 2006.
李八燦, 『리조복식도감』, 東文選, 1991.
菊竹淳一, 『高麗時代의 佛畵』, 시공사, 1996.
박진태, 『하회별신굿탈놀이』, 피아, 2006.
成炳禧·金宅圭, 「安東河回別神 굿놀이」, 『우리 고장의 民俗』, 경상북도, 1978.
임재해, 『하회탈, 그 한국인의 얼굴』, 민속원, 2005.
최철·설성경, 『민속의 연구』 II, 정음사, 1985.
이훈섭, 『부보상을 아십니까』, 한마음사, 2005.
심우성, 『마당굿연희본』, 깊은샘, 1988.
林熒澤, 『李朝時代 敍事詩』 하, 창작과비평사, 1992.
金英淑 編著, 『한국복식문화사전』, 미술문화, 1998.
간송미술관, 『간송미술』 60, 2000, 도29.
전경욱, 『한국의 탈』, 태학사, 1996.
崔仁辰, 『한국사진사 1631−1945』, 눈빛, 1999.
崔常壽, 『河回假面劇의 研究』, 1959.
국립민속박물관, 『오백년의 침묵, 그리고 환생』, 2000.
韓國古美術協會, 『우리 문화유산의 멋과 향기』, 2006.

〈보고서〉

李杜鉉·沈雨晟, 『無形文化財指定調査報告書 第133號 河回別神굿탈놀이』, 문화
　　　재관리국, 1890.
안동대학교 박물관, 「한국 대표 이미지로서 국보 하회탈의 문화원형 콘텐츠 구축」,
　　　『2005년 문화원형 디지털콘텐츠화사업 자유공모』, 문화콘텐츠진흥원, 2005.
문화재청, 『문화재대관』 중요민속자료2 복식·자수편, 2006.
E. Goffman, *The Presentation of Self in Everyday Life*, Doubleday, 1959.
Jon C. Covell and Alan Covell, *The World of Korean Ceramics*, Sisayong-o Sa, 1986.

조선시대 궁중 학무(鶴舞)의 연행 양상 연구

송지원

1. 머리말

학무(鶴舞)는 학 모양의 탈을 온 몸에 쓰고(입고) 추는 춤으로 조선시대 궁중정재의 하나로 연행되었다.[1] 성경린은 학무를 "사자무(獅子舞)와 더불어 동물의 탈을 쓰고 추는 대표적인 춤"[2]이라 하였고 "우리나라 무용 중 조류(鳥類)의 탈춤으로 유일한 것으로 새의 탈을 추고 추는 춤이기 때문에 새의 행동에 어울리는 동작과 가락 등을 표현하는 독특한 예술성을 지닌 춤"[3]으로 학무를 정의하였다.

학무가 "동물의 탈을 쓰고 추는 춤"이라 정의한다면 학무는 가면무[탈춤; mask dance]의 하나에 해당된다. 학무가 가면무의 하나로 연행되었음에도 불구하고 기존의 연구에서는 '가면예술로서의 학무'에는 크게 주목하지 않았다. 그간 '가면극' '탈춤', 보다 포괄적으로 이야기한다면 '가면예술'의 범주는 주로 국문학 분야에서 연구가 이루어져 왔고, 또 민속학적인 시각에 초점이 맞추어져 있었기 때문에 연구방법이나 시각이 궁중학무의 영역까지 미치지 않았다. 이는 같은 '탈춤' '가면무'로서 그 생성기반을 달리하는 것으로 간주된 민속탈춤에 대

---

1) 민간에서도 주로 경상도 지역을 중심으로 '학춤'이 연행되었다. (양산)사찰학춤, 양산학춤, 울산학춤, 동래학춤 등이 그것이다. 민간전승의 학춤은 궁중정재인 학무와 다르므로 본고에서는 이들은 논외로 하고 궁중학무에 논의를 집중할 것이다.

2) 성경린, 「학무」, 『궁중무용무보』, 국립국악원, 1987, 81면.

3) 성경린, 『韓國傳統舞踊』, 일지사, 1979, 88면.

한 연구 상황과 크게 대조되는 현상이다.[4]

따라서 궁중학무에 대한 연구는 자연스럽게 '무용'이라는 본래의 모습 그대로 무용(학), 음악학 분야에서, 실증적인 상황을 밝히는 작업에 고정되어 지엽적인 방법으로 이루어져 왔다. 학무를 무형문화재로 지정하기 위한 조사보고서에서 정리된 현황 내용[5]은 학무연구의 선구를 이루었고 이후『고려사(高麗史)』,『악학궤범(樂學軌範)』,『정재무도홀기』 등의 1차 자료[primary source]에 기록된 내용을 번역, 소개하는 방식으로 정리한 결과물[6]과 국립국악원에서 정리한 무보(舞譜)[7] 등, 실기와 이론을 겸비한 1세대 음악학자들에 의해 이루어진 성과물들은 학무 연구자들에게 고전처럼 이용되었다.

이후 무용학 분야의 연구에서 학무 관련 논문이 여러 편 쓰여졌는데, 궁중학무와 민속학춤을 비교하여 연구한 것, 학무를 문화사적으로 고찰하고 그 현대적 위상을 진단한 것, 학춤을 비교무용학적 방법으로 접근한 것, 학춤의 형태를 분석한 것, 프랑스의 코믹발레와 학연화대처용무합설의 양식을 비교한 연구 등의 다양한 성과가 이루어졌다. 최근에는 문화재관리국에서 중요무형문화재 40호『학연화대합설무』[8]를 단행본으로 펴내어 학무의 옛 기록과 전승현황, 반주음악, 보유자 정보까지 알 수 있는 성과물로 자리하게 되었다.

그러나 이러한 성과에서는 실증적인 연구방법에 의한 실증적 내용, 즉 1차

---

4) 가면극 연구의 고전이라 할 수 있는 이두현의『한국가면극』(한국가면극연구회, 1979),『한국의 가면극』(서울: 일지사, 1979) 조동일의『탈춤의 역사와 원리』(서울: 홍성사, 1979) 등의 연구서에도 궁중학무에 대한 언급은 제외되어 있다. 탈을 쓰고 연행하는 예술이라 하더라도 궁중예술에 대한 관심이 배제되어 있던 시기였기 때문이다. 이후 궁중예술이 본격적인 연구대상으로 들어오기까지에는 좀 더 많은 시간을 기다려야 했다.

5) 학무는 1969년 9월 15일부터 문형문화재 지정을 위한 조사가 이루어졌다. 그 내용은 김천흥·최현,『무형문화재조사보고서』, 문화재 관리국, 1969에 상세하다.

6) 장사훈,『韓國傳統舞踊研究』, 一志社, 1977; 성경린,『韓國傳統舞踊』, 一志社, 1979.

7) 국립국악원,『궁중무용무보』, 제2집, 1987.

8) 이흥구 글, 국립문화재연구소 편,『학연화대합설무』, 도서출판 피아, 2006. 학무는 1971년 1월에 중요무형문화재 제 40호로 지정되었다. 이때 지정된 학춤은 한성준에 의해 창작된 것으로 그의 제자인 이강선, 손녀 한영숙에게 전수되었다. 이후 1993년 12월에 '학연화대합설무'로 변경 지정되었다. 학무와 연화대무가 연결된 춤이라는 맥락을 살리고 학연화대합설무가 학무보다 내용과 형식이 풍부하고 예술적으로 우수하므로 변경 지정이 타당하다는 것이 그 지정이유였다.

자료의 기록내용 정리라든지, 춤사위 연구, 의상, 전승 현황, 반주음악 등을 소개하는 데에 치중하고 있기 때문에 궁중학무의 연행맥락과 그 의미, 학무의 연행공간과 그 의미 등 연행 양상에 대하여는 다루지 않았다.[9] 이에 본고에서는 조선시대 궁중학무의 연행 양상을 논의해 보고자 한다. 기존 연구에서 주로 분석대상으로 삼았던『고려사』「악지」,『악학궤범』『정재무도홀기』등의 1차 자료를 주로 분석하되, 이들 자료를 학무의 연행 양상에 초점을 맞춰 접근함으로써 실증적인 방법 이상의 상징과 의미, 연행맥락과 연행공간의 의미 등을 탐색해 보고자 한다. 문헌 위주로 연구를 하되 보다 포괄적인 시선으로 접근해 보고자 한다. 이러한 방법은 기존에 학무의 춤사위라든지, 의상, 전승현황, 반주음악 등을 위주로 연구했던 경향과는 차별화되어 이루어질 것이다.

이를 위해 먼저 학무의 역사에 관한 기존 논의를 검토해 본 후 학무의 연행 양상이 연행 공간과 목적에 따라 달라진다는 점에 착안하여 궐 밖에서 연행되는 학무와 궐내에서 연행되는 학무의 양상을 나누어 살펴보고 또 학무가 다른 정재와 연합하여 대형화된 무대 가운데 하나로서 연행되는 현상에 대해서도 그 의미를 짚어보고자 한다.

2. 학무의 역사 고증

기존의 학무 연구에서는 학무의 역사를 고려시대로 보고 있다.[10]『고려사』「악지」에 당악정재(唐樂呈才)로 기록되어 있는 '연화대(蓮花臺)'의 내용이 그 근거로 활용되고 있다.

　　　연화대는 본래 탁발위(拓跋魏)[11]에서 나왔다. 두 동녀를 쓰는데, 옷과 모자

---

9) 환궁의식과 궁중 연향의 공연공간과 연출원리에 대하여는 최근에 사진실에 의해 연구가 이루어졌고(사진실,「정재의 공연공간과 연출원리」,『한국음악연구』38집, 2005) 학연화대처용무합설의 연극적 구성과 의미에 대하여는 한옥근에 의해 연구가 이루어졌다.(한옥근,「학연화대처용무합설의 연극적 구성과 표현」,『한국 고전극 연구』, 국학자료원, 1996))

10) 학무에 관한 초기 연구자인 김천흥, 장사훈, 성경린 등을 비롯 그 이하 세대에 이루어진 대부분의 연구 성과가 모두 그러하다.

를 곱게 차린다. 모자에는 금령(金鈴)을 달아 움직이면 소리가 난다. 그들을
두 연꽃 속에 감추어 두었다가 **꽃이 터진 후**에 나타나게 한다. 춤 가운데 아묘
(雅妙)한 것으로 그것이 전래된 지 오래이다.

> 蓮花臺本出於拓跋魏, 用二女童, 鮮衣帽, 帽施金鈴, 抃轉有聲, 其來也於
> 二蓮花中藏之, **花坼而後見**, 舞中之雅妙者, 其傳久矣.[12]

기존의 연구에서 '학무가 고려시대에 기원을 두고 있다'는 주장의 전거로 삼
고 있는 『고려사』의 기록이다. 그런데 위의 기록 어디에도 '학(鶴)'은 보이지
않는다. '연화대정재'만을 연행할 때 학의 존재는 그 어느 곳에도 없다. 따라서
위의 기록내용을 근거로 학무가 고려시대에 기원을 두고 있다는 주장은 재고를
요한다.

이러한 정황은 연화대정재에만 초점을 맞추어 볼 때에도 적용된다. 주지하
듯이 연화대정재는 중국의 자지무(柘枝舞)의 한 종류[13]로서 『고려사』의 기록
에는 중국과는 다른 명칭인 연화대로 통용된 것이다.[14] 연화대의 원형으로 간
주되는 柘枝舞의 기원은 서역(西域)으로 보는 것이 일반적이다. 서역지방의
하나인 석국(石國)[15]의 것이 당 현종(天寶 9년) 때 중국으로 유입되어 대곡(大
曲)의 하나를 이룬 이래 宋代에도 여전히 유행했는데, 바로 송대의 것이 고려
로 유입된 것으로 보고 있다. 그런데 중국의 문헌에 소개되고 있는 내용에는
고려시대의 연화대무처럼 두 동녀가 연꽃 속에 숨어 있다 나오는 절차는 없고,

---

11) 拓跋魏: 北魏(386－557)를 말함.

12) 『高麗史』 「樂志」 '蓮花臺'

13) 『太平御覽』 권574; 『續通典』 권29 「樂苑」; 『樂書』 권184.

14) 柘枝舞의 기원은 西域으로 보는 것이 일반적이다. 서역지방의 石國의 것이 당 현종 때 중국
으로 들어와 당 大曲의 하나가 된 柘枝가 宋代까지 유행한 것인데, 고려시대의 柘枝는 바로
송대의 것이 유입된 것으로 본다. 『몽계필담』에 전하는 내용을 보면, 고려시대의 연화대무처
럼 두 동녀가 연꽃 속에 숨어 있다 나오는 절차는 없고, 처음부터 죽간자의 구호에 이어 두
동녀의 가무가 시작되는 것으로 되어 있다. 그밖에 『石林燕語』와 같은 문헌에도 柘枝舞는
두 동녀의 對舞만이 나오는 춤으로 묘사되고 있다.(車柱環, 『高麗史 樂志』 해설, 乙酉文化
史, 1972, 46－47면).

15) 石國: 수나라·당나라에서 '타슈켄트'를 석국이라 이름하였다. 시르다리야 강 상류의 오아시스
에 위치하여 동서 무역의 요충지로 번영한 지역이다.

처음부터 죽간자의 구호에 이어 두 동녀(童女)의 춤이 시작되는 것으로 기록되어 있다. 심괄(沈括)의 『몽계필담(夢溪筆談)』[16]이나 송대의 엽몽득(葉夢得)[17]이 지은 『석림연어(石林燕語)』와 같은 문헌에도 柘枝舞는 두 동녀의 대무(對舞)만이 나오는 춤으로 묘사되고 있지[18] 연꽃 속에 숨어 있다가 나오는 절차는 보이지 않는다.

이처럼 자지무(柘枝舞)의 한 종류인 『고려사』 「악지」의 '연화대' 관련 기록에서는 학의 존재를 찾을 수 없고 연꽃 속에 동녀가 숨어 있다가 나오는 절차 또한 없다. 그렇다면 기존 연구자들이 연화대무를 통해 학무의 기원을 찾았던 근거가 무엇인지 생각해 볼 필요가 있다. 혹시 "二蓮花中藏之, 花坼而後見,"의 '탁(坼)'자를 '학이 쪼는 것'으로 확대 해석한 것은 아닌가 생각된다. '탁'은 꽃이 봉오리 상태로 있다가 일정 시간이 지나면 성숙하여 꽃봉오리가 '터지는[坼]' 것이지 학이 '쪼아서[啄]' 터지는 것은 아니다. 이상의 정황으로 볼 때 『고려사』 「악지」의 '연화대' 기록을 통해 학무의 기원을 찾는 것, 즉 학이 기록되지 않았는데 잠정적으로 학이 있는 것으로 간주하는 견해는 다소 무리가 있다. 두 동녀가 연꽃에 숨어 있다가 꽃이 터진 후 나오는 설정은 정재의 이름을 '연화대(蓮花臺)'라 붙인 고려 시대인들의 연출에 의한 결과로 해석된다. 꽃에서 선녀(동녀)가 나오는 설화는 불교와 관련하여 그 시대인들에게는 자연스러운 설정이기 때문이다. 따라서 고려시대의 '연화대무'에서 무대에 연꽃[蓮筒]을 보이게 하고, 꽃이 터진 후 고운 옷을 입은 동녀(童女)가 나오게 한 안무는 그 원형에서는 다소 변형된 것이지만 고려시대라는 시대적 미감, 혹은 종교적 특수성과 관련되어 자연스러운 설정이라 아니할 수 없다.

학무를 고려시대의 것으로 간주하도록 했던 또 하나의 기록은 바로 『악학궤범(樂學軌範)』 권5의 '학무'에 관한 기록 가운데 끝부분이다.

---

16) 『夢溪筆談』: 송(宋)나라의 학자이자·정치가인 심괄(沈括)이 지었다. 문학·예술·역사·수학·동식물·약학(藥學)·기술(技術)·천문학(天文學) 등에 이르기까지 포괄적인 학문분야를 아우르는 내용을 집대성한 책이다.

17) 葉夢得(1077~1148): 송나라의 吳縣 사람이다. 字는 石林.

18) 車柱環, 『高麗史 樂志』 해설, 乙酉文化史, 1972, 46－47면.

> 박을 치면 (학이) 연통을 **쪼아** 열고, 두 동녀가 나오면, 두 마리 학이 놀라
> 뛰어서 물러간다.
>
> 擊拍, **啄**開蓮筒, 兩童女乃出, 兩鶴驚躍而退.[19]

『악학궤범』 권5「시용향악정재도의」'학무'의 끝부분에 기록된 내용이다. 『악학궤범』에서는 연꽃을 갈라지게 하는 주체를 '학'으로 분명히 설정하여『고려사』의 기록과는 차이를 보인다. "박을 치면 학이 연통을 쪼아서[啄] 열고, 그 연꽃에서 두 동녀(童女)가 나오면 두 마리의 학은 놀라 뛰어서 물러가도록" 하는 설정은 매우 연극적인 연출이다. 학무를 마무리하는 동작으로 '학이 꽃을 쪼는 행위'를 상정해 놓고, 꽃이 열린 이후 새로운 정재인 '연화대무'를 시작할 수 있도록 하는 설정은 각 정재간의 연결을 매끄럽게 하여 매우 자연스럽다. 바로 이런 연출이 계통이 다른 두 정재, 즉 향악정재인 학무와 당악정재인 연화대무를 자연스럽게 만나도록 했고[20] 또 두 정재를 연속적으로 연행할 수 있게 하는 매개변수가 되었다. 『고려사』「악지」의 '연화대'에서 찾아볼 수 없었던 '학'이『악학궤범』단계에서는 연꽃을 쪼는 모습으로 분명하게 등장하여 학무는『고려사』이후의 어느 시기부터 연행되기 시작한 정재임을 알 수 있다.

학무의 시작을『고려사』의 '연화대'에서 찾는 독법(讀法)은 이를『악학궤범』권5의 이러한 기록과 겹쳐서 읽은 데서 비롯된 것이 아닌가 생각한다. 『악학궤범』당시에는 여기에 또 하나의 정재 '처용무'를 연합하여 향악정재로서 '학·연화대·처용합설(鶴蓮花臺處容合設)'이 탄생하게 되었는데, '학연화대처용무합설'의 탄생에 관한 맥락은 다음 장에서 논의할 것이다.

학무의 기원을 고려시대로 보았던 기존의 학설이 타당성을 확보하려면『고려사』「악지」의 기록내용 이상의 정보가 필요하다. 학무를 구체적으로 언급한 기록으로서 가장 이른 것은『악학궤범』(1493, 성종 24)이 만들어지기 조금 이전

---

19)『樂學軌範』권5,「時用鄕樂呈才圖儀」' · 鶴舞'. "擊拍, 啄開蓮筒, 兩童女乃出, 兩鶴驚躍而退."
20) 향악정재와 당악정재는 그 연행 방식이나 내용 등에서 여러 차이가 있으므로 두 정재를 하나의 큰 틀로 묶는 행위는 당시로서는 하나의 모험일 수도 있다. 그럼에도 불구하고 이 둘을 연속성 있는 정재로 묶었던 것은 보다 현실적인 요구가 있지 않을까 하는 생각이 든다.

인 성종 16년(1485)년의 것이다. 예조에서 왕이 부묘(祔廟) 후에 궁으로 돌아올 때 학무(鶴舞)를 연행하는 것이 어떤지 타당성을 논하는 맥락에서 그 명칭이 보인다.[21]

그런데 학무가 세종대에 연행되었을 것으로 추정을 가능케 하는 자료가 있다. '학무'를 연행했다는 기록은 없지만 학무를 야외에서 연행할 때의 무대장치인 '침향산(沈香山)'[22]을 설치해 놓은 왕비의 환궁의례(還宮儀禮) 절차 기록이 『세종실록』에서 보이기 때문에 이때에도 학무가 연행되었을 가능성에 대해 생각해 볼 수 있다. 세종 22년(1440) 4월의 기록이다.

> 왕비(王妃)가 온천(溫泉)에서 돌아오니 … 흥인문(興仁門)으로부터 광화문(光化門) 동구 병문(屏門)까지 모두 결채(結綵)하고, 악공(樂工)은 음악을 연주하며 앞에서 인도하여 수진방(壽進坊)에 이르렀다. 교방(教坊)에서 가요(歌謠)를 올리고 침향산(沈香山)을 이끌어 기예(技藝)를 아뢰니, 왕비가 연(輦)을 멈추고 구경하였다. 창기(倡妓)가 노래와 춤으로 앞에서 인도하여 근정전(勤政殿) 뜰에 이르니, 사대부의 부녀들이 연로(沿路) 좌우에 결채(結綵)한 장막에 (늘어서) 흥인문에서 광화문 밖까지 구경하는 사람들이 마치 담장을 이룬 듯하였다.[23]

왕비가 환궁하는 과정을 기록한 것이다.[24] 왕비의 연(輦)이 돌아오는 코스를 보여주는데, 이 때 왕세자(王世子)는 헌릉(獻陵) 동구(洞口)에 맞이하였고, 숙의(淑儀)·소용(昭容), 왕세자빈(王世子嬪)은 삼전도(三田渡)에서 맞이하였으며, 각사(各司)의 관원 한 사람씩은 흥인문(興仁門) 밖에서 맞이했는데,[25] 이후

---

21) 『成宗實錄』 成宗 16년, 4월 병자(25일)

22) 학무를 야외에서 연행할 때는 沈香山을 설치하고 실내에서 연행할 때는 池塘板을 설치한다. 침향산과 지당판의 구조에 관해서는 다음 장에서 다룰 것이다.

23) 『世宗實錄』 世宗 22년 4월 정축(6일) "王妃還自溫泉,…自興仁門至光化門洞口屏門, 皆結綵, 工人奏樂前導, 至壽進坊, 教坊獻歌謠, 奏伎引行沈香山, 王妃駐輦觀之. 倡伎前導歌舞, 至勤政殿庭, 士大夫婦女沿路左右結綵幕, 自興仁門至光化門外觀者如堵墻."

24) 세종대의 車駕還宮 절차에 관한 것은 『世宗實錄五禮儀』에 그 내용이 상세하다.

25) 『世宗實錄』 世宗 22년 4월 정축(6일).

흥인문으로부터 광화문까지의 상황을 위의 실록기사에 보인 것이다.

위의 실록기사에는 학무를 연행했다는 기록은 나오지 않는다. 환궁 절차에서 반드시 행하는 교방가요와 나례의 모습이 그려져 있다. 흥인문부터 광화문까지의 거리는 결채하여 화려하게 꾸미고 악공의 음악에 이끌려 행렬이 수진방26)에 이르면 왕비의 연(輦)이 잠시 멈춘다. 침향산을 '끌었다'는 것은 그것이 고정된 무대 세트가 아니라 이동식 무대 세트이고 바퀴가 달린 구조임을 알 수 있다. 야외에서 학무를 공연할 때 필요한 무대장치가 등장하고 "주기(奏伎)", 즉 기예를 올리는 절차에서 학무를 공연한 것으로 생각된다. "奏伎引行沈香山"이라는 기록을 통해 학무 연행의 가능성을 생각해 볼 수 있다. 이때의 침향산이 '학무'를 위한 장치로 등장한 것으로 해석한다면 학무는 늦어도 조선시대 세종대에는 이미 연행이 된 정재라는 사실을 알 수 있다.

이처럼 '침향산'의 존재를 통해 학무가 세종대에도 연행되었을 가능성에 대해 생각해 보았지만 학무의 역사를 고려시대로 올리기에는 문헌적으로 근거가 부족한 실정이다. 다만 민간에서 전승되는 학춤의 기원을 살필 경우 연대가 올라갈 수는 있다. 전통적으로 '학'이 갖는 긍정적 이미지와 상징이 그것을 모방하고자 하는 예술적 욕구로 승화될 수 있는 개연성은 자연스럽기 때문이다. 또 이와 더불어 궁중학춤과 민간학춤의 선후관계, 혹은 교섭양상과 같은 것도 밝힐 수 있다면 학무의 역사를 더욱 치밀하게 고증할 수 있을 것이다. 민속학춤이 먼저라면 그것이 궁중정재로 편입되는, 혹은 수용되는 과정을 밝혀야 하고 아울러 그 수용맥락, 혹은 수용과 변용 양상 등에 대해서도 사회사적 접근이 이루어져야 할 것이다. 그러나 자료의 한계가 있는 현재로서는 이 정도에서 논의를 그칠 수밖에 없다.

---

26) 수진방: 지금의 수송동(壽松洞)과 청진동(淸進洞) 부근.

3. 학무의 연행 양상

궁중학무가 고려시대에 연행되었다는 기록은 현재로서는 찾아볼 수 없으므로 고려시대의 학무 연행상황에 대해서는 더 이상의 논의가 불가능한 실정이다. 따라서 학무 연행이 확실히 이루어진 조선시대의 상황을 기록한 문헌의 내용을 중심으로 그 연행 양상을 살펴보고자 한다.

조선시대 학무의 연행은 다양한 장소에서 다양한 목적을 위해 이루어졌다. 공간적으로 이를 크게 구분하면 궐내와 궐외로 나누어 볼 수 있는데, 학무 연행의 공간적인 구분은 학무의 설행 양상을 아울러 설명해 주는 구분이기도 하므로 학무 연행 양상의 이해를 위한 합리적인 방법이라 할 수 있다.

학무가 궐 밖에서 연행되는 경우는 대부분 왕(왕비)의 거가(車駕)가 출궁했다가 환궁(還宮)할 때인데 대개 학무만이 단독으로 연행되는 것이 아니라 여타 정재 혹은 잡희, 교방가요(敎坊歌謠) 등과 함께 이루어지는 것이 일반적이다. 이 경우 궐내의 공간에서 연행하는 것과 비교하면 몇 가지 차이점이 발생한다. 본 장에서는 학무의 연행 양상을 궐 밖의 연도에서 연행하는 경우와 궐내의 공간에서 연행하는 경우의 두 가지로 나누어 그 차이를 비교해 보고자 한다.

(1) 궐 밖에서 연행되는 학무

학무가 궐 밖에서 연행되는 경우는 대부분 왕(왕비)이 특정 목적으로 궁 밖을 나갔다가 돌아오는 거가환궁(車駕還宮)의례 가운데 하나로 행해진다. 왕(왕비)의 거가환궁의례는 『세종실록오례의』를 비롯한 각종 오례서(五禮書)에 그 절차가 상세히 기록되어 있어 매우 정형적으로 치러진 의례였음을 알 수 있다. 성종대의 오례서(五禮書)인 『국조오례의(國朝五禮儀)』에 기록된 '거가환궁(車駕還宮)' 절차 가운데 악무(樂舞) 연행과 관련된 한 부분을 살펴본다.

> "왕의 거가(車駕)가 궁으로 돌아간다.[길례 서례 참조.] 다만 의금부(義禁
> 府)·군기시(軍器寺)가 나례(儺禮)를 올리고, 기로(耆老)·유생(儒生) 및 교방
> (教坊)에서 각각 가요(歌謠)를 올리며 가요청(歌謠廳) 및 가항(街巷)에 결채
> (結綵)하고 궐문 밖의 좌우에 채붕(綵棚)을 맺는다.[27]

왕의 환궁의례 절차에서 의금부와 군기시가 주관하는 나례를 올리고, 기로와
유생, 교방이 각각 가요를 올리며, 연도 등에 채붕을 맺어 환궁행렬을 맞이하는
모습을 상세히 기록하고 있다. 위의 기록에서는 세부적인 연행 종목이 제시되지
않아 각 절차마다의 연행내용을 상세히 알 수 없지만 의례의 전체 과정 중에
학무가 연행되었던 사정은 실록 기사를 통해 확인해 볼 수 있다.

궁중학무의 연행과 관련한 기록으로서 그 명칭이 표기된 가장 이른 것은 『성
종실록(成宗實錄)』의 내용이다. 정희왕후의 부묘(祔廟)[28]를 마친 후 왕의 거가
환궁(車駕還宮)시 연행하는 학무와 관련된 내용이다.

> 예조(禮曹)에서 아뢰었다. "부묘(祔廟) 후 환궁(還宮)시 여기(女妓)가 가요
> (歌謠)를 올릴 때 모든 잡희(雜戲)를 없애라 명하셨는데, 학무(鶴舞)만은 가요
> 를 올리기 전에 있으니, 청컨대 제거하지 마소서."하였다. 왕이 전교하기를, "지
> 금 학무가 가요 전에 있다고 말한 것은 잘못이다. 다시 이를 물어 보라." 했다.
> 예조에서 회답하여 아뢰었다. "전에는 부묘 후 환궁시에는 채붕(彩棚)과 잡희
> (雜戲)를 베풀어 대가(大駕)를 맞이하였는데, 지금 모두 이를 제거한다면 보기
> 에 문채가 나지 않으므로 학무 베풀기를 청한 것입니다."라고 하니, "이것은
> 부득이한 일이 아닌데, 놀이를 보기 위하여 오랫동안 연(輦)을 멈추는 것이 가
> 하겠는가? 하지 말라."고 전교하였다.[29]

---

27) 『國朝五禮儀』권8「凶禮·祔廟儀」○ 車駕還宮.[見吉禮序例.] 唯義禁府軍器寺, 進儺禮, 耆
老·儒生及教坊各進歌謠. 又於歌謠廳及街巷結綵, 闕門外左右結綵棚. 그밖의 車駕還宮 의
례는 『國朝五禮序例』권1「吉禮·車駕還宮」에 세부절차가 상세하게 서술되어 있다.

28) 祔廟 : 삼년상을 마친 후 신주(神主)를 종묘에 모시는 의례로 五禮 중의 凶禮에 속한다. 신주
를 종묘로 모실 때에는 신주궤에 넣고 신여(神轝)에 실어 옮겨간다. 성종 16년 당시의 부묘의
는 世祖의 비, 곧 성종의 할머니인 정희왕후(貞熹王后, 1418~1483)의 신주를 종묘에 모시는
의례였다. 정희왕후는 성종 즉위 후에도 7년 동안 섭정한 바 있다.

거가(車駕)가 궁으로 돌아올 때 학무를 연행할 것인지의 여부를 논하는 기사이다. 위의 기록은 학무의 연행과 관련된 몇 가지 내용을 알려준다. 첫째, 성종 당시 왕의 거가(車駕)가 궁으로 돌아올 때 학무를 연행하는 전통이 이미 있었다는 증거, 둘째, 학무 연행의 순서는 교방가요(敎坊歌謠)를 올리기 이전이라는 사실, 셋째, 성종 16년(1485년) 이전의 어느 시점에도 이미 부묘 후 거가환궁시에 학무를 연행했었다는 점, 넷째, 왕이 학무를 잡희 가운데 하나로 인식하고 있다는 사실 등의 내용을 읽을 수 있다. 학무는 향악정재로서 행해졌지만 잡희(雜戲)가 공연되는 나례(儺禮)에서 연행되었기 때문에 학무를 잡희로 인식한 것으로 보인다.

부묘의(祔廟儀)는 담제(禫祭)[30] 이후 종묘의 시향(時享)을 맞아 행하는 것이므로 왕의 거가(車駕) 이동시 의장(儀仗)은 종묘나 사직대제의 거가출궁(車駕出宮), 거가환궁(車駕還宮)시의 대가(大駕)[31]에 해당하는 규모이다.[32] 이때에는 해당 부서의 주부(主簿)가 행렬의 선도에 서고 한성부판윤, 예조판서, 호조판서, 대사헌, 병조판서 등의 순으로 행렬이 이루어진다. 여기에 각종 의장기와 호위군사가 수행하며 악대는 전부고취(前部鼓吹)와 후부고취(後部鼓吹)가 왕의 거가 앞뒤로 따르는 매우 장대한 행렬이다.

이러한 행렬이 궁 가까이 도착하게 되면 의금부나 군기시, 장악원 등은 왕이 신성한 왕실 공간으로 다시 들어가기 전에 바깥 세계의 잡된 기운을 떨치기 위한 나례와, 왕의 출궁이 합당한 것이었다는 칭송의 내용을 담은 가요(歌謠)를 바치기 위한 준비를 갖추어 놓고 행렬을 맞이한다. 이 때 학무도 함께 연행된다.

---

29) 『成宗實錄』 成宗 16년, 4월 병자(25일), 禮曹啓曰: "祔廟還宮時女妓獻歌謠, 命盡除雜戲, 但鶴舞在獻歌謠之前, 請勿除." 傳曰: "今言鶴舞在歌謠之前者, 妄也, 更問之." 禮曹回啓曰: "前此祔廟還宮時, 備設彩棚雜戲, 以迎大駕. 今一皆除之, 則瞻視無文, 故請設鶴戲耳." 傳曰: "此非不得已之事, 爲觀戲久駐輦, 其可乎? 勿爲之."

30) 禫祭: 大祥의 다음 다음 달에 지내는 제사이다. 초상으로부터 27개월 만에 지내는 것으로 대상의 다음 다음달 하순의 정일(丁日) 또는 해일(亥日)을 택하여 지낸다.

31) 『國朝五禮序例』 권2 「嘉禮・鹵簿」에서는 노부의 종류를 규모에 따라 大駕・法駕・小駕・王妃儀仗・王世子儀仗으로 나누어 서술해 놓았다.

32) 大駕의 규모에 대한 것은 『國朝五禮序例』 권2 「嘉禮・鹵簿」에 그 내용이 상세하다.

　왕의 대가(大駕)를 맞이하는 의식은 『악학궤범』 권5 「시용향악정재도설」의 '교방가요(敎坊歌謠)'에 상세히 설명되어 있다. 교방가요는 『악학궤범』에 보태평, 정대업, 봉래의, 아박, 향발, 무고, 학무, 학연화대처용합설, 교방가요, 문덕곡 등의 향악정재와 함께 수록되어 있어 항목의 배열 상 향악정재 가운데 하나인 것으로 오해하기 쉽다. 그러나 교방가요는 독립된 정재가 아니라 하나의 종합적인 '의례 절차'이다. 왕에게 올릴 가요(歌謠)를 적은 가요축(歌謠軸)을 바치는 절차를 핵심으로 하여 그 전후로 행해지는 제반 의례를 모두 포함한다. 가요를 적은 축을 올리는 것이 핵심절차이므로 의례의 명칭을 '교방가요'라 한 것이다. 여기에는 악대가 연주하는 음악(여민락 영 등)이 있고, 사수무(四手舞), 학무(鶴舞), 연화대정재, 금척무(金尺舞) 등의 궁중정재도 포함되며 침향산(沈香山), 지당(池塘), 화전벽(花甎碧) 등의 무대장치가 동원된다. 『악학궤범』의 '교방가요'를 통해 무대 전반을 살펴본다.

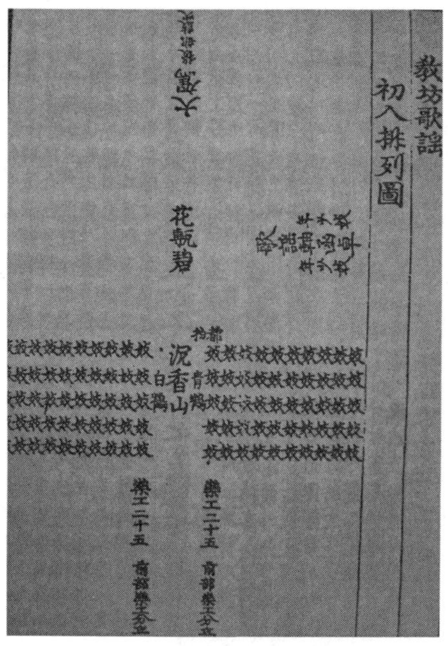

〈그림 1〉 교방가요 초입배열도

초입배열도를 대가(大駕)의 위치에서 설명하면, 대가의 왼쪽 앞에는 가요축을 넣은 함을 올려놓은 함탁(函卓)이 있고, 대가 앞에는 화전벽, 즉 꽃무늬 놓은 푸른 벽돌이 깔려 있고 바로 이어 배열도의 중앙에 침향산(沈香山)이 설치되어 있다. 그 좌우로는 백학(白鶴)과 청학(靑鶴)33)이 서 있으며 주변에는 좌우로 각각 50명씩, 100명의 여기(女妓)가 도열하고 있다. 대가의 전후에는 악대가 따르는데, 앞은 전부고취(前部鼓吹), 뒤는 후부고취(後部鼓吹)이다. 이 두 악대는 각각 악사 1인, 악공 50인이 동원되므로34) 도합 100명의 연주자가 필요하게 된다. 여기(女妓)와 악공(樂工)의 수만 해도 200명을 넘는다. 이 때 학무는 무대의 중앙에서 대가(大駕)가 멈추어 섰을 때 연행하는데, 모든 무원과 여기 악공들은 대가를 향해 악무를 연행하므로 왕의 대가가 위치한 자리가 1등 객석이 된다.35)

왕의 거가(車駕)가 이르면 전부고취(前部鼓吹) 악대가 여기(女妓)의 뒤에 좌우로 나누어 서서 〈여민락 영〉을 연주한다. 이때 여기는 노래를 부른다.36) 박(拍)을 치면 도기(都妓)가 나아가 가요축을 승지에게 전하고, 승지가 이를 내시에게 다시 전하면, 내시는 이를 함에 담아 왕에게 올린다. 이러한 절차를 마친 후 학무, 연화대무가 연행된다. 연화대무를 마친 후에는 전부고취와 후부고취가 환궁악(還宮樂)을 연주하는 가운데 왕의 거가가 움직인다. 왕의 거가가 다시 멈추면 또 다른 정재를 연행하는데, 정재의 연행 횟수는 미리 상의하여 정한다. 거가가 궐문에 이르면 마침으로서37) 교방가요 의례를 마무리한다.

---

33) 학의 빛깔은 시기별로 다르게 나타나는데,『악학궤범』에는 동서를 상징하는 청학과 백학이 보이고『정재무도홀기』에는 청학과 황학, 그밖에 백학 두 마리가(정현석,『교방가요』) 학무를 추기도 한다. 정현석의『교방가요』에서는 학 위에 선동(仙童)이 올라타고 춤을 추는 것으로 되어 있어 궁중학무의 변용을 보인다.

34) 前部鼓吹와 後部鼓吹의 상세한 내용은『樂學軌範』권2 '前部鼓吹, 後部鼓吹' 참조. 전부고취에 편성되는 악기는 피리(6), 대금(6), 당비파(6), 통소(6), 장고(6), 당적(4), 방향(1), 박(1), 맨손(8), 교방고이고 후부고취에 편

35) 교방가요의 일부로 연행되는 각각의 정재와 절차는『악학궤범』에 상세히 소개되어 있다. 절차와 내용이 다양하여 흥미 있으나, 교방가요와 관련된 더 이상의 논의는 고를 달리하여 다음 기회로 미루기로 한다.

36) 이때 여기(女妓)들이 부르는 노래도 여민락 영이다. 현재 여민락은 기악으로만 전승되고 있지만 성종대만 하더라도 노랫말을 불렀다. 여민락은 〈용비어천가〉 125장 가운데 1, 2, 3, 4, 125장을 노랫말로 하고 있다.

침향산은 학무를 야외 공간에서 연행할 때 쓰는 거대한 무대장치이다.[38] 따라서 이동의 편이성을 위해 바퀴를 달아 끌 수 있도록 제작했는데, 앞에서 끌면 무대 세트가 움직일 수 있는 구조로 제작하였다. 침향산을 산거(山車), 혹은 예산대(曳山臺)라 부르는 것도 그 구조 때문이다.[39]

침향산은 나무판자로 산 모양을 만들고, 전면과 후면에는 피나무[椴木]로 뾰족한 산봉우리를 조각하여 붙인다. 요소요소에 사탑(寺塔)과 승불(僧佛)·고라니와 사슴 등의 잡상(雜像)을 만들어 산골짜기에 깃들이게 하는데, 모두 채색하여 꾸민다. 그 산의 앞면에는 연못[池塘]과 난간(欄干)을 설치하고, 좌우에 꽃병을 꽂아 놓는데, 꽃은 비단으로 만든 모란꽃이다. 그 안에는 큰 연화통(蓮花筒)을 설치하고, 밑에는 바퀴통[輪桶] 4개를 달아 침향산을 끌 수 있게

---

37) 교방가요에서 정재가 없는 경우도 있다. 이는 흉년이 들었거나 하는 이유에서 의식을 축소하는 경우인데, 이때에는 정재가 없다. 이 경우 여기(女妓)들만이 벌여 서 있다가 음악을 연주하면 가요축(歌謠軸)을 바친 후 동서로 나누어 서고, 왕의 거가가 지나가는 동안에는 전부고취, 후부고취가 음악을 연주하며, 거가가 궐내로 들어가면 음악을 그친다(『악학궤범』 권5 「향악정재도설」 '교방가요').

38) 침향산은 그 규모로 인하여 물력의 낭비가 심하다는 부정적인 평가를 줄곧 받다가 결국 인조 1년 이후 사용되지 않았다. 그 사정이 다음의 실록 기사에 상세하다. "침향산(沈香山)을 네거리에서 태워 없앨 것을 명하였으니, 이는 예조의 청을 따른 것이다. 광해 때 종묘에 고유하고 친히 제사하는 일이 있으면 미리 나례도감(儺禮都監)을 설치하고 헌가(獻架)와 잡상(雜像) 및 침향산을 만들어 한량없이 민력을 허비하는가 하면, 온 나라의 희자(戲子)가 미리 모여 있다가 환궁할 때가 되면 묘문 밖에서부터 서서히 전도하며 희자와 기생이 섞여 서서 요란하게 음악을 연주하고 온갖 묘기를 보였다. 이에 곳곳마다 어가를 멈추고 그것을 구경하기에 여념이 없었으므로 식자들이 한심하게 여겼다. 지금 반정하는 초기에 네거리에서 이를 태워 없앨 것을 명하였으므로 원근에서 듣고 보는 사람들이 모두 열복하였다."(『仁祖實錄』, 인조 1년 3월 을묘(25일))

39) 침향산은 군인을 조발(調發)하여 끌었던 것으로 보인다. 『光海君日記』 광해군 9년, 7월 경오(8일)의 다음 기사가 그러한 정황을 알려준다. "장악원이 아뢰기를, '이번에 면복(冕服)을 하사받은 일로 고묘(告廟)하고 친제(親祭)한 뒤 환궁할 때의 교방가요(敎坊歌謠)와 헌축(獻軸)은 추숭(追崇)할 때의 예에 의거하여 거행하라고 전교하셨습니다. 침향산(沈香山)을 비록 기와집 안에다 보관하였으나 장맛비로 퇴색되어서 흠집이 난 곳이 많이 있습니다. 이처럼 막중한 대례를 당하여서는 결단코 그대로 쓸 수가 없습니다. 침향산 및 청백학(靑白鶴) 등의 물품은 각별히 꾸미는 것이 마땅하며, **산을 끌 군인 역시 장차 조발(調發)하여야** 합니다. 그리고 모든 호령에 관계되는 것은 도감이 아니면 형세 상 이루기가 어렵습니다. 추숭할 때의 전례에 의거해서 장악도감(掌樂都監)이라고 칭하여 그로 하여금 부역하게 해서 기일에 맞추어 만들게 하는 것이 어떻겠습니까?' 하니, 윤허한다고 전교하였다."

한다.[40)]

〈그림 2〉 침향산의 구조 (『악학궤범』)

침향산의 앞부분에 보이는 두 개의 연화통(蓮花桶)은 무대를 화려하게 꾸미는 일정 역할도 있지만 학무의 끝부분에서 학 두 마리가 각각 꽃봉오리를 쪼아서 터뜨리는 순서에서 쓰인다. 연꽃이 터지면서 미리 꽃 속에 들어가 있던 두 동녀(童女)가 꽃봉오리에서 나오면 학은 놀라 물러가면서 학무가 마무리 되고 여기에 연속하여 연화대무가 시작되는 방식으로 정재가 연행된다.

앞서 살펴본 부묘의(祔廟儀)를 행하기 위한 출궁 외에도 왕이 궁 밖으로 나갔다가 돌아오는 경우는 매우 많다. 종묘, 사직, 문묘, 선농단, 선잠단 등에서 제사 지내는 길례(吉禮)를 행하기 위해 궁 밖의 각종 제사공간으로 이동할 때, 국상

---

40) 이혜구, 『신역악학궤범』, 국립국악원, 2000, 505 - 6면.

(國喪)시 발인의(發靷儀)를 거행할 때, 능행(陵幸)을 할 때 등 다양한 목적으로 왕은 출궁을 한다. 왕의 출궁에 수반되는 의장은 출궁의 목적과 내용에 따라 규모가 달라지는데, 이 가운데 가장 큰 규모가 대가노부(大駕鹵簿)이다. 각종 제사를 거행할 때 섭행(攝行)이 아닌 친사(親祀) · 친제(親祭) · 친향(親享)시[41]에는 대사(大祀)와 중사(中祀) 규모에 해당하는 거가출궁과 거가환궁의례가 행해진다. 왕의 이동에 따라 수반되는 각종 수행원과 의장, 악대, 정재 등의 대규모 이동이 이 때 이루어졌고 왕이 다시 궁으로 돌아오는 거가환궁 때에 학무가 연행되었음을 확인할 수 있었다.

이상 살펴본 바와 같이 궐 밖의 공간에서 연행되는 학무는 교방가요(教坊歌謠)의 한 절차로서 행해졌다.[42] 왕이 특정한 목적으로 궐 밖으로 나갔다가 이를 수행한 후 다시 궐 안으로 들어오기 바로 전 단계에 교방가요가 행해진다. 따라서 왕은 거가를 멈추고 그 의식에 참여한다. 교방가요는 왕의 출궁이 정당하고 훌륭했다는 찬사의 내용을 적은 가요축을 올리는 것이 핵심이지만, 한편으로는 세속의 공간에서 다시 신성한 공간으로 '복귀'하기 전에 온갖 잡된 기운을 떨쳐 버리는 시간이라는 상징적 의미를 갖는 의례이다. 이때의 학무 연행은 학이 갖는 순수한 이미지가 투영되므로 '정화'의 맥락을 지닌다. 아울러 왕의

---

41) 제사는 그 대상에 따라 천신(天神)에 지내는 것을 사(祀)라 하고, 지기(地祇)에 지내는 것을 제(祭), 인귀(人鬼)에 지내는 것은 향(享)으로 구분된다. 『國朝五禮序例』「辨祀」

42) 교방가요를 행하기 위해서 특별히 '都監'이 설치되었다. 『光海君日記』, 광해군 10년, 10월 을해(20일)의 다음 기사가 이러한 정황을 알려준다. "전교하였다. 종묘에 고하는 제사를 직접 지낸 뒤 환궁할 때, 교방가요(教坊歌謠), 침향산(沈香山), 헌축(獻軸)하는 절목을 지난해의 예에 의거하여 도감을 설치하여 거행하라."

또 교방가요를 연행할 때에는 상당량의 연습이 있었던 것으로 보인다. 이러한 정황은 『光海君日記』 광해군 9년, 7월 을해(13일)의 다음 기사에 그 내용이 나와 있다. "장악 도감이 아뢰기를, '침향산(沈香山)과 가요(歌謠), 헌축(獻軸)할 때 쓸 기생과 공인(工人)들의 각종 정재(呈才)를 모름지기 기일에 앞서 날마다 연습하여야만 그때 가서 뒤죽박죽되는 걱정이 없을 것입니다. 그런데 상사(上司)에서는 사체를 헤아리지 못하고 여러 곳에 보내어 며칠씩 있게 하여, 자신의 업에 전념할 수가 없습니다. 일체 정해 보내지 않는 것으로 전에 여러 차례 승전을 받들었으나 모두 휴지조각이 되어버리고 말았으니, 몹시 온당치 못합니다. 대례를 치루기 전까지를 기한으로 하여 신명하여 거행하는 것으로 각별히 승전을 받드는 것이 어떻겠습니까?' 하니, 윤허한다고 전교하였다."

만수무강과 왕조의 영속성을 기원하는 의미를 지닌다.[43] 세속의 공간에서 학무의 연행을 통해 정화된 몸은 신성공간인 궐내로 들어가기에 합당한 모습으로 변환된다.

(2) 궐내에서 연행되는 학무

학무가 궐내에서 연행되는 경우는 두 가지로 나뉜다. 하나는 전각의 월대나 계단을 이어 가설한 보계(補階)를 무대로 활용하여 연행하는 경우이고, 또 하나는 실외공간인 궁중의 뜰에서 공연하는 경우이다. 보계를 무대로 활용하여 연행하는 것은 각종 궁중 진연(進宴), 진찬(進饌) 등에서 이루어지고 궁중 뜰에서의 연행은 12월 그믐날의 나례(儺禮) 등의 의례와 함께 행해진다.

12월 그믐날에 연행되는 학무도 교방가요 절차에서 연행되는 것처럼 학무 단독으로 행해지지 않는다. 이때에는 학무가 연화대무, 처용무와 함께 연행되어 '학·연화대·처용무합설'의 형태로 이루어진다. 학연화대처용합설은 세 가지 정재가 연합되어 '춤의 대형화'가 이루어진 전형을 보인다.

학무와 연화대무 처용무는 독립된 정재로 연행되어도 각각의 독자적 특수성을 유지할 수 있다. 주지하듯이 세 가지 정재는 각각 다른 생성기반을 지니며 계통을 달리하고 있다. 그러나 이 세 가지 정재가 합설(合設)되었다. 그 맥락이 궁금하다. 춤들의 연합이 지니는 의미는 무엇일까.

우선 '학연화대처용합설'이 연행되는 모습을 살펴보기로 한다. 『악학궤범』의 초입배열도를 본다.

---

43) 박진태, 「당악정재의 연극적·희곡적 측면: 헌선도, 오양선, 포구락, 연화대를 중심으로」, 『공연문화연구』 제6집, 2003; 사진실, 「동아시아의 신성한 산 설행에 나타난 욕망과 이념」, 『공연문화연구』 제12집, 2006.

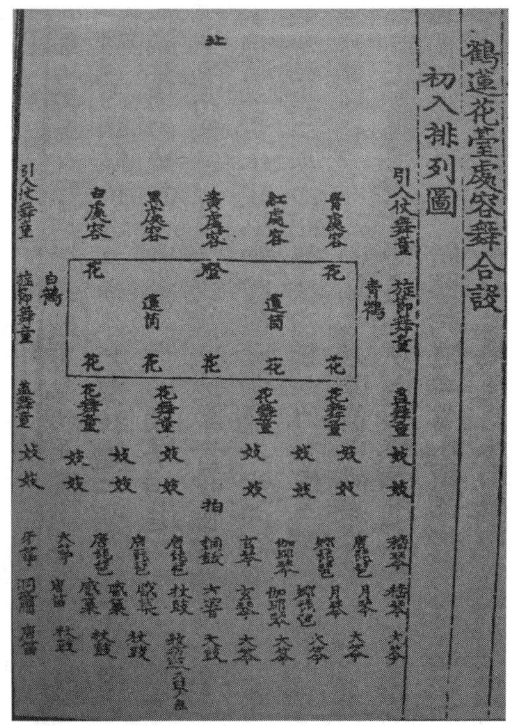

〈그림 3〉 학연화대처용무합설 초입배열도 (『악학궤범』)

학무, 연화대무, 처용무의 세 가지 정재를 연행해야 하므로 학연화대처용무합설의 초입배열도에는 3종의 정재를 연행하기 위한 처용 5인, 청학과 백학의 두 마리(사람) 학, 연통(연꽃)을 올려놓은 지당판(池塘板), 그리고 이들 정재를 반주하기 위한 악대가 모두 갖추어졌다. 악대에 편성된 악기는 거문고(2), 가야금(2), 향비파(2), 당비파(4), 월금(2), 해금(2), 대쟁(1), 아쟁(1), 당적(2), 통소(1), 피리(3), 대금(5), 장고(4), 동발(1), 방향(1), 대고(1) 교방고(1, 대고인이 겸함), 박(1)의 36대이고, 35인의 연주자가 음악을 연주한다.

학연화대처용무합설은 12월 그믐 하루 전날 5경(更) 초[44)]에 악사와 여기, 악공 등이 대궐에 나아가 나례(儺禮)의식을 행하며 시작된다. 방상시(方相氏) 4인

---

44) 5경 초는 새벽 3시 무렵이다.

이 잡귀를 몰아내는 의식인 구나(驅儺) 후에 처용무 전도(前度)와 후도(後度)가 연행된다. 전도에서는 황·백·흑·적·청의 오방(五方)처용이 처용무를 연행하는데, 음악은 봉황음(鳳凰吟) 一機를 연주하고, 여기(女妓)는 "新羅盛代 昭盛代"로 시작하는 처용가(處容歌)를 부른다. 봉황음 중기(中機), 봉황음 급기(急機)에 이어 삼진작(三眞勺), 정읍(井邑) 급기, 북전(北殿) 급기와 여기의 노래, 처용의 춤까지 연행한 후 후도가 시작된다.

후도는 학·연화대의 의물(儀物)을 갖추어 진설하며 시작된다. 동발(銅鈸)을 든 악사가 앞서고 청학(靑鶴), 백학(白鶴), 청처용(靑處容), 홍처용(紅處容), 황처용(黃處容), 백처용(白處容), 인인장(引人仗), 정절(旌節), 개(蓋), 무동(舞童), 여기(女妓), 집박악사(執拍樂師), 향당악공(鄕唐樂工) 등의 순으로 들어와 세 번 왼쪽으로 돌고[左旋] 벌여선다. 회선(回旋)하는 순서는 아래의 '시종회무도(始終回舞圖)'와 같다.

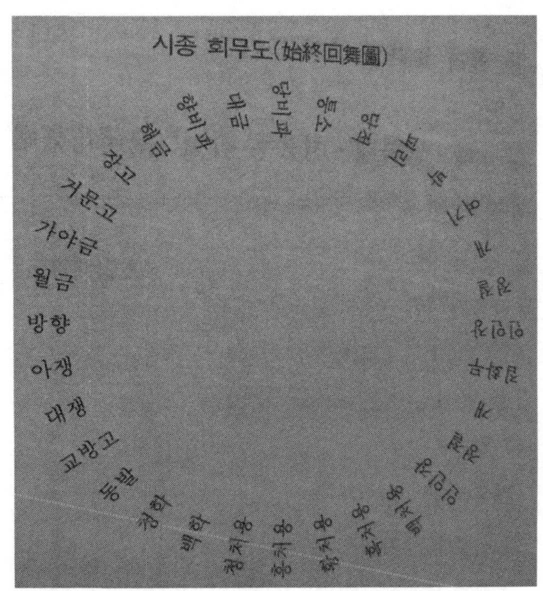

〈그림 4〉 始終回舞圖 (『신역악학궤범』 권5)

'시종회무'하는 순서는 전도에는 없고 후도에만 있다. 이때 음악은 영산회상 만(慢)을 연주하고 여기와 악공은 '영산회상불보살'의 사(詞)를 제창한다. 이어 음악이 영산회상 영(슈)을 연주하고 속도가 빨라지면 처용이 족도(足蹈)하고 환무(歡舞)한다. 보허자 영(슈)의 연주가 시작되면 청학과 백학이 등장하여 학무를 연행한다.

위의 시종회무도에 원형을 이루며 회선하는 악대와 무인의 숫자를 그림 그대로 이해해서는 안 된다. 〈그림 3〉의 '초입배열도'에는 모든 출연자를 그 숫자까지 정확히 할 수 있도록 기록했지만 '시종회무도'에서는 각 악기별로 마치 단잽이 편성처럼 단 한 대의 악기만을 기록했기 때문이다.[45] 회무도의 그림에서는 중복되는 악기를 일일이 묘사하지 않고 종류별로 하나씩만 그려 놓았다. 따라서 '시종회무도'의 악기와 참여인원은 〈그림 3〉의 '초입배열도'와 같은 것으로 보아야 한다. 여기(女妓)의 숫자도 회무도에는 단 한 명만을 기록했지만 초입배열도에서 보이듯이 열여섯 명이 동원된 것으로 보아야 한다.

'학연화대처용무합설'의 학무를 연행할 때는 지당판(池塘板)만이 준비된다. 학무가 궐 밖에서 연행될 때는 예산대에 해당하는 침향산이 무대 세트로 준비된 것과 다르다. 지당판의 제작내용은 『악학궤범』에 상세하다. 판은 침상(寢牀)처럼 만들어 채색하고 연꽃과 연잎을 둘로 꽂는다. 꽃병 일곱 개를 놓고 종이로 만든 모란꽃을 꽂아 장식한다. 앞면에는 대[竿]를 세워 칠보등롱(七寶燈籠)을 달고, 좌우에는 큰 연화통(蓮花桶)을 놓아 만든다.[46] 지당판의 모양은 아래 그림과 같다.

---

45) 이러한 기록 방식은 도설의 장점이기도 하지만 도설을 오독하게 하는 특성이기도 하다.
46) 이혜구, 『신역악학궤범』 권8, 506-7면.

〈그림 5〉 池塘板 (『악학궤범』 권8)

지당판은 침향산과는 달리 산과 잡상(雜像)이 없고 대부분 꽃병과 꽃 등롱, 연통 등으로 장식된다. 지당판은 그 위에 놓인 연화통, 즉 연꽃에 숨어 있는 동녀(童女)가 꽃 속에 숨어 대기하기 위해 필요하다. 또 한편으로는 무대를 보다 화려하게 장식하기 위한 기능을 한다.

학무를 연행하는 청학과 백학이 학무의 끝부분에서 지당판 위에 놓인 연꽃의 봉오리를 쪼면 연꽃이 갈라지면서 두 동녀가 나오고, 동녀는 지당판에서 내려가 대무(對舞)한다. 이 때 청학과 백학은 뒤로 물러간다. 연화대무를 모두 마치면 전도의 시작부분에서 연주되었던 처용 만기(봉황음 1기)와 여기(女妓)의 처용가 이후 전도의 모든 연주가 다시 반복된 이후[47] 미타찬(彌陀讚), 본사찬(本師

---

47) 학연화대처용무합설의 음악을 정리하면 크게 前度와 後度, 즉 첫 번째 연주[前度]와 두 번째 연주[後度]로 나눌 수 있다. 큰 틀에서 전도와 후도는 같으나 후도의 앞부분에서 영산회상의 음악과 함께 세 번 회선(回旋)하는 절차, 처용과 가면 무동이 족도(足蹈) 요신(搖身)하는 절차, 그리고 여기에 이어 학무와 연화대무가 연행되는 절차 등이 더 추가된 이후 나머지는 전도가 반복되는 형식을 이룬다. 전도의 음악은 봉황음 만기→봉황음 중기→봉황음 급기→삼진작→정읍 →북전의 순이고 후도의 음악은 앞부분에 몇 가지가 더 추가되므로 **영산회상 만→영산회상 영→보허자 영**→봉황음 만기→봉황음 중기→봉황음 급기→삼진작→정읍 →북전→**미타찬**

讚), 관음찬(觀音讚)으로 후도를 마친다.

'학연화대처용무합설'은 학무가 궐 밖에서 연행될 때 그 의례 가운데 하나로 포함되었던 '교방가요'와 함께 조선시대 궁중정재의 역사에서 유례없이 '대형화'한 작품이다. '교방가요'와 같은 연행물이나 '학연화대처용무합설'과 같은 대형 작품은 특정 수요에 의해 일정 시기를 지나 정형화된 틀을 갖게 된 것으로 보인다. 『세종실록오례의』에도 왕의 출궁과 환궁이 있었지만 『악학궤범』에 규정된 '교방가요'처럼 특정 의례 순서를 지정하여 정형화 해 놓지는 않았다. 그러던 것이 성종대의 『악학궤범』 단계에서는 앞서 잠시 살펴본 방식대로 정형화가 이루어진 것이다.

왕의 환궁(還宮)이 있을 때마다 행해지는 의식들, 예컨대 세속공간에서 신성 공간으로의 '복귀' 과정을 위한 통과의례와 같은 의식들은 그 시대에 연행되는 각종 예술 자원 가운데 가장 유의미한 종목을 선택하는 것이 자연스러운 일일 것이다. 고려시대 이후 조선 전기 어느 무렵부터 연행되기 시작한 궁중정재로서의 학무는 학의 동작을 모방한 '모방춤'의 영역에 해당하지만 '학'이라는 동물이 지니는 함의와 상징성은 사람들로 하여금 그 '동작, 움직임'만을 감상하도록 허용하지 않는다. 다시 말하면 학이 지니는 시대적, 공간적 상징이 학무라는 정재에 투영되는 것이고, 나아가 학무라는 정재는 '정화' 혹은 만수무강의 기원, 왕조의 영속성을 기원하는 역할을 떠안는 정재로서의 변환이 이루어지게 된다. 바로 그러한 맥락이 교방가요에서 학무를 주요 공연 종목이 될 수 있도록 한 것으로 본다.

또 '학연화대처용무합설'과 같은 대형화한 작품의 일부로 학무가 연합하는 맥락도 '교방가요'의 맥락과 크게 다르지 않다. 한 해를 보내고 새 해를 맞이하는 시점에 연행되는, 혹은 연행되어야 하는 나례(儺禮)의 일부로서의 공연물은 새벽에 시작하여 거의 하루를 온통 소요하면서 연행된다. 시간적으로 긴 길이를

→**본사찬**→**관음찬**의 순서가 된다. 학연화대처용무합설은 큰 틀에서 두 번 반복되는 형식을 이루지만 두 번째 연주부분에는 첫 부분에 없었던 공연내용을 추가하여 강조점이 후반부에 두어지게 된다.

요구한다. 따라서 이 때 공연물의 연행 조건은 '벽사진경(僻邪進慶)'이라는 '유의미성'과 함께 '긴 길이'의 필요조건을 갖추어야 한다. 또 하나 더 요구되는 것은 여러 작품이 연합할 때 '흐름의 자연스러움'이 필요하게 된다. 학무와 연화대무의 연합은 앞서 지적한 대로 연꽃이 그 매개자 역할을 하기 때문에 억지스럽지 않다. 거기에 '학'을 통해 한 해를 '정화'하는, '왕조의 영속성을 비는' 의미도 부가된다. 학무가 '연화대, 처용무'와 함께 연결되어 한 해를 마감하는 시간과 공간에서 연행되는 의미가 여기에 있지 않을까 한다.

지금까지는 학무가 실외공간에서 연행되는 경우를 살펴보았다. 앞서 살펴본 대로 실외공간에서 연행되는 학무는 '학연화대처용무합설'의 방식으로 다른 정재와 함께 큰 의식의 틀 가운데 하나로 연행되었음을 보았다.

그러나 학무는 궁중 안에서 열리는 각종 연향(宴享)에서 독립된 정재로 연행되기도 하였다. 『조선왕조실록』과 각종 의궤 기록에 나타난 정재의 연행 목록이 이를 알려준다. 1615년(광해군 7년)에는 왕비의 친잠의(親蠶儀)[48]를 마치고 주연을 베풀 때 학무를 연행하였고, 1795년(정조 19) 윤 2월 13일에 화성의 봉수당에서 베풀어진 혜경궁홍씨 회갑을 위한 진찬(進饌)에서 다섯 번째 잔을 올릴 때 학무가 연행되었다. 이때 학무의 반주음악은 유황곡과 여민락만이었고[49] 학무에 바로 이어 여섯 번째 잔을 올리는 순서에서 연화대정재를 연행했다. 또 1877년(고종 14년), 신정왕후(神貞王后) 칠순을 경축하는 연향 때 익일야연의 진찬에서 학무를 창운송지곡(昌運頌之曲)의 반주에 맞추어 연행한 바 있으며, 1892(고종 29) 고종의 보령 41세, 즉위 30년을 경축하는 연향[50] 중, 9월 25일의 야진찬(夜進饌)에서는 학무와 연화대무가 만세춘지곡(萬歲春之曲)의 반주에 맞추어 연행되었다. 이후 1901년(광무 5), 1902년(광무 6)의 궁중연향에서도 학무가 연행되었다. 이외에도 더 많은 연행사례가 있으나 일일이 열거하는 것은

---

48) 親蠶儀: 왕비가 친히 누에고치를 치고 고치를 거두는 일련의 의식이다. 백성에게 양잠의 중요성을 인식시키고 이를 널리 장려하고자 하는 목적으로 치러졌다. 『國朝五禮儀』와 『親蠶儀軌』에 그 내용이 상세하다.

49) 『園幸乙卯整理儀軌』

50) 『高宗壬辰進饌儀軌』

생략한다.

  이 가운데『원행을묘정리의궤』에 기록된 1795년(정조 19) 혜경궁홍씨 회갑연
공연의 학무연행을 잠시 살펴본다.

〈그림 6〉『園幸乙卯整理儀軌』의 鶴舞

  혜경궁 홍씨 회갑연에서의 학무정재는 화성의 봉수당에서 연행되었고 그 연
행내용은『원행을묘정리의궤』의 도설과 8폭병풍도에 그림으로 남아 있다. 제
5작 때 추어진 학무의 그림을 보면『악학궤범』과는 달리 지당판이 보이지 않는
다. 지당판은 갖추지 않고 연꽃 두 개만을 독립시켜 무대에 올려놓고 학무를
공연하는 장면을 연출하고 있다. 궁중이 아닌 화성행궁(華城行宮)에서 잔찬이
치러졌으므로 지당판과 같은 큰 무대장치는 생략되었을 것으로 보인다.[51]

---

51) 그러나 궁중에서 행해졌던 공연에는 모두 지당판을 갖추고 있음이 각종 의궤의 정재도에서
    확인된다.

이와 같은 궁중의 진연, 진찬에서 연행된 학무는 학무만 독립하여 연행한 경우도 있고, 또 학무에 연화대무를 연이어 연행한 경우도 있다. 실내공간에서 각종 연향에서 연행되는 학무의 경우 앞서 살펴본 '교방가요'와 '학연화대처용합설'의 무대와는 다른 의미맥락을 지닌다. 이러한 공연은 '교방가요'나 '학연화대처용합설'의 '벽사진경', 혹은 '정화'의 의미와는 다르게 '춤'이라는 행위의 감상이 지니는 오락적 의미 혹은 완상하는 의미가 포함된다. 특히 동물의 동작을 모방하여 만든 예술은 그 자체로서 흥밋거리가 된다. 학이 아닌 '사람'이 학의 동작을 최대한으로 가깝게 묘사한 것을 봄으로써 얻을 수 있는 체험은 중요한 오락거리를 완상하는 체험이 아닐 수 없다.

〈그림 7〉 『악학궤범』의 학[52]

---

52) 『악학궤범』 권8에 기록된 학 제작법은 다음과 같다. "청색, 백색 각각 하나. 학의 몸 껍질은 대로 만들어 종이를 바르고, 목은 대를 둥글게 엮어 만들어 바깥은 베로 싸고 안은 장목(長木)을 쓴다. 또 숙승(熟繩)을 아래 부리에 매어, 그 숙승을 잡고 흔들어서 돌아보거나 쪼는 형상을 짓게 만든다. 깃털은 흰 거위[唐鴈]의 깃털을 붙인다.(청학은 청색으로 물들인 깃털을 쓴다) 날개는 황새의 날개털을 쓰고, 꼬리는 검은 닭[黑鷄]의 꼬리털을 쓰며, 청색 부리를 단다.(청학은 녹색 부리이다.) 양 무릎에는 홍색 치마[裳]를 입고, 홍색 버선[襪]과 홍색 목족(木足, 나무로 만든 발)을 신는다(청학은 청색 치마와 청색 버선과 녹색 목족을 쓴다.) 흰 베를 마름질하여

또 궁중에서 베풀어지는 각종 연향 가운데에는 세자, 세손 등 나이 어린 청중이 상당수 포함되어 있다. 아무리 성대한 연향이라 하더라도 긴 시간 동안 이루어지는 연향은 나이 어린 청중에게는 큰 인내를 요구할 것이다. 이때 학무와 같은 정재의 공연은 어린아이를 즐겁게 해 주기에 충분하다.[53] 특히 학무정재에는 특별한 고사를 담아 무게를 싣지도 않았고, 가사전달이 어려운 창사(唱詞)가 포함된 것도 아니어서 학의 동작 자체만을 감상해도 재미있는 공연물로 존재할 수 있는 독립된 정재이므로 그러한 맥락의 진단도 가능하다.

이상 살펴본 바와 같이 학무가 궁중 연향의 무대에서 공연될 때는 보다 자유로운 감상 물로서의 위상이 확보되고 이때에는 순수한 정재감상의 한 장면이 실현될 수 있다.

4. 맺음말

그간 학무는 고려시대에 기원을 둔 것으로 설명되었다. 『고려사』 「악지」의 '연화대(蓮花臺)'가 그 전거인데, 『고려사』 「악지」에서는 학무와 관련되는 내용을 찾아볼 수 없다. 따라서 고려시대부터 학무가 연행된 것으로 보고자 한다면 『고려사』 「악지」의 기록 이외의 근거가 더 필요한 실정이다.

조선시대의 학무 연행관련 기록으로 추정되는 가장 이른 것은 세종 대이다. 왕(왕비)이 환궁(還宮)하는 의례를 위해 '침향산(沈香山)'을 설치했다는 기록이 그 근거이다. 침향산은 학무나 연화대무를 야외에서 연행할 때 필요한 무대 세트인데, 이때의 침향산이 학무를 위해 설치되었다면 늦어도 세종 대에는 학무가 연행되었을 것이다. 그러나 세종 대의 침향산이 '학무'를 위한 장치가 아니라 '연화대무'만을 위한 장치였다면 학무의 출현은 그 뒤로 미루어지게 된다. 문헌

배 아래로 드리워서 무릎을 가린다.(청학은 청색 베를 쓴다) 가슴 앞과 양 날개 밑에 작은 구멍을 만들어 「밖을」 엿볼 수 있게 한다(이혜구, 『신역악학궤범』 505면)."
53) 이는 요즘에도 마찬가지이다. 국립국악원에서 연행하는 궁중정재 가운데 꼬마들의 주목을 가장 많이 받는 것은 '학무'이다. 학탈의 제작 기술도 조선시대와 요즘의 상황이 다르다.

기록에서 '학무'라는 명칭이 처음 보이는 것이 성종 대이기 때문이다.

학무의 연행 양상은 연행 공간과 목적에 따라 달라진다. 궐 밖 연도에서의 연행과 궐내의 연행 맥락이 구분된다. 궐 밖에서 연행하는 경우 학무는 왕(왕비)의 거가환궁(車駕還宮)행사의 하나로서 여타 정재 혹은 잡희, 교방가요 등과 함께 이루어진다. 거가환궁 행사는 성종 대에 정형화되어『악학궤범』「時用鄕樂呈才圖說」에 '교방가요(敎坊歌謠)'의례로 기록되는데, 학무는 이 의례 가운데 하나로 연행되었다. 궐 밖에서 연행되는 학무는 학무 단독으로 연행되지는 않았다.

왕이 특정한 목적으로 궐 밖으로 나갔다가 환궁할 때, 궐 안으로 들어오기 바로 전 단계에 교방가요가 행해지는데, 이는 세속의 공간에서 다시 신성한 공간으로 '복귀'할 때 잡된 기운을 떨치기 위한 행위라는 상징성을 부여받는다. 따라서 이때의 학무 연행은 '정화'라는 맥락의 한 축을 담당한다. 세속의 공간에서 학무의 연행을 통해 정화된 몸은 신성공간인 궐내로 들어가기에 합당한 모습으로 변환된다. 학무의 '학'은 정화의 기능을 충실히 수행하는 것이다.

학무가 궐내에서 연행되는 경우는 전각의 월대나 계단에 보계를 잇대어 만든 무대에서의 공연과 궁중의 뜰에서의 공연되는 맥락이 구분된다. 각종 진연(進宴), 진찬(進饌) 등은 보계를 무대로 활용하여 연행되고, 12월 그믐의 나례와 함께 연행되는 학무는 궐내 궁중의 뜰과 같은 실외 공간에서 연행된다.

학무는 다른 정재와 연합하여 대형화한 춤 가운데 하나의 형태로 존속하기도 한다. 12월 그믐 날 나례 의식과 함께 연행되는 학무는 연화대무, 처용무와 함께 연행되어 '학·연화대·처용무합설'의 형태로 이루어진다. 학연화대처용무합설'은 학무가 궐 밖에서 연행될 때 그 의례 가운데 하나로 포함되었던 '교방가요'와 함께 조선시대 궁중정재의 역사에서 유례없이 '대형화'한 작품으로 자리한다. 한 해를 보내고 새해를 맞이하는 시점에 연행되는, 나례(儺禮)의 일부로서의 공연물은 새벽에 시작하여 매우 긴 시간 동안 연행된다. 따라서 이 때 공연물의 연행 조건은 '벽사진경(僻邪進慶)'이라는 의미맥락을 지녀야 함과 동시에 '긴 길이'를 갖추어야 한다. 또 하나 더 요구되는 것은 여러 작품이 연합할 때 '흐름의 자연스러움'이 필요하다. 학무와 연화대무의 연합은 연꽃이 그 매개자 역할을 하기 때문에 억지스럽지 않다. 거기에 '학'을 통해 한 해를 '정화'하는 의미도 부가된다. 학무가 '연화대, 처용무'와 함께 연결되어 한 해를 마감하는 시간과 공간에서 연행되는 의미가 여기에 있지 않을까 한다.

궐내에서 연행되는 학무는 학무 단독으로 연행한 경우도 있고, 또 학무에 연화대무를 연이어 연행한 경우도 있다. 궁중 안의 각종 연향에서 연행되는 학무는 '교방가요'나 '학연화대처용합설'의 '벽사진경', 혹은 '정화'의 의미와는 다르게 '춤'이라는 행위 자체에 몰두하여 감상할 수 있는, 오락적 의미 혹은 완상하는 의미가 포함된다. 특히 동물의 동작을 모방하여 만든 예술은 그 자체로서 흥밋거리가 된다. 학무는 또 궁중에서 베풀어지는 각종 연향에서 나이 어린 청중을 위한 순서가 되기도 한다. 학의 동작 자체만을 감상해도 재미있는 공연물로 존재할 수 있는 독립된 정재이므로 그러한 맥락의 진단도 가능하다.

학무는 처용무와 함께 궁중정재 가운데 탈을 쓰고 연행하는 단 두 종목 중의 하나로서 그 희소성이 인정된다. 게다가 '학'이라는 동물이 갖는 상징성으로 인하여 '벽사진경'의 맥락에서 '정화'의 기능을 갖는 정재로 연행됨과 동시에 동물의 동작을 모방하여 궁중 안에서 나이 어린 청중들을 위한 공연물로서의 역할, 감상용 정재의 역할도 담당했던 것으로 보인다.

참고문헌

『京都雜誌』

『高麗史)』

『(高宗壬寅)進饌儀軌』

『國朝五禮儀』

『國朝五禮序例』

『世宗實錄五禮儀』

『樂書』

『樂學軌範』

『星湖僿說』

『續通典』

『五洲衍文長箋散稿』

『慵齋叢話』

『園幸乙卯整理儀軌』

『呈才舞圖笏記』

『朝鮮王朝實錄』

『增補文獻備考』

『親蠶儀軌』

『太平御覽』

『虛白堂集』

국립국악원, 『궁중무용무보』2, 국립국악원, 1987

국립문화재연구소 편, 『학연화대합설무』, 도서출판 피아, 2006.

김천흥·최현, 『무형문화재조사보고서』, 문화재 관리국, 1969.

김학주, 『중국 고대 가무희』, 명문당, 2001.

사진실, 『한국 연극사 연구』, 태학사, 1997.

성경린,『한국전통무용』, 일지사, 1979.

윤광봉,『한국연희시연구』, 박이정, 1997.

이두현,『한국가면극』, 한국가면극연구회, 1969.

이두현,『한국의 가면극』, 일지사, 1979.

이혜구,『신역악학궤범』, 국립국악원, 2000.

장사훈,『한국전통무용연구』, 일지사, 1977.

정현석편저, 성무경 역주,『교방가요』, 보고사, 2002.

조동일,『탈춤의 역사와 원리』, 홍성사, 1979

車柱環 역,『高麗史 樂志』, 乙酉文化史, 1972.

박은옥,「柘枝舞와 蓮花臺 그리고 그의 변천 과정」,『한국전통음악학』제3호, 한국
    전통음악학회, 2002.

박진태,「당악정재의 연극적 · 희곡적 측면」,『공연문화연구』6집, 공연문화학회, 2003.

사진실,「정재의 공연공간과 연출원리」,『한국음악연구』38집, 한국국악학회, 2005.

사진실,「동아시아의 신성한 산 설행에 나타난 욕망과 이념」,『공연문화연구』12집,
    공연문화학회, 2006.

송지원,「조선후기 음악의 문화담론 탐색」,『무용예술학연구』제17집, 한국무용예술
    학회, 2006.

한옥근,「학연화대처용무합설의 연극적 구성과 표현」,『한국 고전극 연구』, 국학자료
    원, 1996.

**가면극의
종합적 고찰**

초판 인쇄　2010년 1월 19일
초판 발행　2010년 1월 28일

엮은이　한국공연문화학회
펴낸이　박찬익
편집책임　이영희
책임편집　김민영

펴낸곳　도서출판 **박이정**
주소　서울시 동대문구 용두동 129-162
전화　02) 922-1192~3
전송　02) 928-4683
홈페이지　www.pjbook.com
이메일　pijbook@naver.com
온라인　국민 729-21-0137-159
등록　1991년 3월 12일 제1-1182호

ISBN　978-89-6292-098-7　93380

* 책값은 뒤표지에 있습니다.